国家民委《民族问题五种丛书》之五

中国少数民族社会历史调查资料丛刊(修订本)

广西瑶族社会历史调查

(一)

广西壮族自治区编辑组

《中国少数民族社会历史调查资料丛刊》修订编辑委员会

民族出版社

图书在版编目（CIP）数据

广西瑶族社会历史调查 . 1/《中国少数民族社会历史调查资料丛刊》修订编辑委员会编 .
—修订本 . —北京：民族出版社，2009. 5（2019.1 重印）
（国家民委民族问题五种丛书 . 中国少数民族社会历史调查资料丛刊）
ISBN 978 – 7 – 105 – 08765 – 5

Ⅰ. 广…　Ⅱ. 中…　Ⅲ. 瑶族—民族历史—社会调查—广西　Ⅳ. K285. 1

中国版本图书馆 CIP 数据核字（2009）第 064669 号

民族出版社出版发行
http：//www. mzcbs. com
北京市和平里北街 14 号　邮编 100013
北京龙跃印务有限公司印刷
各地新华书店经销
2009 年 5 月第 1 版　2019 年 1 月北京第 2 次印刷
开本：787 毫米 ×1092 毫米　1/16　印张：25. 75　字数：676 千字
印数：2001—2500 册　定价：80. 00 元
ISBN 978 – 7 – 105 – 08765 – 5/K · 1611（汉 776）

《中国少数民族社会历史调查资料丛刊》修订编辑委员会

国家民委《民族问题五种丛书》

修订再版总序

国家民委《民族问题五种丛书》，包括《中国少数民族》、《中国少数民族简史丛书》、《中国少数民族自治地方概况丛书》、《中国少数民族语言简志丛书》、《中国少数民族社会历史调查资料丛刊》，记录了中国55个少数民族从起源至21世纪初的历史发展进程，涵盖政治、经济、文化、社会等方方面面的内容，荟萃了大量原始的、鲜活的、极其珍贵的资料，是一部关于中国民族问题的大型综合性丛书，是中国民族问题研究的重大项目和重大出版工程。

新中国成立后，党和政府高度重视民族问题和民族工作。少数民族地区的社会改革和社会主义建设逐步展开。为了摸清少数民族的社会历史状况，抢救行将消失的宝贵的历史文化资料，1953年，全国人大民族委员会和中央民族事务委员会组织进行全国性的民族识别调查，1956年又开始少数民族语言、少数民族社会历史调查。在三次大规模的系统调查的基础上，中央民委从1958年开始组织编写《中国少数民族简史》、《中国少数民族语言简志》、《中国少数民族自治地方概况》三种丛书。“文化大革命”期间，中央民委机构撤销，此项工作被迫中断。1978年国家恢复民族工作机构，中央民族事务委员会改为国家民族事务委员会。1979年，国家民委决定继续组织编写以上三种丛书，并增加编写《中国少数民族》和《中国少数民族社会历史调查资料丛刊》两种丛书，定名为《民族问题五种丛书》。《民族问题五种丛书》的编辑出版列入了全国哲学社会科学“六五”规划的重点科研项目。

《民族问题五种丛书》共计402本，一亿多字，该项目自1958年启动至1991年基本完成，历时30多年，涉及全国19个省、市、自治区及中央有关单位400多个编写组，1760多人参与，分别由全国30多家出版社出版。纵观历史，像这样全面系统地调查研究、编辑出版介绍各个少数民族的丛书在中国前所未有；横看世界，像这样由政府部门组织为国内各少数民族著书立说实属罕见。

盛世修史、修志，这是中国的传统。由于《民族问题五种丛书》编辑出版时间长，涉及地区广，出版单位分散以及受当时环境条件局限，难免存在一些不足：一是体例版本不统一；二是有些解释不准确；三是新中国成立以来特别是实行改革开放以来，少数民族和民族地区所发生的变化和取得的成就没有得到充分的反映。为适应民族工作发展和民族问题研究的需要，为满足广大读者的需求，国家民委决定从2005年开始对《民族问题五种丛书》进行修订再版。

这次修订再版的总体原则是“基本保持原貌，统一体例、版本，增加新内容”，统一由民族出版社出版发行。其中：

《中国少数民族》的修订，旨在原版的基础上，适当调整结构，更新有关数据和资料，吸收最新研究成果；增加各少数民族在改革开放以来各方面的发展成就。

《中国少数民族简史丛书》的修订，本着“适当修订、适量续修”的原则，对有明显错误的内容、观点、表述进行更正，对新中国成立以来特别是改革开放以来各少数民族的发展史实予以补充。

《中国少数民族自治地方概况丛书》的修订，力求更加全面系统地反映各民族自治地方的历史、地理、经济、文化、社会的基本情况和实行民族区域自治的历程、成就和经验，新编1987年以后成立的16个民族自治地方的概况。

《中国少数民族语言简志丛书》的修订，旨在改错，增补新的研究成果，增写《满族语言简志》，并合订为6卷本。

《中国少数民族社会历史调查资料丛刊》的修订，主要是尊重史实，修正错误，增加注释。

《民族问题五种丛书》的修订再版工作，得到了中央有关部门和各有关地方的高度重视及社会各界的广泛支持。中国社会科学院、中央民族大学、中央党校、中南民族大学、西南民族大学、西北民族大学、黑龙江社会科学院、黑龙江大学、黑龙江民研所、云南社会科学院、贵州大学、云南大学、四川大学、新疆大学、新疆师范大学、内蒙古大学、哈尔滨学院、吉林民研所、广西民族大学、广西艺术学院、广西博物馆、广西民研所、甘肃省委党校、凉山大学、中国教育部语工委、云南语工委等单位的民族学、社会学、人类学、语言学的专家学者以及长期在民族地区工作的同志共1000余人积极参与了修订工作，各有关省、自治区、直辖市的各级民族工作部门做了大量的组织协调工作。谨此，表示诚挚的谢意。

我们相信，经过大家的共同努力，修订再版的《民族问题五种丛书》，将以更全面、更完整、更科学的面貌呈现在广大读者面前。

李德洙

2007年8月

前　言

广西金秀大瑶山是瑶族的主要聚居区之一。居住在这里的瑶族分为盘瑶、山子瑶、坳瑶、花蓝瑶、茶山瑶五个族系。从语言来说，在这五个族系中，盘瑶、山子瑶和坳瑶均属于汉藏语系苗瑶语族瑶语支。花蓝瑶属于汉藏语系苗瑶语族苗语支。茶山瑶属于汉藏语系壮侗语族。五个族系在历史传说、生活习俗、宗教信仰等方面都有不同程度的差异。

1956 年，在全国人民代表大会民族委员会的直接领导下，组成了广西少数民族社会历史调查组，下分瑶族分组和壮族分组。瑶族分组先后在杨成志教授和黄钰同志（瑶族）的领导下，于 1956 年 10 月至 1957 年 9 月两次进入大瑶山，在当地党委和瑶族群众的大力支持下，对瑶族五个族系的社会历史、经济生活、婚姻家庭、宗教信仰和文化艺术等方面的情况进行了比较全面的调查。先后参加调查的有杨成志、唐兆民、黄钰、李维信、陈维刚、苏云高、韦桂成、曾仲平、韩耀宗、郝红章及大瑶山瑶族自治县（即今金秀瑶族自治县）派来协助工作的苏显庭、赵兆昌、吴康泰等同志。调查结束后，即对资料进行编辑整理，写成《广西大瑶山瑶族社会历史情况调查》初稿和《广西大瑶山瑶族社会性质初步探索》初稿，并于 1958 年 4 月付印内部交换。参加这一工作的有唐兆民、黄钰、李维信、陈维刚、苏云高、李干芬、韦桂成、韩耀宗、曾仲平、颜世杰等同志。在调查和整理编辑过程中，唐兆民、黄钰两同志付出了更多的劳动。

由于极“左”思想的影响和林彪、江青反党集团的干扰破坏，致使这一调查资料一直无法公开出版。为了适应四化建设和研究瑶族社会历史的需要，现在将原来整理付印的调查资料再进行编辑整理，并公开出版。在编辑整理工作中，我们以原来调查整理的初稿为基础，尽量保存资料的本来面目，希望引用者备加注意。

由于当年参加调查整理工作的绝大多数同志均已分散于各地不同的工作岗位，未能参加此次的编辑整理工作；在过去的调查整理工作中，曾付出辛勤劳动的唐兆民老同志，又已与世长辞，我们只好把这个任务担当起来。由于我们的水平有限，缺点和错误恐亦难免，敬乞阅者批评指正。

黄钰（瑶族）李维信（白族）

1983 年 5 月于南宁

出版说明

解放后，党非常重视少数民族工作。1950年至1955年，国务院和广西省人民政府先后多次组织少数民族访问团，深入少数民族地区进行访问，同时组织有关部门作了大量的调查。因此，使民族地区的民主改革和社会主义改造以及实现县、区（省）两级民族区域自治有了科学的依据。1956年，在全国人民代表大会民族委员会的直接领导下，组成了8个少数民族社会历史调查组（后分16个），分赴中南、西南、西北、东北等少数民族地区调查，抢救社会历史资料，为进一步开展民族研究工作做好准备。广西少数民族社会历史调查组，分赴我区壮、瑶、苗、侗、仫佬、毛难[①]、回、京、彝、水、仡佬等11个少数民族地区继续进行调查。在各级党委、政府和广大民族干部和群众的热情帮助下，调查工作获得了丰富的资料。中国科学院民族研究所和广西少数民族社会历史调查组曾指定专人整理，编印成内部资料，供有关部门参考。这对我区民族问题理论研究和民族工作的实践，都是十分有益的。

在“文化大革命”十年动乱中，由于林彪、江青反革命集团的破坏，使这些资料不能公开出版。

1979年，根据国家民委《民族问题五种丛书》编辑委员会的决定，我们将上述编印的内部资料，作为《中国少数民族社会历史调查资料丛刊》组成部分，公开出版。为了保持原来的历史面貌，对调查内容不作改动，对受“左”的思想影响的部分作了删节，此外，还作了必要的技术处理。由于编辑水平有限，缺点错误在所难免，请读者批评指正。

《中国少数民族社会历史调查资料丛刊》
广西壮族自治区编辑组
1983年5月

---

① 1986年6月，“毛难族”改为“毛南族”。

修订再版说明

《中国少数民族社会历史调查资料丛刊》是国家民委《民族问题五种丛书》之五，内容包括了20世纪50年代中央访问团收集的资料，全国人大民委、中央民委等组织民族社会历史调查以及民族识别等工作所搜集到的资料，20世纪80年代以后由各省、自治区陆续分别出版，全套社会历史调查资料丛刊共有84种145本。这些资料集中记录了我国少数民族社会历史的基本情况，是民族研究和民族工作中的重要参考资料，受到了各方面的欢迎和好评。

《中国少数民族社会历史调查资料丛刊》问世以来，民族自治地方社会和文化发展取得了长足进步，各方面情况有了不少变化，为了进一步发挥这些历史调查资料的作用，促进各民族“共同团结奋斗，共同繁荣发展”，国家民委决定修订、再版《中国少数民族社会历史调查资料丛刊》，并将其列为国家民委重点科研项目。

本次修订再版，在尊重史实，基本保持原貌，统一体例、版式的总原则下，主要是订正错误，并以修订注释的形式增补新的人口数据和地方行政隶属的变化情况。另外，原书中统计数据存在的问题较多，但因无资料可查核，部分只能保持原貌，仅供参考。《崩龙族社会历史调查》、《新疆牧区社会历史调查》不再单独出版。新增《吉林省朝鲜族社会历史调查》、《土家族社会历史调查》、《四川木里藏族自治县藏族纳西族社会历史调查》、《广东海南少数民族社会历史调查资料汇编》4本。修订本合计为86种147本。

《中国少数民族社会历史调查资料丛刊》的修订再版工作，得到有关省、自治区、直辖市领导的重视和关心，得到了中央民族大学、云南大学、广东民族研究所等有关部门的大力支持。我们对关心、支持修订再版工作的各级领导、有关部门、专家学者以及所有热心参与此项工作的同志，表示诚挚的谢意！

《中国少数民族社会历史调查资料丛刊》修订编辑委员会

2007年12月

目录

一、一般情况

一、地理环境

（一）自然形势

1. 位　置

大瑶山是五岭山脉越城岭南行的一支脉。盘结在广西中部稍偏东北的一角，位于桂江和柳江之间。东界蒙山，北接荔浦，西邻象州、武宣，东南接平南、藤县，西南接桂平。全山的地形为山岳地带，除西北角的柘山乡①，东面的忠良乡②，东南角的罗香乡③，西南角的大樟乡④和互助乡⑤有小部分平地以外，其余都是迤逦绵亘气势磅礴的高山深谷。它的总面积，按照1954年广西省行政区划图推算，大约为2300平方公里⑥。

大瑶山这个名称，在历史文献上曾见于清道光十年（1831）修的《修仁县志》⑦其中载有："大瑶山在县境正南，离城十余里黄峒山后即瑶界，皆丛山深菁，宽六七十里⑧，修水自此发源，盖亦山之大而高者，下住瑶人"。这个记载，只指大瑶山北部的六定、六段、长二等乡一带，现属金秀瑶族自治县金秀区⑨的一部分，至包括大瑶山整个境域，只有从旧籍中所称的"大藤峡"的记载里才能看到；如《清一统志》："大藤峡，县（按指桂平）西六十里……地界武宣、象州、永安、桂平、平南、藤县之间，四山环绕，绵亘数百里。"《粤西丛载》："大藤峡在万山中，盘礴六百里"。《方舆纪要》："藤峡，府江（按即桂江）之间，有力山，险于藤峡数倍。力山南则府江也。地域约六百里，中多瑶人"。由这类的记

---

① 属今金秀瑶族自治县三江乡柘山村。

② 今金秀瑶族自治县辖乡。1952年设忠良区，1958年改公社，1984年置乡。

③ 今金秀瑶族自治县辖乡。1952年属大瑶山瑶族自治区（县级），1958年改罗香公社，1984年置乡。

④ 今金秀瑶族自治县辖乡。1952年属新合区，1954年更名大樟区，1958年改公社，1984年置乡。

⑤ 今金秀瑶族自治县大樟乡互助村。

⑥ 至2000年，总面积为2513平方千米。

⑦ 1952年撤修仁县入荔浦县，原县驻地为今天的修仁镇。

⑧ 旧制计量距离单位。1里=0.5公里。

⑨ 今金秀瑶族自治县金秀镇。1958年改公社。1980年分为金秀镇和金秀公社，1987年金秀乡并入金秀镇。前边提到的六定属今三江乡的辖村。六段、长二为金秀镇辖村。

载，便可明了过去大藤峡的境域，实际上已包括现在的大瑶山了。

2. 山　脉

大瑶山万山丛簇，脉络纵横，数百里内，绵亘不绝。山高而陡，大部分高山的海拔均在1000公尺①以上。有的高峰竟达近2000公尺。往往一山之隔，上下动辄数三十里；虽有山路可通往来，但绝大多数是些十步九折的羊肠小道，从而形成与山外汉、壮住区平原地带的天然屏障，把山内外隔绝起来。兹将其著名的大山叙述如下：

（1）在北部地区的

北部高山，首推天堂山②，海拔约近1000公尺，位于忠良区岭祖乡③与永和乡④之间。山顶阔而平，气势雄伟。山顶平地纵横各五六里，虽然地势高寒，尚可栽种玉米、粽子等作物。迤北有古盖山、管捆山诸高峰，迤南有观音顶、石鼓岭，都是在大瑶山与蒙山县境之间。次为大唐岭，在金秀区极北六段村北，《修仁县志》所载："黄峒山在县南黄峒村后，离城二十里，极深险。"就是指这个大山。再次为风吹岭，是北部偏西的一个主峰。迤北有六顶山。迤南有狮子山，屹立于三角区古六⑤、六眼两村间，山顶石崖，状如雄狮。

（2）在中部地区的

仑浦山是金秀区与忠良区间的最大的山，最高一峰，叫仑浦顶，是瑶山中部山脉的主峰。有瑶民上山采樵，看仙人下棋与坐烂斧柯的传说。迤北有古后山和大阴山；迤南有六赛山和罗梦老山。山间多村落遗址，疑为茶山瑶初入山时的住所。其次为盘王山，在三角区南部江燕乡⑥盘王村南，以其山顶石崖三峰耸峙，形似人头，瑶族说它像盘王头，故名。再次为坤林顶，在金秀区共和乡⑦坤林村（又名昆仑或君陵）东北。山顶石崖，略成立方形，是仑浦顶偏东的一个高峰。再次为六竹界，在罗香区平竹乡⑧六竹村北，是仑浦顶以南一个高峰。

（3）在东南角地区的

大武顶在忠良区六干乡⑨与罗香区大垌乡⑩之间，是瑶山东南角唯一的主峰。山的东面有六强顶，地接蒙山县属的夏宜。崖昂顶在罗香区的罗香乡⑪与罗运乡之间。山顶悬崖突出。仿佛如鸷鹰伸头俯视。迤南有公爱顶，龙军顶一带高峰，山顶都是峥嵘峭拔的石崖。公爱顶下，名大门界，有村落遗址，相传坳瑶祖先曾在此立寨，筑石为门，抗拒进攻的"皇兵"，以通山东西的往来，故名。

---

① 旧制长度计量单位。1公尺=1米。

② 今称天堂岭，海拔1579米。

③ 今金秀瑶族自治县忠良乡辖自然村岭祖村。

④ 今金秀瑶族自治县忠良乡永和村。

⑤ 今金秀瑶族自治县辖乡三角乡。1952年属大瑶山瑶族自治区（县级），1958年改公社，1984年置乡。

⑥ 今金秀瑶族自治县辖乡三角乡辖村江燕村。

⑦ 今金秀瑶族自治县金秀镇共和村。

⑧ 今金秀瑶族自治县罗香乡辖平竹村。

⑨ 今金秀瑶族自治县忠良乡辖六干村。

⑩ 今金秀瑶族自治县罗香乡大垌村。

⑪ 今金秀瑶族自治县罗香乡罗运村。

（4）在中南部地区的

圣堂山①，亦名圣堂顶，矗立于长洞②、罗香与六巷③三区之间。海拔1979公尺，是大瑶山的主峰。除秋冬极其晴朗的日子外，常为浓云遮盖，因此当地瑶民对它产生了许多神秘传说。如说顶上有池塘一个，终年清水不涸，中有神鱼；池旁有石台石凳，是仙人坐卧之处；又有仙桃仙果，吃了可以终年不饥等。迤南为鹏背界，是罗运往古陈的交通要道。再南为力山，略低于圣堂，更南为寨山，地接平南的鹏化区著名的西山。迤西有五指山，在上古陈村背，山顶石崖，五峰并列，形如手指；居中一峰较高而平，有危径可以攀登。再西有石人山，屹立于六巷区黄桑村背，双峰并峙，仿如人立，《象县志》名此为金童玉女山。

（5）在西南地区的

大将山，在大樟区瓦厂乡④洛西河水源尽处，是瑶山与桂平县三江区的分界岭。山东有藤界坳，山西有洛西坳，均为瓦厂乡往山外的通路。西北有寡婆顶，在瓦厂乡西，高峰独峙，附近诸峰，莫以为俦，故名。大樟区木山乡⑤，有十八山（今属桂平县）⑥，地接大藤峡，是瑶山西南角的唯一主峰。迤北有鸡爪顶；再北为九层楼，为明代瑶族民族领袖侯大苟据险扼守的一个最后据点。迤南有大塘岭，顶上还留有营垒和行场街道遗址，据《桂平县志》说是侯大苟、易天昌抵抗明朝封建王朝进攻时所筑，故又有“高崖古寨”之称。

3. 河　流

大瑶山里的河流，严格说来，不过是些较大的山溪。这些网罗交错的溪流，都是周围沿山各县境内较大河流的源头，在地理上具有重要意义。其次山内有些较大的溪流，还可作为运输木材的交通线；河里盛产鱼类，为瑶族人民肉食重要来源之一，在经济上有一定的价值。兹举其较大溪流如下：

（1）流出荔浦县境的

长滩河——在忠良区为修水之一源。源流支流很多，主源发于仑浦山东面，向北经流定浦、马安、板衍⑦、低水⑧及古尼长滩等村，由荔浦卜头村南出山，长约100里。自马安以下，可运竹木。在古黎长滩以下，更可扎排运输。其支源较大的有卜泉河、低水河、长滩河等。

黄峒河——又叫六定河，在三角区，也是修水之一源。主源发于六定村南的分水坳，向北流经六定，至黄垌村南出山，折东北流，至平村与长滩河会，称为修水，东流入桂江。由源头至黄峒长约40里，自六定村以下，可以运木材。

（2）流出象州县境的

江燕河——也叫盘王河，在三角区南部，主源发于大阴山北面，向西流经古扫村⑨而至甲江村，折而西南，流经新村，折而流经花相、江燕、盘王等村，折而西南绕盘王山西麓，

① 今称圣塘山，海拔1979米。

② 应为长垌区，今为金秀瑶族自治县辖大垌乡。

③ 今金秀瑶族自治县辖六巷乡。

④ 今金秀瑶族自治县辖大樟乡瓦厂村。

⑤ 原属大樟区，1957年2月被划入桂平县管辖，今为桂平市紫荆镇木山村。

⑥ 1994年5月原桂平县撤县设市，即今桂平市。

⑦ 疑为今金秀瑶族自治县忠良乡共和村辖自然村，应写作“板显”。

⑧ 疑为今金秀瑶族自治县忠良乡共和村辖自然村，应写作“滴水”。

⑨ 疑为今金秀瑶族自治县三角乡甲江村辖自然村古少村。

由金秀区和平乡[①]范道村出山。长约50里，出山后，经大蚕、桐木等处，向南流入运江。

金秀河——在金秀区，主源发于仑浦山西面老山间，向西流经大瑶山县治，再西经田村、美村而至河口，折而南流，到长洞区平道乡[②]西，会长洞河。长约80里。

长洞河——在长洞区，主源有二。一支名道江，发源于平办村东老山间，向西流经道江，至大平村西会长洞河和金秀河。一名长洞河，发源于长峒尾东老山间，向西流经南州、长洞等村而与金秀河、道江相汇，由象州县大乐区[③]落脉村同根村之间出山。长约60里。水经大乐圩、罗秀圩而入运江。

滴水河——上段在罗香区，下段在长洞区，流源很多，是瑶山最长而流量较大的一道溪流。主要发源于罗梦坳老山间，南经罗梦、公敢而至罗丹，名罗丹河。自此折向西南流，经河底、横村等村，折西而转向西北，经马安、六利而至滴水、容洞，称滴水河。自此折向西流，经大进、王雷等村，在小江附近与大凳河汇流，至象州县中平区[④]东落沙村出山。长约150里。自罗丹以下，可运木材。支源较大的，有拉河及溪冲河。水出山后，经中平圩而注入运江。

古陈河——又名九十三河，在六巷区。主源发于鹏背岭，向西流经古陈、六巷、门头等村而至黄桑，自此折向西北流，在枫木界西北出山。长约100里。自六巷以下，可运木材。其支源较大的有十二弯河、黄钳河及洛西河。水出山后流经百丈圩，会大樟河，下注运江。

大樟河——在大樟区。主源发于红水界，向北流经马安店、王田等村，流行60里而达大樟圩。支源较大的有冬温河和古董河。水流经百丈圩，会古陈河下注运江。

大凳河——主源发于圣塘山西面，向西流经大凳村，至青山圹东，折而西北流，至小江附近，汇滴水河后，而流出山。全长约60里。

（3）流出蒙山县境的

忠良河——在忠良区。主源发于古多及高简两村大山间，向东流经金焕、六瓮、忠良、车田、石琢等村，至金鸡坳出山。长约40里。自金焕以下，可运木材。自忠良以下，木材可扎排运输。

岭祖河——在忠良区。主源发于岭祖村西之石云坳。向东流经岭祖村后，绕猪篦山麓折向南流，经足甲、高田等村，至车田村北，与忠良河汇合。长约30里，自足甲以下，可运木材。

（4）流出平南县境的

立龙河——在忠良区。主源发于仑浦山东南面的六寨山，向东南流经坤林、六仁等村山脚下，名岜押冲，至六茶，另支发源于引满坳，向南流经立龙、六干等村的立龙河会，向南流经大垌、利两而至入马练。为平南北部大同水的主源。由水源至马练，长约百里。六茶以下，水流较为平缓，且无粗石巨崖的阻碍，便于运输竹木，是大瑶山一条最好的水道交通线。

---

① 今金秀瑶族自治县金秀镇和平村。

② 今金秀瑶族自治县长垌乡平道村。

③ 今象州县大乐镇。

④ 今象州县中平镇。

4. 气　候

(1) 温度

瑶山大山盘郁，地势较高。一般说来，温度要较平原地带为低。又因山内森林密布，受日光直接照晒的地面较少，密林中的空气受岗峦和树木的阻碍，变化也比较慢些，从而起着调节气候的作用。因此，暑天绝不酷热，寒天也不太冷。根据大瑶山中学 1956 年 5 月至 1957 年 4 月一年间的温度记录，全年各月份的温度，以 6、7、8 三个月为高，最高约 28℃，最低约 15℃，平均数约 24℃；以 12、1、2 三个月为低，最高约 18℃，最低约 1℃，平均数约 12℃（详见附表）。这样没有严寒酷暑的地区，不但适宜居民，而且对农作物的成长也有良好的影响。就全山范围来说，在县治金秀以北的地区，比较寒冷；金秀以南的地区，因为有仑浦山、罗梦坳及六拉背一带高山的遮拦，从桂北南袭的寒流，到此就要受到阻碍，其势必然和缓，故温度亦较高，气候比北部较为暖和。

四季之中，春季温度较秋季为低。夏季的白天虽觉炎热，但早晚依然凉爽，深夜便冷，睡眠一般都要盖絮被。中秋以后，北部高山地区，开始见霜；晚秋则各地普遍降霜。冬季虽寒，但很少下雪；结冰虽是常事，但亦为期甚短，每次大致都不会超过 10 天。

(2) 雨量

“近山多雨，近水多风”，这是大瑶山流行的谚语。大瑶山的雨量，一般说来是比平原地区多一些。因为山里茂密的森林到处都有。它具有调节气候的作用。尤其是山高林密的地区，一到多云的阴天，浓云笼罩地面，立刻就变成细雨纷飞的天气。这是山区与平地显著不同的特点，也是山区之所以多雨的原因。根据上举大瑶山中学的气象记录，全年雨量为 2624.15毫米，就广西全省范围而论，应该列为雨量充沛的地区。这为农作物的成长备下良好的条件。

在四季之中，大体说来，由暮春直到初秋，雨水较多；由仲秋直到仲春，雨水较少。而一般说来，全年的雨量都相当均匀，苦旱苦霪的现象是极其少见的。1956 年 8 月以后，因少雨而造成山内干旱的灾害，而 1957 年春夏两季雨水又较多，这是极不常见的特殊情况。

(3) 湿度

山内旱地农作物是没有水利灌溉的，从播种直到成熟，都靠自然的雨水来滋润。除此之外，晚间冷气和森林深草地所发散的水蒸气相遇，便凝结而成露水，也可润湿地面和作物苗穗，起着灌浇的作用。山内的露水，几乎每夜都有，这与漫山遍野的密林深菁是有直接联系的。森林下的地面，终年不被日光照射，故经常保持着潮湿状态。由此蒸发的水蒸气，发散出来，也就直接影响空气的湿度。根据上举大瑶山中学记录的气象材料，全年各月份平均湿度都在 60% ~80% 之间。空气中的湿度这么大，故山内气候，纵然干旱，也不致干燥。这对山地农作物起着极其良好的影响。

(4) 风向

大瑶山内无风的日子是极少的，而风向则以南、东南、北、西北为最多。四季之中，春夏两季以南和东南为主，秋冬两季以北和西北为主（详见附表）。山内风灾要较水旱灾害为多。晚秋和初冬，是山内旱地水田粮食作物成熟时期，如果遇上连续几天日夜不息的南或东南风，苞米就会被拔倒或折茎，水稻和旱禾的谷穗就会被摇落，造成歉收。至于拔木折杆的暴风，间或也有发生，一般都在夏季为多，对粮食作物影响不大。

总之，大瑶山的气候是良好的，不但适于居民的生活，同时也适于植物的成长，故今后林业和农业、牧业的发展，是极有前途的。

大瑶山金秀地区气象情况（温度和雨量）

月份 \ 数量 项目		温度平均数	温度最高数	温度最低数	降雨量（毫米）
1956年	五月	22.06℃	26.66℃	16.00℃	607.2
	六月	24.49℃	28.30℃	21.30℃	279.7
	七月	24.20℃	28.00℃	15.20℃	262.9
	八月	24.32℃	27.70℃	23.00℃	127.7
	九月	22.52℃	27.00℃	19.10℃	12.3
	十月	20.21℃	23.20℃	17.00℃	23.3
	十一月	12.91℃	16.20℃	6.00℃	0
	十二月	11.70℃	16.20℃	6.60℃	0
1957年	一月	12.08℃	18.30℃	2.20℃	58.83
	二月	7.96℃	15.50℃	1.10℃	352.63
	三月	14.02℃	19.60℃	4.60℃	385.96
	四月	19.98℃	28.30℃	11.00℃	513.63

大瑶山金秀地区气象情况（湿度）

月份 \ 数量 项目		平均数（%）	最高数（%）	最低数（%）
1956年	五月	80.80	94.00	55.33
	六月	77.92	93.00	64.00
	七月	72.89	87.20	41.00
	八月	79.03	89.50	59.40
	九月	71.27	94.00	43.30
	十月	64.33	85.20	33.10
	十一月	73.88	93.00	52.20
	十二月	62.44	85.20	39.10
1957年	一月	71.05	86.30	24.00
	二月	77.76	96.60	36.00
	三月	76.65	89.10	58.60
	四月	79.75	94.00	62.00

大瑶山金秀地区气象情况（风向）

（单位：百分比）

月份＼风向		东	东南	南	西南	西	西北	北	东北	无风
1956 年	五月	6.66	30.00	21.66	6.66	6.66	16.66	5.00	3.33	3.33
	六月	11.29	62.90	11.29	1.61	3.22	4.84	1.61		3.22
	七月	10.00	38.33	35.00	3.33	5.00	1.66	6.66		
	八月	4.84	1.60	72.58		8.06	9.67	3.22		
	九月	8.62	12.07	3.45	15.52	5.16	27.58	22.41	1.73	3.45
	十月		17.85	21.43	23.21	1.78	14.29	16.07	1.78	3.56
	十一月		9.37	3.12	6.24	3.12	28.12	40.62	9.37	
	十二月	1.61	17.74	4.84	4.84	3.23	17.74	38.71	4.84	6.46
1957 年	一月		35.00	28.33	5.00		8.33	20.00		3.33
	二月		13.79	24.14			10.34	44.83		6.90
	三月	1.76	24.14	22.41			15.52	31.03	5.17	
	四月	1.72	41.38	34.48		1.72	1.72	12.07		6.89

（二）物产资源

1. *矿　产*

据中国科学院地质调查所 1956 年出版的《中国地域地层表（草案）》载，大瑶山轴部金秀一带，为前震旦纪龙山系地层，由灰绿色、黄绿色千板岩，岩状云母砂岩，红黄色、棕黄色片状砂岩，绿色片岩，黑色板岩，杂色千板岩状页岩和绿色千板岩构成，并富含石英脉和钨矿，厚 1000 米。瑶山矿产，最近才开始普查，材料尚未公布，山内矿产如何，还不能具体说明。即上引材料提到的钨锡矿是否蕴藏地下，也难确定，就我们调查时所获材料，只知道沿金（秀）桐（桐）公路两侧山地，多铜矿，并采有矿苗标本。在三角区六眼村附近，发现了煤矿。当地瑶民，掘出作为燃料，据说质量还不坏。解放前，金秀区六段村附近，曾开采过锰矿。罗香区龙坪乡①那历村附近山溪中曾淘过金沙，足以证明当地可能有金矿。

2. *森　林*

瑶山的森林，分自然林和人造林两种。前者可分两类：一是原始森林，瑶民称它为“老山”；一是经过砍伐的老山，以后自然成长起来的森林，瑶族称它为“青山”或“嫩山”。

老山最大的地区，在瑶山中部金秀附近一带，北起大阴山，向南延伸连接古后山、仓浦山、罗梦坳，折西到金秀、六拉村背一带老山。由此迤南，连接洴坳、长洞尾、田头背、横

① 今金秀瑶族自治县罗香乡龙坪村。

冲顶一带老山，纵横约50里。其次为南部古陈附近的力山一带老山，北接鹏背岭，南接寨山，迤西连十二弯而至百爪顶下，30里内，也有疏密不同的森林。再次为圣塘山东西两面的老山，纵横各约20里。再次六段、长二、长滩一带老山，纵横亦有20里左右。再次为白牛坳一带老山，地在白牛、罗香、龙军等村间，较狭长，纵约15里，横约10里，为瑶山东南角的唯一原始林。其面积较小的，在盘王、岭祖、立龙、罗丹、盂村、龙华、六巷、门头等村附近和十八山，都可见到。

老山除间有杉木外，多产香菇木，砍倒下来，即自然生长香菇。此外各种竹子都有，竹可供用，笋可烘焙做笋干。森林所产鸟兽，虽然为害农产，但也可猎取，成为瑶民食用肉类的一大来源。瑶山著名香草，只有深厚的老山中才能种植，年产20～40万斤①，为广西最主要的香草产区。

青山多在老山的外围，解放前没有土地的山丁（盘瑶和山子瑶）常以高价批租山主的老山，砍伐森林，刀耕火种。等租期满后，山丁不再垦殖，山主就让它长树木，到二三十年后，便成青山。青山也产木材、竹子、香菇木等，同样具有经济价值，但不能栽种香草。

人造林最多是种杉木，山内几条可供运输的溪流的两岸山地，常有繁茂的杉林，如六定、六段、古尼、长滩、板衍、卜泉、低水、岭祖、忠良、金荼、花相、江燕、盘王、长洞、平道、罗丹、罗运、六团、容洞、滴水、六巷、门头、黄桑、大垌等乡村附近，都可见到。除上述这些地点主要是作为商品外销地以外，在各个村落附近都有小片杉林，这是专为建筑及做家具而种植的。

山里的桐油林很多，特别是解放前靠租山种植的盘瑶、山子瑶和汉族的村落附近，几乎到处可见。此外，油茶、茶叶、八角、桂皮等林，各处都可见到一些，只是面积较小。前两种以北部为多，后两种以南部为多。此外，松林仅在罗香区龙坪有一些。

山里有经济价值的林木甚多，如马尾松、松柏、楠木、图木、石板木、黄桑木等，高大的乔木，所在皆有，只是因交通困难，无法运出山外，只好让它们当做柴薪，或自生自长于高山大谷中而无人理睬。更可惜的是每当砍伐大片老山或青山来作耕地时，往往把这些两人还合抱不过的木材与杂草、藤蔓、小树一齐砍倒，放上一把野火把它烧掉；烧不尽的主干，纵横偃卧在山谷中，让风雨霜雪和虫蚁把它毁灭而无所顾惜。解放后，大瑶山党政领导决定县境内以发展林业为主，巩固粮食自给、发展土特产的生产方针，原有的老山和青山已受到保护，同时已有计划有步骤地发展造林，新的森林已逐年增多了。

3. 经济作物和土特产

瑶山具有较高价值的经济作物和土特产是极其丰富的，而且有极大的发展前途，这是瑶山一个较突出的特点。山里流行着一个地道土特产的谚语说：“平林好桂皮，六竹好火笋，罗梦好薯莨，白牛好茶叶，大凳好香信，金秀好苓香。”虽然没把瑶山的土特概括无遗，但从此也可使人们知道山里几种重要土产的主要产地了。

（1）经济作物

瑶山经济作物，主要的有薏苡（俗称薏米或六谷米），可供药用，为滋补品之一。栽种地区，原来仅限于忠良区六干、双合②两乡为多。别处虽可种植，但为数极少。而且仅是一

① 旧制质量计量单位。1斤＝0.5公斤。

② 今金秀瑶族自治县忠良乡双合村。

些靠开山种杂粮过活的盘瑶、山子瑶两族系的农民才种它。解放后，特别是1955年以后，山内大量推广种植，1956年更在全山推广，几乎没有一个农业社没有种它。虽然因栽培技术及天气关系，许多地方的薏米生长都不好。但由此也可证明：这种经济作物在全山都可栽种。

60年前，茶山、花蓝、坳瑶三个族系，衣料的布匹多是自纺自织自染的。那时山里种棉种蓝靛是很普遍的。近年来，棉和蓝靛仅有坳瑶和花蓝瑶还种少许。年收棉花每户至多不过能纺织一两套衣服的原料而已。

（2）土特产

苓香草——简称香草。《本草纲目》称它为熏草，古籍记载中也称它为零陵香。紫苏科植物，多年生草本，是制造香料的原料，也可作药用，在极深厚密的老山中才可栽种。产地以金秀附近仑浦山一带为多，其次孟村后的老山和古陈附近的力山，也有少量出产。

香菇——即冬菇，又名香信。俗以冬季所产的为冬菇，蕈肉较肥厚，为上品；冬菇在霜雪期间生长的，蕈叶上呈白色丝状纹，称为花菇，为上上品；以春季所产蕈肉较薄的称香信，为次品；香信在雨季生长的，蕈叶黄而薄，称黄薄，为下品。山内各地老山都出产，以金秀、大凳、六巷、古陈、罗香等村为多。

桂皮——又称玉桂或肉桂，可制香料及药用。以树皮纹理细密含油质较多而芳香为上品。山内各地皆可栽种。以南部气候较热地区为多，主要产地为平林、六竹、罗香等村。这里出产的，一般人称它为“瑶山桂”，在省内是很著名的。

八角——又名茴香，是食品香料。在瑶山南部，各处皆可栽种，以罗运、罗香为多。它是在瑶山有发展前途的土产。

天花粉——药用植物。种于山地，四五年后挖出块根，粗壮如臂，长二三尺①。产于瑶山中部及南部霜雪较稀地区，尤以偏南的大樟区的良木村、六庙村一带为最多。

薯莨——野生植物，多年生草本，块根大如薯，有重至10斤的。瑶山老山中很多，可作染料，或以它的浆汁涂于布上，称薯莨布。不沾汗水，两广人民夏天多喜穿着。

茶叶——瑶山茶叶，可制红茶，味浓而香，俗称瑶山茶，山内各地都有，或野生，或栽培。

火笋——即用火焙干的竹笋。瑶山各地自然竹林很多，种类也不少。瑶民除采作菜蔬外，还大量烘干，作为商品，用以换取食盐。以六竹、金秀一带产量最多。

油桐——工业原料。大瑶山随处都有。以盘瑶、山子瑶、汉族种的较多。有一年桐、三年桐、四年桐三种，常种的为三年桐；种后3年结果，可继续收获6年。

油茶——食用油料。以北部地区如三角、江燕、旧村一带种的较多，六巷区青山乡也不少。如种在高寒或较热地区，结实都较少。油茶一般五六年才结实，但是六巷区门头乡架露村（汉族）却有三年结实突出的例子。

药材——瑶山药材据县药材公司统计，已有300多种，其中最珍贵的为千金草，茎细长，其上密生针状短叶，丛生于高大的古木上，茎下垂，状如马尾，故又名“马尾千金”，可供药用。此外还有金钗石斛、罗汉果、走马胎、血藤等，都是比较贵重的药材。

蜂糖——盘瑶多喜养蜂，几乎每村都有，解放后，其他族系也渐有养蜂的。蜂糖可供食用或药用，蜂腊可作工业用品。

---

① 旧制长度计量单位。1尺≈0.333米。

烟叶——瑶山各地都可栽种，除自用外，部分作为商品出售，是有发展前途的土产。

（三）交通状况

1. 干道和公路

瑶山主要干道，如以县治为中心，向北的一条，由金秀经长二、六段、金龙河、蚂蚜塘出山，约 110 里到荔浦建陵镇（旧修仁）。向南的一条，由金秀经罗梦、平林、公也、古谭①、越粪婆坳而入汉区，经花洲、古澜至佛子坳出山而达平南北部思旺圩，约 170 里。向东的一条，由金秀经定浦、观音山、古哆、忠良、石琢至金鸡坳出山，而达蒙山的新圩，约 130 里。向西的一条，由金秀经田村、美村、河口等村，越古堡界，下山而至范道村出山，又 15 里而达象州的桐江镇（桐木圩），全长 65 里，在瑶山境内约 50 里。1956 年 3 月初开始动工修建公路，于同年 10 月下旬通车，名金桐公路。这是瑶山内现有的一条现代交通路线。向东北的一条，沿向北的一条，北行约 15 里，至长滩村附近折向东北，经长滩、土县，折向东南行，经低水、卜泉至仑顿村，折向东北行，经柑子冲而至岭祖，又折向南行，经足甲、高田等村至忠良，约 110 里。向西北的一条，由金秀经旧村、六秘而达三角，再折而西行，至安堂村附近出山而达象州县的七排圩，约 80 里。向西南行的一条，沿金桐公路西行至刘村，折而西南行，经道江、大平等村而达长洞，约 70 里。再由长洞或大平西行，越铜盆界，约 40 里而达象州的大乐圩。向略偏西南的另一条，由六拉经平办（或作平浒）、长洞尾、桂田、初二，约 90 里抵罗运。再由罗运南行，经坳冲口，越扒沙界、滑坪界而达汉区的鹏化山区。再越六洞界，经雷庙、中村等地，由小坳出山，南行而达平南思旺圩。由罗运到思旺，约 90 里。

此外，由罗香区通连六巷、大樟两区的干道，由罗运附近的溪冲口向西南行，越鹏背界大山约 40 里到古陈村。再西行，经六巷、门头、黄桑等村，折而西北，越枫木界，由交椅坪附近出山，经下堡而抵象州的百丈圩，由古陈至百丈，约 100 里。由百丈南行 19 里而达大樟区公所所在地的大樟圩。由长洞区滴水、容洞通向山外的干道，由大进经王雷，越平洲界至平洲村出山，西行达象州县之中平圩约 50 里。由滴水北行，有路可通长洞，约 25 里。

2. 小　路

通连山里各地的小路很多，各个乡村间都有，举其较重要的如下：

在三角区的——向北的一条，由三角村经古六通古范村，可沿古范河出山而达石坪坳，与荔浦通鹿寨的公路相接。向东北的一条，由三角经架简、六定可达六段。由六定向西北行，经六顶可通柘山乡。另一条由旧村西行，经六秘下山沿溪西行，可通七排。另一条由旧村西行，经新村、江燕、盘王等村，沿溪而行可通和平乡而达桐木。

在忠良区的——由岭祖东北行，可通巴勒村，由此折而东南下山，有路可通蒙山的新圩。由观音山南行，经立龙，而达坤林。由坤林下山西南行可通古卜，再西行经强仰可通罗梦，向东经六千，有路可通蒙山的夏宜；向南行经六寨、大垌，可通平南之利两和马练圩。

在罗香区的——由公也东行，经罗燕、龙满可达平南马练圩。由公也南行，经琼五、龙军、古茶，有路可通平南的鹏化。由公也沿通金秀的干道北上，经新村折而西北行，有路可通罗丹。由罗丹西南行，有路可通罗运；北行经石门、花竹山可通田头而抵桂田，与县治通罗运的干道接。

---

① 现一般写作“古潭”，是今金秀瑶族自治县罗香乡罗香村所辖自然村。

在六巷区的——由古陈南行，越力山迤西的牛仔社大山，经罗干，有路可通平南的鹏化。由古陈向西南行，越百爪顶迤西大山，经浪冲、田头而达黄钳。由此再西南上山经六庙，出藤界，抵汉区，南行可通桂平的新圩；东行到黄钳溪水尽处，越山折南行，也可通平南鹏化。由六巷北行上山，越石夹坳，下山。由此折向西北行，过青山塘出山，可通象州的中坪圩。

在大樟区的——由六巷区黄桑村南行，下山可达瓦厂。由此再南行，经六干、岭桂、越洛西坳出山，可通桂平的三江区；由瓦厂西行，经小横冲，越山经互助乡而达大樟圩。由大樟南行，经黄田、马安店、上红水界，越山而达桂平三江区①。由大樟西南行，经古朋、古董、新村、再越八字岭而达汉区。再经武兰村、河马圩，折西而达武宣的东乡圩。由东乡折向东南行，上双髻山，复折向西南，经覃明、都鸦、越山而达木山乡。由此从大同社南行，经新村、洴田，越鹏隘界而达桂平的安众。由大同社东行，经东王冲，越山入汉区经大冲，折东南行可通桂平三江圩。

3. 隘　口

瑶山山岭重叠，高峻陡峭的岗峦，随处可见。历代封建王朝，不断对瑶族实行武力压迫，“大征”、“雕剿”史不绝书。瑶族人民由平地而入深山，就是靠着这些高山深谷作为天然屏障，英勇地对封建统治者进行斗争。通连汉族平原地区的隘口甚多，举其重要的如下：

蚂蜴圹坳——在县治北部，是由荔浦建陵镇（旧修仁）入山的一个隘口。它在荔浦黄峒村与金秀区金龙河之间，上下都各约10里，极陡的一段也有五六里左右。

三排岭——是三角区旧村西六秘村的一个高山，为象州七排金龟坳入山的一个隘口，上下各约5里。

古堡界——在金秀区金田乡河口与和平乡之间。从和平乡范道村上下，约10里到界顶，路较陡，下山约15里到河口，路很狭窄。现辟金桐公路，绕山坳的南面经过，途程较近而且平坦。

铜盆界——在长洞区平道乡西。上下各10里，近山坳一段甚狭窄，界西即象州县之大乐圩。

平洲界——在大进乡之西，上下各五六里，陡斜难行。越界西行，可通象州县之中坪圩。

枫木坳——在六巷区出百丈圩的干道上。为从百丈圩经上堡村入山的隘口，山陡而险，上约5里，下约3里。

洛西坳——在大樟区瓦厂乡通桂平三江区的小路上。沿三江区大坪水北进，到水源尽处，山路狭窄，至坳口附近。路甚陡，上约2里。

滑坪界——为罗香区罗运村通平南鹏化的隘口。上下各约4里，小路在石壁旁，甚险。入内约4里，更有扒沙界，上下各3里，为罗运的第二重门户。

猪婆坳——在罗香区通往平南思旺圩的干道上，地当龙坪乡古谭村与汉区花洲村之间。由思旺进入瑶山，最外的隘口为山坳和佛子坳，形势不险。猪婆坳是这条干道上的第三重门户。坳南较陡而长，坳北较平。上约5里，下约3里。

大坳——为忠良区南部六干乡以东的一个隘口，从蒙山县属夏宜入山的必经之路。山高上下各六七里，但较平缓。

---

① 今金秀瑶族自治县三江乡。

金鸡坳——在忠良区通蒙山新圩的干道上，坳接观音山（不是双合乡的观音山）脉，山势陡峭。坳左临忠良河，水流湍急。坳以西为金泗村。

以上所举，都是瑶山边沿的隘口。至于山内，险陡的隘口更多。如忠良区岭祖与巴勒两村间的石门，为瑶山最险的所在。忠良区与金秀区间的仑浦坳，山高而陡，上下各在10多里。罗香区平竹乡罗梦与六竹两村间的六竹坳，路陡而狭，上下各六七里。罗香区与金秀区分界岭的罗梦坳，亦陡峭难行。罗香区罗香、白牛两村间的大门界，山陡而高，上下各10里。罗香一带坳瑶祖先，曾在此开村立寨，遗址尚存。罗香区罗运村与古陈村间的鹏背界，坳东山高路陡，长凡8里，坳西更陡，但只有4里。罗运、大凳两村间的大凳坳，在圣堂顶侧，山路陡峭，形势险要，上下各六七里。

二、沿　革

（一）唐代以前

万山盘郁的大瑶山境域，在唐代以前，旧籍记载不详，无从稽考，只知在唐永隆以前，分属于龚、蒙、象三州。龚州即今之平南，蒙州即今之蒙山县，象州即今之象州县。各州所辖境界的区划怎样，旧籍中也没有具体的记载，现已无从详知了。

（二）唐　代

大瑶山，唐代属于思唐州，下设武郎、思和二县。据《唐书·地理志》载“思唐州，武郎郡下，永隆二年（681）析龚、蒙、象三州置。开元二十四年（736）为羁縻州。建中元年（780）为正州。武郎下，思和下，本平原，长庆三年（823）更名。”唐代李吉甫所著的《元和郡县图志》里，也有同样的记载，并说明思唐州是“永隆二年前桂州司马夏侯处廉奏割龚、蒙、象三州置”的。

根据历史记载，唐以下历代封建王朝设置羁縻州的地方，都是少数民族聚居区域。唐玄宗开元二十四年（737），既把思唐州一度改为羁縻州，可证那时州境以内的居民必然是少数民族，他们也就很可能（至少有一部分）是现在大瑶山瑶、壮两族人民的祖先。

至于思唐州所辖的武郎、思和两县的县治所在地及其辖境范围，在旧籍中缺乏详细的记载，现在能找到的，据《广西通志辑要》卷十一得州府平南县“胜迹”内载：“武郎废县，在县北，前临驰礼江。”和“平原废县（思和县）在县西北，前临思洪江。”这仅是指明这两个县治的大致方位。至于驰礼江究竟在何处，现在还无从查知。据此次调查中发现，“武郎”这个地名，现在虽已不再沿用，但在金秀区共和乡坤林村盘瑶赵至田保藏的《太祖流支簿》（即宗支簿）里和盘瑶喃神时所念的当地的地名里，也找到一些消息。前者的记载是：“法应（姓赵）同妻赵氏坟山，安葬在广西道浔州府平南县思罗乡武郎里大同水管入甲午冲左手田头岭上。”后者据坤林村60岁老师赵明现说是：“广西省浔州府平南县思罗乡武郎里大同水管入岜押冲坤林村……”据调查，甲午冲现在忠良区六干乡境内，地在坤林村东南约10里。岜押冲则为坤林村下之山溪。由此可知：（1）唐代的武郎县裁废以后，在地理名称上还保存着“武郎”这个地名；（2）武郎里在大同水流域；（3）甲午冲和岜押冲都是大同水的源流，则现在甲午冲附近的六干乡和现在岜押冲流域的共和乡境，都应属于过去武郎里范围。由此推知：旧时武郎县辖境，至少有一部分在现在大瑶山的东南角，即现在县属忠良区六干乡、金秀区共和乡、罗香区大垌乡和平南县北部的同和区①北的水晏圩、马练圩、新利乡一带。因为这些地区都是大同水经流之境。至于大同水是不是驰礼江，则尚待考证。

“思和”这个地名，现在还沿用着。地点在大瑶山瑶族自治县南部边境，即平南县西北部大鹏区的北部，其地紧接罗香区的龙坪乡和古茶乡，是崇山峻岭的山区，仍属瑶山山脉范围。大鹏区内有思和、思洪、鹏到、鹏搏四条山溪，旧称鹏化四水。思和水流域祠堂、中村、大庙、等村一带村落很多，水田也不少，现在划为思和、思乐、思平、思安、罗丹等乡。思和水流域，虽仍为山区，地与大瑶山的罗运乡滑坪村和六巷乡南部的力山、寨山等大山相接，但山峦较低，山谷也较宽敞，稻田既多，住户也较密。平南大鹏区公所所在地以北，有个地名叫瑶王坪的，相传古时曾立过县。此处虽属鹏搏水，但这条水却是思洪水的一个支流。旧籍载思和废县临思洪江，则县治很可能在瑶王坪这个地方。

（三）五　代

唐末五代以后，唐代设置的思唐州区划虽然没有变更，但是名称却经反复改动；石晋时期，曾改州名为“思化”，到了后汉初期，却又复用思唐州旧名。宋代欧阳忞所著《舆地广志》龚州条载：“故武郎县，唐永隆二年（681）析龚、蒙、象三州立思唐州及置郎武、平原二县。长庆三年（823）改平原曰思和。石晋天福初（936），改州曰思化；汉初（947）复旧。”

（四）宋　代

到了赵宋王朝，思唐州曾一度改名为思明州，而且不久就裁废了。至于州下所辖二县，最初是把思和并入武郎，后来又把武郎并入平南了。据宋代乐史所著《太平寰宇记》龚州条载：“废思明州，旧名思唐州武郎郡，皇朝（按指宋朝）开宝四年（971）平南越，改为思明州。”又据欧阳惠《舆地广志》龚州条载：“思唐州……开宝五年改州曰思明。六年废，省（裁并）思和入武郎来属。嘉祐二年（1057）省武郎入平南”。从这些记载里，我们不仅知道了思明州和武郎、思和两县的置废情况，还清楚了赵宋王朝之所以改思唐州为思明州，是在经过一次对广西境内少数民族的血腥屠杀，即所谓“平南越”之后才这样做的。

（五）元明两代

自从宋代废了思明州，并把州下所辖武郎、思和两县并入平南县后，县治远离了大瑶山境，封建统治者的势力，对这片崇山峻岭的瑶族聚居之区，似乎早就显得鞭长莫及了。到了元明两代，却又进一步把它当作“化外”看待。明代封建王朝，虽对瑶山西南角的大藤峡地区，不断实行武装进攻。仅从明宪宗成化元年到明世宗嘉靖十七年（1465—1538）的70多年中，就派遣了韩雍、王守仁、蔡经和、翁万达等进行了三次所谓“大征”，但是在使用了动辄数万以至数十万的兵力，大量屠杀坚持反民族压迫斗争的瑶壮两族人民之后，那些忠于封建王朝的文臣武将在所谓“善后”的条陈奏疏里，只能看到他们建议在大瑶山周围如何设置军事机构，立堡屯兵以资防守，但未提到如何区划

① 今平南县同和镇。

瑶山腹地纳入直接统治之下。

（六）清　代

清代初年，已把整个大瑶山境域，割得七零八碎，分属于沿山周围各州县管辖，并且还划定各州县在瑶山的疆界。我们调查中曾在金秀区长二乡土县村东发现了“永安州西至界”石碑一块，为清乾隆四十二年（1777）所立，这便是一个证明。但是分疆划界之后，并不等于在这片土地上能够直接行使统治权力。据调查了解，除罗香区罗香、龙坪两乡在康熙二年（1663）已向当时平南县缴纳粮赋和忠良区所属岭祖村在乾隆年间开始对当时永安州略有一些供应之外，其余各地的瑶族人民是既不列于编户，也不供役纳赋的。由此可知，瑶山这片广大的土地，虽然早就割碎给沿山周围的永安、象两州和修仁、桂平、平南等县来分而治之，但实际上它们的统治力量还是鞭长莫及的。

到了清代末年，当时政府对大瑶山的统治，比较以前逐渐加强，例如宣统元年（1909）右江道总镇李国治带兵镇压进入瑶山的三点会之后，就在罗运村召集全瑶山七十二村长毛瑶头人和出力的群众开会，把大瑶山分为金秀、滴水、六巷、罗香四团，委派团总分别管治。其四团的大致区划：金秀团管辖原划归修仁、蒙山两县的瑶区；滴水团管辖原划归象县的滴水、长洞一带；六巷团管辖原划归象州县的古陈、六巷一带；罗香团管辖原划归平南的六竹、罗运、罗香一带。有些在进攻三点会时曾纠集瑶族群众放哨把卡或陷阵冲锋的石牌头人，竟被委为团总，还得到清王朝五品军功以下的赏赐。同时，在瑶山东北一角的岭祖、巴勒两处，因不堪金秀、白沙两村石牌头人全胜印等的苛扰，摆脱了石牌的约束，参加了附近汉区忠良一带的太和团，对蒙山县交纳粮赋了。

随着分团之后，平乐府知府欧阳中鹄便拨发库银 2000 元，存修仁典当铺里生息作为基金，在金秀开办了一所小学，平南县也同样拨款在罗香和平林两处设立私塾，招入当地瑶民子弟接受同化教育。

上举这些事例，虽然可以说明清封建王朝的统治力量，已逐步地向瑶山伸展。但是，尽管如此，整个大瑶山内，除罗香和岭祖两地以外，还是既不列为清王朝的编户，也不向当时官府供役纳赋的。团的统治机构，实际上也没有发生多大作用。而瑶山仍然保存着相沿已久的石牌组织。

（七）国民党统治时期

辛亥革命以后，陆荣廷统治广西时期，大瑶山还不曾为军阀们所注意。封建统治力量，似乎还同清末不相上下。到了国民党李、白、黄统治广西的时期，1927 年以后，由于右江革命根据地建立在东兰的少数民族地区，平南、桂平两县的农民协会武装，也是在接近瑶区的马练和鹏化的山区里发展起来的。因此，反动统治者的鹰眼，才注视着这个封建统治力量长期以来都不曾达到的大瑶山。1929 年黄绍竑就派了他手下的亲信黄云焕、魏迅鹏等，分别进入桂平紫荆山的横冲和平南的罗香，借办小学为名，实际上却是在监视农民协会武装被摧残后的革命活动。1933 年右江革命根据地被攻入，桂北五县瑶民暴动被镇压之后，国民党反动统治者，更不能容忍在广西腹地还留着大瑶山这么一个政治空白点，从而不能不千方百计地要来“开化”它，以期把国民党统治势力延伸到瑶山里面来。

国民党对大瑶山的统治，仍然是继承着历代封建王朝的民族压迫政策，采取分而治之的反动措施，其步骤有：

第一步是重新分疆划界，确定分割给沿山周围七县，即桂平、平南、蒙山、荔浦、修仁、象州、武宣等县在山区里的辖境，以便各县负责在其辖境内编组乡村，实现国民党统治的基层政治组织。这事于1935年开始进行完成。

第二步是设立金秀警备区署。1940年，广西省政府借抗日战争局势紧张，应在山区设立军事机构，以防间谍汉奸活动为名，委派潘耀武组织二百多人的军事力量，配备现代武装，到大瑶山中心地区的金秀成立警备区署。最初遭到全山瑶族人民的坚决抗拒，潘耀武不敢贸然入山，只好把机构暂设在修仁县城，为时竟达半年以上。直到同年8月，平乐民团指挥部复派刽子手副指挥官蒋铁民率领团队数百人，配合潘耀武兵力，一同进攻。金秀沿河一带瑶民遭受残酷的烧杀劫掠以后，这个实际上一方面为了压迫掠夺瑶胞，一方面为了防止共产党活动的反动统治机构，才算插进了大瑶山的心脏。

第三步是设立金秀设治局。1942年，广西省政府把金秀警备区署改组，设置金秀设治局。在表面上虽然前者偏重于军事，后者偏重于政治，但在本质上都是个实施反动的同化政策，对瑶族人民实行政治压迫和经济掠夺的机构，名目虽改，还是换汤不换药的。金秀设治局成立以后，大瑶山整个境域，仍然是隶属于沿山周围七县分管，并没有改变分而治之的局面。设治局似乎是分辖大瑶山的7个县的一个驻山机关，除司法事务仍归原县办理外，所有民政、财政、教育、建设等行政事务不再直接由县处理，而是由设治局来负责。

设治局成立以后，国民党政府那套基层政治组织——保甲制度，就随着在大瑶山内严密地组织起来。划归修仁的部分，划为承宁、崇义两乡；划归蒙山的部分，划为岭祖、古朴两乡；划归象州县的部分，划为东北、东南两乡；划归桂平部分，划为木山乡；划归荔浦的部分，划为贵山、三合两乡；划归武宣的部分，划为翁祥村，以其偏在西南一角，距金秀较远，仍归附近汉区管辖。

（八）解放后

解放后，1952年5月，大瑶山瑶族自治区正式成立，才把分隶于各县的地区合并起来，组成自治区统一的行政区域①。1955年8月，自治区改为自治县，把县境内的地区划为7个区，44个乡，其名称如下：

第一，金秀区：辖六拉、金田、和平、共和、长二、六段6个乡，共有村屯36个。

第二，三角区：辖三角、甲江、六秘、江燕、六定、长乐、柘山7个乡，共有村屯63个。

第三，忠良区：辖高源、林秀、双合、永和、三合、六干、中山、车田等8个乡，共有村屯66个。

第四，罗香区：辖罗香、大垌、罗丹、古茶、龙坪、平竹、罗运等7个乡，共有村屯45个。

第五，长洞区：辖长洞、滴水、桂田、镇中、平道5个乡，共有村屯58个。

第六，大樟区：辖大樟、互助（这两乡系1954年由象州县分出并入的）、木山、双化、新村、瓦厂、玲马7个乡，共有村屯68个。

第七，六巷区：辖六巷、大凳、青山、门头4个乡，共有村屯54个。

---

① 1955年8月，县名改为大瑶山瑶族自治县；1958年改属柳州专区；1966年4月，改称金秀瑶族自治县；现属柳州地区管辖。

大瑶山行政区域，虽早在1952年就基本上划定，但划分得不十分妥善的地方还存在。1957年2月已把吊挂在大樟区西南角的木山乡，划归桂平县三江区管辖①。

三、大瑶山瑶族自治县六年来社会发展概况

历史上的大瑶山是受封建剥削和民族压迫极其残酷的地区。因而使得大瑶山变成了地广人稀，生活困难，生产落后，民族之间和民族内部互不团结、互相仇视、四分五裂的状态。

1950年冬大瑶山解放，结束了国民党的统治。6年多来（1950—1956），各族人民在共产党领导下，进行了民主改革及社会主义改造和社会主义建设，取得了伟大的胜利，从而消除了民族压迫和民族内部的隔阂，在政治、经济、文化各方面都发生了根本的改变。

（一）肃清匪特建立人民政权

全国大陆解放后，国民党残余匪帮窜入大瑶山，与瑶头相勾结，到处散布谣言，组织暴乱，致使大瑶山各族人民陷入水深火热的境地。党和人民政府为了解除各族人民的疾苦，1950年冬开始在大瑶山进行剿匪，边剿匪边建立基层政权。但匪势嚣张，妖言惑众，人民群众大大小小跑入“老山”躲藏，不敢与我军接近。为了打开僵局，我军在宣传剿匪政策的同时，结合宣传民族政策，解决了群众的各种疑虑，开始有少部分群众回来。我军复以食盐、布匹等日常用品给以奖励。瑶民深受感动，扩大了影响，接着大批群众随之回来；有的给我军报告匪情，有的帮助送信和带路。军民密切配合，经过3个多月的时间，共消灭了4000多名土匪。同时全县的基层政权也建立起来了。从此社会秩序日趋安定，人民得以安居乐业。

（二）订立团结公约，废除特权，加强民族团结，发展生产

社会秩序既安定，因而加强民族间和民族内部的团结，发展生产，便成为广大人民切身利益的一致要求。团结与生产是一个问题的两方面：即涉及阶级压迫与民族关系的问题。

大瑶山瑶族除了长期与汉族统治者存在着矛盾（这是主要矛盾）之外，就是瑶族内部

① 自此之后县行政区划已发生多次改变：1957年，金秀区增设乡级金秀镇，全县辖43乡1镇；1958年，蒙山县西河区福垌乡一小部分村屯划归忠良区高源乡管辖，同年8月，全县农村实行人民公社体制，原有各区改为人民公社，区属乡村设大队及生产队，新设部分大队；至1959年6月，全县分为7个公社、49个大队、224个生产队；1961年6月，三角公社分为三角、柘山2个公社，罗香公社分为罗香、罗运等5个公社，金秀镇升级为公社级镇，全县共有1个镇、9个公社、80个生产大队、477个生产队；1962年8月，撤公社恢复区的体制，下设小公社，小公社下设生产队，全县设7个区、46个小公社和金秀镇；1969年撤区，恢复政社合一的人民公社体制，全县划分为7个公社、56个大队、1个大队级镇、691个生产队；1980年6月，县城金秀镇升格为公社级镇，辖六拉大队及原金秀镇街道委员会，全县辖1镇7公社；1984年7月，象州县桐木公社及鹿寨县头排区划归金秀县管辖，至此，全县共辖8个公社、1个区、1个镇、70个大队、7个小乡、1192个小生产队；1984年10月，撤公社体制建立乡村体制，桐木公社改为桐木镇，头排区名不变，其他各公社改为乡，乡镇下设村民委员会；1987年4月，金秀乡与金秀镇合并，称金秀镇，头排区改为头排乡；1987年8月，析桐木镇、头排乡、三角乡，增设七建、三江二乡，同年，全县所有的村民委员会改置为村公所，并以自然村为单位设置村民委员会，至该年年底，全县共设2镇、9乡、77个村公所、486个村民委员会；此后变化不详，只知1995年头排乡改头排镇。

族系之间也存在矛盾。瑶族内部矛盾主要是长毛瑶与过山瑶。从阶级关系来说即“山主”与“山丁”的矛盾。矛盾的经济基础：长毛瑶占有一切特权，过山瑶则一无所有，耕田种地、下河打鱼、吃的水、走的路、屋场、坟地等都要向长毛瑶交租。由此可见其矛盾的焦点在于特权。为了达到“各族一律平等”，“逐步解放生产力”，“发展生产”，应从放弃特权入手。“特权”问题的实质就是阶级压迫，但是这种特权为坏瑶头所利用来挑拨民族关系，因而引起了这个民族或族系与另一民族或族系之间的互相仇视，一句话即阶级压迫与民族关系相结合的问题。由于矛盾的错综复杂，如果采用汉区的阶级斗争的方式，当时群众政治觉悟低，不但矛盾未得到解决，反而会加深民族间和族系之间的矛盾的可能。因此采用另一种方法，根据瑶山原有的石牌制度特点，以一种较缓和的“团结公约”的形式，来解决这个错综复杂的矛盾。其公约条文如下：

大瑶山团结公约

我大瑶山各族各阶层人民，自解放后，在中国共产党、毛主席领导教育下，大家认识到，过去各族及民族内部不团结的原因，是国民党统治者和少数坏瑶头挑拨离间所造成。因此，今后大家必须互相谅解，不计旧怨，共同在中国共产党、毛主席、人民政府领导下，亲密团结，并订立团结公约六条，共同遵守不渝：

（一）长毛瑶为表示团结，愿放弃过去各种特权，将以前号有公私荒地，给原住瑶区各族自由开垦种植，谁种谁收；长毛瑶和汉人不再收租，过去种树还山者不退，未还者不还。

（二）荒山地权归开垦者所有，但荒芜一年以上，准由别人开垦。杉树山砍后，如隔一年不修种，则该山地可自由开垦，准谁种谁收。水田荒芜五年以内者，经别人开垦后，三年不收租；荒芜五年以上者，可自由开垦，谁种谁收。

（三）老山原有杉树、香菇、香草、竹、木等特产，仍归原主所有，不应偷取损害；但无长毛瑶培植特产之野生竹木地区，可自由培植香菇、香草。

（四）经各乡各村划定界之水源、水坝、祖坟、牛场不准垦殖；防旱防水之树木，不准砍伐；凡放火烧山，事先各村约定日期，做好水路，防止烧毁森林。

（五）除鸟盆（按：鸟盆为在大森林中的捕鸟工具）附近外，山上可自由打鸟。各地河流，准自由钓鱼、放网，但如放麸闹鱼（按：放药毒鱼）应互相通知邻村集股作份，不作份者，只能在界外捡鱼。

（六）瑶族内部，原有水田的租佃关系可由双方协定，但不须超过主一佃二租额。除地主富农外，有力自耕者，可收回自耕，但不须换佃。

以上公约，如有违犯或纠纷，由各族各阶层人民选出代表成立各级协商委员会调处，并会同各级政府按情节轻重处理。凡住在我大瑶山人民（包括汉人），均须遵守。各乡各村可依本地情况另订具体公约，但不得与本约相违背。本公约修改权，属于大瑶山各族各界代表会议。

大瑶山各族代表会议订立

公元一九五一年八月廿八日

大瑶山团结公约补充规定

我大瑶山各族人民一年多来，在执行大瑶山团结公约中，加强了民族团结，发展了生产。我们为了彻底贯彻团结公约精神，完满解决具体实际问题，特根据目前实际情况，本着有利团结、有利生产的原则，作如下补充规定。

第一条：关于种树还山问题

（1）订有批约者，以批约为准，已退批约者为还山，未退批约者为未还山，已还者不退。未还者不还。

（2）没有订批约者，或订有已遗失者（指种树者失批约），原则上按谁种谁收，如双方争执时，双方亲自到区人民政府报告，在不伤民族感情原则下，协商处理，但根据历史社会情况，应多照顾种树者。

（3）承批人向出批人批山岭开荒种地而出批人去种树，不管有无批约，由双方协商处理，按双方所出劳动力多少来分树，根据历史情况及社会情况，应多照顾开荒者。

第二条：关于山权问题

（1）为当地各族人民公认历来没有开垦而树木成林的山叫老山，该老山可以培植土特产者不准开垦，各族人民可以自由到老山培植土特产，并加以保护，但为了避免彼此猜疑，可以协商划分地区各自培植。

（2）开伐过之山现已成林者，可根据当地情况在保护森林与水源原则下，由政府领导通过当地各族代表，划定若干森林区封山育林，但为了解决靠种地为生的贫苦群众要求，经区人民政府批准可在林区开荒。

（3）水源发源地由政府领导通过各族代表划定水源范围内之林木不应砍伐，以免损坏水源，不利灌溉，除此之外不得乱扩大水源范围，限制开荒。

（4）牛只应有专人看管，不得乱放，牛场地点大小由当地乡人民政府协同代表，根据牛只多少和需要，协商踏勘划定牛场范围。但牛场不要过宽过多。

（5）村边附近的柴山归该村所有，不得借口生产而在村边柴山开荒。

（6）开荒时石头滚到别人田、地、水沟、水圳，由开荒人负责搬开，坏者修理，并注意不让泥土冲到别人田里。

第三条：关于瑶区内部租佃关系问题

租佃关系应根据发展生产，提高生产积极性的原则，其租额规定由双方协议，原则上以每亩①产量在五百斤以上者租额不超过主一佃二，三百斤至五百斤者不超过主一佃三，三百斤以下者不超过主一佃四，如原租额低于此规定者照旧不变，并以解放后1951年每亩产量为准，双方订立新批约按批约交租，今后佃户加工加肥所增产的粮食，全归佃户所有，如因灾情减产，双方协商，按灾情损失轻重酌情减免。

一九五三年二月二十四日起草

公约的内容，是根据当时群众的觉悟水平和要求，只能解决“自由开荒，改善租佃关

① 土地面积常用旧制单位。1亩＝0.0667公顷＝667平方米。

系，放弃特权”等问题。以上的形式与内容，首先在试点进行试验，分两方面进行说服教育工作。在长毛瑶中，先由各阶层中的先进分子带头，表示愿意放弃特权。将以前号有（占有）的公私荒地，给原住瑶区各族人民自由开荒，谁种谁收，长毛瑶和汉人不再收租。先进分子思想弄通后，再通过他们去教育长毛瑶各阶层群众，在大家都愿意“放弃特权”的思想基础上，再在过山瑶中进行“不计旧怨”的教育。双方思想打通之后，于1951年8月召开各族各界代表会进行协商，制定大瑶山团结公约，把公约条文刻在石牌上（1953年又作补充规定，但未刻石），并用大瑶山最隆重的传统形式，在石牌前面喝“血酒”表示永远按团结公约办事。团结公约的订立标志着大瑶山各族人民走向新的历史阶段，通过团结公约的形式去消除历史上遗留下来的民族间和瑶族内部之隔阂，逐步地废除特权制度，贯彻了开荒自由、谁种谁收的政策，从而刺激了各族人民生产的积极性。从政治、经济上削弱了封建统治基础，大大加强了民族团结。在自觉自愿之前提下，有的长毛瑶把田送给过山瑶，有的拿粮食去帮助过山瑶开荒。在大家互相谅解不记旧怨的基础上，用民主协商方式两年内共处理了各项重大的民族纠纷案件1370件。随着民族团结的日益巩固，同时也掀起了发展生产的高潮，一年之内，平均每人增产1~3个月的粮食，加上党和人民政府的大力扶助，生活有了很大的改善。

（三）成立区域自治

团结公约订立后，经过一系列的具体工作，民族关系日益趋于正常，生产得到发展，生活得到改善，各族人民热烈地拥护党和毛主席。瑶民说：“共产党毛主席好像东方的红太阳，照暖了我们瑶家的心。”但有的瑶民又反映说：“有了人民的政府，人民的幸福才有保障，有自己的人办事就更好，好像我们吃菜一样，甜、酸、苦、辣，只有自己才知道。”这说明了各族人民政治觉悟有了进一步提高之后，迫切地要求解决他们的政治权利——政权问题。党和人民政府根据民族政策及各族人民的要求和上层人物的意愿，进一步满足与实现瑶族人民当家做主的权利，于1952年实行区域自治。在半年时间内，经过广泛深入地宣传民族政策，充分发动群众，培养干部，团结各阶层人民，在发展生产的基础上，从下而上地完成了县一级的自治机关，从此瑶族人民成了国家的主人。因而激发了各族人民无限的爱国热情，民族间和民族内部更加团结，生产劲头、政治觉悟空前提高，密切了党和人民政府与各族人民的联系，从而更加拥护党和毛主席。正如六段乡乡长苏扶主（瑶）说的：“共产党是针，我们是线，你把针拿出来，我们把线穿过去，就能缝好衣服”（意思是只有跟共产党走，永远不会错的）。在展开民族区域自治运动的同时又结合检查和贯彻团结公约，更深入地刺激了各族人民的生产积极性。当年春天开荒21 000多亩地，其收获平均每亩产量在100斤至150斤，这一巨额的增产量为各族人民增加2~3个月的口粮。因而大瑶山各族人民从1954年开始对国家履行了自己光荣的职责，超额地完成了公粮任务（过去没有公粮负担）。因此代表们兴奋地说：“我们过去被国民党统治者推下水去，今天共产党毛主席把我们救起来……”有些瑶胞用山歌唱出自己的心里话：“太阳出来红又红，中国出了毛泽东，领导瑶民翻身了，你的恩情海样深。”这充分地证明了党的民族政策的正确伟大，而取得各族人民衷心拥护。

（四）普　选

根据我们国家的基本制度，在区域自治的基础上，通过普选方法来产生各族人民代表大会。大瑶山于1953年6月至10月以4个月的时间，完成了42个乡的选举工作。为了达到家喻户晓，深入又全面地发动群众，当时集中了一切力量，经过一家一组一村，由下而上地进行深入宣传教育工作，充分发扬民主，严肃地尊重人民当家做主的态度来完成普选。通过普选，改善了干群关系，很多乡订立了拥干爱群公约。普选的意义，既教育了全体干部也提高了人民群众的政治觉悟；干部深刻认识到只有在广大人民的支持之下才能搞好工作，进一步体会到为人民服务的光荣，不安心工作的安心了。如三区林秀乡女乡长李佩珍（瑶）说："过去在工作中碰到一些困难，就不想干了；如果现在群众仍然选我为乡长，自己背米来食我也干。"许多选民都在选举大会上讲了话。如六定乡苏扶本说："现在我们真正当家做主了。国家大印掌握在我们手中，我们要搞好生产和团结，拥护干部，来建设我们自己的祖国。"由于各族人民都热烈地参加政权建设工作，普选面达87.7%，选出乡人民代表大会代表627人，并产生了县一级的人民代表大会代表，从而更进一步地巩固了各族人民当家做主的权利。

（五）宣传总路线和贯彻统购统销政策

大瑶山的各级干部和各族人民与全国人民一样都学习过国家过渡时期的总路线总任务。1953年12月召开了县、区、乡三级干部会议，先干部后群众层层贯彻。通过这一学习，干部及群众明确了奋斗目标和应走的道路。在学习前，有些干部认为大瑶山山高路又远，交通不便，没有发展前途，无法走到社会主义社会，对瑶山的发展方向认识不清，因而不安心于山区工作；有的甚至买田回家生产；有的做买卖生意，靠非社会主义的经营。通过学习和新旧对比，瑶民的社会主义觉悟逐步得到提高，认识到走资本主义道路走不通。只有走人人富裕，共同上升的社会主义道路才是光明大道。方向清楚了，工作信心也提高了，在干部思想提高的基础上，再去向广大群众展开宣传教育工作。在群众对总路线热烈拥护和上层人物赞助下，接着开展粮食收购和统销工作，通过粮食政策的宣传，人民群众更加明确了总路线的正确性，为实行土地改革打下了良好基础。

（六）土地改革

团结公约的订立与贯彻，实行粮食统购统销，基本上削弱和动摇了封建地主阶级的经济基础。为了彻底废除封建的土地所有制，改变为农民的土地所有制，使广大农民在经济上得到彻底的翻身，以达到进一步的解放生产力的目的，1954年2月开始土改。土改开始之前，于1953年冬进行了3个典型乡的社会经济调查（滴水、六段两个瑶族聚居乡和三角乡瑶汉杂居乡）。调查的结果是：瑶山地主一般少而小，必须根据这一特殊情况来进行工作，所以在方针上是坚决采取"慎重的、温和的、有区别、曲折的"阶级斗争。在阶级路线上照《土改法》办事，并特别注意贯彻中央对少数民族地区土改的七条原则。

瑶山的地主一般是少而小，阶级压迫与民族关系又息息相关。为了要消灭地主又要照顾民族团结，在具体问题上作出了若干补充规定和做法：

（1）对地主阶级划分为三类：第一类即地主当权派；第二类为中等地主（经济剥削在7000斤谷以上，解放后无显著反动行为的）；第三类为小地主（经济上是小地主，政治上无反动行为，群众意见不大，一向开明的）。对第一类的处理与汉区一样。第二类采取批评方式：由群众先酝酿，再在代表会或代表联席会上，命本人坦白认错；再次由群众批评。对第三类，不斗争也不批评，只在农会上承认表示守法，在群众中宣布其阶级即可。

(2) 在土改中原则上不捕人，但是下面两种情况可以逮捕。即：①第一类地主在土改中有严重破坏行为，本民族大多数人有要求，而且有逃跑的可能时。②在土改中地主和被管制分子有现行反革命活动的。

(3) 划分阶级仍按照国务院公布划分阶级的决定来划分，但在内部掌握就低不就高的原则……

(4) 只没收地主田、地、山林。征收富农出租的田、地、山林。其他资财不没收不征收。

(5) 在分配果实时强调民族间公平合理，并采用互相赠送的方式，以利民族团结。

为了保证以上若干规定得到实现，在土改过程中自始至终贯彻民族团结与阶级斗争相结合为宣传教育重要内容之一，也是处理问题原则之一。例如在民族杂居区，斗争本民族的地主时，应以同族的农民为主，由同族干部去领导斗争会。在分配果实时，加强瑶、汉农民是一家的思想教育，以消除瑶、汉之间的意见分歧。在瑶族内部分配果实也加强团结教育，也采取互相赠送的方式，作为民族间的调剂。这种做法，既有利于团结又利于发展生产。

经过4个多月的土地改革，总共没收和征收地主富农的果实有：

没收的：

田：877亩。

地：362亩。

杉树：164 742株。

茶山：114亩。

山林：38亩。

征收的：

田：236亩。

杉树：40 328株。

上列果实计分配给农民的数量是：

雇农：309户976人，分得田141亩3分①。

贫农：1440户6351人，分得田285亩5分。

中农：203户1076人，分得田100亩。

其他阶层：16户68人，分得田11亩5分（还有其他生产资料及生活资料，缺乏具体数字）。

通过土地改革运动，锻炼了大批民族干部，而且广大农民也认识到民族压迫的实质是阶级压迫。由于政治觉悟大大提高，因而民族间和民族内部比以前得到团结互助友爱了。如六段乡乡长（茶山瑶）主动地把乡内好田和房子分给7户盘瑶以表示欢迎他们下山居住；并表示土地改革后愿继续帮助他们解决生产生活上的困难。由于打倒了封建势力，农业生产力得到解放，生产潜力得到发挥。据1954年下半年统计（上半年土改结束），仅就土特产计算，产值已达39万元，占粮食总产值的35%。增加了各族人民的收入，改善了各族人民的生活。

---

① 旧制计量土地面积单位。1分=0.1市亩=66.7平方米。

（七）互助合作运动

土地改革使农民的生产力得到进一步的解放。但瑶山 80% 以上是非富裕农民，他们在生活上、生产上还存在一定困难，所以积极要求组织起来，发展生产，改善生活。

关于组织起来，不但农民积极要求，而且大瑶山有它的客观有利条件：大瑶山一向有着互助习惯，俗称为“打背工”。另外大瑶山有半数以上的过山瑶（盘瑶、山子瑶）在解放前多种山地，虽然谁种谁收，但他们自己并无土地或仅有很少的土地，团结公约订立后，山地又归公有，他们的私有观念较薄弱，比较容易接受社会主义改造。

所以大瑶山土改一结束即全力投入生产，开始组织临时互助组、常年互助组、联合互助组。参加农户有 6607 户。在这个基础上于同年下半年，以栃山乡黄元边文互助组试办第一个初级农业社，树立旗帜，取得经验，立即铺开分批建社，边建社边整顿提高，互助组也是这样。直至同年年底共建 28 个初级社，参加农户有 458 户，占总农户的 7.03%。再加上互助组的组织面，共占总农户的 56.17%。建立起来的 28 个社，一个都不垮。年终结算有 80% 以上的社增产增收，粮食产量，以全县每人平均计算，已达 600 斤左右。

1955 年，进行了边建社边巩固工作，达到乡乡有社，组织面达到 32%。1956 年基本完成了合作化的布局，组织面达总户数 60% 以上。1957 年主要是扩社，组织面达 85% 以上（2 月统计数字）。

以社的数量计，截至 1956 年底，建立 87 个高级社，其中民族联合社 55 个，其余的是单一民族社。

大瑶山互助合作的发展，基本算是健康的，速度也是较快的。这是由于有党的正确领导和人民政府的支持。另外当地的党政工作干部能深入调查研究，抓住山区民族特点办事，对开展互助合作运动也起了一定作用。现将其行之有效的办法和应注意的问题列于下：

（1）过山瑶种地一向是集体开荒。解放后团结公约的订立，这些山地多为公有，虽然谁种谁收，但私有观念仍较薄弱，只要是出于自愿，不一定要经过互助组这一形式，可直接组织合作社。

（2）山区地广人少，住居分散，不能强调人多集中才成立社。

（3）本民族或本族系比较互相了解，在办社中，举行示范参观时，最好同一民族或同一族系及同一地区自然条件的农民去参观同族或同族系及同样自然条件的地区，这样容易接受和取得相信。

（4）瑶族不但原有互助习惯，而且民族情感也比较浓厚。在划组及在全面规划建社时，要出于自愿，照顾民族感情，这样既方便于耕作又利于民族团结。

（5）通过与人民有联系的上层人物，“登山”调解纠纷，或到民事纠纷案件多的地方去进行和解，这样可以解决建社办社中的一些问题。

由于一系列的民主改革及互助合作运动的开展，人民政府的大力支援，5 年多来大瑶山农副业生产大大提高，仅就粮食计，由每人每年缺 3～6 个月的口粮，一跃成为一个粮食自给县。正如中共大瑶山县委会的《大瑶山瑶族自治县五年来工作的介绍书》所说的：“瑶族人民在粮食问题上已经站了起来，能用自己的腿来走路了……”正由于丰产增收，农民购买力也相应提高，随即兴建了四个小市场，信用社、供销社也得到发展，营业额也有提高。

（八）民族干部的成长和党团组织的建立

1. 民族干部的成长

大瑶山的干部大部分是解放后在各项实际工作中培养起来的。1952年区域自治开始时，仅有瑶族、壮族干部20人（区乡干部）。区域自治后，贯彻了“大胆、大量地破格培养提拔少数民族干部”的方针。民族干部随之大量成长起来。到1956年冬全县共有干部940名（男817人，女123人），其中汉族463人，占总数49.2%，瑶族338人，占总数35.9%（茶山瑶169人，盘瑶92人，坳瑶43人，山子瑶14人，花蓝瑶11人，外县瑶族9人），壮族139人。仅就县、区、乡脱产干部计：瑶族、壮族干部312人，16个县级干部中瑶族占10人，县人委会正副科长8人中少数民族干部4人（瑶族3人，壮族1人）。还有公安局、法院、银行、贸易公司、文教机关、卫生部门等单位负责干部的副职（副局长、副院长、副行长、副经理）都是瑶族干部，基本实现机关民族化。

大瑶山民族干部不但数量增长很快，而且质量也相应地提高，这些干部一般积极肯干，工作深入，联系群众好，能胜任职责。这一成绩之取得，一是由于贯彻了党的民族干部政策，另外当地党委根据民族地区的特殊情况，采取如下几个方法也起了一定作用。

第一，在实际工作中，有计划地运用带徒弟的方式培养民族干部。物色对象，首先了解其历史及社会关系，然后再了解其发展前途和思想感情等特点。一般少数民族干部刚出来时，对领导及能力较强的以及生疏的干部不愿意接近，因此必要通过“交朋友，打老同”（解放前打老同是瑶族很盛行的习尚，与汉区的交朋友是同义）形式，来与他们在生活上思想感情上融洽在一起，再进一步去帮助解决实际工作中的困难。不能要求过高，必须表扬其点滴进步，多鼓励其上进。在必要和可能的条件下，关心并协助解决生活（包括家庭困难）上的问题。这样一则使其思想觉悟和业务能力提高快，二则使他感到革命队伍的温暖，安心工作。

第二，组织参观，上训练班学习，有计划地组织干部到省内外各大城市工业区和农业先进地区去参观。通过活生生的事实，以提高社会主义觉悟和爱国主义热情，实效很大。如罗香区区长盘炳炎同志，工作很怕困难，退坡思想严重，后让他参加赴朝慰问，亲眼看见了中国人民志愿军和朝鲜人民军艰苦奋斗战胜敌人的英雄事迹，深受感动。他回县后说：“过去我不想干工作，怕困难，实在太不应该了。”从此以后，他工作学习积极肯干，现已成为共产党员，并当上了副县长。

新参加工作的民族干部，很多是没有文化或文化很低的，能力也较低。因此在工作中的困难也较多，从而产生退坡思想，为此必须有计划地让他们到省内外及县举办的各种训练班去学习，以提高思想认识和文化水平，效果显著。现在县、区的民族干部都能看书写信了，也能单独进行工作了。

第三，培养干部要从长远打算出发，对象既确定了，必须长期着想，全面培养。不能因发现其有一些问题，便放弃培养，必须本着“跌倒了扶起来；再跌倒了再扶起来”的精神耐心进行培养。

第四，干部提拔起来以后，还须做好几个工作：

①根据工作需要和本人特长，照顾其喜爱，适当地分配工作。

②保证他们在实际工作岗位上有职有权，正副职之间分工要明确，联系要密切。

③在进行工作的前后，要教导其研究政策方针与做法。领会精神实质之后，大胆放手去工作，工作结束后帮助作总结，先肯定成绩，再指出不足之处。

④帮助建立威信，如开会作报告，掌握会场或小组会讨论。这样可以逐步提高威信，同时也提高能力。

⑤搞好瑶汉干部的团结，互相学习，取长补短。

⑥组织干部学习民族政策，提高认识。纠正大汉族主义和地方民族主义的思想作风。

⑦对于一些不安心山区工作的汉族干部，除组织他们学习民族政策之外，同时还有计划地把他们下放到农村，了解和体会少数民族生活和思想情感。从而使其丰富生活思想内容，认识到在山区工作同样是光荣的，建立为大瑶山各族人民服务之观点。据自治县1957年的统计，全县有200名汉族干部，有95%以上安心工作。

2. 党团组织的建立

几年来大瑶山党委、团委有计划有步骤地在民族干部和人民群众中发展党团员。据1957年春统计，县直属机关瑶族15人是党员干部，农村有142个党员，22个支部，占总乡数50%。党的助手青年团员有407人，33个支部，占总乡数76.3%。

在发展党员时，其入党条件瑶、汉干部要有所区别，不能同样要求（如觉悟程度），但也不能凑数。

在中心任务运动中，经常注意发现和有意识地培养入党对象，在运动中锻炼之后，具备了条件即马上发展。

（九）林副业的发展

1. 林　业

大瑶山地多田少，森林资源丰富，根据这一特点，大瑶山各级党政领导，注意贯彻“以林为主，开展多种经济多种经营”的生产方针。“靠山吃山，靠水吃水”，这是大瑶山干部及人民群众贯彻山区生产方针的口号，从而也说明了大瑶山是极其重视造林护林防火工作的。

几年来大瑶山对林业工作虽然不忽视，但群众性的造林运动是在1955年才开始。

为了开展林业工作，大瑶山几年来的林业机构和国营林业耕作面积都相继建立和扩大。据1956年下半年统计：有林场一所，耕作面积1473公顷①，其中苗床面积35市亩②，苗田2块，育苗面积67市亩。从1953年至1956年，共训练了林业积极分子500人，共培植了杉树、松树、油茶、油桐、八角、玉桂、茶树、棕榈、乌柏、苦楝、竹等。以面积计共7998公顷，其中1955年造林面积有6076公顷。

林产，单就1956年砍伐杉树11 000立方米，价值22万元。

森林储藏量约有134万立方米，其中天然林65万立方米，其余为人工造林。若按连年生长量计，以30年为一轮伐期，则每年可采伐2500至30 000立方米。

2. 土特产

土特产有香草、香菇、天花粉、油桐子、油茶子、八角、桂皮、蜂糖等几十种。

关于土特产产量和产值：仅就贸易公司在1954年至1956年的收购数计共1 784 862斤，价值为20多万元，又以1956年全县各地贸易公司收购总值计为581 622元。

林业和土特产是大瑶山的生产大头，1954年总值为39万元，占粮食总产值的35%以上。

---

① “市亩”即亩，是一种土地面积的旧制计量单位。1市亩＝0.0667公顷＝667平方米。

② “公顷”是一种旧制计量面积单位。1公顷＝1000平方米。

大瑶山林业、土特产分布表

区别	用材林	经济林	土特产
一区	杉树：六段、长二2乡	油茶：和平、共和2乡	香草、香菇、干笋：六拉乡 茶叶、花生：和平乡
二区	杉树：六定、六秘2乡	油茶、油桐：六定、六秘、江燕、柘山、三角、长乐6个乡	茶叶：江燕、甲江2乡
三区	杉树：林秀、车田、忠良、三合、永和5个乡	棕：高源、林秀、六干3个乡	黄麻、苎麻：车田、林秀、中山3个乡 薏米：高源、中山、车田、林秀
四区	松树：龙坪乡	八角：罗运乡 桂皮：平竹乡	天花粉、茶、干笋：罗运乡 香菇、干笋：罗香、罗梦2乡
五区	杉树：平道、长垌、镇中3乡 松树：镇中乡	毛竹、南竹：镇中乡	茶叶：镇中乡
六区	杉树：瓦厂、木山2乡	油茶：双化乡 油桐：玲马乡	天花粉：木山、瓦厂2乡
七区	杉树：门头、六巷2乡	油茶	天花粉：门头、六巷2乡
备注	大瑶山出产400多种药材，各区乡都有，而且丰富。		

（十）工商业及财经工作

1. 工　业

自治县地处山区，只有小型手工业，如缝纫、木工、竹工、皮革、打铁、打首饰、理发、织布、碾米、榨油等。从业人员瑶、汉、壮都有。其中瑶族大部分仅以此为家庭副业（制皮革、理发、车衣行业没有），专业的以汉壮为多，汉人更多。据1954年计专业人员达98户131人。经过工商业的社会主义改造以后，有的已经转业。截至1956年下半年，加入车缝合作社的20户30人，铁工、首饰、皮鞋、织布、制皮革等综合合作社10户。其他专业人员，也基本上组织起来。

大瑶山的工会联合会，是1956年4月才建立的，会员包括国家企业机关、文教卫生、建筑、搬运等11个单位，共有会员416人，其中瑶、壮族占185名，汉族231名（其中党员65名、团员85名）。

2. 商业及财经

地方国营商业及其他企业机关主要是为各族人民收购土特产，再次是为其他货物的周转而设的，这些机构的设立开始于1952年。除县城直属企业单位之外，各区乡也建立了分站和组，供销社分布在7个区镇有27个，人民银行7个区都设立一个营业所，贸易公司分别在大樟、忠良、罗香3个区设购销组。食品公司有大樟、忠良两个收购组。

兹列金融、贸易两个系统的发放贷款及营业情况于下：

银行：几年来，发放各种贷款144 248万元。据1956年下半年计，全县共建立了44个信用合作社，共发放贷款13万元，吸收存款30万元。金融机关成立后，几年来（1956年以前），共调入人民币流通额为1306万元。这宗货币流通于大瑶山，不仅活跃了商品的交换，并且促进了各种企业的发展。

贸易公司：供销日常百货有5000种以上，同时也收购了大批的土特产，以1956年计，购销总金额购进了838 000元，销售了713 000元。

其次供销社的营业也在逐年发展，以1956年计，供应总值为72万元，收购总值为36万元。这些机构都是分布在各个村屯，直接地为各族人民服务，从其营业情况看充分反映了山区人民生活有了显著的提高及证明了大瑶山土特产的潜力是无穷的。

解放前大瑶山除金秀有几家做小买卖之外，其他东西都要到山外购置。解放后几年来成立了四个小市场，其中金秀人民市场较为热闹，每天约有几百人来往。

其他：1956年修筑了金桐公路，长约30多公里。此路是大瑶山与山外运输联系的要道。另外大瑶山于1955年设立一所发电厂，马力53匹，供给县城各机关及城镇部分居民用电，从此这个幽静的山城也被电灯照耀得光明灿烂了。

（十一）文教卫生

1. 教育文化

解放几年来（至1956年底）大瑶山教育事业的改变和发展是稳步前进的。小学教育已经普遍推广，各个区都设有较大的小学，44个乡也各设有1~2所小学校，其中以金秀（县治所在地）完小较为完备。据1956年计有6个班级，学生253人，教师11人（其中瑶族2人，其余为汉人）。小学生人数，以全县计共有3820人，占全县总人口11%强。还有不少适龄儿童还未入学。

1954年秋开始在县城附近建立一所初级中学，校舍是新式平房建筑，教室6个，学生宿舍2个，职工宿舍12小间，实验室、图书室均有。1957年又扩建校舍两幢。

从开办到1956年度共有3班，学生167人，其中男生143人，女生24人，以族别分：瑶族47人（茶山瑶28人，盘瑶14人，坳瑶4人，花蓝瑶1人），壮族74人，汉族46人；就籍贯分：大瑶山占117人，邻县的瑶人和壮人占50人。约半数以上的学生领取助学金，并享有借用蚊帐、脸盆、冬衣等优待。全校教职工12人，其中教师9人。教师中壮族1人，其余是汉人（以上是1956年收集的材料）。大瑶山民族中学的建立，是大瑶山历史上的大喜事，正如瑶胞刘道南所讲的："我们瑶家子女能上中学读书，这是解放前我们连想也不敢想的事，今天居然成为现实了。"

现将全县教育事业发展动态列表如下：

年度	学校总数	学生增加数			教师增加数			备考
		总数	瑶族	壮族	瑶族	壮族	总数	
1951	34	1 385					57	
1952	66	2 764	1 829	123	12	22	92	
1953	76	2 735	1 801	90	19	24	109	
1954	89	3 130	1 614	637	6	34	138	1954年成立中学
1955	89	2 611	1 237	594	12	36	151	
1956	89	3 820	1 894	777	25	36	170	

文化事业的设施是从1952年开始建设，县城设立文化馆一所，报刊有54种，普通读物2215本（以上是1956年统计）。在广大农村也建立了机构，共有38个俱乐部。并有一个电影队，经常深入山村巡回放映，受到广大人民的欢迎。

2. 卫生事业

从1952年起在县城成立医院，有25张病床和各种手术器械的设备。全县7个区各设一个卫生所，人员配备：医生1~2人，护理员、保健员2~3人。目前（指1956年）全县卫生技术人员共57人，其中汉族29人，民族干部28人，其中壮族9人，茶山瑶11人，盘瑶4人，坳瑶2人，山子瑶、花蓝瑶各1人，这些干部都是解放后培养起来的。

1953年至1956年，留医和门诊人数已达到11万多人。大瑶山比较流行的病症计有：疟疾、痢疾、麻疹等，尤以性病为严重。据1956年计，患疟疾1766人、痢疾292人。麻疹293人得到治疗。

从1956年起建立了一个防疫站，工作重点放在对性病的检查和预防上。因为性病的流行，在瑶山几乎各区都有，只是程度不同，严重的如六段屯犯性病者占全屯人口70%以上。几年来人民政府大力宣传预防性病，卫生人员也长年地深入各个村屯做好预防和治疗工作，性病在逐年减少。

二、政　治

一、石牌制度

石牌制度究竟是怎么一回事？简单说来，它是大瑶山瑶族把有关维持生产活动、保障社会秩序和治安的原则，制成若干具体规条，经过参加石牌组织的居民户主的集会和全场一致通过的程序，然后或是用文字把它记录下来加以公布，或是用口头传播开去，使全体居民共同遵守的一种特殊性的“约法”。而这种“约法”的执行者，则是当地群众所公认的自然领袖——石牌头人。

大瑶山的石牌制度，是一种特殊的政治组织形式。根据调查中已经获得的材料，知道这种政治制度，大概从明朝中叶以后直到1940年国民党广西当局势力还未伸入瑶山之前，都一直在延续着。由于瑶山社会历史条件的限制，国家的组织形式未能形成，这种带有浓厚的原始民主性质色彩的石牌制度，便担负着类似国家机构的政治任务和军事任务。在没有国家机构为其前提条件从而产生比较周密的成文法律之前，这种极其简单的类似乡村公约的十多条成文的和一些仅从习惯而不成文的石牌法律，却起着对内保护农村副业生产和维持社会秩序，对外团结各个族系一致抵御强暴的积极作用。

石牌制度是随着时间的推移而不断发展的。根据现已获得的历史材料看：就它的组织说，是由合而分，又由分而合的。就它的会议说，是先全场一致通过的形式而后渐到为少数石牌头人所左右的。就它的头人产生的过程说，是先由社老判事而后才有专理政治的石牌头人的。就它的法律内容说，是先由着重保护生产和财产而后到着重抵御强暴侵扰的。

如果单从石牌头人由群众公认而自然产生的过程，从会议必须全场一致通过的形式，从石牌群众可以捕杀溺职的石牌头人的现象等方面着眼，它的原始民主形式的色彩是极其浓厚的。不过，这仅仅是一个方面。另一方面，它既然成为类似国家性质的一个机构，在已经产生阶级分化的瑶山社会里，它必然要为某一阶级服务。山内绝大多数的石牌，都全由“山主”村庄住户组成，“山丁”自然不能享受石牌法律所规定的平等权利。而在“山主”之间，也不尽一律平等。金秀、白沙、六拉、昔地四村，分别组成了“百八”和“五百四”两个大石牌，在它统辖下的各山主村落，虽然也分别组织了各村或联村的石牌，但仍不能脱离这两个大石牌的领导，或竟称这四村的头人为“父母”或“父母官”，其间等级关系是很明显的。至于过山瑶，由于必须租耕“山主”的山地而处于“山丁”的经济地位，虽然有的也组织了本族系的石牌，但在政治的性质上，只能在参加石牌的居民内部起作用，“山主”是满不把它放在眼里的。

石牌制度是大瑶山所特有的一种政治组织形式，它的发生和发展过程以及在瑶族社会所起的作用，是极其错综复杂的。兹将有关石牌的各方面，分述如下。

（一）石牌的产生和头人的形成

1. 石牌的起源

石牌制度开始创立的年代，现已无法确知。查问瑶族各族系的老人们，大家都异口同声地说：“我们瑶山自古以来都是这样照石牌办事的。从老祖先起，一代一代传下来，我们都跟着老班一样做。”或者说：“外面平阳大地方，有官府衙门办事；我们瑶山小地方，不归官府所管，怕人强人恶，乱作乱为；老班就立起石牌，定下规律。有人犯事，都照石牌规矩来办”，有的人说他们在未进瑶山之前已经有了石牌的，也有的说石牌已经几百年几千年了。很显然，这些传说都不可能解答石牌的创始的年代问题。这是由于时间太久，而瑶族又缺乏文字记载的缘故。

石牌创始的确切年代虽然在老人们记忆中没有留下痕迹，但在瑶族用石镌刻的石牌条文中，却能找到一些线索。在调查中，我们曾经把山内残存的十几件用石镌刻的石牌条文拓下，并尽量搜集纸写的条文。在这些有关石牌的资料中，在金秀沿河十村在清同治六年（1867）共立的坪免石牌文字里，发现有“明朝目下立着会律法，不准何人乱作横事”的记载。由此可知，约在距今100年以前的瑶族老人们，还能记忆祖先的传说，他们是在明朝时代就立了石牌，定了律法，禁止居民乱作横事的。根据这个记载，可知石牌的创始年代，起码在300年以前。

又据瑶族祖先传说中，有这么一个斗争故事：在很早以前，茶山瑶、花蓝瑶、坳瑶都住在一个地方，彼此都是亲密的邻居。后来被一个覃千户，把他们赶进平南马练一带山里。当时那里是密密丛丛的古木深山。当覃千户进入深山时，遭遇了瑶族的伏击，被弩射死，并夺了他的一把重13斤的大刀。瑶族获胜之后，便在金香、潭头地方（现在查不出这两个地名）聚集起来，开会庆功。并把夺得的大刀，斩为13段，分给每个瑶族小集团各一段，以为纪念。从此以后，这13个瑶族小集团就各自分头进入瑶山，自成村落，便立了13个石牌。根据这个传说，再联系上面提到的坪免石牌上镌刻的传说，可知石牌这种组织，在瑶族被明朝封建统治阶级武装压迫进入瑶山的初期或在入山之前已有。或者可以说，当时每一个瑶族居民群体，都有这么一个石牌组织存在。

必须指出，每一种社会习俗和社会制度，都不是突然由天上掉下来的。如果说瑶族进入瑶山的初期就有了石牌的组织，那么在未曾进入瑶山之前，必然也会有一种与此相同或类似的东西存在，作为创立这种制度的依据。因此，我们再联系上面提到的，据有的瑶族说是他们在未入瑶山以前就已经有了石牌的话，就不能把它当作毫无根据之谈。那么，我们再探索瑶族在未进入瑶山前的住区情况，就有助于解答石牌制度产生的渊源问题。据茶山瑶传说：他们的祖先从广东迁到广西之后，曾经住过藤县蒙江沿岸一带。后来，覃千户开辟蒙江，才把他们赶进瑶山的。又据坳瑶传说：他们的祖先从贵州迁到广西之后，有一个时期，曾经住在桂平大湟江口一带，后来才移平南鹏化山再进入瑶山的。又据花蓝瑶传说：他们的祖先从贵州迁到广西之后，曾经住过象州的七里、下里、马安山一带，后来才被皇兵赶进瑶山的。根据上面这些传说，我们再翻阅汉文历史和地方志的记载，在明朝的时候，所有沿着现在大瑶山的边境的山区和平原地带，都是少数民族的住区。由此可以证明瑶族的传说是有根据而可信的。当时瑶族既是住在交通便利的平原地带，与周围汉族接触的机会必然比较频繁。因此，民族间文化的交流和影响，也必然较大。现在单举与石牌制度有密切关系的祭社的习俗来看，就可证明汉瑶两个民族间文化互相影响的程度。

社神为汉族农民所崇敬。祭社分肉，也是汉族农村社会里很普遍的风俗。它的历史，可以推到距今2000年以上。而这种崇敬社神和祭社分肉的风俗，一直到解放以后还在瑶山保存着。特别是茶山瑶，对此更为崇信。他们的社庙要推选居民一人来打理。打理社庙供奉社神的人称为“社老”。社老的选举方法是由在社神前卜卦决定的。社老的职务，不单是在平日每天或每月初一和十五两天要到庙里烧香供神，在春秋两个社日备办祭品给巫师向社神祈祷，最重要的是：当春秋两个社日所有共社庙的居民到庙里聚集祭社分肉欢饮的时候，他还要对居民“料话”，即宣布当地有关生产方面的公约，让居民共同遵守。山子瑶的社老，除上述这些职责之外，平日居民中如果发生小的争端，他还得周旋于双方当事人之间，给他们排难解纷。从这里不难看出，社老所宣布的生产公约和石牌头人所执行的石牌法律的历史关系。也可以说，前者是后者的雏形，而后者却是前者的发展。其实，如果根据旧籍的记载，在清代中叶以前，两者还是合一的。据嘉庆《广西通志》引桂林知府钱之昌“粤西诸蛮图记”中所载的瑶族风俗说：“有相讼者，集于社。推老人上坐。两造各剪草为筹。每讲一事，举一筹；筹多者胜。盖理诎则筹弃，理直则筹存也。谓之‘赛老’，或曰‘论理’。论毕，刻木记之，终身不敢负”。这段记载，虽未指明是大瑶山的习俗，但过去大瑶山石牌头人为纠纷的两造解决争端时，恰恰也是“剪草为筹，每讲一事，举一筹”的。由此可证石牌头人和社老的历史渊源了。

在祭社时由居民参加公议，制定乡村公约的事例，在广西若干汉族地区是不难找到的。石牌法律，即是一种与乡村公约相类似的东西，而这种公约最初又是在祭社时由社老来宣布的，则石牌制度渊源于汉族的乡村公约的可能性是很大的。即使不是受到汉族文化的影响，单就大瑶山石牌制度本身而论，它由社老宣布生产公约到石牌头人主持石牌会议，制定石牌法律的发生和发展过程，是脉络分明的。

2. *石牌头人的产生*

（1）社老的产生

前面说过，石牌头人是由社老发展而成。在这里先讲社老的产生。

社老的产生是由卜卦决定的。在金秀一带的茶山瑶，一经当上社老，就一直到他死为止，一生都担任这个职务。坳瑶则不相同，当某人发生疾病，在问卜时问出是社神要他当社老，他就得在病愈之后，去接替原来社老的职务，一直做到有人来接替他的职务时为止，时间是没有一定的。盘瑶的社老，则不由卜卦产生，而是最先来开村一家的老人担当社老，父死子继，世代相承。兹举金秀茶山瑶的社老为例。当前一个社老死去后，他的子孙，还要代这个死去的前辈当社老3年。3年届满，共社庙的甲（由同姓亲房推定的小头人）约期齐集社庙里，并请一个师公（巫师）在神前进行祈祷，述明再选社老的心愿，然后摆方桌一张在社庙门外，师公站在桌上，按着按甲拟定的社老候选人名单（按村里老、壮、青的次序排列），逐一卜卦。占卦的工具，由两片竹根制成，名叫筶子。筶子掷落地上，依其仰覆可现出3种不同卦兆：两覆为“阴”，两仰为“阳”，一覆一仰为“胜”。选社老要13次相同的兆，即是：如果第一次是阳兆，第二次是阴兆，第三次又是阴兆，那么第四兆以后各兆，又要重复着阳、阴、阴的顺序，以此类推，直到13兆满，都不紊乱次序的，方算社神已经决定由他当社老了。如果13兆有一兆紊乱，就不册卜，再念第二个名字来卜卦。

当上社老的，在春秋两次祭社的时候，要对共社的群众“料话”，即是宣布当时在生产中应该共同遵守的公约。这种公约的内容，从当时生产情况出发，二月社和八月社有所不同。概括地说，二月社的，包括浸稻谷种、做秧田、扯田基草的选定日期（限定各居民同在一天进行）、割青（绿肥）、放田水、牵牛犁田时经过的路径、清明后不许放鸡鸭猪出外、互相让路等规定，禁止乱拿饭包、犁耙、鱼笱、上山乱取竹笋和规定捕鱼事项。八月社的，包括装鸟盆、打鸟、砍鸟胶木事项，禁止乱入老山，放牲畜下田吃禾，不许乱拿禾把及饭包，互相让路等项。

山子瑶也有类似的风俗，即是社老所宣布的公约，因当地生产情况不同而不一样。二月社宣布有关放田水，帮人塞田基漏水窟洞，不许乱拿别人放在外面的饭包和犁耙以及长在山上的瓜果和猪菜等。八月社宣布不许乱摘苞谷、桐子、茶子、禾把和不许乱拿放在外面的扁挑、竹箩等项。

（2）石牌头人的产生

石牌头人，瑶语称做 Loú，或称为 zj'ebúɑjbúb。前者直译为“老”，后者直译为“石牌头人”。石牌头人的产生，既不由于世袭，也不由于选择。村里有人平日为人公道，而且能说会讲，有胆有识；村人遇有大小争端，就请他去调处办理。如果他办事办得令人满意，群众请他办事的人就会日渐增多。当他在群众中树立了相当的威信以后，就可望由在本村办事，逐渐扩展到为邻村办事，也就可望由小头人而逐渐成为大头人。另外一种是由老头人培养而成。老头人见同村或同姓中有比较聪明、能说话而又有胆识的青年，便带他去替别人调处争端，使他由见习而熟悉为人排难解纷的方法和过程之后，就先让他单独地去替别人办事，由小事办起，逐渐到办大事。时日久了，也就成为了头人。

本村有了能够办事的头人，到召开几村联立石牌大会的时候，各村都把本村的头人姓名介绍出来，让所有参加这个石碑组织的群众，都知道某村有某个头人。但是，能够为联合石碑各村居民所信仰的大石牌头人，必须经过较长时间的考验，就是他须在多次为别人调处争端中，处理得当，才能在广大居民中树立威信，为多数人所信仰。

石牌头人，不但男子可以充任，如果妇女有才干，能为群众信任，仍然有资格担任这种职务。不过这种例子少见而已。据调查：远在百年以前，六拉村茶山瑶妇女刘巴欠，就是一个著名的女石牌头。她常到六段、长二一带为茶山瑶办事，颇得当地群众信任。后来六拉村又出了一个男石牌头人，彼此争权，以致演成长达5年的械斗，即其一例。

石牌头人一经取得群众信仰之后，如果办事没有很大差错的话，群众就会一直信仰他，到他身死为止。有的办事不妥，他也会在群众中逐渐减低威信，群众有事，就不再请他去办，使他无形中失去头人的地位。但是，握有较高权力的头人，一经形成之后，群众就无法以消极的态度来使他降低威信、失去权力的。只有在他不断作恶，为群众所痛恨时，群众为了消除祸根，常有暗地商量（有时是少数人的意志，有时是几村人的意志），凑集一笔“花红”或买通打手去拦路把他暗杀掉；或纠合居民群众，大张旗鼓地把他捕杀掉。这种事例是可以举出多个的。

（3）甲的产生

石牌的基层组织是“甲”，它是几户居民的小头人。我们在有的石牌条文中可以看到“某人管几主”或在某人的姓名下面注明几家。这些人便是管理这几户居民的“甲”的头人。一般的甲是由几户近族亲房来自由结合的原则组成的。至少两户，至多的不过十来户。居民组合之后，大家集合推举一个人来当“甲”。在开石牌会议时，各居民组合都把自己的

“甲”报告给石牌，让石牌头人把姓名登记起来。如果日后某个居民组合内某个人发生的事端，石牌头人不直接去找这家当事人，而要先找这个居民组合的甲。甲除承担石牌所委托的义务以外，还要承担一些有关生产和祭祀的活动。共社居民的生产活动，在立夏以前，由社老管理；立夏以后，则由甲管理。例如金秀一带，甲所管理的生产活动是割青、插四蔸禾（在插秧之前，先选择一个吉日，由甲先拔秧少许，在一块犁耙完毕的田里，对着日出的方向，插四株成正方形秧苗下田。以后，各户就不必再行择日插秧）、拔秧、插秧等事项。在割青和拔秧那天，是要全村居民采取同一行动的，甲就管发开始行动信号——放炮。甲所管理的祭祀活动是八月间“做上奉”和“游刘大姑娘”。所有请巫师和凑集祭神费用、备办祭品等，都由他们分头进行。祭神时，并须同巫师一同打理祭祀有关的事务，此外，在卜卦选社老时，甲也要事先商定候选人名单，并陪同巫师到社庙里祭神卜卦。在立夏那天，还要从甲中推举一人“喊村”，宣布生产公约。

甲一经被居民组合推定后，即子孙承袭下去，并可把这个职位出卖。瑶语称这甲为“甲安”，是对另一种居民组合专为祭社养猪的“甲轮”的称谓，因为后者不但各甲户口相等，而且是轮流担任的。

（4）石牌的军事领袖

石牌组织中没有职业军队，故也没有职业军事领袖。当有军事行动时，也就是在“起石牌”时，率领和指挥石牌群众武装的，便是石牌头人中临时推定的一两个。而这被推举的对象，往往是当地较大而有威望和勇敢的头人。

石牌群众武装是没有什么组织编制的。当上阵的时候，多半采取分散进退攻守的战术。因为瑶山随处都是陡峭的山岭，道路又多曲折狭逼，只有把队伍分散，才能运动灵活。这种零星分散的队伍，既无一定的编制，每个小队也没有谁负指挥之责，只有各自为战；谁胜了就前进，谁败了就后退。败了就回头，事后也没有什么惩罚。社会舆论也并不加谴责。

在光绪末年（1909）金秀起石牌打三点会时，领队的便是大石牌头人龚道金和陶道进。龚身体高大，健壮勇敢，负责前线的指挥，陶身体孱弱，住在离前线较远的所在，负责作战计划和筹办粮食弹药，供应前方。举此为例，可概其余。

（二）石牌会议和石牌法律

1. *石牌会议*

石牌会议，瑶语叫做“会石牌”。它是一个形成政治制度的过程，也是形成法律制度的过程。这种会议的召开，首先是由几个当地居民群众所公认的自然领袖，瑶族称他为“石牌老”或“石牌头人”的人物（一般是四五人，不是独裁），根据他们民族传统精神，观察当前社会现象中所表现出来的一般动态和某些方面的突出事故，加以揣摩考究，找出它的关键性的东西，然后依据当地的民族特点，拟定若干条款，作为石牌法律的一个草案。接着便通知当地居民在预定的日期和地点开会。被召集与会村落住户的多少，要看石牌会议所涉及的事项而定。如果是仅限于一般性的保护生产和社会秩序的事，常是一村或相邻几村的住户参加；如果属于特殊性的事件，比方御匪防匪等，则须多数村落住户参加，甚至可以召集全瑶山的三十六部瑶、七十二村的大集会，公布总石牌法律，让各族系团结一致，共同遵守。

被召集参加石牌会议的居民，一般都由各户的户主出席。距离集会地点太远的村落，有时也可以推选代表参加。凡参加会议的人，都自带伙食用费。如果是一村或几村的小石牌会议，开会的一切用费，则由这个石牌以前所存的石牌罚款开支。

石牌会议进行的程序是这样的：各被召集的与会住户到齐后，齐集一村外的较宽平的场所，再由预先由石牌头人中互推的一个头人出来当众“料话”，宣布他们事先拟好的“料令”草案。瑶语所谓“料”，即是“讲”的意思，所谓“令”，即是“法律”或“规条”的意思。在“料话”当中，一般照例还要从盘古开天辟地讲起，接着讲述祖先迁徙的经过，以及进入瑶山后的艰苦斗争经历（在几个不同族系的居民集会的场合，这些就省去），接着就讲述瑶山以往所发生的有关石牌的大事，如某年发生匪盗，某村某人作恶触犯石牌法之类。其次就宣布“料令”。这是“料话”的主要部分，故须逐条念读，并加讲解，务使人人入耳，个个进心。最后还要加上一段勉励大家齐心协力、共同遵守“料令”，使地方太平、人人得以安居乐业的结束语。值得一提的是，在“料话”当中，那些能讲会说的头人，常常夹讲一些排比句式的成语，而且这些成语，又是用瑶语夹杂着壮语讲的（指金秀一带茶山瑶地区）。例如，开头讲开天辟地时，就说：盘古开天立地，伏羲姊妹造人民，先立瑶（或作先有瑶，或先立瑶山），后立朝（或作后有朝，或后立朝廷）；讲祖先迁徙经过时，就说：立门为主，立村为社，坐得安，站得稳，先敬社，后敬庙；讲立石牌时就说：官府朝廷，大理到官，小理到团，山下瑶民，大理请头请老，小理请邻请舍，立石牌，走脚步（意思是跟着前辈人的脚步走），用木为牌，杀牛立律，十二、十三条规约，十三、十五条法律；讲勉励石牌头人办事要公平时，就说：治老要正，治官要平，人不得乱做，耙不得乱捣，人乱做，耙乱捣，上犯天，下犯地，犯三十三天，犯九十九地，大事化为小，小事化为无，一条未了，百条未断，一条办了，百条办完；讲述石牌人要同心协力时，就说：撵牛不离一条鞭，鸡母不离一只公，水同船，盐同包，鹇鸡同队，四马同行，上山同路，下水同船。

“料话”完毕之后，如果与会的石牌群众对这些“料令”有不同意见的话，也可以提出个人的意见来供大家商讨，不过这种情况是极其少见的。一般都是对所提出的“料令”草案，全场一致以默认或欢呼的形式通过的。

石牌法律通过之后，各村就把推选出来的甲头姓名介绍给石牌头人登记（如果开大石牌会，各小石牌也还把它的石牌头人介绍给大石牌），会议便算结束。之后，有的要把这个石牌法律条文，镌刻在石板上，竖在原来开会的地方。有的不镌石而改用木板书写，有的仅用纸写下，发给参与开会的村庄张贴或收藏。有人误会瑶族既然把石牌文条镌刻在石上并把它竖在适当地点，这与汉区的石牌相同，以为“石牌”两字便是“石碑”两字的误写，这实在是一种观念上的错误。瑶语称石牌为“ziebuai”，与汉语石碑二字发音相近。瑶语称用石镌刻的石牌为“z'iebuaifuab”，直译为“石牌石”，即是 fuab = 石。瑶语称写在木板的石牌条文为“zicbuaibian”，直译为“石牌板”。故石牌并不等于石碑。

有些地方，法律条文并不镌在石上，却也要竖立一块略带长方形而石面扁平的石头，作为石牌。这块石头，要在开会以前竖好。竖立这种石牌时，并须举行一种简单的祭祀仪式：即在石牌前杀猪杀牛，烧香化纸来祭它。有的在通过石牌条文之后，为了表示参加者的齐心合力，杀鸡饮血酒。如罗香一带的坳瑶，便是如此。其他族系立石牌时，仅是在开会之后，要杀鸡杀牛，欢聚痛饮，对石牌并不举行什么仪式的。六巷一带花蓝瑶，在竖立不刻字的石牌时，还要用斧在石上砍三下，作为大家决心遵守的标记。

有些地方，遇召集石牌人出队打匪或进行其他武装斗争时，也要会石牌。在石牌前杀猪煮酒痛饮，并喝雄鸡血酒，以表示决心。如果不幸打了败仗，在二次出队前，又要会石牌一次，而且要把原来竖立的石牌拔掉，另竖新石牌。如罗香坳瑶，便是这样。

关于石牌的名称，大体可分为4种：以所包括参加村落的不同范围说，有总石牌、大石牌、小石牌等称；以参加石牌的村数说，有七十二村石牌（全瑶山），二十四村石牌（以罗运为中心，北至罗丹、滴水一带，西南至六巷、古陈一带），十村石牌（金秀沿河以下十村），九村石牌（罗运、罗丹、寨村、六俄、白牛、丈二、六团、龙华、南洲），五十三村石牌（包括现共和乡和忠良区所有盘瑶村）等；以参加石牌的户数言：有千八百石牌（即两瑶大团石牌，包括金秀、长二等7个茶山瑶村和桂也、江仰等23个盘瑶村，可能还有一些较远的盘瑶村未列入），五百四石牌（由六拉、昔地领导，包括瑶山北部和中部的长毛瑶村落），百八石牌（由金秀、白沙领导，包括瑶山东部和东南角部分长毛瑶村落），三百九石牌（金秀沿河十村），四百八石牌（包括罗香、罗运、平林、六竹一带长毛瑶村落），一百九石牌（罗香七村坳瑶共立），七十一石牌（六拉、昔地），60六石牌（金秀、白沙）等；以竖立石牌的地点说，有丁亥石牌（金秀桥头），坪免石牌（田村附近，即十村石牌），周琐石牌（长二、长滩之间一个山坳），滕构石牌（杨柳、六段之间一个地名）等称。这些错综复杂的名称，乍看起来，虽然容易使人模糊，但每个名称，都包含着一个具体的内容，弄清楚了它，一见便知它所表示的意义，还可从这些名称里找出它的有关历史线索来。

召集全瑶山居民开的总石牌会（或称大石牌会）是不容易的。据老人们传说和石牌条文里的记载，一共只开了四次：第一次是最初成立大石牌时，时间是清光绪九年（1883），地点在金秀。至于成立大石牌的原因，则是山主对山丁的抗租运动的镇压。在茶山瑶（山主）所流传的“历史故事歌”里，有如下这么一段：

……大瑶山来小民族，茶山瑶和长毛瑶；又有坳瑶和盘瑶，又有过山山子瑶。我们茶山瑶来先，山地都归我们管。后来到了光绪年，盘瑶才来批我山。没田没地过山瑶，到一处批一处山。到了光绪八年间，盘瑶起心夺老山；抗租抗粮不肯交，扛着刀枪来霸山。长毛瑶立大石牌，光绪九年去反抗；双方战争数个月，盘瑶偷砍天山头……

由此可知，大瑶山的大石牌是为谁服务的。

第二次在1910年曾在滴水召开一次，到会的约800人，会议内容是为了打土匪。这一次可能就是六十多村的大会石牌。第三次是民国七年在金秀召开，现有石牌条文可证。第四次是1940年，是国民党广西当局要把势力伸入瑶山的一年，地点在金秀，到会的约800人，大家商议怎样抵抗国民党的剥削压迫，会议结果是决定团结起来积极准备进行武装斗争。

2. *石牌法律的精神和实质*

石牌法律的名称，在瑶族的口语中，也有许多不同的称谓，有的叫它为“料令”，有的称它为“律法”，有的叫它为“班律”（罗香、坳瑶），有的叫它为“律规”或“规律”，有的叫它为“条规”或“规条”，有的称它为“五料三朵”（古陈坳瑶），有的则简称它为“律”。每件的条文也多少不一。根据已经收集到的石牌法律来看，最简的只有3条，一般则多是5～15条，金秀茶山瑶的“料话”中，常提到“十二十三条规约，十三十五条法律”，大概从十二至十五条，是石牌条文法律常见的数字，根据所收集的石牌条文，也证明了这一点。

很显然，这些用文字镌刻在石上或写在板上纸上的石牌法律条文，是一种成文法。除此以外，许多只依据瑶族传统习惯的法律还是有不少的。这些成文法中所涉及的范围也相当广泛，可以说是巨细兼有的。把它们的内容概括起来，主要的不外是：①保护农林副业生产；

②维护男女婚姻关系；③戒偷戒盗；④规定居民发生争端时应该遵循的事项；⑤保护行商小贩；⑥防御土匪和山内外歹徒恶棍逞强滋扰；⑦保护坟墓；⑧反抗接受国民党的强迫“开化”。从这些内容看，其主要的精神在于保护生产和维持社会秩序。条文虽然简单，内容却相当丰富。从它所规定的惩罚方面看，有些处分是极其严厉的。例如反抗石牌，就要处死刑和把财产充公；勾引外匪的还要罪及家人。就是一些偷窃行为，也要处以相当重的罚款。乍看起来，似乎觉得不大应该，如果能进一步结合瑶山社会实际情况来分析这个问题，假如不是这样，则满山遍野的农林副业生产将无法保护，社会秩序将无法维持，特别是反动统治者的民族压迫和劫掠，将使人力单薄的瑶族人民无法继续生存。相反的，正因为有了这些石牌法律，才能使处于环境条件十分艰苦下的瑶族人民得以生存，才能使瑶山社会秩序得以安定。这种立法精神是可贵的，它所起的作用也有积极意义的，相对的也维护了剥削阶级的利益。

如果就石牌法律的发展情况来说，从已经收集到的材料加以分析，较早期的，其内容侧重在保护生产和调处内部的纠纷；较晚的，则是侧重防止山外歹徒恶棍入山滋扰；到了辛亥革命以后，则是侧重防御土匪。从这些条文中，也可以看出瑶山社会不同时期的一些动态。

许多石牌，不止是瑶族中的一个族系参加，而是几个族系联合组成的。由于本族系间或甲族系与乙族系间的政治地位和经济地位有所不同，虽然彼此共同组织一个石牌，但在事实上法律的地位也是不会一律平等的。例如金秀、白沙、六拉、昔地在瑶族中始终处于领导地位，虽然上下卜泉和低水等处的居民和他们同为茶山瑶族，但在这些村庄成立石牌时，却请他们来充当保护者，自己充当被保护者，并且称他们为“父母”，自己自愿子子孙孙都归他们管治。处于领导地位的金秀四村，对待同族系同为“山主”的卜泉、低水等村居民尚且这样，那么他们对待“山丁”和不同族系的居民是怎样，不必多说也是很清楚的。因此，处于“山丁”地位的盘瑶和山子瑶，除有时参加“山主”的石牌外，还要组织自己本族系的石牌，以维护本族系内部的生产和社会秩序。当然，他们的石牌法律，只能在本族系以内发生效用。如果“山主”不遵守，他们也是无可奈何的。比方，盘瑶石牌法律有要求本族系团结一致抵御飞天油火、平地风波的规定。但在事实上，某些“山主”中的坏人，借故生端向盘瑶打油火的事例是随处可以找到的。尽管这样的坏人在“山主”中为数极少，但某些场合使严肃的石牌法律却失其效用。此外，法律毕竟是些死的条文，在不同的执行者手中，可以正确的运用，也可以把它歪曲。因此，一些不正当的石牌头人，或是营私肥已，或是袒护亲朋，或惧怕有势的人，就常把石牌法律不看作一回事，凭着个人的意志，使发生争端的一方受屈。从上面这些情况看来，在已经存在着阶级的瑶族社会里，石牌法律自然不会为这一个阶级和那一个阶级同样服务的。而主要就是为剥削阶级服务了。

3. 石牌条文

为了得以窥探石牌制度的全貌，我们尽量地把所搜集到的石牌条文分类列后。

从这些石牌的年代看，最早的是清乾隆五十一年（1786）镌刻的在保、杨柳、将军3村联立的石牌。以下清道光、咸丰、同治、光绪、宣统几朝，直到民国二十七年（1938），都有一些。从瑶族各族系看，除山子瑶没有本族系的石牌，只有和个别族系联立的石牌外，其余茶山瑶、花蓝瑶、坳瑶、盘瑶，都各有本族系的石牌，也有与个别族系联立的石牌。从地区看，几乎整个瑶山各地都有。这些石牌，不但记录了近两百年来大瑶山瑶族人民的社会历史情况和主要的生活面貌，而且以它们作为纽带由此及彼地加强了各族系间的联系。瑶族的成语说：“瑶还瑶，朝还朝。”从石牌这个政法制度来看，正可充分说明大瑶山瑶族人民以坚强不挠的英勇精神，并凭着这个具有民族特点的石牌制度，从明朝直到国民党反动统治濒于崩溃的三四百年中，竟然摆脱了反动的封建统治，而在一个面积仅有2000平方公里的山区，过着带有原始民主性质的社会生活，这绝不是偶然的。兹将石牌条文附后。

（甲）两个族系以上联立石牌

（1）罗运等九村石牌

公道家起立石牌大会律廖（料）

天灵地准

第一廖：有事要行老。

第二廖：屋不得乱抱（挖）。

第三廖：女人不得捉。

第四廖：兄弟不得捉。

第五廖：牛不得乱畎（牵）。

第六廖：禾不得乱斩。

第七廖：□不得乱轿（撬）。

第八廖：珊霸(堰坝）不得乱播（翻）。

第九廖：大事化成小事。

天　　　　　地	大利	日月	光明	
罗　运　村　头　人	扶尹	扶昭	扶晓	扶冬
三　寨　村　头　人	扶仁	扶斩	保见	
罗（六）俄村头人	扶倩	扶种		
白　牛　村　头　人	扶情	扶廷		
罗　丹　村　头　人	扶安	扶晚		
初（丈）二村头人	扶针	扶乃	扶曾	
陆（六）团村头人	扶民	扶邦		
南　洲　村　头　人	扶消			
隆兴（龙华）村头人	扶满	扶白	扶利	

咸丰三年春季三月二十一日　盘扶伍公亲造立

说　明

这件石牌条文，用石镌刻，竖在罗运与六团两村间的拉河口（离两村各10多里）。

九村的名称，后有改变的：三寨即寨村，罗俄即六俄，初二即丈二，隆兴即龙华。内容主要是规定石牌众人遇有争端时应该遵循的一些事项：有事须请老人办理，即所谓“行老”。此外，则不许捉妇女或当事人的兄弟。并不许挖屋、拉牛、斩禾等。第七条，疑是不得撬田基。第八条疑是不许挖翻水利。这九村中，有坳瑶村，有花蓝瑶村，是两个族系联合的石牌。这件石牌的竖立时间是1853年。

（2）莫村石牌

立的石碑公仪（议）

因为世界人心则（?）变，为前三月中旬，在十二步山场失之香草。众等总瑶相仪（商议），转古时在道光六年，被外处却（着）害假人命，而后总立有条规，平安至今。为目下已（几）年，小贼併（并）口角非事件多如，以（已）经众等仪（议）立律规，日后外客汉杂人，如有乱入内瑶地方倍（随）处山中偷盗百物，不要理道（道理），何人见者，直开炮打不容。就是作通，石排（牌）有同福。日后何人乱入山地方，造非横事生理，所有邻近乡村，先将□□□，即刻通众一齐，食使钱文同尚（?）。或后至外来巢（?）惊地方，另屋闻者，各自便□□口粮带俱全，一失无防（妨）。日后何人引通生面，勾熟欺善，众识，将家重办。□□往来生意买卖，取物有道。而后过山班（板）瑶，在内住下耕种，有错各自山主所管。众等公仪（议）大会，尽此禀示道白。

金秀　全胜印　龚扶彩　苏扶连
清甫　陶胜刘　陶扶台
白沙　苏扶贵　苏胜传
昔地　苏澧营　苏道寿　苏胜全
古罗　陶扶通
长滩　陶胜用　陶道有
都县　陶道宣　陶扶吊
滴水　陶妙珍　陶扶才
古营　莫道□
班现　陶道生　陶扶虑
成二　陶道坤　陶胜官

班（板）瑶总理　黄元维　赵进连
赵福建　罗意华
赵财富

光绪九年癸未岁次五月二十八日众等发立

说　明

这件石牌条文，用石镌刻，竖立在莫村南约半里大路旁。为茶山瑶与盘瑶联合成立的石牌。其主要内容有四：第一是禁止偷盗香草和一切山场种植作物。第二是防御匪盗，如遇有事一经通知，参加石牌的村庄住户，即须各自携带口粮，到出事地点帮同出力。第三是不许勾生吃熟，犯者即杀全家，所谓“将家重办”，就是指此。第四是各“山丁”有事，应归各“山主”管理，即是把“山丁”放置在“山主”的统治之下。条文后面的村名，有些和现在称呼不同的：清甫即是定甫，古罗即是六拉，滴水即是低水，古营即是莫村，都县即是土县，成二即是长二。盘瑶村名不详。这件石牌的竖立时间是公元1883年。

（3）两瑶大团石牌

万　故（古）　流　传
众　团　特　禁　石　牌

因为今年世界淊（翻）乱，亦有少（小）贼横事，入山乱香草，盗□抱菓、茶叶、小菜食。供（共）村□□宅□□□□□□□□□□□猪鸭乱盗，各位客往来到各村中乱闹，恶法生事，□有乱取为贼，盗别人□，有作生事□□□□□□□□□□二村板瑶山丁，莫怪四山主

□□。山丁耕种山主之地，粗（租）钱粮纳山主收，若有外人□讹□□□□□□□□□米，照山主法（罚）米一盆。若□不依，乱打人屋，众团全起。山主一力承当。若有搆（勾）生□□□□□□□□□□□棍横事，众团承当。各位买卖生意，各位人各管，年情不等，世界不同。各村□年假害生事人命之事，全起众团；清天信到，夜□信到，各人带米房（防）身，到齐莫怪也。若有贼人入山偷香草，□人见贼拿倒（到）交团，出花红钱二十四千，众牌（疑这字前还漏一石字）重罚。

一仪（议，下同）瑶山香草、桂树、竹、木、山货、杂粮百件，不得乱取。重罚。

一仪同山共村，皆是前缘。各位男女、畜生（牲），不得乱取。重罚。

一仪山丁山主，各人六和（禾）、莱种、枝（芝）麻百件，不得乱取，重罚。

一仪各村各宅猪畜养物，不得乱取。众团重罚。一仪各家和苍（禾仓）屋□，牛猪羊□，不得乱取。众石牌重罚。一仪各村大小男女，入山入地，各种各收。石牌重罚。一仪瑶山小地，苞米杂粮百物，不得乱取。众团重罚。一仪石牌内人，搆（勾）生吃熟，大贼小贼。众团重罚。一仪外人强□山丁，庄（装）假害横事，光棍□打板（?），众牌（上漏石字）一力承当。重罚。一仪外人想来□生事人命来害，石牌全起。一仪别外人装□□□村□用□多（?）打门入屋，乱取杂物，石牌不准（准），田（?）多用多门口，重罚。一仪各位□□□□□生意，大路任行，并大山；小路乱行，苞米地乱入，为贼。子（我）瑶开炮打死莫怪。

村村甲明（名）上齐

金秀四村山主		全胜印	苏胜灵	龚扶移
		全胜福	龚胜寿	苏扶朱
		苏道全	苏扶管	陶胜全
		苏道寿	苏道全	苏道缘
		苏道□	苏法故	苏胜德
		苏扶富	全胜金	苏扶□
		苏胜□		
定浦村	山主	蔡政德	陶扶福	苏胜□
		蓝廷□	□□□	□□□
		□□□	□□□	陶胜□
		陶□□		
长滩村	山主	陶胜旦	陶□□	□□□
		□□□	陶道辛	莫扶□
长二村	山主	陶道坤	陶道秀	陶胜福
		陶道秀	□□□	□□□
		□□□		

桂也村	黄□福	官□村	赵才进
桂□村	黄通安	马安村	庞贵源
马安村	李章凤	能□村	赵福金
六□村	罗□□	田头村	庞福广
□□村	罗□金	介保村	黄通福
□长村	黄通信	江仰村	冯金寿

岭□村　赵财法　昔地村　庞贵富
九□村　赵如德　九箭村　黄进仙
十二部村　赵福保　□□村　庞贵福
长二村　赵□保　茶每村　庞贵凤
公差村　庞贵保　耕广村　黄元学
山介村　冯章德

赵□府
山丁三人　冯章凤
黄元为　收工钱□□□□□□两瑶会起大团一千八百□□□□□□
光绪二十三年丙申岁四月廿六日两瑶会□大团无事大吉不等所闻村横事（下缺数字）

说　明

这件石牌条文，用石镌刻，竖立在定浦村旁大路边。参加这石牌的“山主”共7村，即金秀、白沙、六拉、昔地（统称金秀四村），长二、长滩、定浦，“山丁”有桂也、强仰等23村。所以称它为“两瑶大团”。文内所谓“一千八百”，当时指这参加石牌各村的户数。全文内容：前段类似序言；后段是议决的条文，共12条。其实前后两段的内容是大致相同的。概括起来，是说当时世道不好，有山外的客人（指汉人中的光棍流氓和匪盗）常入山向人力单薄的板（盘）瑶“山丁”借端讹诈。“山丁”既然缴纳了租税给“山主”，所以“山主”有责任“一力承当”来保护他们。至于那些挖仓偷禾，入屋盗窃，牲畜践食禾苗，外人进山下地偷盗香草、桂皮、竹、木、果、菜、苞米杂粮等，则属于“山主”与“山丁”共同的利益。如果外来的人或山内的人胆敢如此，轻则处罚，重则可以开炮打死他。遇到严重情况，还可大起石牌，各自带粮来帮助斗打。最重要的一点，即所谓“勾生吃熟”。这就是参加石牌的人，都不得勾引外人入山做贼做盗，或栽赃嫁祸，横生事端。立石牌的时间是公元1897年。

(4) 六十村石牌

立字石牌，盘古置天立地，先立瑶，后立朝，我瑶无有钱粮纳汉人。因为于今世界庚戌，辛亥年间，到处有匪，劫抢毙命，进入瑶内，打单劫屋，杀人死命。瑶人、板瑶不服道理，大家同出追匪散去。到壬子年二月初十日，瑶人板瑶五十村大会石牌。□有到甲寅年正月初十日又复会石牌，商议规条，列后法律：

一料众石牌人有事争口舌，山水、田土、分界不明，失物，千家百事，千祈要听我石牌判，不得请外方人来包事，害我石牌地方，究办。

二料众石牌人有小事大事，不得打，杀人□屋。千祈要请老讲理；先小村判不得，到大村大石牌作（着）老人所判；入理不入亲。包事。究办。

三料众石牌人，不得乱交（搞）赖事锁人，犯石牌。乱作生事害石牌地方。小村有小事大事，作（着）老照道理判平。入亲害地方石牌，究治。

四料众石牌人，如有汉人乱赖事，拐带女人，偷屋、山场香草百物。石牌人见到，齐心出力拿贼；拦回，尝花红银五元；知见不报，日后查知，究治。

五料众石牌人，若有匪到我瑶山，务要同心协力起团追捕。如有每村不起团者，与匪同罪，究办。

六料众石牌人，如有每村通匪，黑夜挑出米粮、油盐、腊肉、鸡鸭、小菜，即系运粮济匪。一经查知，依石牌法律究办。

七料众石牌人，如有匪在某山搭厂聚集，近某村，即报石牌追捕；如有隐匿不报，日后查知，石牌商议究治。

八料众石牌人，如有匪在某山，要来报石牌，即尝花红银三大元。倘若拾拿匪者，每名赏花红银五大元。

九料（缺）

十料众石牌人，如有客瑶生意为商，担货出外入瑶，在路中被抢，闻知即起团追拿；如有闻知不起团追捕，究治。

十一料众石牌人，不许带匪入瑶窝藏。如有人胆敢带匪过路事，日后查确，家资杂物，一概充公入石牌。

十二料众石牌人，如有人由瑶地过往，不得乱开炮毙命，必要根问明白，然后拿解石牌，法律究办。

十三料众石牌人，不得中途劫抢，以强打单。日后查知，大众石牌究治。

十四料众石牌人，若众商面熟有字号，方准担货入瑶。如假伪客商，以做匪为实。石牌查知，决不容情。而且中途劫抢客商，即起石牌追捕。

十五料众石牌人，如有违法背规条，不遵法律，大众石牌，秉公办理。

白沙村龚道经　金秀村陶道进……共六十余村石牌头人从命立民国三年甲寅旧历正月初十日辰时立字石牌天灵地准，大众石牌高升

(5) 三十六瑶七十二村大石牌

维大会石牌事：朝廷以立法为先。我背（辈）瑶山以石牌为先。向年因匪扰乱，曾经大会三十六瑶，七十二村。凡我同人，务须协力同心，各相救应合力，因大石牌合瑶公议，凡我瑶山遇有匪兵，或者经过瑶村，务须通报近村，以防不测。再者，遇兵匪攻劫邻村，不帮不报者，即以半通匪论，会同石牌公罚。我众瑶山，务要同心，不得各生异念，可保子孙永远勿虑。特此通知，各村例规，是幸！

一立料各村封好插（闸）门面。

二立料各家办火柴□马。

三立料各家办好君（军）庄炮。

四立料各家千祈同心协力。

五立料各通知音信，日夜时报。

六立料各近村出帮远村石牌。

七立料客人过往，生面查实姓名。

八立料石牌有事，不得请别人。

九立料我石牌不得乱作生事。

十立料我石牌见客人行黑带刀炮，究办。

十一立料我石牌不得隐匿不报。

十二立料有知匪兵在某山，来报，尝花红银五元。

十三立料拾拿匪者，每名尝花红银十元。

十四立料石牌不许窝匪藏匪，田地一概充公。

十五立料石牌不得强势违背规条，不遵法律，大众石牌，秉公办理。

列村列各石牌头目名字所管（村名人名略）

民国七年戊午岁正月　日大众三十六瑶七十二村众议立料法律

说　明

上面这两件石牌条文，是个手抄本。原藏金秀村石牌头人陶道进（已死）家。解放前为人收集。解放后，辗转为广西省博物馆收集保藏。文里虽然提到参加这次石牌的为七十二村，但因原抄本把各村名头人姓名略去，致不能确切知道究竟是哪些村庄和哪几个族系的居民曾参加这个全山的大石牌。我们调查中，曾多方设法去陶道进家里找寻原件，据答现已散失。这件石牌内容分序言和条文两部分。前者提到在这以前也曾因匪乱大会过三十六瑶、七十二村，使我们联想到民国三年（1914）六十余村参加的石牌，很可能是这个大集会。后者完全是防匪打匪的事项，从而可知当时瑶山社会情况和瑶族人民怎样团结一致抵御外侮的决心。文中第二条所谓“办火柴”，火柴就是用来制造粉枪的帽咭。“□马”当为“铅马”，即粉枪的铅弹。又文中年月下有“三十六瑶，七十二村”一句。所谓三十六瑶，是瑶族居民的一句口头禅。所谓七十二村，解放前山里的长毛瑶村庄，恰为72个。

(6) 六段、仙家漕、老矮河三处石牌

盖闻朝廷有转国之复，乡团有从冠之心。列处人伦变动，诸邦重起兵权。仰蒙本团集会，公同一体遵规。吾瑶家自盘古王开辟，相传至今，几千余年，皆是一体无私。幸神庇佑，叨福荫以平安。兹今近岁，屡有不法之徒，常在边方境侵扰，殊属玩法可恶之极。通瑶会议，特立规条章程，开列于左：

一议：凡我瑶如有窝匿匪类，并知而不报者，皆系同谋。一经查出，公同众议，将产冲（充）公，无贻后悔。

一议：瑶家凡有枪炮者，各宜修好听用，无得临时挤（掣）时，不便齐集，即系玩法违公，议罚。

一议：凡有匪徒抢劫，不拘那时，一闻音信，筒角一声，踊跃济（齐）集救护，下力剿出（除）贼匪。倘有那时知而不到者，一经查出，公同议罚。

一议：凡有客有进瑶做买卖者，或生面不识，不准留宿。倘有刁顽强者，宜报知瑶首，当众逐出。

一议：凡吾瑶家，倘有勾生吃熟，侵扰团内，有犯石牌规矩，一经查出，公同办罚，无贻后悔。

一议：凡有客人进瑶居住，皆宜遵吾瑶规。如果有至亲至厚，探留宿者，皆系住家担当。倘有隐藏，生端出事者，我瑶公同酌议办罚。

一议：步逢扰乱，各处尽知，倘有边方小贼，入境诱惑，成（存）心私从者，若不通报大团，自行匪类者，一经查出，公同将产充公，旁叔尽罚。

以上所议规条章程，皆系众议，言出必行。特此布告。

民国十三年阴历二月初八日全团公启

说　明

这件石牌条文，是从金秀区六段乡六段村苏凤鸣所藏的“各村新甲总簿”上抄下。其内容仅是为了防匪。参加这个石牌的，在这个条文后虽并未列出，但从“各村新甲总簿”上记载，则称这个石牌为“三处瑶团”。所谓三处，即是：六段、仙家漕、老矮河。六段为茶山瑶村，其附近六定、三片、将军、杨柳、在保、长二、长滩一带，当属于一处。仙家漕和老矮河两处，都是盘瑶住区，仅有少数汉族居民杂居其间。在这本总簿上，共记载盘瑶村庄28个，共管住户187家，所有住居瑶山北部的盘瑶、山子瑶村都包括无遗，可见这个石牌是茶山瑶、盘瑶、山子瑶和汉族居民联合组成的。

(7) 金秀白沙领导下的五十一村石牌

石　排　规　律

立字盘古开天立地，我瑶山小勺（?）的地方，无有粮纳，无有当兵。人人耕种，通行平安。老祈（?）人古立有法律会（为）準（准）。因位（为）庚戌辛亥二年，有外人匪入瑶内，打单劫屋当（即杀）人，毙命数人，瑶山（人）板（盘）瑶，合心出力追匪散去了。前我五十一村瑶人板（盘）瑶，议法律十五条规，为灵清（宁靖）平安。今世界壬申、癸酉、甲戌、乙亥年，有外客人匪，劫田价（嫁），杀人毙命四五人。大家复议会（回）旧法律，列后规条：

第一条：我石排何人不得谋才（财）害命，抢劫、偷屋禾苍（仓）、猪牛、香草、香信、鸡鸭百物。石排查实知究。

第二条：石排如有何人胆敢带客入瑶地方窝藏，判（半）路抢劫生意人　石排知，查实确，照公办究。

第三条：我石排如有何人胆敢通匪，黑夜挑出米粮油盐鸡鸭小菜，即系运粮济匪。石排查究办。

第四条：如有客匪拐带女人，过石排（牌）瑶山地方，石排（牌）何人见知，报石排同心协追捕拦回，解石排（牌）究办人匪。

第五条；如有匪来入瑶山，搭厂聚集，近石排（牌）某村住夜食，千祈即报追捕。如有隐藏不报，石排（牌）查知，重究办。

第六条：如有客状（壮）瑶人，生意为前（钱），担货出外，入瑶，在我石排（牌）各处小路抢劫，见知即报起团追捕。

第七条：如有客状（壮）瑶人，生意货物买卖，价钱两边自形（行）为準（准），不得争打；算数不明，位（为）论村团算清。

第八条料：我石排如有何人争山水田地，口舌，百物，事不明，要先经报请老，村团分判。

第九条料：我石排何人有大事小事，不準（准）打锁杀人，不经报，无有银钱按过，要犯石排（牌），法律究办。

第十条料：我瑶山石排（牌）人，有小大事，不準（准）打中畜牲，挖田基，水侵（圳）山荡厂，禾厂，照老法律，要犯石（排）牌，究办。

第十一条料：我瑶山石排（牌），有小大事，听村团判，大事要听石排公审公办：入理不得入亲，不得包办何人。

第十二条料：我大家石排（牌），如有何人强势，违背规条，不遵大石排（牌）秉公理论，一概充公究议。

金秀总石排（牌）瑶团宣告
民国二十五年丙子岁正年初一日大家议会天灵大吉平安通行。

说 明

这件石牌条文，是照着现存金秀村陶振利家的半块木板和一张抄本上录下的。据收藏人说：木板上写的石牌条文，原钉在该村的十字巷口闸门墙上，后被人打破，他拾回收藏，故不全。立石牌时间为民国元年岁次壬子。条文系由石牌大头人陶道进自作自写。抄本是民国二十五年（1936）重会石牌时的条文。内容经与板书的互相校对，大致是相同的。这件石牌，内容仍分序言和条文两部分。前者叙述过去两件当地发生的重大事件，即是有山外的匪徒曾经进入瑶山行劫杀人。因此，必须重会石牌，议定法律，以资遵守。后者内容，概括起来，计有：①禁偷盗、抢劫、杀人；②禁窝匪济匪和应如何齐心打匪；③维护商贩公平贸易；④发生争端应请老办理并提出争端中应遵循的事项；⑤参加石牌的人，如果仗势作恶，不服从石牌，即须全家杀绝，并将家产充公。

（8）六眼、六椅等村石牌

盖闻朝庭（廷）有律法，乡党有公义（议）之方。倘有不顺之人，不守团律，自（肆）意随心所欲，至此外反内乱，不依瑶团。公共才会结合团体，俾众有律，并列有准备条规六条防后。立此章程于左：

一议现吾处委有甲长，管户若干；一甲有一甲理。理不妥即来总团处，不準（准）过村办事。各有各甲。若不信此，议罚随团。

一议禁止自偏（编，下同）野团，并外来一切款项或委状，不準（准）收领。若不信者，公罚三十元。

一议凡我团境内，不俱（拘）有紧要的事，团总有命即要到。不準（准）抗凹（拗）。若不齐合者，捉（逐）出勿怪。

一议凡外政治并偏（编）化人员，不準（准）收留。如贪财偏（编）外者，罚三十元。

一议村甲长办事，决定上价：甲长四毛；团总一元四毛。定言不悔。

一议自古以来，原列有农家的旧法律。何人若悔改者，众团捉（逐）除（出），不与人团。

特此公议团体章程即（执）行。恐后无凭，特此备规，六条存照。再列于后。

一议杀人劫抢，勾生吃熟，查出枪决。

一议偷牛盗马，挖屋开仓。

一议窝藏匪类，私通盗贼，查出枪毙。

一议骑龙当（挡）向，抛尸弃骨。

一议五谷桐茶，不得乱偷，查出议罚，决不失言。

苏宝山
六椅团总 苏凤鸣
苏胜灵
代 笔 人 苏道发

民国二十七年戊寅年仲夏月立

说　明

这件石牌条文，是纸写本，现藏六眼村山子瑶蒋荣太家。六椅团是大瑶山北部茶山瑶、盘瑶、山子瑶及少数杂居瑶山汉族居民的石牌组织。这里直接称石牌为团甲，称石牌法律为团规，已在较大程度上受了汉族的影响。团总是茶山瑶“山主”，各甲则“山主”、“山丁”都有。六眼、大漕口等处是山子瑶村庄。这件条文的内容，最重要的是不许接受国民党广西当局的所谓“开化”，如不准“编野团”和“凡外政治并编化人员不许收留”，可以看出瑶族对当时反动统治的反抗态度。

(9) 龙华等五村石牌

□□□□□□□古罗昔地下□□□□□□□□□□□□□□□□□□□□□□□□□□□水□仰□村不居（拘）状（壮）人，不居（拘）客人，不□□□□□□□□□□□□□□□□□□□□□□，龙兴□□山水同人返（翻）侮（悔），五村同作主。古罗昔地□□□□□□□□□□□□□□□□□□□□□□□□□□猪一支（隻），众老□□茶水用银五十二两正，□□五村□□石牌一两返（?）十两。石牌□□□□□□同□龙兴村要昔地村间（?）对□大字竹林炮火吊得多，另山另水□不得过石牌□□□□□□□□□对且（扯）通小□□□□□□主通大□石□□□□□头山反支水流返石恐界□□山，一条水流□洞对把，三条水流通下反水流通南丑四界，大程同通大□江南丑四界，正请埋龙保正回□山场，那里工何廖□祖云奉通□忖思成那田村□□□□□□口通村□又义江□村，日下丈田欠大白□村黄世垂吉吊绍内侣□村大子胜江胜占。

五村□□□□□□□□□□陶扶且　　□□□　　□□光

□道直　　全道金　　全胜直　　□扶梦　　扶□

□□□　　□□□

□□□年□□□□八月初三立石牌祖下字□□天灵地准

□□村　　刘道回　　□石牌　　道仙

□扶增　　　　　　道用　　二人一两

立石牌外人内人不得薄（缚）人，何人薄（缚）人，五村要银一百两正，全众首字（事）扶新　扶三　扶通

拾一村首石牌为职（?）

说　明

这件石牌条文，用石镌刻，原竖在丈二附近的石牌坳路边。现已作为路面垫脚石用，故字迹多已漫漶。从断续的文句中，还可看出五件事：①主要内容是划分山场界限的，从文中所谓“水流返某地”或“水流通某地”可证；②这次划分山界的大事，是请古罗、昔地两村茶山瑶石牌头人来办理的，而主要的当事人是龙兴村（后改龙华村）；③规定划定山界后，当事各方不得翻悔。如果违反了这个，那么，这次请老人来办事所用去的猪一只和茶水银52两①，就要加十倍赔偿；④在正文外还刻有几行石牌条文，即议定参加石牌者，凡遇争端都不许捉人为质；⑤此外，更重要的一点是，龙华附近一带的花蓝瑶和茶山瑶，都隶属于古罗（即六位）、昔地两村之下的。从而可知它

① 旧制计量质量的单位。1两=50克。

们在瑶山里的政治地位。因文字漫灭，此石牌竖立时间不明。

（乙）茶山瑶石牌

（1）在保、杨柳、将军三村石牌

石 牌 大 吉

我等立石牌料会

盘故（古）开壁（辟）天地，先至（置）山领（岭），后至（置）人民。注（住）在瑶山，无有田地。养男养女结夫妻，大断价银四两二钱①，鸡2只，果无有，肉4斤。

一令伬（伤）恶死，依（衣）二件，肉多少不舜（拘）。

二令小斋小凨（醮）肉二丁，道人无有。

三令苏□把黎太坍（?），盗贼收心。我人又事□□。

四令田地水□上流下，不用乱令。三村不服。

五令山领（岭）□简（间，即界限）木松杉柱（树），不用动地乱斩。不伏（服）。

六令强盗人害村，众等同心。

七令别乡内（?）里（理），不伏（服）。

八令山水田地买（卖）主人领银，不得憣（翻）悔。

九令荡茆草㭘（押）田，何人不得乱令。

善人买卖无炁（意），有茶有食吃。

一令我（何）人番（翻）□（疑是山字）果（过）界，勾同打劫煞（杀）人害命。三村不伏（服）。

二令我（何）人谢番果（?）逼男□女，三村就不伏（服）。

三令□□□三村就仰兄弟。

四令我（何）人有事，不用领□□打□，三村不伏（服）。

五令夫妻男女□六□□□，我（何）人不用憣（翻）□□□□。

<table><tr><td>（1）三分三　九分九石牌六十两
（2）十月十六日丙戌年三□　□时　推夫妻　耕种工成　众等我人　作下田
（3）众人三村旧年丙辰生庚禁忌
（4）到至戊辰三村夜生庚禁忌三村兄弟到年礼禁忌夜到事自二月八日禁忌夜到丁问人　乱讲就不关三村　兄弟兄弟</td></tr></table>

天长（刻在碑的上头）　　地玖（久）（刻在碑的下边）

大清乾隆五十一年丙午十月即七日午时　天灵地準（准）二月初三日立料令

说　明

这件石牌条文，用石镌刻，竖立在在保村功德桥头。它是我们所收集的石牌中刻石最早的一件。其中文字书法拙劣，文句更难理解，当是瑶族的手笔。全文可分为三部

① 旧制计量质量的单位。1钱=5克。

分：前段是序文，但却提到结婚财礼的定额。“大断”就是“断卖”的意思。中段是九条料令（即法律），第一第二两条，疑是酬谢巫师祈禳的定额。第三条不可解。第四条是放田水。第六条是同心团结抵御强暴。第七条疑是三村遇有争端，应请当地老人处理，不得到别乡请老来村讲理。第九条疑是凡田里放过绿肥（茆草）以后，下田的主人不能在放田水时把这肥水放入自己田内（瑶山至今尚有此习俗）。后段是五条料令，除第一条外，其余各条文字多不能理解。第四条疑是发生争端时，别人不能领两造任何一方的花红（尝钱）帮助一方去暗杀另一方的人。第五条疑是夫妻不得闹离婚。此外，方框内的文字，在原石刻上是夹刻在前段和中段条文下边。文字错落排列，语句不大连贯，内容大致是述禁忌的月日，很费解。为了保存这件石牌的原来面目，故仍加方框附载下来。这石牌竖立的时间是公元1786年。

（2）长二、长滩二村共立石牌

成二、长叹（即长二、长滩）二村料令：先适（?）□□□开壁（辟）□天地，福照伏羲纸（姊）妹造人民。先立瑶，后立朝。我瑶山先祖公三代，□南京县广东猪纸街□□兵马家□□长在□造门□乾隆立在□□造门立□□国法□养人民山水，无有□所管。我族方□□□□方□□山地□有村老□光□。乾隆、嘉庆王世界平安，我□□王世界□□□□石牌社□□□□□□□。

一料二村□□□□瑶□蛮道盗牛□□□□□□。

二料二村□□□行人□打□□石牌，就犯石牌。□□二十六两。

三料令二村□□□许何人□□□□□家具□□锁上□□□，就犯石牌，□银一百二十两。

四料（文字漶灭）

五料（同上）

六料（同上）

七料（同上）

八料（同上）

九料令二村何人（以下文字漶灭）。

十料令不许何人□□□□三百□□□，一百二十□。

十一料令二村不许何人□□□□□□□□□。

十二料令二村不许何人大小事，不得锁人，庚（跟）山庚（跟）水□□乱锁□□，石牌（以下文字漶灭）。

道光十二年二月　　二村吉日立石牌□□天灵

说　明

这件石牌条文，用石镌刻，竖立在长二和长滩两村的中点（各离约4里）的大路旁山坳上。全文分前后两段，前段是序文，在记述盘古开天辟地和伏羲姊妹造人民之后，接着记述他们祖先原籍及迁徙经过。可惜文字漶灭，不能看出在乾隆间究竟住在哪里或是做了些什么事。接着似乎说他们进入瑶山，“无有人所管”，靠开辟山地过活。当时管事的人，似乎是“村老”。到了乾隆、嘉庆以后，世界不平安，所以要立石牌来维持社会秩序了。石牌条文共十二条，字多漶漫不明，多数已无法理解。只能看出第一料是盗牛。第二料是禁止打毁石牌。第三料和第十二料都是不许因争端而乱绹人锁人。第十料，疑是不许杀人的事，如果杀死男子要赔360两，妇女要赔120两，这件石牌刻石的时间是公元1832年。

(3) 班箈石牌

万　　古　　流　　传

立　　字　　石　　牌

班箈村九家兄弟，意祖父住在小地方，客状（壮）瑶人（指盘瑶）乱匪颣（类）欺（漏一侮字），九家谪（商）议理论，到□兄弟上秀、歌赦、立龙三村，六亲兄弟不伏（服）。意旧老人先□安请班箈村九家，先意先人立字一纸内外人不见。到道光二十年，照旧老人出字立牌，内外人见石牌字得知。后来班箈村永代子孙，何人不得乱颣（类）欺福（侮）。如有何人乱欺福（侮）匪颓（类）九家，上秀、歌赦、立龙三村众人兄弟，齐心不伏（服），立牌告知。

	苏道□	龚胜安	龙道任
	龚扶应	苏扶正	龙道印
上秀歌赦立龙老兄	苏扶盏	苏扶标	龙胜川
	全胜材	苏胜放	龙扶倒
	全扶□	全胜境	
	苏胜□	陶道案	
定蒲村	陶通□	陶扶香	

道光二十年岁次庚子二月初四日立牌　天长地九（久）大吉

说　明

这件石牌，用石镌刻，竖在板箈（即班箈）村北端闸门外。内容主要是述说当时有山外客人（汉人）、壮人和山内盘瑶等"匪类"，欺侮板衍村九家。他们便去请上秀（即金秀）、歌赦（即白沙）、立龙三村的兄弟六亲来保护。后段列名的有定蒲村人，想当时这村也参与其事。文中所谓"乱匪类欺侮"，或"乱欺匪类"，意思均相同。立牌时间是1840年。

(4) 上下卜泉两村石牌

丁

日　　　月

光

万　　古　　流　　传

立　字　石　排

立字盘古置天立地，伏羲子（姊）妹造人民，开辟天地，先立瑶山，后立朝。置瑶山各地立村团，先置社，后置庙。祖公立上卜全、下卜全。祖公立门（民）回（为）主，代代平安。落后到今世嘉庆□年，客人瑶人（指盘瑶）反乱，不得安落（乐）。到道光十八年，瑶人（指盘瑶）反乱，有事下作无事下，托（?）生愿事，地方不得安乐看管，救（就）管不得。托生生齐想义（商议），到瑶四村问父母，愿所管上卜全、下卜全，过后代代子子孙孙，四村所管。故罗村：刘胜□、陶道知、刘胜□，莫胜奉、扶□；昔地村：苏胜堂，苏扶办、道明、道珠、胜同；上秀村；全胜材、龚扶应、苏公盛、全扶□、龚胜案、全胜政、苏扶亲；歌赦村；苏扶□、胜放、胜园、陶胜广。四村一百五十主，管上卜全、下卜全。四村管上卜全莫道朝、莫道力、莫道合、道任、道耿、莫法香、法李、法界、扶移、扶者。四村管下卜全莫玄道、莫道通、扶客、道镇、道应、扶伦、扶谭、法□、扶丁、玄奉、玄官、扶竹、扶座、□□、扶场。四村父母过旺（往）到河（何）家，有吃无有，不用怪，不得启事。四村父母祝你男女全村，有大事化小事。头人不□小人。你小人不用□头（疑漏一人字），二边工（公）平教意（交易）。你二十六主，不用请兵。上下托（?）事，上下过旺（往）乱事，由我四村父母作主太平，为天灵地准。后代子子孙孙照父母料令，管你上卜全、下卜全，办酒无疏（数），煞（杀）牛二只，煞（杀）猪六七只。父母□代代见知。得我父（漏一母字）告过后，太平安（漏乐字）四村立（疑漏石字）排。大吉大利。

三日完成

代笔人苏胜举受二十六主工钱一主一钱银字丑不笑也

左救（招）财进宝人丁兴旺大吉（刻在石牌上头左边）

右依（穆）粮牛马六畜满山川大利（刻在石牌上头右边）

太请（大清）道光二十九年已酉岁十一月十四卯时立石牌吉日大旺

说　明

这件石牌，用石镌刻，竖立在上卜泉（原名上卜全）村外。全文主要是叙述上下卜泉两村，在清嘉庆、道光年间，先后受到山外汉人和山内盘瑶（“山丁”）的攻击扰害，因人力单薄，无法抵御，才大家商议，去请金秀、故罗（即六拉）、昔地、歌赦（即白沙）四村的大石牌来保护。两村议定金秀等四村为“父母”，自己则是“小人”，愿归他们管辖。上下卜泉和金秀四村，虽然同是占有山地的“山主”，也同是茶山瑶。但在政治地位上却是有等级的——一方是保护者，另一方是被保护者。这件石牌的特点，无石牌条文，仅是叙明保护者与被保护者的关系。代笔人是金秀四村的“父母”，故文字的语气完全是上级对下级的腔调。石牌竖立的时间是公元1849年。

(5) 低水、平亚、莫村三村石牌

丁

日　　月

光

万　古　流　传

恩（因）为盘故（古）至（置），神□（农）皇帝至（置）造人民。先立金坛，后立社庙。祖公这水村，太平安落（乐）。祖公安王雷村，太平安落（乐）。祖公安故平村，太平安落（乐）。到金（今）世不同祖公。有人威（亏）理烝（无）里（理），求官难作主管地方。这水、平霞、古平三村齐齐相仪（商议），同心相良（商量），到瑶山问四村头，头人一一愿官（管）。昔地村：苏胜举、胜愿、道明、胜周、道珠、胜运、道寿、胜□、胜转、道营、扶先、扶当、扶托、扶□、道□；故罗村：刘胜艺、胜珠、胜放、扶已、道坤、胜奉、道法、道学、扶胜、扶心、胜法、扶婆、扶满；上秀村：龚扶应、胜财、胜正、胜堂、道印、扶千、扶祝、道阳、扶连、扶卷、胜奉、扶开、扶理、道□、扶布；歌赦村：胜园、胜□、胜放、扶印、胜度、扶土、五十名父母官。你这水四村陶法学、陶道庆、陶道昌、莫扶枝、陶法置、陶三石、陶玄界；平霞村陶道阳、陶法旺；古平村莫道富、莫扶永。三村十一主男女，子子孙孙在（太）平安落（乐），照父母法律，不得乱更口。瑶人（指盘瑶），过往客人（汉人）状人（壮人），过往有契（吃）无有，不得启士（事），天理良心。何人乱庄（装）士（事），五十名作主。我父母祝你男女同上卜全、卜下全，不得更口。你上卜全、下卜全同十一主，不得更口，各地天理（理）良心，太平。为你十一主杀牛一只，杀猪三只，酒疏程（数锃）。父母受后，太子孙知得。大吉大利，天长地玖（久）

代笔人昔地村苏胜举受功（工）钱八百文正受你猪儿二只

太请（大清）咸丰三年癸丑正月十六日卯时吉立石童（保障）平安

说　明

这件石牌，用石镌刻，竖在低水村闸门墙上。全文无法律条文。先叙述开天辟地和这水（即低水）、平霞（即平亚）、古平（即莫村）祖先早年住地。接述他们被人欺压，即所谓“有人亏理无理”，但却无人管理，即所谓“求官难作主管地方”。因而三村商量，结果只好到四村（即金秀等村）请求50名“父母”来保护，自愿子子孙孙受其管辖。从此之后，凡是山内盘瑶和山外入山的汉人、壮人，到这些村庄时，不论有吃无吃，都不能随意闹事，不然的话，四村的“父母官”就要来帮忙的。石牌竖立的时间是1853年。

(6) 金秀沿河十村平免石牌

我等切（窃）思：恩（因）为盘古初开天地，伏稀（羲）姐□始造人民。明朝目下立昨（着）会律法，不準（准）何人乱昨（作）横事。在道光目下，现见金扶盏并无经人□□□去刘扶川。又至田村莫道流，在半路杀死人民（命）田扶眼，众石牌未能得会。目下咸丰世上，又金村十家同如歌望村陶胜有之事，经去外处请来客人邦（帮）打。今如同治元年，刘村扶片同四家事启，亦去外处请者（?）客人邦（帮）打。目下现出世界非乱，不知何人非恶，在对埸（?）大路等之昔地村，想乱锁人事。昔地众兄保（报）经十村头人，大家和气立启（起）石排（牌），不準（准）何人乱昨（作）非事。在之同治六年正月十六日，被此刘村刘扶鉴、老昌、胜庆三人，不进古矣（?）恶夭（嚣）非强，打澜（烂）石排（牌）。十村等会不伏（服），要他三人各立回石排（牌）律法防后。十村头人弟兄载立章呈（程），齐心准此道白。

众 石 排（牌） 立 律 防 日（后）

一立不论河（何，下同）人有事经过人老，正（才）得锁人可也。

二立不论河人无事半路不得乱杀人命可也。

三立不论河人有事莫打禾苗田亩（塴）百勿（物）可也。

四立不论河人有事不得那（拉）牛只畜勿（物）可也。

五立不论河人有事莫乱山场香草、竹木可也。

六立不论河人去村问数食酒，莫赖生事可也。

七立不论河人有事，阁下弟兄不得那（拿）者可也。

八立不论河人有事，不得放火烧屋，不得开禾苍（仓）可也。

九立不论河人有事，请启（起）人老言清，不得返（翻）悔可也。

十立不论河（何）人见客买卖生意，不得乱昨（作）横事可也。

十一立不论河（何）人见客生意交易，是昨（作）横事，莫怪石排（牌）。

十二立石排（牌）河（何）人昨（作）夭（嚣）非强，石排（牌）问他一家弟兄可也。

十三立众石排（牌）河（何）人乱昨（作）生事，盏（铲）灭男女启（起）杀死可也。

恭　喜

同治六年丁卯某月　某　日　吉立发

说　明

这件石牌条文，用石镌刻，竖在田村外西北角山坡上（今县苗圃）。因这里土名叫平免，故又称它为平免石牌。由于当时十村共390户参加，故又名三百九石牌。内容分两部分：前段是序文，叙述开天辟地造人民之后，到了明朝时，他们就建立了石牌制度，由众人集会，议定了律法。文里所谓“明朝目下”，应作“明朝年间”解。下文还有“道光目下”、“目下咸丰”等句可证。这一句很重要，使我们知道瑶族在明朝时已经有了这种石牌制度的。接着叙述了从道光到同治六年间当地所发生的几件大事，可知当时石牌权力曾经一度松弛。后因有人企图截路捉拿昔地人，经昔地报告石牌头人，才又重会石牌，立定律法。后段条文共十三条，概括起来，有下列几方面：①不得拦路杀人；②遇有争端须请老办理及其应遵守的事项，这方面是主要的；③不许在“问数”（讨债和收租）时酗酒滋事；④保护行商小贩入山交换；⑤恃强嚣张作恶的，在严重情况下，便要连同弟兄一齐问罪，甚至于铲灭全家。于此可见石牌权威是怎样的了。此石牌竖立时间是1867年。

(7) 金秀、白沙两村石牌

万　古　流　传

□字石碑（牌，下同）：盘古立天立地，先立瑶，后立朝。我上秀、歌赦二村各公，回（未）立村，先竟（敬）社，后竟（敬）庙。各地三家四性（姓），各公至（置）田地，□□山场百物法律，二村齐共一法律。先朝老下立碑，到今世丙子年，二村合意议位（会）石碑，齐意用法律，照天灵地準（准）。上秀村全道启、全胜印、胜东、胜镇、扶住志、胜郑、道回、道贵、扶海、扶南灵、扶临、道信、扶移、胜奉、道龛、扶声、扶别、胜逢、胜□、扶桂、扶净、扶扒、胜艺、胜灵、扶盏、道里、道武、扶拱、道艺、扶管、公太、扶夹、扶罗、扶朝、公连、公转、扶财、胜光、道朝、胜金、扶屋、女比、道知、扶辛、扶祖、胜知、胜旺、胜客、扶田、扶红、扶府、道□；歌赦村扶威、扶文、道香、扶话、扶穷、扶噤、扶转、扶胜、胜金、道长、扶愿、道□、胜回、扶能、扶世、扶贵、胜广、道通、道同、道明、胜会、胜殿、扶会。上秀村全道启、胜印、道信管四主；道贵、扶海、扶移管十三主；扶金、胜直、扶拱、管六主；胜和管二主，胜东管二主；□□管二主；胜光、扶朝管九主；扶□、胜客、扶富、道顺管八主。歌赦村扶威。胜传管四主；道长、胜金、道言管八主；道川管二主；扶贵、胜客、扶合管十主。

一料：二村齐意位（会），何人争山场，不得锁人。请老人降（讲）道理，不得锁先，犯二村法律。

二料：二村齐位（会），何人争田地，不得锁人。请老人分断。何人乱锁先，犯众二村法律。

三料：二村齐位（会），何人争口，不得作事。何人作，同锁人，犯二村法律。

四料：二村齐位（会），何人有事，不得打屋，何人打屋，犯二村法律。

五料：二村齐意位（会），何人有事，不得打大炮，不得打屋，打人亦不得。犯二村律。

六料：二村齐意位（会）何人有事，要请老人，分断不明，□十年八年，同听老人分断，不得乱打乱作，犯二村。

七料：二村齐位（会），何人有大事小事，二村人老分断不明白，何人不得上下人老来作，上下犯二村。

八料：二村齐位（会），何人有事，何人兄弟不得包酌（捉）。何人乱锁，二村齐齐脱放。二村不準（准）犯律。

九料：二村齐位（会），何人有事，何人不得包事结事，亦不得何人锁何人，亦不得乱锁，犯二律。

十料：二村为客人，状（壮）人，板瑶生赖事，二村同心出力，何人不同心，犯二村律。

光绪十七年　岁次辛卯　仲秋七月初八吉日立

天长地久

全胜光　陶胜镇

代笔人　全胜印　龚扶移受银四两正

苏胜容　苏胜客

事因辛卯年六月初九日，不知是谁打烂石碑，众议公罚花银四十两正。后如有不法之徒犯律者，照例罚是也。

说　明

这件石牌条文，用石镌刻，原竖在金秀（即上秀）村东闸门墙上。后因被村上四个不满意石牌限制了他们不能离婚（如离婚就要赔偿妻方赡养田60把禾田）的青年，于一个黑夜把它折下，踹进泥田底。不知何时被龚扶劳的前辈发现，便暗地抬回家来，作垫水缸的石块。调查时，经过许多曲折，才得到线索，把它拓下。内容可分两部分：前段是序文，在叙述开天辟地造人民之后，接述祖先立村立社立庙。在丙子年二村才共立石牌。可惜不知是哪个皇朝的丙子，因而不能确知二村石牌起于何时。接着述及二村各户主名字并列出二村老人各管若干户。从而可以看出一些石牌的组织情况。据当地老人们说，这个石牌，因为二村原为66户，故称六十六石牌。但据文里所载，却有70主。可见户口比若干年前已增加了4主。后段为条文10条，综其内容，约分下列两方面：①遇有争端时须请老办理，并提出在争端中若干应该遵循的事项。这类条文共占9条之多，是主要部分；②齐心对付一些撒赖滋事的汉人、壮人和盘瑶。此外，据最末的附言，可知到光绪十七年时，最初丙子年所刻的石牌，已被人暗中打毁，这件石牌是继承丙子石牌的精神续刻的。这件石牌竖立的时间是1891年。

(8) 滴水、容洞、六力、大进四村石牌

日　丁光　月

立字□字石牌为界，法律为凭。

一料：偷禾仓、挖屋、偷坟三条，一条犯银五十两正。

二料：何人有事先请老，后锁人；锁，犯五十两正。

三料：有事不得打屋，偷牛猪，挖田水圳，一条犯五十两正。

四料：偷棉花，犯五十两。四村招老婆，有子不用，犯一百二十两。

五料：过村招男女，有子不用，犯六十二，招客犯六十两正。

六料：招第二老婆，犯一百二十两。女人招外客，犯六十两。四村何人批田新客，犯二十四两正。

滴水村头人　全扶透　全扶卷
全扶全　全扶世　全扶长
全扶平　全扶尾　罗扶古

容洞村□□　□□□　□□□　□□□
□□□

六力村　甘扶祖

大进村　黄法明

全晚爷　□□扶肝　□□覃道灵

光绪辛卯十七年五月二日立□

□□二十四共（两）（疑此所缺为“奸情”二字，与民国二年的条文相同）。

说　明

这件石牌条文，用石镌刻，竖在容洞村外。内容与该四村民国二年（1913）的基本相同，详见它的说明，条文中明白提出“招客（汉人）”为婿，批租田地山场给新到山内的客人，都是犯法行为。由此可以看出过去瑶族人民对汉族的态度。此外，容洞人姓名均被打去，不知何故。此石牌竖立时间是1891年。

(9) 长滩、长二、昔地三村石牌

众　石　牌　律　法

□盘故（古）开天自立地，先立遥（瑶）山，后立朝庭（廷）。遥（瑶）朝各有所管。我遥（瑶）山全靠田地山场来养男女。在老班祖公管来，并无何人乱偷贼（盗）遥（瑶）山山场物件。如今现见三五年，失物不小（少）。今我众石牌想仪（议）位（会）太平团，照我老班律辉（规）料令。

我小地方养领（畜）生（牲），放在领（岭）上，大路边山场香草、香信、除良（薯莨），高（?）□冲山场吊□物件、吊堂，并有鸟树、板料百物等件，何人心谋，不得乱偷贼（盗）。今世恐怕贼□，众石牌位（会），发有花红钱十二千文，见到偷贼（盗）拿倒

(到) 贼盗，捆打。□炮火打死，众石牌来办事，□莫□怪也。

石牌名字

昔地村	苏胜段	苏道位	苏道善	苏扶□
成二村	陶胜接	陶道坤	陶道福	陶扶砖
长滩村	陶胜红	陶扶位	陶胜里	陶胜□

石牌工钱千二百文

光绪二十二年七月立□　　大吉利市

说　　明

这件石牌条文，用石镌刻，竖立在长滩村外半里许的大路边。内容分两段：前段为序文，叙述开天辟地之后，到他们祖先进山开田种地，立有律规料令，一向无偷盗的事。到近年常发生失物，故又会石牌，重立律规。后段主要叙述牲畜要放上山，以免践食作物。山里栽种的香草、香信（即是香蕈）等土产，放置在外的东西和乌胶树、杉板等，都不许偷盗，违者或捉拿罚款；或开炮打死，也不能见怪。这石牌竖立的时间是1896年。

(10) 六段、三片、六定三村石牌

祖公苏贵显、陶善保、莫金一三公、立造上段村、三片、故（古）参三村。众团立字滕构石牌律法。

一条开棺挖墓　　一条箭（骑）龙葬墨（脉）

一条女人七三八四　　一条火烧屋宅　　一条强奸妻女　　一条打劫生事

一条杀人害命　　一条欺兄某（谋）弟　　一条迷魂禁井　　一条挖屋开仓

一条女人幡（翻）乡（腔）　　□□□□□□

一条贼（偷）牛盗马　　一条勾生外合　　一条某（谋）山沾（占）国

犯律令照办　　何人番（翻）天倒地

上段村苏扶虬出料三村料钱一千二百文

光绪三十二年丙午春二月十四日吉立　天灵地準（准）

吉　□　代笔钱一千二百文

苏胜

星　　海　劝人世上修善不用多事耕田之（植）地大吉

说　　明

这件石牌条文，用石镌刻，竖立在六段与杨柳两村间之滕构地方，故又名滕构石牌。上段即六段，古参今名六定。这件石牌文字简明通顺，“骑龙葬脉”是指把坟墓葬在别人坟墓的后面；“女人七三八四”是指有夫之妇与人通奸；“女人翻腔”是指女人闹离婚；“迷魂禁井”是指施魔术迷人，使人生病或死亡；“勾生外合”是指勾生吃熟，里应外合。这石牌的竖立时间是公元1906年。

(11) 六拉村三姓石牌

众　村　　　　石排（牌）

振　古　于　斯

自老班立村伊始陶道旺，后有刘、莫、陶三姓为村，置山场四所，入三姓所管。曾立法律数条。开列于左：

一公议山中各人香草，各种各收；物各有主，不得乱扯（窃）偷。如有乱行偷扯（窃），确有赃证，当场拴拿，送回业主。众村赏花红银三十六元。如一人力不能拿，用炮打死亦可。事入众村，但不得挟仇妄拿，以昭公允。

二公议各人山中塔（搭）立香厂，置有锅盘碗盏等物，不准乱行私撬厂内，掠劫什物。如有此人，有人确证，或力能拴拿，或用炮打。事入众。尝花红银三十六元。又各人进山，路中放置衣服百物，不得乱取。如有乱取之人，照贼盗论。

三公议各人各山，各有界限，不准乱行界外。以防私心，如有故要行，先问山主方可。何人不听，照贼盗办。事入众村。

四公议山中杂粮，物各有主；各种各收，不准乱行偷盗。如有偷盗，确有赃证，照贼所办。事入众村。至山中生柴，石排（牌）以下，不得乱砍。何人不听，众村罚银十二元。又石凉（薯莨）、支木（鸟胶木），不得乱取，亦照贼办。有人确证，尝花红银二两四钱。事入众村。

五公议吾村老班公共山场四处，河水四条，不准乱行弄鱼弄蛙。如有乱行偷盗，罚银十二两，又四处瑶人、板瑶，无故不得私行入山。如有私行，准用炮打无论。众村作主，刘道干立法律五料，天灵。

宣统三年岁次辛亥八月十五日众村同立石排法律为准

	胜寿		道旺	莫胜金	
	胜红		道光	莫胜知	
刘	道干	陶	胜周		同立
	胜财		扶达		
	胜县				

旧老古封众山，不得被（辟）地百物。何人不得请工。世在封禁。

社老刘道言

说　明

这件石牌条文，用石镌刻。竖在六拉村刘道著屋后山坡上。全文分两部分：前段序言，提出始祖姓名，其后虽分三姓（可能是同一始祖的后裔），共占山场。后段为条文五条，文句清楚。综其内容，完全是禁止偷窃行为，有利生产的。但是有人遇见偷窃，在力不能擒拿偷窃犯的情况下，可以开炮（鸟铳）杀人。酿成事端，则由全村承担责任。这种禁约，可说是极其严峻的。文中“瑶人”系指长毛瑶，“板瑶”即盘瑶。石牌竖立时间是1911年。

（12）滴水、容洞、六力、大进四村石牌

日　　丁光　　月

立字四村石牌为界，法律为凭。

一料：偷禾苍（仓）、挖屋、偷禾（衍文）坟三条，一条犯银四十大元正。

二料：何人有事，先请老，后锁人。不请老锁人，犯银四十大元正。

三料：有事不得打屋、偷牛、偷猪、挖田、挖圳，一条犯银四十大元正。

四料：偷棉花，犯银二十四大元正。

四村石牌招老婆，有子不用，犯银一百大元正。

五料：过村招男女，有子不用，犯银五十大元正。

招客（指汉人）犯银五十大元正。偷鱼赞（即捕鱼的笱）犯银一十二大元正。

六料：在四村招第二老婆，犯银一百大元正。

过村招第二老婆，犯银五十大元正。

四村何人犯批田山新客，犯银二十大元正。

七料：甘成（奸情）犯银二十四大元正。

照书为凭

滴水村	全扶圣	全扶道	全扶园	全扶学
	全扶经	全道发	罗扶奉	全道游
	全扶贵	全扶心		
六力村	何扶云	全扶安		
容洞村	苏扶缎	苏扶□	苏法仙	全道林
	全扶寅	全扶则	全扶造	全道贵
	全扶□			

民国二年癸丑五月十九日立字

说 明

这件石牌条文，用石镌刻，竖在容洞村外，内容计7条，共12项。文字清楚。概括可分下列几类：①有争端须请老办理及应遵守事项；②禁偷盗（包括偷葬坟墓）；③离婚及重婚；④通奸；⑤不能批租山场田地给新入山的汉人耕种。石牌竖立时间是1913年。

(13）岭祖石牌

奉 州 主 乡 禁 石 牌

尝思修国政，制田里，朝廷立法，原为爱民保民而设，昔唐虞之世，路不拾遗；子产为郑大夫，修国政，制田里，铸形书，民歌父母；此乃上古之遗风，非今日可比也。今我皇上聪明睿哲，惠爱小民，恩及边方瑶地，所有应禁律条，颁行天下，使各上宪遍示瑶愚，同登善良，无非爱民保民之致（至）意也。自于乾隆0六七年，有汉棍吴继业、廖国英等，入瑶扰派钱文。各瑶公议，出呈禀请州主藐，尝示刊石立碑，永禁匪徒。又于加（嘉）庆十七年，小四甲团长李发生、莫谏等，又在州主方，出呈复禀，尝示禁约乡规，颇得宁谧无虞。不料于加（嘉）庆十年，又有汉棍不法之徒，擅入瑶疆，讹诈吓索，或平地风波，或打头撒赖；种种不法，以至逼死人命，犹然不息。不已，复约乡僯（邻）在于石牌路口，另行立碑。俟后再有匪徒入瑶，滋生事端者，立即鸣众公议，缚绑解官究治，加（嘉）庆二十一年八月二十五日，奉州主周严禁汉奸越界偷窃："现据岭祖瑶兰玄直等呈称；瑶民世居瑶地，粮田无多，只靠附近山地种植薯莨杂项度活。近年以来，四近居民及外来客民，出入纷纷，莨莠不一；大则偷窃牛只，小则擅采山场种植之物。陷瑶民有种无收，衣食无赖。呈恳示禁该处居民及外来诸色人等，入瑶贸易，仍许照常出入，不得引诱匪类，欺压瑶愚，偷窃砍伐，恃强滋事，查出按律究办”。又十月二十九日奉州主张示谕：“严禁本地居民，不许勾引生面游手好闲之人，窝留在家，听其摆惑非为，引诱良民。许即提获送官；或被挟仇扳连，遗赃架害，任由具结保救，将窝家与匪人一同究治，立即赶逐出村”。于道光十二年奉巡抚部院祁示谕：“瑶民各自安分耕种，切莫听外来奸人煽诱，亦莫被本竟（境）匪类吓诈，惊恐扰乱。如有奸人问善人瑶煽诱吓□者，立即拾拿送官重治，断不连累良瑶。如有扰害，一经控告，即严惩”！又八月内奉州主唐示谕严禁□□滋扰瑶民：“照得汉奸流棍，不得擅入瑶地，例禁何等森严，兹本州奉宪代理祈□□，闻有外来游□□本混徒，每籍□……（下缺）

说　明

这件石牌条文，用石镌刻，原竖立在岭祖仑崩村南端。因50多年前，岭祖不服金秀石牌头人管治时，就和金秀“拆石牌”（不合作），并将这石牌两块中之一块打毁。现在仅存一块，藏于仑崩兰文才家，用来垫水缸。故全文缺了下半截。据当地老人说：已毁的一块，是有一条一条的规条的，这件石牌，不叫石牌而称石碑，是请汉人代拟代写的。试看内容，文字已相当通顺，书法也很端正，可知不是出于瑶族的手笔。现存这一块的文字内容，像是前段的序文，它把从清乾隆末年直到道光十二年（1832），先后约50年中，当地瑶族遭受邻近或外地混入瑶山的汉人中的一些流氓光棍等坏人所横加在他们身上的压迫和剥削，都写得清清楚楚，这是当地瑶族一段痛苦的经历。另一方面，还可看出：岭祖瑶族，住区偏在瑶山之东，与永安州（今蒙山县）很接近。山内20里外的忠良，早已是汉族住区。因此，接受汉区的影响也较早较大，他们在乾隆年间，已经写呈文请求永安州的官府（所谓州主）保护他们的财产了。而且小四甲团长李发生等也帮他们出过力，代写呈文请求州官“赏示禁约乡规”。由此可知：岭祖的茶山瑶，虽然直到清末才与金秀“拆石牌”，但实际上早在乾隆年间已经跟山外官府甲团等统治机构打上了交道。如把这件石牌和其他石牌相比，更可见各受汉族文化影响是有显著不同的。此碑因没有条文下半截的一块，不知刻于何时。但文里已提到道光十二年（1832）的事，当是比这较晚的时间的东西。又文中有两处错误，一是乾隆五十七年（1792）的永安州州官，是姓缪而不是姓藐，有一件乾隆五十七年（1792）的“禁碑”可证（此碑竖在仑崩村一座庙门口），一是先后提到嘉庆年间两次，先为十七年，后反为十年，文义讲不通。

（丙）花蓝瑶石牌

（1）门头、下灵、黄桑三村石牌

三村立石牌，大事收为小事，小事收为全无。

禾田不得则（铲）田。有事用请里（理）者，事元（完）就莫播（翻）。三村有事，不用桃（绹）人。三村有事，不许过介（界）请；若过介（界）请老，众罚银六十两。外村石牌桃（绹）得三村，自犯罚银十两；外石牌人犯，罚银三百两。请老不许食银，不得杀人。生易（意）不得卖病猪，从（重）罚，不许播（放）鬼。

道光二年七月二十二日立

说　　明

这件石牌条文，用石镌刻，竖在门头村南端社庙后山坡上。内容可分序言和条文两段，序文简单，只提出立石牌的愿望是：大事化小，小事化无。条文共八项：①有争端不得铲崩田基；②凡有争端，一经请老人讲理完毕，事后不得翻悔；③凡有争端，双方都不得捆人（即是捉拿对方的人当人质，逼使对方认输和赔款）；④三村有争端，由三村老人调处，不许“过界”到三村以外的别村去请人；⑤如果与外村发生争端，也不许捉人为质，如三村抓别村的人，所谓“自犯”，罚银仅十两，别村抓三村的人，则重罚至三百两；⑥当老人的为村众排难解纷，不许有受贿赂，或抽扣部分罚款等的行为，更不许任意杀人；⑦做生意买卖的，不许卖病猪；⑧不许施用“魔术”和“法力”，“放鬼”害人。此石牌竖立时间是公元1822年。

（2）六巷石牌

公议五□律犯者罚

一议众水乡村矩犯，犯者罚钱四十两。

一议买田知（之）人，当田不得言断田知（之）事，罚钱四十两。

一议卖田知（之）人，断田不得言当田知（之）事，法（罚）钱四十两。

道光十六年八月十六日立

说　　明

这件石牌条文，用石镌刻，竖在六巷村外。条文仅三条，是石牌条文中最简单的一件。内容：第一条意义不明，似乎是一条概括性的东西，即是说：我们共一条河水各乡村的众人，不要犯石牌律，谁犯了，就要罚钱。文中所谓“断田”，即是卖断田业的意思。竖牌时间是公元1836年。

（丁）坳瑶石牌

（1）罗香七村石牌

第一条：各村各人不得为匪。如有为匪，查出即将该犯枪决之罪。

众石牌丁每人自带钱一百文，米粮自备，齐到公地。剁猪，公议将该犯由亲族出手枪决，或煲大茶药灌食即死。

第二条：各村各人不得窝匪接济。如有窝匪接济，一经查出，定行枪决之罪，均照上条实行。

第三条：无论匪抢何家，刻即起团追捕，在近起到远，各带米粮，铅药、武器自备。如有不出团者，以为匪论。

第四条：不论偷牛马猪狗鸡鸭，定行重罚。偷牛者填牛，公议另罚。偷猪另罚银五十元以下，三十元以上。偷狗九两。偷鸭八两。偷鸡六两。如有讲错话者，罚银十二两。

第五条：不得穿墙挖屋，偷盗杂物，定死罪。

第六条：无论何人争执田土山场，先请父老调解不下，又请小石牌调解，不下，再请大石牌调解，不得擅自开武。

第七条：无论何人争执，父老大小石牌调解不下，断老三朝七日，方准打架。

第八条：调解不下打架，不准捉女人。男人十六岁以下，六十岁以上不准捉。

第九条：调处不下捉人，限定三朝七日，要请父老调处明白，过了三朝七日不请父老，作为勒索办法。

第十条：调处不下，捉人到家，要请父老调处，不得擅自杀人。

第十一条：请父老石牌人等调处捉人，不得两头开枪，错手打死人命，赔银男人三百六十两，女人二百四十两，作为赔命斋烛使款。

第十二条：如有争论打架，不准放火烧屋、烧禾仓，挖田、挖水坝、牵牛。

第十三条：无论何村何家有女子未结婚者生育，违犯规则，定行重罚七十三至八十四两罚金。

第十四条：无论何人争执械斗，所有种植秧苗、谷苗、禾苗、杂粮，不得毁坏。

第十五条：无论何人不遵规条，合众石牌将他全家抵罪，田地充入石牌，作为别项使用。使用另定。

民国七年　　月　　日　吉立

说　　明

这件石牌条文，是手抄本，藏罗香乡六合村的李日初家。罗香是汉瑶杂居地区。原来当地坳瑶，分住七村，即：罗香、龙军、琼五、罗洲、那力、平贡、六合等是。一般人把这个所在（连附近汉人住区在内）称为罗香。条文共15条，综其内容性质，可分如下几项：①禁止为匪、窝匪、济匪，并规定打匪事项；②禁止偷盗；③发生争端时应遵守事项；④禁止未婚女子通奸生子；⑤参加石牌的人，如恃强不服从石牌，全家抵罪，家财充公。

（2）罗香七村石牌

一、在我石牌群众，一志同心同志，团结惟（唯）一。

二、我团内群众，上山同队，落水同途，有福同占，患难同当。

三、户主回家宣传，老幼男妇不得乱开口破石牌公约。如破公约，即召集群众大会治罪。

四、在我石牌内，不得里通外透，作针作线，接济外患入境。查出证据捉到，经过石牌大会，铲草除根，决为死罪。

五、偷掘禾仓，偷牛猪羊，查出证据，即要填赃，处罚白银六十两。

六、入屋偷盗财物衣裳杂物，查出证据，即要填赃，按恶轻重处罚。

七、偷盗鸡母一个，处罚白银六两；鸭罚银八两。

八、各户所种十二生产，二十四生理，在地在田，如有贪心偷盗者，查出有证据，处罚白银十二两。

九、如山地所种杂粮食物，各种各收，不得乱取。若不守规者，按罪轻重处罚。

十、耕种器具放在工场，不得乱盗取物件。若贪污偷取物件，查出证据，加罪处罚轻重不等。

十一、女人种棉花蓝靛瓜菜豆麦，不得乱摘乱取。若不守条约者，按罪轻重处罚。

十二、各人在山场斩伐干柴，各伐各取。若乱行偷取，见证据，处罚三千六铜钱。

十三、各人在山装搭装钳，行山见钳得野兽，不得贪污乱取，见证者处罚。在江河装鱼梁鱼笱得鱼，不得乱取，不得贪污。偷取鱼者，按例照轻重处罚。

十四、如村中田地山场界限不分明，争斗打架，即由父老调处。若不能解决，再请邻村父老调处。若不解决，邻村父老同本村父老负责担保，不准斗争，和平解决。

十五、若系械斗，误会打伤打死人命，男命赔偿填命三百六十两，女命二百四十两。

十六、男女结婚，十八岁自由择配。未满十八岁由父母主张。

有时夫妻不合意离婚，未有条件，男不要女，赔补六十双禾田，约重五百斤，随他养命过世，然后退原夫子孙。

十七、如系惯盗财物，遵罚三次，石牌宽大三次，再重犯不遵守公约，民众大会，决处死刑。

十八、若械斗即请村上父老并外村父老调处，若不解决，不准拿捉。男未满十六岁、女人不准拿捉。若犯此约，罚银一百二十两。民众大会公用。

十九、若红花女子并出嫁离婚外家无夫之妇怀孕者，遵老规律、遵规银七十二元或八十四元。众石牌开会公用。

廿、如系山上特产香信、木耳、竹笋、薯莨等物，各有投份，不得乱偷盗取，查有证据，按轻重处罚。

廿一、如若邻村械斗，村上父老担负，不准掘圳、踏坏禾苗。

说　　明

这件石牌条文，是罗香村75岁坳瑶老人赵杰初的笔述。他远在1908年的时候，就当头人，对石牌法律和如何处理石牌内部的争端是相当熟悉的。这些条文内容，可分为序言和条文两部分：一至三条属于前者；其余各条则属于后者。就各条的性质说，第四条为禁止参加石牌的人勾引外匪入山和接济匪盗，犯者要受到极严厉的处分。以下各条，概括起来可分：①禁止偷盗行为；②如何调处争端；③离婚及无夫之妇生子应受的处罚。至于整个条文的精神，与民国七年（1918）罗香七村的条文是基本相同的。

（戊）盘瑶石牌

(1) 桂田等村石牌

□□朝廷有律法，乡党有条规，若不众议，变乱□□今将众议：

一议各□要安分守己，不得为非作歹。若有为□成事，本团断不宽容。

一议□□□种百物等□□□□有主，不得□□□□。若有不法之徒，贼赃两拿到团，□□□容。

一严禁年岁不等，御匪一事。倘若地方被匪，各听炮令，齐出刀枪救应。闻□不出，以贼同党。

一议各户不得停留面生歹人。如有此事，仰十甲严查。一家犯罪九家同论。

一议□□□自有之节，奸□□□□□□害良善。如□□□□断不容。

一议各户谷出之日，各宜禁管畜牲，不得放出损坏五谷。放出损坏五谷，将畜归公，罚钱在外。

一议各户地内禁长竹木，倘有合用物件，务要问讨，不得丝毫乱取。

一议有外来飞天油火，平地风波，不准赐世（?）食用，若有情明，众捆拿送官究治。

一议各□□户理长之人，为□□□□令之钱，各为各村社庙众用，不准瞒骗。

一议瑶内众等，前蒙圣□券牒□封，入山石耕火□，□□扒（?）并与，蠲免国税，只居山林，不属国家所管，准令施行。

皇清宣统二年六月十五日众议立正条规各踊跃遵照

说　明

这件石牌条文，是用棉纸书写的。现藏长洞区桂田乡古培村庞生林家。全文分序文和条文两部分，序言颇受汉族的影响。条文10条，综其内容性质，除首条带规劝口气，说服各人应安分守己以外，其余各条可分：①禁止盗窃及牲畜践食作物；②防匪御匪；③防外人横生事端，来“打油火”；④石牌罚款，应归各村社庙公用；⑤最末一条，涉及盘瑶所保藏的《过山牒》内容，更能显示民族特点。条文后面未写明参加石牌的村庄，因在桂田乡吉培村收集，当是这一带盘瑶村联合的石牌。这件石牌条文的公布时间是1910年。

（2）坤林等五十三村石牌

特立众等瑶民条规通知：朝廷有律法，便是有条规。今因十二姓瑶等石牌条规，尧（扰）乱娶亲礼京（金）、酒份、高添价直（值），不同谪议，世界难当；有钱娶亲，穷苦无量。忮（?）我求，以富期（欺）贫，以强凌弱，以众逼寡。众议作凶换吉，以亚（恶）换善，以短改长，作多议少。良善容易为人。瑶等各村头目，会齐亲议，同心秦晋规条。嫁红花女正嫁（价）礼京（金）洋银七百毫正，父母水源银二两四；猪腿二只，每只十八斤；翁婆猪腿一只，十八斤；内兄猪腿一只十二斤；媒人银两二，猪腿十二斤。酒份三十六份；正伴娘，客郎，共三十八份。正（敬）酒银二毫，又肉三斤。送嫁肉五斤。肉丁：父母三条，三斤；媒人、行媒四条；二条三斤，二条二斤。又娶寡妻、红花女；干卖同价，礼京（金）洋银九百毫正；父母水源银二两；媒人银两二。二嫁：父母银两二；媒人银六钱；猪腿：父母二只，每只十二斤；媒人猪腿一只，十二斤；送亲猪肉四十斤。又嫁女留思（须）：身价洋银三百五毫正；猪腿一只，十二斤；送亲猪肉四十斤。又嫁男：永断，身价银三百五毫；猪腿一只，十二斤；送亲肉四十斤。又娶男留思（须）身价洋银二百五毫；猪腿一只十二斤；送亲肉礼四十斤。又娶男两边承顶，带肉酒米每样六十斤；送嫁肉二十斤。瑶等各村头目，众议条规，俟后凖（准）令。

一议瑶等各村列位众议条规，娶亲高低身价依律，不得骗瞒，心大，暗说横行。

二议倘众议各位无衰颓，所歪强凌多事，为凶作善（恶），不以（许）众律辉旨（指挥）。

三议日后娶婚，好丑为妻，万世其昌，不以（许）拆妻离夫。若是拆妻离夫，不许石牌娶卖，交与家教训。

四议夫妻家计不和，相争多事，要报各村石牌时可。若是不报，气急食药不以（许）办清。

五议各村众律，俟后其人不听规条，休（扰）乱石牌，众人重出石牌。若不愿众出，自砌石牌银十二两；若是不愿砌，通知石牌重罚三十六两，为据。

六议今当众等各村由（油）抢劫横事，日夜五更连响三炮，等据放卡，同心协力。大小之事，各村有事。各村办清，并无招生食熟。前冤不得后报，若是后报前冤，交匪报仇，众等石牌，任由罪匪同埋。

君岭村　　赵明品　　赵至富　　黄文才

更仰村　　冯章福　　赵至品

马安村　　庞文龙　　庞文福

田平村　　庞文品

十八村　　黄春寿

牛角村　　盘有万

一共五十三甲头目，各管各村，不準（准）休（扰）乱规条準（律准）。天运民国十六年丁卯岁正月十二日立起石牌规条法律万岁稳律准此

说　　明

这件石牌条文，是棉纸写本。现藏金秀区共和乡坤林村（旧称君岭）赵明品之子赵堂家。序言部分，着重规定婚嫁中财礼、酒份（请嫁方亲族的份数）等数量。所谓“干卖”即卖断；“留须”即留一后代归嫁方承宗祧；“两边承顶”即所生子女，夫妇两家平分。条文部分，一、三、四各条，仍属男方婚姻方面的事；二条意义不明，似乎是不许恃横反抗石牌的规定；五条是有人不听石牌，即罚款，自愿承认错误罚款的，叫“自砌石牌”。六条则为御匪防匪。有勾生食熟，借匪报仇的，则要受到与匪同埋的重罚。

(3) 桂田等十八村石牌

（上缺）

一议何人先奸后娶，家不合，重罚六十元。

一议何人共祖不过五代取婚，重罚银六十元。

一议何人姊妹二代取婚，重罚六十元。

一议何人取妇取郎不用，那边不原（愿），重罚六十元。

一议何人公奸妇，重罚银一百二十元。

一议何人为伯奸媳，重罚一百二十元。

一议何人偷仓挖屋，重罚一百六十元。

一议何人生装此（滋）事，重罚款一百十六元。

一议何人去奸人妻，打死众（丈）夫，一会（概）划，一不容情。

一议何人有事不听石牌公办，乱投百姓，强过石牌，一会（概）众划不容情。

一议何人贪财害命，一会（概）划平不容情。

一议何人招生食熟，一会（概）划平不容情。

一议何人招匪害人，一会（概）划平不容情。

一议何人无事乱开炮打死人命，一会（概）划平不容情。

一议何人从匪同行，一会（概）划平不容情。

二十四议天灵地准令

批各爹娘肉宛（碗）两宛（碗）坐媒两宛（碗）。

大石村　　赵玉银八家　　　大厄村　　庞文保三家

花芒村	黄通秀十家	金龙村	黄春凤六家
连香村	赵成县	贵田村	赵财凤三家
平水村	盘有京六家	猪冲村	冯章安二家
合龙村	盘进龙六家	家先村	赵荣寿十家
伴月村	盘文贵二村三家	田头村	赵德保四家
	盘进林	横冲村	赵德文七家
六家村	黄进安五家	昔背村	黄通品二家
牛唐村	黄进林十家	鱼洮村	黄进广二家
浪堕村	庞贵胜四家		

民国庚辰年三月初八日众石牌立会议书准

说　　明

这件石牌条文，是用棉纸书写的。全幅共用棉纸两张，上半截一张已失，约缺去文字20行。据条文后的附记有“二十四议”一语，现仅剩条文15条，应缺条文9条和一段条文前的序言。原件藏长洞区桂田乡古培村庞生林家。在15条议文中，综其内容，计有下列各项：①婚姻与通奸；②偷盗；③栽赃撒赖滋事；④谋财害命和无故杀人；⑤勾结匪盗和自身为匪；⑥不服从石牌办事。最末附批，所谓“爹娘肉”和“坐媒肉”，都是结婚时娶方在款待嫁方父母和坐媒（另有传话的行媒）的筵席上，除一般肉菜外，还得专备两碗瘦猪肉，作为尊敬父母和坐媒的表示。文中所谓“一概划平”即全家杀绝的意思。参加这个石牌的都是盘瑶，凡18村91户。民国庚辰年，即民国二十八年(1939)。

（己）春秋两社社老“料话”规条

（1）茶山瑶（金秀一带）

①二月社日料话内容

a. 宣布由社老预先择定的浸种（稻谷）日期（全社同日做）。

b. 宣布做秧田的日期（全社同日做）。

c. 宣布扯田基草的日期（全社同日做）。

d. 规定出门行路，肚饱的人（吃饭后由村里出外做工的）做偏路让肚饥的人（由田间回村吃饭的）走。

e. 割青（绿肥）那天，全村同去。要听放炮之后，各人才得出门，不许争先。

f. 放水进田，要依照旧日的田坝口，不许乱开乱挖。别人耕田之后，要过三天，才准由这田放水过下流的田里。

g. 犁田耙田时，牵牛过田，要依原来规定的老路走，不许随便经过不应走的田基。牛只踹崩踹漏了别人的田基，要及时帮人修好。

h. 各人山上的竹笋，不许乱取。

i. 到田里和山上做工时，各人带去的饭包，放在路旁或挂在树上，不得乱拿。

j. 各家用牛之后，犁耙放在田边，不许乱拿。

k. 在禾田里用鱼笱装泥鳅，各装各得，不许乱拿。如果鱼笱破烂了，装笱的人要把它丢出田外。别人装鱼笱在自己田里，不许丢开。

l. 过了清明节，各家不放鸡鸭猪出外。

m. 过了二月社后，才得开始在河边钓鱼、撵鱼。但任何时候，都不许撒网或用药毒鱼。毒鱼时，必须大家商量，约期进行，不得由少数人去做。如果有人生病送鬼，须要鱼做祭品，只许塞滩捉几条。如果老人过世，只许撒网、塞滩、摸鱼一天，作办丧事之用。

②八月社日料话内容

a. 装有鸟盆的地方，路口插有草标，打鸟的就不得在附近放枪；走路的也不得越过草标。凡鸟胶木上砍有标记的，都不许别人乱砍。

b. 不许到别人的老山里随便走动。

c. 不许放鸡、鸭、猪下田吃禾。

d. 禾把和饭包放在路边，不许乱拿。

e. 挑禾把过路，肚饱的人要偏路让肚饥的人走。

（2）山子瑶（六眼一带）

①二月社日料话内容

a. 不许乱挖田水。

b. 不许拿别人放在田边的犁耙和饭包。

c. 不许乱取别人的竹笱和猪菜。

d. 不许乱踩别人的瓜果。

e. 见别人的田水漏干了，要帮补漏洞；如果工程较大的，要尽快通知田主。

②八月社日料话内容

a. 不许乱摘别人的苞米。

b. 不许乱拿别人放在田边的扁担和竹箩。

c. 不许偷盗桐子、茶子。要等主人拾过之后，才得捡浪（桐茶经主人采摘捡拾之后，剩落的桐子、茶子，别人再去捡拾，叫做捡浪）。

d. 不许偷禾把。

说 明

这些祭社时料话的石牌法律，完全由社老默记着，到料话时对众述一遍，并无文字记录。

（三）石牌执行程序及其权力

1. 石牌判案程序

照石牌法律的规定，凡石牌群众发生争端时，必须请石牌头人处理，叫做“请老”。例如甲乙二人因争山场界址，两不相下，甲要请老时，如果是本村的头人，就用口头通知，路远的头人，就用禾杆一节，穿入铜钱方孔，再行折回，合搓成小绳，作为凭证，着人携至头人家，请他到家里来办事。这种结绳穿钱的凭证，茶山瑶叫做 D'in—ha'i。头人到家后，先请头人吃一餐便饭（大事如捆人开打等，则便杀猪请头人）。吃完之后，事主甲就把桌子摆好，请老人坐在两旁，自己就把同乙如何争执山界的原委申诉出来。自己不善言词的，也可请亲戚兄弟、伯叔代讲（代讲道理的人，必须是与当事人有密切关系的亲族，对方对他是采敌视态度的，否则，算作“包事”。包事是犯石牌法律的）。讲这种道理时，一般要从祖先从何处来，住何村，立何社，怎样号山号田讲起。每讲一句，折禾杆一节（约三寸）① 放在桌上。讲完，头人把禾杆收起，再到乙方传话，即是按照甲方讲的道理，一句一句讲出；每讲完一句，仍然放下禾杆一节，直到把甲方带来的禾杆放完，也就是把甲方申诉的道理讲完为止。乙方听完头人传完甲方的道理后，自己也申诉自己的道理，来驳斥对方，讲话时，也同样摆禾杆。讲完后，头人又把乙方的话传给甲方。甲方又根据乙方的讲话，予以驳斥。如此往来数次，直到双方的道理讲定讲透，头人才根据双方提出的理由，有时也向双方的左邻右舍进行调查后，才下判断。判案时，是分头向甲乙两方讲的，并不传齐双方对审。判案之后，如有一方不服，他也可以另请较大的石牌头人再来讲道理，然后由这些头人再判。只是在另请头人时，例须再请原来的小头人向大头人交代一次，把他们判案的经过叙述一遍，小头人才算把判案了结。如果大头人的判决，其中甲方仍然不服，他就要请大头人来吃一顿。吃后，甲方就要交“八文十六”给头人，表示决心要和乙方做大事了。所谓“八文十六”即是用禾杆两条，一条扎铜钱八文，另一条扎十六文。这“八文十六”交出后，头人就先要向他索取一个“码”，叫做“交码”。码或用禾杆扎铜钱一枚，或用手镯均可。甲方交码后，就把不服判决的道理，再讲一番。头人就把甲方的“八文十六”带给乙方，并把甲方的讲话传给乙方。如果乙方不服，也要交“八文十六”和一个码给头人，并把不服的道理申诉一番，由头人传话给甲方。头人往来双方数次，经过劝告，仍有一方不服判决，头人就要“退码”给双方，让双方“开打”。不经头人“退码”双方是不能乱打乱捆人的。否则，就算犯了石牌法律。

头人“退码”后，当事双方就各关门闭户，阻塞巷道，实行“开打”。开打之后，双方男女老幼都不敢出门，同时各自邀请合族亲房的人援助，设法向对方攻击。有的各在自己高楼上开枪，打对方的瓦屋；有的则暗地摸到对方屋后的山坡上掷石打屋。如果相打的时间延长过久，双方必须因事外出；对方就设法趁他外出之时，暗地埋伏，或用枪射击，或活捉捆人。假若一方有人被捆，对方为了救这个人，必须对所争执之事自行让步。此外，更须备钱赎人，造成失败的定局。但是实际情况，往往并不如此，而是以谁的势力强大为准的。谁人多人强，纵然被打死人也不服输，挺硬打下去，打到对方不愿打，愿服输了，这方算获胜。不但打死别人不要“赔人头钱”反而要对方赔偿损失，如请老杀猪，给石牌头人“草鞋钱”等费。如这一方有人被捆或被打死，就要对方赔“人头钱”或“赎魂钱”（被捆的人受吓失了魂，要请师公作法续魂）。“人头钱”规定男子 360 元，女子 240 元东毫②。

凡双方争端案情较大的，都须杀猪请头人吃喝，然后交出“八文十六”申诉道理。在这种情况下，主诉的一方常用铜钱 80 枚扎成一串，放在桌上；到讲话气愤时，往往争执铜钱向桌面重敲示威。同时还要“喊讲话”。所谓“喊讲话”，就是带有固定腔调的唱词，它是以如下三句开端的：

我们这样讲唱哟　　我们这样打比哟　　你们石牌头人

喊了这三句开头话之后，接着由帮讲道理的亲族（选出一个熟悉石牌道理的人）代为申诉理由。这种讲词中常常夹有一些排比句的成语，如请求石牌头人替他公道办事时，

① 寸是旧制计量长度的单位。1 寸≈3.33 厘米。

② 东毫即银元。

就说：

我们的脚未到　　你们的脚去踏　　我们的嘴未到　　你们的嘴去讲
人度话　　鸟度天　　石头下水你莫忘记　　话语下肚你莫保留
挑水要到河边　　度话要到耳里

如指责对方的盗窃行为时，就讲：

你心粗胆大　　过河谋鱼　　过田谋禾　　为贼自做　　你乖十五
你戆十六　　你前莫怪布　　你后莫怪衣　　你上莫怨天　　你下莫怨地
命出命当　　心出心受

如果指责对方奸淫妇女时，就讲：

你心粗胆大　　过河谋鱼　　过田谋禾　　我妻美女艳　　你拿她身来做簟
你拿她头来做枕

除了上述判案的方法外，还有神的裁判（即请神判决）。但石牌头人也必须到现场观察作证。这种裁判是石牌头人判决不下，或判决后有一方面不服，除让双方开枪相打以外的一种取决于神的方法。这种方法在茶山瑶地区有以下不同的4种：

（1）砍鸡头

例如双方因争山界相持不下，如谁愿意砍鸡头，则自买鸡3只，到所争的山界上，烧化香纸后，即对天盟誓，大致说："上有天，下有地，天有眼，地有眼，哪人吞谋山场，砍你的男孩，砍你的女孩。"咒毕，用刀砍鸡头使断，并将鸡丢去，不准谁拾来吃，否则就不灵验。谁砍断了鸡头，他就可以得到所争的山界。当双方争执之时，往往只有一方愿意砍鸡头，因为他们认为神的裁判是严厉的，谁要是无理，那在发誓砍鸡头之后就会报应。因此，理短的一方，往往不敢砍鸡头，害怕受到神的惩罚。

（2）进社

双方把争执山界上的泥土，各挖一块，拿到社庙里去发誓。谁敢拜社，地界就归谁。

（3）装袋

争执的双方，约定日期和日数，每晚齐到社庙里去睡觉，谁在睡庙的期间生了病，谁就算输。要是双方都不生病，则把争执的地界分平。所谓装袋，是除了以是不是在睡庙期间生病来决定山场地界的得失外，还以一笔钱财来赌胜负。谁生病，不仅失去争执的地界，还附带输掉一笔钱财。这项装袋钱财的数目多少，由双方议定，有装36元、72元、120元不等。失败的人叫"碰袋"。在睡庙期间，石牌头人也要同去睡眠，做见证人。

（4）烧香

较小的争端，不需砍鸡头、进庙或装袋，只要谁肯烧香，当天发誓，谁就得到所争的财货。这种烧香发誓的地点，一般都在村外空旷之地或河流旁边，村内是不许人搞这种事情的。

经过砍鸡头、进庙、装袋、烧香的双方当事人，如果日后有一方生病或家里死人，另一方就感到高兴，往往要杀鸡敬奉祖先，认为这是神惩罚了对方，而引为得意。

2. *石牌判案事例*

石牌头人对当地居民发生争端的处理，是完全处于调解立场的。当事人如果对争端的判决不肯服从，石牌头人却无一种强制力量迫使当事人接受自己的调处（匪盗案另外）。因此，在双方当事人争执不下的时候，最后只有走上互相斗打的道路。相打中就难免有死亡的事件发生。或是历久仍然势均力敌，不分胜负。遇有这种情况时，各地的石牌常有不同的处理方法：有些地区，谁打死对方的人，谁就得胜，如果是争山场的纠纷，山场就归胜方所有，败方并要赔偿争端发生后的一切损失，如请头人的耗费和应给头人的报酬等（如卜泉、低水等处）。有些地区，被打死人的亲族，就要向凶手索取“人头钱”。因为一经发生命案，不但死者的家族要出面帮助，与他有婚姻关系的人，也要牵涉在内。死人一方的势力强大起来，凶手的一方往往被压服下去，而不得不认输赔款，并把所争执的山场之类，归死人的一方所有。另外一种情况，虽然自己的人被对方打死，或是自己打死对方的人，但因自己人多势强，不肯认输，仍然要坚持打下去的话，石牌也只好听之任之。相打历时既久，双方在生产上及其他方面的损失是不可避免的。在某一方力不能支的时候，就不得不自己认输，让对方来占上风。还有一种情况，在相打之前，石牌头人就约定双方一个互斗限期，如果在这个限期内双方都没有死亡，则把争执的山场平分，或归石牌没收作为公有（如卜泉、低水）。总起来说，石牌对人命案件的处理，是很被动的。对当事人双方说，只要谁人多势强财力充裕是常常可以占上风的。故瑶族社会里流行着“人多人强，狗多咬羊”的谚语，便是对这一现象的生动描述。为了明了石牌对人命案和其他重大案情的不同处理，我们曾搜集了若干石牌判案，兹择其有代表性的，列举如下：

（1）金秀龚陶两姓打死白沙苏扶官案（茶山瑶）

距今90多年前，白沙苏扶官要和金秀苏女探离婚，而不肯依照石牌规定赔禾田给女方做赡养费。双方争执不决，金秀龚姓联合亲戚陶姓共28家，同白沙24家互打。时间持续前后两年，中间因耕种曾请石牌出来“执码”停火一些时间。约期届满头人履行“退码”手续后，又继续进行。后来白沙人乘夜来袭金秀，却被金秀人把苏扶官打死。金秀人多势强，不但没有赔苏姓的人头钱，结果一直打到白沙人认了输，反而赔了离婚的禾田60把。

（2）白沙苏扶挡被六拉村人打死案（茶山瑶）

同前事件发生时，停火期间，白沙苏扶挡乘夜到六拉村去找情妇。当晚适值六拉村也因鱼塘里浸死了小孩案，村内两家相打。当苏扶挡摸黑走到六拉村巷口时，被六拉人误会打死了。白沙人责怪是金秀人不遵守石牌法律，在停火期间打人。苏扶挡是孟村的外甥，因此孟村人也出面了，乘机把金秀苏荣和的妻捆去做人质，关了半年。后来因荣和妻妊孕快要生育，孟村人怕担当不起这未来人生命的案金，只好把她放了。苏荣和只出了7元2角给刘村作酒肉费。因为当孟村捆苏荣和妻时，曾经牵往刘村走过，照石牌规矩，不拘谁在争斗中捆人从某村经过，这个村的人，就自动杀猪召集全村各户一人，大吃大喝一餐。等到争执中双方谁败了，就要败方赔偿这一餐吃喝费用。

（3）蓝公户与蓝公达争水利打死小孩案（花蓝瑶）

清宣统元年（1909），六巷村蓝公达与蓝公户因争水利相打，蓝公达势力敌不过对方，只得全家逃往门头村请求保护。一天，蓝公户趁门头村人外出劳动时，派人到门头村把公达的妻和小孩抢走。恰好门头有一个青年因脚痛未出工，他见有人入村抢人，便开枪射击，失手把公达的小孩打死。六巷人见打死了人，就放了公达的老婆退回。后来门头村以蓝公户不应入门抢人，因而打死小孩。石牌头人便率领全村青壮年，持枪到六巷要公户赔偿人命。公户便去联络古陈坳瑶相助。双方坚持不下。六巷村头人因本村闹事，不便出面，就去请大凳花蓝瑶同族人来调解。大凳人势不强，调处无效。最后再到滴水请茶山瑶头人来调解。据滴水头人判决：因公户派人到门头生事，亏了理，水利只判其占 1/3，公达占 2/3；公达的小孩，并非公户这方的人打死，不赔“人头钱”。

（4）苏公管杀死岳父案（茶山瑶）

金秀苏公管到刘村上门为赘婿，因为赌博，岳丈便把他关起来，并恐吓要杀他。一天，他假装生病，老婆开门让他出来后，他竟用大斧把岳父砍死，逃回金秀，鼓动同族苏姓十多家同到刘村相打，一共打了 3 年。在斗打中，苏姓捆了一个刘村的雇工来，被关病死。刘村也抓了苏姓的两个妇女去，也病死了。3 年中双方共死 4 人。苏姓 3 年不得耕种，刘村人强，劳动时一面派人把卡放哨，一面生产，致未损失。结果苏姓支持不下，自愿认输，一共赔偿刘家 1300 元毫银①了事。苏公管家的禾田几乎卖光了。此事发生距今约 100 来年。

（5）金秀茶山瑶和罗运坳瑶的互打案

平南一个姓欧的汉人搬到平林尾凹冲居住，后来成了当地盘瑶的头人。因到处调唆生事，敲诈受贿，就给盘瑶杀了。平南八洞恶霸地主欧寿民，唆使族人和凹冲一带盘瑶斗打。盘瑶常被劫屋抓人，损失很大。后来盘瑶头人赵进秀便往金秀请求千百石牌的头人陶道进（茶山瑶）保护。金秀头人认为欧家的人入山劫掳时，常在罗运村汉人刘阿探家，刘阿探并曾替汉人带路。便通知罗运石牌要交刘阿探家，罗运头人袒护刘阿探。因此金秀茶山瑶便和罗运坳瑶冲突起来。金秀一次派武装到罗运附近把妇女盘妹荣抓去。第二次派武装来却被罗运人打败。结果，罗运盘妹荣家只好卖田得银 40 元才把妹荣赎回来了事。此事发生时间在八九十年前。

（6）罗运坳瑶与六团争田的互打案

距今 90 年前，罗运坳瑶与丈二六团两村花蓝瑶，因争拉河高简冲下的一段水田和山场，演成双方互打。一次，花蓝瑶派人埋伏在罗运村人劳动时必经的道路旁，打死了盘公烟的父亲，捉去了盘公烟的祖父。后经石牌出面调处，罗运只好出钱赎人。被打死了的也白白送了命。但是这段山场和田地，原为罗运坳瑶耕种，石牌仍判归罗运所有。

（7）罗运村人捉冯公清案

清宣统元年（1909 年），右江道总镇李国治带兵入瑶山镇压郭三所领导的三点会武装时，曾把丈二村参加三点会的花蓝瑶冯公小捕杀。事后 10 年左右，六团花蓝瑶头人冯公清认为李国治捕杀冯公小，是由于罗运人的密告（当时李驻在罗运），便亲身到罗运来寻衅起事。罗运人认为冯公清恃强凌人，无理取闹，便全村集议把他捉住。当时石牌也认为捕杀冯公小是清朝官府的事，冯公清到罗运“翻事”就是“打油火”，所以也没有人出来维护他，结果，冯公清家只好拿出银毫 700 多元把他赎回。

（8）因偷猪吃酿成的互打案（坳瑶请茶山瑶“包事”）

距今 70 多年，罗运村盘公幸与几个人偷了别人的小猪吃。村里石牌头人判要罚款，他却以无赃无证为理由，拒不受罚，盘亚岩认为他违抗石牌，便想把他打死，对他开了一枪，铁沙数粒，射中他的背上，因未中要害未死。他便搬家逃往离村 40 里的滴水村去，请求茶山瑶给他“包事”。滴水村接受了他的要求，便派出武装和罗运村人械斗。曾先后派人到罗

① 毫银即银元。

运村附近山林中埋伏，捕捉罗运上山劳动的人。结果，给他们捉去罗运村妇女4人。罗运人只好认输，出钱到滴水赎人并承认不再追究盘公幸。此事从5月间起衅，直到9月才了案，滴水人强人恶，罗运的耕作生产耽误不小。但盘公幸请求外族“包事”，虽然赢了官司，但家产也卖去了大半。

（9）因偷猪吃酿成命案（坳瑶）

50年前，盘亚松偷了盘公烟家的小猪吃，石牌要罚他。最初他是承认受罚的，后来却又翻腔。在石牌头人再判事时，双方都多喝了几杯酒，就争闹起来。盘亚岩身上带有短刀，就抽出来吓盘亚松，亚松本是个无父母妻儿的寡佬，估量阿岩不敢惹他的，他便解衣挺肚走向亚岩，亚岩顺手一刀，刺入亚松肚里，不抽刀反身就走。亚松追去，行不数步便扑倒。人命案成，亚松的房族兄弟便出头帮亚松复仇，双方致起械斗。结果，亚岩竟被对方开枪打死。后来，石牌出面调处，除亚岩白白送了一条命外，盘公烟还出银200多元给亚松房族兄弟和事。

（10）滴水和容洞因男女关系引起互打案（茶山瑶）

滴水村男子到容洞村和一个妇女通奸，后来怀了孕，犯了石牌。就被容洞石牌头人苏玉龙处罚24元。滴水村人知道了，就去追问这笔石牌罚款。苏玉龙企图吞没，设法使怀孕的妇女堕了胎，反说滴水人捏词滋事。滴水人召集六力、容洞共开石牌会。容洞人袒护苏玉龙不肯参加。苏玉龙暗地把竖在村前的石刻石牌搬走，反说是滴水人搬走的，声言要滴水人交出。滴水人被迫开枪，就和容洞人打起来。容洞人因人少力弱，去孟村请人来帮助。双方互打，共历20多天。六力曾被容洞围打一次，未能攻进。容洞在互打过程中被打死一人。后来经长洞村茶山瑶头人陶扶卦调处，判罚容洞村24元给石牌，容洞死的人并无人赔偿“人头钱”。

3. *石牌的权力*

提起石牌，大瑶山瑶族各系居民是没有一个不对它表示肃然的，“石牌大过天”，就充分说明谁犯了石牌就是了不起的事：小则受罚受累，大则家破人亡，往事一串串的摆在居民的面前，谁不知道惩前毖后呢？

石牌的权力是很大的。这种权力，实际上体现在少数的石牌头人身上。当然，不可否认，在某种场合之下，还是体现在石牌居民群众身上的。

在参加石牌的居民中，如果发生重大的事端，比方是有谁杀人，这就不仅是被害人的事，而是石牌的事了。石牌为了干预这犯石牌的事——惩罚罪犯，在这种场合，由他起来集合石牌群众都来干涉，即是要集合共石牌的各户户主，由石牌头人率领一齐到出事地点去办理。假如已经知道了凶手，那就直接去找这个人；假如还未查出凶手，就要找当地的头人和全村群众。这种集齐石牌群众去办案，叫做“起石牌”。起石牌是件了不起的事。石牌群众一到出事地点，不管案情怎样，首先就要杀猪买酒，大吃大喝，吃了再说。有的时候，在案件发生后，也先由石牌头人去办理；当事人拒绝头人的判决以后，群众才被唆起来做头人的后盾，才起石牌去干涉的。在这种情况下，当事人只有两条路可走：一是彻底认输，甘受石牌的处罚，一是纠合同族亲房或同村起来对抗；村与村或甲族系与乙族系的械斗，有时就是因此引起的。不过，能纠合同族同村起来对抗的，绝不是轻而易举的事，如杀人、为匪、恃强嚣张、公然反抗石牌的裁处之类，是得不到别人支持的。兹列举能够显示石牌权力的事例如下：

（1）石牌处人死刑之例

①苏公别全家惯作小偷被杀案（茶山瑶）

距今100多年前，金秀苏公别，其妻巴瑞和2个儿子惯偷东西。后因盗窃苏道例在老山的香草，被物主查实，报告石牌。石牌便将他全家四口一齐绑到定浦河下杀掉，家产充公。

②何十桂通匪全家七口被杀案

距今60多年前，住在滴水乡附近黄更村的何十桂，因勾结住在瑶山边境小江一带的土匪，入山劫掠，后被滴水、容洞等村的石牌查实，便起石牌去捉何十桂全家7口，一齐杀死，财产全部充公变卖，所得的银钱分给共石牌各村杀猪买酒聚众吃喝。

③门头村胡公蛮通匪全家被杀案（花蓝瑶）

距今60年前左右，象州县有一帮土匪到六巷村劫掠绑票。门头村胡公蛮勾结这帮土匪，到六巷找被绑票的家属替匪讲赎票数目，六巷人答应了。但后来六巷蓝公宵去象州县请了大兵来协同围攻土匪，竟把土匪打散，被绑票的人也逃了回来。后来胡公蛮还是要向六巷人索取报酬，六巷人不答应，他又去勾结那帮土匪来打六巷，因六巷早有准备，竟把土匪打败。土匪逃过门头时，曾到公蛮家吃过饭。因此，六巷便起石牌去捉胡公蛮全家3人（公蛮、其父及其妻），一齐绑至石夹坳深谷中（枇杷冲）枪毙，弃尸石窟，无人敢去埋葬。家产全部归石牌没收充公。

④百八石牌处理罗梦苏扶割父子杀人案（茶山瑶）

50多年前，罗梦村苏扶割到平村苏公哈家上门为赘婿，后被苏公哈的女离婚。扶割怀恨在心。一天，他从平南挑货回山，见公哈和他的儿子扶段住在山上的田厂里，他便走进厂去了解情况。当天晚上，扶割邀齐他的父亲公元和哥哥扶弹闯进田厂，把公哈父子二人杀死。后来死者家属报告金秀百八石牌。金秀、白沙两村头人陶道进等，便起石牌率领两村青壮年，各带武器到罗梦村，把凶手父子三人捆了，经过和罗梦村头人商议后，决定处扶割父子三人的死刑，绑去平村杀了。凶手处死后，并责令他的家属卖田赔偿苏公哈父子的“人头钱”。

⑤烧杀违抗石牌的金扶故父子案（茶山瑶）

距今40多年前，金村金扶故、金扶虎兄弟，因错拾了同村金公接、金公潭的大烟斗并卖出而结下私仇。一次，公潭想在半路埋伏枪杀扶故，未遂。扶故逃脱这次危险后，便想报仇，后来竟把金潭的哥哥金华杀死。石牌说金扶故无故杀人，犯了石牌律，便要他照石牌规定，罚360元偿命，扶故坚持认罚80元。经石牌头人和他的亲戚去劝说，他不但不肯答应，反而恶言伤人说：“如果你们再多讲连你们一齐杀死!”扶故平日持着认识几个字，石牌头人有信，都要请他代看，他便看不起这些头人，常常对他们不尊敬。头人早已认为他太嚣张。这次他又犯了命案，故不肯半点宽容。当扶故兄弟违抗石牌，不肯赔偿人命时，石牌头人便起了石牌去捕杀他们。他逃回扶虎家去，关门抵抗。石牌群众把他房屋包围，他仍不肯服输。后来石牌头人决定放火烧屋，把他全家一齐烧死。经扶故的亲戚头人金公亮求情，石牌群众才让扶故的老婆和儿子金尚武以及同住的两个亲戚开门逃出。以后石牌群众便放火烧屋，活活把扶故、扶虎兄弟及其父亲葬于火窟。事后石牌头人又卖去他大部分家产（仅留少数给他妻儿吃用），共得银30元，全部充公。

⑥“放鬼”害人的黄进保被活埋案（盘瑶）

距今40多年前，住在现忠良区六干乡附近的六金村盘瑶黄进保，群众都认定他会“放鬼”害人（疑系放蛊），便起石牌去捉他，经石牌头人（当时金秀也有头人来参加，盘瑶头人赵明品）决定，竟把他活埋了。黄进保的家产没有充公（其实盘瑶无土地，财产并不多），只杀猪款待石牌头人一餐。

（2）因未经石牌胡乱捆人被罚之例

①六巷蓝公顶抓小偷未经报石牌被罚案（花蓝瑶）

清光绪末年（1908），六巷村蓝公顶在浪冲种了一些苞谷，同村蓝公安去偷盗，恰巧公顶遇见。公顶不待公安发觉，便先赶回村来，约齐兄弟家族，等候在村头巷口，等公安挑着苞谷回来的时候，便把他抓了关在家里，请同村一个小头人来调处。结果罚公安毫银12元。事后露了风声被石牌知道了，便去要公顶杀猪请吃和罚款。经过了一场辩论，大家查对石牌法律，结果因公顶不报石牌而私自抓人罚款是犯石牌法律的，他只好交罚款30元给石牌了事。

②长二村乱抓田厂妇女被罚案（茶山瑶）

1935年9月长二村和田厂一家姓陶的争执山界，长二村未经通知管辖田厂的百八石牌（以金秀、自沙二村为领导），便到田厂去抓了两个妇女。事后被金秀、白沙两村得知，便起石牌去长二论理。结果长二自知理亏，犯了石牌，便把抓来田厂的两个妇女一齐释放，并交罚款120元给金秀、白沙两村。

（3）石牌头人滥用权力企图敲诈之例

石牌头人，有好有坏。好的办事公平，除照例应得的报酬——草鞋钱和应分的罚款以外，就不贪分外的钱财。这种头人，就常得群众信仰，这是绝少的；另外一些头人，常凭借石牌的权力，在群众中作威作福，不但为人排难解纷时要“台底钱”（贿赂），有时在讲罚款的时候，当着赔款的一方就把数目加大；当着受赔款的一方就把数目缩小。等到双方达成协议时他就可以从中捞一笔，有的甚至借端从事敲诈，或是栽赃害人，尤其是对处于山丁地位的过山瑶，更是为所欲为、肆无忌惮。兹举数例如下：

①苏道营处罚笑他带小老婆的人（茶山瑶）

距今百年左右，昔地村苏道营（又名公麻）是个大石牌头人。为人胆大，乱搞事情。瑶族风俗是不许讨小老婆的，他却违反了这个传统的风俗。一次，他带小老婆到长二村办事。长二村人见他这样，忍不住笑了。他便说发笑的人侮辱了他，结果罚这人70元。

②苏玉龙栽赃诬害过山瑶何立信案（茶山瑶对过山瑶）

距今50多年前，滴水一带种有大烟。后来平南县派人来拔烟苗。当地种烟的人，听到风声，纷纷把自己的烟苗拔掉。容洞石牌头人苏玉龙，为了要敲诈人少力弱的过山瑶，便在夜里把几株烟苗偷偷地丢在横水冲何立信已经拔尽了烟苗的地上。第二天故意到何立信地上检查，发现几株烟苗，便处罚何立信毫银300元。

③苏凤鸣因迫奸案敲诈山子瑶案

六段村茶山瑶头人苏凤鸣，是个大烟鬼，平日专搞敲诈勒索石牌群众过日子。六眼村山子瑶，是与六段共石牌的。有一次，蒋正才与盘妹四通奸，蒋成凤便去捉奸，但仅捉住了盘妹四，盘家知道了，说蒋成凤拿奸不拿双，要和蒋成凤起衅。成凤知事不妙，便去请苏凤鸣来调处。苏凤鸣到蒋成凤家后，首先要成凤买3两大烟招待他。处理结果：成凤被罚毫银120元。这笔罚款反抽出了7元4角给盘妹四“挂红”赔礼，其余概归苏凤鸣上了腰包。另一次，六眼村山子瑶盘老元因受六段山主苏胜教吩咐，两年未缴耕种六段公田田租共4角（每年2角）。事被苏凤鸣查知，竟以抗缴田租为罪名，处罚盘老元毫银90元。

（4）石牌处罚或捕杀头人之例

①金秀18个石牌头人被杀17个案（茶山瑶）

距今200多年前，金秀、白沙两村共18个头人，强奸妇女，杀别人的牛吃，乱罚别人的款，凡村中小事大事，都要18人一齐到场，胡作乱为，肆无忌惮，因而招致了群众的痛恨。后来，两村居民暗地通知各户户主到仑卜老山开会商量，决定齐心杀死这 18 个头人。回村后，假称有人发生事端，请头人到村头田坪里去会石牌，一方面则在田坪的四周，埋伏铳手。18 个头人料不到有什么事发生，便和平日一样来开会。等 18 个头人到齐时，群众便拿出武器来，把他们一个个都捆了，并立刻处死。其中一个小头人，年仅 17 岁名叫苏公晓的，因跟头人未久，故未被杀。仅要他当众立约，当天发誓，以后永不再做头人。并把他臀部涂上墨汁在立约上印个模，才把他释放。

②容洞石牌头人苏玉龙被石牌买人暗杀案（茶山瑶）

距今 50 多年前，容洞石牌头人苏玉龙，贪贿索诈，吞没石牌罚款，无所不为，尤其对过山瑶剥削更为残酷。石牌群众，恨之入骨，但又怕他势力强，不敢公然出面反对。后因容洞重修五谷庙，把庙门对向滴水。滴水认为这于他村风水不利，因此引起互打，苏玉龙勾结土匪 600 多人，围攻滴水村。容洞村人隔河坐观，不加救援，此次滴水虽防守得法，未被匪攻入，但在村外的禾仓 7 座，却被匪掳掠一空，计失稻谷 20 000 多斤。放在山上的牛，共被匪拉去 84 头。同时村人被匪打伤 2 人。事后石牌出来办理，处罚容洞每家毫银 60 元，18 家共罚 1080 元。这笔罚款，除提出 264 元赔滴水损失外，其余 800 多元，都被苏玉龙吞没。群众对他益加愤恨，便暗地商议，出花红买打手暗杀。后来苏公发领了这笔花红。一天，苏玉龙到横水冲捕鱼，被苏公发和另外两个人用石头打死。

③金秀苏扶有隐瞒罚款被杀案（茶山瑶）

距今 60 多年前，定浦村到金秀村苏家上门的苏扶有，做了石牌头人。有一次，同陶道进一起到古卜村办事，得罚款 200 元，他们回到金秀，对石牌都说没有得什么罚款，意欲吞没肥己。后被石牌群众查知，便去质问他，他不但不肯承认，反出恶言，因此更激怒了群众，两村 15 个石牌头人都主张杀他，结果出花红买人用枪把他打死，并要他家赔出原来 200 元罚款归石牌所有。此外，两村还起石牌到古卜村去找当事人，责他与苏扶有等私下接受罚款，结果也被处罚。但同扶有一道去办事的陶道进，因系金秀老头人，却未受处分。

④石牌头人办事不妥致打死人而被罚款案（茶山瑶）

金秀村苏扶砚和陶胜现因争山场，请石牌头人龚道岸、苏耀辉、陶公屯、苏道兆、陶道进、苏扶亚、龚挟吊 7 人来处理。在调处未清的时候，并未经过“退码”的手续，陶胜现就动手抓人，竟把苏家的一个小孩捉去。苏家认为这是石牌头人办事不对头，有人主张抓 7 个头人，但也有人不同意。后经商议，硬去捉头人龚道岸的女孩（1 岁多），结果被龚道岸开枪把苏家方面的人苏扶透打死。因为苏扶透是全家到苏家上门赘婿，全家便出面讲话。全家人势较强，大家怕事体扩大，只好赔偿“人头钱”700 多元，这笔赔款是由各方面凑齐的，苏家 14 户，每户出 17 元 5 角；各石牌头人每人出 17 元；事主苏扶砚、陶胜现各出 120 元，龚道岸因是打死人的凶手，也赔 120 元。石牌头人被罚，这是一个突出的例子。

⑤金秀龚道金因受广源杉木公司贿赂被杀案（茶山瑶）

民国初年，广西一些小军阀集股派人到大瑶山先后开荣新、广源两个杉木公司。因公司不履行诺言，削减木价；又因派往山区保护公司的军队，违反瑶族风俗和强奸妇女，引起金秀沿河十村茶山瑶的痛恨。后来瑶族曾起石牌和公司相打，双方都互有损失。但保护公司的军队，却打了败仗，被撵出山。事后经人调处，仍许广源公司将已砍倒了的杉木，运出山外。但运杉木，要在金秀河里塞坝。这样就影响了沿河一带的水利灌溉。六拉、昔地、田村、刘村、金村、社村、孟村、美村 8 村，田在金秀河中下游，受害更大。八村石牌集会，一致认为允许广源公司塞坝运木是金秀村大石牌头人龚道全受了贿赂的结果。一天，八村大起石牌，趁金秀、白沙两村青壮年都出外劳动时，一齐涌进金秀村冲进龚道全家，把他杀死。并将家里的财物一齐掳去。事后金秀虽然到修仁县去告过状，但这个石牌头人却是永远不能复活了。

二、政治事件

有关大瑶山的重大历史事件，根据汉文史籍记载，可以远溯至唐代，唐永隆二年（681）割象州、蒙山龚州之地，建置思唐州，便是大瑶山纳入封建王朝政治区划的一个开始。其后到五代的石晋、后汉及明代初叶，这个州治的名称，虽有所变更，但它的建置一直是存在的（详见第一部分）。历代封建王朝，都有对大瑶山少数民族人民的武装压迫，唐代以后，也有不少的汉文记载。唐太宗贞观八年（634），龚州道行军总管张士贵，曾以大量的兵力进攻东西王峒的僚族（见《唐书·太宗纪》和《资治通鉴》），东王峒在大瑶山南部一带，现罗香区龙平乡的东南约30里，有一高山，名东王山可证。西王峒即平南北部的鹏化山区，其中有高山名西山与大瑶山西南地区相接，此外唐玄宗开元十六年（728）曾有澱州（今平南县）僚陈行苑，广州僚冯璘、何游鲁反，欲据岭表，命内侍杨思最发贵州及岭北近道兵讨之。12月破之，擒何游鲁、冯璘。行苑逃于云际盘僚二峒。思最追捕，竟生擒斩之的史事（见《唐书·玄宗纪》、《杨思最传》及《资治通鉴》），云际、盘僚二峒，今在何处，虽然还没有查出，但这事既然发生在今平南境内，而平南北部就是大瑶山，因此这个历史的重大事件就不可能不与大瑶山少数民族有直接或间接的关系。至于明代以后，大藤峡瑶壮两族的反抗民族压迫斗争一直从明初叶坚持到明中叶以后，这些史实，在汉文旧籍中更是不绝于书的。兹仅就调查所得有关政治方面的一些重大事件，分述如次：

（一）有关太平天国的史实片断

1. 洪秀全在花洲“拜上帝”

花洲是平南县属思旺区北部山区中的一个自然村，与大瑶山罗香区龙坪乡接界，距龙坪乡不过20里。太平天国起义之前，洪秀全曾到花洲附近山人冲胡以晃家活动。花洲周围数十里山区的汉瑶各族农民参加“拜上帝”的人很多，“拜上帝”的集会地点叫“上帝坪”。现在还保留“上帝坪”这个名称的地点计有两处：一在龙坪乡人民委员会所在地之南约半里；一在山人峒附近枫木坳旁。罗香一带坳瑶参加拜上帝的，龙军村有几家，赵公香便是其中的一家，其余的姓名已不复记忆，总之是为数不少的。据67岁的坳瑶老人赵日初说，当初拜上帝的人，因为要跟洪秀全走，就先把自己的房屋财产烧掉，有些人先把银钱携往山中埋藏。赵日初的祖父原住现古茶乡山茶村附近的加三村，因当时山茶村参加“拜上帝”的人很多，也往往在黑夜携银到村外路口去守候，意在跟踪埋藏银钱的人，等他埋了之后就去挖掘，这话是这个老人亲口对赵日初说的，由此可见当时坳瑶参加“拜上帝”的人为数并不少。

因为“拜上帝”的曾经把罗香、公也村附近的大庙烧毁，当地瑶族信神很深，从而引起了未参加“拜上帝”的瑶族的反感，曾经一度受附近汉族的团练们的怂恿，起了石牌参加附近汉族团练去打过“拜上帝”的。在花洲附近打了一仗，因汉族团练的团丁，有的是暗地参加过“拜上帝”的人，临阵时倒戈相向，把瑶族夹在中间进退无路，逼得逃往一个狭窄的山冲里，被拜上帝的人追上，瑶族共阵亡8人，捉去1人（后放回），汉族死亡人数不详。瑶族阵亡的在山冲里无人收尸，后来当地汉人便叫这个冲为二瑶老冲。此次败仗，罗香村坳瑶阵亡两人，一是赵公要，一是赵公告。

2. 大樟一带壮族人民参加太平军的记载和传说

调查中，曾在象州县大乐区仁里乡下里村李如吉家搜集到一本《象州乱略记》手抄本。著者覃元苏，象州人，清朝举人。这本著作曾否刊印，不得而知。全书记述太平天国革命前后十年中象州的“变乱”情况，虽然他是站在封建统治者的立场来描述当时革命运动，对革命的人民群众横加污蔑。但其中的事实，既是他身历目击，自然绝大部分是可作为史料的。兹摘录有关大樟区一带壮族人民参加“拜上帝”的一段于下：

> 是年（指道光三十年），上帝会匪洪秀全、冯云山、杨秀清，以左道惑众，聚党于平南（县名——原注）蓬化里金田村韦政家（按：此处误，应是桂平县金田村）。韦居紫金山（按：韦是金田村人。紫金山是紫荆山之误。金田村在紫荆山外，距紫荆山口约8里），中界瑶山，西越瑶山即象境。象之瑶山麓石龙村谭要，常过山，遂通洪逆。回象私传其教，煽惑乡愚。乡中入会者殆千计。八月一日，谭要于其宰杀牲口，拜上帝。村人汹汹，强半附从。有不从者，奔大乐告司讯。司讯以兵团骤至。谭要拒守，兵团不敢近。然伊党固未集，夜半往紫金山。分司遂禀报上宪。而“上帝”之名，遂达朝廷关。

从这段记载中，可以看出当时大樟附近一带的各族人民参加太平天国起义是为数很多的。文里提到的石龙村，在自治县大樟区公所所在的大樟圩之北约8里，直到现在，还是许多谭姓聚居的村庄。谭姓是当地壮族的大族，而大樟一带的居民，至今仍以壮族占大多数。据调查所获材料，太平军中有名的谭绍洸，就是象州安东里山婆村人。山婆村在谭要住的石龙村南约2里。老人们传说：谭绍洸是壮族，太平天国在南京失败后，他还带着太平军回到广西，驻过武宣县的庙皇圩。根据上述记载和老人们说的，疑谭要即是谭绍洸。他带兵回广西，不是太平天国在南京失败之后，而是在太平天国发生内讧后，随石达开回广西的。

调查中，我们曾到大樟附近一带村落访问过几个80岁以上和十多个六七十岁的老人，据他们说，当太平天国起义的时候，大樟一带参加革命的壮族农民是很多的。兹将老人的口述，分述如下：

（1）组织“拜上帝”情况

①洪秀全派人到大樟一带劝人“拜上帝”，南起大樟，北到大乐，60里内，都是他们活动的地区。他们对农民们说：“于今我们在这里有困难，到外面去，要什么有什么，没有人敢讲我们……这个地方，我们不要了，到好地方去……到北京去，皇帝就是我们当了。”

②洪秀全的军队，曾经到大樟两次，第一次是劝人“拜上帝”，组织群众以后，就离开大樟。第二次大军再来，往中平一带去了。到中平以后，去向不明。

③洪秀全到大樟一带劝人“拜上帝”，并不强迫，信不信都可以。但是如果信了，就不能翻悔，否则，就要被杀。乱讲“上帝”不好的人也要杀。他们不拜神，烧毁了一些

庙宇和神像。

④奔腾村梁家，劝人“拜上帝”。凡参加的人，出工时，用红布缠在牛角上。若见耕牛角上无红布的，即将牛充公。奔腾盘姓的人，非常恼怒梁姓这种行为。于是大家也跟着“拜上帝”，随太平军出发。但是梁姓却不肯去，尽将“拜上帝”的人的田占有。于是盘家尚未随军出发的人，把作恶的几个姓梁的打死。

⑤洪秀全有一次派军队到中平、大乐一带劝人“拜上帝”，时间约未经过半年，然后分三路向桂平方面撤退。

⑥太平天国来大樟的目的，是劝人“拜上帝”，拜过以后，就跟他去。事后清朝官府到大樟一带，杀人很多。

⑦太平军开始时纪律不太好，部队先走的有粮食吃，后走的就没有粮吃。病了也无人照顾。两夫妇有时找不到。部队中一律称“大哥”，讲白话的多有好处，讲壮话和讲普通话的就不大有好处。

（2）洪秀全到大樟及其撤退路线

①咸丰二年（1852）九月初十日，洪秀全、杨秀清、肖朝贵、韦云开（武宣东乡人）等，率领军队到大樟一带。洪秀全、杨秀清等驻扎花鹿村，并在村旁筑有营寨和操场。次年，清军到来，双方展开激战，清军败退。四月十五日，太平军离开大樟一带，去向不详。洪秀全驻扎花鹿村时，大部分的军队继续北上至百丈、新在一带活动。当时南起大樟，北至新在，20多里内各村落，都有洪秀全的军队驻扎过。

②洪秀全曾到离大樟二里的马胜村驻扎过，后来又到寺村（距马胜约20里），再经庙皇（距寺村20里）而出桂平之新圩。

③太平军有一支人马约1万人，由花鹿往东温（距花鹿40里），经白马山、田泗山、军营、沙田，到三江，再出江口。军队到东温时，天下大雨，小孩不能支持，有几千人从东温折回。

④洪秀全派军队到中平、大乐一带组织“拜上帝”后分三路退回紫荆山：第一路，从大樟过东温，越双髻顶，到花雷，再进十八山；第二路，从王田过江水界到紫荆山；第三路，从奔腾（距大樟4里）到落田，经古朋、古董到东乡。

（3）参加太平军的农民及其事迹

太平天国革命时，大樟一带参加起义的农民是很多的。下面列举的，是老人们还记得姓名和事迹的几个：

①谭绍洸，象州东安里山婆村人，壮族。参加起义后，随军北上，到过武汉、九江、南京等地。后南京失守，他曾带领一支军队回到广西，在武宣县庙皇圩驻扎过。后来不知去向。

②龚振阶，高秀村人，壮族。十七八岁时，和他的父亲一道参加太平军，曾充当营官。到南京后，又随军北伐。中途失败，龚振阶竟逃了回来。北伐失败的原因是：太平军进军的中途，过一个海，当时天气寒冷，海水结了冰。太平军就从冰上走过，哪知太阳出来，把冰晒融化了，太平军淹死不少。已过海的和未过海的，中间被海隔断，彼此不能照应。这时清军打来，劝诱太平军反叛，并说：“反了就有官做”，太平军中有一部分人反了，因而引起内部自相攻杀，结果死很多人。龚振阶惧怕，便脱离队伍，逃了回来。但他回来，清朝却不捉他。

③盘阿养，奔腾村人，壮族。十五六岁时参加太平军。太平天国失败后，他逃到乡

下躲避，几年之后才回家乡。

④罗金板，六外村人，壮族。十五六岁时参加太平军。太平天国失败之后，他逃往乡下躲避，几年之后才回家乡。

⑤韦四，长塘村人，壮族。打到南京后，随军北伐。中途失败，投降清朝。后来清朝委任他在山西当调查员。后来回乡时，是坐着四人抬的轿子回家的。

⑥盘光华，花鹿村人，壮族。清朝科举中的廪生。参加“拜上帝”后，在花鹿一带组织农民，劝人“拜上帝”。曾参加金田起义。起义后曾一度随太平军回到家乡。太平军打下南京后，在南京当教官，任主考。后又随军北上，曾到过山西。南京沦陷后，他投降了清朝。到光绪年间，还有信回家询问家中是否还有亲族。

⑦盘玉阶，王田村人，瑶族。参加太平军后，并强迫三个姊妹跟他一道去。到新在住了几天，被他弟弟盘玉龙追上，仍把这三个姑娘领了回来。后来清朝官府追究这件事，盘玉龙曾被罚款了事。盘玉阶随太平军打到南京，后来太平军失败，他流落在思恩府。曾经有信回家，其内容大致是说：我离家这么多年，不知家里怎样。于今我在思恩府安居，如果老弟还有什么后人，可来思恩府见我。

⑧蒙暖，奔腾村人，壮族。全家“拜上帝”，随军出发。

⑨盘八奶，花鹿村人，壮族。曾随军到南京。太平天国失败后，她逃了回来，还带得一些金子回家。

（4）大樟附近村落参加太平军的农民

太平天国革命时，大樟一带参加太平军的农民很多。如果以村庄而论，几乎没有一个村没人参加的。据当地老人们所能记忆的，有如下几村：

①花鹿村，当时有56户，除1户未参加“拜上帝”以外，其余全部参加。太平军北上时，村里只有36人不曾随军同去（包括未参加的1户在内）。太平军北上后，清朝官府派人来追查“拜上帝”的人。曾参加过“拜上帝”的而未随军同去的人，一齐逃往深山中躲避。但房屋却被清官府的人烧光。未参加“拜上帝”的一户得免于难。现住花鹿村的居民，是后来从别处迁来的，并非原有的住户。

②高秀村的居民，参加太平军的，约占半数。凡参加的人，如果随军出发，多是全家扶老携幼，一齐同去，并且焚房屋，然后再走。

③落田河口，原有一个七八户人家的壮族村落，名叫廖香村。全村都是贫苦农民，所耕的田，都是向附近百丈圩长安村的地主租来的。由于廖香村的穷人与“土匪”有关系，便不交租给地主。地主把田抽回另佃，害得瘳香村居民衣食无着，走投无路，便发誓参加“拜上帝”，全村一齐随军出发。现这个村还有遗址可寻。

④奔腾村，全村400多户，居民多为盘、梁两姓。盘姓原系瑶族，迁到奔腾后，其风俗语言都改变，与壮族相同了。梁姓则为壮族。全村参加太平军的占大半数。随军出发后，村里只剩百多家。

⑤落田里村，居民族别不详。全村都参加太平军。现村落遗迹尚存。

⑥路村，居民族别不详。全村20多户，全部参加太平军。自焚房屋，随军北上。

太平军金田起义后，曾攻占新圩（大宣圩）及大江口。后又折回紫荆山，再西北出武宣东乡，与清军激战数月之后，突然移营北上，经庙皇等地而至象州东部之中平圩一带活动。太平军在中平一带活动情况在《象州乱略记》里有如下的描述：

咸丰元年，洪逆大股由平南而武宣，而象州。四月廿日，入象之安中、安上二里屯踞；其伪太平天国王，居新在村。前锋居中平圩、仁义、谢官等村。乡人逃避一空。月底，逆党入大乐（村市名——原注），分司冯公之死。五月初，统领向军门（荣——原注）追踪始至。兵近万，扎驻界岭（村名——原注）一路，扼其前；乌都统（兰泰——原注）兵一二千驻罗秀，扼其左，皆去贼十里内外。每数日，贼来攻营；官队半道迎击，罔不北；有跪受贼刃者。乌都统一军，旋独鳌山侧，被贼兜胁，入水死者半。又有周中丞（天爵——原注）兵数千，自州城督队来，欲攻其后。逆党前迎，直犯周师，兵败数十里不能驻，仍回城；无何，回省。最后，潮勇一军至。贼故不知，将大起踏营。于廿八日凌晨，先入古磨村劫米谷（罪村上卖谷米——原注）随奔大营。潮勇先伏于营小河下（按：此句下字疑为旁字），贼至，齐施枪炮，毙数人，贼惊退。奋勇追杀，复毙二十余名。毙从未败，忽损人，遂溃遁……贼即受创，不复出。六月四日，仍退下武宣。然自洪逆来，四十余日，男妇大小，众盈万，地方蹂躏已深……

从上举这段记述看来，太平军在中平一带与清军几次激战中，既把乌兰泰的军队消灭过半，又杀得周天爵的军队抱头鼠窜，而率领上万军队的向荣，也屡战屡败，只是驻营界岭，不敢出战。足见太平军是处在胜利的地位。为什么袭击清营一役，只遭受到潮勇的小挫，接着就回师东乡呢？其实，太平军到中平一带活动，最主要的目的，可能还是“团营”，即是把中平、大乐、新在、大樟一带的参加“拜上帝”但还不曾加入太平军的民众，结集起来，以扩张军事实力。这一点，在上述大樟一带的古老传闻中，已经透露了一些消息。

我们曾经在中平圩访问了一个86岁和一个68岁的老人，他们也口述了下面一些有关太平军的情况：

①太平军到中平时，从大樟直到中平一带的村庄，贴满了萧朝贵的布告，大意说：清朝逼迫人民留辫子，要人民跟他学京腔，穿马蹄袖，见皇帝就像一只狗。

②太平军到新在时，当地居民纷纷逃避。后来太平军把他们喊回来。老百姓见太平军纪律好，于是纷纷回家，安心生产，并自动帮太平军舂米。

③长背村（在中平北约半里）有个姓陆的小孩，被“上帝”要去。赐姓洪，名福祥。

④谢官村（在中平东约2里）壮族罗某，参加太平军，到过南京。他当过带兵官。南京沦陷后，他仍回家乡，但他一直怀念着太平天国。一次，在中平圩见到一群小孩在街旁塘里洗澡，他便对孩子们说：“若幼主还在，你们就不会在这里洗澡了，就有书读了！”

⑤太平军到中平的时候，中平街很多人都参加太平军，随军出发。临行时，自动烧毁房屋，没有一家人留下。后来的中平居民，都是从别处搬来的。

⑥仁义村几百家人，多数参加“拜上帝”。随军出发时，把房屋烧毁，全村只剩房子两座：韦姓一座，吴姓一座。

⑦太平军和清军曾在马鞍山与独鸦岭（或作独鳌岭）之间打了一仗。清军在独鸦岭被太平军包围，岭下有个深潭，当太平军攻上岭头时，清军没有退路，被水淹死很多。乌大人也失足落水而死，清军大败。

⑧太平军纪律很好，老百姓供给他们粮食。

上举这些传说，只依照老人们口述记下，其中当有未尽合于事实之处，尤其是时间，可能记忆错误。

3. 李文法由瑶山借路至平南就阻

据金秀区六段乡六段村苏学明家收藏一本《三百六十皇书》内载："道光皇三十年(1841)，出李元法（即李文法）兵入到瑶山将军、香柳（按：即杨柳）村，众人打李败退，旧归去九排"。《三百六十皇书》，虽然是巫师所用神书的一种。但每个皇帝的名号之下，常记载着当时瑶山的大事，故在某种程度上可以作为瑶山的大事记看待。李文法要借路过瑶山，而被瑶族打败的故事，在大瑶山北部地区流传是很普遍的。据老人们传说：李文法带着四五百人队伍，从修仁七排进入瑶山的三角（今三角区三角乡境），再至杨柳村驻扎。当李的队伍初到杨柳时，附近瑶族都搬往深山躲避。青壮年人则各持武器抵抗，故李到杨柳附近的盘古冲、古腮冲等地，都遭遇瑶族的伏击，稍有伤亡。次日，经派人在村外之田滩桥旁喊话，三片村派陶胜章出来接洽；两人隔河对话，李部的人高声喊话说："老乡啊！我们是借路过平南的，请不要开炮！"说罢，将手掌大的一块银牌抛过对岸去给陶胜章，并约定再送一支长龙炮给瑶族。经过这一度交涉以后，当地瑶族见李的队伍，凡是到人家屋里吃了留下的粮食和其他食物，都把银钱放在桌上，作为报酬，对瑶族并无恶意，因此便放弃了敌对行动，让李的队伍在村上住下。第三天，李率队南进，行至在保村外，遭遇金秀四村和长二、长滩等村的武装拦截。瑶族对李部先锋喊："你们不要来，要来就打！"李的先锋部队也喊："好马不吃回头草，黄蜂不转旧时窠"，于是便对打起来。当时瑶族用的武器，尽是火枪，李部的武器，绝大多数是刀矛。结果，李被瑶族打败，阵亡四五人，仍退出修仁九排一带。

李文法这支队伍，究竟是什么人？为什么要从修仁七排经瑶山而往平南？据当时情况推测，在清道光三十年（1841），正是太平天国革命运动在平南、桂平两县北部山区蓬勃开展的时候。当时洪秀全就隐藏在平南北部山区花洲山人冲胡以晃家，组织"拜上帝"，而象县、修仁一带的农民，参加"拜上帝"的人亦多。上节所举的谭要，就在象县大樟一带组织壮族"拜上帝"，即其一例。因此，李文法所率领的要从瑶山借路过平南的队伍，就有极大的可能是"拜上帝"的组织成员，所谓借路过平南，就是意图到花洲去与洪秀全、胡以晃等会合的。

（二）甲申（1884）、乙酉（1885）盘瑶农民抗租运动

大瑶山的盘瑶，人口在五个族系中是最多的。他们不习于种田，而长于耕山。长期以来，都靠向山内长毛瑶"山主"批租山地，垦荒种植杂粮过活。由于山高岭陡，耕作技术差，就得常换新地开垦，因而迁徙不定。垦荒种山，广种薄收，生活已苦不堪言。再加上要向"山主"缴纳一定的山租以及供应"山主"一些额外的剥削，以致终年勤耕苦累，也难以糊口。常常受到饥饿的威胁，于是他们对于土地的迫切要求，是不难理解的。正因为这样，大瑶山里"山主"与"山丁"的矛盾，便长期存在着。一到矛盾不可调和的时候，便酿成表面化的武装冲突。这实质上就是阶级斗争。

"山主"和"山丁"的武装冲突，据调查中已经获得的材料证明，早在清嘉庆初年(1796)已经发生；道光十八年（1838）又有一次冲突。据清道光二十九年（1849）刻立的卜泉石碑上载："到今世嘉庆国年，客人瑶人反乱，不得安乐。到道光十八年(1838)瑶人反乱。"这里所谓瑶人，就是指盘瑶而言。所谓"瑶人反乱"，竟弄得身为

山主的茶山瑶也“不得安宁”，可知当时的冲突是十分尖锐的。

现在要叙述的是清光绪年间的一次“山主”与“山丁”的冲突。所谓“甲申、乙酉事件”，就是指清光绪十年（1884）前后四年间的一件盘瑶抗租运动。事件的开端是这样的：盘瑶是全瑶山无土地的“山丁”，他们批租长毛瑶“山主”的山地耕种，每年除交一定租额外，还要在“山主”收获谷物的时候，无偿地帮他们割稻。“山丁”要求他们把土地肥沃的老山批租砍伐垦种，“山主”因老山出产土特产利益很大，拒绝出租。盘瑶因生活逼迫，想要举行一次暴动，先夺取瑶山经济中心，同时也是政治中心的金秀四村，然后再陆续向其他“山主”村庄进攻。盘瑶中的一些领袖人物，商量决定了一个计划：在秋收时，金秀四村“山主”必然要叫他们去割稻，那时约齐较多的盘瑶青壮年人去，每个“山主”家里都分配四五人。然后约定一天，趁“山主”夜间熟睡时，各家一齐动手，把四村“山主”一齐杀绝。计划尚未能实现，被盘瑶内部少数不愿这样干的人泄露给平林、六竹两村茶山瑶知道了，平林、六竹人因与金秀是同族，又同系“山主”，便把这消息报告了金秀四村。盘瑶因此迁怒平林、六竹的茶山瑶，计划先给这两村一个惩罚。光绪癸未年（1883）住在六竹附近的盘瑶领袖金长和扶约（忘其姓）两人假托杀猪卖肉的名义，招引平林、六竹两村人到家来买肉。他们来到时，佯为殷勤招待，请他们酒喝。等他们酒醉时，便动手打杀。当场打死了六竹苏公顶，其余几个却逃脱。盘瑶领袖便集合附近同族，进攻平林和六竹两村，结果攻陷。屋舍被烧光，所有两村的茶山瑶，都逃往金秀避难。自此以后，各地盘瑶都纷纷选择地形较好的村庄集中起来，一方面分头向附近“山主”村庄进攻，一面砍伐老山，开垦种植。长毛瑶也纷纷大起石碑，进行抵抗。因为大规模的冲突发生在甲申、乙酉两年中，所以至今长毛瑶总是记着这两个年头的干支。

甲申年，在瑶山东部地区的盘瑶集中的地点为坤林和强仰两村，是年冬至节进攻古卜和罗梦。古卜村和强仰距离很近。由于在攻平林、六竹之后，盘瑶领袖庞贵秀（田平村人）便实行分化的策略，亲往古卜村告知茶山瑶说：“我们是为了卖猪肉的事件才和平林、六竹相打，不与你村相干。我们是不打你们的。”古卜人信以为真，故不加戒备。盘瑶攻古卜，共打七天七夜才攻下。古卜人沿村前山冲逃出，绕过立龙，到长二、长滩二村避难。村中房屋，概被烧光。罗梦村山由三部组成。盘瑶攻罗梦时，只攻进一部分，金秀的救援已经赶到，不得不在火焚屋舍后撤退。

乙酉年盘瑶砍立龙村（茶山瑶）根徒老山开垦。立龙人不答应，盘瑶就大举进攻该村。结果被攻下，并火烧全村。立龙人向北逃往低水和土县二村避难，并请金秀四村援助。当盘瑶砍根徒山时，金秀曾起石碑，动员200人来打盘瑶，曾一度到坤林。但该村盘瑶已于事前撤走，金秀瑶人扑了一个空。盘瑶一度攻近金秀附近，但不敢进村。只把离村约一里的社庙烧毁，并把附近几亩水稻砍平，即退。同年除夕，盘瑶曾一度攻入住在罗运村（坳瑶）后小冲里的盘公琐家。这座房屋四周都围了竹篱的。当盘瑶进攻砍竹篱时，公琐全家都逃出，故未有伤亡。罗运村人听闻砍竹篱声，即四出包围，开枪射击，盘瑶不支而退。

这次武装冲突，一共延续两年多。最后，由于金秀等村“山主”采取破坏盘瑶生产的策略，到处派武装去砍盘瑶的庄稼。盘瑶受此打击，心里已经动摇。又因在斗争中几个能干的领袖如庞贵章、庞章明、赵福旺等被打死，其他青壮年人的伤亡，也较茶山瑶的死亡为多。因而放弃了武装斗争，凑钱推举头人赵才进和赵至安到永安州（今蒙山县）

去告状，官司打了一年多。后来永安州官判决：老山不准砍伐，其他茅山则准允许开垦，仍须向“山主”缴纳收成十分之一的山租。盘瑶又算输了官司。虽然山租照判已较前减轻，但“山主”见盘瑶已无能为力，批山时仍要索取十分之二的山租，否则，拒不出租。盘瑶为生活所迫，只好忍气吞声受其剥削。但此次抗租运动，却在大瑶山掀起了一个巨大的波浪，几乎整个瑶山的盘瑶，都投入了运动中。

在盘瑶进攻“山主”村庄时，蒙山、平南接近瑶山的汉人曾来协助盘瑶，最多曾达到三四百人。但是他们前来协助是别有目的。据说：盘瑶曾与来协助的汉人约定：到打垮“山主”（地主）时，汉人要田，盘瑶要山。此外，有的汉人，却想打进“山主”村庄时，发些横财。

兹将此次领导抗租运动的盘瑶领袖列下：

庞贵章（昔地人） 庞章明（强仰人） 庞春福（强仰人） 庞贵秀（田坪人）
庞贵昌（马安人） 赵才信（坤林人） 赵福广（坤林人） 赵进光（坤林人）
赵福旺（黄泥冲人） 赵至香（向二人） 赵至福（六同人）
（其余已忘）

（三）盘瑶黄元明领导的抗租斗争

现住大樟区瓦厂乡红台、洛西等处的盘瑶，以前是租耕黄桑、下灵两村花蓝瑶“山主”（地主）的山地的。这里没有青山，多是草茅荒岭，土地瘦瘠。但两村“山主”，除收租外，还常到“山丁”家里要这要那，稍不如意，就要打人撵人。而且，“山主”见到“山丁”的妇女，也常常追赶，因此便激发了盘瑶长期以来压制在心里的愤怒，掀起了一次为期长达13年的武装斗争。

一次，黄桑村“山主”（地主）胡公安到洛西收租，强迫“山丁”杀猪招待。“山丁”说明家里的猪是“盘王猪”养着还盘王愿的。但胡公安不由分说，竟强迫把这猪杀了。盘瑶对盘王是无比的崇敬的，“盘王猪”是在任何情况下都不能移作别用的，现却被“山主”强杀，心里怀着极大的愤怒。当地盘瑶领袖黄元明、黄金发，便利用这个为盘瑶群众不满的机会，召开了附近村庄的头人会议，发起抗租运动，并由各头人回村以“山主”强杀“盘王猪”作宣传，结果大家都愿起来打花篮瑶“山主”，抗缴山租。事情发生在清光绪十年（1884），结束在清光绪二十三年（1897）。盘瑶参加的共200户左右。这也是甲申、乙酉“山丁”在另一个地区开展的抗租运动。

一次，盘瑶约会了接近瑶山向与黄桑村有仇的抱村居民（壮族）齐攻黄桑村，结果攻下。花蓝瑶除被打死的以外，全部逃往六巷。盘瑶和抱村壮族武装，住在该村约一月之久。花篮瑶见黄桑被攻下，便起九十三石牌（包括上下古陈坳瑶）前来救援。但因抱村壮族武器较好，救援的人无法近村，只好自行撤退。接着下灵也被盘瑶攻下，全村房屋烧光。居民也一齐搬到六巷避难（后迁门头）。后来盘瑶又先后攻门头和六巷。第一次攻门头未下，第二次攻入村旁8家，盘瑶死3人，花蓝瑶死7人，耕牛被打死10多头。盘瑶进攻六巷是约同近山的汉人齐去的，因六巷人固守，且因古陈人来救，未攻入村。汉人死48人，盘瑶亦有伤亡，遂退。

在互斗中，九十三石牌也曾袭击红台、洛西一带。一次打死了两个在地上劳动的盘瑶妇女，一次攻洛西黄元明家，反被黄元明打死一人。在附近劳动的盘瑶，听闻枪声后，一齐回来，九十三石牌只好败走。

黄桑、下灵、门头三村的稻田，多是梯田，离村又远。在互斗的13年中，许多接近盘瑶地区的水田，不但不敢去耕种，而且被盘瑶挖崩田基和水圳，使花蓝瑶遭受难以估计的损失。因此，“山主”便向“山丁”求和，声言愿将红台、洛西一带山场划归盘瑶所有，并约期在大桥村协商立约。黄元明信以为真，依期赴约。临去前，盘瑶中有人主张应提高警惕，多带人去保护。黄元明骄傲自大，不肯多带人去，只和黄金发两人去会商立约。“山主”代表是胡公邦，虽然也没有多带人去，但预先却派狙击手在黄元明必经之路的一个山坳旁埋伏着，双方会齐后，胡公邦立了分割红台、洛西一带山场的契约给黄元明，并办酒款待他们。等到黄元明、黄金发吃得醉饱，带契约转回洛西的时候，行至小坳地方，竟遭“山主”的狙击手开枪射击，元明当场身死，金发受重伤逃回，不久亦毙命。元明身上带回的契约仍被“山主”搜去。盘瑶方面因领袖已死，便愿仍交山租。一场轰轰烈烈的抗租斗争，就此结束。

这些斗争从表面看来似乎只是一个族系对另一个族系的斗争，也似乎是族系矛盾居首要地位。但从本质上来看，是农民阶级对地主阶级的斗争，这是毋庸置疑的了。

（四）清末三点会在大瑶山的活动

以大瑶山作为根据地的三点会，由原占据桂平十八山鸡爪山的郭三和原占据平南鹏化的陈亚狂六所领导。另一股则为欧少汉（平南水晏人）、温良才（腾县大黎人）、罗十八、黄十八所领导。郭三与陈亚狂六由平南鹏化入山，先驻长滩（疑系卜泉河下的古尼长滩村），后到田头驻扎。欧少汉、温良才等则驻扎定浦老山，在志良、岭祖一带活动。郭三进入瑶山是光绪二十九（1903）年，直到宣统元年（1909）正月才全部败退，离开瑶山，计在瑶山驻扎前后共6年。欧少汉与温良才等何时进入瑶山则不清楚，但败退却在同时。

在郭三等驻扎瑶山期间，清朝官兵曾有杀掉官长来投郭三的。驻扎平南的官兵首领韩宝球（忘其官职）曾到桂平大湟江口运动，一个姓余的十长哗变，结果余十长把他的上级统领官张德隆杀掉，并把江口市的平码馆（经纪商行）的银钱搬走，经由鹏化附近的思和水桂荣村进入瑶山，到田头村与郭三会合。

韩宝球等入山后，三点会声势渐大。清官府就派兵入瑶山攻打。初来的官兵不多，多被郭三等打败。从罗运进兵打郭三的，最初是浔州巡防先锋右队刘统臣（武宣东乡人）。后来清朝官府着了急，才派右江道总镇李国治带大队入山围攻。李国治一共带了六营官兵来。当时是500兵为一营的，共计有3000清兵。此外，清朝官府还利用一些瑶山上层分子，如石牌头人或团总之类，发动石牌群众，带路运粮，帮同进攻。郭三等因而失败。

李国治调动瑶山周围各县官兵和团练，从四面八方进入瑶山。就现在尚能忆及者，有如下各路：

①李国治带兵从桂平大湟江口经鹏化入罗运，以罗运为指挥中心，李坐镇其地，随同李来的一路，到鹏化后又分为二路：莫荣新和李国治，从思洪入罗运；营长黄进元则带队从思和入山。此为南路。

②庄督带（忘其名）带兵从象县大乐附近入容洞滴水。此为西路。

③白有禄（忘其官职）从象县百丈入山，进入大凳、六巷。此为西南路。

④营长张元兴从桂平大湟江口，经平南思旺，进入马练。此为东南路。

⑤提调陈崇堂由蒙山忠良入金秀。此为东路。

官兵团练齐集之后，李国治就调动瑶山石牌群众供他利用。罗香团总赵朝堂被他调到罗运去，替他计划指挥，并调兵运粮。赵杰初也成了李的助手。带领罗香瑶丁的计有李日初、赵元坤、赵慎初等人。李日初自说他是带莫荣新打山茶一路的。

郭三在田头村附近被陈崇堂打败后，退到白牛与山茶一带山地驻扎。李国治调动驻在白牛、罗运、寨村、六俄、岩昂等处的清兵，取包围形势，从四面进攻。最后会战中心地点，是在白牛与山茶之间的大桑村（原为山子瑶村，现已搬走）和王桑村（盘瑶族住地。现已搬走）。在此一共打了一天一夜，郭三与陈亚狂六的部队，被打死三四十人，余不支，四散逃走。郭三与陈亚狂六均化装逃走。陈逃到桂平北部大宣新圩附近的牛村自己家里，被擒杀。郭逃上柳州也被当地人擒杀。

温良才、欧少汉、罗十八等在忠良、定浦一带被官兵打败，退到平南大旺圩附近，后被清官府诱骗招安，结果还是被杀。

李国治入瑶山打三点会，前后共费时21天，就把三点会在瑶山的根据地完全摧毁。由于瑶族人民被骗被威胁为他出力，事平之后，他便在罗运召集全山72个长毛瑶村的石牌头人和曾经出力的人员开会“庆功”，大事犒赏。从山外挑进浓郁的三花酒，每人打赏4两，并发猪肉半斤，让他们痛饮一顿。之后，还和各地瑶村头人商定，把瑶山划为四团，各团设立团总。罗香团管罗香、罗运一带，团总是罗香村赵朝堂。滴水团管容洞、滴水、长洞一带，团总是滴水村全公传。金秀团管金秀、长二、卜泉、低水一带，地方最大，团总是六拉村刘道干。六巷团管六巷、古陈、门头、大凳一带，团总是六巷村蓝扶宵。各个团总，因为替官府出了力，后由李国治保荐，清王朝都给以五品军功。

三点会在瑶山时期，穷苦的山子瑶参加“拜会”的人很多，个别花蓝瑶也有人参加。在李国治未进兵瑶山之前，修仁县曾派兵到桂田乡附近的古拜冲打郭三。郭三退守田头村后老山间。官兵说古拜盘瑶隐匪不报，竟把该村三家盘瑶的财物掳掠一空。后来金秀石牌，又把参加三点会的盘瑶领袖黄通发和夹闸村的山子瑶杀害。郭三败退后，留驻罗运的官兵，曾捕了大凳尾的盘瑶冯章珠、六团村花蓝瑶冯公小，加以“通匪”的罪名，把他们杀害。

黄十八败走藤县、平南两县间的大桂山。李国治跟踪追击，会同这两县的团练进攻，共擒三点会众35人，杀7人。其余都不是三点会众，遂释放。

在瑶山东部和东南部活动的欧少汉、温良才等为首的一支，初到金秀附近的老山六寨山驻扎，曾向金秀四头人写信，要他们捐银2000元（会门语称为“打单”）。金秀不答应，便大会石牌，商量合力防守，乘机进攻。后来看见官兵已打入瑶山，金秀首先号召起石牌“打匪”，并迫使过山瑶参加。金秀一带石牌武装，首先打六寨山欧少汉等。三点会败退，经定浦出忠良，企图与在岭祖一带的黄大等会合。哪知黄大早已被岭祖茶山瑶起石牌打散，只会合了忠良等地部分的会众。这时，适值平乐知府欧阳中鹄也派兵从蒙山方面攻入，双方在石琢村附近的金龟坳相遇，在这里打了一仗，蒙山团练一个姓何的局长被打死，石琢村宋二也在此送了性命。

在忠良一带作战时，岭祖茶山瑶石牌，也被官兵胁迫作战。瑶族石牌武装，由兰石森率领。立龙、卜泉等茶山瑶村，原来归金秀百八石牌管辖，这时也起石牌从里圩打出。欧少汉等不支，遂败走马练。事后岭祖、立龙等处茶山瑶的石牌头人，都由平乐知府保荐，赏赐五品或九品军功。

（五）马练农民起义

平南县北部马练、水晏一带，是接近大瑶山山区中的较平地区，由于山多田少，地处偏僻，农民受到地主的政治压迫和经济剥削是较重的。仅田租一项，就要受四种剥削：一是“责耕银”，即是押租，农民如租地主水田10亩，在开初租入的时候，要先交东毫10元给地主；二是“称头谷”，就是农民每年交租的时候，每百斤要多交13斤，作为水湿的消耗；三是“租子谷”，就是正租，每百斤种谷的田，照土质好坏，要交1000斤到2000斤稻谷，约当稻田总产量三分之一以上；四是“田信鸡”，即有农民向地主交租时，规定每送租一次（有的一年分两次送）要送鸡一只给地主。至于山租方面，则要按照山地面积的大小，一次先交租金的大批，或按照户口每年每户收租银1两和鸡1只的户口租，或收了大批租金，其后还要佃农种树还山，所获树价，按照主三佃七来进行分配。而且绝大多数的田地山场，集中在少数几家公堂或地主手里。在土地高度集中的情况下，农民又遭受地主繁重的剥削，生活是极其贫困的。

1927年春夏之交，马练、水晏一带农民，听闻别处已有农民协会组织，也听到入了农民协会就可得到减租减息的好处，大家都开始酝酿组织农会了。到了同年夏间，一个名叫苏其礼的（身体魁梧，年30多岁），从梧州先到桂平新圩（有人说苏是桂平人）组织农民协会和农民武装，其后又到平南鹏化一带组织。旧历六七月间，又从鹏化来到马练，首先找到古烘长段村黄凤鸣（中农，50多岁）和石克村龙铁昆（地主知识分子，年22岁）等进行活动。由于该地农民事前已经有了一段时间的酝酿，所以工作进行得很顺利，很快就把该地的农民协会和农民武装组织起来。在组织农民的过程中，先找一些知识分子进行宣传工作，到处公开讲演，鼓动农民入会。一次，马练酬神打醮，一共三天三夜，他们便利用这个群众集会的机会，进行宣传，明确提出打倒地主土豪劣绅、打倒资本家、减租减息、分田分地等口号，其鼓动作用甚大。

旧历八九月间，各地农民协会纷纷成立，由水晏沿大同水直上到利俩一带，所有的农民都加入组织。于是，便在马练对岸的沙洲上召集全区大会，到会的农民共一千几百人。会场搭扎松门，各村农协会敲锣打鼓，各持武器（当时马练一带农民家中多数有针枪和鸟枪），列队参加，到会场后，并放鞭炮、燃地炮，声震山谷，盛况空前。会中选举全区及各乡农会负责人和武装队长。龙铁昆被选为全区的执行委员会主席，区下设乡农协会，并选出各乡负责人：后克乡为黄灼光，长胜乡为黄景衡，龙满乡为莫进才，水滴垌乡为莫卫林、黄端甫，九怀乡为陆以华，北陈乡为陈少芳，利俩乡为黄鸣歧（文卿）、郭培林（现新利乡乡长郭廷玉之父），队长为黄伟文，屯旺乡为张康群，马练乡为郭少仪。

农协会的武装，除农民各家自有的枪支外，其他还有两个来源：一是缴获地主家的，一是缴获国民党散兵的。正当农协会组织成立的时候，恰巧有一支人数约百人、枪支60多支的国民党散兵，拉着队伍由瑶山从马练经过，就被农民武装包围，把他们缴了械。这批武装，就变成区农协会的武装基础。

农民有了组织，有了武装，就行动起来，马练、鹏化两处武装会合，去打地主土豪劣绅了。最先的进攻对象，是桂平县三江大坪村刘锦堂，围攻他家六七天，未攻入。退兵后，折回马练。旧历十一月间，围攻马练长段村冯佐卿家，围三日未能攻下。农民便放火烧屋，一共烧死冯家17个人，内有孕妇一个，故当时有“十七尸十八命”的说法。

冯家全家人口，除少数在起火后开门逃出之外，几乎全被烧死。接着就到同生村去打蓝明波、蓝文英（团总）的屋。围攻六七天，才开门投降缴械。当时蓝文英住在平南县城未归，其弟蓝文基亦深为农民所痛恨，当他出来投降时，便把他捉住，拉到马练圩桥头，把他杀死。同时，还把蓝姓地主蓝述斋和蓝灼臣两人，捆往鹏化（一说是沙坪），要蓝姓交出7000元，才放他们回家。

蓝文英在平南县城，听得家中被农民围攻消息，即出钱调动国民党反动派军队，前来进攻农民。最先带军队来的黄桂丹（营长）。在蓝姓地主投降的次日，农民即集队到水晏附近去布防，狙击黄桂丹，鹏化农会亦来300人相助，马练农民武装共约千人参加（有针枪者约500人）。在水晏附近作战，历时两日两夜，农民不支，败走沙坪、鹏化两处。国民党军队打进马练后，到处纵火烧屋，惨杀农民领袖。凡农民领袖的屋舍，都被烧光，无一幸免。当时农民领袖及农民被捉被杀的，约30人左右。

黄桂丹撤兵后，农民武装于次年夏间，又到禾岭村打卓杰斋家，未攻入而退（一说攻入，缴了他家枪支几十条）。接着国民党反动政府又派营长姚洞带兵前来打农民，过后地主又起团练来“清乡”，农民在清乡中被惨杀的达200余人，单古烘长段一村黄姓族人，前后被捉杀的就有28人。至于农民领袖逃出在外的，除龙铁昆远走省外，莫卫林、莫灼光、黄端甫躲避较好，未遭毒手外，其余各人，都陆续被捉被杀。龙铁昆远走北方，后来竟变节当了国民党反动军队顾祝同部下的参谋，抗战胜利后，被解散回家，计离家凡22年。解放后病死。

被国民党反动军队打败的农民武装，上山之后，靠夺取地主粮食支持一段时间，到1928年，平南县长马冀汉便出布告来分化他们，布告大意说：除农民领袖（指被选当农协会区乡干部的）外，其余一般农民，如放下武器回乡生产，概不追究。因当时农民武装缺乏坚强的领导骨干，且又孤立无援，竟被分化散伙，陆续回家。农民领袖黄凤鸣之族弟黄建中，当时以学生身份，曾经参加宣传组织农民工作，亦逃出在外，久不敢回家。但因他的妻子，是土豪蓝文英的同族，后来通过这个亲戚关系，问明蓝文英是否可以回家。蓝文英说他不是重要分子，可以回家不究。黄建中信以为真，即刻回家，一天，走往九怀村经过，被地主陈文卿捉住，即刻拉到村头的鱼塘边枪杀；所幸连开三枪都未打响，后被当时和蓝文英办团的副团董郭宽卿得见，说他命不该死，才放了他，仅罚他东毫30元了事。

鹏化山区农民协会，是1927年组织成立的。其武装组织也较大。在这个地区的领导人是：下六村余璧光，西山村谢云桂，罗午村余崇信，平岭村吴品章等，他们都是贫苦农民。当马练农民协会武装组织遭受挫败后，部分退入鹏化，在此坚持了一段时间，并与国民党军队作战几次。

马练和鹏化都是接近大瑶山的山区，这次轰轰烈烈的农民运动，对瑶族也产生了很大的影响。在马练附近的罗香一带，也有很多农民参加组织。罗香村是准备设立乡政府的所在，但未成立，国民党及反动军队已经打进来了。那历村的坳瑶农民，参加协会的较多，当农民武装将打土豪之前，曾在那历村驻扎过。后来反动军队烧杀马练一带农民时，罗香因未派武装直接去打土豪，且因瑶族也准备他们如敢到罗香时，就进行抵抗，故黄桂丹和姚洞的军队，始终没有敢在瑶族村庄进行残酷的烧杀。

罗运村距离鹏化也不太远。当鹏化组织农民协会时，曾经派员到罗运进行宣传组织，罗运全村坳瑶农民，除少数外，都参加了组织，并选举了领导人，领发了犁头旗和印章。

只是瑶族事先声明过，他们的武装是不听调动到瑶山以外的。后来马练、鹏化两处农民协会遭受挫败，罗运的组织也无形中解散了。

农民协会给予瑶族农民的影响是极深刻的。现在他们常吃的野菜，叫做“农民菜”。据说这种野菜，从前瑶山从来没见过，直到农民运动轰轰烈烈开展以后才有的。足见农民运动还活在农民心里。

马练农民协会失败后，当地农民曾拟了一张“白头帖”张贴在马练一带。事情虽然已经过去了数十年，但当地许多农民还认得这张描述农民协会从组织成立直到失败的经过的揭帖的。兹将平南同和区九槐乡①六凭冲农民李祥华（汉族）口述的白头帖歌，抄录如下：

农民协会打土豪揭帖歌（平南北部马练圩、水晏圩瑶汉各族）

宣统三年改国民　甲子推来十几春　东西两省争天下　朝廷官府起农民
平南打死卖糖佬②　大同全里乱纷纷③　封起铁钩④当政府⑤　全里委员莫卫林⑥
凤鸣⑦封起当司令⑧　水口干全⑨两个人　又叫卓光⑩来演说　那边长段⑪叫景衡⑫
利桂少芳⑬当队长　上高花赖叫康群⑭　三月中旬来演说⑮　马练沙州几千人
又缴上司枪支入　农民称说有功能　文英⑯扎做茅人打　话佢贪官污吏人
燕兴⑰走上蒙山县　打倒土豪共劣绅　诛灭冯家人一族⑱　几多冤枉见伤心

---

① 今平南县马练瑶族乡九槐村。

② 平南县农民协会领导人汤美慎，来到马练开会，到会农民数千人。会场扎松门，各队有铜鼓洋号，会中选举区长、乡长等。农民踊跃欢腾，盛况空前。后由汤美慎当众发下各组织的印章旗帜。汤在平南县城组织农协会时，有卖糖商对农会进行破坏，被汤领导的农民打死。农民从此时起，组织武装，进行打土豪劣绅分田地运动。

③ 平南北部大旺圩、水晏圩、马练圩、罗香一带，清时统称大同里。

④ 当时马练圩曾成立区政府，选出当时马练一带农协会领导人黄铁钩当区执行委员。

⑤ 当时马练圩曾成立区政府，选出当时马练一带农协会领导人黄铁钩当区执行委员。

⑥ 莫卫林，龙满村人。

⑦ 黄凤鸣当时领导武装。

⑧ 黄凤鸣当时领导武装。

⑨ 黄凤鸣：干全水口村人。

⑩ 黄卓光。

⑪ 近马练圩的长段。

⑫ 黄景衡。

⑬ 利桂村陈少芳。

⑭ 花赖村张康群。

⑮ 1928 年 3 月中旬。

⑯ 蓝文英，同生村土豪，农民以茅扎人，来当蓝土豪。

⑰ 郭燕兴曾当团总，逃往蒙山避难。

⑱ 冯佐兴是近古烘村的长段村的土豪，家被农民武装围攻，用火烧屋，全家 17 人俱死。其中有一孕妇，地方传为“十七尸十八命案”。

困打同生①五六夜　缴枪重要七千文②　当时(有)没有白银俾③　就提述斋④共灼臣⑤
拉去沙坪几个月　生死如何总不闻　打死文基⑥人一个　全家大小泪纷纷
文英⑦看见心何忍　就请姚洞“革命军”⑧　姓高连长带兵入　困在高场几日辰
水晏商场崩破了　不知何日得安民　寺村三水⑨惊慌了　日巡夜卡费精神
我是家贫少习读　写出字来失礼人　蚊子又多眼又涩　不知费尽几多心

（六）国民党广西当局对大瑶山人民的血腥统治

国民党政府把魔掌伸入瑶山，是从1933年开始的。当时原归桂平县属处在大瑶山西南角的十八山，就建立了区公所，委员李荣保（盘瑶）、黄云焕（李荣保的赘婿）等分任区长和助理，并花了2万元的巨款，让李荣保等动员瑶山西南角一带的盘瑶六七十户迁往十八山。发了枪支五六十支给区公所使用。区下还划了3个乡。现在桂平县三江区北部及大瑶山大樟区瓦厂乡一带盘瑶村落，都划入这三个乡的范围。还在小横冲、六庙和十八山设立了小学校。

同年，平南县属罗香、平竹、六竹一带，也由平南县政府进行编组乡村，设立小学。次年，并在罗香村设立了联乡办事处，正式有国民党的基层统治组织。当时，象州所辖六巷、古陈、门头和长洞等处，也由县政府开始组编乡村，委派瑶族充任乡长。不过，名义上虽然如此，但实际上这些基层统治组织，还是不能发生什么作用的。虽然在六巷设立了小学，但上学的学生也只是稀稀落落的几个。而且，这些地方仅限瑶山的一角。

自此以后，李、白、黄等人，为了逐步加强对大瑶山的统治，就陆续派人入山了解情况。同时还命令沿山各县府，就原有各县所辖瑶山的地界，加以调整，并逐步编组乡村，设立学校。从1935年至1939年几年间，广西省立特种师资训练所的学生陆续回山，山里各地的学校，也陆续增多起来。而平南、象州、武宣3县所辖瑶山的乡村公所，也次第成立。

1940年，李、白、黄为了进一步把统治的魔手直接插入瑶山的心脏，便在金秀设立警备区署。委派潘耀武为署长，带着3个中队的武装部队300多人，要进瑶山，但遭到金秀一带瑶族人民的拒绝。他只好把这个反动统治机关寄设在修仁半年以上。在这段时间中，潘耀武曾一度派罗茂兰（原修仁大蚕村壮族）和薛四（迁居瑶山旧村居住的汉族）入山与三十六瑶大石牌头人陶进达接洽。陶进达召集全山各地瑶族到金秀大会石牌。会商结果，大家都不愿向国民党反动派政府低头，不让金秀警备区署设在大瑶山里。并决议：“谁服从国民党，就杀谁！”会后，各地瑶族纷纷购买枪支，准备在潘耀武进山的时候，进行武装抵抗。

潘耀武遭到瑶族人民拒绝入山之后，便于同年旧历七月十四日带着武装部队进攻金秀。部队从修仁七排入山，到达三排岭后，分两路进攻：一路打田村一带；一路打金秀四村，但

① 蓝文英土豪住宅在同生村。
② 七千文是粤语，即七千元。
③ 俾是粤语，即给。
④ 述斋：姓蓝，同生村人。
⑤ 灼臣：姓蓝，同生村人。
⑥ 蓝文基，文英的弟兄。
⑦ 蓝文英，文基的弟兄。
⑧ 当时广西军队。
⑨ 寺村附近有三条小河，一是寺村水，一是麻油水，一是石克水。

打金秀的，暂住郎庞村的九七冲不敢猝进。打田村一路，遭到瑶族人民的截击，不支，退回九七冲。潘便拍电向平乐区民团指挥部，请求增兵来助。七月十五日晚，瑶族拦截潘耀武的武装后自动撤退，潘即率队直指金秀，到达接近六拉村约一里的地马驻扎，不敢直接进村。石牌头人陶进达召集金秀、白沙、六拉、昔地四村居民户主商量应付对策，在他的花言巧语劝诱下，四村居民只好暂时停止抵抗，并派人与潘接洽，约定次日让部队进村。次日，潘及所有武装部队进入金秀四村，分驻各瑶族家里。国民党的军队，进到老百姓家里是不会干好事的。只是当时瑶族人民为势所迫，不得不忍气吞声，暂时受他们的践踏。但同时也增加了对反动统治者的愤恨。

潘耀武进入金秀几天后，平乐区民团指挥部副指挥官蒋铁民率领几百军队，蒙山县政府副县长姜天才率领几百民团，先后进入金秀。在蒋铁民到达金秀的次日，即派出部队进攻田村。田村人民关门塞巷，进行抵抗，战事达两天两夜。后被反动军队冲进村去，放火烧屋，瑶族才被迫撤退。此次战斗中田村共死五六人，伤二三人，凡关在家里的牛猪鸡鸭，一概被杀尽吃光。20多家的房屋，一齐化为灰烬。反动军队及蒙山民团共死8人。

田村惨遭烧杀之后，蒋铁民便以瑶族人民反抗政府为借口，到处捕人，进行敲诈勒索。当时被捕的，六拉村有刘道洪、刘德全等6人，昔地村有苏胜春等3人，各被勒索毫银55元，金秀龚道峰被勒索80元。而蒋尤以为未足，又借口金秀沿河以下10村（约360户）和江燕沿河五村（约100户）栽种大烟，每户应罚大烟3两或毫银3元5角。瑶族人民明知是捏词诬害，但在眼见田村惨遭烧杀之后，谁不被这种淫威所慑呢？各户只好如数照交。总计这笔所谓罚款，为数竟达毫银1600元以上。此外，他又借枪支均要烙印方准使用的名义，把金秀四村的猎枪一齐收去。当蒋出山回平乐时，给他挑白银、挑猎枪的竟有几十担之多，而各瑶族家中财物被反动军队和民团搜刮掳掠一空，为数更无法统计。

金秀警备区署插入大瑶山之后，潘耀武就采取强迫同化的反动措施：勒令瑶族拆毁神庙，禁止穿着民族服装及一切宗教活动。至于他的部属和军队，更是胡作非为，肆无忌惮，偷鸡、摸鸭、杀牛、打狗、开仓、盗禾，甚至园里的青菜、鸡窝里的蛋子，也成为他们摸偷的对象。而强奸妇女、欺凌居民种种等不法行为，都层出不穷。当地瑶族所遭痛苦，是难以形容的。

潘耀武在瑶山统治瑶族人民的时间不到一年，便离职他往。接着李、白、黄又派刘廷年来接替。1942年，警备区署撤销，改设金秀设治局。统治机关的名目虽然改换，而残酷的统治却逐步加深，特别是刘廷年的部属和部队，越来越坏，盗窃、掳掠、索诈、强奸等事，时有所闻。另一方面，在警备区署打入瑶山之后，国民党统治的保甲制度，也随着在瑶山建立起来。当时政府，仍采取“分而治之”的政策，把整个大瑶山划归沿山七个县管辖，但一般的行政事务，却又归设治局办理。在这种双重桎梏下的瑶族人民，是无法喘得过气来的。保甲制度实行以后，瑶族传统的石牌制度被摧毁了。代之而起的却是乡村公所，充当乡村甲长的人，除一部分是被迫的以外，大半是国民党一手提拔起来的小爪牙，贪赃枉法，勒索讹诈，是他们的拿手好戏。因此，大瑶山各族人民便陷于水深火热之中。由愤怒和憎恨积累而来的反抗，便有一触即发之势。

1943年春初，金秀村陶胜众的牛，吃了设治局军警所种的小菜，军警便把这牛拉去，要罚牛主款，赔偿损失。如不承认罚款，就杀牛吃。瑶族认为秋收后放牛不加看管，这是瑶山的习惯，菜地不设围篱，牛见了自然会吃，军警借此事为由，显然是一种讹诈。因此，引起了当地瑶族人民群众强烈的不可遏制的愤怒。于是当地永宁乡乡长陶源成和苏道新，便首倡组织反抗。他们先后到各地宣传联络，各地的茶山瑶和花蓝瑶都一致拥护，愿誓死反抗，其中以滴水村茶山瑶头人全金标更是坚决。后来曾约期到金秀附近深山中开了一次秘密会议，决定进攻设治局。商定旧历二月二十六晚各地武装齐集某地山间会合后即行进攻。依期派遣武装同攻设治局的，除金秀四村外，计有滴水（由全金标率领，共15人）、长滩、长二、罗梦、龙华等村的武装群众。当时设治局设在金秀村富农龚道源家的炮楼上，刘廷年则住在地主全胜祝的炮楼上。群众武装先攻局址所在地，军警被打死数人后，纷纷鼠窜。因未事先破坏电台，（在另一群众家）刘便拍电向省府及沿山各县求援。平南、蒙山、修仁、荔浦、象县、榴江等县的民团，先后开来瑶山，而瑶山内的罗香乡（当时为平南辖境）民团，也由坳瑶反动统治者赵英甫率领来打金秀。各地民团武装部队到达后，即向金秀四村进行疯狂的烧杀。因昔地村群众首倡反抗，而领导此次反抗斗争的又以昔地人为多，全村24家，竟被烧去18家。反抗斗争的领导黄道升、苏道号、陶秀材、刘胜印均被捕。金秀村被烧两家，6家屋顶被拆，村人苏公贝、苏胜经被打死。六拉村被烧毁6家。四村各户财物，均被掳劫一空。其中犹以六拉、昔地两村遭受损失更大。此时四村群众，除被杀被捕的以外，各都逃进老山里躲避。刘延年就另出诡计，成立所谓收容所，骗群众回家，说要给房屋被烧的居民一个安顿，等避入深山的居民回来后，又陆续捕人。有的则遭杀害，有的则被勒索罚款，有的是明目张胆捕去罚款，有的是暗地向家中富裕的居民勒索。不仅设治局可以放胆这样干，连刘延年的下属也可以这样。当时设治局所属的卫生所所长、电台台长，都向群众勒索过罚款。这时的金秀，已成了人间地狱。

事后，广西绥靖主任公署，派了军法官廖成来审理被捕的瑶族人民。这个家伙更为贪婪残酷，他利用职权，四处敲诈。当地居民受其毒害的甚多。后来他本着“有钱者生，无钱者死”的凶残做法，把一批被捕的瑶族人民杀的杀了，汉族的放了。调查中，我们曾经搜集到有关这一事件的一份判决书，附录如下，借以明了国民党统治者对大瑶山瑶族人民血腥屠杀罪行的一斑。

广西省绥靖主任公署判决

被告：	苏道升	男	农	现年51岁	修仁县永宁乡人	（金秀）
	陶秀材	男	农	现年52岁	修仁县永宁乡人	（长滩）
	刘胜印	男	农	现年53岁	修仁县永宁乡人	（六拉）
	苏道刮	男	农	现年49岁	修仁县永宁乡人	（昔地）
	陶扶揽	男	农	现年48岁	修仁县永宁乡人	（长滩）
	苏扶化	男	农	现年55岁	修仁县永宁乡人	（昔地）
	陶道安	男	农	现年33岁	修仁县永宁乡人	（六拉）
	苏胜环	男	农	现年42岁	修仁县永宁乡人	（白沙）
	龚显达	男	农	现年42岁	修仁县永宁乡人	（金秀）
	龚桂兴	男	农	现年39岁	修仁县永宁乡人	（金秀）
	苏道号	男	农	死亡		

左列被告因盗匪案件本署审理判决如下：

主　文

苏道升、陶秀材、刘胜印、苏道刮抢劫公署，各处死刑，并各褫夺公权终身。

陶扶揽、苏扶化、苏胜环、陶道安、龚显达、龚桂兴均无罪。苏道号部分不受理。

土造左轮手枪一支、子弹十一颗，没收。

事　实

缘民国二十九年，吾省军政当局，将金秀瑶区开化，并设立设治局，行使行政事务。所以征兵纳税国民应尽之义务，均不令瑶民负担。被告苏道升、陶秀材、刘胜印、苏道劄等，得享受此特种权利，不知体念政府爱护瑶民之德意，反怀叵测，妄乱干戈。于本年三月三十一日竟与全金标、苏玄成等，率领暴徒，图攻金秀设治局，抢劫军用品，并击毙局警多名，希冀恢复其石牌旧日之制度。旋据金秀设治局长刘延年暨傜（瑶）民莫道文先后呈请严拿首要匪犯惩办，等情到署。当即派员驰赴金秀办理。旋将被告苏道升、陶秀材、刘胜印、苏道劄、陶扶揽、苏道化、陶道安、苏胜环、龚桂兴、龚显达、苏道号、全金标、苏胜演、黄克文等十四名，先后拿获，并缴得刘胜印土造左轮一支、子弹十一颗。此外，尚缴回设治局被劫去之公枪子弹甚多。除被告全金标、黄克文、苏胜演三名，暨缴获之公枪等另案办理外。至被告苏道升、陶秀材、刘胜印、苏道劄、陶扶揽、苏扶化、陶道安、苏胜环、苏显达、龚桂兴、苏道号等十一名，业经分别讯明，应予判决。

理　由

本案被告苏道升、陶秀材、刘胜印、苏道劄等四名与另案办理之全金标暨被设治局击毙之苏玄成等，于本年三月三十一日，率众围攻金秀设治局，抢劫军用物品各情，讯据该被告均供认不讳。实属罪无可逭，自应依法惩办，用昭炯戒。至被告陶扶揽、苏扶化等二名，或因盲从附和，或受胁迫而来，均情非得已。经准自新，姑予免议。又被告陶道安、苏胜环、龚显达、龚桂兴四名，经查并无参加抢劫设治局情事，应即论知无罪。缴获土左轮一支，左轮弹十一颗，既属犯罪物品，均应没收之。又查被告苏道号一名，于侦查中在监患病身故，经金秀设治局验明属实，填书呈报在案，依法应不受理。

综上论结，爰依惩治盗匪暂行办法第三条第三款，第十一条；刑法第二十八条，第三十七条第一项，第三十八条第一项第二款前段；刑事诉讼法第二百九十一条前段，第二百九十三条第一项，第二百九十五条第五款，分别判决如主文。

中华民国三十二年十一月

广西省绥靖主任公署军法处

军法官　廖　成　印

书记官　林元贤　印

最后，应提一提全金标的下落。在瑶族人民进攻设治局之后，全金标是没有被反动军警民团抓到的。刘延年又设下圈套，多方设法把他哄骗了来。全到了设治局，刘还办下酒席请他和黄克文、苏胜演三人吃喝，并花言巧语地说他们无罪。除暗中派人监视不给他们脱逃外，表面上还给他们以自由，让他们住金秀群众家里。经过了一段时间，又骗他们说省政府为了要了解这次瑶民反抗的底细，请他们三人到省里去一趟，把道理说清，然后省里就送他们回来的，并保证他们绝不会有意外。全金标等，最初还心怀疑虑，最后见刘天天请他们吃喝，彼此谈话时，刘又殷勤和蔼，同时又让他们自由行动，想来到桂林去也不会发生事故的。这样便答应了刘。刘把他三人送到桂林后，全金标就在桂林被杀害，黄克文和苏胜演被判徒刑监禁。

轰轰烈烈的瑶族反抗国民党统治的斗争，虽然因遭受国民党政府的血腥镇压而暂时停止下来，但大瑶山瑶族人民却没有向国民党统治阶级屈服。临近解放的时候，瑶族人民在共产党的领导下，又组织起来向垂死的国民党匪帮作坚决英勇的斗争，终于把金秀设治局这个反动机关及其军警，打得走投无路而终于跟着国民党政权的灭亡而灭亡。

（七）辛巳年盘瑶集体回千家洞事件

1941年大瑶山及其附近修仁、榴江、荔浦等县的盘瑶，曾经纷纷组织起来，掀起了集体回千家洞事件。

据盘瑶传说：他们的祖先很早以前曾经住过南京十宝殿和千家洞。千家洞是个四围高山环绕，中有广阔平坝的所在。那里山林茂密，土地肥沃，耕山种田，五谷丰收。生活过得十分富裕，人口也逐渐增长到千家之多。后来让汉人官府打了进去，才逼得分散迁移，抛弃了这个美好的所在，到处流浪，逢山过山，吃苦受累。

大瑶山的盘瑶人民，因长期以来都处于“山丁”地位，靠租种山主硗瘠的山地过活，生活是极其贫困的。自从国民党政府在瑶山设立了金秀设治局这个反动统治机构以后，保甲制度也随之建立起来，加重了对盘瑶人民的压迫和剥削。在盘瑶人民无以为生的时候，他们只有幻想着回到祖先原来住的地方——南京十宝殿和千家洞去，过那不愁吃不愁穿的美好生活。

早在1941年前，这个集体回千家洞运动，就在榴江（现并归鹿寨县）县属热水、冷水一带山区酝酿着，经过一段时期，先在大瑶山以北的修仁县属的那磨漕、六桂、南流等处和荔浦县属蒲芦一带盘瑶住区逐渐发展和扩大，终于由于修仁那磨漕的宣传和影响，使这个运动在大瑶山各盘瑶住区迅速展开。

1941年旧历二月间，名叫李七飞的（盘瑶）人首先到忠良区三界村宣传组织拜神，他说：“天上老了，以后要各种各收，不交租，要公平合理。土地山水不是哪一个人的，又不是哪一个做出来的。我们在千家洞种田地，不纳粮，不交租。我们为什么要受茶山瑶的气？我们要回千家洞过好日子。”（据忠良区双和乡观音山盘瑶肖志桂口述）。当地群众不分男女老少，纷纷加入组织，设坛拜神，降童（即降神，神附人身说话）练兵。神坛设在房间里，坛前摆方桌一张，桌上摆香炉一个，宝剑（巫师道具）、马刀各一把，木印一颗（他们称他为大印），旗帜一张。凡加入组织的，到拜神降童时都要参加，他们称为“练兵”。降童的人，有时是领导人，有时也是一般群众。降神前，敲打鼓锣一阵。焚香化纸后，降神的人全身发抖。一会儿，便开始代神说话。这种代神说的话，都是说盘王叫盘瑶回千家洞，鼓动农民应该参加拜神练兵，修练成功之后，就可变作老虎，飞回老家。飞虎把恶人吃完了，天下就会太平。盘瑶就可在南京十宝殿做皇帝，到千家洞去不交租，不纳粮，个个得吃白米饭。或者劝告大家要诚心修练，修练的方法是限定若干时间不得吃油吃肉。或是指示大家把蚌壳养在水缸里，如果修练期满，蚌壳就会发出巨大的响声，大家就可以变为飞虎。或者指示某年某月某日不许做工，不许开门外出，也不许吃当天的水；饮用的水都要早一天挑回家里存着备用。或者指示不要耕种生产，已经种下的庄稼也要砍去……诸如此类充满了迷信的原始反抗意志，便使整个大瑶山各地的盘瑶人民组织起来，团结一致了。因为盘瑶将来可变飞虎，故也有人称为“老虎会”。

李七飞在三界首倡之后，即刻就派他的部下名叫黄文秀的（修仁县南流村人）到六音村找肖成朝活动。肖参加组织后，便分别到附近各村展开宣传组织工作。于短期间里，先后加入组织后来成为领导人的，计有古干村李有望，六同村冯成荣、冯成品，六全村黄进万，高原乡牛原坪黄文理，六音村赵进新、肖志富。因此，忠良附近一带，便成了运动的中心地区，其他较远的村落，参加的人也很多，具体情况不详。

这个组织是有一定编制的。他们设有团长、副团长、营长、连长之类。参加组织的，恶人就不收，越穷的越容易被接收。加入组织之后，谁能发动组织300人的，就当连长。

从旧历二月起，直到八月初一止，这段时间内，参加者虽然并没有照着盘王神的旨意不从事生产，但因常常拜神练兵，又说不久便要离开瑶山回千家洞去，生产的劲头就不如往年那么积极；有的人虽然开始参加时十分信仰，但等过了两三个月，看到仍然搞不出什么名堂来，有的也自动不参加拜神了。但这种人并不多。

旧历七月中，各地都添置了一些武器，如大刀、三叉之类，并各备有挑有民族花纹图案的符号一个，或头巾一条，带在身边，作为回千家洞的凭证，领导人并佩精神带一条，以资识别。八月一日，是集体行动的日子，各处盘瑶群众，都由领导人率领，预先在一个地点集合，然后再到忠良集中，由忠良出蒙山回千家洞。可是千家洞究竟在什么地方，谁也不知道。他们的计划是，走到蒙山后再说。他们的决心是"不怕苦，一路走，一路找吃，就会回到千家洞的"。预定的八月初一到了，可是天不美，大雨一场，河里涨了水。除部分在忠良附近的盘瑶集中在忠良以外，其余的均被山洪所阻。例如到六同和立龙两村集中的，没有达到忠良之前，国民党广西当局却来阻截捕人了。盘瑶集中出山的消息被国民党政府知道后，蒙山县府就来迎头阻拦；金秀设治局（因瑶山西部地区的群众曾于八月初一前一夜集中路过金秀，被该局发觉）就从后面追来，在前后被夹的盘族群众，只好听从政府的诱骗，除几个领导人被他们带去蒙山被押被杀以外，其余群众都纷纷四散了。此次事件被蒙山县府杀害的有肖成朝，被押死于监牢的有李有望、冯成荣、肖志富（成朝之子）3人。各地参加群众，因见伪政府捕人杀人，大起恐惧，有的搬家远走他方；有的因当年生产收入不多，则卖儿女维持生活。运动中组织领导者，曾作了一首长达两百多句的"辛巳岁立歌传"来做宣传鼓动的武器，择其比较能理解的词句录下。

恶人自有恶人志　　善人自有善人为　　性急气高起反意　　救苦日林难解围

…………

齐在南京十宝殿　　伏①共香炉伏共烟　　姊妹分枝年多久　　哪日会齐伏同园
瑶人落难年多久　　漂摇过海各分枝　　守到哪朝未报干　　齐齐修福叩天为

…………

南京宝殿前朝砌　　哪朝瑶家出主人　　主上登民十来岁　　男兵女将上欢心

…………

七姐下凡来吩咐　　传报凡人世上修　　信者之人有好路　　不信之人不强求
齐是凡人耐守福　　七姐下凡广化迷　　将来不久险年到　　榕树开花枝对枝
信者之人心莫乱　　不信之人命也亏　　早早修心早得福　　不修难得转阳尸
七姐下凡劝达上　　险年愁忆上难当　　百样抛了心修善　　田里种禾行对行
反乱年间千愁忆　　亏了凡人世上飞　　修善之人容易过　　不信之人命不依
有福之人再添福　　无福之人天不依　　上圣倒令下凡岁　　不依圣令上难飞

① 一团一块。

有福之人推出去　无福之人地狱尸　有道之人守官印　太平安位上宽肌

…………

十二姓瑶共爷姐①　南京分下四边飞　分散瑶山年多久　齐家修福共宗枝
北京王瑶十二姓　到了清朝齐受亏　唐王子孙②多愁忆　南海观音超度为
年情不等③齐修福　世界不同修善为　…………
圣皇出批中华国　不知哪省立亲枝　观音倒令度阳难　又怕凡人不信思
几多计巧现凡岁　五羊反尽无人知　五羊吵闹中华国　有日千里无人烟
无福之人话送转　有福之人当半仙　光亮不断天堂路　舍亮修心再不慌
不怕分金天平戥　命不错修好过关　…………
会齐天上十二姓　齐心立意转南京　转到南京十宝殿　共个香炉齐共园
一个香炉三斤半　黄金四两五钱三④　齐在南京十宝殿　于今分散四边飞
甲午圣自西天下　汉朝⑤田地也抛荒　谣人修善再修福　恶人不修留圣分

…………

信者之人早得道　不久上天王殿齐
上到天庭好安乐　一年四季好宽游　有道之人欢喜坐　三年不耕也未忧
…………　辛巳年间八月八　得到上天管刀兵
细报凡间修正道　八月初八上天行　修善之人圣加职　圣皇加职变妖精
不信便看三年过　千兵万马上天廷　…………
辛巳年间地王反　七姐下凡引带娘　天王有道敢受下　北京皇帝上难为

附　录

象州乱略记（手抄本）

覃元苏著

……（上缺）鼓以出，始于二十九年冬。东乡武生区（欧）振祖率其羽党，并约乡邑盗伙共千众，张“顺天行道”旗，越境至长安圩，劫典铺、钱铺。往返六百里，归百丈圩分赃，三日始散。后官兵仅捕获数人（振祖饿死山中）。盗横如故。三十年正月，陈亚贵、猪肚四众千余，来中平圩一带行劫，掳富户钱；搬不所者，沿途分送。遇妇女辄污辱。初杀一二人，犹未捉去。马见则夺之。同时，又有朱亚狗等，亦大众续至寺村圩一带劫掳。七月，郑廷徽、陈亚贵等众三千人至象，一路劫掳而上。十月，复退下。是年，上帝会匪洪秀全、冯云山、杨秀清以左道惑众，聚党于平南（县名）蓬化里金田村韦政家，韦居紫金山，中界瑶山，西越瑶山即象境。象之瑶山丽石龙村谭要，常过山，遂通洪逆。回象私传其教，

① 爷姐即爷娘。

② 盘瑶传说过山榜牌是唐王发给的，故他们常说唐王子孙。这唐王不知指谁。

③ 年情不等，即是世界反乱。

④ 这两句是盘瑶千家洞传说中的成语，意思是当时他们在千家洞盘王庙里的一只香炉是这样的。

⑤ 汉朝即汉人。

煽诱乡愚。乡中入会者殆千计。八月一日，谭要于其村宰杀牲口，拜上帝。村人汹汹，强半附从，有不从者，奔大乐告司汛。司汛以兵团骤至。谭要拒守，兵团不敢近。然伊党固未集，夜半往紫金山。分司遂禀报上宪，而“上帝”之后，遂达朝廷矣。寻调大兵下浔州（府名）进剿，洪逆始下山与官兵对垒。官兵遇辄靡。咸丰元年，洪逆大股由平南而武宣，而象州。四月二十日，入象之安中，安上二里屯踞；其伪太平天国王，居新在村。前锋居中平圩、仁义、谢官等村。乡人逃避一空。月底，逆党入大乐（村市名），分司冯公死之。五月初，统领向军门（荣）追踪始至，兵近万，扎驻界岭（村名）一路，扼其前；乌都统（兰泰）兵一二千驻罗秀，扼其左：皆去贼十里内外。每数日，贼来攻营；官队半道迎击，罔不北；有跪受贼刃者。乌都统一军，旋独鳌山侧，被贼兜胁，入水死者半。又有周中丞（天爵）兵数千，自州城督队来，欲攻其后。逆党前迎，直犯周师，兵败数十里不能驻，仍回城；无何，回省。最后，潮勇一军至。贼故不知，将大起踏营。于廿六日凌晨，先入古磨村劫米谷（罪村上卖谷米），随奔大营。潮勇先伏于营小河下；贼至，齐施枪炮，毙数人，贼惊退。奋勇追杀，复毙二十余名。贼从未败，忽损人，遂溃遁。方贼之未来也，前一日，即有向导探得实，禀请向军门，重设伏，层层兜击，可翼歼尽。不从。是日，潮勇既得胜，麾下复请发兵追剿，亦不从。是时，贼胆已落，归路又三涉河；若并力穷追，必无生理。借乎军门失此大机也！贼既受创，不复出。六月四日，仍退下武宣。然自洪逆来，四十余日，男妇大小，众盈万，地方蹂躏已深。是年复亢旱，二年尤甚；米价腾贵，处处哀鸿。先是，贼未至前，屡见灾异：二十八年春季，大风拔木发户，石坊倒压数十人。二十九、三十两年，瘟疫大行；乡间谣言：夜有老媪唤人名。又人家鸡犬，无故被剪羽翅（有死有不死）。圩内有人卖洋伞布，不取钱，止取年庚；云此地谷卖三文钱一斤，盐卖四百一斤（后果应），人死殆尽，方来收钱等语。元年、二年，右江陡大水，湮坏运江镇及沿河村庄。蝗蝻满野，数年不绝；蝗食，蟊贼又害之。兼之刈获以空，追胥不勉强征逼取，人不复有生机。三年，瑶山之麓，常有股匪出没行劫。四月，曹何英、覃金龙等股匪数千，至中平；次日，即来劫古磨，杀死村中男妇五口，掳去十余口勒赎，焚烧二十余家，复掠近村一带而去。五月，安中生员马君（德辉），初倡议起团于中平圩，未就而股匪至百丈圩（去中平十五里）。仓卒集团防堵。时团丁器械未备，又无督率；有恃勇而轻进者，众随之，至百丈对岸，与贼隔河斗。贼冯河抵死敌，团溃，贼追十余里，火速时。团散后，欲再举团，予亦出劝富民捐赀；吝阻，迄无成，贼至此如入无人之境。乡中不轨纽头四者，姓罗，始与其党十余人投贼，贼去忽归，人皆畏之。六月，股匪糯米四，数千继至，肆掳数日去。八月，朱阿狗股匪又至大乐，并掳附近一带。九月，英义堂股匪突至古磨及邻村屯踞。逃不及者，惨受绳悬火灼；牲口杂物，食掠一空，复裹去数百人（古磨居半）。纽头四率党来从。界岭覃老笔亦约数十人附贼去。上攻融县，陷之。退攻柳州（府名），不久，还象。腊月初，纽头四遂“放会”于中平；覃老笔遂“放会”于界岭。招集大众，二人并合。纽头四为大哥，覃老笔为总晚，本乡入伙甚众，外境亦多来者。腊底，夜辄沿村放火，火光烛天，村人惊避，便入劫掠。集众一月，党万人。号联义堂。四年，正月既望启行，将趋省城，报刷告示，沿途张挂，招集愚民，抵石墙口，为兵团扼险截击，不胜，退至昌化里。南山寨匪要截之，复绕道遁。众散。南山寨者，昌化里之南，数十峰拔地倚天，山下村人覃大士据之。初，大士为假命案，官役诈钱八百千；逼极，遂纠众数十人入山之龙女洞，筑寨而守。后党渐盛，不时远出行劫。三年冬，有前任本府哈公（忠阿），往抚象之石龙圩名艇匪长腰四（姓吴），伊党数千，扼大河，劫上下客商，间亦陆劫，至是就抚。哈公还，经南山寨，寨匪拦劫罄尽。自是人无敢过其下；党愈众，分立千长、百长、二十长。至是年二月，要截纽头。纽头遁去。遂乘势发其党六七百，借平党复仇为名，至安中、安上二里，掠牛马匹数千回寨。寻伙党李芳槐杀大士，自立为寨主，以王金豹为赞画，最狡黠，实翕张之。而千长中莫景升、廖成萧、尤跳梁跋扈。纽头既见辱于南山寨，三月内，复招旧党及过山客六七千，屯据欧村、架村、中王、界岭等村，进攻南山寨、古磨村党寨，首受害，往来劫掳，日夕不去，村人无遗斗米千钱者；连破十余村。四月八日，纽头被公正堂杀死，党始散。公正堂者，中平团练局之名也。其首黄［疑是“王”字之误］四海（广东潮州人），幼自东省来贵县桥圩。道光二十八九年，时方弱冠，两度率党数千，远出各县行劫，归即遣散。三十年，官兵捕急，逃来象之安中里，构居独居。股匪至，皆不敢扰。乡人渐倚之。四年春，见贼沓至，遂［疑漏一“与”字］本乡绅士议起团。贼过，仅供米饭出境；有劫夺者，即击之。入伊团者数十村，设局于中平圩。绅衿听其臂使。集亡命数十，扎先锋馆，又使其族弟阿和分统。团颇偷安。四月初，纽头党误扰公正界。公正衔之。八日，纽头由家来屯所，过中平，阿和追杀于道，其众骇退，并逐之。四海时复出“老母”（谓会之师，传洪门教），大张羽翼，然阿和性本顽悍，自杀纽头后，最横恣，拉生（谓平白拿润民勒索）烧吊无虚［疑漏一“日”字］。于是公正堂“私而不公，邪而不正”。是年正月迄五年，群贼蜂屯蚁聚，乡间谷米搬食无余，田尽荒秽。平民咸吃杂粮；不继，食野蔬、糠屑、蛇、鼠、蝗蛹（予食尤久而多）。饿殍相枕籍。六月，南山寨大起英雄会万人，出劫修仁、荔浦、阳朔等县，同时回寨。支党黄祖等，亦起众千余续出，掠永福县境。老笔于四月八日被逐过山。至秋，潜回界岭，与韦南聚党数百，死攻寨之近村，日有掳获。附近一带，不胜其扰。韦南者，大乐之团练丁也，局为寨匪莫景升所袭，韦南时已被执，夺贼刀杀二人而遁；旋依老笔。莫景升，遂选［疑漏一“先”字］锋扎大乐，横收圩税，飞单各村征钱米。腊月，韦南携二人伺杀莫景升于大乐，突围出。寨匪大惊。五年正月，南山寨集众万计，并约公正堂协攻老笔。王四海复远招徒党，亦万众，随同入攻。老笔据界岭土围坚拒，南山、公正不能胜。攻二次，遂退散。自［疑漏一“是”字］老笔势日张，号界江团。大乐先与通联，老笔、韦南复合大乐众击寨，寨党不支。至四月内，累破多村。于是老笔北分韦南据大乐当山寨，南分罗安邦据自歇，与古磨隔一水。先火古磨，百八十屋宇，靡孑遗者；随攻自歇，不胜，退。十一日，又攻，亦如故。于是安邦进据公正堂之欧村，隔三河而守；不时渡河相犯，搏击纷如。韦南之于南山寨，亦然，界江团日辟塞，势浸［疑漏一“张”字］。莫景升退保险隘。界江之南辟公正堂也，斗和反复无常。至六年午日，界江团赶中平圩，公正陡闭圩门，拿界江人，男壮全戮，妇女远鬻，凡数百；自此乃有斗无和，日以枪炮相角逐。界团一面距瑶山，三面距公正，南山，其中平民，寸步难行。轻行触网者，少亦索二三百钱赎命；无者即杀之。又昏晓来村外“捕青”（谓悄伏隐，有人出，即起捉走；追急则杀之）。平民亦不免。南山既退保险隘，众五六千，仍他劫；旋与北上里敦和团攻杀无虚日。七年，柳州发逆来攻寨，寨匪与战，发逆败走。发逆复分为数股，九年，外匪过境，寨魁李芳槐擒数十名，与王金豹自行解省就抚，授守备千总，居省。至十年，芳槐始回家。又四年，股匪张阿全（英），会集数千众，来劫掳［疑漏二字］一带。五年四月又至，亦然，与老笔合攻廖成萧，不克，去。然寨氛至十年已平灭。公正堂之王四海，至七年夏，四海拿获股匪张英，自行解省请功，半途为张英党狙杀。由是王三、王嘉会分主公正堂，团中解体。王三者，麻戒人（广东嘉应州，凡出口有‘麻戒’音），以发配来安中。不数年，招其兄弟八人俱来。貌诚实恭顺，心叵测。每股匪至，皆往候之。乡愚多为笼络。麻戒人之居安中者，人数百，皆入死党。至是主公正堂。麻戒益肆，大欺土人。团上村村自危。八年，团上遂阴约老笔来攻麻戒。老笔入中平，各村胥附焉，遂同麻戒战于藤岭村。与麻戒斗杀年余，麻戒死者半，始全徙去。老笔辖愈广。是秋年，始有官来象。自咸丰三四年来，乡里大乱，衙役不敢出城，亦半入贼。官如赘疣。城中纨裤（绔）大弟子，五弟子，放会称头目，党一二千。与艇匪长腰四通，勾引掳城数次。六年，发逆李文茂舳舻百，溯流上攻柳州，官遁府城。七年正月破柳州。官死于府，象不复有官。后伪官来城，城中逃散。不久贼去，城无片椽存。方象构乱，官既尸居，各乡村遂半团半贼，阳团阴贼。后益无忌，井蛙自大者凡若干：寺村团之李满，敦和团之覃土地，其较著也。而是纵横流毒，莫如公正，南山、界江、若而，界江尤甚；自五年斗胜公正、南山、仍不时越境焚劫，各乡多纳交。六年，荔浦张高友、杨汝安党数百，逃来依之（后仍回荔浦莲塘立寨称大王）。各处逋逃至者更伙。老笔率之四出为寇。七年，李元茂据柳州府，僭称平靖王，易州县名，设伪官，铸伪钱，使人招老笔。老笔投之，封为雄武大将军。其为宁国侯（号老朝庵）、伪将军（姓墨），时至界江团。老笔等皆蓄发，乡中半长毛。八年秋，闻有州主罗公来，予劝老笔薙发迎官。罗公入境，没，以符公代理。城守曹亦至。符公入居横桥（市名），南乡北下二里，户敛升米养之。官下交贼，城守旋移居古磨村，与老笔盟为兄弟；其室亦与老笔妻妾往来。老笔自兹不复远寇，惟于团内派征钱谷，托供官名，团内任其鱼肉。每夺妇女充姬妾，积至二十五人，分处欧村、界岭，又养弹唱多人，日夜淫乐。其手下头目，姬妾皆八九人。先锋手姬妾亦三四人。妇女有微姿者，无分已嫁来嫁，并强取；不予者，身家立丧。先锋尤喜“开角”（谓生端诈钱）；团内家宿千钱者皆讹去，抑贼凡出攻人，团内或数家派一丁，或一家派一丁从行。及其攻破村圩，获男烧吊勒赎，女则或纳或卖；若系仇敌，尽屠之。密迩者，屋宇毁尽，田屋霸尽，圩变为邱（中平、罗秀数大圩皆荒），村化为垄（仁义、大满等数村皆废）。肥马轻裘，娇妻美妾，高屋大厦，良田大地，非贼莫有矣。其贼之吊人：有吊其足者；有仅吊其指者；有仅吊其头者。其贼之烧人：有烧其肢体者，有烧其面目者，有烧其阴者，甚有烧吊不遂，日骑其人匍匐行，若牛马，游戏至死者。至于淫污妇女：有数十人淫一女者，有淫老妇先以鞋掌肿其阴而后淫者；有翁媳同获，先淫其媳，至不堪淫后，使其翁当众裸体，自淫其媳以为笑乐者；父母同获，亦然。贼杀少壮，有剖腹者；有凌迟者；有止断其手足，置坐于道路死者。贼刃儿童：有擲死者；有掷死者；有数儿联缀，投浮水死者；有笫扎其屦悬死者。最惨者，尤无如妇人之见戮：有剔乳者；有剜心者；有笫剖看其阴者；不以刃而以木实其阴而死者。总计象贼杀人之多，界江为最，南山次之，公正又次之。其中廪贡生监被杀甚多。其杀活捉回馆之人，初止食其心肝，继食其肉，后并食其肠，骨亦煎汤饮之，如此凡数十人。八九年后，公正已亡，南山渐戢，老笔耽耽独存，且日就奸险，有畏恶者，辄诱他人使杀之，随假公徇私，擒杀人者灭之，以绝其口。有一人死，因累数十命者焉。十年四月，老笔与手下头目覃嘉猷构衅（嘉犹本财东，为贼困转从贼）。嘉猷求助听断于予。予为之决策，赚杀之。十九日，老笔其党阴悬尝购予，予因无赀成团，亡于外，其党与嘉猷仇杀数月，死伤狼藉。十一年遇乡试，予在外狼狈赴试，幸获售，始潜归，集子弟数十以自卫。请团内各长老及贼党饮燕，众皆衣履至。予因劝之休息，不可再焚劫，另设新团，颇见信。次年，予北上，象之后事，遂不得知。而迴忆咸丰十年中，本乡无日不闻马铃声、海角声、铳炮声，亦无十日不杀人；极恶穷凶，固有见所未见，闻所未闻者矣！同治五年仲夏州人六随主人记于范县营次。

题跋摘录

君与弟邻境也，相距不过数里。自寇盗蜂起，十余年渺不可知；即辛酉乡试偶晤于省垣，而未及畅叙。榜后君即高捷，超腾北上矣。不意越八年后，乃重晤于河池之学署……

梁尚中拜读

粤之庆郡河阳，地当冲要。予莅此，有边警。潘师统兵戍之。而覃君元苏，亦独竖一帜……

李森拜读

朔风动四壁，摇摇灯光缩；枕上闻鸡鸣，转辗眠未熟。覃君奇杰士，为我话乡曲："咸丰寅卯间，元会当百六。群盗起如毛，喋血纷百族。跳身出榛莽，屏息气不续。前村已杀人，哀鸣声惨促。所幸妻子完，归来已无屋；缚茅南山下，聊以备栖宿。芋田七八亩，叶大生气足。忍死立斯须，或者资俛（?）蓄。谁知难未歇，摩戛森刁镞，蹂躏已八九，狼藉遍沟洫。自从丧乱来，十旬不见谷；糠秕既已尽，匍匐采野菽。野菽岂不佳，据株又尽剧。仰见蝗蔽天，惊喜走相告；扑捉遍田塍，聊果数日腹。蝗孽本灾疹，其生蕴热毒；食或致疮痏，乃复甘如肉。山妻病已惫，宛转牛衣宿；小儿索乳啼，抱颈呜呜呜。大儿未解事，牵衣索饘粥，相顾色凄凉，相扶步踯躅。出门迫回顾，野莩行相触。比邻白发翁，今年八十六；平居厌膏粱，娇女已前鬻。昨闻填沟壑，藁葬在林麓，岂不思奋飞，前途卧青犊；误触罗网中，其死乃更速。以此忍须臾，槁腐同草木。"君语不成声，听之不忍卒。椎床更大叫，起舞剪残烛，我本宦游，十年徒碌碌；所见虽不同，亦复同此酷。天下乱难久，疮痍纷满目；哀哀此孑遗，元气凋未复。君乃将作吏，代天司民牧；其能取诸怀，造此苍生福。侧耳听循声，故人在空谷。

易焕书拜读

……偶谒覃君元苏孝廉，学问渊源，品节清介；接其言论风采，大有名儒之风。上宪耳熟其名，檄委统帅。彼此适逢建节庆郡，观彼部伍整齐，所到制胜：灭瑶寨，剿九阡，破苗匪，抚风山，建立奇勋。上宪器重，凌升太守之职……

梁国封

昔余权守柳州象郡，隶在属邑，已耳熟覃君元苏名，以未获相见为恨。岁庚午，同守宜州，适君奉檄统勇防粤边，始得相识。谈及时事，每多感慨不平之气。间出其所著"象州乱略记"以示予，语类愤闷悲悯，不堪卒读。

……君以名孝廉上春官，不第，遂入制军刘公北直幕府，前后积功，洊升至府同知……

春卿古宸锡

癸酉梅月望六日，元翁仁兄大人奉委剿办来宾戎务，过象城，枉驾见访……

任臣范济成

附　记

这本《象州乱略记》，是李如吉家藏的手抄本。原文缺上段。文后题跋很多，多是应酬之词，这里仅摘录与作者生平有关的几则。

三、经 济

一、农业生产

（一）生产力

1. 土地情况

（1）大瑶山土地的一般情况

大瑶山是个高山绵亘的山岳地带，山内岗峦起伏，绝少平地。所有的水田，都是在靠近山脚或在半山腰的斜坡上或近山溪的小片较平地段上开垦而成，故水田中多是面积狭小的梯田，只有在沿金秀河的中游和沿长洞河的中下游，才有为数不多的一些平田，为茶山瑶所占有。至于忠良区的忠山乡和罗香区的罗香、大垌两乡，原属汉族住区或瑶汉杂居区，所有平田，多属汉族所有；而且这些地方，除罗香乡的一部分外，解放前还是属于汉区管辖的。

由于瑶山各地区的自然条件不同，其水田的质量亦各有差异：有的比较肥沃，有的比较贫瘠；有的可种双季稻，有的仅能种单季稻；有的山地开豁，阳光充足，水利较好，有的没有灌溉的水源，或灌溉的水源是田旁凛冽的山泉；有的田版泥脚深至 2 尺以上，形成烂泥田，有的田版下面是石崖，泥脚只有两三寸。凡此种种，都可使彼此的产量相差甚大。

山地在习惯上也把它分为老山、青山、芒山、黄茅山四种，土质的肥瘠，亦各不相同，其区别如下：

老山——它是未经砍伐过的原始森林，或者虽经砍伐，但历时已久，山上长的树木藤蔓，高大密茂，与原始森林相似。由于老山林菁深密，积年累月落下的木叶腐草，堆积地面，变为黑泥，如果把这种森林加以砍伐，焚烧后垦作旱地，不但土质疏松肥沃，作物生长良好，而且野草不生，还可减少许多中耕除草的人力，故老山是最上等的土地。不过，老山是出产土特产的宝库，因此，砍伐老山的现象是极少的，只有一些距离山主村落较远的，才批租给山丁垦种，故老山的面积也在逐年缩小，一直到解放后，自治县成立了，才对老山的砍伐加以限制。

青山——它是二三十年之前经过砍伐垦种的老山，在丢荒之后又重新生长了树木的山岭。这种山上，虽然也可生产一些土特产，但远不如老山那样丰富。如果把它砍伐来垦荒种植，其土质的肥沃程度，略低于老山。

芒山——它是长着芒草（或称巴芒）的山地。这种山地，多靠近山谷，或在半山腰以下。由于野草比较深密，砍伐焚烧后垦作旱地，草灰较多，其肥沃程度，虽比不上老山和青山，但较茅草山则稍胜一筹。

黄茅山——黄茅山又称茅草山。它是经过多次砍伐烧种后丢荒的山地，地上只长着一些短浅的茅草，一般都在半山腰以上，是山地中最瘠薄的一种。但它的数量在大瑶山里却是最多的。

截至目前，山内可耕的山地虽然为数尚多，但是仅能垦作旱地，栽种不需引水灌溉的作物；如果要把旱地全部变成水田，以目前的条件而论，似乎还不易实现。至于所有的山地和水田，在解放以前，几乎全部都属于被称为“山主”的茶山瑶、花蓝瑶和坳瑶三个族系所有。而被称为“山丁”的盘瑶和山子瑶，除个别地区已经从“山主”手里购买了极少数的水田和山地外，其中绝大多数不但没有水田，即使是垦种的旱地，一般也是土质较瘠的芒山和黄茅山，而且还是从“山主”手中租种的。

大瑶山计算土地面积的单位，往往因族系和地区的不同而不一致。有的以出产禾把计算，而这种计算又分两种：一是以“把”计，每把连同禾秆约重 12 斤；一是以“双”计，每双连同禾秆约重 20 斤。有的以种子计，1 斤种子的产量，大致是 350 ~ 400 斤。有的以“田版”计，也就是以田的产量计。一般说来，大约每亩可产稻谷 300 ~ 400 斤。至于种植杂粮的面积单位，更为复杂，虽多以种子计算，但因土质及耕种的年数的不同，产量相差更大，截至目前，还不曾有较为准确的标准。

(2) 茶山瑶的土地情况

茶山瑶在各族系中所占有的土地，不但数量较多，而且质量也较好。他们聚居的地区，一直由瑶山中部延伸到北部，约占整个瑶山的一半以上。其中绝大多数的村落，都是散布在山势比较开阔、河流比较宽大的山谷中，并在河流两岸较平之地，开垦了为数较多的水田，其中尤以金秀河流域的金秀区六拉、金田两乡和长洞河流域的长洞区长洞乡的平田较多，土质较肥，而梯田约占 40% 以下。其次则为长洞区的滴水乡和金秀区的六段、长二两乡，虽然地势并不如前者的平坦，但水田的数量和土质的肥沃，则较其他族系为优。

茶山瑶除占有可以开辟水田的土地以外，还占有数量很大的山地，几乎每个茶山瑶村，都占有纵横三五十里的山场，其中还有不少的老山，为盛产土特产的宝库。金秀、白沙、六拉、昔地四村（即六拉乡）所占的老山，既多且好；瑶山著名的香草和香蕈，多出产在他们占有的老山中。金秀四村，素称富甲全山，主要的收入，还算是这些土特产。而金田、滴水、长洞三乡则向以产稻最多著称。此外，如长洞、滴水、长二、长滩、六段、岭祖、卜泉、低水等处，都有水量较大的河流，可以运输木材出山，因此，这些地区的茶山瑶的经济收入，又有一部分是由种植杉木而来。

茶山瑶占有广阔的山地，而人口仅有 5000 多人（1956 年），他们除耕种水田和经营老山中出产的土特产以外，其余的山地，出租给没有土地和土地占有较少的山丁开荒种植，从而进行地租剥削。也有个别地区，把自己无力照顾的远处水田，租给山丁耕种，但数量也是极少的。

茶山瑶计算水田面积的单位，多数是以禾把计算的。每把禾连秆（约 1 斤）约重 12 斤，大约每亩可产谷 40 把。

(3) 花蓝瑶的土地情况

花蓝瑶在旧社会也是大瑶山山主之一。他们仅有 800 多人（1956 年），聚居区在瑶山中部和西南部的一角。住在中部地区的与势力较强的茶山瑶共处，占有土地不多，甚至原占有滴水河北岸大进一带的土地，还被茶山瑶借故夺去，从而使有一部分花蓝瑶（如龙华村）

一度成为茶山瑶的“山丁”，其后虽然经过十多年的武装斗争，又从茶山瑶手中夺回了一部分山地，如以数量与茶山瑶对比，这是微不足道的。只有聚居在西南部的六巷、门头、大凳等六个村落的人，占有山地较多，纵横约有70里左右。不过，这些地区，绝少平地，水田多系梯田，其肥沃程度，虽可与茶山瑶的水田相比，但他们的村落，多建筑在接近山顶的山腰间，与开辟在近河流的水田相离较远，耕作是不方便的。

花蓝瑶占有的山地，老山为数不多，除青山乡大凳村附近有较多的老山产香蕈以外，其余在瑶山中部的罗丹、丈二、六团和在西南部地区的六巷、门头、古浦、黄桑等处，因为靠近罗丹河（滴水河的上游）和九十三河，则靠栽种杉木作为收入较多的副业。所有芒山和黄茅山，几乎全部出租给山丁垦种；如果租出青山给山丁，则要山丁“种树还山”，以进行劳役地租的剥削。个别地区（如门头村）因少数水田离村太远，也把它出租给山丁耕种。

（4）坳瑶的土地情况

坳瑶在过去也是大瑶山山主之一，聚居区在瑶山南部和东南角。他们的人口只有2300多人（1956年），而所占有的山地，东西约达100里，南北约二三十里不等，其中许多近山谷河流的平地和山坡，都开辟成为水田，数量之多和土质之肥，仅次于茶山瑶，其中又以罗运和古陈两处的水田为多，例如上古陈村平均每人约有40双禾把的水田，年产量在800斤以上；罗运的情况，大致也和古陈不相上下。因此，他们过去除耕种这些水田之外，是极少垦种山地的。罗香、龙军、那力、平贡等七村，由于住区接近汉地，所占水田较少，虽然这些地区的水田，早在六七十年前，已经有部分栽种双季稻，但稻谷仍不敷食用，必须垦种一些山地，种植一些杂粮来做口粮。这些山地的粮食收入，约占全部粮食产量的三分之一。

坳瑶所占的山地中，也有一部分是森林密茂的老山，如罗香村以西岩昂顶一带和古陈村东南两面的鹏背岭、力山、十二冲尾一带，都是出产土特产多的老山。力山并可栽种香草，其质量虽不如金秀的那样好，数量更赶不上金秀的那样多，但由此也可说明这些老山是极其肥沃的。

坳瑶出租山地和离村过远的水田给山丁耕种的情况，大致与花蓝瑶相同。例如古陈曾把黄钳河一带水田租给盘瑶和汉人耕种，后为平南鹏化山区的恶霸地主张春如所霸占。

坳瑶计算水田面积的单位，在罗香一带，则以种子为准，大约每10斤种子，可产稻谷300~400斤，约合1亩。罗运、古陈一带，则以禾把双数计算，每双禾把连秆（约1.5斤）约重20斤，20双禾把约合1亩。

（5）盘瑶的土地情况

盘瑶在解放前是处于被压迫和剥削地位的“山丁”，自己没有或只占有极少的土地，所种的土地绝大多数都是向“山主”租来的，而且所租的土地绝大多数又是土质贫瘠的荒山野岭，因此，他们的村落也只能建在高山之上，而且不集中。“山主”所占的老山为数并不太多，而且它又是出产土特产的库藏，作为“山丁”的盘瑶，要想租种这种土质肥沃的老山，事实上是极不容易的。青山虽然比较易于租到，除地租比较繁重以外，也不是经常可以租到的。至于批租老山，那就更不用说了。因此，盘瑶所能租到的山地，主要的还是一些芒山和黄茅山。由于这种芒山和黄茅山，土质比较瘠薄，加之由于自然环境限制，一直还保留着“刀耕火种”的落后的生产技术，垦荒种山，还不施肥，故种植几年之后，必须把熟地丢荒，再去开垦新地。这样就使得耕地极不固定，也给生产带来一定的困难。

个别地区的盘瑶（如共和乡坤林村），由于早在40多年以前，曾经批租了茶山瑶一些离村较远的老山，获得较多的收益，因而有了一些积蓄，便从“山主”手里买了一些山场和水田，总算有了自己的土地，但他们买得的山场和水田，其数量都是极少的。坤林村共有盘瑶25户155人，所买的山场纵横不过2里，而水田仅有40亩左右，平均每户占有水田还不到2亩，而且这些水田，又都是半山腰的狭小梯田，水利不好，土质又很贫瘠，平均每亩至多能产稻谷250斤，则全年水田收入，只有当年全部口粮的1/7左右。这个微乎其微的数字，只能作为盘瑶已有可能获得土地，逐渐在改变其经济地位的标记而已。如果就其收入说，截至解放前夕，他们赖以生活的粮食来源，还是依靠租种“山主”的荒山野岭为其主要收入的。

盘瑶占有水田不多，其习惯上计算面积的单位，有的以种子计，如坤林、六仁等村；有的以“田版”计，例如桂田；有的以禾把双数计，例如瓦厂、六庙一带。

(6) 山子瑶的土地情况

山子瑶的经济地位，过去完全与盘瑶相同。他们原来也是随山迁徙的过山瑶，最初进入大瑶山时，不曾占有土地，只靠租种“山主”的山地过活。后来，这种情况有了一些变化，他们已经在“山主”控制力量比较薄弱或是原为汉族住区的地方，以勤耕苦累的积蓄，陆续从茶山瑶或汉人手中买了一些水田，村落也从高山岭顶搬到了河流旁较平的谷地。如果仅就这一点来说，他们的经济地位似乎要比盘瑶稍胜一筹。不过，这种情况并不普遍，仅是居住在瑶山西北角的几个村落才是如此，而且他们占有的水田，为数毕竟不多，其主要的生活来源，还是要仰赖于租种山地的。至于散居在其他地区的山子瑶，则没有水田，完全依靠租种山地过活，其穷困的程度，比盘瑶更甚。

计算水田面积的单位，以田面即田的产量为准，如某块田年产300斤稻谷，即称它为300斤田面。六眼一带的水田产量，上等每亩约产450斤，中等每亩约产400斤，下等每亩约产380斤，劣等每亩约产350斤。

2. 生产工具

(1) 大瑶山瑶族生产工具的一般情况

现聚居于大瑶山的瑶族，根据他们的传说，是在明朝中叶以后才由邻近瑶山的平原地带逐步迁入瑶山的。因此，当他们的祖先进入瑶山的初期，曾经一度把坚木、竹棒、牛角等砍尖削利来当作锄锹，用以垦辟荒地，种植粮食。

截至解放时为止，大瑶山瑶族用于农业的生产工具，一般来说，是与邻近瑶山的汉壮地区大致相同的。就其主要的农具而言，如犁、耙、锄、锹、刀、镰等，不但一应俱全，而且其形式和质量也无甚差异。只是这些生产工具在各个族系中使用的时间，有先有后，并不一致而已。

比较突出的是铁犁的使用为期较短，尤其是以垦种山地为主的过山瑶，有些地区一直延迟到解放以后才使用它。这也是因为山内水田多是狭窄的梯田或滏田，而旱地又都在斜坡上，使用犁耕反而不如锄掘方便。

至于碎谷的工具，除个别地区稍有差异外，绝大多数也与山外汉壮地区相同，主要的碎谷工具如泥磨、石磨、踏碓、水碓、筛箕、簸箕等，在各瑶族族系中，都早已普遍使用。

(2) 茶山瑶的生产工具

茶山瑶用于农业的生产工具，大部分是铁质工具，只有极少的一部分是木质的。铁质工具绝大部分由山外汉壮市场输入，另一部分则由山外市场输入生铁，再由寄居山内的汉族或壮族铁工加以制造，木质工具则由本族制造。兹将各种主要生产工具分述如下：

犁——茶山瑶语称为“Lāi”，即汉语“犁”的转音。他们所用的犁，本身铁铧，完全由汉壮地区输入，故其构造形式也完全和近山汉壮两族所用的相同。他们虽然早已有犁，但不经常使用。40年前，大多数只用于缺乏水源、不能灌水过冬的旱田。至于能够灌水过冬的“淹冬田”，开春以后，多数只用锄刮翻土。

耙——茶山瑶语称为“Ba”，即汉语“耙”的转音。他们所用的耙，绝大部分都是木制，其构造形式完全与汉壮地区的相同。这种木耙，除铁箍外，本族都能自制。耙身耙齿，都用当地所产的一种木质坚韧的黄桑木制成。一般可用七八年，多则可用20年。耙的宽度在2~3尺之间，较窄的有9齿，较宽的有13齿，齿的长度约8寸。使用木耙的地区较多，如金秀沿河十村和滴水、容洞、长洞、罗梦等地，都普遍使用；只有北部地区的六段一带，因土质较硬，都普遍使用铁耙。据六段村苏道运说，他们的老班都一直是用铁耙的，不过以前所用的是木身铁齿耙，直到近七八十年来，耙身耙齿才全部都用铁制。又据岭祖的老人们说，他们以前是用一种四齿铁耙耙田的，每把只有半斤重，使用时装上木柄，用手握柄耙田，直到清朝光绪年间，才开始用现在的木耙，使用时用牛拖拉。

据茶山瑶农民说，用木耙有几种好处：第一是山田田底多石块，铁齿耙反易损坏而不如木齿耙经久耐用；第二是木耙本身轻巧，耕牛容易拖拉；第三是木质就地取材，并可自制，即使损坏也容易修理而不费多大成本；第四是山内大多数是水源充足的淹冬田，田泥久经水浸，十分融软，木耙也尽可把它耙碎，用不着多费银钱购制铁耙。

锄头——茶山瑶所用的锄头，即北方的镢头。其形式和大小与汉区所用的完全相同。挖田和挖地都可使用，亦为主要农业生产工具之一。据说在刮子的应用还不普遍的时候，茶山瑶所使用的锄头，身薄短而口较宽，可作铲掘两用，铁制部分约重旧秤1斤；有了刮子之后，锄头只专用于挖掘，铁板增厚加长，刃口改为较窄，重量一般增至2斤以上。

刮子——是一种铲掘两用的农具。因它形似半月，故又称“月刮”。有大小两种：大的用于挖田掘地，小的用于铲刨田基草皮。这种农具，是在70年前左右，山外汉族进入瑶山大量种蓝靛时才传入，故又称“蓝刮”。在这种月刮未传入瑶山之前，瑶族早年曾使用一种方形的刮子，重量约1斤，用途侧重铲刨而不便于掘挖。现在的月刮，大的约重3斤，小的在1斤以下。据茶山瑶老人们说，自从有了这种月刮以后，掘土铲土，一物两用，甚感方便，工作效率较前提高了一些。

钩刀——因它的前端弯曲如鹰嘴，故名。其大小、重量不一，大的约重2斤，小的在1斤以下。柄的长短，因使用不同而有差异：用于砍山开垦时，须长约2尺以上的木柄，以便砍割深过人头的芒草小竹木等；如果用于砍伐树木时，则仅用长五六寸的短柄。还有一种小钩刀，在剪禾时，将剪下的禾穗连秆捆扎成束之后，用它割齐禾把的秆草，故名为“禾头刀”。

镰刀——茶山瑶语称镰为“MiēJū”，一般多用于割草。其形式与山外汉族使用的相同。

铲子——茶山瑶语称铲子为“纠”，是一种小农具，宽约2寸，长约7寸，一端装上2尺左右的长柄，专作铲除田基野草之用。

禾剪——茶山瑶语称为“Kem”，是专门用来剪割禾穗的小农具。其制法，是把厚约1分①的坚木片削成直径1寸多的圆形片，一边开一圆形缺口，再在缺口的里面装置一块小薄铁片作为刃口。在铁口的对边，凿一小孔，穿以麻绳。使用时，把麻绳套在右手拇指上，再

① 此处“分”不知具体指哪种长度单位，根据文中逻辑应是大于“寸”的长度单位，可能是公制单位中的分米。

将圆木片夹在中指和无名指之间，以小指把禾秆带进缺口，然后割断。另有一种方形禾剪，仅以约 1 寸 5 分见方的铁片一块，一边稍凹为刃，刃的另一边凿一小孔，装一 2 寸的小竹柄，用法大致与圆形的相同。

（3）花蓝瑶的生产工具

花蓝瑶主要的农业生产工具，基本上与茶山瑶无大差别，所不同的，只有柴刀和铲子两种。兹分述如下：

犁——花蓝瑶语称犁为“Lūi”，即汉语“犁”的转音。犁的使用历史不久，解放之初仍未普遍使用，其原因与茶山瑶相同。据六巷村老人们说，他们用犁时间不长，大约有 140 年左右。他们使用的犁都是由汉区买来的。

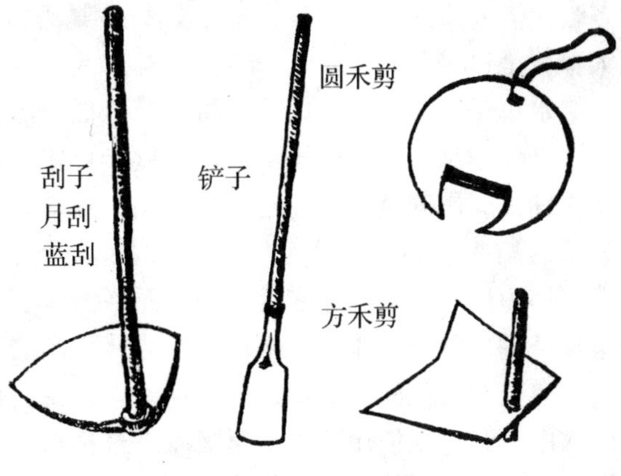

图 1　刮子　铲　禾剪

耙——花蓝瑶语称耙为“Ba”，和汉语的“耙”音相近。全部木制，本族可以自造。有大小两种，大的长约 3 尺 5 寸，上装 14 齿；小的长约 2 尺 5 寸，上装八九齿。小的用来耙头道田，每天能耙 15 ~ 20 双禾田（约 7 分至 1 亩）；小的用来耙第二和第三道田，每天能耙 30 ~ 35 双禾田（约 1 亩 5 分至 1 亩 7 分）。据六巷村老人们说，他们用耙也只有一百多年，在此以前，水田通过锄掘翻耕之后，为了使泥土平整，就用一块扁长而稍薄的石头，稍稍加工，用绳或藤绊着石的两端，放在田里，用人拖拉，把泥土拖平。

刮子——与茶山瑶所用的相同，有大小两种：大的重 2.5 ~ 3 斤，小的只有半斤左右。这种农具，本族铁匠可以自制，但因无专业的铁工，产品不多，故一部分仍须从山外输入。用它来掘田翻土，一天能翻耕 7 ~ 8 双禾田（约合 4 分）。

锄头——与茶山瑶所用的相同，本族铁匠能自制，每把重约两斤半有余。据六巷村花蓝瑶传说，当他们的祖先公蓝最初进入瑶山时，没有锄锹使用，就把竹木削尖来开田。有一天，他一共挖了 13 块田，但是到他工作完毕时，数一数，却有一块不见了。他非常诧异，后来收拾东西准备回家时，才发现那不见的一块田被斗笠盖住了。直到距今 12 代人的时候（距今约 300 年），他们才从汉区买入较多的铁制锄头。这个传说可以说明花蓝瑶初入瑶山时，因缺乏铁器农具，生产效率是很低的。

镰刀——花蓝瑶语称镰刀为“Lin”，是汉语“镰”的转音。样式及用途与茶山瑶同。在距今约 140 年前的时候，他们就能自制此种农具了。

斧头——花蓝瑶使用的斧头，式样完全与汉壮地区的相同，本族能自制，大小共三种：大的重 2 斤，用于砍伐树木；中型的约 1 斤，多用于劈柴；小的只有半斤左右，专作刮削之用。

铲——花蓝瑶语称铁铲为“Līn Zūia”，多用于铲除田基上的野草。铁制部分，长约 9 寸，大致像犁铧而刃口稍为平宽，约 3 寸；装柄的一端有凹形缺口，宽约 5 寸。这种工具，在距今约 170 多年前的时候已开始使用。

柴刀——本族铁匠能自制。形式特殊，与沿山汉壮两族所用之刀都不相同。刀片狭长，略成弧形，长 1 尺至 1 尺 5 寸；一端有狭而尖的铁脚，插入圆木棒中做柄，外套铁箍，使其稳固，柄长约 1 尺。剖竹的一段套上长方木板一块做鞘。无论男女老少，凡出外工作，必佩带这种利器于腰间，既可作生产中砍伐竹木之用，也可作为防御的武器。广西方志及宋明清各代文人笔记中，常有“瑶人出入必佩刀”的记载，大概就是这种利器了。

水车——在六巷、门头一带的花蓝瑶，近河溪的水田，已使用水车作为灌溉工具。本族能自制，制法：以木作轴，周围安装小竹左右交叉作辐；辐端扎以竹织长方形的扁平竹拼，承受水力，以便推动。辐外斜扎竹筒，作为戽水器。架车之处，须砌石拦河作坝，使水从车壕经过，形成激流，以推动水车自转。车的形式和构造，完全与汉区的相同。据花蓝瑶老人们说，他们的祖先入山不久，即使用这种水车灌溉。这种水车，茶山瑶和坳瑶都有，开始使用的年代不详。

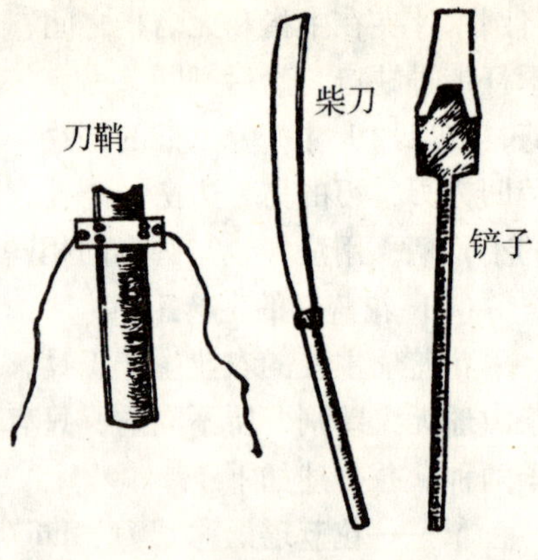

图2　柴刀　铲

（4）坳瑶的生产工具

坳瑶使用的生产工具，主要的计有：犁、耙、刮子、锄头、镰刀、钩刀、柴刀、斧、锯、禾镰、禾剪、铲等，其形式和构造，基本上和山内其他瑶族族系所用者相同。用犁的地区，在罗香、那历、平贡等处，因与汉居杂居或邻近，受汉族影响甚大，所以用它的历史较长，也很普遍，几乎每户都有。罗运、横村、白牛等处，解放前用犁的很少，直到解放初期，罗运村共有瑶族60户，仅有犁3架。上下古陈两村，至1956年还不用犁，春耕翻土，只用刮子来挖掘。在使用犁的地区，以往因耕牛缺乏，曾有以人拉犁的现象。他们用耕牛拖犁，每天可耕30～40双禾田（1.5～2亩）；若以人拉犁，每天仅能耕15～30双禾田。据说百年之前，在罗香一带，曾用小型的木犁，这是比较原始的工具之一。

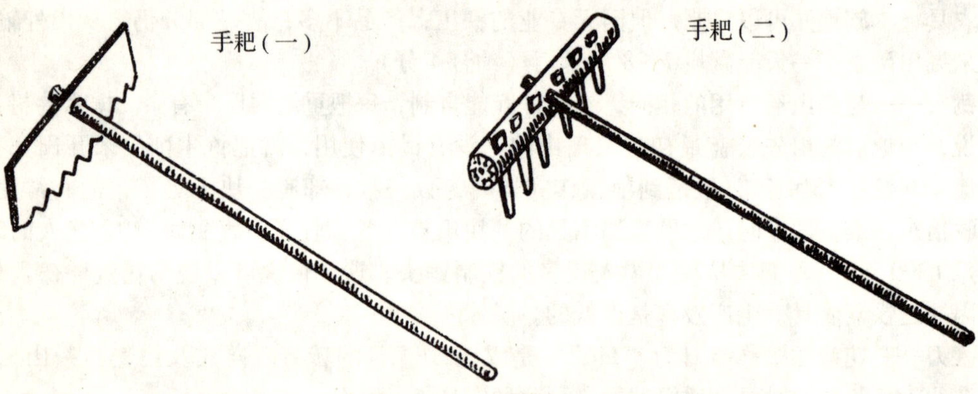

图3　手耙两种

坳瑶使用的耙，绝大部分是木耙，少部分是铁耙。例如罗香村共30多户，仅有铁耙1架。木耙宽2尺5寸左右，上装9～13齿，以11齿的为多。如用耕牛拖耙，耙第一道田，每日可耙20～30双禾田（合1～1.5亩）；在耙第二和第三道时，则可耙30～40双禾田（合1.5～2亩）。据老人们说，在老辈未曾使用从汉区传来的木耙之前，曾使用一种手耙，现在已经淘汰。这种工具，是在长约1尺，宽5寸，厚5、6分的坚硬木板上，锯出若干个钝齿，然后在木板的正中凿一圆孔，安上长柄而成。另一种手耙，比前一种稍进步，锯圆木一段，上凿数孔，然后安装较为尖锐的耙齿。用这两种手耙耙田，每日可耙 5～10 双禾田（合 2 分①5 厘②至半亩），工作效率是极低的。

坳瑶使用刮子的时间，和其他族系相同，只有 70 年左右。不过，以前用的刮子较小，重量只有 1.5 斤；使用 2 斤半以上的大刮，仅有 40 年的历史。锄头，在以前只种水田不种山地的罗运和古陈两处用，至今用的仍然极不普遍。铲子的形式，与花蓝瑶的相同。禾镰专供割稻之用，形式与汉区的相同。在罗香一带，已种双季稻，收获时割而不剪，故须利用这种农具。

（5）盘瑶的生产工具

盘瑶虽然绝大多数以耕种山地为主，但是所有的农具，几乎也与以耕种水田为主的长毛瑶无大差异。他们生活虽然比较贫困，使用生产工具却并不少，凡是成年男女，几乎每人都备有刮子、锄头、钩刀各一把，不如此，便不能进行广种薄收的生产活动。所有的铁制农具，本族均不能自制，全部由汉壮地区买入。他们主要的农具，计有下列几种：

犁——盘瑶语称为“Lái”，其形式和构造完全与汉壮地区的相同。只是为了适应山区梯田的特点，犁柄安装较低，犁面也安装稍平。铁铧均须从汉区购入，木制犁身则由本族制造。犁只用于水田而不用于旱地。盘瑶水田极少，故用犁也极不普遍，只有极少数的村庄居民占有或租有水田，间或使用这种农具。例如坤林村共有盘瑶 25 户，占有水田约 40 亩，全村仅有犁 4 架，而且不经常使用它；一些狭窄的梯田，还是使用锄掘翻土的。据坤林村老人说，他们用犁的历史很短，是在抗日战争胜利后才开始使用的。

耙——盘瑶语称耙为“Ba”。有木耙、铁耙两种。前者本族可自制，后者则须从汉区购入。耙齿 7～11 齿，一般多为 9 齿。坤林村 25 户，共有耙 30 架，其中 5 架为铁齿耙。铁齿耙在坤林一带使用的历史不长。在抗日战争广西沦陷期间，邻近瑶山的汉族，逃到瑶山避难，带来铁齿；后因粮食缺乏，便用它向盘瑶换米，从此盘瑶才开始使用它。至于瑶山西北部三角区一带的盘瑶，也占有或租种一些水田，因土质较硬，必须使用铁齿耙才能把田泥耙碎，故完全使用铁耙。不管是木耙或铁耙，仅用于水田而不用于旱地。

刮子——它是盘瑶农业生产中非常重要的工具，山地下种前的刮地翻土，下种后的中耕除草都要用它。据说老辈时没有刮子，是用木器挖土的；后来改用了铁质小型刮子，只有手掌般宽大，工作效率远不如现在这种月刮高。大月刮一般的重量都在 2.5～3 斤之间，全部由汉壮地区买入。其使用的时间，与其他瑶系同。

钩刀——钩刀的形式与茶山瑶的相同。它是砍割芒草山的主要的工具。盘瑶主要依靠垦耕山地为活，故这种农具，在盘瑶族中使用的历史较久。茶山瑶以往多不种山，他们使用钩刀，可能还是受盘瑶的影响。

斧——斧的形式与汉区完全相同。如果砍伐老山和青山的树木来开垦旱地，必须使用这种工具。故每家都置备一两把，虽生活极其贫困，也无例外。

锄头——锄头的用途与刮子大致相同，只是它便于挖掘而不便于铲刨。现在盘瑶使用的锄头，一般在 2 斤左右。口稍宽，刃略成弧形。在未用现在这种大锄之前，他们用的是重约 1 斤，长约 5 寸的小锄。开始使用大锄，只有四五代人的历史，大约距今 100 年左右。

柴刀——大致如钩刀，但尖端无钩而稍斜，接近花蓝瑶地区瓦厂乡一带的，大致如花蓝瑶，而刀身与柄都较短。

---

① “分”是旧制计量土地面积的单位。1 分 = 0.1 市亩≈0.00667 公顷≈66.7 平方米。

② “厘”是旧制计量土地面积的单位。1 厘 = 0.01 市亩≈0.000667 公顷≈6.67 平方米。

此外，还有禾镰、镰刀、禾剪等，其形式构造及用途完全与茶山瑶的相同。附图如下：

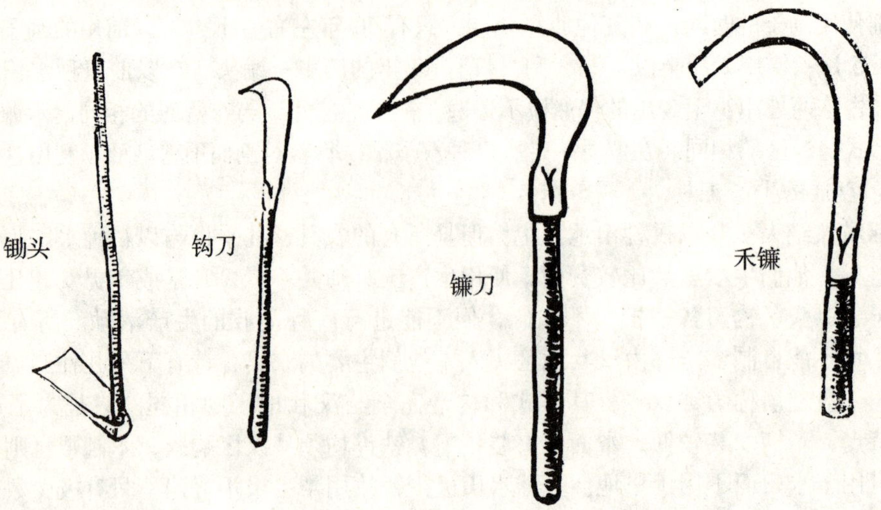

图4　锄头　钩刀　镰刀　禾镰

（6）山子瑶的生产工具

山子瑶的生产工具，几乎完全与盘瑶相同，因为他们都是以种山为主的过山瑶，刀耕火种的情况，也和盘瑶没有两样。兹仅将不同之处，分述如下：

犁——山子瑶语称犁为“La”，为汉语“犁”的转音。山子瑶住区零星散布，犁的应用在各区是不一致的。居住在瑶山西北部六眼村的，用犁已有70多年的历史，现在已经普遍使用了。居住在西部古占村的，全村17户，1956年冬，仅有犁两架，而且还很少使用。居住在中部地区石门村的，直到1958年冬，还完全不用犁耕，垦山耕田都用锄掘。他们之所以有这种不同的情况，一则是因地理环境的不同，再则是因占有或租种水田的多少并不一致。

耙——山子瑶语称耙为“Ba”，音近汉语。耙的形式和使用情况，完全与三角区的盘瑶相同。70年前，完全用木耙，本族能自制。此后改用铁齿耙，铁齿须从汉壮地区买入，木架则自制。铁齿耙共重16~18斤，一般是10~13齿。

此外，锄头和刮子有时用来挖掘泥薄石多不能用犁的水田，男子使用的较重，妇女使用的较轻。

（7）碎谷和簸糠工具

大瑶山瑶族各族系所用的碎谷和簸糠工具，主要计有：木槌、木臼、木杵、舂堂、泥磨、石磨、踏碓、水碓、簸箕、筛子、风车等。一般说来，所有这些工具，若就族系说，几乎各个都已使用，若就地区说，则并不一致。

木槌——它是用于脱落稻谷的一种简单工具。大瑶山的稻谷，绝大多数是粳米（旱禾也有一部分）。这种稻谷，收获时谷粒不易从穗上打落，故须用禾剪剪下，扎成禾把，连秆晒干储藏，到舂米之前，例须再将禾把放在火炕上炕燥，再移到石板上用木槌将谷粒打下，然后再用碓或磨脱壳舂米。40年前占有水田的长毛瑶，多有不吃隔宿米的习惯，每天舂出的米，只够一天食用，故须隔夜炕禾把，清早槌谷舂米。这是费力多而工作效率低的原始方法。木槌是锯长约6寸、径约4寸的坚木一段，中间凿一孔，装上1尺多长的木柄而成。

臼和杵——大瑶山无石臼，各族系只有木臼。木臼的形式有两种：一种是像杯状的直臼，盘瑶、山子瑶、坳瑶都用它。制法：锯长约2尺、径约1尺半的坚木一段，剥去外皮，稍加砍削，使上阔下窄，最下仍阔出为脚，然后在上端开凿圆形窝底的凹槽。凿槽的方法，一般先堆谷糠在木上，放火燃烧，使其逐渐凹下，最后再用斧砍凿使凹槽光滑；另一种是像猪槽形的横臼，部分茶山瑶（罗梦、平林等处）、坳瑶（古陈）和花蓝瑶都用它。制法：砍长约4~6尺、径1尺5寸以上的坚木一段，削平两侧，使略成长方体，然后刳空一侧，使成木槽。瑶族称这种木臼为“舂堂”。舂米时，两边都可站人，一个长的舂堂，同时可以用几人来舂。木杵一般为长约4尺、直径约3寸的坚木削成，两头较大，中段较小，以便于手握。

在踏碓尚未传入瑶山之前，各族系都使用过杵臼。现在除盘瑶和罗梦村的茶山瑶还普遍用它之外，其余各族系，有的已经绝迹（如金秀一带茶山瑶），有的则仅用来舂捣糯米糍粑。

磨——磨有泥磨和石磨两种，形式及构造与邻近瑶山的汉壮地区的相同。这种工具，除花蓝瑶已不使用外，其他各族系都在使用。泥磨的制法：用竹编成圆框，中填黏性的黄泥，再用较韧的木片排插在泥上，使成磨齿。全部分上下两扇，上扇安装木柄，两头凿圆孔各一。下扇安装竹编的圆舷。使用时用一条一头装有横木把手一头弯曲的磨钩，套入木柄圆孔内，用人力推动。稻谷从上扇放入，脱壳后先流入舷内盛住，再从舷上的漏孔流入箩内。这种工具，一般可用二三年，多由山外汉族制造，瑶族只有极少的会自制。罗运坳瑶，在近20多年来，已将竹舷改为木舷，磨齿磨平时，改磨而不改舷。这种方法，据说是从平南北部大同一带传入的。石磨用两片扁圆青石凿成，由山外汉族工匠代制。磨盘安放在用木架支住的木槽上。木槽有的用整段的木挖成，有的用木块接拼。石磨一般用来磨苞米，磨后流入槽内。据坳瑶说，他们使用石磨的历史，仅有50年左右，而且并不普遍，例如罗运村共60户，仅有石磨两架。这是因为他们过去都种水田，吃的是稻米，故不如耕山种地以苞米为主粮的过山瑶使用的多。茶山瑶的情况，也和坳瑶大致相同，只有过去生活比较富裕的金秀一带，用石磨较普遍。但是只限于用来磨糯米做糍粑，而不是磨苞米。

碓——脚踏木碓，在大瑶山各族系的家庭中，应用还不普遍。一般说来，茶山瑶、花蓝瑶、坳瑶三个族系，除罗梦村茶山瑶由于怕触犯雷神至今还不敢用碓外，其他各处用碓已较普遍。盘瑶和山子瑶，虽然各村差不多都有碓，但不是每家都有；纵然有，也不经常用它，脱粒碎谷，一般还是以杵臼为主。花蓝瑶家家有碓，据说在10代人以前，已经开始使用。各族系的踏碓，其形式与构造大致相同，也和汉区的没有两样，只是大多数地区用石作碓臼，个别地区都却用木臼（如坤林村一带盘瑶）。石臼多由汉壮两族工匠代制，木臼瑶族能够自造。

在大瑶山内，已有个别地区自制水碓，构造比较简单。用大木一段，碓头安装碓嘴，碓尾凿一木槽，架好后，用竹木枧引水入槽，水满槽后，重量增加，槽即下降，碓头升高；槽降而水倾出，重量顿减，碓头仍复下降；如此反复升降，碓嘴即不断向臼内冲击，使谷脱壳白净。这种水碓虽较原始，如果水够的话，每天也可舂米60~100斤，可抵一个人的劳动。金秀村在临近解放前几年，曾有一个瑶族地主在村旁的小河边建有水碾一所，请汉人工匠制造，附近四村的茶山瑶去碾米，他就进行收租的剥削。

风车——风车的使用，在大瑶山还不普遍。我们调查各点，除坤林村盘瑶和罗香一带坳瑶用它做扬簸谷糠之外，他处却极少见。这种工具，瑶族都不能自制，是由汉族工匠制造的。坤林村盘瑶25户，共有风车21架。这是一个极其突出的例子，但他们使用它的历史并不久，据说是抗日战争期间才开始的。罗香一带，与汉区接壤，有的村落，已和汉族杂居，应用风车的时间，可能早些，但具体年代却未详。

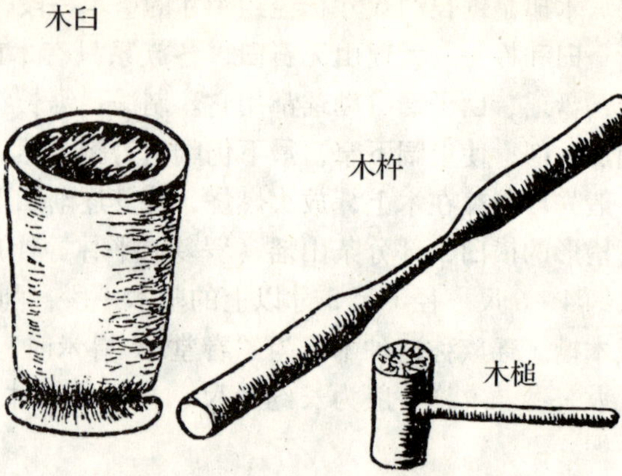

图5　木臼　木杵　木槌

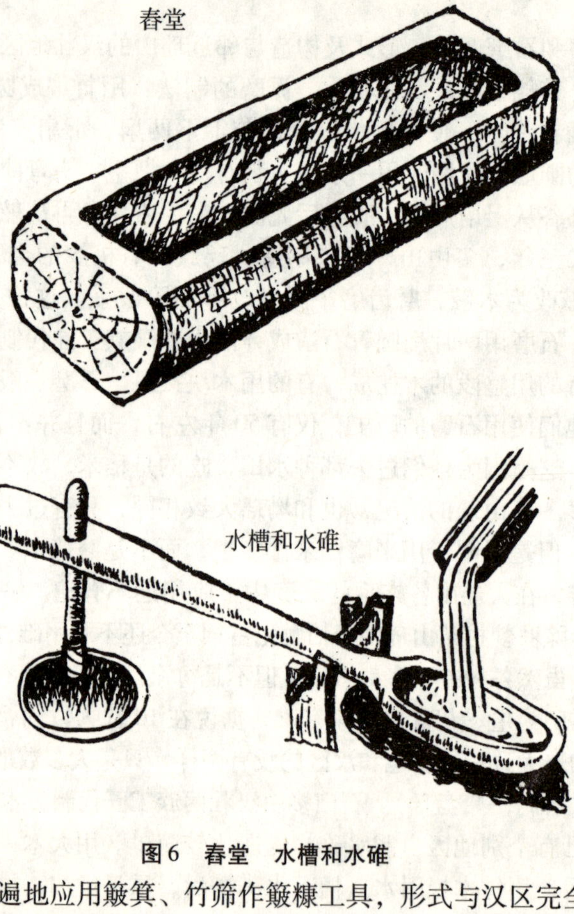

图6　舂堂　水槽和水碓

此外，各族系已普遍地应用簸箕、竹筛作簸糠工具，形式与汉区完全相同，多数由汉壮地区输入，极少数由瑶族自制。

（8）运输工具

瑶山山高岭陡，截至1956年10月金桐公路通车以前，还没有利用舟车畜力等来作运输工具的。日常运输，只有肩挑和背负两种，其中尤以背负为多。肩担的工具有扁担和竹箩，背负则用背箩。挑担的竹箩，一般比汉区的较小，而且多数不用长绳绊系，只在箩上开孔或以藤蔑作短耳来贯穿扁担，这样，竹箩离地较高，才适于上下岭。背箩一般用竹编成，呈圆筒状，下端近底处稍窄，用棕皮缝成扁带两条作绊，用时将绊带穿入左右两手，套上肩头。盘瑶所用背箩，除上述一种外，还有一种是方而略扁，上宽下窄，较圆筒状的略高，这是别的族系所没有的。

3. 农作物与生产季节

(1) 农作物的一般情况

大瑶山地处亚热带，气候温和，无霜期长，雨量充沛，山多森林，空气湿度大。广西各地的主要农作物，几乎都可在山里种植而生长良好。瑶族在解放前所种的粮食作物，主粮是稻谷和苞米，副粮以木薯、红薯为多，芋头、白豆、三角麦（荞麦）次之，黄粟、麦穄又次之。经济作物以六谷米（薏米）和天花粉产量较大。

水稻以粳米（又称大米或老禾）为多，黏米较少，糯粳少。旱稻（又称岭禾）以黏米为多，粳米较少。粳米生长期较长，只能种单造，适宜于阳光不甚充足、田水较冷的地区。粘米生长期较短，适于种两造的地区。旱稻只种单造。苞米全部都种在斜坡的山地上，是缺乏水田的过山瑶的主要粮食。

木薯和红薯都是高产作物，过去粮食不足的贫苦瑶族，每年都要以它补充一部分口粮，或作为养猪的饲料。木薯舂碎后并可喂养鸡鸭。三角麦、芋头、黄粟、麦穄产量不多，也是贫穷居民的部分口粮。

六谷米和天花粉都是药用植物，过去只有耕山种岭的过山瑶种植。前者多产于瑶山东部，后者多产于瑶山西南部。解放以后，种植地区逐渐推广，前者几乎全山各地都种，后者则限于南部较热的地区。

至于农作物的生产季节，因瑶山地理环境复杂，温度、湿度、日照时间等自然条件不一致，亦不尽相同。以主要的粮食作物水稻和苞米而论，单季稻一般在清明、谷雨播种，一个月后插秧，寒露到冬至收获。双季稻的早造在惊蛰播种，谷雨插秧，大暑收获；晚造在夏至播种，立秋插秧，立冬收获。旱禾立夏播种，寒露收获。苞米，中造的清明播种，立秋收获；早造的春分下种，大暑收获；晚造的立夏播种，立冬收获。

(2) 茶山瑶的农作物及其生产季节

茶山瑶过去是大瑶山占有土地最多的山主，大多数只种水田而不种山地。水田都种粳米和糯米。粳米谷粒较大，米洁白而略带黏性，煮饭香软可口。此外，还在山地上种一些苞米、三角麦、红薯、芋头、木薯、麦穄等。不过，这些被茶山瑶称为“杂粮”的作物，种的数量极少，在整个经济生活中不占重要地位。绝大多数地区，栽种这类作物，只是作为茶余饭后的零食，只有少数水田较少的地区，才多垦一些山地，栽种杂食，补助一部分饲料缺口。

解放后，各处栽种杂粮的数量都有不同程度的增加。有些地区，过去从未种植旱禾的，现在也在试种。金秀地区从1956年开始试种小麦，效果良好。从此小麦进入瑶山，成为破天荒的创举。

茶山瑶住区分布甚广，各地耕作季节也不尽相同，兹以处于中部地区的金秀为例，列表于下：

作物名称	下种季节	插秧季节	除草季节	收获季节
水稻	清明	小满	芒种—立秋	寒露—立冬
苞米	芒种		小暑	立冬
三角麦	惊蛰		小满	小暑前
岭禾	立夏		大暑	寒露
红薯	清明	小暑	七月中旬	立冬
板薯	清明		芒种	立冬
芋头	清明前		芒种	秋分

在东北部的岭祖和西部的滴水等处，水稻耕作季节，略有不同。当地都是谷雨播种，芒种插秧，较之金秀地区，要迟半月左右，但收获季节，仍然是寒露开始，又与金秀地区相同。

（3）坳瑶的农作物及其生产季节

坳瑶所种农作物种类完全与茶山瑶同。只是他们过去虽是“山主”，但在部分地区（如罗香一带）的水田，却不如茶山瑶多。因此，他们所种水田的收入，不足以供全年粮食的开支，必须垦种一部分山地，栽种苞米、木薯、红薯等杂粮以补主粮的不足。至于水田较多的罗运和古陈两处，则以耕种水田为主，情况大致和金秀一带茶山瑶相似。

坳瑶所种的水田，有的种一造，有的种两造。罗香一带的7个坳瑶村庄，60多年前，开始有一部分水田由一造改为两造，由种粳米改为种黏米；在距今50年前左右，便全部改为两造，也就不再种粳米。据当地老人们说，他们这一改变的原因，是由于田边和近田山上的树木已经砍光，老山也不如从前那样茂密，气候较前变温暖了，适于阴寒的粳米，成长已不如从前良好，故须改种黏米。其实，他们的住区与汉区接近，部分村落又与汉族杂居，这一改变，受汉族影响是不言而喻的。

罗运村开始学种双季稻，在距今50年前，只有一两家试种，1934年后，试种的人较多，但因气候关系，晚造稻10年中只有三四年可望有较好收成。因此，种两造的人一直是极少的。1957年，在政府领导下，虽已有1/3的水田改为两造，但农民对此还是没有十足的信心。这里单造改两造的技术，据说是由山外移居到溪冲村的汉族传授的。

在耕作季节方面，一年二十四个节气，或多或少都有一些生产活动。现以罗香、龙军等村为例，记其各个节气的农事活动如下：

立春——（1）犁去年未犁完的田
（2）上山砍柴

雨水——（1）整理水沟
（2）砍杉木苗，窖杉木秧
（3）挑肥泥进秧田
（4）碎山地泥土

惊蛰——（1）男子下头造谷种和挑肥料下秧田
（2）妇女继续碎山地土和整理水沟

春分——（1）早苞米刮地下种
（2）耘第一次田

(3) 种木薯
清明——(1) 种芋头及木薯
(2) 下红薯种
(3) 犁第二次田
谷雨——(1) 头造田插秧
(2) 种岭禾
(3) 种木薯
立夏——(1) 种晚苞米
(2) 除早苞米地草
(2) 挑肥料下田
(4) 种木薯
小满——(1) 继续耘第一次田
(2) 挑肥料下田
(3) 开始耘第二次田
(4) 种木薯
芒种——(1) 除芋头地草
(2) 挖红薯地
夏至——(1) 除晚苞米地草
(2) 下晚造稻种
(3) 除木薯地草
小暑——(1) 刮田基草
(2) 种早红薯
(3) 除木薯地草
(4) 砍柴备六七月农忙时烧
大暑——(1) 割头造稻
(2) 收早造苞米
立秋——(1) 晚造稻插秧
(2) 种晚红薯
(3) 收中造苞米
处暑——(1) 木薯地第二次除草
(2) 晚苞米地第二次除草
白露——(1) 晚造稻第一次耘田
(2) 挑肥料下田
(3) 夜间开始守山猪
(4) 砍山地（做下年苞米、芋头地）
秋分——(1) 晚造稻第二次耘田
(2) 下年芋头地挖地翻土
(3) 夜间开始守山猪
(4) 砍山地（做下年苞米、芋头地）
寒露——(1) 下年芋头地挖地翻土

（2）收早红薯

霜降——（1）刮田基草

（2）砍老山（做下年苞米地）

（3）收红薯

立冬——（1）收割晚造稻

（2）收晚造苞米

小雪——（1）收割晚造稻

（2）窖木薯种

大雪——（1）收芋头

（2）收木薯

冬至——（1）收木薯

小寒——（1）男子砍香菇木

（2）妇女砍柴

大寒——（1）男子采香菇

（2）妇女砍柴

罗运种双季稻的季节，较罗香为迟。以1957年为例，头造春分播种，谷雨以后插秧，立秋收获。立秋后插晚造，寒露后收获。这里气候较罗香冷，有时秋分即开始降霜，寒露降霜更多，晚造便无收成。据当地老人们说，如果种双季稻，头造能在惊蛰前后播种，谷雨前插秧完毕，大暑后10日左右收获。立秋前便插晚造秧苗，赶上寒露前收获，这样，晚造收成的希望大。据此可知，罗运地区改种双季稻不是不可能，问题在于能否赶上季节而已。

罗运、古陈等地种粳米的季节，他们都遵守旧规进行：谷雨下种，芒种插秧，不许任何人抢先和落后。耘田2~3次，在插秧后半月（即夏至节前后）开始耘第一次田，以后每隔20天左右耘第二、第三次，寒露便开始收获。

罗运一带坳瑶，过去因水田较多，除极少数穷人外，大多数人家都是不垦种山地的。他们垦山栽种苞米，是在国民党反动派统治瑶山之后才开始的。其耕种技术比较简单，过程大致是这样的：春分后砍芒山，到清明后谷雨前放火去烧，头天烧山，次日必须下种。苞米种用点播下种，先用尖木棒在地上穿一寸多深的小窟窿，然后放入种子一粒，再用松土掩盖，株距和行距的比例各为2尺5寸。禾苗高至一尺左右，第一次除草，用手拔或刀割。再经一个月左右，除第二次草，用刮子松土壅根。这里的芒山土质肥沃，苞米成长良好，一般高约5尺，较好的6尺以上。每株一般结两包，包长4~5寸。每亩可收获净米（不算筒骨）200斤左右，而每亩所费人工不过6个，较之种稻的收益，似乎还要多些。只是这里山猪也多，如种在离村较远的山上，成熟时，晚间须守山猪，费工是很大的。

花蓝瑶各种农作物的耕作季节，大致和古陈、罗运等处相同，详见下节生产技术部分，兹不赘述。

（4）盘瑶的农作物及其生产季节

盘瑶在旧社会处于“山丁”地位，占有土地极少，粮食来源主要是靠租种山主的山地，栽种杂粮和一些岭禾。他们所种的农作物，计有如下的几种：

①苞米（即玉米）：盘瑶语称苞米为“格蔑”，在许多地区都是最主要的农作物，亦为最主要的口粮。

②岭禾：亦称旱禾，盘瑶语称为“呆袍”。宜种于茅草山，其苗株与颗粒都与水稻相

似。这种作物在各地区都有，而以大樟区瓦厂乡盘瑶所种为最多，每家每年都种有100多斤种子的岭禾地。那里的口粮亦以岭禾为最主要。

③三角麦：三角麦即荞麦，盘瑶语称为“交蔑”，“交蔑”即荞麦之转音。

④麦䅟：亦名䅟子，盘瑶语称为“稷产”。

⑤黄粟：亦即北方的谷子，盘瑶语称为“默载”。

⑥六谷（即薏米）：六谷盘瑶语称为“默鲁”。它在瑶山东部盘瑶住区种植甚为普遍，但本族很少食用，都是挑运到山外出售的。一斤六谷的价钱可换两三斤大米，可说是很有价值的一项生产。

据我们在坤林村了解，八九十年之前，种六谷的人还很少，而且所种一点都是自己吃了。当时的价格很低，两三元即可买100斤。到最近三四十年以来，因为价格高涨，种六谷的人也就多了起来。忠山、高源、六干、共和等乡的盘瑶，因多种六谷，生活水平大为提高。

⑦稻米：盘瑶语称稻为“保”，稻的品种也是较多的，在瓦厂乡即种有粳米与黏米两种，在共和乡稻的品种即有四五种之多。

⑧木薯：盘瑶语称木薯为“亮呆”，据在共和乡了解，木薯是在四五十年之前由平南传入本地区的，现在已经大量种植。木薯在盘瑶地区有时作为主要的口粮。

除以上比较重要的农作物之外，还有红薯、芋头以及少量的红豆、茶豆、黄豆等。总之，盘瑶所种农作物以杂粮为主，而杂粮中又以苞米、岭禾两种为最重要。

现以共和乡为准，将各种农作物的耕作季节列表如下：

作物名称	下种	插秧	第一次除草	第二次除草	收获	成长期
苞米	立夏—夏至		立秋	处暑	立冬	
岭禾	谷雨—立夏		大暑	处暑	霜降—立冬	
三角麦	处暑				立冬	
麦䅟	立夏—夏至		小暑—大暑		处暑—白露	
黄粟	芒种—夏至		立秋		秋分	
六谷	立夏		大暑	白露—秋分	立冬	
稻米	谷雨	芒种—立夏	小暑—大暑	立秋—处暑	立冬	
木薯	谷雨—立夏		夏至—处暑		立冬	
红薯	清明	立夏—小暑	立秋—处暑		立冬后	
芋头	清明		小暑		处暑—白露	
红豆	立夏—夏至		处暑		霜降	
黄豆	芒种—夏至		立秋		霜降—立冬	
茶豆	小暑		立秋—处暑		霜降	

山子瑶也是以耕种山岭地为主的。他们所种的作物和生产季节，大致与盘瑶相同，兹不赘述。

4. 耕作技术

（1）茶山瑶生产技术

①水稻的耕作技术

水田插秧之前一般都要经过一犁两耙或三耙，在插秧之后耘田达三四次之多。

犁田在以往是很不普遍的，绝大部分的田都不经过犁耕，而只用人踩或用锄掘。

茶山瑶各地都是在收禾之后即放水入田，整个冬天都得看田水，使田内保持有一定的水量，到了正月、二月间将上年所留之禾秆踩入田内，这样就代替了犁耕，以后就可开始耙田。只有少数的旱田到了冬天因水源断绝，田中无水的时候才用牛犁或用人工来挖田。据金秀村老人苏显廷说，他小的时候很少看到有人用犁，只是在民国初年陆荣廷部下在金秀开设“广源公司”，因堵水放排而破坏了水坝，此后因田水不易保存，于是用犁耕田的现象才逐渐多了起来。但是犁耕在这时还不算普遍，只有到了解放后才大量的用犁。

耙田：在二月社日之后才开始耙第一次，过了清明耙第二次，过了立夏耙第三次。在滴水村一般只耙两次。无论犁田耙田都用牛，但有少数家庭缺乏耕牛，也有用人力拉犁拖耙的现象。

选种与培秧：选种是在一块丰产田收割时，挑选颗粒特别饱满的禾穗，另行捆扎，以做谷种。谷种在脱粒时不用木槌打，而用脚踩。经脚踩后仍未脱粒的，即是尚未饱满成熟的谷粒，即被淘汰。在即将撒种之前，谷种还要在河水内浸洗一次，将漂浮在水面上的谷粒再行淘汰一次，然后再浸两三天即撒于秧田。

秧田都要放较多的肥料，在滴水村大约撒10斤谷种的秧田要放300～400斤肥料。所放之肥料亦较好，如人尿、大粪、木灰、绿肥等。除放肥之外还要耙两三次，最后用手把田中残余之禾秆拾起踩于土下，并将田水放干，用木棍拨平。秧田完成后的第3天，等水澄清再行撒种，这样他们认为是便于掌握所撒谷粒的稀稠。

插秧：撒秧约一个月后，秧苗长约六七寸，即行插秧。每蔸插秧四五枝。金秀等村所插之田较稀，株距与行距均为1尺3寸至1尺6寸。滴水等村插秧则较密，株距约1尺，行距约8寸。上等田一般都插得较稀，下等田则插得较稠。总之茶山瑶各地区解放前插田是比较稀的。1956年农业合作化之后，在各社推广小株密植与单株密植，结果由于缺乏肥料及赶不上季节等原因，造成部分地区减产。1957年插田时自治县人民委员会已经注意吸取了这一教训。

插秧的前10天以内，要由管庙的社老择一吉日通知大家，在吉日的这天早饭前，各户到自己的一块田中面向东方插四蔸禾于田的一角。这四蔸禾的距离约为1尺8寸。这种活动称为“号田”。谁家要是不遵守，即为犯石牌，就被罚款。

小满的前两天扯秧。扯秧时也要集体行动。当天中午由村中管事的甲头放炮后，全村各户同时下田扯秧，如有人不遵守这一规定，也算犯了石牌，即罚东毫1元2角，如甲头犯了则加倍处罚，社老犯了要加三倍处罚。

插秧时各村亲戚朋友之间流行着一种互助合作习俗，插完一村的田，然后再插第二村的田。在金秀河各村插田的顺序是从长滩开始，长滩插完之后再依次插长二、白沙、金秀、六拉、昔地、田村、刘村、金村、社村、孟村、美村。每年都是按照这样的顺序，不得紊乱。六段等村也有一定的顺序，即在堡、杨柳、将军三村同在第一天插。六段、三片两村同在第二天插。六定在第三天插。滴水等村是按这样的顺序：六力、滴水、容洞、大进。滴水等村的互助范围把花蓝瑶的大进也包括在内。

插秧时家家都要宰杀鸡鸭，备办最好的饭餐，招待来家帮忙的亲友。插秧之后，有些地区主家还要给每人送糯米饭，作为临行时的馈赠。

耘田：耘田是在插秧后半月的时间进行的。金秀等村一般都要耘田 4 ~5 次；岭祖、滴水等村耘田只有 2 ~3 次。耘田时都要把田水放干，以便于扯草整苗和施肥。在金秀等村耘田时多用双手，其他地区则多用两足。

除了耘田之外，还要刮和扯田基草一至两次。刮和扯田基草是为了消除鼠害。因为对农作物危害很大的老鼠多藏在梯田田基的丛草内，若不将田基草除去，田禾即要受很严重的损失。

收割与储藏：收禾时只将禾秆一段连穗剪下，而大部分的禾秆仍留于田中。这种剪禾的方法是比较慢的。因为剪禾时是将禾穗一根根剪下，速度很难加快，每个工一天大约只能剪 10 把左右。这种粳米是不能当场脱粒的，必须捆扎成把，挑运回家，在阳台上晒干后才入仓储藏。在挑运和晾晒的过程中，谷粒的耗损是很大的。

稻谷在捣米之前，必须经过火炕，然后用木槌冲击脱粒。脱粒后的谷子再用黄泥磨脱壳，最后再在木碓内舂捣，始成可食的白米。

茶山瑶的习惯，是不囤脱粒谷子和白米的。一般每次只舂够吃一个星期至半个月的米粮就行，甚至有每天能吃多少就舂多少的习惯，从来不整批的舂米。有此习惯的地区，每天起床之后，妇女的工作首先是把当日所吃的米舂好，然后才吃饭出工。第二天亦复如此。

以上是茶山瑶在水稻生产的大致情况。至于在生产过程中，每一人工序所需的人工数量，我们现以滴水村为准，计其 20 双禾田版（合 1 亩）的情况大致如下：

犁田：	1 工（若用锄挖需 4 工）
耙田（水田）：	2 工，耙两次共需 4 工
耙田（旱田）：	3 工，耙两次共需 6 工
耙田：	第一次 4 工，第二次 3 工，共需 7 工
敷田基：	1.5 工
刮田基草：	刮 3 次共 1.5 工
插秧：	2 工
剪禾：	6 工
挑运：	2 工（近田）

②山地的砍种与杂粮的种植

杂粮的种植，在茶山瑶地区是极不重要的。茶山瑶农民往往会对你这样说："我们种田就够吃了，在山上种点杂粮都是吃玩要的"。所谓"吃玩要的"，就是不把杂粮当作正式的口粮，而仅作为极不重要的零食而已。因此杂粮的生产在整个的生产活动中所占的地位也是极不重要的。杂粮的生产，一般都在水田工作完后才去进行。但这种情况也有个别的地区例外，如罗梦、古卜、定浦等村，因为水田较少，所种的杂粮就较多。据估计，罗梦村的杂粮收入，大约要占全部食粮收入的 1/3。

杂粮绝大部分都是种植在村落近旁的芒山和黄茅山上。因为杂粮生产不重要，不能费过多的劳动力到远处去砍种老山或青山，现以滴水、容洞等村为准，记其杂粮生产技术的概况如下：

种植杂粮的茅草山要在七至十二月间砍山，正月烧地。烧山后如种苞米，则不需挖地；如种芋头、红薯则需挖地翻土。连续种植两三年后，地力耗尽，即行丢荒。丢荒后经过 10

年左右即可再行砍种。种主要杂粮的生产技术是这样的：

苞米——每家只种一两斤种的苞米地，下种时全为点种，每蔸点一两粒种子。点种时还下些草木灰和牛粪灰做肥料。一斤种的苞米地面积约有8分，下肥50~60斤。点种后还要刮地埋种子。

点种苞米时，行距约3尺，株距约2尺。种苞米不需轮种，同一块地可连续种两三年。因为地力逐年耗损，所以产量也逐年减少，一斤种子的苞米地，各年的产量大致如下：

第一年　　20~100斤

第二年　　20~60斤

第三年　　10~20斤

其所需的劳动力大致如下：

砍地：　　4工

点种刮地：1工

除草：　　2工（除草两次，每次1工）

收获：　　2工

芋头——芋头要在新开的地中种植。种后除草两次。种时行距株距均约1尺至1尺3寸。共下肥两次，种时下一次肥，壅土时再下一次肥。据估计，1亩地大约可下17~18斤的芋头种，其产量约为种子的2.5~5倍。

每家所种芋头都不很多，最多只种十五六斤种的地，少则只种三五斤种。芋头种每年都要到山外的大乐圩去买，本地所留的芋头种都不使用。

红薯——红薯都是在屋边的菜园内育秧，育秧时多施尿肥，等红薯秧长到数尺长的时候，即行割秧，然后再把整条的秧苗分段壅土下种。一斤红薯种，大约可有三四十斤的产量。行距约3尺，株距约5寸。

红薯种后只除草一次，而且都是在上年种过芋头的地上种红薯。

木薯——种木薯时行距约2.5~3尺，株距约为1.5尺。其产量最多每蔸可产3斤生木薯。一般种木薯都不下肥，种后除草一次或两次。天旱时泥土较松，对木薯的生长有利。多雨的天气对木薯的生长反而不利。

（2）花蓝瑶生产技术

花蓝瑶亦为山主，占有大量的山地与水田。水田几乎全部都是梯田，只有极少数的平田。就全族系而论，水田的质量较茶山瑶的要差一些。但由于花蓝瑶的人口逐渐减少，全族系的水田如以人口平均计算，大概绝不少于茶山瑶。

水田的单位都是以“双”计的，即每块田每年可产几双禾，即称为几双禾的田面，从来没有亩的概念。住在西南部的六巷、门头、王桑等村的水田较多。砍种山地是极不重要的生产活动，只有住在中部的龙华、南洲等村，因水田较少，砍种山地才是较为重要的生产活动。

水田全部都是单造，解放后组织了农业社，即在部分地区改种二造禾，结果有些减产了。1957年门头等村仍然全部改为单造。

现将生产技术分水田与山地两类列述于下：

①水田的生产技术

犁田、耙田与耘田——水田在插秧之前都要经过一犁一耙。解放后才改为一犁两耙。很少用犁耕田，绝大部分都是用锄头挖田的。插秧后一个月，即行耘田。耘田的同时并下肥，一双禾田大约下20斤灰肥。耘田共进行两次，在耘田时并割田基草。

秧苗的培植——秧田是在二三月间开始整理，首先挖一次，然后踩入绿肥，一斤谷种的秧地下绿肥一担（80斤），经过相当时间后再耙一两次。若肥料较多，再放一次牛粪灰，这样就可撒种了。撒种一般都在谷雨节进行。撒种后一月左右即可插秧。

插秧——插秧的时间在芒种节前后。插秧时田中不下肥料，只在秧苗的根部裹上一些灰肥。每蔸插秧苗3~6枝，行距与株距各约1尺。

耘田——耘田又叫踩田，但实际上并不用脚踩而用手耘。先把田水放干，然后把田中野草除尽，用两手拨松禾根旁泥土，每枝施牛粪、草木灰一把，再将泥土掩盖。耘第二次田时，只除草松泥而不施肥，耘田之后，再放水灌溉。

现将可产老秤100斤谷的六双田面的工序及需工日数，分记于下：

挖田：	1工
耙头道田：	1工
耙二道田：	0.5工
铲田基糊田基：	1工
种秧：	1工
耘田：	2工
剪禾：	1工
烧肥：	1工
	共计需用8.5工

②山地生产技术

山地主要用“刀耕火种”的落后技术进行生产。茅草山多在三月砍、三月烧。芒山多在头年的十二月或本年的正、二月砍山，二三月即可烧山。老山是在秋冬两季砍山，冬季烧山。

烧山过后，随即用尖的木棍在地上挖一小洞，就可下种了。所以播种的工具和技术都是很原始的。山地全不放肥料，连续种植三五年，地力耗尽之后就丢荒。老山一般可种四五年，芒山可种两三年，茅草山只能种一两年。除了种红薯、芋头之外，其他作物都不挖地翻土，只是就地撒播。现将各种作物的耕作技术分述于下：

苞米——门头村只种早苞米。三月下种，六月即可收获。苞米都是点种，方法和罗运坳瑶同。种后苗长5寸高时即除草一次，同时进行疏苗与补苗工作。株距和行距各1.5~2尺。一斤苞米种，大约可收50~150斤的产量。

岭禾——四月下种，不育苗插秧而采用点种直播。烧山后用锄头掘坑，将留在地上的草木灰拨入坑内，然后下种，每坑放下七八粒，用土掩盖。株距和行距约8寸至1尺。种后除草一两次。九月间收获，方法与水稻同。

粟——粟即小米，正月下种，七月收割。下种采用撒播。种后除草1~2次。苗高3~4寸时即进行第一次除草，同时进行补苗和疏苗，株距行距为5~7寸。一斤种最高产量140斤，一般100斤，最低的收二三十斤。

麦䅟——麦䅟在清明节下种育苗，四月间苗长七八寸移植，八九月收割。行距为一尺，株距为六七寸。一斤种有50~150斤的产量。

芋头——芋头在清明下种，十一月收。种后除草一两次，株行距约2尺。种植数量很少，每户只种1~2斤种子的地。

红薯——红薯二月下秧，五六月剪藤种植，十月收获。秧地都在屋边的菜园内。种植时将藤剪成2尺左右，然后用土将藤隔节蒙盖。一斤红薯种可收30斤红薯的产量。

木薯——种植木薯只有三四代人的历史。种时先挖地碎土，然后将上年留下的茎苗（须窖在土坑内），斩成长约5寸的小段，埋于土中。行距株距各为2尺左右，每蔸最多能生长木薯4根，最坏的一根也不生。木薯是高产作物，而且不施肥也可望丰收。收获时掘取块根，刮去粗皮，放入河水中浸漂，让毒汁流出。经10天左右，取出曝晒干燥，然后储藏。如收获时不加浸漂，马上晒干收藏，到食用之前，也要先用冷水浸漂一夜，然后才能食用，否则会使人中毒。

（3）坳瑶生产技术

①水田的生产技术

部分坳瑶农民，早已种双季稻。双造田的生产技术，以罗香、龙军等村为例，叙述如下：

头造田在插秧之前，要经过两犁两耙。在割禾后的十一月间犁第一次田，犁田时的深度约4～6寸。在整个冬天，田内都是不存水的，直到第二年的正月底才放水入田。二月间即耙第一次田。以后再经过一犁一耙，就可插秧了。

秧苗的培育与插秧：首先把谷种放在冷水中浸2～3天，然后捞到箩筐内使之发芽，3～4天后，等到芽长2～3分时再用水洗一次，然后播种。播种后约30天秧苗长至4～5寸时，即可插秧。

插秧时每蔸插秧苗10根左右，行距约有8寸，株距约5寸。如果肥料多的话，在插前田内可放一次基肥。

耘田：插秧后耘田一两次。耘田时一定要先下肥料，每10斤种的田约下肥20担。如果肥料少的话，只耘田一次。当禾苗抽穗时，要割去田基的野草以除鼠害。

晚造禾的耕作与头造略有不同，只经过一犁一耙之后即可插秧。插秧后一般只耘田一次，有个别家户肥料多的话，则耘田两次。

10斤种的田版（约有1亩）头晚两造共产稻谷200～400斤，有些质量好的田可产600～700斤。晚造禾的产量，约为全年产量的1/3。

双造田因为都种黏米，收获时用禾镰割禾，用禾桶当场脱粒。这与种单造田的粳米收割方法大不相同。

罗运、古陈两处，现仍种单季稻，其生产技术如下：

水田在插秧前经过一犁两耙（罗运村则是两犁三耙），因为用犁很少，多用刮子挖田以代犁耕。

插秧后一般耘田两次。第一次耘田不施肥，第二次耘田时才施肥，一般都是放干肥（草木灰拌牛粪）。10双的田版大约要施肥一担（约50斤）。但因肥料不足，不可能普遍使用，只能在几块田中每年轮流下肥。

秧苗是用手从秧田内连根扯出，这与双造田种头造时的秧苗用禾铲连根带泥铲出不同。

单造田的收割方法与茶山瑶相同。

罗运村的上等田每亩可产谷400斤，中等田可产300～350斤，下等田只能产200～250斤。

②山地的生产技术

坳瑶砍种山地以罗香、龙军、那历、平贡等几个靠近汉区的村落为最多，而古陈、罗运等村则很少。罗香等村砍种山地的生产技术如下：

老山的砍种：

老山是在 8 月间砍山。砍老山时每人都带有镰刀和柴刀两种工具，较大的树用柴刀砍，小树及杂草则用镰刀砍。斧头由专人使用，只砍那些最大的树。砍倒的树木杂草，都就地置放。到腊月间，待草木枯干，即放火烧山。一些大树未能燃尽，亦不再烧第二次，即让它留在地上。

老山砍烧后第一年都种苞米。用较原始的方法点种，即用一端削尖了的木棍在地上戳一小洞，随即点入苞米种子一两粒，然后再用木棍拨土掩盖。株距约 1 尺，行距约 1 尺 5 寸。在地边往往要多点种一些种子，以防山鼠的损耗。

苞米出苗一个月之后疏苗，缺苗的则不补。再经过一次除草之后，就可收获了。苞米的产量，10 斤种的地大约可产 300 ~ 700 斤。

山地多采用不同作物的间种法。即第一年种苞米后，第二年三月间须刮地松土，栽种芋头和木薯。芋头与木薯是间作的，每隔两蔸芋头种一蔸木薯。种法如下：

□ × □　　　□ × □
□　 □　　　□　 □
□　 □　　　□　 □
□ × □　　　□ × □

（□表示芋头，×示表木薯）

芋头的株距约 1 尺，行距约 1 尺半。种后约 50 天除草一次，用手扯而不用工具。芋头每蔸还要放一些粪灰做基肥。这一年作物的产量大致是：芋头每 10 斤种可产 50 ~ 70 斤，木薯每 10 斤种可产 100 斤左右。

第三年完全种木薯。木薯的株距约 3 尺，行距约 4 尺。其收获量每 10 斤种可产 120 ~ 150 斤。

第四年与第五年也都是种木薯。5 年以后，即不再种作物，因砍山后的第二年即种杉树，再种作物，生长便不良好。

芒山的砍种：

芒山是在三月间砍山，芒草都用镰刀砍割。四月间放火烧山，烧山时一定要开“火路”，以防火蔓延他处。所谓“火路”就是在将要焚烧的山地周围，先将草彻底清除，这样才能防止火焰向外蔓延。在山的上部，“火路”要开得宽一些，一般都有 15 尺左右，两边只开 5 ~ 6 尺，下边的只开 2 ~ 3 尺。烧山时先从上边点火，火势是向上的。这样便可防止火势过猛而不易控制。

烧山后并不翻地，即在烧过的山上进行点种或撒种。芒山砍烧后第一年都种苞米，种后要除草两次。以后各年则种芋头与木薯。种芋头与木薯时则要挖地翻土。

芒山最多只能连续种 4 年，以后即因地力耗尽以及所种的杉树也长高了，不能再种作物。

茅草山的砍种：

茅草山的砍山及烧山方法与芒山相同，只是因为茅草山的土质较硬，在砍山的第一年即要挖地翻土。第一年多种芋头，第二年多种红薯。茅草山一般只能种 2 ~ 3 年。

罗香等村因靠近汉区，木材便于运销，所以在砍种各种山地的第二年都要种杉树。如果不种杉树的话，丢了荒的山地即变成茅草山。茅草山都要经过 8 ~ 9 年之后才能再行砍种。

罗运、古陈等村，虽然也在山地种有苞米、岭禾、红薯、木薯、芋头等类杂粮，但种植的数量是很少的，每家一年最多只种三五斤的种子，而且都是在村落近旁的芒山或茅草山种植的，很少有人砍种老山。

（4）盘瑶生产技术

盘瑶的生产技术，从各方面来说都是比较落后的。在砍种山地方面，主要还是存在着“刀耕火种”的落后生产技术，而砍种山地又是最主要的生产活动。现将山地耕作技术分述如下：

①砍山与烧山

老山都是在农历七八月间砍伐。砍老山时使用斧头、钩刀、柴刀三种工具。因老山中生长有草有木，草木又有大有小，为了砍伐这些不同的对象，故须使用不同的工具。砍山时，先由妇女用钩刀将细小的树木与杂草砍去，然后再由男子用斧头或柴刀将大的树木砍倒。往往有些粗大的古树，在砍伐时是很费工的，大约每工一天只能砍倒 2 ~ 3 株。一围左右的大树，一天可砍 10 株左右。当然这些比较大的树在老山中并不很多。一般而论，平均每工一天内所砍老山的面积大约可撒一斤种子的苞米地。

砍山之后，经过 4 ~ 5 个月的时间，等到草木干枯，即在十一、十二月的时候进行烧山。烧山时仍有较粗大的树干与树枝未被燃烧而遗留下来，到第二年的正月、二月，再将这些树枝树干砍掉堆在一起，重新再烧一次。第二次的烧山仍有一些最大的树干未被燃烧，只得任其就地腐朽。有的树木，在烧后 1 ~ 2 年中，还可生长木耳，这是砍种老山的一项额外收益。

芒山与茅草山的砍烧与老山略有不同，一般都在正月、二月或者三四月间砍山。砍山时全部用钩刀或柴刀，到了四月间即可烧山。芒山的草较粗壮，在烧山之后，还遗留有手指粗的草梗，日后即将这些草梗背回家当作柴烧。而茅草山在经过烧山之后则全部化为灰烬，一无所留。

烧山这一工作进行得好坏，直接影响着以后农作物的产量。如果烧山烧得好，能将全部可燃的草木都化为灰烬，那么灰肥就可增多，山地也就肥沃一些。烧山时防止野火蔓延的方法，与坳瑶同。

②轮种与休耕

各种山地都普遍实行着各种作物的轮种制。在共和乡的盘瑶地区，都是苞米、六谷两种作物交替轮种。据说，如果不轮种的话，无论种苞米与六谷，根部都要霉烂，风吹易断，产量也要受到影响。老山与芒山在砍种后的第一年都种苞米，第二年则种六谷，第三年又种苞米，以后苞米与六谷则不断地轮种。老山砍后的头两年，还可在苞米与六谷的空隙中间种麦䅟或黄粟，而且这两种间种作物还可得到较多的产量。茅草山则多是岭禾与木薯或红薯轮种。

在垦种山地的过程中，从来不施肥料，所以地力不断损耗，作物的产量也就逐年递减，直到最后地力过于瘦瘠时，就将这块地丢荒，另行砍烧新地。老山因为草木多，烧山后所留木灰较厚，一般可连续种 8 ~ 9 年才丢荒，有些老山甚至可种十多年。芒山一般可种 4 ~ 5 年，好者可种 7 ~ 8 年。茅草山最为瘦瘠，只能种 2 ~ 3 年。

丢荒后的山地，经过 7 ~8 年或十多年之后，即可再行砍种。不过，丢荒时间的长短也不一定，有时感到山场不足时，即可缩短；若是山场宽广时，则可延长。丢荒时间越长，再行砍种时就越肥沃，反之，就越瘦瘠。

③刮地下种与除草疏苗

盘瑶族没有什么特殊的播种工具，各类农作物的下种，都普遍采用撒种的方法，只有极少数的农作物采用点播。

烧山后不经过任何工作即可撒种，撒种时先由一技术较好的人将种子很均匀地撒于山坡上，然后再用刮子刮地，这一工作是将草根除去，并翻土将种子掩盖。

各种作物在下种后都经过一次或两次的除草。在第一次除草的同时，也进行疏苗的工作，除草有时是用手扯，有时则用刮子铲。

现将各种作物的下种与疏苗情况分述于下：

苞米——苞米经过疏苗之后，株距约 2 ~2.5 尺。若是好地，要留稀一些，反之要留密一些。因为地不好苗就长得很小，留密一些，产量较多。收获时，只把苞米棒子摘回。到第二年刮地下种时，即将杂草与干枯的苞米秆一齐烧掉。

六谷——六谷疏苗后株距约 5 寸至 1 尺。每粒种子可生长出 3 ~4 根苗。收割时，在山上挖一较平的地方，将所割之谷穗当地脱粒，挑运回家。

岭禾——岭禾有时是撒种，有时则是点种，点种时要上少许的肥料。点种的株距约有 5 寸。岭禾收割的方法在部分地区与六谷相同，有些则仅用手将谷穗捋下。

木薯——在种薯类作物时（木薯、红薯、芋头等），都得挖地翻土和开行。木薯下种时行距与株距均为 2 尺半左右，下种后扯草两次。

红薯——种红薯预先要起畦，再把红薯藤埋于畦中。株距约为 1 尺半，种后除草一次。

芋头——种芋头的行距约 2 尺，株距约 1 尺。种后要除草两次。

现以 10 斤种子的山地为单位，列表计算各年的产量以及每一工序所需的工数（下表的数目是坤林村三个群众的不同估计，我们取其平均数）。

老山各年产量及每一工序所需工数表

耕作年次	作物名称	10斤种的产量（斤）	砍山与烧山（工）	刮地下种（工）	第一次除草（工）	第二次除草（工）	收获（工）	需工总数（工）
第一年	苞米	600	10	5	5	8	10	38
第二年	六谷	250		5	5	8	6	24
第三年	苞米	400		5	5	8	6	24
第四年	六谷	200		5	5	8	6	24
第五年	苞米	400		5	5	8	6	24
第六年	六谷	180		5	5	8	6	24
第七年	苞米	400		5	5	8	6	24
第八年	六谷	120		5	5	8	6	24
第九年	苞米	350		7	8	8	6	29

芒山各年产量及每一工序所需工数表

耕作年数	作物名称	10斤种的产量（斤）	砍山与烧山（工）	刮地下种（工）	第一次除草（工）	第二次除草（工）	收获（工）	需工总数（工）
第一年	苞米	300	4	4	8		4	20
第二年	六谷	200		4	10	10	7	31
第三年	苞米	250		4	10		4	18
第四年	六谷	150		4	11	11	5	31

瑶山各族系以往无论是山地或水田都不是以“亩”为计算单位的，而多以人工计算，即一人工每天能挖多少地就称为多少工的地。究竟每一工每天能挖多少地？所需的种子又是多少？现将我们在调查中观察与测量的结果记述如下：

山地1亩4分，需撒苞米种12斤，刮地时需要人工10个。每亩地平均撒种约3斤。每一工约可刮地4分。

我们在同一地点，另外一次观察测量的结果是13个人在两小时内刮六谷地1亩2分7厘，可见与上面一次的结果差不多，大约每一个工亦可刮地4分多。

④各种主要山地作物的选种和培种方法

苞米——在收获后选其颗粒饱满的苞米穗留做种子另放一处，等要下种时再行脱粒。

六谷——选择地中长得最好的一块六谷做种子，脱粒后藏于桶内。在播种的前一天晚上，将种子在开水中搅烫1~2秒钟，然后捞出摊匀使其晾干。用开水烫种不能烫得过久，否则不能出芽。但也不可烫得时间过短，过短了热度不够则不易抽芽。

木薯——收获木薯后选其茁壮的主干藏于土窖中，藏时要注意壅土的方法，即要使每株木薯的根部都要与土壤接触，否则即会干枯。到了第二年下种时，将其取出后截为数段即可下种。据了解，这种方法与汉区完全相同。

红薯——红薯要在霜降前收获，才可做种。收回后藏于地窖中保存。下种时将薯种在菜园中埋下，等到藤蔓长有数尺之后，再移植于山地。

芋头——芋头留种后要放在火坑近旁保温，春后发芽时再挑选一次。所发出的芽要不偏不倚且茁壮的为最好。芽长到2寸左右时，用刀割去芽的一半，留长芽的半截作种，并把切口涂上草木灰，然后种于土中。

至于水田的生产技术，则与上述山地作物的生产技术不同。水田在插秧之前，一般都要经过一犁（或挖）一耙，插秧之后耘田两次。

水田一般都要上肥料，大约10斤种的田（约合1亩）需上20背篓肥料（约700斤）。不过有些离村较远的田，就无法上肥，只能在当地割取些杂草与树叶放入田内作为肥料。由于远田与近田在施肥方面有很大的差别，所以产量也就各有不同。远田每10斤种只能收130~180斤，近田则可收200~300斤。现以10斤种的田为准，记其各个工序所需工数如下：

挖田	5工
耙田	人工3个；牛工3个
插秧	4工
第一次耘田	3工
第二次耘田	3工
施肥	2工
收获	2工（近田）
合计	人工22个；牛工3个

此外，盘瑶所耕种的还有一种旱田，旱田就是没有水源，只靠天雨才可种植的田。旱田在耕作方面要比水田费工一些。10斤种旱田需工如下：

挖田	人工5个
第一次耙田	人工2个；牛工2个
第二次耙田	2工
插秧	5工
第一次耘田	2工
第二次耘田	3工
收获	4工
合计	人工23个；牛工2个

（5）山子瑶生产技术

①山地的砍种技术

六眼村的山子瑶所砍种的山地都是芒山与茅草山，因为附近没有老山可砍。芒山一般只能连续种植3~4年，处于岭顶的山是最劣等的，因为这样的山地泥土易于流失，所以只能种2~3年就要丢荒。

芒山与茅草山都是在七八月间砍地。十月至次年正月初烧山。烧山时如果周围有杉树的话，都得开“火路”，火路一般开有一丈之宽。

烧山之后，正月、二月间挖地翻土。撒播苞米或六谷种子之后，都得刮地一次，以便把种子用土掩盖，同时亦可松土除草。

六眼村一带的山地是苞米与岭禾实行轮种制：即第一年都种苞米，第二年种岭禾，第三年种苞米或种岭禾。绝大部分的山地在第二年都要种上油桐树，因为油桐子是六眼附近地区最主要的副业生产。因此，第二年以后的农作物都在油桐幼林之间种植的，这对农作物的成长虽有一定的影响，但因种植农作物必须松土和除草，这却又对油桐的成长大有好处。

现将各种作物的生产技术分述于后：

苞米——都是撒种，只有在菜园中种得不多的才是点种。撒种后第一次除草的同时，也进行疏苗与补苗。株距约为3尺，行距则较宽。除草时都用刮子。种植苞米从来不施肥，这一点与盘瑶相同。

岭禾——下种也全用撒种的方法，苗稠则须疏拔，稀则不再补种，行距为2~5寸，株距较短，所以除草时只能用手扯，而不能用刮子。在第一次除草的同时，也进行疏苗的工作。收割岭禾和收割水稻的方法大致相同。都是用禾剪将禾穗剪下，然后捆成禾把挑运回家。岭禾一把只有5斤重，而水稻一把则重10斤。剪过禾穗之后，禾秆仍留在山上。如果禾秆多的话，在第二年种地时还得放火烧山。

红薯——红薯秧都是在屋旁菜园内下种的。这可方便施肥。下红薯秧时都要施基肥，有牛粪、猪粪、人粪、人尿等较好的肥料。红薯秧长到5~6尺时，割取藤蔓移植，一般都用压插。行距约1尺，一条长藤，每隔5寸盖泥压条，故株距也是5寸，种后只用刮子除一次草。

木薯——木薯是开行下种的，行距约2尺，株距约3尺。下种后除草两次，除草时都用刮子。新开的地与旧开的地都可栽种。

芋头——芋头都在新开的地内种，下种时行距与株距均约有2尺。种后用刮子除草一次或两次。芋头的种子有时自留，有时从山外汉区买来。

②水田的生产技术

水田在插秧之前一般都要经过两犁两耙。犁田的深度是4~5寸。耙田只有2寸深，但要连续耙三次，直到田中的泥土很细碎时为止。经过两犁两耙之后即可插秧。

插秧时行距约1尺至1尺2寸，株距约有1尺，每蔸插秧4~5枝。

插秧之后耘田三次，耘田时将田中的杂草用手除去。插秧前要刮一次田基，禾苗出穗后再刮一次，以防鼠害。

耘第一次田时要以绿肥和人粪作肥料，每亩要放300~400斤。

秧苗的培育，与茶山瑶同。每亩约需谷种3~4斤。

秧田中都施绿肥，如果插秧季节已届而秧苗又不够高的话，即以桐油麸作追肥，几天之后，秧苗即可长得很高。

山子瑶的水田，多是近40年来才买得的，绝大多数土质瘠薄，而且离村较远，最远者有十多里路。这种远田在生产上当然要受到一定的影响，故每年只能放些绿肥，近田都放牛粪。远田在生产时还得在田边搭棚，生产时就在棚里食宿。耕种远处山地，亦同。

现以一亩田为单位，记其每一工序所需的工数如下：

犁第一次田	人工1.5工；	牛工1.5工	（下等田各需2.5工）
耙第一次田	人工1.5工；	牛工1.5工	（同上）
犁第二次田	人工1工；	牛工1工	（下等田各需2工）
耙第二次田	人工1工；	牛工1工	（下等田各需1.5工）
插秧	人工2.5工		
第一次耘田	人工1.5工		
第二次耘田	人工2工		

第三次耘田	人工1工	（有时只除草两次）
刮田基	人工1工	（高埂田3工）
收割	人工3工	（远山5工）
合计	人工16工；牛工5工	

附注：若是下等田，则需人工19.5工，牛工8.5工。若只耘田两次，则减少1工。

5. 农作物的施肥

大瑶山瑶族各族系在解放前虽然或多或少地使用一些肥料，但一般说来，施肥的数量还是不多，也不普遍。过去耕种水田的长毛瑶，稻谷几乎完全栽种粳米，收获时用禾剪穗，还留着大部分的禾秆在田中，收获后灌水入田过冬。禾秆浸腐以后，便成为肥料。此外就很少再施肥了。至于耕山种岭的过山瑶，旱地一般都在高山陡岭上面，除砍山时把割倒的草木焚烧，让它的灰烬留在地上作为肥料以外，以后耕种，就绝少再行施肥。这是大瑶山瑶族使用肥料的大体情况。但因族系和居住地区的不同，彼此也并不完全一致。兹将各族系对农作物的施肥情况分述如下：

（1）茶山瑶施肥情况

茶山瑶耕种水田较多。水稻虽然施肥，但并不是每块田都是如此。例如，绿肥只限于放在秧田和山边的瘦田内，厩肥只限于放在近村田。至于所种山地，则绝大部分不施任何肥料。他们常用的肥料，计有如下的几种：

人粪——人粪作为肥料在解放前是比较普遍的。但金秀等村使用人粪还只是近五六十年的事情。在未用人粪作肥料之前，全村是没有厕所的，大家都认为人粪是最脏的东西。以后有人开始把人粪放在秧田内，结果禾苗长得很好，于是使用人粪的才逐渐多了起来。到了50年代仍限于作为秧田肥料。

牛粪与猪粪——牛粪与猪粪亦为较好的肥料。但对猪牛栏管理不够好，未能经常铺草，而且把猪放出栏外找食，对积肥会有一定的影响。

草木灰——草木灰的来源有二：一为家庭煮饭与烘火所得之木灰；一为上山砍草焚烧取灰。因为草木的来源甚为方便，所以每家一年之中所积的草木灰的数量较多。

谷壳——金秀一带，家里不设便桶，各家多在门内掘一土坑，把谷壳倒入坑内，人便在谷壳上小便，经过相当时间，即可做肥料。

绿肥——绿肥是来源较广、使用普遍的一种肥料。绿肥的使用是将山上割来的巴芒叶，嫩蕨叶和阔叶的山莲叶踩入田中。每年都要割很多的绿肥，其他种类的肥料不够用时，即以绿肥作补充，而且每年各村割绿肥放秧田时有一定的时间限制，在割绿肥的那天，由村里的社老放炮之后，各户才能入山割青。否则，就要被罚款。插秧后割青放田里，则不受此种限制。

茶山瑶虽有以上各种肥料，但数量并不多，他们也不是每一块水田都施肥，只是一些土质瘠薄的田，才放一些肥料。

（2）花蓝瑶施肥情况

花蓝瑶使用肥料的情况还不很普遍，每双禾的田面最多施灰肥20斤，有些田离村过远（最远的有20里左右），挑运肥料费工过多，就少施肥或不施肥。所以有“远田不肥，远亲不顾”的俗谚。花蓝瑶平日使用的肥料有以下几种：

牛粪——牛粪全靠牛栏积蓄，但对牛栏却管理不得当，不能够大批积存肥料，所有的牛粪，在施放前都要加入草木烧成灰烬。这样做主要是为了减轻重量。因为水田离村甚远，运肥花劳力太多，便将牛粪烧成灰来挑运。这样虽可省很多工夫，但肥效却不是很大的。

草木灰——八九月将田边的杂草和树叶烧成灰烬，随即堆放在田边，等到第二年的三四月耘田时，再把它撒入田中。也有在三四月间才烧的，烧后立即施用，但肥力不大。

鸡粪灰——鸡粪灰的数量极少，只是在种烟和种辣椒时才施用。

绿肥——一般是割取嫩的芒草踩入田中，绿肥的应用还不普遍，只是施用于秧田。

花蓝瑶除了使用以上各种肥料之外，人粪尿还不被用作肥料，所以花蓝瑶村落直到50年代还没有厕所。宅边村落到处可见粪便。这不仅浪费肥料，而且也有碍卫生。

（3）坳瑶施肥情况

坳瑶各地区使用肥料的情况是不相同的，据在罗香村了解，该村40年前才开始使用肥料，就是到了50年代，肥料的使用还是很不普遍。他们最常用的肥料有以下几种：

人粪——使用人粪做肥料，只限于那历、平贡、罗洲、琼五等村。这里每家都差不多设有厕所。厕所多靠近于牛栏。将人粪、人尿及畜粪混合在便池内使之发酵，即成水肥。施肥时用桶将水肥挑到田内泼撒。但在罗香、龙军、罗运、上下古陈等地区，直到50年代还没有用人粪做肥料的习惯，所以在这些地区，就连供人使用的厕所也没有，屋旁路侧到处可见到人的便溺。这样不但浪费了可贵的肥料，且对卫生亦有所妨碍。

畜粪——畜粪中有牛粪和猪粪两种，但因大部分的田地离村较远，运送肥料困难，所以在罗香、龙军等地是将畜粪晒干之后再行挑运。在上下古陈则是将畜粪烧成灰。他们虽用粪肥，但对猪牛粪并不重视，村头巷口到处都有，却无人收集。

草木灰——上山砍伐草木就地烧灰，挑运回家，然后泼上开水，使它发酵七八天后即成灰肥。这种灰肥施放在田中最好。但因费工较多，只有个别家庭劳力较强的，才做这种肥料，故使用尚不很普遍。

草皮灰——草木灰是在田边附近，将草连同地皮一齐铲起，就地烧成灰。这种肥料多放在比较瘠薄的田中。

石灰——以石灰做肥料只是在靠近汉区的罗香、那历、平贡等村才用，而且只是在解放前两三年时才开始使用。现在仅有少数人家才用这种肥料，因为当地还未发现石灰石，也不知道烧石灰的方法，所用的石灰都是从远在200多里的汉区运来的，价格昂贵，不可能大量用来做肥料。

（4）盘瑶施肥情况

盘瑶在生产活动中，除了水田要放一些肥料之外，各种山地一般都不施肥。有时只在红薯、芋头、岭禾三种山地作物中施用很少的肥料，而且也不普遍。询问他们不施肥的原因，都说费工夫多，山地种得多，离村远，没工夫搬运肥料。

肥料的种类有人粪、畜粪、鸡粪、草木灰、绿肥等几种。肥料在使用之前要经过一次配制，即将各种粪与草木灰混合在一起，经过10天左右的时间即行发酵，然后堆放在较干燥的地方，以免受到耗损和变质。

草木灰的砍烧多在二三月间进行，因这时正是农闲时候，而且二三月间的草木水分又少，易于燃烧。草木灰还要搅成粉状，才与其他粪类混合。

鸡粪是各种肥料中最好的肥料，一般都是单独使用，但数量很少，所以大都上在秧田中。

（5）山子瑶施肥情况

一般而论，山子瑶在生产中施肥还不很普遍。所种山地，一般都不施肥，只有在水田中才用一些。水田中所用的肥料以牛粪和绿肥为最主要。人粪与灰肥数量极少，只是在菜园内才用一些。

单就用肥料一点而论，山子瑶比长毛瑶还算略为进步。因为长毛瑶用人粪做肥料，有些地区是解放初才开始的，有些地区到50年代还未使用。而山子瑶以人粪做肥料却有较长的历史。

6. 自然灾害

大瑶山农作物的自然灾害，是多种多样的，程度也是比较严重的，而且不论哪个族系和哪个地区，受灾情况都大体相同。各地每年虽然不是所有的灾害一齐都来，但或多或少难免有一两种要来“光顾”，特别是山内地广人稀，林菁深邃，鸟兽甚多，为害极其普遍，而且难于防范。50年代，它几乎成为每年必不可免的灾害，只是程度上有大小的差异而已。此外，还有水、旱、风、虫等灾，也常在不同的地区出现。

（1）兽灾

损害作物的野兽，计有山猪、黄猄、猴子、山鼠、豪猪（刺猬）等，每当作物成熟时，假如疏于防守，就难免不遭损害。其中尤以山猪为害极大，常成群而出，可收2000～3000斤的一块苞米地，一夜就会被它们吃完咬尽。1956年秋末冬初，岭祖农业社和桂田农业社所种的苞米，都被山猪损害2000～3000斤。其次是猴子，极其狡猾，专偷吃苞米，让它来到地里一趟，许多棒子都被它摘下，虽然不能全部带走，却也把作物损害。山鼠不仅啃吃旱地上的作物，最厉害的是在水稻扬花抽穗时，它就游到田里，把禾苗近根处啮断，吮食秆里的甜汁，有时整块稻田的禾苗都被它咬尽。1956年11月间我们到卜泉、低水调查时，当地茶山瑶农民，就曾经诉说猴鼠之灾。黄猄喜吃红薯和竹笋，它不仅害庄稼，还要伤森林。

防御兽灾的方法，有多种多样，常用的都是恐吓法：或扎茅人在田边，或烧火堆在地里，或用竹装弹弓在田地周围，或利用通过水力装置自动敲打的响梆。但是这种方法，最初装置时相当有效，但日长月久，野兽看惯听惯，就失其效用。最有效的方法，只有在地边搭盖棚厂，晚晚派人持枪防守。但这费工太多，且晚间不能熟睡，于身体健康和次日劳动都有影响。

1956年，石门村山子瑶的庄稼，受兽灾极重，据说损失岭禾2200斤，苞米2500斤，六谷2000斤，木薯300斤，合计在7000斤以上。当地瑶族，因损失过大，有的不愿在此居住，纷纷迁往他处。由此可知兽灾的严重程度了。

（2）鸟灾

伤害庄稼的害鸟，有乌鸦、野麻雀（种类不一）、山鸡（雉）、鹏鸡、竹鸡等。它们主要是偷食谷类作物的种子和成熟的谷粒。其中以乌鸦为害较大。它们往往在苞米成熟而农民因工忙未收的时候，成群地飞入地里，啄断棒子，搬到石崖缝隙里储藏，作过冬的食物。

防御害鸟的方法，和防兽大致相同，多用扎茅人、装响梆之类。

（3）水灾

大水不仅能冲毁水田，也能冲毁旱地。接近河溪的耕地，如遇暴涨的洪水，严重的往往连田土都尽行铲去而堆满砂石，以后不能再耕；轻微的也会把作物淹死或冲走，使当年产量减少或无收。旱地多垦在斜坡上，如遇大雨，严重的使山地整片崩塌，或把耕松的泥土冲走；轻微的，也往往把刚播下的尚未发芽的种子或长根未稳的幼苗冲走。1950年夏季雨水过多，仅六眼（山子瑶村）、古六（盘瑶村）两处，就被水冲坏产量300担的田版。由此可见水灾之烈。

（4）旱灾

大瑶山水源丰富，且不易枯竭，大多数的水田就有水利灌溉。没有水利灌溉的山地，又以山内林木蓊荫，空气湿度较大，晚间露水甚大，也可滋润禾苗。这虽然是当地一个较优越的自然条件，但缺水的田也还不少。如遇天旱，不但这种稻田往往失收，即是山地作物，也将枯萎或生长不良。1956 年秋冬两季无雨，山内普遍干旱，以致造成减产。如六眼村有年产 20 担稻谷的田版，颗粒无收，便是一例。

（5）风灾

在水稻旱稻扬花或已熟的时候，如遇 5 级以上的大风连续吹两三天，便要成灾。前者使稻不能受粉，后者使谷粒摇落，不能收回。此外，苞米结棒后，如遇大风，往往翻根倒伏，使棒子谷粒不满。这种灾害虽然不常有，如果偶然碰上，也仅限于某些地区。不过，这种灾害往往是十分严重的。据瑶族老人们说："谷子熟了，遇到吹大风，就是把我们端到嘴边的饭也抢了去！"

（6）虫灾

大瑶山的气候，纵然是夏季，晚间也往往很凉，虫灾是不多见的。即使发生，也不如山外的严重。螟虫、稻包虫等虽然也常有，但危害不大。据老人们说，只是遇上水稻红叶，往往灾区较宽，但极其少见，据说在清光绪三年（1877），金秀曾发生一次，但后来又复转青，并未遭受严重的失收。蝗虫也极少见，仅咸丰二年（1852）曾在岭祖地区发生过。

瑶族对于虫灾，无任何防治方法，唯一只有求神，他们每年旧历六月，多数地区要做"保苗"的仪式，八月新谷扬花抽穗时，就要抬刘大娘神"游垌"，或者做"赎禾魂"的祈祷。据老人说，金秀光绪年间的禾苗红叶和岭祖咸丰年间发生的蝗虫，都是靠抬刘大娘"游垌"才把害虫消灭的。

（二）生产关系

1. "山主"与"山丁"

大瑶山瑶族各族系，在生产方面分为"山主"与"山丁"的租佃生产关系。"山主"即为茶山瑶、花蓝瑶与坳瑶三族系，也就是汉族所称的长毛瑶。盘瑶与山子瑶则属于"山丁"，"山丁"也称为过山瑶。

"山主"在瑶山中占有全部最主要的生产资料——水田、山林和河流等。"山丁"除了最简单的生产工具之外，则一无所有（这种情况在近 40 多年来也有改变，详情见后），无论是砍山种地或者是住屋的地基，甚至就是到河内捕鱼以及在森林中采猪菜都得向"山主"纳租。以往"山丁"是受剥削受压迫者，而"山主"则是剥削者与压迫者。这种剥削与压迫是通过租佃关系实现的。

"山主"与"山丁"是历史上形成的，在盘瑶中到处可以听到这样的传说：

"我们盘瑶先来瑶山，他们长毛瑶是后来的。我们是过山瑶，斩木根、吃木尾，只种山不种田，吃过一山又一山。等我们回转来的时候，长毛瑶就把山都号完了，要我们盘瑶给他们交租，以后他们就成了'山主'，我们变成他们的'山丁'"。

然而，长毛瑶却有另外一种相反的传说：

"我们长毛瑶先来瑶山，来到瑶山后就号山开田。盘瑶是后来的，盘瑶来的时候，山都被我们长毛瑶号完了，他们只得向我们批山来种"。

此外，长毛瑶也有一种与盘瑶相同的传说：

"盘瑶先来瑶山，他们是过山瑶，斩木根、吃木尾，吃完一山过一山，只会种山不会种田。我们长毛瑶是后来瑶山的，来到瑶山后就号山开田，山都被我们号了，以后盘瑶就得向我们批山种”。

从以上“山主”与“山丁”双方不同与相同的传说中，可看出“山主”与“山丁”的形成取决于两个事实：一是谁先来瑶山的问题；另一个问题是由于过山瑶的生产技术落后，长期不能定居下来而未能占有土地，所以变成了“山丁”。但是究竟哪一个族系先来瑶山？而“山主”与“山丁”形成的具体过程又是怎样？这两个问题还有待进一步的考证与研究。

作为“山主”的茶山瑶、花蓝瑶和坳瑶，既占有很多的山，又占有很多的田，从入瑶山以来都是以种田为主的，所以“山主”各族系能够很快定居下来。在生产技术上也比过山瑶较为进步，在生活上当然也较为富裕。这一点就是在饮食和居住方面都可表现出来。

现在长毛瑶绝大部分村落都是他们祖先进入瑶山时建立的。从传说中得知长毛瑶进入瑶山开田号山、建村立社之后，就很少移徙过，而是从来就定居一处的（遭受封建王朝武装压迫时期除外）。

过山瑶因为是砍山种地，而且在生产上又还是“刀耕火种”的落后技术，在一个地方居住不久，当所耕种的土地地力耗尽之后，就得迁居别处，另找新地耕种。由于这种生产上的特点，过山瑶迁居的现象是非常普遍的，如坤林村的赵成球 1957 年只有 38 岁，然而他已经搬了三次家。在瑶山的调查中可知过山瑶的村落有很多现已不存在了，而很多新的村落又不断出现。几乎所有盘瑶村落的历史都不是很久的，最多大约只有六七代人的历史。同时这种村落又都不是很大的，一般的村落只有 6～7 户人，10 户人家的村落就算很大了，而共和乡的坤林村（25 户）和六定乡的仙家漕村（26 户）在我们调查中得知是全瑶山最大的两个盘瑶村落。

2. 生产资料占有情况

(1) 茶山瑶生产资料占有情况

茶山瑶在大瑶山的“山主”中所占有的土地，不但数量最多，而且质量也最好。在本族系之内，阶级的分化也最为显著。除了与“山丁”之间存在着经济剥削之外，本族系内部由于贫富的悬殊也存在着较普遍的剥削。现将我们所调查过的茶山瑶地区阶级情况列表于下：

乡别或村别	阶级成分	户数	备注
六拉乡	地主	9	1. 本乡包括金秀、白沙、六拉、昔地 4 村。 2. 雇农多系迁居当地的汉族。
	富农	10	
	中农	87	
	贫农	68	
	雇农	25	
长二乡	地主	7	1. 本乡有汉族 2 户，壮族 1 户。 2. 本乡有长二、长滩、在保 3 个自然村。
	富农	9	
	中农	29	
	贫农	85	

续表

乡别或村别	阶级成分	户数	备注
滴水村 容洞村	地主	4	滴水、容洞两村只一河之隔。
	富农	7	
	中农	33	
	贫农	9	
岭祖村	富农	4	本村包括大村、仑崩、仑根、九龙4个自然村。
	中农	19	
	贫农	23	
	雇农	1	
三片村	地主	1	
	中农	3	
	贫农	21	
罗梦村	中农	8	
	贫雇农	26	

从上表可看出，在茶山瑶内部，各个地区阶级分化的程度也是不同的。六拉乡、长二乡、滴水村等地区比较富饶，所以阶级分化也就明显。而在罗梦等地区因土地贫瘠而数量又少，阶级的分化也就不很显著。

地主所占的土地最多，大约每户地主都占有500~600双禾的田面；贫农只占有数10双田面。也就是说贫富之间所占有的土地相差10倍左右。缺少土地的贫雇农，只得从地主、富农那里租佃田地以维持自己全家的生活。

不过，在茶山瑶内部，水田、山地与河流这三种生产资料的占有是不同的，现分别叙述于下：

①水田的占有情况

水田绝大部分都是属于各个家庭私有，只有很少一部分是全村或者数户公有。根据土改时的材料，滴水村全村共30多户，共占有水田12 162双，其中有1000双是全村公产，186双为数户所占有的公产。可见两种公产总合还不到全部水田的1/10。

在私有的水田中，地主和富农又占很大一部分，他们将所占水田的大部分又出租给本族系的贫苦农民或者过山瑶，然后收取大量地租。不过在茶山瑶各地，因为土地相当分散，有些水田离村过远，不便耕种，一些中农甚至贫农也都有出租土地的现象。他们从地主富农那里租到了田，同时又将自己占有的田租了出去。这种租入和租出同时存在的情况，主要还是由于土地分散所造成的。

②山地的占有情况

茶山瑶除了各家所占的私有水田之外，同时还占有广阔的山地。往往一个村落所占有的山地连绵数十里，如金秀、六拉等村所占的山地远达60~70里之外。其中分为数村公有、一村公有、数户（房族）公有和一家私有4种形式。共同占有一个公山的各个家庭，大都是同一祖先的后代。但由于山地转卖的关系，也有不属一姓氏而共同占有一山的现象。这些虽然没有精确的统计数字，但是在全部的山地中，私人占有的形式还是少数，大部分的山地为各种形式的公有制。

在茶山瑶内部，山地一般是无人租佃的，这是因为他们在生产活动中，最主要的还是耕种水田，山地的种植是极其不重要的。而且几乎每个家庭都或多或少占有一些山地。只有在进行副业生产时，有时需要租些山地。例如生产香菇时，往往要租一部分公山或私山。因为生产香菇要砍很多的树木，这是不能任意砍伐的。其他如种香草，因为用地不大，每人都可在公山中随意选地下种。然而副业的生产都是在老山进行的，所以租佃山地也只限于老山，而那些芒山和茅草山则根本没有租佃的情况。

茶山瑶所占有的山地，除一部分老山留作副业生产之外，大部分的山地都是批给过山瑶的。

对公山的管理，一般都是由社老或甲长负责的。数户占有的公山则由数户中公推一人管理。社老与甲长除了负责公山出租时的手续之外，公山每年所收的地租也由他管理。这些地租在平时很少分配，大都用在祭祀祖先或作宗教仪式的用费。

各个被占有的山地之间，都有一定界限，有些是以自然的地势或自然物做山界，如小冲、分水岭或石基、古树等。也有些是以堆叠大石做山界。这些山界都是很早就一代一代流传下来的，任何人不得侵犯。

③河流的占有情况

大瑶山所有的大小河流，都被长毛瑶各族系全部占有或者是分段占有。其占有形式，亦分数村公有、全村公有、数户公有和一家私有等。例如金秀河就是被金秀等10村分段占有的，过去彼此都不得越界捕鱼。这些河流，除较近的用来捕鱼之外，那些较远的小河大都租给过山瑶。过山瑶虽然每年都出河租，但捕鱼仍要受到限制，只能用网、罟、钩竿等工具捉捞，而不能用药物毒鱼。过山瑶如果在未经出租的河流中捕鱼，一经山主发现，即受重罚。总之，大瑶山所有的土地及土地上的一切自然物，都被长毛瑶占有，过山瑶在一切生产活动中都要受到剥削与压迫。

（2）花蓝瑶生产资料占有情况

花蓝瑶也是“山主”中的一个族系，在生产资料的占有和管理方面与茶山瑶大致相同，但其内部的阶级分化程度却没有茶山瑶那样悬殊。就其整个族系而论，没有地主，最富有的家庭只是富农而已。雇农在花蓝瑶内部也是没有的，一般都只是中农和贫农。现就我们调查过的三个花蓝瑶村落，其阶级分化情况如下表：

项目 数量 地区	富农		中农		贫农	
	户数	人口	户数	人口	户数	人口
六巷村	2	14	9	43	24	111
门头村			8	44	20	114
龙华村			4	18	17	61

六巷村是花蓝瑶的中心地区，占有生产资料也比较多，但全村没有地主，只有富农两户。其住区接近茶山瑶而自然环境又较差的村落，如龙华、南洲等村，阶级的分化就更不显著，一般只有中农与贫农。

花蓝瑶所占有的生产资料，除广阔山场外，在其山场范围内所辟的水田与自然河流都为其内部各村所有。

水田占有形式与茶山瑶类似，都是由各个家庭私有。又因水田的集中度不高，所以虽然内部存在租佃关系，但一般出租数量不很大。其中也有一部分出租给过山瑶，这大都是质量较差离村又远的田，因不便自耕才出租的。如在瓦厂乡红台、大桥河两边居住的盘瑶，就租佃了一些花蓝瑶的水田。

山地的占有亦存在着数村共有、一村公有、数户共有以及各家私有四种形式。大体而论，凡是各村周围一定范围内的山岭都属本村所有，且各划有界限，彼此不相侵越。有时各村占有的山地之间，也存在着犬牙交错的现象，这主要是彼此转卖而形成的。凡是靠近各个占有范围边缘的山地，多属数村或一村公有；凡是靠近村的中心地带，多为私人占有。如以一座山而论，半山腰以上的多属公有；近山脚的多属私人占有。总的来说，公山的质量不如私山的质量好。现将门头、黄桑两村所占有的山地情况略述于下，可见一斑。

门头村有28户，黄桑村有15户，两村合计43户。两村相距约有8里。所占有的山地，东西约60里，南北约50里。与附近花蓝瑶所占有的山地相比，门头、黄桑两村所占有的数量是相当可观的。它的四至界限大致如下：

东至盆架村（山子瑶村）与六巷村所占有山地分界；西至洛西河西面的项冲尾止，与大樟壮族住区分界；北面到枫木界附近的古盆冲口，与古浦村所管的山地古浦冲为界；南面一直到洛西河尾的洛西坳止，与桂平县三江区分界；东南直到六庙附近的藤界山与平南县邓塘水境分界。

门头村在上述范围内占有的山场情况如下：

东以盆架以东的水车田岭脊与六巷村山场分界，距本村约20里；西以下灵村下山脊与黄桑村山场分界，距本村约8里；北以村后山脊与黄桑村占有的古盆冲分界，距本村约2里；南到藤界山与平南县为界，距村约25里。

在上举的山场中所有的河流，亦属山主所有。河流界限的划分，是与所占山场的界限完全一致的。即山地占有到哪里，河流占有也到哪里。河流中生长的鱼、蛙，全属于山主，别人不得任意捕捞。河流的占有亦有公有与私有之分。如洛西河与古盆冲，属门头、黄桑两村公有；大桥河与黄钳河下段，则为门头一村所公有。最大的九十三河，从水车田山脊脚下，直到门头村止，属门头村占有，其中各户又各分占一段，并有一定界限。九十三河从门头村顺流而下到枫木界西侧的古盆冲口止，则为黄桑、门头两村占有，其间亦分段为各户占有。

据此可知，花蓝瑶的山地从很早以来即界限分明，各村都有一定范围，分别管理。花蓝瑶所占有的这些山地，本族系是不砍种的，几乎全部都批租给居住在这范围内的过山瑶垦种。山界内小河，有些也是租给过山瑶，任他们在规定的条件下捕鱼。

（3）坳瑶生产资料占有情况

坳瑶亦为“山主”的一个族系，除占有水田之外，还占有大量的山场与河流。罗运与上下古陈等村的坳瑶，因为水田较多，所以很少有人砍种山地。只有在罗香及其附近几个村落的居民，才砍种山地较多。

坳瑶所占有的水田，绝大部分都为各个家庭私有。在整个族系之内，还没有出现地主，而仅有极少数的富农。罗运与罗香是坳瑶最大的两个村落，一共只有两户富农，不过富农与贫农所占有水田的数量，相差还是比较大的。如罗运村的富农盘达芝，即占有水田750双（约合37亩），而穷困的贫农，一般只有数十双的禾田。占有水田最少的盘柏芝只有40双

（约合2亩）。可见贫富之间所占有的水田相差十几倍之多。中农一般所占有的水田都在300双左右。

坳瑶内部亦存在着水田的租佃关系，不但富农出租水田，就是中农也有不少出租水田的现象。这是由于有些田离村较远，不便于耕作的缘故。不过在古陈、罗香等村，私人把水田出租则是少有的现象，只有罗香村赵姓有个公堂，占有水田甚多，才租给别人耕种。

山地的占有形式方面，茶山瑶与花蓝瑶相同，有数村或一村占有的公山；有数户占有的公山；也有各个家庭单独占有的私山。数户占有的公山，大都是共一房族血缘相近的几个家庭所共有。在罗运村所有的山地中，估计数村的公山约占半数以上，这些山差不多都是距离本村较远的芒山或草山。数户占有的公山约占总数的1/3，且多为较近的老山或青山。私山的数量最少，但多属于离村较近而质量较好的山地。

坳瑶在以往是不出卖公山的，但在解放前赌博之风由汉区传入瑶山，这种恶习在罗运村曾经盛行一时，部分瑶人由于赌博而倾家荡产，最后有些人就把自己所占有的一份公山转卖给别人，甚至有卖给汉族的现象，因此，部分公山又转变成为私山。

在瑶山各个族系与村落所占有的山地很多都是犬牙相错的，往往由于争夺山场而发生流血械斗事件，如罗运坳瑶曾与六团村花蓝瑶因争夺牛塘界（地名）的牧场，曾发生过两次械斗。又如罗运村有12家同族的人，曾与寨村、六俄两村的坳瑶，争持一块小洼地，就引起了一次械斗。至于私人山界的争执，更是不胜枚举。

除了占有山地之外，坳瑶也同样占有山界内所有的大小河流，情况与茶山瑶、花蓝瑶相同。

（4）盘瑶生产资料占有情况

盘瑶处于“山丁”地位。大瑶山最重要的生产资料土地，都被长毛瑶所占有。盘瑶所使用的一切土地，都要从长毛瑶那里用高额的地租租批而来。在生产资料中，盘瑶只占有自己所必需的生产工具，如锄头、镰刀、刮子之类，耕牛就是极其少有的了。这是因为盘瑶多数都种山地，山高岭陡，且生产技术落后，故在生产中很少使用耕牛。

不过，这种土地占有情况，自民国初年之后，特别在国民党统治瑶山之后，也开始有些改变。在个别的地区，长毛瑶所占有的土地，有一小部分转卖给盘瑶。如在共和乡坤林村的盘瑶，解放前，即从金秀、昔地、罗梦等村的茶山瑶手中买了一些山地和水田。又如三角乡甘冲村的盘瑶共有22户（其中贫农14户，中农8户），在解放前即有7户买有水田。赵朝明和冯元印两户各买有30担的水田（每担产量100斤）。不过这在瑶山的盘瑶中，就算很突出的例子了。

“山主”卖给盘瑶的水田，都是面积很小质量很差的梯田。这种水田，绝大部分原来都是盘瑶自己在“山主”所占有的山地中开垦出来的，而“山主”所占有的面积大的田，盘瑶是根本无法买到的。

盘瑶除了从“山主”那里买到一些小块的梯田之外，也有在山外的汉壮两族地区买水田的。这种水田的买卖主要是在灾荒之年，汉区的人无法度日才将水田转卖给山内的盘瑶。在山外所买的这种水田，因距离很远，不便于耕种，一般都是出租给当地的汉族或壮族。不过，盘瑶在山外占有水田则是个别地区的情况。

盘瑶所买的山地，都是数户甚至数村合伙共买的。这是因为“山主”在出卖山地时是要将整片的山场同时出卖，高昂的地价，绝非一两户贫苦的盘瑶所能买得起的。山地买好之后，再将山地分成若干等份，每一份地面积的大小、质量的好坏、位置的高低都要搭配均匀，然后再用抽签的方法，决定各户所应占有的那一份。如果因为地形的限制，实在无法使每一份土地在数量与质量方面绝对平均的话，则须在数年之后再来一次调整，尽量做到合理使用。

山地以外水田的买卖，都由各户单独进行。

总之，以上所说的购买山地和水田的事情，在贫苦的盘瑶中也只是个别的现象，而一般的盘瑶，则是既无田又无地的贫苦农民。他们所使用的土地，全部要从“山主”那里批租而来。

如果从阶级成分上来看，盘瑶绝大部分都是贫农，就是中农也是非常少的。在我们所调查过的地区，以及我们从侧面所了解到的，整个大瑶山的盘瑶之中，仅有木山乡李荣保一户是地主；此外，双合乡的郑进明及三角区有两户是富农，其余全为贫农和中农。这些仅有的地主和富农，又因为他们都与汉族的地主军阀相勾结，曾经镇压或剥削瑶族人民，才使得他们在经济上处于剥削地位。如李荣保在解放前号称“瑶王”，是国民党政府在大瑶山瑶族中的忠实代理人。郑进明则是蒙山县大地主温善初剥削瑶族人民的爪牙。

盘瑶在生产资料的占有方面，除了一些简单的生产工具之外，是一无所有的，所以全家的生活资料都要靠自己的辛勤劳动而获得。于是就存在着这样一种情况：凡是劳动力较多的家庭，经济情况就好一些，很多的中农都是由于家中人多力强生产较好的缘故。现将桂田、瓦厂两乡及坤林村三地的盘瑶各阶层每户平均的人数（1957 年）列表于下，即可表明这种情况：

项目 地区	成分	户数	人口	每户平均人口	备注
桂田乡	中农	2	29	14.5	
	贫农	76	468	6.15	
	雇农	2	7	3.5	
瓦厂乡	中农	18	99	5.5	本乡总户数中有 18 户汉族
	贫农	137	650	4.7	
	雇农	15	38	2.5	
坤林村	中农	7	53	7.6	
	贫农	18	102	5.6	

由于劳动力在盘瑶的经济生活中占有极重要的地位，所以他们的人口增长，不但不像长毛瑶那样受到严格的限制，反而得到鼓励。杀婴与堕胎的现象是很少有的。有些人口较少的家庭，还要从山外的汉区收养儿童作为自己家庭的成员。我们在调查中经常会听到这样的谈话：“我们盘瑶族是靠人吃饭的，人越多越好。我们生多少就养多少”。

盘瑶是大瑶山人口最多的族系，从上面的情况看来，就可看出他们人口增长的秘密了。

（5）山子瑶生产资料占有情况

山子瑶与盘瑶同处于“山丁”地位，不占有任何土地。无论是水田或山地，都得向长毛瑶租佃。不过就发展情况来看，山子瑶在经济上的状况比盘瑶稍微好一些。因为在山子瑶之中的古范、六眼、新村、旧村、大漕口、古占等村的居民，都占有一些水田。尽管他们所占的水田数量并不很多，但作为贫苦的“山丁”来说，已可看出他们的经济地位是在逐渐地好转。以上所举占有水田的6个村落（这六村只是就我们在调查时所了解到的），已占了整个山子瑶的1/4到1/3的地区。而在盘瑶中占有水田的地区是极为个别的。

在很早以前，山子瑶购买水田是要受到长毛瑶严格限制的，只许他们买些劣等的小块田。据说，在光绪年间，大漕口村的一个山子瑶买了20担谷的水田（当地田亩面积以担计算，每担田产量约100斤），后来被茶山瑶知道了，即用钱从山子瑶手中将田强赎回去。大约到了民国以后，这种情况才开始有所转变。尤其在抗日战争期间，由于时局混乱，广西又逢虫灾和大旱，有些村落的山子瑶才乘机买了不少的水田。如在旧村共有山子瑶11户，其中有6户占有水田，占有的数量如下（水田单位与六眼相同，是以所产的数量为单位的）：

姓名	占田数（担）	姓名	占田数（担）	备注
邓道门	25	邓八见	10	
刘毛启	25	黄志良	5	
黄瑞成	30	冯强茂	5	
合计	100			

山子瑶虽然开始出现了占有水田的现象，但是所占有的数量还不多，如果仅仅依靠自己所占有的一些水田，是根本无法维持全家生活的，还必须向山主租佃大量的山地垦种。也就是说，他们还没有摆脱“山丁”那种被压迫和受剥削的地位。

以上所举占有水田的6个村落，都是住于瑶山的西北部，而散布于瑶山中部和西南部的各个山子瑶村落，则与盘瑶的情况不相上下，很少占有水田，甚至不占有任何土地。

除了以上所述土地占有情况之外，所有一切生产工具都是归各家私有。耕牛的数量很少，这是由两种原因造成的：一方面是由于山地和小块水田不便于用牛耕作，使用价值很小；另一方面则是生活贫困的关系。除耕牛之外，其他生产工具都从汉区购来，而且在数量上也并不缺乏，每一劳动力所使用的生产工具差不多都有。

3. 租佃关系

（1）茶山瑶的租佃关系

大瑶山最主要的租佃关系存在于“山主”与“山丁”之间。在茶山瑶地区的“山丁”有盘瑶和山子瑶。“山丁”向“山主”批租山地时，一般都要经过立写契约和请酒等手续。“山丁”少地砍种时即到“山主”的家内请求批地，如果山主同意的话，即可约定日期立写契约。在立写契约的时候，一定要由“山丁”备办一餐酒席请“山主”饱吃痛饮一顿，这早已成为一种必须遵循的俗例，任何“山丁”都是不能避免这种种地前的剥削的。

关于所立写契约的形式，兹举一例，以见一斑：

立字山批人系永宁乡金秀村全胜祝，将祖公遗下山场地名座（坐）落贰拾屯山一所，左边同陶国钧以岭为界，右边同苏胜处照岭为界，上至通顶以大岭分水为界，下边至冲底大路为界，四处山界分明。承批人系古卜乡强仰村冯成品、冯荣广，二人问到金秀村全胜祝，发批贰拾屯一所。山丁耕种，每年山租系作三份分，山丁占贰份，山主占壹份。三人言定，任由山丁反刀复斩耕种。限至拾伍年为定满批。上边竹山不许放，山丁取笋每年盐租大年四斤，小年二斤为定，此后限至拾伍年退批。恐口无凭，立字为据。

成　品

承批人　冯

荣　广

发批人　全胜祝亲笔。

中华民国三十五年二月初五日立山批

在租佃关系中所存在的地租形态，茶山瑶地区以及整个大瑶山都是非常错综复杂的，不但有实物地租与货币地租，并且还有劳役地租的残余。同时在每一种地租形态之中，又有各种不同的形式，有时各种地租形态又混合在一起。现将各种地租形态，分述如下：

①实物地租的各种形式

“种树还山”：

“种树还山”是“山丁”批到山地之后，不交其他的地租，只把垦种的山地上种满树木，交还给“山主”，“山丁”批到山地后大约在砍种之后的第二年开始种树，以后即在树苗中间种农作物，等到树木长高了，地力也耗尽了，再也不能种植农作物时就把山与树还给山主。

“种树还山”这种地租形式，大都在瑶山的边缘地区或较大的河流附近才会存在。因为这些地区运输条件方便，所种的树成林后即可运销山外，例如岭祖、六定、六段、滴水、门头、黄桑等地都存在着这种地租形式。

“种树还山”所种的树绝大部分都是杉木，而且在“山丁”种树时“山主”还要检查一次，每棵行株距大约要在5尺左右，如果种得太稀或者是有些树苗未能成活，“山丁”还得补种，太密则要疏苗。也有种茶油、桐油树还山的，不过这种现象较少。

有的采用这种租佃形式的地区，除“种树”之外，还要缴纳一定数量的实物或货币，有的树苗却由“山主”自备自栽，“山丁”只负护理的责任。例如门头、黄桑一带的花蓝瑶，租山给附近盘瑶和山子瑶垦种时，则多采用“大批”的形式，即“山丁”一次性交给“山主”猪肉若干斤或银毫若干元，作为地租。等到“山丁”把荒山开垦之后，“山主”即自备苗木到这片山地上栽种。“山丁”以后种农作物，必须小心护理这些树木，遇有伤损，均须补种赔偿；如损伤太多，“山主”即认为“山丁”故意破坏，还要遭受处罚。这种地租形式，前者剥削更为严重，后者则护理树木的劳动，又成为“山丁”所受的一种额外剥削。

这种“种树还山”的地租形态，实际上是剥削“山丁”的劳动力，故也可把它当作劳役地租看待。

分租制：

分租的方法是将全部的产量由“山主”与“山丁”按一定的比例分配，其中有三分租（主一佃二）、二八分租（“山丁”得十分之八，“山主”得十分之二）、三七分租等三种情况。

凡是这种分租制的山地，在收获前“山丁”不能私动一颗一粒，否则即要受到山主的处罚。收获的前几天，一定要通知“山主”，以便临场监视，所收之谷物当场分好，“山主”所分得的地租，还得由“山丁”挑送到家内。有时“山主”的家远在数十里之外，而且山路窄陡难行，所以送租对“山丁”是一项很繁重的负担。

分租制在各地都有，这种地租形式的剥削是非常明显的。

定租制：

定租就是把租额在议租立契时就固定下来，以后即按双方所同意的租额交纳。租额的多少，是根据所批的山场的大小好坏由双方决定的；例如约在民国三十二年（1943）的坤林村盘瑶批金秀全法清等5家的古坪山，租额为苞米15 000斤，租期为5年。这种方式，瑶族称之为“大批”。

在批租山地时，租期都有一定的年限，到了规定的年限即将山场还给“山主”。这种定租的租额一般都是一次性交清，有时因为数量过多，不能一次交足，也有规定分期交租的情况。定租的租额既然是在立契时规定好了的，那么无论是丰收或歉收都得照约交租；有时甚至颗粒未收，地租也丝毫不能减免，要是地租不能按期交纳，则要受到山主的处罚。过去曾经发生过这样一件事情：

桂田村赵如府（盘瑶）的父亲，曾经批了昔地村苏扶降的一块山地，规定第一年地租交苞米1600斤，第二年交1000斤，第三年交800斤，但从赵家到所批租的山地劳动时，中间一定要经过苏扶降装鸟盆的老山。旧历八九月，正是装鸟盆的时间，也正是山猪危害作物最厉害的季节。苏扶降因恐惊走鸟雀，便不准赵经过他的老山去看守山猪，结果所种的苞米全被山猪损害，颗粒未收。赵无法交租，也不敢向“山主”说明原因。“山主”苏扶降即认为赵是有意抗租不交，便罚赵东毫36元，同时当年应交的800斤苞米还要照数交足。赵逼得无法，只得将他的儿子卖到别家去入赘，将所得的身价银交给山主作为罚款。另外又借800斤苞米抵交当年的地租。这一事实表明，“山丁”往往用剜肉补疮的办法忍痛交纳“山主”的地租与额外剥削。

②货币地租

定租制：

货币的定租制与实物的定租制在形式和实质上是相同的，其立约交租等手续亦并无两样。这种地租形式以金秀、白沙、昔地等村“山主”出租山地时为最多。共和乡各村的盘瑶在以前所批这些村落的山场，货币地租就是较多的。例如1943年坤林与坪山两村的盘瑶，批金秀、白沙两村公有的花平山（老山），租金为东毫1500元，分5年交清，租期为26年。

又在1942年左右，坤林全村批昔地村苏德富的上段山（老山），租金为东毫2200元，分3年交清，租期为15年。

这些货币地租大都是因为山场距“山主”家较远，而交实物地租甚为不便。其次则是山地都是种杂粮，如以实物交租，这种粮食在占有大量水田年收稻谷很多的山主是不大需要的。

“山丁”以户为单位交纳货币租。有些地区的“山主”是要“山丁”以户为单位纳租的，不论一户有多少劳动力，也不论一户能种多少地和种些什么，每年每户都交一定数量的货币租。只有茅草山才可能有这种地租的形式。实行这种地租形式的有以下各地区：

桂田乡各村盘瑶所种滴水、容洞两村的茅草山，每年每户向“山主”交银币16毫和酒肉各一斤。“山丁”连续自送两年租，第三年“山主”便要每家一人来收租（因山场是滴水、容洞16户公有），“山丁”则备办酒席招待。这种做法，“山主”名义是来收租，实际则是来吃酒的。

此外，美村与孟村茶山瑶出租给现在长洞区与三角区的盘瑶、山子瑶以及少数汉族的茅草山的地租，是每年每户收东毫一元。

这种地租虽也立有契约，但是一般不规定租期，任凭“山丁”垦种多少年多少代都可以。

③劳役地租的残余

在实物地租与货币地租之中，还残留着少量的劳役地租。这种劳役地租往往是“山主”每年在春插和秋收农忙的时候，“山丁”要给“山主”做几天无偿的劳动。有时是在立契时规定了的，但有时则在契约中无明文规定。例如：在40多年之前坤林、强仰、马安、田坪4村数十户的盘瑶共批金秀村龚扶瑶、龚扶旁的长岜山（老山），除交苞米1600斤之外，还出了40多个人工替山主修建房屋。

④各种地租形态的混合地租

在实际的租佃关系中，往往有各种地租形态混合在一起的现象。有时在地租中既有实物地租，也有货币地租；有时三种地租形态兼而有之。这是很常见的现象，例如：

1945年，坤林村盘瑶批租昔地陶凤长的一块老山，地租是600元东毫及3000斤苞米，限一年内交清。

1945年，坤林又批租昔地村苏扶敦的一块老山，地租为500元东毫及1400斤苞米，限两年内交清。

1946年，桂田、古倍、社冲3村盘瑶批租六拉、昔地的4户占有的一块公山，租期为20年，地租除1400元东毫外，每年还要交16斤鸡。

1946年，桂田、长洞尾、大厄3村有14户（共20多份）盘瑶，批租六拉村刘公团一块老山，地租除710元东毫外，每份每年给山主做一工的无偿劳动，同时每年的收获还得二八分租。

（2）花蓝瑶的租佃关系

花蓝瑶因阶级分化不很明显，在本族系内贫富差别不大，所以剥削关系也不多。但花蓝瑶与茶山瑶同样是“山主”，同样占有很多的山场与河流，这些生产资料都是出租给过山瑶而征收各种地租，地租形态也是多种多样的。现将各地区的地租形态分述于下：

①六团、丈二、龙华等村的地租形态

六团、丈二、龙华位于瑶山中部，与茶山瑶的滴水、容洞等村相近，地租形态方面与茶山瑶是大同小异：有三分制地租，也有以“山丁”的户为单位而收租的。以上花蓝瑶村在地租形态方面虽略有不同，不过都以三分制的地租最为普遍。“三分制”瑶族称为“做三分”，即主一佃二的分租法，其各项规定完全与茶山瑶的相同。

有时三分制的地租也和其他地租形态混合在一起，盘瑶庞德秀曾批租丈二村祝伍文的一块山地，除了三分制的地租之外，每年还给“山主”劳动3天。田头村所批龙华的山场，地租亦为三分制以及每年每户给“山主”做两天无偿劳动。

除以上的实物地租与残存的劳役地租之外，也有货币地租的存在。例如1925年时，田头村16户盘瑶批租丈二村的一块公山，地租为东毫240元，租期33年。在这次批山中，“山丁”遭到了额外加租剥削。因为在批山后的第三年，田头16户盘瑶中有6户迁了出去，后来又有7户搬了进来。“山主”即以此为借口，要另行规定地租，结果每年又加租20元才算了事。

有时“山丁”是以户为单位向“山主”交纳货币地租的。桂田乡社冲村盘瑶所批龙华的茅草山，地租是每年每户交银币12毫。

②黄桑、门头两村的地租形态

田租：

黄桑、门头两村花蓝瑶有些水田也出租给盘瑶。这些都是边远的梯田，因为自己无法耕种，所以才租给住在水田附近的盘瑶耕种。水田的地租有以下几种：

货币地租：出租水田而收货币地租，是较普遍的。在瓦厂乡红台、洛西河两岸的盘瑶所租的水田都采用这种地租形式。例如新村共有6户盘瑶，每户都租种一些水田，而且全部都是货币地租。该村黄文香租种50斤种子的田（约产稻谷2000斤），每年要交地租银币73毫。一般每双禾田（约产谷20斤）的地租大约是半毫或稍多一些。

这种货币地租，有时可用猪肉抵交，也可以工代租。这主要是看田主的需要决定的。

劳役地租：劳役地租都是在距"山主"较近的地方才有的。例如河岔村的黄文才开了门头村胡公架10斤谷种的荒田，规定三年之后开始交租，地租为每年给山主做15个劳动日的田工。

在水田地租方面也有"做三分"的，不过并不常见。

山租：

六巷河下游近河两岸和大桥河河尾的山场属于黄桑、门头两村花蓝瑶私有。在这些山场上的盘瑶村落计有河岔、回龙、公照、上六庙等。山地地租形态有货币地租与劳役地租，不但种地租山要交租，就是每村所占的屋地也要交租，甚至吃水、打柴、采猪菜、捕鱼、打猎也毫无例外。

河岔村所批的山完全是劳役地租，因河岔距黄桑、门头较近，劳役地租较方便。地租的多少以所租山场大小来决定，例如该村赵成福，租门头胡公鼎一块可点种200斤种子的岭禾的芒山，地租为每年6个工日。同时每家"山丁"每年还得请"山主"吃一次酒，最后还得"种树还山"。"山丁"住屋的地皮租，每户每年交4毫，吃水每户还得交2毫，在河内打鱼、上山打鸟兽、打柴、采猪菜等则交鸡两只。

回龙村盘瑶所批的山有货币地租，也有"种树还山"的劳役地租，住屋的地皮与吃水打鱼等项，均与河岔相同。

六庙村盘瑶所批的山，每户每年交租8毫，每三年请"山主"吃一次酒。请酒规定米、肉、酒各60斤。这些请酒费用由"山丁"各户平均负担。

红台洛西河两岸的山场原属黄桑村花蓝瑶所公有，约在70年前因"山丁"抗租，"山主"与"山丁"发生械斗。当时门头花蓝瑶亦来帮助黄桑，结果"山丁"失败。门头因帮黄桑有功，此后红台洛西两岸的山地即归门头、黄桑两村公有。

在"山丁"未武装抗租之前，地租是"山丁"每户银币4毫，另外每三年要请"山主"吃一次酒，请酒时规定用米、酒、肉各30斤。自"山丁"抗租失败后，地租即增加到每户每年交租8毫，每三年仍得请酒一次。请酒时规定米、肉、酒各80斤。"山丁"将这些备办好了，"山主"每户一人来吃酒。租金由"山丁"送到山主家。如果"山主"来收租则每户增加一毫，由于这样，地租大多数都由"山丁"送去，而"山主"来收租是很少的。

上述的增租情况，是指接近黄桑村一带的盘瑶村落而言，而且也不是抗租失败后马上就增租。据说"山主"曾经一度缓和了对"山丁"的剥削，以后才又增加的。但洛西、马安一带，是抗租领袖黄元明的村庄，且离黄桑村较远，"山主"不但不敢加租，而且人少时还不敢从那里经过。因为黄元明虽然被他们诱杀了，他们还是怕洛西、马安几村的盘瑶暗中复仇。

（3）坳瑶的租佃关系

坳瑶虽然在经济地位中亦处于“山主”的行列，但与“山丁”的关系较之茶山瑶、花蓝瑶略有不同，对“山丁”的剥削也只是经济上的现象。坳瑶以往在政治地位上并没有很大的优势，所以对“山丁”也就没有什么额外的敲诈与勒索。在批租山地与水田之中，有时也有那些请酒的事例。但这多半是属于“人情”和习惯方面的问题，而不是像茶山瑶、花蓝瑶那样带有强制性的剥削。并且在坳瑶的租佃关系中，与汉族的关系较多。汉族也和“山丁”一样向坳瑶批租山地与水田。

①田租

坳瑶出租的水田有公田与私田两种，私田出租非常少，公田全部都是出租的。私人出租的田，都是比较边远的劣等田，或者个别家庭劳动力特别少，也出租一小部分。在罗香30多户中，只有赵妹懂（女）一户曾于1938年出租过45斤种的田给本村赵初堂。此外便无他例。但在罗运村却比较多一些。

租佃坳瑶水田的有汉族、盘瑶以及本族中一些贫穷的农民。罗香一带的坳瑶村落处在瑶山的边缘，有些并与汉族杂居，故有很多汉族都批坳瑶的水田耕种。这里的公堂田大约有1/3租给汉族，2/3则为本族农户所租种。罗运村以及罗运附近也住有不少的汉族，这些外来的汉族多半都是没有土地的农民，只有批租坳瑶一些山地和水田耕种。

在地租形态方面全部为实物地租，租额有三分租和对半分租两种情况。边远的劣等田大都是三分租，较近的和较好的田才是对半分租。

实物地租的另外一种形式是定租制，这种形式的地租在罗香最为普遍，罗运只有一部分是这样。其租额也大都为全部产量的1/3或1/4。如在罗香及其附近所出租的田，在租额方面大约是100斤种的田（约合10亩），租额一般是稻谷1200斤，最少也得出1000斤，最多也有1500斤的。100斤种的田大约可产谷3000～4000斤。罗运的田是以禾把双计算，然而租额与产量的比例大致也是如此，例如住在罗运已有50多年的汉人周二公曾租160双的田版一块，这块田每年实产120双禾把，每年交租500斤谷子，折合禾把30双，即为实际产量的1/4。周二公又租一块60双禾的田版，实际产量为40双，每年要交租稻谷250斤，约合14双，租额即占产量的1/3强。

在坳瑶各地所有的租谷，都是由田主自行挑运回家的，甚至有些分租制的田，在秋收时田主亦得出人工与佃户一起收割：若是三分租的，田主出一工佃户出两工；若是对半分租的，主佃双方出同样多的人工。这种现象就给佃户减少了不少的负担。

公田出租给汉族和出租给本族在租额方面是有差别的，如在罗香等村的公堂田，租给本族农户时，地租一般都是100斤种的田出1000斤稻谷的租，并且可以不写契约。但出租给汉族的田，地租大都是100斤种的田要出1500斤稻谷的租，并且一定要立契约。

②山租

坳瑶各地出租的山地之中有公山也有私山，批租山地的有盘瑶也有汉族。地租的形态有实物地租，也有货币地租。在货币地租中又有多种多样的形式。

实物地租和货币地租：这样的地租有“种树还山”、三分租和定租。

种树还山的地租形式是比较少的，其具体内容与茶山瑶的“种树还山”地租相同。有时“种树还山”是与货币地租混合在一起的，如平南县的汉族谭十五、龚三、钟十四三人曾租罗香坳瑶的一块老山，地租为银币100元，租期20年，最后还要“种树还山”。

在上下古陈、罗运等地都有三分租的地租形式。收获时“山主”亦得出人工，把所分到的地租自己挑运回家。这一点与茶山瑶大有不同。三分租有时又是与定租混合在一起的，如住在罗运村的汉人周二公同6户山子瑶合伙共批罗运村盘公谷等6家的公山一块（老山），山场的面积约可种苞米种子150斤。地租在第一年是三分租，第二年交租实物地租1000斤（种什么谷物便交什么谷物），第三年无租，第四年“山主”自己即在山场种了蓝靛，不许佃户继续种植了。

在上下古陈及罗运都有定租这种地租形式。定租亦按山场的大小和质量的好坏不同而决定租额多少的。

货币地租：

货币地租是比较普遍的，尤其是在罗香的坳瑶所出租的山地，几乎全部都是货币地租。这种地租又分为定租、按户收租和按男丁收租等形式。

货币地租中定租的租额亦是以所租山地的大小和质量好坏不同而决定的。定租的租期有时是无限期的，山丁愿意种多少年都可以。这种情况主要是一些较次等的芒山或茅草山，而老山或青山一般都是有租期的。

按户收租的山都是一些边远的芒山和茅草山。不论佃耕者各户有多少劳动力，也不论各户能砍种多少地，一律都交同样数量的货币租。出租这种山地也都是无限期的，在各地这种按户收租的租额也是不同的。例如在罗运有些按户收租的租额是每年每户交银一两（后来改用东毫时，每户每年交14毫）。又如在平潭村有六七户汉族所批那历村坳瑶的长江冲山，地租每年每户交东毫1元2角，在这里每年的地租是山主自己去收的。

上下古陈两村批给黄钳及六庙等村盘瑶和汉族的山就是以男丁的数目收租的，凡16～60岁的男子，每年每人交地租银币8毫。此外“山丁”在河内捕鱼，每年每户还要交一只鸡，吃水每户交2毫，租期是无限的。交租后任随每户砍种多少山场也是没有限制的。

（4）盘瑶的租佃关系

盘瑶因为不占有土地，在本族系之内是不存在任何租佃关系的，租佃关系只存在于盘瑶与“山主”（长毛瑶）之间。至于租佃关系中的地租形态，在前面长毛瑶的生产关系中已经叙述，这里不再赘言：

盘瑶向“山主”租佃土地时有两种情况：一种是各户单独批租，这主要是批租较小的山地或水田；另一种则是数户或数村合伙共同批租，租金多系立契约时一次交出，故这种情况都是批租面积很大的山地。

“大批”时也要有一两人做“批头”，“批头”即是直接出面与“山主”交涉一切事宜的人，如租额的多少、租期的长短、交租的日期以及立写契约等。有些“批头”在租佃的过程中，也有“吃背手”（即讲少收多，从中渔利）的现象。因为地租的收集和交付全由“批头”负责，这中间就难免有舞弊事情。

“大批”的土地亦是分成若干等份，用抽签的方法来决定各户所应占用的那一份。各份土地的数量质量都要力求平均。

（5）山子瑶的租佃关系

山子瑶因为都是无地或少地的贫苦农民，所以本族系内部在土地关系中，不存在任何形式的剥削现象。所有的租佃关系都发生在他们与“山主”之间。

山子瑶所租佃的水田，都是各个家庭单独向山主租佃的。数户集体租种水田是极其个别的现象。但在租佃山地方面，大部分则是集体进行的。租批山地时，甲长或者是众人公推一位代表人物，代表集体与“山主”方面议租和立约。立约时，照例要请“山主”吃一餐酒，这次请酒的全部费用，当然是由各户平均负担。

长毛瑶出租给山子瑶的水田，都是些质量低劣的小块田。这样就使得在佃者方面，有时出现一种相互竞争的现象。如古六村盘瑶黄文品等人，租种了六定村茶山瑶苏胜教的一垌田，每年是32担田租。六眼村山子瑶盘继忠想租种这一垌田，即暗中给“山主”加租。因而“山主”即要将田收回转租给盘继忠。当时契约已经写好，黄文品却不肯让田主改佃，结果虽然改佃未成，但田租已由原来的32担增加为36担，另外，还给“山主”一些钱才算了事。由此可见，“山丁”为了生活要多租佃一些水田，而不断相互竞争，抬高租额，“山主”则坐收渔人之利，受损失的还是“山丁”自己。

山子瑶集体租来的山地，在使用方面，据我们了解（在六眼村一带）是与盘瑶不同的。他们所租来的山地并不按户分配，而是由各户自由占用，有些缺乏劳动力的家庭，在砍山之前可以选择较好的地段砍上丈多宽，称之为“号地”，这样其他的人就不能侵占。

租种山地每年应出的地租是由各户平均负担的。到了交租的时候，由甲长负责收集，送给“山主”。

至于六眼村以外的山子瑶，在租佃关系方面是否与上述情况相同，就不得而知了。

4. 高利贷剥削

（1）茶山瑶的高利贷剥削

茶山瑶在平时的婚丧大事中所需要的费用，有些地区数量亦是相当大的。这些费用大部分都是由亲族中借贷而来，不要利息，完全是一种互助的性质。尤其是岭祖村的茶山瑶，婚丧费用甚大，这就一定要向亲戚朋友告贷。为了要解决这笔浩大的费用，岭祖即有“父母会”的组织出现。

“父母会”是在1943年组成的，凡是入会的人，如果有谁的父母去世的话，每家都给他送去5斤酒、5斤米、1元东毫作为丧事的费用。这完全是一种互助的性质，事后也不用偿还。

另外一种情况，如果所需太大，经“父母会”相助，仍不能解决问题时，事前则须邀请近亲和房族来家饮酒，席间向他们提出自己的要求，请亲族各人量力相助。在这种情况下，在座的亲族必会凑齐主人提出所欠缺的银钱、猪肉、米、酒等项的数目，到期送给主人家，以为资助。这种借务，须等到资助者有婚丧大事时，才按照原来的资助数目偿还，不加丝毫利息。

但是除了以上所说的婚丧费用之外，平日由于生活困难而告贷的话，一律都要受到高利贷的剥削。进行高利贷剥削的都是地主和富农，还有那些公山所收的地租，也多半都用来放高利贷。

高利贷的利率最少是二分、三分，也有四分、五分的，甚至还有极个别的利率高达十分的。

在借贷时大都要写契约，并且还要用田作抵押。用田作抵押有两种情况，一种是作为抵押的田仍由田主耕种，按期付息。另一种情况是田由债主耕种，这就不用付息了，债主从田中所得的收获即抵作利息。也有用稻谷放高利贷的现象，这种利率与货币放高利大致相同。

滴水村共有30多户，解放前有5户经常进行高利贷剥削。这5户全是地主富农。放高利贷最多的一户，每年约可放出东毫400元，最少的也有五六十元。用稻谷放高利贷最多的一家是地主全家声，他每年大都要放债1000斤以上。

茶山瑶的地主、富农，除了在本族系内进行高利贷剥削之外，也有些向过山瑶放高利贷的。过山瑶差不多都是一无所有的赤贫农民，在借贷时不必一定要有抵押品，但因为他们在经济与政治上都受“山主”的压迫，所借贷山主的高利贷，是不敢拖欠的。

有些处于瑶山边缘地区的茶山瑶，也在山外的汉区放有一些高利贷。例如岭祖村每年出产衫木甚多，而当地的水田却又较少。他们在出售杉木之后，往往用这项收入在蒙山县大兰村一带购买稻谷，借给当地汉族农民。本利积累到一定数目时，就卖谷买田。该村有一些中贫农，也在汉区买有水田出租，不过这种情况是不很多的。

（2）花蓝瑶的高利贷剥削

花蓝瑶的借贷关系很早就发生了。这种关系可分族内和族外两方面。在族内如果是因为婚丧大事向亲戚或家族借贷，一般不要利息。要是为家庭与别人发生争端或给子孙度戒一时筹钱不足，往往要以典当田地的方式向别人借贷。但这种现象并不多，而本族内无息的借贷却比较普遍。

族外的借贷，主要借与盘瑶与汉族。这种关系在很早以来都是有利息的。盘瑶向花蓝瑶的借贷，很多都在青黄不接时借实物与货币。利率有二分、五分甚至有十分不等。在国民党统治瑶山后，利率才有上涨的趋势。

在以前借贷未有契约，是在竹筒上刻借贷的数目，然后将竹筒破为两片，债主和债方各执一片为凭证。这种原始“契约”，我们还看到很多。可知在不久以前花篮瑶还在应用它。

调查中在六巷村蓝公元家发现道光年间的放债与借债账目簿一帙，从这里面，可以看出花蓝瑶借债内容的大致轮廓，抄录如下：

道光戊戌岁十八年

张老五借银钱十八两　每年行利息银三两六分正

韦绍周借银十六两二百文　可离大田二丘昨案①。每年行利息银三两二分韦扶仁代笔

张老发借银钱九千二文正　每年行利二千文巴三吐六板（田）一丘昨案

张扶月借银十五两零三钱　每年行利三两有石兰吐多禾五十双平尾田二十双昨案

扶海借银一两□分

韦扶志借银三两　每年行利息银六□洪水田昨案

韦绍金借银三两五钱　利息三钱五分

盘扶票借银二十五两　每年行利五两正

盘扶旦借银六两每年行利六分

盘扶间借银六两每年行利六分

盘扶润借银四两每年行利六分

盘扶思借银六两五钱　每年行利一两二钱正

盘扶招借银十一两　每年行利二两二分

盘扶楝借银四两五分　每年行利二两

蓝扶们借钱八千八百文又钱三千九百文，又借谷二百斤

蓝扶串借钱六两六百文

蓝扶任借钱四两

① 昨案：即作按之误，意即作抵押。

蓝扶尺借钱十四两

蓝扶初借钱三千文

蓝扶福借钱七千一百文

蓝扶神借钱乙十六两五□三两

蓝扶大借钱四千文

蓝扶卯借钱三两正

蓝扶年借白银七两正

蓝扶宁借钱八千文

蓝扶醮借钱七两

蓝胡扶借钱六两

相乃良借钱八两零五分

蓝扶晚借钱六两

相扶用借钱四千文

相扶元借钱八百文

相仍借盆钱一千文

相扶坤借钱八百文

四水村

蓝扶多借钱四千零三百

这一账目大概是在道光十八年（1839）以后的若干年内的出借数目，在一年之内是不会出借这样多的。从账目中的姓名判断张、韦、盘三姓都是汉族、壮族和坳瑶，蓝、相两姓则为花蓝瑶。这个账目很清楚地表明凡是外族的借贷都有利息，而本族内的借贷则没有利息。

至于借贷的利率，大多数是加二，即年利二分；最低为加一，计有韦绍全、盘扶票、盘扶间三人；最高为加四以上，仅有盘扶楝一人。

(3) 坳瑶的高利贷剥削

①无息的借贷关系

坳瑶内部在婚事费用的借贷，都是一种互相帮助的性质，从来都是没有利息的。举办婚事时所需要的银钱、米、猪肉、酒类等都可向家族或亲戚告贷，而且这种无息的借贷，偿还期限是没有限定的，十年八年都可以。或者等到债主方面有婚事时再偿还亦可。据在罗香村的了解，在清朝的时候借稻谷也都是无息的，但到了民国以后，这种情况就改变了。

②有息的借贷关系

有人如果平时由于生活困难而告贷银钱的话，很早以来都是要受到高利贷的剥削的，在清朝时高利贷一般都要收二分利息的，那时二分利率是很普遍和固定的。但到了民国以后，利率则不断增高，尤其是靠近汉区的罗香、那力等数村更为严重，有三分、五分、八分等数种利率，甚至还有十分利的。这主要是受到汉区的影响及资本主义经济侵入农村的结果。

平时因口粮缺乏而告贷粮食的话，罗运村在以前是无息的，但自国民党统治瑶山以后，尤其是抗日战争之后，汉区有很多人逃入瑶山居住，借贷粮食的人多起来，这时才开始要利息，于是瑶族内部的互相借贷粮食也开始算利息了。借贷粮食的多在旧历四五月青黄不接的时候，到了十月间收获后再偿还。

③放谷花

放谷花就是在稻谷尚未收割的时候，预先将钱放贷出去，借贷者将来收获后用稻谷偿还。这种借贷关系也是一种很重的高利贷剥削。因为在放谷花时所折算的谷价，最多只有当时市价的2/3，有时只有市价的1/2。这种借贷方式就是粜新谷。罗香一带出产桂皮，有些汉区商贩，趁瑶族青黄不接的季节，也来放桂皮花，即预付价款定购桂皮，其剥削程度也与放谷花同。表面上是无息的，但实际上它的利息都是很重的。

④典当

典当即是以田作为抵押品的一种借贷方式。典当时的田价最多只有买断田价格的1/2，有时甚至只有1/3。在罗运村上等田每双禾把田版的卖价是东毫3元，典当时只值1元5角。典当水田一般的期限是3年，在3年之内不得赎田，只有等到过了典当的期限才能赎回。不过赎田究竟是很困难的事情，所以有"千年当，万年赎"的谚语。

在典当期间的田，有些是债主将田收回自己耕种，一切的收获就归他自己所有；如果田仍由出当者耕种，则按照租佃水田的规定向债主交纳产量的1/3或1/2作为地租。这种典当水田的方式，也是一种很重的经济剥削。

（4）盘瑶的高利贷剥削

盘瑶在本族系内部日常所发生的借贷关系，以婚姻和丧葬的费用为最多，特别是前者。因为他们在娶妻或招赘时，不但要交给嫁方一笔数量很大的"身价银"，而且在婚礼中还要用去大量的酒肉和粮食。盘瑶在嫁娶时所用的婚费，比其他族系都要大得多。这种浩大的费用，是一个贫苦的家庭所无法负担的，因此，几乎任何一家都必须向亲友告贷。

婚费的告贷以实物为主，如猪肉、酒、米等。这种借贷一般都是没有利息的，偿还期限也不一定，大都是在债主家庭有婚丧大事时，才如数偿还。不过有极个别的人在这种借贷的关系中，也要少许的利息。除此之外，如果需要购买山场田地，或者生活困难而借贷的话，一般都要加些利息。利率有三分、四分、五分几种。

盘瑶普遍生活贫困，本族系内部的高利贷剥削是很少有的。而在青黄不接生活困难时，都往往要受到山外汉族地主兼商人残酷的高利贷剥削。如蒙山县的龙斯麟与温善初，平南县的张春如等人都对盘瑶进行过很重的高利贷剥削。

龙斯麟是蒙山县夏宜的大地主，夏宜在瑶山六干乡以东。龙即在那里开设杂货商店，贩卖生活日用品和收购山货。这一带瑶族人民便成为他剥削对象之一。除了商业上的剥削外，还进行高利贷剥削。共和乡一带以产六谷闻名，每当旧历三四月间六谷刚下种时，也正是青黄不接的季节，龙即派人进山放六谷花。这种高利贷剥削的利率是很高的，该乡六仁村的庞成府于1931年4月间卖给龙斯麟100斤六谷花，卖价只有5元（东毫）。而当时百斤六谷的市价是10元（东毫）。到了当年冬季六谷收获后，每百斤的市价已涨到16元。这笔本金5元的债务，历时不过8个月，即获11元的利息，已经超过本金两倍以上。但如果收债时，六谷的市价比放债时的市价为低，则要按跌落的市价收债。

张春如是平南县鹏化的大地主大官僚，他于民国初年（1912）在桂田乡的南洲村开设一榨油厂，每年约可榨桐子4万斤，产油1万斤左右。榨油厂所需要的桐子，全系用高利贷方式从附近瑶族（主要是盘瑶）那里剥削而来。张是用一些衣服、布匹、农具之类的货物预先赊卖给盘瑶，货价在当时即折成桐子。往往又因为在限定的时期内瑶族人民不能交足桐子，即将所欠的桐子以五分利息计算，然后又利上加利，这样就使得盘瑶无法还清欠债。有时在赊卖时是用物物交换的方式进行剥削的，如一匹土布换300斤桐子；一斤盐换三五十斤桐子；一把钩刀换100斤桐子。这些差额极大的不等价的交换，盘瑶是无法摆脱的。更加之盘瑶族人民向来文化落后，忠诚老实，不善于计算数目，于是就经常受到欺骗和讹诈，这就更加重了对瑶族人民的剥削。如桂田乡桂田村的黄文品于1947年时赊购了张春如的土布一匹、裤子一条、爆竹一包，直到解放时，黄已陆续给张交过3900斤桐子，最后还欠900斤。就在同一时期，桂田村赵如府亦赊购了张春如的土布一匹，直到解放时，赵已交过一只猪和数百斤苞米，而最后还是拖欠800斤桐子。如果我们要问“这种利息是怎样算的?”瑶族人民即莫明其妙地这样回答你：“我们也不晓得人家是怎样算法的”。盘瑶穷人就是这样不明不白被汉族地主剥削的。

由以上的事例中，可看出汉族地主对瑶族穷人的剥削，往往是商业剥削与高利贷剥削合而为一的。

盘瑶有时也受到“山主”长毛瑶的高利贷剥削，然而，这种现象也并不是很普遍。

（5）山子瑶的高利贷剥削

山子瑶内部是很少有高利贷剥削的，平时各户之间的互相借贷，一般都是没有什么利息的。如果与长毛瑶间发生借贷关系，那就不同了。借贷形式计有以下两种情况：

第一种是以工还债。山子瑶在七八月间缺粮时，就向山主借贷，到九月间“山主”收禾时即替他做工。这种情况都是不计利息的。每个工在“山主”家吃饭外可只还债务银币一毫，这也无异于预支工资。

第二种是数量较大的借贷。这种借贷的利息是很高的，一般都是五分息。如六眼村的邓三，因为买田钱不够，向六定村茶山瑶苏宝山借200元东毫，利息即为五分。过了两年后，不但没有买到田，反而把自己原有的20担水田出卖后才还清了苏宝山的本息债务400元东毫。此外，山子瑶平时因为解决口粮问题，向“山主”所借的粮食，也是需要五分利的。由此可见，“山主”对山子瑶的高利贷剥削也是极为残酷的。

5. *雇佣剥削*

（1）茶山瑶的雇佣剥削

雇佣剥削在茶山瑶各地区，也都普遍存在着。雇佣劳动不但有短工，而且有长工。

雇佣剥削在茶山瑶各个地区的情况也是不相同的。如金秀、滴水等村这种剥削就要多一些。以往滴水村4户地主中，每年都雇有长工的就有3户。此外每户每年大约还雇佣100个劳动日左右的短工。这里富农虽然没有雇长工，但每年也都大约要雇八九十个劳动日的短工。但是在岭祖村的茶山瑶，因为土地不很集中，没有地主的存在，雇长工的就很少。村里4户富农中只有高石英曾雇佣过几年长工，兰国廷曾雇过几年短工，可见雇长工与短工在这里并不是经常和普遍的现象。

茶山瑶地主富农所雇的长工，多是本族系内部那些无田地无家产的贫苦农民。他们无依无靠，只得投靠到地主家内度日。这些长工在金秀与滴水等村，有时是得不到工资的。雇主把他们当作自己家庭中的一个成员看待，每年只给他们一两套衣服，有时雇主也把自己家庭中副业的收入分给长工一份，作为零用。此外，在平日的劳动和饭食方面，雇工也与雇主家庭成员同样处于平等地位。如金秀村苏德周，原来他是长二乡的茶山瑶，14岁起即来金秀做长工。最初一年替地主龚道六打工，龚只管他穿衣服，没有工资。后来又到金秀地主苏胜学家中做了5年长工，每年的工资只有东毫12元。最后又在地主陶国钧家做了4年的长工，前两年工资12元，后两年雇主不给工资，只将自己家内的副业收入分给他一份。后来苏德周到别家入赘时，陶国钧还送给他100把禾田。

由上面这个事例来看，可知长工的工资是不固定的，而且雇主往往把雇工看成自己家庭中的一个成员看待，这是与汉区有所不同的。

长工的工资有时是用实物支付的，如岭祖村高石英所雇的长工，每年工资为四五百斤稻谷。零工工资大约是每天3～5斤稻谷不等。

岭祖村因靠近汉区，盛产木材。木材的砍伐与运输都要雇佣大量的人工，这些人工大多是灌阳、蒙山两县以及湖南省等处的人。在生产木材方面雇工的工资大致如下（单位以“堂”计算，每堂即一方丈①的木板）：

砍伐树木1堂2毫（银币同下）。锯木板1堂8毫。

除木皮1堂2毫。放运木板1堂3毫。

山外的汉人，除了进瑶山做生产木材方面的雇工以外，在瑶山边缘地区，也有些瑶族雇佣汉族做农活的。

雇工替主家做工时，不管是长工或短工，饭餐都由雇主供给，雇主吃什么雇工也吃什么，这是大瑶山各族系普遍的惯例。

（2）花蓝瑶的雇佣剥削

雇佣剥削在花蓝瑶以往生产中虽不很普遍，但这种剥削的方式仍然存在，长工和短工均有，其中以短工为多，而长工只在比较富裕的六巷村才有个别富农雇佣过。被雇佣的雇工全部都是盘瑶、山子瑶及汉族的贫苦农民，本族系内则无人做雇工。

雇工的工资都用稻谷支付，有时按件计工资，有时按日计工资。按件工资，每剪一双禾把工资定一斤稻谷，每工每日大约可剪10双左右。每挑一双禾工资亦为一斤稻谷，因水田离村较远，所以每日一工大约只能挑10多双的禾，工资与剪禾相差不远。

长工的工资也都是用稻谷支付，有时还有数户雇一长工的现象。如六庙村盘瑶赵文理于1945年给六巷村花蓝瑶做长工时，雇主是蓝公俊、蓝公桑、蓝公秉、蓝公和4家，雇工就在4家轮流做工，一年之中每家雇主平均雇3个月工，全年工资1600斤禾把，此外还给雇工两套衣服。1946年赵文理又给六巷30多户做长工，做工时是每户轮流，工资是一把禾做两天，全年得2400斤禾把。这种数户或全屯合雇一长工的形式还是特殊的，但实质上则与短工无异。

有些零工的工资是预付的，如附近的盘瑶因口粮不够时，即预先到“山主”那里借些稻谷，等到山主农忙割禾时再去做工，这种工资的多少与以上所述之短工工资相同。

（3）坳瑶的雇佣剥削

坳瑶以往的生产关系中，也和其他族系一样，雇佣劳动的长工、短工都有。不过长工的雇佣并不很普遍，而以在农忙的季节雇佣短工为最多，而雇工又以汉族和盘瑶为最多，本族则很少有人做雇工。因为在坳瑶内部虽然也有贫富之分，但因阶级的分化还不很明显，贫无立锥之地的农民还是没有的。只有一些水田较少的农民完成自己的田间劳作之后，有时给别人去做短工。

①长工

靠近汉区的罗香等村的坳瑶，存在着雇佣长工的现象，但在罗运、古陈等地区没有雇佣长工的人家。

罗香村除一户富农曾雇过长工之外，有好几户中农也曾经雇过长工。这些中农大都是水

① “方丈”即“方市丈”，是一种旧制计量体积的单位。1立方市丈＝1000立方市尺≈37立方米。

田较多而劳动力又缺少的人家，雇长工都是补充劳动力之不足。在罗香村做长工的全系汉族。

长工的工资在民国以前是比较固定的，一个普通的长工，每年工资大约都是银币12元（东毫）。但是到了民国之后，因为物价不稳定，长工工资即有不断上涨的趋势。每年的工资由原来的12元增长到15~20元以上。

据我们了解，在罗香二三十户的人家中，有五六家以前曾经雇过长工，其中赵梓成于1933—1934年曾连续雇过10年长工。此外，该村有时也雇佣汉族的儿童或老年人专门放猪，这种雇工的工资每年只有三四元到七八元。

②短工

一种为期较长的短工，只存在于罗香一带，一般都是在六七月间最忙的季节雇佣的，短工的工期有半个月、一个月、两个月不等。这种短工工资在民国以前，大约都是每天一斤半米或者是3斤稻谷，到了以后即有些上涨，每天大约是5斤稻谷，全部都是附近的汉族。

只雇一天或几天的短工，在坳瑶各地比较普遍，工资与帮一月半月的短工相同。

除了汉族来坳瑶地区做零工之外，坳瑶内部的一些男女贫苦农民往往在自己的田间工作完后，也去给别人打短工。女工的工资要比男工少一些，男工如果每天5斤稻谷，女工只能得到4斤。

（4）盘瑶的雇佣剥削

盘瑶虽然普遍都不占有土地，但在本族系之内，雇佣剥削也已开始出现了，而且短工和长工都有。不过雇佣长工的现象是极其少有的。据我们了解，在桂田乡80多户盘瑶中，只有古倍村的庞贵文曾于1931年雇过一个长工；瓦厂乡152户盘瑶中，只有六庙村的赵进才于1938—1939年雇佣一年长工。而且以上两人所雇的长工仅有一年的时间，并不是经常雇佣。

短工的雇佣也是很不普遍的，桂田乡在解放前只有四五户人家曾雇过短工，由此看来，盘瑶的生产关系中，虽然出现了雇佣剥削，但还只是极其个别的偶然现象。只有在某个家庭某一年的经济情况稍充裕时，才会出现这种剥削。

雇佣劳动中的工资绝大多数都是以实物支付的，用货币支付的情况很少，长工的工资才用货币支付。上述赵进才所雇用的长工工资是一年30元东毫，庞贵文所雇长工工资仅为12元，可见其间的差别亦是相当大的。零工工资每个劳动日大约一毛钱。若用实物支付工资的话，每个劳动日大约是4斤稻谷，或者5斤苞米，或5斤3角麦。

盘瑶所雇佣的雇工，都是本族系中贫苦农民，外族的人很少有人来给盘瑶做雇工。但盘瑶去给“山主”长毛瑶做雇工的却不在少数。这主要是租种“山主”的土地，有时是以工代租的。此外，在靠近汉、壮区的盘瑶，有时在农闲的时候，也出山到汉区或壮区做些短工，以便换取些粮食或食盐。

（5）山子瑶的雇佣剥削

山子瑶内部的雇佣剥削虽然也已开始出现了，但还是不普遍。据调查，有29户人家的六眼村，以前共有3户雇过短工。这大约也是在民国以后才出现的。这3户每年大约可雇三四十个劳动日的短工，其中蒋荣太一户曾于1948年雇佣本村黄志仁做了一年长工。所有被雇佣的人，都是本族中比较贫苦的农民。

山子瑶中的贫苦农民，除了给本族做短工或长工之外，也到长毛瑶那里或者是山外的汉、壮族地区去做短工。六眼村一带距山外较近，尤以到汉、壮地区者较多。

工资方面，蒋荣太那一年所雇佣的长工是700斤稻谷，短工每日的工资约为4斤稻谷。到“山主”那里去做短工每日的工资约为一斤至一斤半米或者东毫一毫。到山外汉、壮地区都是在七八月间去收获稻谷，工资大都是包工制，近田每打一担半得工资稻谷5斤，远田打一担可得工资稻谷5斤。

总之，山子瑶内部的雇佣剥削还是很少的，那些贫苦农民的剩余劳动力主要是出卖给“山主”，或者山外的汉、壮族地主。

二、副业生产

大瑶山各族系所进行的副业生产，在其整个经济生活中的地位是相当重要的。因为瑶族除了农业生产之外，没有独立的手工业，在经济上不能自给自足。而农业生产中，由于山高岭陡，水田不多，旱地又多采用极其粗糙的耕作方法，广种薄收，所产粮食仅仅只能解决本族的口粮问题。口粮以外的生活资料（如布料、食盐等）、绝大部分的生产工具（特别是铁器）以及生活用具（如陶器等），都得由瑶山之外的汉区输入。瑶族人民在日常的生产及生活中，必须用自己的副业产品从汉区换取所需的一切。大体而言，瑶族在经济上是用副业产品通过与汉族的交换以弥补本族的不足的。某些地区，其副业收入要比农业收入为大。这虽然不是普遍现象，但也可说明副业生产在瑶族人民经济生活中的重要性。

大瑶山的副业，门类繁多，综其大要，约分林业、土特产两个方面。又因渔猎生产，都在农业生产的间隙中进行，无专业的渔户和猎户，故也并入副业之列。林业的主要内容有用材林和自然林。前者包括杉、松、竹、油茶、油桐、茶叶、棕、桂、八角等的培植，后者有瑶族称为“老山”的原始林和经过砍伐以后又自然长出密茂竹木的“青山”，其中所产材木，可供利用的甚多，只因交通困难，长期未充分利用。土特产种类繁多，其出产较大、经济价值较高的，计有香草、香蕈、木耳、千金草、罗汉果、天花粉、竹笋、薯莨及其他药材等。渔猎活动，包括鱼、蛙的捕捉，鸟、兽的狩猎，所获为数也还不少，往往成为瑶族人民副食品中的主要肉类来源之一。

解放以前，大瑶山居民中形成两个不同的经济集团：一是占有广阔山地和溪流的“山主”，一是无立锥之地的“山丁”（即使有少部分占有一些土地，也是极少极少的）。前者在经济地位上占着绝对优势，凡是耗费劳力不大，而售价又高的副业产品，多由他们经营。后者虽然也有不少的副业活动，但是如果要培植林木或采集土特产以及进行渔猎生产，都要或多或少地向山主缴纳一笔山租。这不仅使他们生活上因受剥削而长期贫困，在生产的发展上也要受到限制和束缚。

由于各族系所处经济地位不同以及自然环境的差异，故各族系各地区所经营的副业也不一致。兹分别列举于后：

（一）林 业

1. 杉 木

大瑶山的杉木，随处可种，故随处都有。在副业生产中，就整个瑶山而论，它的收入，要列于最前列。但因交通运输困难，只有在靠近较大的河流和较近汉区的边缘地区，才有面积较大的杉林。也只有这些地区的杉木，才能大量地运输出山作为商品交换，其他生长在交通运输不便的高山深谷的杉木，多数只能供当地居民做建筑房屋及制造家具之用，否则只有靠人力搬运出山。盛产杉木的地区，在北部的有靠近六定河中下游的六定、六段两乡，靠近长滩河中下游的长二、永和两乡，在东北部的和东部的有靠近忠良河的三合、忠山、林秀、车田4乡，在东南部的有靠近大同河的罗香、大垌、龙坪等乡，在西南部的有靠近九十三河的六巷、门头、瓦厂3乡，在西部的有靠近滴水河的罗丹、罗运、滴水、镇中4乡和靠近长洞河的长洞、平道两乡，在西北部的有靠近江燕河的江燕、六秘两乡和靠近三角河的六定、三角两乡上举这些河流，因为河床陡狭，崖石太多且流量不大，林木多数在中游以上，还不能扎筏运输，只能单根由水冲出，到下游才能扎筏放运。由这些河流运出的杉材，可经由荔浦县境入桂江，或经由蒙山、平南、藤县境而入濛江、下郁江，或经由象州县境而入运江、下柳江。有的就在沿山的县境以内销售，有的可运至平乐、梧州或柳州，甚至由梧州再运至广州。

由于河流狭小、运输不便，在一定的程度上限制了瑶山各地区杉林的培植。另一方面，由于占有广阔山地的是人口不多的“山主”，其主要劳动力都要花在粮食生产上面，因而便没有过多的力量来从事杉林的培植。多数是以“种树还山”的方式把山地出租给无地的“山丁”，让他们在垦荒栽种杂粮的同时，种上杉苗。到土质肥力消失不能再种粮食时，杉木已经长到五六尺高，“山丁”就把杉林交还给“山主”。这种山租形式，给“山丁”带来许多麻烦，“山丁”除非无地垦种，否则是不愿租这种山地的。由此可知，这种租佃剥削关系阻碍着瑶山林业生产的发展。

瑶山杉林面积，实无确切的统计，究竟有多少，无从确知。据现有材料，全山天然林约28 170公顷，人造林约14 800公顷，总共42 970公顷，约占全县面积4.7%。在人造林中，估计杉林约占半数，仅有7400公顷。虽为数不大，但是在地广人稀的大瑶山里，它给予瑶族经济上的影响是不能低估的。据1956年该县不完全统计，全县外销杉材约值22万元。如以6元买稻谷1担计算，可买稻谷36 666担。1957年大瑶山人口总数32 000多人，平均每人可得谷110多斤。据调查，在杉材主要产区，农民经营杉木的收入更为可观。例如：接近六定河的六定乡，1953年的收入竟达59 300元，可买稻谷9889担，而该乡同年的稻谷产量，仅为13 900元，仅为林业收入的23.44%，即还不及1/4。又如接近忠良河的忠山乡，1954年的林业收入，也占总收入的21.8%；接近长滩河的长二乡1956年林业收入达16 345元，可换稻谷272 400斤，而同年稻谷产量仅为251 080斤；接近六定河的六段乡，1956年杉木共采伐600立方米，价值12 000元，而同年稻谷产量仅值19 200元；接近大同河的大垌乡，1956年采伐杉木330立方米，共值6200元，而同年粮食总产量为11 440元。又如三合乡的岭祖村，仅47户，就有杉木30 000多株，其中10 000株已可采伐。忠山乡129户，已有杉木220 440株。门头全乡共有杉木165 103株，仅门头村28户就有杉木90 000株。岭祖村以往每年少则可锯厚一市寸左右的杉板三四百堂（一方丈），多则五六百堂外销，最高年产量曾达到一千七百堂之多，这项收入是很可观的。仅仅根据上举这些数字，尽可看出杉材在大瑶山居民经济生活中的重要地位了。必须指出，上举这些地区的乡村居民，除忠山乡和大垌乡的杉林，除以往大多数属于汉族地主所有外，其余各乡，都是占山最广的茶山瑶聚居区。茶山瑶过去居于“山主”地位，而杉林也尽属“山主”所有。至于其他地区的杉林，情况也与此相同。没有土地的“山丁”，除在村头地角栽种少数杉木供作建筑或制家具之用以外，是极少有经营成片的杉林的。只有平道乡的古占村和六定乡的六眼村（均是山子瑶村庄），因租佃山场是无期限的，所以他们也种植了一些杉林。六眼村23户，解放前种有杉木约50 000株，平均每户约2000株。但这种情况是不多见的。

大瑶山的杉木，计有两种：一种是白杉（又名糠杉），生长速度较快，但不能成为大材，一般种植15年左右树高约3丈、胸径5寸时，即可砍伐作桁条或锯桷板等之用；另一种是红杉（又名油杉），成长较慢，如果在30年左右才砍伐，便可作为大材，如横梁、正柱等。做棺板的杉木，胸径至少在1尺2寸以上，那就非生长40年以上不可了。

种杉一般采用两种方法：一种是采子育苗然后移植；一是斩取茁壮的杉枝（一般用砍伐后再从树蔸上长出的新苗。有的地区，是把砍下的杉枝直接插在熟地上；另一种方法，在12月间砍取1.5~2尺的杉枝，先窖在溪边泥土潮湿的地方，经两三个月后，杉枝已长出细根，然后移种。）用扦插法繁殖（株距5尺，行距7尺）。过去瑶族多采用扦插法，育苗法是解放以后才使用的。杉树的幼苗，绝大多数都种在已垦的熟地上，成活率高而成长亦较好。荒山开坑种植法，除一二十株的少量数目采用外，过去无此习惯。据大垌乡材料，1956年用荒山开坑种杉400 000株，成活率不到50%，而1957年在熟地上种杉120 000株，成活率达80%以上。

杉材在砍伐后，除成株外运之外，还有在山内锯板或做棺板外销的。前者多在近河的地区，后者多在交通不便的所在，只有这样，才可用人力搬运，使它出山而成为商品。岭祖、金秀、长二等处的杉木，多是锯板或做棺板外销的。砍伐杉木后由水路外运或锯板做棺板等工作，“山主”多不能或不愿自已劳动，20年前，多雇汉人或壮人来做。其后虽然有一些贫苦的“山主”也逐渐学会了这种技术，但为数仍不太多。至于搬运工作，有时也雇“山丁”来干。

过去由于民族间存在隔阂与歧视，瑶族是很少有人敢于把木材直接运往山外汉区销售的。加之放运杉筏，又得熟悉水性；瑶族过惯山居生活，是很少有人敢于尝试的。除岭祖一处，近40年来有个别生活富裕的茶山瑶曾经与山外汉人合伙经营杉材生意外，绝大多数是靠山外汉族商人和地主入山进行交易，由于他们抓住了瑶族不敢直接运货出山这一弱点，往往压价收买，使生产者受到更大的剥削。

金秀四村占有老山很多。70多年前，老山古杉很多。1915年，陆荣廷等军阀统治广西时期，他的部属莫荣新、费克昭等，曾经勾结一些奸商，集股数万元，派人到瑶山金秀地区开设专营杉材的广源公司，并在三江县和大苗山等处，雇请伐木、放筏的工人二三百人前来工作。在山内则勾结当地的石牌头人，进行压价收买，每根胸径2尺以上的杉，仅值1元5角，较小的依次递减。后来见瑶族人民老实可欺，竟悔约诈骗。又由于公司里雇用为他们保镖的军队，强奸妇女以及不尊重当地风俗，乱伐社树，瑶族人民在忍无可忍的情况下，起而反抗，以致引起武装冲突。结果把公司人员打败，公司方面死10多人，军队也被撵走。瑶族死五六人。后来这些家伙见瑶族并不好欺侮，才请人来调解，自愿依约付款，约定把已经砍伐了的杉木运完为止，并改称荣新公司。在武装冲突后，瑶族把寄居金秀和公司有勾结的商人廖义德（平南县汉族）和石牌头人龚道金杀死，而金秀一带山上的近10万株古杉，经过这次砍伐，也所余无几了。这虽然是一个比较突出的例子，但可由此看出，到瑶山经营杉材的地主阶级和奸商是如何在交换过程中剥削和压迫瑶族人民的。

2. 松

大瑶山随处都有松树（马尾松），老干参天的古松，不在少数。只是由于过去松树并不值钱，除当作柴薪砍伐，或刮取多脂的古松碎片供照明之用而外，外运内销，都无市场。故瑶族对松林的培植是无兴趣的。山内的松林，绝大多数都是自然成长。松林较多的地区，现在仅有东南部的大垌、龙坪两乡和西部的镇中乡。解放后，松材有了销路，它已渐为瑶族所注意。大垌、龙坪两乡，也有少量砍伐，运输出山销售。其实，松木成长的速度，大致和杉木相同，如果用作厂矿建筑的撑柱，种植后 15 年左右便可砍伐，而售价仅低于杉材 10%左右。

种松的方法简单，一般在荒山开坑种植。幼苗的来源，仅在松林里掘取高 1 尺左右的幼苗，在大寒前后移植，便可成活。瑶山荒山甚多，可以大量培植较易栽种的松林。近水的可作材木之用，交通不便的地方，可以采割松脂。它是有发展前途的林业。

3. 竹

大瑶山的竹林很多，种类也不少。常见的有伏竹、毛竹、南竹、苦竹、黄竹、大头竹、钓丝竹等。竹的培植较易，只要掘取已生长两三年的竹子，斩去尾部，再用稻草或竹壳包裹刀口，使雨水不致由上端浸入，旧历二三月间，连根栽种山间，便可成活。次年即发新笋。6 年之后，其地下茎可扩展至 2 丈以外，即在 2 丈以内的地段，成为竹林。此后即可陆续砍伐，而竹林亦随之扩大。以上仅就毛竹和南竹而言。至于伏竹、苦竹等，多是自然林，任其自然生长到一定的年限，因只采竹笋而不砍伐，后下茎纵横穿插到太密的时候，竹便开花结实，枯黄而死。三五年后，竹根腐朽了，竹的果实落地，再生小竹，又发笋，逐渐成林。不过，在竹林一次枯死以后，接着发出的小竹笋也是瘦小的，以后逐年渐发渐大，约经 15 年左右，才能恢复原来的面目。从枯死时起，至少要经过六七年才可开始采笋，而且笋小数量也不多，直到竹林复原后，笋才多而壮大。

过去瑶族人民对竹很重视，山主的老山和青山中，夹杂竹林很多，除采伐极少数作编织之用以外，最大的用途在于采笋，烘制笋干。这种产品，一般用物物交换形式，与山外进入瑶山的商贩换取食盐和铁制生产工具如刀、斧、锄、刮之类，一年产量至少可换两年食盐。因为竹笋的发生，有大年小年之分，即隔一年盛发一次；小年所生的甚少，仅可供采食，而不能大量烘制笋干的。

笋干的烘制法：举苦竹笋干为例。苦竹最大的杆径三四寸，一般在 2 寸上下。旧历腊月，竹笋开始出土，到次年正月下旬，笋才旺盛。采笋至清明节止，以后笋老中空，即不能制笋干。取笋剥壳，用滚水把笋肉煮软，取出用竹片贯穿成串，架在横木之上，架下烧柴生火烘培，经一昼夜始成笋干。正月间所采之笋，高仅 3 ~5 寸，节密肉厚，生笋七八斤可烘笋干一斤。到笋长一尺左右时，每斤生笋只能烘笋干一两。如到 3 月间，要生笋 20 多斤才能得笋干一斤。笋干以 3 ~5 寸节密肉厚的为上品，一斤可换盐一斤半；一尺左右的为次品，一斤四两至一斤半才能换盐一斤；2 月末 3 月初所采竹笋，节稀肉薄的为下品，2 斤以上才能换盐一斤。各村采笋时间，亦有限制，每届清明前一日，村老即“喊村”（站在村中较高的地方宣布居民应做事项）“封笋”，不许人再采，留着以后发的竹笋，使它成林。笋干产量很大，据六拉乡统计，该乡年产量最高达 9 万斤，常年产量 6 万斤，1952 年产 6 万斤。如每斤按 2 角计算，全年总值 12000 元。此外，另有一种人工栽培的黄竹，把竹苗种在丢荒的熟地上，5 年后，即生长成熟，5、6、7 月发笋，采回剥壳取肉，用滚水煮软，切成细丝，晒干后，呈鲜黄色。每斤售价 4 至 6 角，仅罗香、那力等 7 个坳瑶村落，每年产量在 7000 斤左右，可换谷 660 多担。

“山丁”租佃“山主”的山场，屋宅附近，也往往培植毛竹、南竹，其目的是：第一，作建筑之用（竹篱或竹瓦）；第二，也可烘制笋干换食盐。不过为数不多，至多仅能换回一年的食盐，便算丰收了。

解放后，竹有了广阔的销路，国家贸易部门亦派人入山收购，近河或近圩市的村落居民，或砍伐竹竿由水道运出，或破成竹篾用人力担出近山的圩集出售。1956 年冬至 1957 年春间，瑶山东南部接近汉区马练圩一带村落，曾采伐大量竹竿，供应马练收购站。大垌乡（汉族）曾采伐 50 500 条出售，收入 7700 元，约占该乡 1956 年粮食总产值的 67.3%，而所需时间，还不到两个月。如按该乡人口 562 人平均分配，每人可获 13.7 元。这项收入是极其可观的。

4. 油 桐

油桐，山内随处可种，而经营这种副业的，却以租山种地的处于“山丁”地位的盘瑶、山子瑶和杂居在瑶村的汉族为多。大瑶山盛产油桐的地区，在北部和西北部有六定、六秘、江燕、柘山、长乐、三角等乡；在西南部有玲马乡。其他盘瑶和山子瑶住区，或多或少都有一些，不过不如上举各乡的数量多而已。总的说来，油桐的经营，是“山丁”们收入相当大的一项副业。例如在瑶山中部的桂田乡（盘瑶住区），两个农业合作社共 90 户，1956 年收入桐子 3 万多斤。每百斤售价 5 元，共值 1500 多元。平均每户可获 16 元多，可买稻谷近 300 斤。又六眼村（山子瑶聚居村）仅 20 多户，每年可产桐子 25 000 ~ 30 000 斤。即以最低数 25 000 斤计算，每年可收入 1250 元，平均每户可获 50 元左右，换稻谷约 800 斤以上。这项收入，就生活贫困的“山丁”来说，也就不能不给予他们生活上的极大帮助了。只是过去他们出售桐子，往往要经过汉区商人和山内个别茶山瑶地主的中间剥削。盘瑶和山子瑶多是耕山种地，农活极为繁忙，除接近汉壮地区圩市的村落，偶尔由生产者自己把桐子运往圩市销售外，多数是由汉区商人或地主进入山内开设的油榨收购的。交换时，不仅有不等价的剥削，有时还趁青黄不接时向生产者“放桐油花”进行高利贷剥削。所谓“放桐油花”，即是在桐子尚未成熟之前，开油榨的商人或地主，便向家有桐子的贫苦农民贷款，作为预付桐子的价款。这种贷款，往往较桐子成熟时的实际市价要低 1/3 甚至一半。而贷款与交货时间，最多不过三四个月。

栽种油桐必须在已垦的熟地上。在荒地开垦的次年，即点种桐子。各株的行株距约 6 尺左右。油桐幼苗发出后的两三年中，还可在地上种植作物。到桐树枝叶繁茂时，这块旱地的肥力已经耗尽，也就不能再种作物了。使用这种复种方法栽培油桐，所需人工极少，至地上不种作物时起每年需割草一次，此外必须的人力，只有拾桐子和剥壳的时间。总计如收桐子 100 斤，只费割草工两天半，拾子 2 天，剥子一天，合计 5.5 工。这种副业经营是极为划算的。而且，只有开荒种山的“山丁”才便于经营。故它就成为“山丁”的主要副业之一。

油桐的品种，计有对年桐、三年桐、野桐 3 种。对年桐第一年点种，第二年即开始结果，第三四年为结实极盛期，每株可结子三四斤。此后果实即少，6 年即枯黄而死。三年桐种后第三年开始结果，第四、五、六年为结实极盛期。较大的树，每株可结子 10 斤左右。10 斤桐子可榨油 1.5 斤。一直结果到七八年才枯死，它是三种品种中最好的一种。野桐，又名皱皮桐，树干高大，每株可产桐子 20 斤以上。经二三十年不死，是其优点。但其缺点也多：第一，种后六七年才开始结果；第二，种子含油量较少；第三，每隔一年结果一次。因此，除在村边地角种一些作遮阳挡风以外，是很少有人把它造林的。而且，“山丁”所租“山主”的山地，往往都有一定的期限；而租地的主要目的，在于生产粮食。故野桐虽结子较多，且历久不死，却也不能引起“山丁”兴趣。

根据自治县国营公司 1954 年收购土特产统计数字：计桐子 432 435 斤，每百斤按 5 元计算，合 20 621 元；桐油 7270 斤，每百斤按 30 元计算，合 2181 元，两项合计为 22 800

元，可换稻谷3800担。

5. 油 茶

油茶的经营者，也和油桐相同。除各地的盘瑶、山子瑶和杂居瑶区的汉人外，在江燕乡还有部分壮族，早年曾向茶山瑶“山主”买了一些山场培植油茶林。

大瑶山盛产油茶的地区：在西北部和北部有柘山、三角、六定、六秘等乡；在西部有江燕、和平两乡；在东部有共和乡；在西南部有青山、双化两乡。其他地区则为数不多。

油茶也和油桐一样要种在熟地上。种植的方法：先将种子剥去外壳，于旧历二月间下种点种，每株行株距在5尺左右。旱地栽种油茶后，仍可耕种杂粮作物三四年；等到幼树成长至一尺以上，即不再耕。以后每年八月，刮山铲草一次。种下五六年开始结实（特别肥沃的土质，有3年结实之例）。头两三年产量不多，10年左右开始其盛产期，一直延续15~20年，产量才逐渐衰退。它的寿命，可达30年以上。

图7 小型油榨

俗语说：“茶子无空身”。这是说它在秋末果实快要成熟时，它又开花，冬初结果。不过它的产量，也有大年小年之分，前者结实较多，后者结实较少。由于它是在冬初结果的，故宜于种在低地和气候较暖的地区，以免霜雪伤害果实。每百斤干茶子，可榨油25斤。瑶族人民除将产品运销汉壮地区的圩市以外，常有自备小型油榨（附图）制油自食的。据自治县国营公司收购土特产统计数字，1954年共收茶子144 441斤，如果每百斤按8元计算，约值15 500多元。1955年更少，仅为6215斤，约值500元。可能有部分产品为生产者留作自用，或直接运往山外圩市出售。例如，六眼村山子瑶仅20多户，1956年两个生产队共收茶油1000斤，折合油茶子4000斤。可见大瑶山里油茶生产产量是不少的。

6. 茶 叶

大瑶山各处都有茶叶。野生山中，零星散布，人工林为数极少。解放后经政府贷款，大力提倡，人工茶叶林才陆续出现。山内茶叶以产于白牛村的为著名，俗有“白牛好茶叶”之誉。

瑶山气候温和，农历春分以后，即可开始采茶。以清明前后所采的为上品，但为数不多。谷雨以后至小满以前采摘的为次品，数量较大。小满以后为下品。秋季亦可采茶，名老茶，仅供家庭自用。瑶山茶叶，多采自野生，数量无法统计。只是每家都要采摘一些，备作饮料；贫苦“山丁”，才把它卖给入山收购的小贩，换取一些生活用品。家庭人手多、劳动力强的，每年可获一二十斤，约值5～10元，仅能供妇女购买色丝针线之用。解放后的人工茶叶林，开始时茶叶为数不多。调查中，仅知金秀区和平乡（盘瑶汉族杂居区）1956年曾获900多斤，上品每斤值9角，次品每斤价6角，下品每斤价4角。如平均按6角计算，全年共值540元，可买稻谷90担，也可算是一项为数不少的收入。

瑶族焙制的只是红茶，其法：先将采回的嫩芽，置烧镬中炒拌，使其部分水分化汽蒸发，叶即软缩，再倒出置竹簟上用手揉搓，使它更加软缩。然后再经过一段时间的晾晒，再置镬内用微火焙干，即成。红茶色艳而味浓，香气亦佳，刺激性强，瑶族人民多喜饮此种浓茶。

7. 棕

棕在大瑶山随处可种，因此，差不多每村农民或多或少都种一些。其中以“山丁”所种的较多，此外，占有大量老山的金秀四村也有不少。棕树可以剥取棕皮，棕皮价格很贵，同时产量也高。它是“山丁”最重要的副业生产。盘瑶有“万树千棕，一世不穷”的谚语。

培植棕树的方法：先采种子在近山溪比较潮湿肥沃的地上育苗，春间播种，经两三个月后发芽。天旱时要常浇水，以免枯死。两三年后，幼苗长到手指粗细，长约一尺时，即可移植到丢荒的旱地上或在荒山开坑种植。移植后四五年，开始剥棕皮。每年一株多的可剥八九张，少的两三张。它的寿命一般可以延续四五十年。不过，由一种可能是病菌的传染而致枯死的现象也很严重，瑶族把它称为“发树瘟”，往往都有一片棕林有一株枯死之后，其余的必然相继枯萎。因此又有“千棕一命”的俗谚。据共和乡乡长赵成保说，他亲手栽下的棕树，总计有1000多株，但一直还生长着的，只不过二三百株了。他叹息着说：“要是棕树不死的话，我们已经发财了。”这种棕树大量枯死的现象，是值得注意和研究的。

收获的棕皮，除生产者自用少量的制作绳索、蓑衣之外，大都由入山的小贩收购，运往汉区销售。据金秀区六拉乡的统计数字：该乡年产棕皮最高达6500斤，常年产量为4000斤，1952年产4500斤，1953年产4000斤，每斤售价1角6分，以最低产量4000斤计，全年总值640元，可买稻谷107担。

8. 八　角

八角，又名茴香，是一种常绿乔木，其油可作香料，所结的果实，也可碾成细末，加入菜肴中调味。八角木在大瑶山里，仅在南部地区的罗运、罗香两乡种一些，现在还不曾大量发展。罗运乡罗运村栽种八角的历史，仅有70多年。当时平南县思旺圩附近石门村汉族地主，因为会做词状，一次在瑶族内部的争端上帮了一方的忙，就在罗运村附近骗得了一块山地，雇人耕山，开始种植八角100多株。批租他山地的佃户（汉人）就替他管理这些八角木，每年可产八角果1000斤左右。因为这个地主企图垄断八角的栽培，因此在他八角林里长着的八角幼苗不许附近瑶族去移植，即使是鸟雀把种子衔到别处，偶然落下而生长了幼苗，如果瑶族把它移回栽种，他便可加个“偷盗”的罪名，诬赖瑶族是在他的八角山里偷挖的。因此，瑶族虽早就有意培植八角，但因无种子、幼苗，只好让这个汉族地主独家培植了。直到解放前不久，移居溪冲口的汉人余十七，才开始打破禁例。瑶族也不再惧怕这个地主，首先由罗运村坳瑶开始在自己的山地上栽种八角木。

种植八角木的方法：先开垦比较肥沃的山地，种植一年谷物之后，再把一尺左右的幼苗移在这片熟地上栽种，每株行株距约8尺。种植八角之后，这片地上仍可种杂粮二三年，到八角枝叶繁密的时候，才停止复种。幼苗在移植后，约须经七八年，树干高有一丈左右，才开始结实。八角四季开花，以冬末春初开花最盛，结子亦多。到霜降节前后，果熟自落，不需要人工采摘。八角树的寿命很长，地主所种的八角，已有50多年，现在仍然存在。树越高大（一般在2丈左右），结子越多，每株最高可产10斤，一般年产五六斤。每斤售价5角上下。以人工采摘、色深黄而鲜艳的为上品；果熟自落，三五天内拾回色仍鲜艳者为次品；落地已久，色已暗黑的为下品，它的售价只有上品的1/2。

据自治县国营公司统计：八角一项，1954年为2222斤，总值1100多元；1955年为4608斤，总值2300多元。现在瑶族已注意栽种八角，以后产量将逐年增大。

9. 桂　皮

桂皮产于大瑶山南部气候较热的平竹、罗香两乡，俗谚有“平林好桂皮”的说法，就是指平竹乡的平林村而言。与平竹、罗香两乡接近的乡村，虽然也种植一些，数量和质量都逊很多。罗香乡罗香村的年产量为300~500斤，如果每斤按1元5角计算，每年的产值为450~750元。据自治县国营公司土特产收购统计：桂皮一项，1954年为605斤，1955年为4339斤，如按每斤价1元计算，1955年总值4339元，可换稻谷700担。

桂皮种植的历史很早，据罗香村坳瑶老人们传说，他们的祖先迁入瑶山时就开始种香草和桂树，而且种子是从原籍贵州带来的。桂树的种植方法，是采用育苗移植的。其实，罗香一带并不专门采子育苗，只是在山里掘取自然生长的苗木来栽培而已。因此，成大片的桂林是没有的，常见只有三五十株的小林。桂树移植后约15年至20年，树成长至高约1丈5尺、胸径约4寸的时候，便可砍伐剥皮，晾晒干燥后即可出售。桂皮以薄而多油，味清香不燥的为上品；厚而无油，香气过浓的为次品。这些都须从树干上取下。至于枝上的皮，薄而无油不香，仅能作泡茶时掺少许添味，不能作为药用的为下品。一般售价，上等品可达2元以上。产于平竹附近山上的产品，售价较他处的为高。山外药店，常称大瑶山出产的桂皮为“瑶山桂”，可见瑶山桂皮是相当著名的。

10. 蓬　叶

蓬叶，又名毛叶，是一种干茎只有小指粗细的小竹的叶子，长一尺以上，阔3寸左右。它的用途，主要是制木船上的蓬子和工地上临时工棚上的覆盖物（内外编竹，中夹蓬叶）。广西境内许多农民所用的雨具，如斗笠和篷盖（遮盖背上的雨具）之类，也多半是用它为夹心的。它不仅在国内的市场很广阔，而且可以出口至南洋去。

栽培蓬叶竹的方法很简单，每年到大寒至立春前后，掘取它茁壮的竹苗到荒山上移植，每隔一丈种植一株，五六年后，即可成竹采叶了。采回后，稍稍晾晒，到它半干的时候，叠扎成束，即可出售。售价每百斤2元5角左右。蓬叶林茂密的地区，每个劳动日至少可采摘百斤。晾晒扎束，费工不多，是一项费力少收入多的副业，问题只是在于有无销路而已。

蓬叶林，大瑶山随地都有。采叶一次，间隔一两年后，又可复采。

11. 纤维木

在大瑶山的野树中，其内皮可作纤维之用的，现已发现有10多种。择其主要的分述如次：

（1）山棉皮。灌木，高六七尺，生长在石崖上，故不易长大，干最粗的径约一寸，一般多是拇指大小。叶大如指，形如柳叶而较椭圆。皮质坚韧细致，是制蜡纸的原料。价昂贵，每斤值5角。1955年以前，尚无人知道它的用途。后因山外汉区贸易部门收购，沿大瑶山东部荔浦、蒙山等县农民，认识了标本之后，入山采伐的络绎不绝。凡是生长在易于采伐的地方的，都先后被他们采去。经瑶族发现后，也相率上山采伐。差不多人迹能到之处，都已采尽伐绝。

山棉皮是种子繁殖的。秋后果熟，随风吹散，到处发生。似此情况，如用人工培植，似乎并不是困难的事。

(2) 九层皮。又名千层皮，乔木。树干高三四丈，大可合抱。伐木取内皮，置冷水中浸泡，晾干后再加热煮软，煮后再经漂洗，即成质地洁白而细致的纤维，其坚韧程度，比之苎麻亦不逊色。瑶族以往都是自用——编绳。1956 年，贸易部门上门收购，才开始作为副业生产，每百斤售价 14 元。树汁有毒，溅入眼中即刻红肿，引起剧痛。

(3) 谷树。又名沙皮，乔木，干高两三丈，叶如掌状，有深的缺刻。过去金秀一带茶山瑶，自制砂纸时，即采取它的树皮作为原料。内皮也可当纤维麻用。售价每百斤 12 元。

(二) 土特产

1. 香 草

香草，又名苓香草。在李时珍的《本草纲目》中，又有熏草、零陵香、蕙草、燕草、黄零草等不同的名称。香草为多年生草本，属于紫苏科。茎高 1 ~ 3 尺，一般 2 尺左右。茎上有小棱，叶互生，大如拇指，椭圆形，叶缘有细微的锯齿。二三月间在叶腋下出细长小柄，开小黄花，结实如豆大，五六月成熟，呈黄色，仿如小铜铃。在唐人笔记里，故又有铃铃香之名。种子亦可繁殖，但生长较慢而茎叶不壮。瑶族栽种香草，都采用插条法。旧历五六月间，择森林茂密、土质肥沃而稍潮湿的老山，掘土及小石子使松，如地上泥土不多，可到山中掘取腐殖质较多的黑泥，移来地上。然后把留下的种苗，剪断各长 1 寸左右，扦插于整好的地上，株行距各约 3 寸。如天气久旱，初插时须浇水一二次。种后，除草一次。到第二年十月、十一月间，即可收获。收获时，连根拔出，扎成小束，然后用火慢慢烘焙，使之干燥。再把它堆砌起来，上盖生树叶，洒上少许的清水。数天以后，叶呈褐黄色，放出浓郁的香气。这是瑶族原来烘制香草的方法。现在，贸易部门认为这样烘焙，易使草中所含香质耗损，要用日光晒干，叶不变黄，才合要求。

图8 香 草

现在大瑶山盛产香草的地区，仅仅限于占有老山极多的金秀、白沙、六拉、昔地四村。

此外，六巷乡的古陈村虽然也种有一些，但为数很少，质量较差。因为种香草必须要有森林茂密的老山，缺少这个条件，种下也成长不好，而且往往枯萎。纵使有了这个条件，垦地种植一次，即不能继续再种；如要在原地上再种，至少要隔8年，不然种后即枯萎。金秀等村，占有老山极多，种后又可另选新地开垦，使可种香草的旱地，轮回间歇，故产量始终能保持一定的水平，而不致下降。因此，"金秀好苓香"的俗谚，也誉满整个瑶山。其实，这种情况，恐怕还是近七八十年来的事，以往凡占有老山的各地，都可栽培香草的。据罗香、罗运、古陈等村坳瑶的传说，他们祖先在很久以前，曾住过贵州的"苓香山"。迁入大瑶山后，曾经从原籍带来的香草种子在老山里种植；后来老山逐渐被砍伐衰败，就不能种香草了。又据长二、长滩两村清光绪二十二年（1896）共立的石牌，其条文中载有："我小地方……山场种香草、香信、薯莨……不得乱偷贼（摘）"一条，由此可知，距今80多年前，长二、长滩一带，还是种植香草的，只是以后由于老山被砍伐衰败，才不能经营这项副业而已。

培植香草是一种需要劳力不多而收入很大的副业。金秀四村的最高年产量，根据老人们的记忆，曾达到10万斤之多。不过在距今70年左右的当时，因它的售价昂贵（每斤售价银币2~4角，当时白米售价每百斤仅值2元上下。据此计算，每斤香草可换白米10~20斤），收获香草时，往往不把根部的泥土拍去。出售时，又要掺沙、喷水，并用稻秆一束捆扎。实际上净香草只占2/3~3/4。按此计算，年产量仅有7万斤左右。解放后，香草仍是金秀四村一项收入很大的副业，根据六拉乡统计：1952年共产45 000斤，1953年产40 000斤，1954年产23 539斤，1955年产20 000斤。又据自治县国营公司收购土特产的统计：1954年共收27 539斤，1955年共收24 300斤。据此情况，香草似乎有逐年递减的趋势；但在合作化高潮之后，劳动力有了适当的组织，这种渐减的趋势必然不会持久的。我们1957年8月在金秀整理材料时，即眼见六拉社大量组织劳动力进老山种植香草，便是很好的证明。如果按年产量40 000斤，每斤售价2角计算，每年总值8000元，可买稻谷1333担。该乡农业人口共952人，平均每人可获稻谷140斤，约合全年口粮1/4强。这个数目是很可观的。经营香草，所费劳力不多。六拉乡刘建邦户1949年收获香草200斤，仅费30工，每工获香草7斤，值白米约14斤。

香草运往山外销售的历史，远的已无从稽考。据年已82岁在金秀住了98年的汉族老人黄三和说，清咸丰九年（1859），他的父亲黄正美就带领桂林大药材店熊同春和黄福泰的老板进入金秀，收买香草。当时每斤售价铜钱200~300文，米价每斤8文。即1斤香草的市价，可换白米25~37斤。当时香草不多，自此有了销路之后，才逐年增多。而销路只有运往桂林，再由桂林往北远销。到清光绪以后，平南商人才开始入山收买，香草大量外销，由北转而向南。最初的初级市场是平南北部接近瑶山的思旺圩。由思旺用木船运至桂平县的大湟江口，再转运至广东佛山镇集中，向香港出口。清光绪十六年（1890），黄三和已15岁，开始做生意，当时香草一般售价每斤2~4毫（银毫），最低1毫，最高5毫。金秀四村，年产量约3万斤。他在19岁时（1893年），做香草生意，挑运香草到桂林出售，每斤可卖四五毫。到光绪二十八九年（1902—1903），桂林售价涨至每斤八九毫，金秀只售4毛，桂林后又跌价，每斤可卖三四毫。

现在竖立在田村附近的坪免石牌，其条文第三条是："三立不论何人有事，莫乱山场香草竹木可也。"这块石牌刊立的时间是清同治六年（1867）。由此可知，在清同治年间，金秀一带的香草已为瑶族居民所重视。以此与黄三和老人记忆相印证，大瑶山的香草，在百年以前，已大量销售山外，是无可怀疑的。

香草的用途，可作香料的原料，也可作药用。瑶族人民用生茎叶来煎水服，可以避孕或堕胎。前者与《本草纲目》所载医方暗合。此外，因它有浓郁的香气，如果放在衣箱和书柜中，还可驱避蛀虫。

2. 香 蕈

香蕈，一般称它为香菇，是一种生长在将朽的木上的蕈类。味清香软脆，为名贵的副食品。它是瑶族重要副业之一。大瑶山内凡有老山、青山的地区，都有出产。经营这项副业的，大多数是占有山场的“山主”，“山丁”只能在租入“山主”的老山，在一定的租期内经营，而且这样的情况，为数也不多。山内年产数量不详。据自治县国营公司收购土特产统计数：1954 年为 6389 斤，1955 年为 17 200 斤，如按每斤售价 2 元计算，总值 35 400 元。可换稻约 6 千担。其实，全山产量，绝不止此。据六拉乡副业生产统计数：1954 年产香菇 4000 斤，1955 年产 4500 斤，即已占同年国营公司收购数的 2/3 弱和 1/4 强。据调查材料，罗香村每年收获 300 斤左右。又据老人们说，以往产量最高的年份，仅 14 个坳瑶村庄，估计总量可达 20 000 斤以上。售价最高的年份，每斤香菇可换稻谷 120 斤，一般也能换 30 斤。

栽培香菇的方法：在老山或青山中，选择干径在一尺以上可发香蕈的树木（称香菇木），逆着山势砍倒（木根在高处，木尾在低处），并略去其繁密的枝叶，然后再在树干的两侧，用斧“开花”和“开水眼”。所谓“开花”，即是用斧在干上每隔 5 寸左右砍一小孔，所谓“开水眼”，即是在干上凿三四个一寸见方的小洞。这些措施，目的在于使木质内的水分，易于蒸发放散。这种“花”和水眼的深度要凿得恰当，仅以凿穿木皮为度。如凿得太深，伤及木质，则树干易朽，发蕈的期限不长；如凿得太浅，则木质内部的水分不易放散，树皮易脱，也可减低发蕈的年限。如果树林太稀，砍倒的树会被阳光照射，须在树干上覆盖木叶，否则，树被晒干，也不会发蕈。水眼开凿以后，并不需要下种，因森林中香蕈的种子甚多，随风飘散，附着在砍倒的树上，就可自然发蕈。砍香菇木的季节，以农历冬至后到次年立春前最为适合，而且砍树最好要在降霜下雪的天气，这样发蕈较多而且发蕈的期间较长。如果遇雨，树易脱皮，必然减少产量。生产香蕈的树木，将近 30 种，常见的计有枫木、米椎木、八牙木、花套木、红圆木、白圆木、青圆木、橄榄木、杨漆木、木竹果木、果翠木等。砍树以后，第二年冬天即发香蕈，不过数量很少。第三、第四年为盛产期，第五、第六年产量逐渐减少，第七年即不再发。

香蕈的加工方法简单，采回生蕈后，摊放在竹器内，架在灶上，下烧灰火，慢慢烘焙；勤加翻动，经 10 多小时，即成干蕈。冬季天气干燥，采回的生蕈，每斤可烘干蕈 2～3 两；如果遇雨，每斤至多能烘 1.5 两左右。如到春季，天气多雨，空气潮湿，每斤只能烘 1 两。

香蕈以其收获季节及其质量好坏不同，可分为三等：在冬季霜雪天气发生的，蕈伞成半球状，不张开，蕈肉厚实，蕈面呈深灰色，并露白色的裂状纹的，称花菇，为上品；虽在冬季发生，但蕈伞稍张，蕈肉较薄，蕈面不起裂状纹的，称冬菇，为次品；在春季以后采回，蕈伞大张，肉薄而呈黄色的，称香信，又名黄薄，为下品。

香蕈这项副业，因开山伐木，所需人工较多，往往约集多人，合伙经营。房族中有公山的，则由同房共做。有私山而家庭劳动力不多的，常把私山批租给人合伙经营（出租人也可加入），按份计算，人力强的，可多做几份，按份出工。以后收获的产品，也按份分配。

老山或青山经过一次砍伐香菇木以后，至少要隔 20 年左右，等到这种幼小的树木长大之后，才能砍第二次。因此，老山不多的地区，是不可能每年都有大量的香蕈出产的。

经营香蕈的劳动力价值，不易计算。除砍伐树木外，每年收获期，入山采蕈，或多或少，都无定数。约略计算，单采蕈和烘焙人工，每斤干蕈，需一工半左右。大瑶山的香蕈，以处于圣堂山西面的大凳村所产的品质较好，故俗谚有“大凳好香菇”之称。

3. 木　耳

木耳，是生长在树干上的一种蕈类，可作副食品。大瑶山凡有老山、青山的地区，每年都有不少的出产。解放前它的售价低廉，上等木耳每斤只可换食盐两斤，次品仅能换盐一斤。汉区入山的小贩用食盐来收购，中间剥削过大。瑶族人民纵然采获木耳，多半留作食用而少出售。只有批租了老山，大量砍伐林木后进行刀耕火种的“山丁”，因地上那些不曾被火烧尽的大树，长出大量的木耳，才多数把它作为商品出售，这项收入，并不算小。如果是租到林木深厚的老山，砍伐之后，木上所生长的木耳的收入，约当整个山租的1/2以上。“山丁”批租老山，不仅土质肥沃，作物生长良好，产量较高；而且木耳这项收入，又足以抵偿部分山租，故盘瑶和山子瑶对砍老山的兴趣很大。我们在坤林时，即常常听到这种说法，这是不无原因的。

木耳共有三种：一种叫白背耳，蕈肉较厚而细，为上品；一种叫沙耳，蕈肉薄而粗，为次品；另一种叫水耳，更薄，味极淡，为下品。上品售价每斤约1元5角，次品值1元2角，下品仅值5角左右。能生长白背耳的树木只有30种左右，能生长沙耳、水耳的树木极多，几乎每种树都可发生。

树木经砍倒后，隔了两年的时间，干上便自然生长木耳。有些用材木，树干已被利用，在树兜上仍然生长木耳。甚至有的长在深山里的古树，由于历时已久，表皮又常不被阳光照射，纵然还在生长，也可生长木耳。木耳采回后，晒干或烘干，即可出售。

4. 千金草

千金草，是一种生长在古树上或石崖上的植物。茎细长，周围密生针状短细的小叶，一株常丛生数茎至二三十茎，条条下垂，形似马尾，故又名马尾千金。可作药用，味苦有毒，多食能使人昏迷。瑶族用它做跌打损伤药（冲酒饮）或治疗牙痛（口含），或用作滋补剂（以茎三四寸者和猪脚炖食）。如遇妇人难产，把它缚在腹部上，有催生作用。售价昂贵，每两达1元5角至2元5角，以茎长者为上品。

千金草在大瑶山成为商品的历史并不长，据年已82岁老人黄三和回忆，清光绪三十年（1904年）才开始有人收购。他曾经营这项生意，最初山内售价是每两银毫2毫左右，运往桂林，每两可售5毫到1元。

千金草是一种胞孢植物，生长较慢，而且绝大多数都生在高大的古树枝桠上，采集也很费力。解放后，“山主”已经放弃了占山的特权，不仅山内居民都可入山采取，不少山外汉壮族农民，在搞副业生产的季节，也往往入山寻觅。遇有发现，如果因树木过高不易攀登，便异想天开，用杀鸡取卵的伎俩，索性把树砍倒，有些大至两人才可合抱的鸟果木，竟因此遭殃，从而引起当地瑶族人民的不满。因为，这些鸟果木冬季结果，便能诱致小鸟前来觅食，瑶族人民趁此百鸟群集的时候，装设“鸟盆”，捕捉它们，所获是可作为半年以上的肉类副食品的。正由于千金草生长缓慢，而入山采它的人又多，目前大瑶山的老山里，已经不易找到它的踪迹了。

图 9　千金草

5. 罗汉果

罗汉果，是野生藤类所结的果实。冬季果熟，呈长圆形，皮呈橙黄色，里面长着一层浅灰色的短茸毛，大小也和橙果差不多。它是一种贵重的药材，味甜，无毒，有滋补润肺的功效。瑶族老人患久咳的，往往把它煎水服或与肉煮食。采果后，把它摊在无阳光的地方风干，然后再用微火烘焙，用刷扫去皮上的茸毛，加工便告完成。据黄三和老人说，清光绪二十八、二十九年间（1902—1903），只金秀四村，年产量约 1000 斤。当时售价每 100 个银币 1 元。桂林的市价，每百个可卖三四元。

现在大瑶山年产罗汉果有多少，无人知道。瑶族人民入山劳动时，遇见它便采摘回来，卖给入山收购土产的小商贩，随采随卖，故无法统计。只知山内各处森林中都有这种野生的药材，每年每个村落都出产一些。

罗汉果售价昂贵，每个可卖 5 分至 1 角。如果计划人工栽培（龙胜各族自治县的瑶族，有些人这样做），确是一项很好的副业。

6. 天花粉

天花粉，或简称花粉。是一种薯类植物的块根，可作药用。味甘，无毒，具有生津润肠的功效。大瑶山西南部瓦厂乡和木山乡，出产较多。其他地区虽可培植，至今尚未推广。瓦厂乡红台、洛西、六庙及其附近良段村（属木山乡）的盘瑶和杂居的汉族农民，在耕种山地快要丢荒的时候，就种上花粉。或是在旱地的坑洼处和边角上间种。花粉四季都可下种，而以冬季下种为最好。种法：取花粉的块根一小段，埋于地下，10 多天后便发芽成藤、蔓延地上，茎长 5 尺至 1 丈左右，叶呈掌状，有缺刻，与西瓜叶相似。种后 5 年左右，块根粗大如臂，长 2 尺左右。冬季掘出，去其粗皮，晒干后再用硫磺薰过，即呈粉白色。每百斤市价 50 元。瓦厂乡附近一带盘瑶人民，近 40 年来，生活比其他地区的同族要过得好一些，就是每家每年都有一些花粉出售的结果。

种植花粉，需时较长，故须以耕地比较固定为前提条件。过去盘瑶处于“山丁”地位，耕地都向山主租来，大多数都有一定的租期，因而不可能在租地上栽培花粉。这是生产关系束缚生产力发展的鲜明事例。瓦厂乡一带盘瑶，其所以有条件种植花粉，是由于那里的山租，是按户交付而不是按年交付的。即“山丁”是住在“山主”的山场上，每户每年向“山主”交纳一定数额的山租（红台洛西一带是每户4~8毫银币），“山丁”可以在其山场范围以内随意开垦种植，不拘年限。至于良段村所耕的山地，已不属于瑶山山主，而属于桂平紫荆山汉族范围，近40多年来，开垦荒山是不须交租的。因此，这种需时较久的花粉，才有可能在这些地区种植，特别是良段村，年产量是较大的。据自治县国营公司收购土特产统计：花粉一项，1954年共49 536斤，1955年共100 493斤，按每百斤价50元计算，1955年总产值达5万多元。可知这是一项极有前途的副业。

7. 薯　莨

薯莨，又称元莨，是一种薯类的野生植物。大瑶山各处森林都有，其中以罗梦老山里所产的品质较佳，故俗谚有“罗梦好薯莨”之称。它的块根，一般呈椭圆形，大的重20~30斤，小的重2~3斤。它是多年生植物，块根在地下逐年长大，年数越久，块根也越大。瑶族人民于冬季农事稍闲时，入山采掘，每天可获10~30斤不等。只是售价低廉，现在每百斤约值5元左右。过去瑶族把它卖给入山收购土产的小商贩，最高价百斤值3元左右，有时只能换几斤食盐。

薯莨富胶质，可作染布之用。它不是染料，但染料中加些薯莨汁，可以加强颜色的附着力，如青蓝等布染成后，再用薯莨汁煮过，布面常呈有光泽。两广地区，气候炎热，居民暑季喜穿一种名叫薯莨布的衣服，这种布料上面的胶质，就是用薯莨做原料的。比薯莨布更细致的香云纱上的胶质，也是同样。

薯莨的藤上，到冬季结有拇指大小的子薯。采掘时，只要把这种小薯连藤埋在掘出了块根的坑里，它仍能发苗生长。3年之后，又可再次采掘。据自治县国营公司收购土特产统计，薯莨一项，1954年共46 707斤，1955年共9079斤，由此可见这项副业生产量不大。这与售价太低是有关系的。

8. 烟　叶

大瑶山各地各族系都种植烟叶，一般作为自用，很少出售，特别是解放以前，产量较少，更不能成为商品。

据门头一带花蓝瑶老人说，他们种烟的历史只有百年左右，种子是从平南思旺圩买回的。当时吸烟的人很少，种的也不多。近70年来，种的才逐渐增加。解放以后，种的人更多，产量也逐年有所增长。

烟叶栽培法：八月间砍伐青山或芒山，等到冬季或次年春季还未曾到雨季的时候，把草木烧去，然后掘土使松。三月清明前后，把上年二十月播种培育的烟苗，移植到新地上来，株距约1尺，行距约1尺5寸。每株都以草木灰作基肥。经一个月以后，烟苗转青，再加施鸡粪肥，并除草、培土两次。以后经常除虫和摘嫩芽，不令它开枝。七月间，叶渐老呈黄色，即可收获。其收获方法，砍茎为数段，连茎收回，以竹竿悬于屋内挡风之处，使它风干，即可自用或出售。有的地区，采获后的加工比较细致，把烟叶平铺两层夹在编织的大方格竹器中间，然后晒干。烟叶平而不卷，颜色也较鲜黄，售价较高。现在大瑶山的烟叶售价，中等货色每斤约值7角。

9. 蜂　蜜

大瑶山瑶族5个族系中，以盘瑶最善于养蜂。但所养的蜜蜂却不很固定，每年都从山林里收取一些野蜂回来，由于管理不善，每年又有很多养着的蜂飞走。他们认为能不能把蜂养好，都和每个人的“命运”有关。

在山林里取野蜂的方法：把一个制好的木桶放在山林中背风向阳的岩石下面，让蜂自入桶内做巢，然后把木桶搬回家来。有时在树洞里或其他地方发现蜂巢，即点个火把，用口将火烟吹入蜂巢里，待蜜蜂飞出后，即把蜂王捉住，剪去翅膀，放入布口袋内。以后群蜂飞回，进入口袋，就把它带回家来，另用木桶让它居住。

养蜂所用的蜂桶，把一段直径尺许、长约 2 尺的圆木，剐空中心，两端再用木板封好，木板的一端上开大孔数个，作为蜜蜂出入的门户。盘瑶对蜂桶的管理做得较差，往往把它搁在屋檐下面屋角上，任随雨打风吹而不设法保护；有时木桶两端的封板裂缝太大，虫蚁之类也可以闯进蜂巢偷吃蜂蜜或扰乱它们的安静生活。再则因蜂桶不大，有时蜂繁殖多了，就很拥挤；而且当蜂巢另产出雌蜂时，不设法给它人工“分封”。所以每年不免有些蜜蜂要搬家逃走。

一年冬夏两季可各取蜜一次，冬蜜质量较好，水分较少，蜜味浓香，价较高。夏蜜水分多，常带酸味，价较低。每桶蜂蜜的年产量约 8 ~ 10 斤，冬蜜每斤售价 4 ~ 5 角，每桶蜂一年可收入 5 元左右。

盘瑶养蜂的数量往往是很多的。例如双合乡观音山农业生产合作社，全社共 5 个村，53 户 325 人，私人养蜂共 102 桶，合作社养蜂 87 桶，平均每户 3.5 桶。有个别家庭养蜂多至 29 桶，全年收入百元以上，可换稻谷约 1900 斤，可解决 3 口人全年所需的口粮。这个数目是很可观的。

据自治县国营公司收购土特产统计：蜂蜜一项，1954 年共 8910 斤，约值 3200 多元；1955 年共 10 121 斤，约值 4000 元。由此可知大瑶山蜂蜜年产量的一个大概了。

10. 蓝　靛

过去大瑶山茶山瑶、花蓝瑶和坳瑶都种蓝制靛，作为自用的染料。大约在七八十年前，生活较富裕的茶山瑶，已不再自己种棉、织布、染衣了。现在只有花蓝瑶和坳瑶还种一些，作为染料。

据花蓝瑶老人们说，他们种蓝的开始时间，还是 90 多年前的事。蓝种是从象州县中平圩传入的。50 年前，种蓝较多，每家每年可割蓝叶 200 ~ 300 斤。晚近逐渐减少，每家每年一般只收 60 ~ 70 斤，最多也只有 100 斤了。

蓝有大蓝、小蓝两种，其栽种季节，亦稍有差异。前者八月砍地，烧后掘土，十二月间用上年留存的蓝茎，埋于土中，即发芽生长，不施肥料，只除草两次，到第二年六七月间，即可收获。后者在十二月间砍地，烧耕以后，次年二月间播种点种，七八月间即可收割。施肥除草与种大蓝同。

制靛方法：蓝草连茎割回以后，摘下蓝叶，茎则剪成五六寸长的小段，并扎成小束，置阴湿之处，留待作下一次的本种。其次，置蓝叶于瓦缸中，用清水浸泡，经过几天，叶即腐烂，再用木叉捞上，榨取叶汁置缸中，加入细白的石灰少许（每担水约 10 两），用勺在缸里搅拌并舀汁由上冲下，直到蓝汁成黄色泡沫为止。之后，让它慢慢沉淀，经过七八天后，汁沉水清，把清水倒出，沉在缸底的沉淀物，便是蓝靛。再用竹筐把蓝靛捞出，等它干硬，便可留存作染料。

11. 棉　花

种棉、纺纱、织布，过去是茶山瑶、花蓝瑶和坳瑶的家庭必不可少的生产活动。近七八十年来，却日渐在减少。到了解放初期，仅有花蓝瑶和坳瑶还在继续着，但数量上已经微乎其微了。家庭人手多的，每年的产量，至多仅能供一两套衣服原料之用。而且坳瑶已不是每家都种棉，只有花蓝瑶种的人还比较多些。

瑶族逐渐少种棉花的原因：第一，种棉技术差，费力多而收获少，别的生产活动比较忙，要多种就忙不过来，反而耽误别的农事；第二，自从山外的洋纱布匹运入瑶山后，布质匀细，要比家织布好得多，大家都喜欢用它，尤其是青年人；第三，瑶山土特产销路较畅，售价较高，经营土特产的收入，比种棉的收入要大得多，与其费劳力去种棉，不如经营别的土特产来得合算。

瑶族种棉，十二月间选土质肥沃的山地，砍树割草，到第二年二月烧山，三四月掘土开坑，用点播法点子，行株距各约一尺，并以草木灰作基肥。发苗后疏苗一次，每坑留五六株。以后中耕除草一次。到秋季，苗长到一尺来高便开花结果了。棉桃很小而不多，故收获量有限。

（三）家畜家禽的饲养

1. 家畜的饲养

大瑶山瑶族家畜的饲养，只有猪牛两种。牛有水牛和黄牛，目的是为了耕种时使用。茶山瑶、花蓝瑶、坳瑶占有水田，牛的饲养自然是以水牛为多。过去处于“山丁”地位的盘瑶和山子瑶，以开垦山地刀耕火种为主。耕地至多限于锄掘。即使有个别地区，租种或租地开垦了一些狭窄的梯田，也无法使用牛力，锄掘仍占优势。因此，在他们看来牛是很不重要的。其次，占有水田而又使用牛耕的茶山瑶等三个族系，生活较好，但宗教信仰的观念也极深，祈神祭鬼，往往于杀鸡斩鸭之外，有时还要杀猪宰牛。这便是牛的第二种用途。至于繁殖较多的，也只有在本族系中进行交换，而且这种情况也并不常见。瑶山虽然气候温和，四季草木常青，发展畜牧业有很好的条件，但实际上对牛的饲养，并未提高到为人们所重视的程度。

瑶族五个族系，猪的饲养却是极其普遍的。人无论贫富，地不分东西，经济地位也不论“山主”或“山丁”，差不多家家户户，每年总要饲养一些，少则一头，多则三五头，甚至还有饲养母猪繁殖乳猪的。他们所养的猪，虽然大部分供自己食肉食油以及祈神祭鬼和供婚丧喜庆等项的消耗。但也有少数接近汉区圩市地区的居民，运销少量的猪或猪肉到汉区，以换取其他生活资料的。即使所饲养的猪，全部自用，在肉类和油类能做到自给自足，不必向山外汉壮地区购入，这也算一笔为数不小的收入了。

抗战期间广西沦陷以后，瑶山未遭日寇侵扰。胜利后，山外猪源缺乏，山内的乳猪和肉猪，曾经有一段不长的时间，以较多的数量供给接近瑶山的汉壮住区。坤林附近几村盘瑶，养猪较多，又因猪价奇昂，一两年间，收入了大批现款，之后向茶山瑶山主买了一些田地。

过去瑶族养猪的饲料，刚断乳不久的小猪，一般都用一半的粮食掺杂一些野菜来做猪饲料。猪渐长大，便逐渐减少粮食而增多糠秕及野菜；但到将近宰杀前的两三个月间，又须逐渐增加粮食而减少野菜。这样才能使它肥壮。完全不用或在某一段时间不用粮食作饲料是不可能的。只是生活宽裕之家，用粮较多，猪也成长比较快一些；生活困难之家，用粮较少（一般都用高产量的杂粮如木薯、红薯等），猪也成长比较慢一些而已。在一般饲养的情况下，一年之内，猪可长 50～80 斤净肉，而所耗粮食总在百斤以上。

山内养猪，虽有栏圈，但除庄稼会被猪践食的时间，必须把它关在栏外，平时多让它在栏外觅食。这不但于积肥不便，环境卫生也大受影响。

饲猪的野菜，在山区来说，本是取之不尽的东西。但在过去，处于没有寸土地位的“山丁”，即使采摘猪菜，也得向“山主”交纳一些租税，虽然租额（连同砍柴、吃水）仅是鸡一只或银币一两毫，但不如此，就会无处采摘。坤林村盘瑶，由于全村合伙买得了“山主”的山场，他们便在自己这片山场里划定界限，各户在这界限以内栽培猪菜。这虽然是个突出的例子，但也可从这里看出“山丁”们无采摘猪菜的自由而不得不如此。

2. 家禽的饲养

饲养鸡鸭，是大瑶山每户居民都经营的副业。但因瑶族各族系居住地点的不同，也分为两种情况：村庄多数建在接近山谷里的茶山瑶、花蓝瑶、坳瑶和山子瑶，鸡鸭兼养；村庄建在高山陡岭上的盘瑶，则只能养鸡而不能养鸭。饲养鸡鸭的饲料，每天至少都要供给二次粮食。鸭除供粮食外，有时还要掘取蚯蚓或捕捉小蛙作为饲料。鸡每家一般有六七只，多的在20只左右。鸭则为数不多，一般每家只能养四五只，而且并不是家家都饲养。鸡的成长，半年可达一斤半左右，母鸡在半年后即可产卵。鸭经过3个月可达2斤左右，产卵期则要半年以上。

瑶族饲养的鸡鸭，一般留作自用而极少出售。他们除节日以外是不轻易宰杀鸡鸭的。但用鸡来祭神禳鬼，却是常见的事。有时仅半斤以下的小鸡，也不免充当牺牲。这方面的消耗为数是极大的。因此，个别地区鸡鸭不能自给，还得出外购买一些来补充。

鸡瘟经常在瑶山里流行，有时情况极为严重，一村二三十户竟找不到鸡种。我们在大瑶山将近一年的调查期间，到罗香、罗运、门头、岭祖几个点上，都遇上鸡瘟刚过或正在流行，全村的鸡都寥寥可数。但鸭瘟极少。

3. 其他家畜的饲养

大瑶山瑶族，既不养马，也不养羊。瑶山山岭陡，道路崎岖，马不能作为交通运输之用。山羊本是繁殖力极强而又易于饲养的家畜，但因瑶族的旱地遍布各地，如果没有专人照料放牧，作物必然受到践食。要抽出人力专门照料放牧，在瑶族看来是一件麻烦的事。他们对于耕牛的照料，也不如此。每年到了冬收以后春种以前，一般都把牛赶到山上，任它自由觅食，日夜不收。因此，牛只的跌伤冻死，便成为习见的事。这种情况，直到50年代还不曾完全改变。

解放以后，自治县在北部地区，建立了一个牧场，场里饲养了五六十头山羊。但各地瑶族农民，还不曾养它。少数人购入兔种，在家饲养，这仅是养兔的开端而已。

（四）渔 猎

过去大瑶山的山林河溪，都为一村或一姓或一家“山主”所占有，非占有山林河溪的任何人，是不能自由进行渔猎活动的。没有寸土的“山丁”，经“山主”同意，每年向“山主”交纳一定数额的山租后，虽然也可捕捉鱼蛙和狩猎鸟兽，但活动的地区及其方法，却有一定的限制。即使同是“山主”，其所占山林河溪，亦各有界限，谁也不能越界活动，狩猎有时可例外，因野兽多是伤害庄稼的。狩猎即是除兽灾，但仅限于围猎。再则，同占一段山林或河溪的“山主”，也必须遵守石牌条文所规定的事项，不得仅凭个人愿望而自由行动。

大瑶山山林广阔，鸟兽甚多。它们虽然给瑶族人民带来了许多灾害，但同时也为瑶族人民开辟了广阔的肉类来源。山里河溪虽然浅狭，由于瑶族护理得法，鱼蛙的蕴藏量也足供给人口不多的居民的需要。解放以后，“山主”放弃了占山占河的特权，山内居民的渔猎活动已不再受过去那样的限制。到了50年代，山林中的鸟兽，虽然还没有显著减少的迹象，但浅狭河溪里的鱼类，却已不如过去之多。最主要的原因是：不仅山内居民常用毒药进行毒鱼的活动，而且不时还有山外汉壮农民和渔户，入山放鸬鹚，用炸药或用毒药进行捕鱼。因此，瑶族人民便担心河里鱼类会有绝种的一天。

瑶族人民至今还没有专业的渔户和猎户，但他们所进行的渔猎活动，方法是很多的，而各地区各瑶族族系也大致相同。兹分述如下：

1. 捕鱼与捉蛙

（1）钓鱼

瑶族所用的钓竿和钓钩，与汉区同。只是还没有使用车钓。这是由于山里河狭石多，没有用这种钓法的必要。钓钩多从汉区购买，有时也用针或铁丝自制。使用钓竿捕鱼极其普遍，凡是挨近河溪的村落居民，差不多每家都备有一套钓具。不但成人喜欢钓鱼，小孩到十一二岁时，即开始把钓。个别地区（如六巷、门头等村）的成年男子和小孩，腰带上经常吊着一个小盒，里面装的便是钓钩和钓丝。由此可见他们钓鱼的兴趣了。

鱼饵，一般用河里的石虫（扁石虫和圆石虫），有时用蚯蚓，有时用虾、小蛙、江鳅钓鳜鱼和骨鱼。用钓所能捕获的鱼类有：白鱼、黄尾鱼、火烧鱼（卵巢有毒，误食其卵则呕泄）等，一般重量由半两至四五两；鲇鱼、甜鱼、骨鱼、鲶鱼、鳜鱼则较大，一般重四五两至二三斤。钓鱼一般在白天清水中下钓，有时也在夜间或洪水中进行。鱼旺季节，每天一人一般能获二三斤。

图10　狗鱼

滴水河的上游和长滩河盛产狗鱼（即蝾螈）。也可用钓捕它。这种钓竿与一般的不同，用修长的小竹一枝，尾端系一铁钩（有时不用），钓上穿一小蛙。冬季时，狗鱼多藏进岩石的缝隙里。捕鱼的往往能认识它藏身的所在，即把钓竿慢慢插入石缝中，如里面藏有狗鱼，一见小蛙便张口吞食，即被捕。这种狗鱼，是山珍之一。每条一般多在1～3斤之间，每斤售价1元左右。

（2）装弓钓

弓钓是一种安装简单机关，不需要人掌握的钓鱼具。钓竿，用四五尺长而富有弹性的小竹作成，尾端系长约6尺的麻绳，绳端系钓钩，绳的中段，另系上一条长约2寸的小竹枝作短棒。另用杆长约7寸，钗长约3寸的竹勾（或木勾）一个做勾桩。装置的方法：把钓竿的一端斜插在河岸边，再把勾桩插在河岸近水处；竿与勾桩相距约一尺半。然后在钓钩上钩上钓饵。再把竿弯下，使钓绳中段的短棒卡在勾桩上。鱼吞食钓饵时，拉动钓绳，短棒即从勾桩上滑脱，钓弓弹动，就会把鱼钩住。

装弓钓，多在夜间进行，一人可管20～30条。被弓钓捕获的鱼，一般都是吞饵时较饿的阔口鱼，如鲶鱼、骨鱼、七星鱼之类。这种钓法，六七十年前才从汉区传入，在六巷区九十三河一带的瑶族，虽然有时用它捕鱼，但仍不甚普遍。

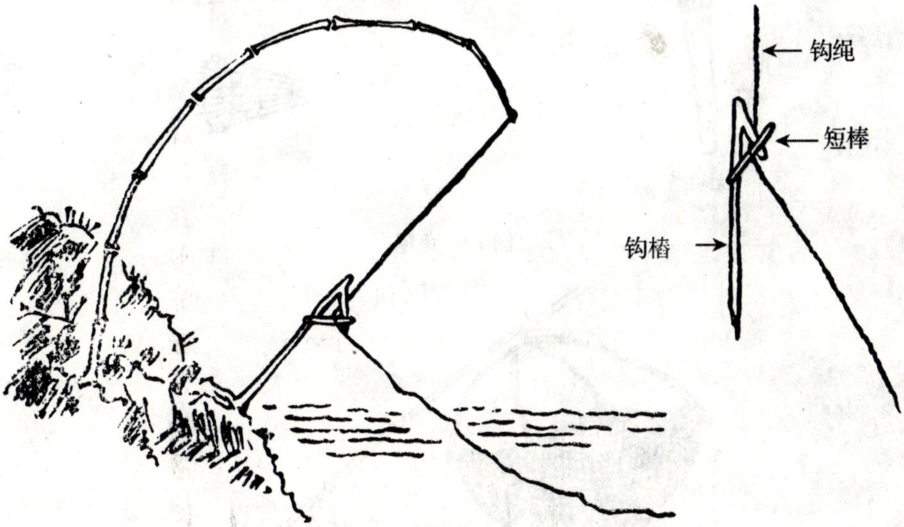

图11　弓钓简单机关安装法

（3）装鱼攒

鱼攒，有的地区称为鱼笱，是一种用竹篾编成的捕渔具。大瑶山使用的鱼攒有两种：一种是无须攒，一种是有须攒。后者的形式也有多样。无须攒，织法极其简单，可能是原始的鱼攒。把它装置在水流湍急的小滩上或溪涧里，鱼或蛙从此经过，被急水冲入攒里，身体就被夹在竹缝中而无法挣脱。有须攒是碗口粗细、长约2尺的筒状渔具。多装在河里的石窟口上。窟里的鱼出外觅食，进入攒里，因有倒须阻住入口处，就无法再行退出。这种攒有时也用于塞滩或撵鱼，用途不一。装在稻田中的鳅鱼攒，捕鱼的作用大致与此相同，只是攒身织得很密，不露空隙而已。两种攒的形式，如图12：

（4）撒网

鱼网的形式和制法与汉区同。只是山里河溪浅狭，因此，瑶族所用的网较汉区的小一些。鱼网仅限于成年男子使用，妇女和小孩都不会撒网的。撒网可以日夜进行。在鱼旺季节（春末至秋初），河水比较浅涸的时候，每天一般可捕获2～3斤。

（5）抽罾

罾是一种六七尺见方、中心稍凹的网子，四角用两条交叉弯曲的小竹来撑系。另用长竹一条，系在小竹交叉之点为柄，以便起落。用法：一人先选河床较平，水流平缓的所在，放下罾网；另一人用石投于河中撵鱼。掌罾的见鱼游到兜里，即把罾抽起。每天一般可获鱼六七斤。罾的形式如图13：

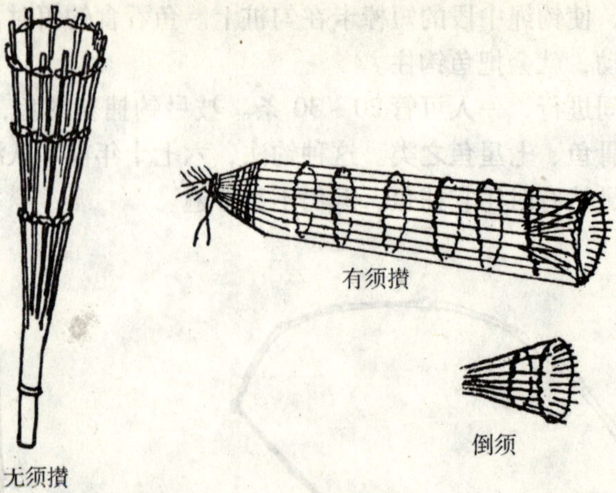

图12　鱼攅

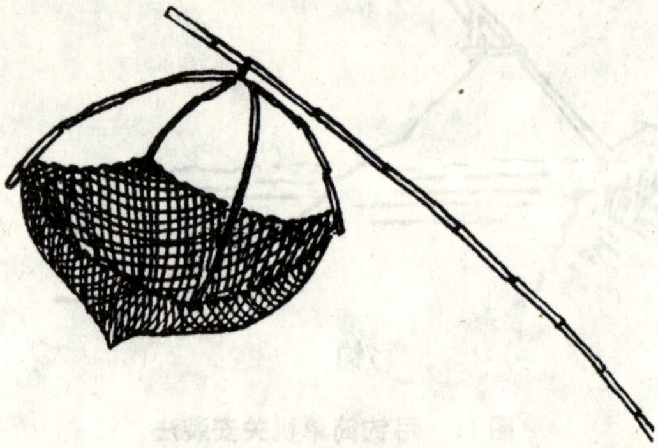

图13　罾网

（6）捞鱼

捞鱼须用捞绞。捞绞是用麻绳织成的圆锥形的小网子。一般的口径在2尺左右。另用竹木或铁条制成圆圈，串系网口。再用长竹竿一条横贯网口，把它紧缚在网口上，作为长柄。春夏山洪暴涨时，河里水急石翻，鱼类都趋向近岸水流较缓处躲避。这时便是使用捞绞捕鱼的绝好机会。这种捕鱼工具，男女都可使用。河流较大，鱼类较多的地区（如滴水河和九十三河），涨水时，有的人家男女三四人一齐出动，获鱼往往达30～40斤。

另一种在浅水中捕鱼的捞绞，较前一种稍大，用竹木作成三角架串束网口。用法：使用者下到河溪中，选水草繁茂、石块重叠、常有鱼类藏身的所在，先放下捞

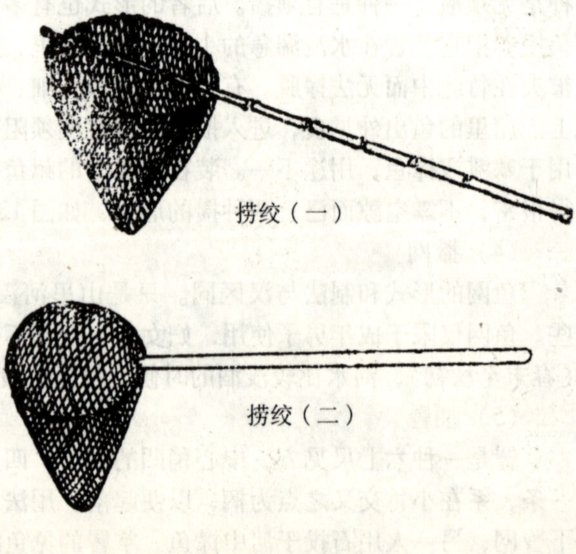

图14　捞绞

绞，然后用脚踩踏水草或石块。鱼受惊窜出，进入网内，即被捕获。用这种方法捕鱼，男女及十二三岁的小孩都可进行。一般每天可获鱼1～2斤。这种捞绞，如果改用稀疏的麻布做网，可以捞捕小虾和小鱼。

（7）叉鱼

叉鱼要使用鱼叉。鱼叉是铁制并栓上长竹柄的渔具。这种渔具，瑶族中现在还极少有人能自制，多半雇请寄居山内的汉族铁匠打制。瑶族使用的鱼叉，有二齿、三齿、四齿几种，各种长短大小亦不尽相同。一般叉齿粗如小指，长5寸左右，齿的上端，有圆椎形的“裤”，用以接栓长柄。

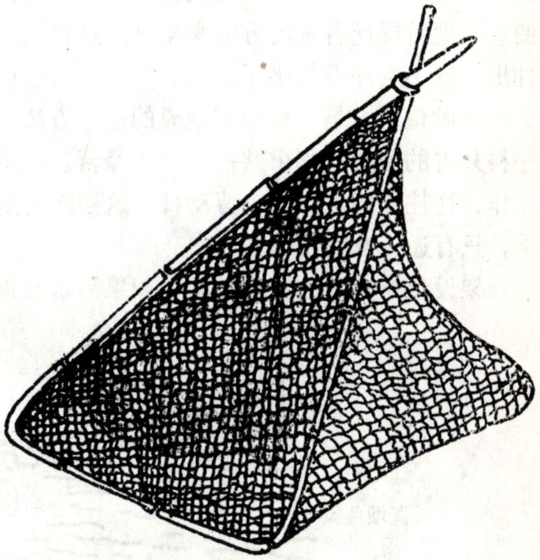

捞绞（二）

寒冬结冰下雪的天气，鱼类受冻，活动能力极弱。瑶族男子撑竹筏下河，到深潭里觅鱼。如果发现鱼群伏在水底，就使用长柄（约2丈）的鱼叉，瞄准鱼身戳下，往往命中。用这种方法叉鱼，捕获的多是半斤以上到两斤左右的大鱼。一人每天一般能捕10斤左右。

另一种叉鱼方法：用二齿有钩的狭长形鱼叉，刺插河里的石缝石窟，如果有鱼藏在里面，往往被叉戳中。因叉上有钩，拉出时鱼才不致挣脱。这种叉鱼法，也多在冬季进行。因冬季水冷，鱼多躲进石窟里去。有经验的捕鱼者，凭着观察石窟外的泥沙颜色，便可判断里面是否有鱼。一般每天能捕鱼三四斤。

此外，还有一种用网围罩石堆，然后再掀开网的一角，人站在水里，用叉刺插石堆的缝隙；如石缝较大，或另有出口，鱼不中叉而从另外的出口逃窜，也要被网捕捉。因此，往往获鱼较多。

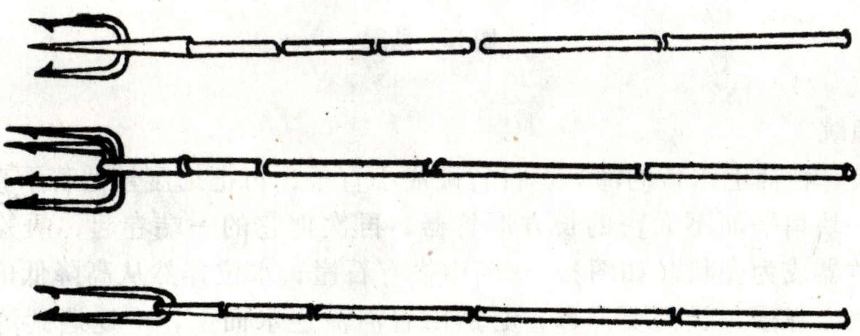

图15　鱼叉

（8）装鱼梁

鱼梁的装置方法，与汉区同。其法，选河内水流较急的浅滩，拦河砌筑一道斜坝，下游砌一滚水坝口，坝口下装置用细棕绳编联小竹而成的扁平竹梁。鱼类从坝口经过，被坝口急流冲下竹梁，即被捕获。

大瑶山里瑶族架设的鱼梁，共有两种：一是直坝鱼梁，一是曲坝鱼梁。后者能适应山区的特点，是比较进步的；直坝鱼梁，都是顺着水流的方向架设，如果山洪暴发，水势过猛，往往会把竹梁冲毁。瑶族人民为了避免这种损失，便把安装竹梁的滚水坝口，故意砌成一道曲巷，把竹梁逆着水流方向来架设。这样，遇到山洪过大水势过猛时，急流从弯曲的石堤上冲出，就不会冲毁竹梁了。

架设鱼梁，是一种较大规模的捕鱼方法。在私人的河里的，由一家经营；如几家或一姓一村共占的河流，则由共占人合作经营。一个规模较大的鱼梁，连同筑堤塞坝、编织竹梁等工作，往往需要100多个劳动日，这当然不是一人一家的力量所能担负得起的。在这种情况下，只有邀人合作经营了。

架设鱼梁捕鱼的数量较多，如果河水涨得适度，每次可获10斤至四五十斤。

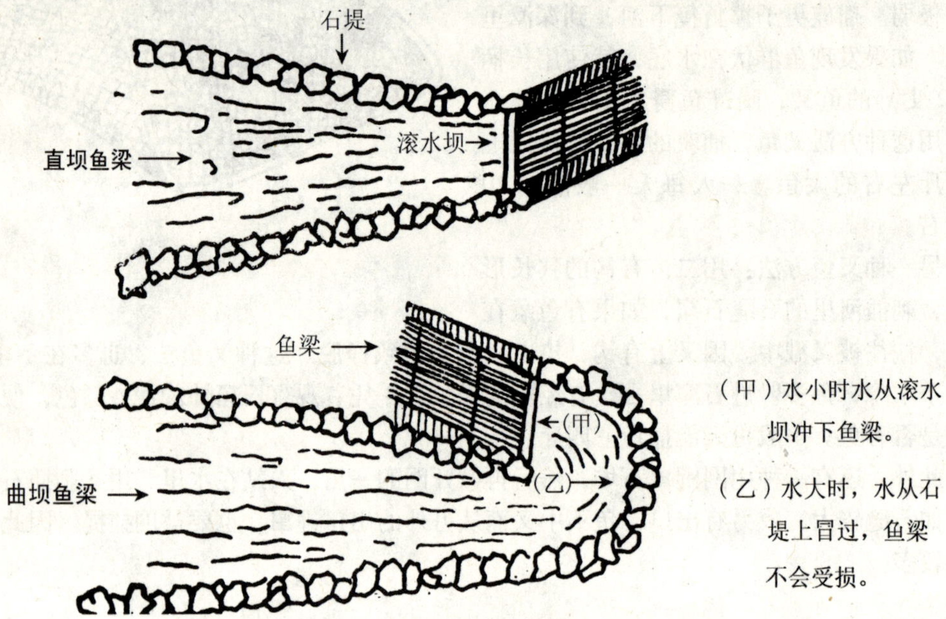

图16　鱼梁

（9）架鱼跳

鱼跳，是一种捕上水鱼的渔具。将竹破成小直条，再把细篾丝把若干直条横着编联起来，成为一块扁平而不太密的长方形竹器，再次把它的一端卷起，两旁并用竹片封好，使整个竹器成为兜状（如图）。选河中横有石崖，水位猝然从高降低的所在，把它横挂在水面上。春季鱼类因要产卵，必然沿着河流逆水而上，中途遇到这种水位差猛降的所在，不能游上，往往拚命跳跃，企图过此难关。当鱼跳跃时，恰落在这个兜状的竹器里，便被捕获。用这种渔具捕鱼，如遇春雨适时，河水稍涨的日子，往往可获数斤至数十斤不等。

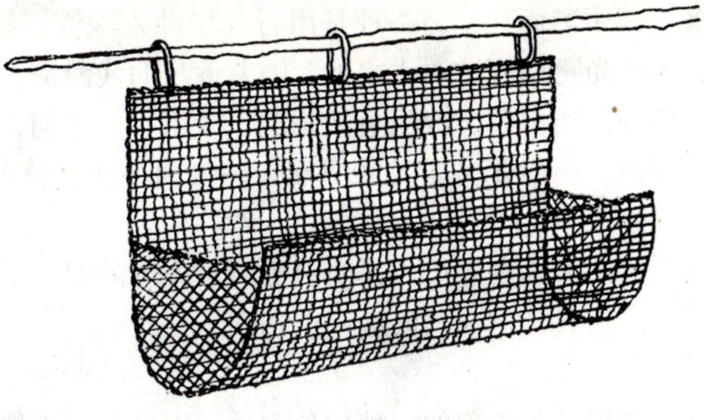

图16 鱼跳

（10）毒鱼

毒鱼，是用一种把毒物放入河水中使鱼类中毒晕死的获鱼法。瑶族叫做“闹鱼”。解放以前，大瑶山的河流，为私人所占有，许多较大的河流，是根本不许用这种方法捕鱼的。有的，则是一些小河。闹鱼的活动，必须由占有河流者集体进行。私人毒鱼，那是犯石牌的事体，必然会遭受严厉的处罚。由于河界不清，或有意争河，或贪图近利而闹鱼的，往往引起村与村间、族系与族系间的武装冲突，这种事例也并非仅有。

毒鱼的季节，多在秋冬河水浅涸的时候。毒鱼的药料有用草木叶皮根茎的，如辣藤叶和茎、辣蓼叶、求月木根、山桃木叶等；有的也用生石灰。最厉害的还数茶油麸。因为前两种毒性不大，有效时间短促；后一种恰恰相反，而有效时间竟可延续两三天。故使用茶油麸毒鱼一次，这些水不很深的河溪里的大小鱼虾，差不多要全部被毒死。

毒鱼是一种有组织的集体行动，往往有人出面首倡，邀约占河的各家“做份”。每份一人，老少男女都可参加，嫁出外的男女和到本村本族来上门的赘婿，同样可以占一份。每份药料照样分摊，捕获的鱼类也按份分配。

有的地区，河流归家庭占有；其中又有分段占有和分份占有两种。前者毒鱼时各在各家河界内捕鱼（如门头一带花蓝瑶）；后者共同捕捉后，则按各家所占份数分配（如滴水一带茶山瑶）。非“做份”的外人，不许下河捕捉；除非等待“做份”的人捕捉之后，才可下河拾些捕剩的鱼，瑶语叫这种行动为“拉鱼”。毒鱼一次，往往能获鱼数十斤至数百斤。

做份毒鱼的人为了避免别人来“拉鱼”，故毒鱼的活动往往在夜间进行，份数多的，常为数十或数百个老少男女集合在一段小河里，熙来攘往，热闹是可想见的。故毒鱼不仅是一种生产活动，同时还带有一些娱乐意味。但是，用这种杀鸡取卵的办法捕鱼是不可取的。

（11）塞坝

塞坝，又叫塞滩或塞汉，是一种小型的毒鱼活动。其法：选择河里乱石很多、易于藏鱼的一段，用石砌个临时性的堤坝，把河槽围过一半或三分之二；留一面不塞，让河水从堤坝外分流。被拦塞的一段，水渐减少。然后在里面下药，使躲藏在乱石堆里的鱼，中毒逃出被捕。用这种方法捕鱼，往往一次可获鱼数斤至数十斤。

（12）拦网赶捕

冬季天气寒冷，鱼多聚集在深潭里，且活动力不强。瑶族抓住这个时机，便使用拦网下河去赶捕。其法有二：一种是用拦网多张，边撑边把拦网的范围缩小，让鱼逐渐集中在深潭的一角时，再用布袋装入石灰系在长竿的一端，沉入潭底，随即将长竿上下冲击，使袋里的石灰迸出。鱼遇石灰水，即中毒而死。另一种是用石灰袋冲入深潭，把躲在那里的鱼撵出，立即用拦网围住深潭，不让鱼再回到这深水之处。随着逐步向浅滩撵去，步步下网，直把它撵至预定的地点为止。鱼到浅滩以后，或用鱼叉刺戳，或用拦网兜捕，直至全部被捉。

用拦网赶鱼的方法捕鱼，一般要三四人共同操作。每围一次，获鱼少则 20 ~ 30 斤，多则一两百斤。

拦网，又名拦江网，是一种高约 6 尺，长两三丈的长方形的网。上端每隔一尺左右系一浮木，网脚密系金属网子。形式和制法与汉区完全相同。

（13）射鱼

用小弩发箭射鱼，现在仅是茶山瑶的一种捕鱼方法，而且多用于捕捉田里的鳅鱼。

弩身全长约 1 尺 5 寸，厚约 3 分。用坚木作成，弓箭都用竹制，弦用小棕绳。弩身后端有曲柄，上面凿在明槽，作搁箭之用。曲柄的前方，凿狭窄的长方暗槽，串通上下。暗槽内安置扁狭的长方活动木片做成的简单弩机。张弦时，把弦拉到弩机上边的木阶上卡住，然后把箭放置明槽里（箭杆的后端削有突出的小钉，插入明槽后端的小孔里，箭可向下发射而不致在发射前溜出明槽）。弩机的上端，被弦压住，即往暗槽下沉。发箭时，用右手拇指、中指、无名指和小指握住曲柄，以食指扳弩机向后，弩机的上端即从暗槽中挺出，使弦脱离木阶而拔箭发射。

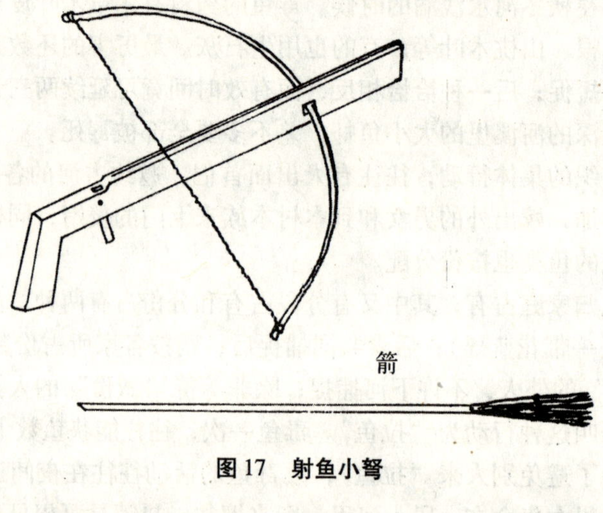

图 17　射鱼小弩

这种简单的弩机，从前是把长方活动木片钉在曲柄前方弩身的右侧的。因为它偏在一边，发箭时往往有偏差而不能准确地命中，后来才改成在曲柄前方开凿暗槽，把弩机安装在弩身的正中的。

据汉文史籍和地方志记载，瑶、壮两族过去使用的武器，以“药弩”或“编架弩”等最为著名。在瑶族老人们传说中，也还流传着他们祖先用弩打仗和打猎的许多事迹。现在用来射鱼的小弩，仅仅是瑶族人民把传统的武器之一保存下来而已。

（14）捉蛙

高山上的溪涧里常有蛙类繁殖。常见的计有山蛙、长腰蛙和山蟾蜍几种。捕捉山蛙的方法，一般都是在夜间燃着火把去照。每年从春末直到秋初，凡天气暖和的日子，都可进行照蛙的活动。因为山蛙日间多躲藏在溪涧的崖石里，夜间才出来觅食。当它猝然被火光照着的时候，便伏着不敢动弹，让人们捉它。大的山蛙，重量可达半斤，一般都有二三两，体壮肉肥，肉味鲜美，每斤可卖四五角。夏季为山蛙最多时期，一般一夜可捕三五斤。

另一种捕捉山蛙的方法：当秋冬以后，天气寒冷，山蛙藏在溪涧的石堆里或两岸近水的石崖中不动。这时溪水已经浅涸，便可用辣藤捣碎作毒药，冲入溪里，山蛙吸进毒水，中毒后，必然窜出。

长腰蛙多喜栖息近山的梯田附近，晚间往往下田觅食稻谷。收割以后，便可在夜间用火把去照。长腰蛙身体瘦长，肉味远不如山蛙那样鲜美。

山蟾蜍又名剥皮蛙，即是生长在山溪里的癞蛤蟆。每到冬末春初，南风和暖的天气，它便到近山浸水过冬的梯田里交尾产卵。当雌蛙发出求偶的叫声的时候，附近的雄蛙和其他的雌蛙，往往三五十只集中一处，互相搂抱，纠缠不开。捕捉的方法，选定天暖的晚上，用火把去照。往往一次可获10～20斤。

山蟾蜍皮肤有毒，捕获以后，必须在水流湍急的流溪里去剥皮。不但要把它的皮剥得精光，一点也不能留在身上，同时也不让皮上的毒汁，沾在肉上。在急水中剥皮，毒汁就可被水冲走。它的形状虽丑恶难看，但肉味却很鲜美。如果误食剥皮未净的山蟾蜍，一两小时后腹部即膨胀，小便也不通。可采芥菜煮食，颇见功效。生食见效更快。

瑶族捕捉蛙类，主要是供自食。如果捕得多，就把它烘干，然后和炒米粉及食盐腌入瓮里，作为酢肉。

(15) 管理河流保养鱼类的一些规定

金秀沿河十村，对河流的管理十分重视。各村虽然划分了河界，各管各业，任何人都不得越界捕鱼，但捕鱼的规定，却是各村都一致的。这些村庄的茶山瑶，每年在春社的一天，都要杀猪祭社，共社庙的居民，各家都要派出一人，到社庙前分肉聚会。当时，社老须向聚集的居民“料话”一次，宣布若干条有关春耕生产的公约。其中关于捕鱼的季节和方法，都有明确规定，大意是：①每年钓鱼期是二月春社以后至八月秋社止；②装攒撵鱼期（把河滩临时砌石阻拦一段，装置鱼攒，然后把鱼撵到攒里）与钓鱼期同；③任何时候不许撒网和用药毒鱼；④家中有人生病，须用鱼作祭品送鬼时，只许塞滩得几条，不许多捕；⑤家中有老人过世，只许塞滩捕滩和摸鱼一天，捕多捕少不拘，但仍不能用其他方法捕捉；⑥别人在自己田里装攒捕鳅鱼，田主不得把鱼攒弄坏或丢出田外。以上这些规定，一经宣布，便具有法律的效能；有人违反，就算他犯了石牌法律，是要受处罚的。金秀河狭水浅，鱼类本不太多，但因有了这些带法律性质的规约，故河中蕴藏的鱼类，足敷当地居民一般需要。金秀河的鱼类，味鲜美，据当地瑶族说，因为金秀河发源于仑浦老山，那里种植香草很多；香草水流进河里，鱼类吃了，所以它的肉特别香甜，故有“香草鱼”之称。

山丁们捕鱼，须向山主交纳一定数额的山租。有的地方，每年交纳鸡一两只（或交银钱代鸡），作山主祭社之用，便可捕鱼、捉蛙、打猎、砍柴、吃水和割猪菜；有的地方，则按渔具收租，如六巷区九十三河一带的“山丁”，家里有钓竿一条，就得向“山主”交租银两毫。但交了租，并不等于便可自由捕鱼。其实，他们的捕鱼活动，仅限于钓鱼和用捞绞捞鱼，并限于在指定的小河中进行，用其他方法和越出指定的地点都为“山主”所不许可的。如果有违犯行为，将受到严厉的处罚。

2. 狩 猎

(1) 围猎

围猎是一种集体进行的生产活动，同时也是一种预防野兽灾害的有效措施。围猎所获的兽类，往往是较大的，如山猪、山羊、黄猄等，有时也可猎获虎豹。

围猎是男子的劳动（茶山瑶、花蓝瑶妇女不得参加，坳瑶盘瑶妇女可参加）。大瑶山至今还没有专业的猎户，只是农民在发现野兽而农业又不太忙的日子，都可进行，并无什么季节可言。人数也不固定，当发现村落或田地附近有野兽时，便可随意邀约同村的人去围捕，谁都可以参加而不能拒绝。

围猎的方法：先由一些人到山坳上去“把卡”，因为瑶族不但熟悉附近每一个山岭的地形，而且也知道野兽必经的路径，守在那里，准可把野兽围住。其次由一两个人带着猎狗“搜山”，放狗的人，一定是要长于辨识野兽足迹的。他们发现野兽新迹时，知道野兽必然藏在不远的地方了，即须吹鸣小竹筒为号，使把卡的人有所准备。随着，放狗入山，让它到深密的林丛中去搜索。猎狗嗅到野兽的热臊气味时，就会发出吠声，野兽受惊，必然冲出密林，向它惯熟的路径奔逃，把卡的见到野兽，开枪射击，往往命中。

围猎有时也不带狗去，如虎豹山猪等猛兽，是常常会把猎狗咬伤咬死的。不带猎狗搜山，单凭搜山的人跟着兽迹去撵。搜山的人身边也带有猎枪，有时一直跟寻到野兽近旁而未被其发觉，这样便会被搜山的人射中。

猎获物的分配方法，各地有所不同。六巷区门头村一带的花蓝瑶，分配方法较复杂：①凡参加围猎的人各得一份，不问老少大小、甚至背在背上的男孩（女姓无份）都平均分配。②把卡的人数不拘多少，另占3份；③射中的人另占3份；如果第一次开枪的人只打伤野兽而未死，第二人或第三人补枪射击，则几人共占3份；④放狗并跟兽迹的占3份；⑤猎狗每只各占一份。假定某次有10人去围猫，带了3只狗去，一人放狗并跟兽迹，9人把卡，野兽被把卡的某甲射中，没有人再补枪。这个猎获物就按如下的数目分配：

全部出猎的10人——10份
全部把卡的9人——3份
猎　狗　3　只——3份
射　中　的　人——3份
放　狗　的　人——3份
合　　　计——22份

盘瑶对猎获物的分配原则，与花蓝瑶颇有不同。他们的分法是：①凡参加的人各得一份（儿童得的略少）；②带枪的人另增加一份；③打中或打伤野兽的人另增加一份；④跟兽迹的另增加一份；⑤猎狗各得一份；假定某次10人出猎，7人带枪，1人跟兽迹，3只猎狗。野兽被带枪的某甲射中，其分配份数如下：

全部出猎的10人——10份
全部带枪的7人——7份
跟兽迹的1人——1份
猎　狗　3　只——3份
射中的1人——1份
合　　　计——22份

坳瑶对猎获物的分配原则；大兽和小兽有所不同。如果猎获黄猄一类小兽，只有带枪的人和放狗跟兽迹的人平均各得一份；射中野兽的人，只是另外多得一个头。猎狗每只各得一份，而且照例要把野兽的内脏分给猎狗，意思是它们太辛苦了，这些内脏是给它们吃的。至于它们分得的肉，当然由狗的主人所有。

如果猎获山猪或山羊这类大兽，其分配法又不相同：①凡参加者甚至在打中野兽前曾到围猎地点去看的人都各占一份，连妇女背着的小孩亦同。②跟兽迹的人除得两份外，另得一条腿。③射中的除得两份外，另得一个头。

山子瑶对猎获物的分配原则是：①凡参加者各得一份。②射中者另加一份。③猎狗各得一份。④猎获物的头脚和内脏不分，留着祭神后给参加的人共同聚餐。有时把野兽追至村边才捕获，凡村里在未射中前到现场的人，也可得一份，小孩则得半份。

凡是捕获野兽时，无论怎样，参加的人都不得在分配上吵闹。他们认为这样，以后就不会捕获野兽的。

猎获野兽后，不论大小，都要先祭猎神然后才能分肉。祭猎神的仪式：有的地区设有神像的，就得把猎获物抬到神坛前去供祭；没有设神像的，则在村外向着射中野兽地点的方向供祭。未祭神之前，猎获物是不许抬进村里的。祭法：先把野兽用火烧去身上的毛（不许用滚水烫刮），把皮用刀刮尽。取出内脏，并割下头脚。然后把头脚和内脏一齐煮熟，作为祭品，并烧香化纸奠酒，请师公来祈禳。祭神的师公，例须得一份报酬，即兽肉一块（视猎获物大小而定，由四五两到一斤），内脏一碗。祭神之后，才得按份分肉。

围猎现在都用粉枪，即帽咭枪。这种枪传入大瑶山，仅有六十多年的历史。1909 年，平南、桂平一带的三点会进入大瑶山，金秀一带的瑶族，为了自卫，便起大石牌和三点会对抗。当时金秀一带，还只有用火绳引火的火枪，三点会却有九响枪、大十枪之类在当时认为是比较进步的武器。瑶族知道自己的武器不顶事，就设法购买较好的武器。当时，寄居在金秀做生意的平南汉人廖义德，见有利可图，便到山外去贩了一批扳枪（即牛腿式枪柄的帽咭枪）来卖给金秀茶山瑶，这是瑶族使用帽咭枪的开始。后来山外曲柄式的帽咭枪渐多，汉族铁匠入山来制造曲柄帽咭枪，火枪才逐渐退出了历史舞台。

瑶族何时开始使用火枪，确切的年代已无从稽考。调查中有两种传说，可以略知其大概。一是：清道光二十九年（1849）李文发从修仁七排入瑶山，想借路经过瑶山往平南时，被金秀一带茶山瑶所阻，曾因此发生武装冲突。当时昔地村大石牌头人苏胜堂（公麻），要率领石牌群众去打李文发，但自己却没有火枪，只好向同村苏胜堂借用。苏胜堂说：“你打罢了就还给我，不要拿去卖!”。由此可知，在距今约 100 多年以前，瑶族已经有了火枪，但为数还是不多的。不然的话，一个大石牌头人，绝不会没有一支火枪，而且苏胜堂也不必把它看得那么宝贵了。二是：门头村花蓝瑶 88 岁老人胡公用说，他的祖父还是用弓箭（其实应该是弩箭）打猎的，从他祖父在世那时起，就渐渐用火枪了，但是火枪还很少，有时还要用弓箭。由此可知，胡公用的祖父一代，大瑶山还是弓弩和火枪并存时期。胡公用 88 岁，他祖父在世时，大约早他 40 年，如按此推算，火枪进入大瑶山的历史，大概在距今 140 年左右。

花蓝瑶开始使用火枪，有这么一个故事：门头村胡姓有个十三代公（祖先）名叫公眼的，射箭的技术很好。一年，他到和平南鹏化里交界的山上打猎。平南鹏化里的汉人也来参加。当天撵出了 6 只山羊，公眼放了 6 箭，竟把 6 个山羊都射死了。以后不知隔了多久，第二次他又到那里去打猎的时候，平南汉人却用火枪了，当天撵出了一个山羊，叫汉人远远的放了一枪便打中了。花蓝瑶眼见火枪比弓箭好，回家以后，大家就凑钱到平南地区去买了一支火枪回来。这是瑶山西南部花蓝瑶用火枪的开端。

现在门头村少年儿童，还使用小型的弩箭射击小鸟。它的形式和制法，完全与金秀射鳅鱼的小弩相同，这应该是瑶族以往使用弓弩的一种残存。

现在一般的猎枪（粉枪），大瑶山几乎家家户户都有。枪管长3~4尺（花蓝瑶使用长的）。儿童到十三四岁时即开始学放枪打猎。由于练习频繁，到青年时期，各人的射击术都相当准确。一般的猎枪，如果装铁沙射鸟，有效射程为5~8丈，如果装铅弹射兽，则10丈以外，亦可命中。

(2) 装拦踏

装拦踏是一种使用简单机关撑架大木压野兽的方法。一般用来压击较大的野兽，如虎、豹、山猪、山羊、黄猄等。其法：砍碗口粗细、长约1丈5尺的树干三四根，把它凿孔穿横楔联成一排，作成压击板。这是拦踏的主要部分。然后再用碗口粗细的木杆两条，竖成一道宽约2尺的门。再在距门约1丈2尺的地方用木搭个高约2尺的架子，用以搁置压击板的一端，并以藤绳把它系住，不使松滑脱落。至于简单机关的装置法，大致是用横木一条，横挑一条，支柱一只，钩椿一个，短棒一支，轴棒一条，竹片拼成的踏板一块。先把横挑拦在支柱顶端，一端挑起横木，以承担压击板；一端系着短棒，让短棒挂在钩椿上以卡住轴棒，再把踏板搁在土坑上面的轴棒上。野兽经过踏板时，足踩踏板，轴棒即向下沉，使卡在钩椿上的短棒滑脱，横挑失掉平衡的力量，亦即滑落，使横木也不能承住压击板的重量，压击板即往下压击，把野兽压在两边插有短篱、下面挖有土坑的巷道里，不能动弹而死。如果要捕巨大凶猛的野兽，压击板上还要加上三五百斤的大石块，以增加压力。为了使野兽必须从拦踏经过，在门柱的两旁，还要用竹竿或小木条围一道高四五尺的篱笆，阻塞从拦踏旁穿过的去路。野兽从此走过时，别无去路，只有从装着压击板的缺口穿过，这样就会踩滑机关，被上面压着大石块的压击板压住。“拦踏”这个名称，就是取用短篱拦住野兽去路之意而起的。

装置拦踏的地点，多在石崖旁的狭窄缺口处。瑶族发现某处常有野兽足迹，便知道这是野兽必经之路，就选择这个地点装置拦踏，故捕获的机会是较多的。因为装置拦踏多在高山陡峭之处，为了减少爬山巡视拦踏的困难，瑶族常用长竿一条，顶端挂一块用石灰染白的薄板或白布，高高地竖在拦踏上面，使在远处也可以看见这个标记。如果野兽把拦踏踩滑，压击板已经压下，这个标记就会被牵连拉倒。见这标记已经拉倒时，便知已经捕获野兽了。这样就可避免隔两三天须走到拦踏旁去巡视一次的辛苦。据说，这种拦踏曾捕获过200斤肉的山猪。至于百斤左右的山羊被拦踏压死，更是常事。

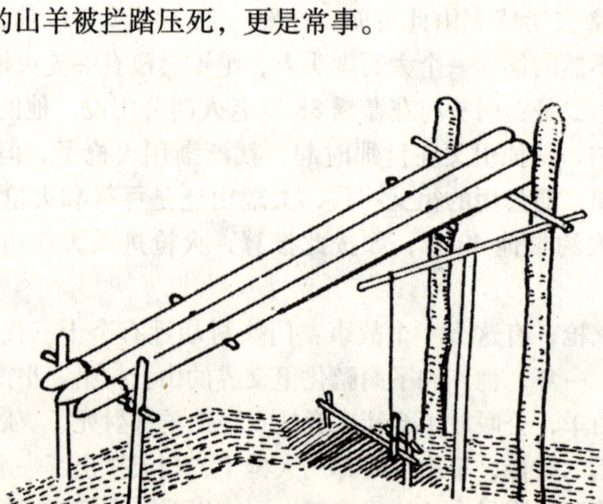

图18　拦踏

图 18 说明：

①虚线表示留给野兽经过的路径，中段较高，两头较低。这样才能使右端的压击板打下时，与地面贴合。

②虚线路径两侧，均须斜插高一尺许的短篱，形成一道上宽下窄的巷道。压击板打下时，恰夹在巷道之间，使野兽不能挣扎逃脱。

③斜线表示巷道中架踏板的土坑。

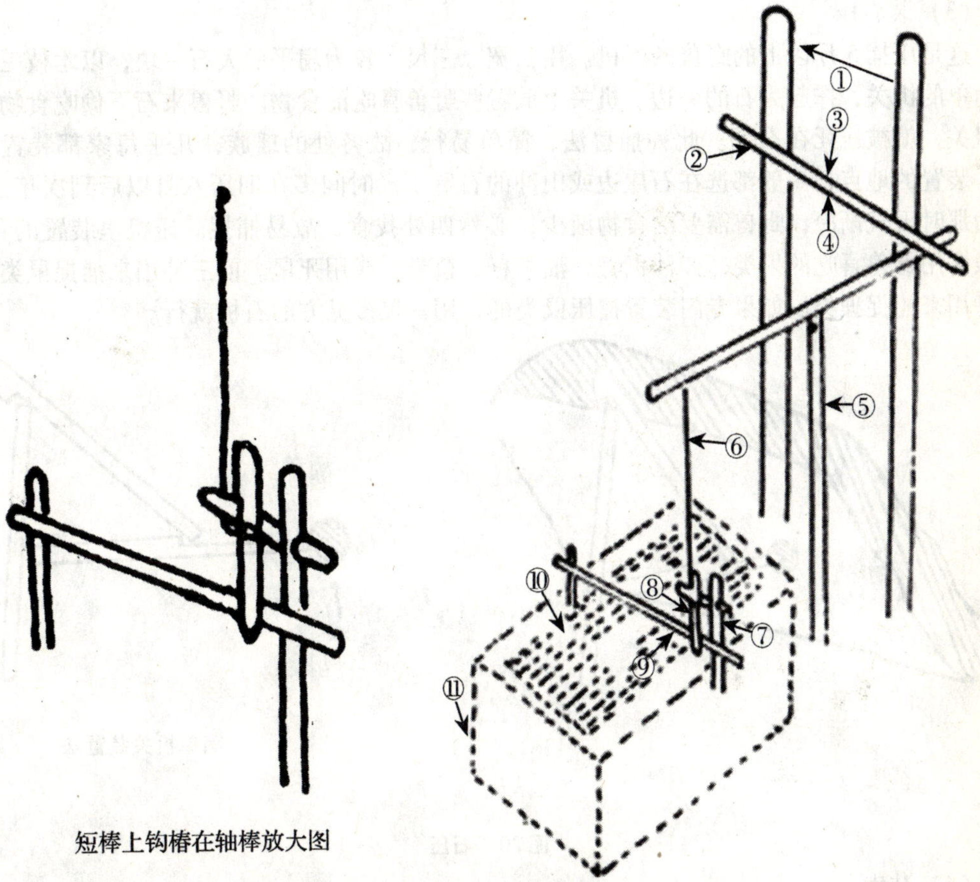

短棒上钩椿在轴棒放大图

图 19　简单机关装置法

图 19 说明：

①门柱——左边一个柱上砍有“<”形缺口。

②缺口——搁架承担压击板的横木的一端。

③横木——一端搁在门柱缺口上，另一端搁在横挑上，用以承担压击板。

④横挑——一端用绳系一短棒，作为简单机关。中部搁在支柱顶端，用以承担横木。

⑤支柱——顶端搁住横挑，成为支点，使横挑起杠杆作用。

⑥系短棒的绳——一端系在横挑上，一端系住短棒的中部。

⑦钩椿——以横出的钩，挂着短棒。

⑧短棒——一端卡在钩椿的横钩上，一端卡住承着踏板的轴棒。

⑨轴棒——一端被短棒卡在钩椿上，另一端卡在土坑另一边的小木椿上，成为搭架踏板的横梁。

⑩踏板——以竹片拼成，稍短窄于土坑。搭架在轴棒上面。野兽从踏板经过，足触踏板，重量压下轴棒，使短棒滑脱钩椿，横挑失去平衡，不能挑起压力极大的横木，因而使压击板从上压下。

⑪土坑——在踏板下面。作用有二：一是使踏板接触兽足后易于下沉；一是在压击板打下后，使野兽陷在坑里，难以挣扎。

（3）装石压

这是压捕5斤以下的野兽的捕机。用长宽二三尺、较为扁平的大石一块，以木枝三段做成简单的机关，撑起大石的一边。机关上放置些野兽喜吃的食物。野兽来石下偷吃食物，触发机关，就被压死在石下。此种捕兽法，简单易行，故各处的瑶族，几乎每家都装置几十个。装置的地点，一般都选在石崖边或山冲的石壁下。时间多在旧历八月以后到次年二月，因为那时天气渐冷，野兽需要的食物渐少，必然四处找食，故易捕捉。压机里装置的食物，一般多用野兽喜吃的果类，如油桐籽、油茶籽、苞米，或用死鼠。前三种用来捕捉鼠类，后一种用来捕捉狸类。如果专门装置捕压鼠类的，用一尺多见方的石板就行。

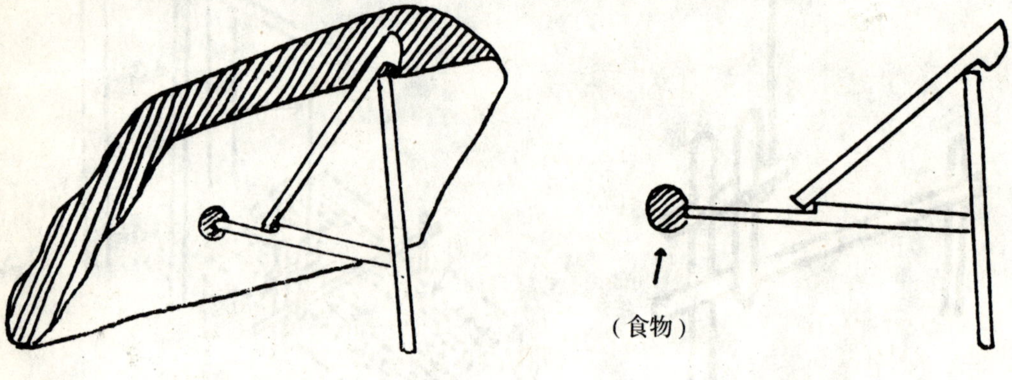

简单机关装置法

图20　石压

（4）装索

用竹竿一条做弓，一端斜插在地上，末端系着活动的套索。在野兽常常来往的小路上挖个一尺见方、深七八寸的土坑，在一边的坑壁上钉个钩椿，然后把竹弓弯下，使系在弓的末端的短棒一端卡住钩椿，一端卡住搭架踏板的轴捧。再次把踏板搭架在土坑上。再后把系在弓端的套索张开，搁在踏板上。最后挖一些泥沙和碎草把踏板和套索一齐掩盖，使路上不出现低陷的痕迹。野兽打从这里经过，脚踏着踏板，就使承担踏板的轴棒下沉，立即使短棒滑脱，竹弓也跟着弹起，活动的套索就把兽足锁住，拉进套在套索上的竹筒里面。野兽要想咬断套索，却被竹筒隔住；它纵有利齿，也无用武之地了。这种套索，一般只能捕捉20斤以下、力量小的野兽，如野狸、黄猄之类。

另有一种极原始的简单装索法，选定野兽常常经走的地处（往往踩有很多足迹），用一条棕绳，打个活套，系在一条横木上，然后把横木架在野兽常走的路上，等到野兽从此经过时，头部恰好从这活套内穿过，活套便把它的颈脖锁住，它越是挣扎，活套就锁得越紧，使它断绝呼吸。这种捕兽法，往往能捕获三四十斤的黄猄之类的小兽。

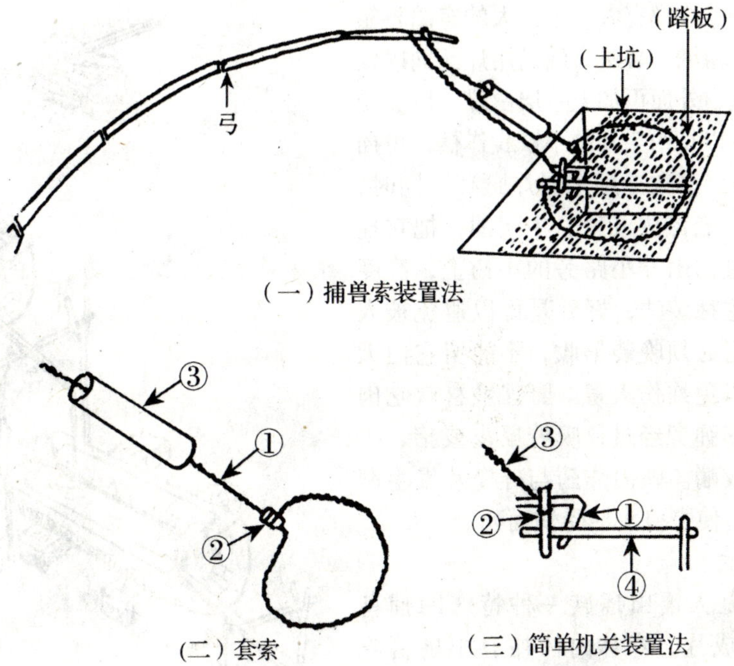

图21　套索

图21说明：

①绳——一般用比铅笔杆稍粗的麻绳，一端系个小竹管①②③④，使另一端从小竹管中穿过，做成活套，然后再系于竹弓的末端。

②小竹管——用坚韧的小竹做成，管孔比套绳略粗，外面用刀刻个凹痕，以便使套索的末端在竹管上结扎稳固。

③竹筒——用坚竹一节做成，径约1寸5分，长约1尺。

简单机关装置法说明：

①钩桩——用一个出枝较横的木杈作成。一端钉进弓一边的土坑壁上，钩向着坑底。

②短棒——这是机关的重要部分。它把弓拉弯之后，一端卡在钩桩的脚上，一端又把轴棒卡住在钩桩的钩上，使轴棒成为搭架踏板的横梁。

③小绳——用麻搓成。一端系在弓的末端，一端系住短棒的中段。

④轴棒——是一条小指粗细的木枝，一端被短棒卡住钩桩上，另一端要卡在钩桩对面的坑壁上的短桩上，使它凭空架在土坑里，成为搭架踏板的横梁。

(5) 装铁夹

铁夹又名铁猫。制法和汉区的一种捕鼠机相似。主要部分是一条有孔的弹簧铁片，穿着两个可以左右开合的铁夹子。这种捕兽的工具，从平南一带汉区传入，时间约在50年前。铁夹最大的重十五六斤，最小的也有五六斤。大的可以捕捉百来斤的山羊、山猪，甚至还可以捕捉虎、豹；小的一般用来捕捉黄猄和野狸。某些地区（如门头村花蓝瑶）虽然也有铁夹，但是为数很少。他们不喜欢用这种捕兽具的理由是：一则怕误伤人足，再则是怕误伤猎犬。

（6）装炸弹

这也是近20多年才由汉区传入瑶山的一种捕捉野兽的方法。炸弹有大有小：大的有酒杯粗细，小的有拇指粗细。装法大致是用炸药同碎瓷片一并用纸包扎，外面再加上一层白蜡，以免受潮渗水入内。并以长约7寸的小铁线作柄，可插可挂。这种炸弹，多数是用来爆炸野狸。同时，在炸弹外面包上老鼠皮或猪、牛网油，把它挂在野兽常常经过的山冲小路旁的小树上，高度在1尺左右。这种装法，好处是可以避免被人误踏受伤。但也必须晚装早收，不能留它白天还挂在那里，以免炸伤人畜。野狸最喜欢吃肉类，它如果从炸弹旁经过，嗅着鼠皮或猪、牛油气味，便去咬嚼。弹内炸药与碎瓷片发生摩擦，就会爆炸，使野兽头部受伤而死。

（7）装鸟盆

装鸟盆，是大瑶山瑶族一种特殊的捕鸟法。山内森林成片，森林内往往有小鸟喜吃的果。每到秋末冬初，果实成熟的季节，许多小鸟都飞来吃果。吃饱之后，必然要找水喝和洗澡。瑶族抓住小鸟这种习性，便在林木深密、果树特多的老山里架设鸟盆，用胶汁粘捕鸟类。

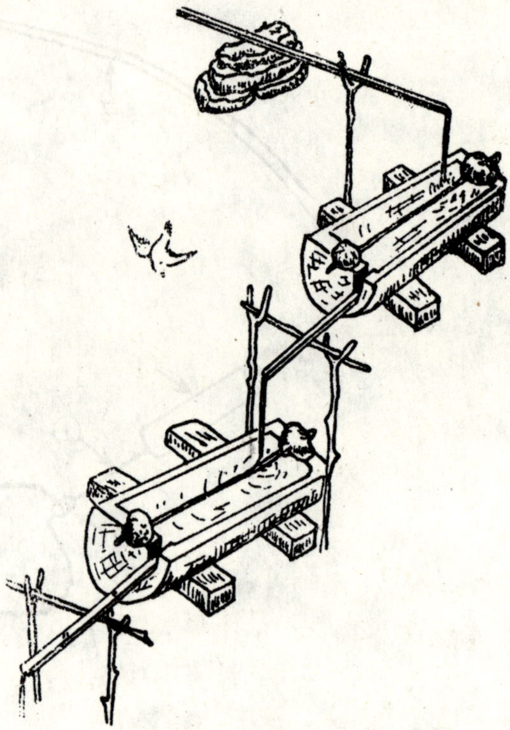

图21　鸟盆图

鸟盆的做法：将一段长约两尺、径约一尺的大木，剖成木槽，一端留个缺口，让槽内的水可以流出。这种木槽，瑶族称它为“鸟盒”。装置法：选森林茂密而又有山泉之处，把几十个或百十个鸟盆沿着山的斜坡摆列起来，每个的间隔，视地形而定，远的不过一丈，近的仅一二尺。但是前一个必须要稍高于次一个，以便引水从上而下。鸟盆摆好之后，即用茎径一寸左右的小竹，作成水涧，从山溪里引水入涧，由涧渡水入槽。上槽的水满，由槽端缺口溢出，复由水涧引入下槽；像这样一个一个地依次把水引入各个鸟盆里。然后再在盆上架一两条敷满树胶的竹竿，两头用石块压稳。小鸟到盆里饮水或洗澡时，挨近胶竿，便被粘住。

装鸟盆是有季节性的活动。因为这种被捕的小鸟，是一些候鸟，每年到霜降节前后才来，到小雪节前后，便离开大瑶山。装鸟盆的季节，也就在这些小鸟飞来的时候。从旧历八月起，家里有鸟盆的，就开始去修路、换竹涧，或个别的鸟盆朽烂了，还得剖个新的给补上（一般做一个鸟盆可用十年八年）。此外，还得采伐鸟痴木，制造鸟胶。制法：剥取鸟痴木的树皮，浸入水中数天，取出捣烂，再到河里去冲洗，胶汁浮出，遇水凝结，便成一种黏性很大的胶。

一切准备手续做好之后，到霜降前后，见山林里有吃果的小鸟来了，便去下胶竿。有些装设鸟盆的地点，离家较远，还得在那里搭盖一个山场，到捕鸟的时候，搬到场里住宿以减少往返之劳。金秀一带，过去占有老山很多，可装鸟盒的地点也多。每家都有200～600个。

没有专人去料理是照顾不来的，故金秀一带凡有鸟盆的地方，一定就有山场。到装鸟盆的季节，家里就得有一人去照料。到鸟多的日子，家里每隔一天或派人到场里去取鸟回家，或由料理鸟盆的送鸟回来。金秀四村，约有鸟盆七八千个。每年捕获的小鸟总数约在 8000 斤以上，每家至少能获鸟 50 斤，多的竟达百斤以上。瑶族常把这些猎获物用来腌酢，称为“鸟酢”，是当地瑶族视为上味的副食品。制法：将鸟去毛剜脏腑后，加炒米粉和盐拌裹，然后再按一层炒米粉，一层食盐，一层鸟肉的顺序，盛入瓮中，按紧。瓮口外有舷，可以盛水。加盖后，舷内放水作封，使空气不能入瓮，三数月后，酢肉腌熟，取出佐餐，不再炒煮，味香甜可口。生的煮着炒着来吃，味更鲜美。

装鸟盆所能捕获的鸟类，一般都是 3 两以下的小鸟，最小的只有 5 钱左右。据当地茶山瑶说：“这种小鸟，二三两的共有 8 种，一两以下的共有 8 种。在较大的一类中，最多的是雪雀和白头郎。”

其他地区，也有装鸟盆捕鸟的，但为数远不如金秀四村之多。有的地区，不设鸟盆，而把涂胶的竹竿架在溪沟里，小鸟来喝水和洗澡时，也可粘住，但所获不多。

据金秀茶山瑶老人们说，他们最早装鸟盆是用米浆做粘胶的。后来发现了鸟痴木可以取胶，才改用这种树胶粘鸟。改变这种生产技术的年代，已不复记忆。

以前“山主”享有占山特权的时期，每逢装鸟盆的季节，是禁止外人（包括同族和外族）到个人山林里走动的。在进入装鸟盒地点的小路口，常插着一个屈草作结的标记（称为草标），任何人都不得越过草标，否则，即犯石牌。又凡装鸟盆地点附近，都不得鸣枪打鸟，犯者亦受罚。

（8）装鸟索

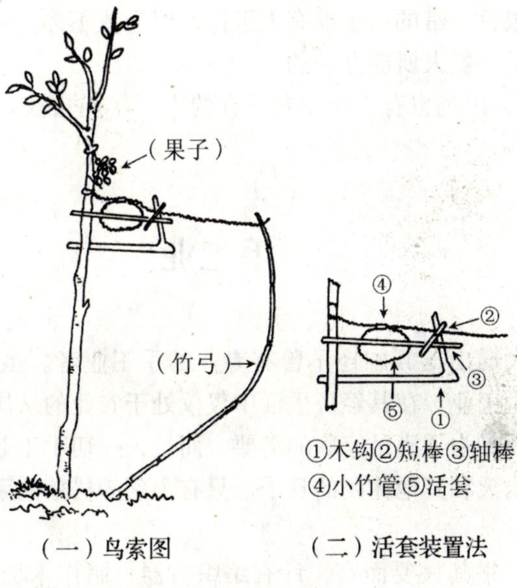

（一）鸟索图　　（二）活套装置法

图22　鸟索

每年从秋末直到春初，小鸟多以木果为主要食粮。老人和儿童便常在树旁或牛场附近的山林里，装些鸟索来捕捉 3 两以下的小鸟。其法：在直干的小树上用刀把树干横切一个缺口，然后再把树干纵刮一段，在裂缝里夹一个木钩。再用小竹一枝做成弹弓，下端斜插在树下，上端系一条小麻绳，绳上穿一个长约 2 分、空心略大的小竹管，然后把绳折回再从小管穿过，做成一个活套，另一端则系在夹木钩的树干上，同时把树干裂缝扎紧，使木钩不致脱落。装索时，再在绳上近竹弓的一端，系上一条短棒。把短棒的一端卡在木钩的钩上，一端再卡上一条轴棒。最后再把活套拉开，架在轴棒上，摘一些小鸟喜食的果子，挂在近轴棒的树干上。小鸟如果来吃果子，必然先找个栖身的地方，这果旁恰好有条轴棒可供它们栖息，足踏轴棒下沉，短棒立即滑脱，竹弓接着弹出，把活套拉紧，恰好把鸟足锁住。这种捕鸟的方法，简单易行，故六巷一带每个花蓝瑶老人或儿童，冬天都要装置二三十架。一天也可捕获三五个小鸟，每年可捕获二三十斤鸟。

（9）打鸟

打鸟，即是用猎枪射鸟。四季都可进行，尤以冬季农闲为多。各地瑶族，差不多每家都有猎枪一两支。男子从十三四岁起到60岁左右，都能使用猎枪射鸟。每年一家常可猎获大小鸟类20斤左右。

大瑶山的山林，白鹇和山鸡（雉）很多。每到冬季，山上的果实成熟，白鹇往往成群地到它喜食的果树下觅食落地的果子。瑶族发现这种情况，便在果树附近，用树枝搭盖一个小棚，早晚到棚里守候；等到白鹇来觅食的时候，开枪射击，因距离很近，几可命中。山鸡喜食谷类，秋季旱地上的谷物成熟时，它往往也来偷食。也可用打白鹇的方法去猎获它。

另一种打山鸡的方法，是家里养一个山鸡做“媒子”。每到春天山鸡交尾的季节，把“媒子”用笼装着带到山林里。打猎的人，摘树枝把身体遮拦，然后用口哨发出山鸡的叫声，“媒子”便跟着啼叫。附近的雄山鸡，听闻有同类的啼叫，便要来“争山头”（即不让别处的雄山鸡到自己住的山头来和自己争配偶，含有妒嫉之意）。等它来到“媒子”附近时，便开枪射击。有的也不用猎枪，而在媒子的附近，装设套索，把它捕获。这种猎鸟的方法，在大瑶山西北角六眼村一带的山子瑶有人进行，但为数不多。因为既要养“媒子”，又要学会吹哨的技术，不是一般人所能办到的。

白鹇每只重2~4斤，山鸡也有2斤左右。有的人一年能猎获一二十个，等于一年饲养家禽的收入。

三、手工业

截至解放时为止，大瑶山瑶族中还不曾有专业的手工业者。虽然并不是瑶族没有手工业，只是他们所经营的手工业，在其经济生活中仅仅处于农业的从属地位，产品的生产，不是为了作为商品交换，而是为了满足家庭的需要。而且，一切手工业活动绝大多数是在农隙时间进行的，如晚上、雨天和其他休闲的日子。只有个别的村落的手工业产品是以作为商品为主的。

瑶族经营的手工业，举其大要而言，计有编织竹器、制作木器和铁器、纺纱织布染靛等，其中尤以编织竹器为最普遍。

竹器的编织，包括竹筐、竹篓、竹箪、雨具等。这种手工业技术，差不多瑶族中五个族系都掌握。少数地区，不但男子会织，而且妇女也不例外。只是在常用的竹器中，用绳吊系的竹箩，除三合乡巴勒村的茶山瑶和一些盘瑶会编织外，其他地区的瑶族都不会编。其原因：过去的瑶山搬运谷物的方法，由于山陡路斜，多是用竹篓装载，放在背上背的；用绳吊系的竹箩，以两只为一对，用时是要以扁担挑的。而且，占有水田的瑶族，所种的稻谷，都是粳米；收获时把禾穗连同半截稻秆一齐剪下，扎成禾把，然后用扁担挑回，也并不需要竹篓。由此可见，用绳系肩挑的竹篓，虽然现在瑶族已经应用，但却是不久以前从汉壮地区传入瑶山的。由于瑶族用它的时间并不太长，且也不是十分需要，故擅长编织竹器的瑶族，大部分人没学会编它。

瑶族五个族系中，以盘瑶和花蓝瑶的编织技术较高。盘瑶所用的背篓，一般常用的都较其他族系的编得细致些，形式略成长方，口稍大于底，形制也较美观。至于他们用以装盛种子的小竹篓（播种时捆在腰间，一边掘土，一边下种），有的织得十分细致，形式亦美。此外，他们还能编织一种细致的斗笠，外敷桐油，既轻且美，好打扮的青年男女多喜欢用它。花蓝瑶也喜用织得极精致的盛种子小篓，用细如粗线的竹篾编成，形圆而略方，轻巧可爱。这些，都应该把它当作精心制作的艺术品看待了。

木器的制作，主要的是扁担和木瓢之类，尤其是前者，瑶族多喜到深山里去找寻坚韧细致的木材来削制。虽然它的制法很简单，但他们却要精心把它打磨得光滑细致。有的又细又美，他们一辈子用不坏，还要留传给后一代。木瓢是一种日常用具，仅有巴勒茶山瑶会剜制，其他地区，虽也使用它，但多是买回的商品；大多数家庭不用木瓢，而用老白瓜壳剖成两半当舀水的工具。至于其他木工，个别地区，仅有一些瑶族学会制作一些小家具，如桌、凳、柜等比较粗糙的东西，较大的家具如床、椅等用具，绝大多数都要雇请汉壮族工匠代制。建筑房屋所需要的木工，就更不待说了。专做水桶、木盆和锯板的木工，晚近40多年才有人学会。

瑶族的五个族系中，仅有花蓝瑶能制造铁器。仅六巷村一村，就有8户家庭中有会这种手工技艺的。这种技艺，究竟何时开始为花蓝瑶所掌握，已无可稽考。据六巷、门头一带老人们说，他们很久以前的祖先都懂得打铁的。他们不但能制作农具如刀、斧、锹、锄之类，还能制造猎枪。只是这些会打铁的，并非专业者；他们仅在农隙时间打制或修理一些自用的工具。至多，有时代房族近亲或邻舍帮些忙，仍不取代价，而以换工的方式获得报酬。瑶族所用的铁器，不论是生产工具或家具，绝大部分都从汉区运入，或雇请寄居山内的汉壮两族的铁匠代制。大瑶山不产铁，更无冶炼厂房，制造铁器的钢铁都是从汉区输入的。这种情况，直到解放以后还没有改变。

瑶族男女都喜欢以银器作为装饰品，尤其是妇女，不论老少贫富，身上总是或多或少要用一些银器来装饰的。但是制作银饰的工匠，仅仅在下古陈村（坳瑶）和昔地村（茶山瑶）有一两人学会了这门手艺。其他各地各族系，都是请寄居山内的汉族银匠打制的。即以用银器最多的金秀一带的茶山瑶而论，也无例外。因此，一个寄居瑶山的银匠，工作往往忙不过来，工价高昂固不必说，银里掺杂其他金属，便成为他们诈骗瑶族的常用手段。有的银匠，在山里开业十年八年，就赚得许多钱拿回汉壮地区买田，成为富户。

瑶族早已有一些人掌握了建筑房屋的泥水工这种技术，但仅限于会冲土墙（板筑）和用卵石、泥浆砌筑的粗糙石墙。瑶山里砖墙房屋是极少的，砌砖墙的工匠，还有赖于汉壮两族。瑶族建造房屋，泥水工程多不请工匠，而是采用邻里互助的方式进行的。谁建筑了房屋，到完成之后，只要杀个猪请帮过忙的邻里聚饮一次，作为酬劳，而不须支付任何工资。这一优良传统的习俗，至今仍然还保持着。至于建筑所需的砖瓦，瑶族迄今还不能自制。以往和现在，都是由山外汉壮两族到山里烧制的。但有一个历史事实是值得注意的，我们在调查中曾在几处老山里发现了村落的遗址，而且多数的石砌墙基还未坍塌殆尽，足见这些遗址距现在的时间并不太久。遗址中还残存着一些砖瓦碎片。瓦片厚5分左右，上有并不太粗的布纹，呈青灰色。据初步判断，很可能是宋明两代的遗存。在金秀东部老山的遗址，有一处发现一个宣和铜钱。在罗梦老山中，当地瑶族耕地掘得的古钱，除有少数几个开元钱以外，其余都是宋钱。我们在六段附近所掘获的亦同，不过这些铜钱的出土地点，是由瑶族发现的，有无村落遗址痕迹，则未详查。

我们掘获的附近则没有遗址（这仅可作为老山遗址年代的一个参证）。据此，当瑶族祖先还住在深山里的时候（茶山瑶传说中说他们祖先曾住过老山），不可能有山外的别族来为他们烧制砖瓦。那么，当时的砖瓦必然是瑶族自制的。不过，成问题的是：为什么当瑶族住在老山里的艰苦岁月中，还要自己烧制砖瓦，到迁下山谷定居之后，反而把这种与生活有密切关系的工艺抛弃掉？这是值得研究的。

纺纱、织布、缝纫、靛染，过去都是茶山瑶、花蓝瑶和坳瑶每个家庭妇女必不可缺的手工业活动。截至解放前止，除花蓝瑶和坳瑶还继续从事这种生产活动外，绝大多数已经不再有这种家庭手工业了。而且，这种活动，即使在花蓝瑶和坳瑶中，也有日渐减少的趋势。纺织过程，与汉区大致相同，只是纺织工具要比汉区常见的差一些。虽然一般都已使用高机，但其他工具则比较简单而笨拙，除高机外，其他的都由瑶族自制。纺车多用狭长形木片拼成，较笨重，但好处是利用它的惯性，旋转时似乎可以省力，纺的纱一般粗而不匀。织布的梭子长一尺多，刀形，是很笨拙的。据瑶族妇女说，除绕纱上机的时间不计外，每天工作10个小时以上，只能织宽约1尺2寸的白布一丈。解放后，自治县县治所在地，已有织布手工业者4家，用木机织布，已组织合作生产组。

瑶族缝纫的技术较差，裁剪方法简单。除茶山瑶和山子瑶妇女多数已改穿与汉族妇女衣服相近的衣服外，其他三个族系的妇女，都还保持着本族系的民族服饰。这种衣裤的形式，上衣均为对襟，裁法：用两块长布镶拼为正身，只把背面和左右两边缝合。前襟则不缝，也不开领；再次，两幅剪布，镶拼正身上截的左右两边做袖，如图23。裤多是长不掩膝的短裤（部分茶山瑶和山子瑶也同样），只用两片布镶拼而成，如图24。这些衣服的形式虽然简单，但她们却喜欢挑绣五彩的花纹在上面，且各族系的花纹图案，各具有不同的民族形式，颇为美观。

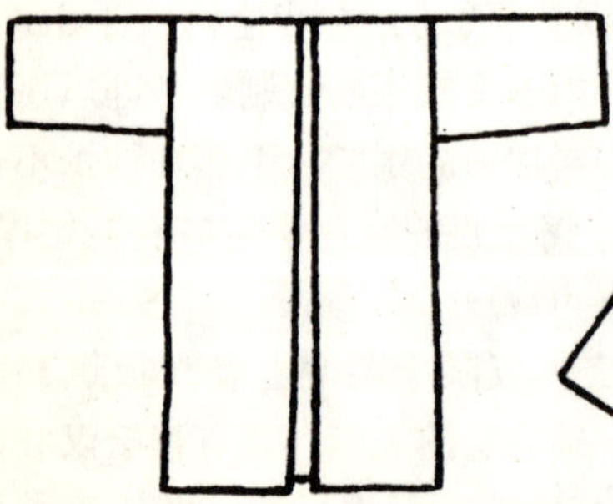

图23　上衣裁法

①已成　　②裁法

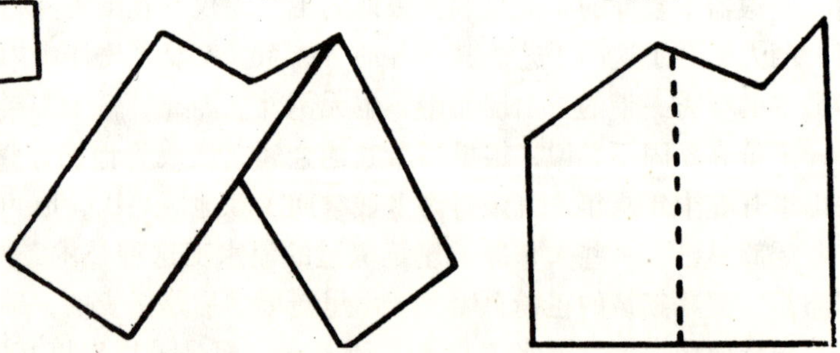

图24　裤子裁法

瑶族男子的衣服，除花蓝瑶外，其余各族系早已改穿汉装的短衣长裤。这些服装，瑶族妇女多数不会剪裁缝纫，故须雇请汉族裁缝工匠代制。金秀四村，经济较其他地区也充裕，不但常有汉壮两族裁缝工匠寄居那里代他们缝衣，且早在70年前，便有了缝衣机。其他地区也或多或少有汉壮族缝工寄居或往来，代瑶族缝衣。但是这些山外的工匠，尽管有时也代瑶族妇女缝些与汉装相同的衣服，却不能给他们挑绣美丽的图案花纹，故挑绣这项工艺，还是要靠既会干粗重的农活又会挑细致的花纹的瑶族妇女们来自己完成。解放后，车衣机渐多，自治县县治所在地在50年代就已成立车缝生产合作社。当时全社社员20人，车衣机17架，社员中有瑶族2人，壮族3人，余为汉族。

瑶族妇女挑绣活动，除盘瑶姑娘在出嫁前有一段时间不出门从事农业活动，专心在家绣嫁妆之外，妇女平日衣着上的花纹，多是农隙时间进行的。即使在田地里劳动，她们也都常常把一个包裹着挑绣用品的小包带在身边，等到大家休息时，她们就马上解开小包儿，进行挑绣。夜间没有其他家务，也是如此。特别是盘瑶和坳瑶妇女是如此。

在日常生活中还多少干些纺织活动的花蓝瑶和坳瑶妇女，她们至50年代还不大愿意用山外输入瑶山的布料缝衣，主要原因是嫌这些布匹容易褪色，故多喜自种棉，自织布，自染色。即使不自织布，她们也喜欢买入山外的白布而自己染色。瑶族衣着的颜色，尚白、青、蓝三种，尤以后两者为多。染青蓝颜色的染料，主要是用蓝靛。这种染料，也是她们自种自制的。瑶族妇女染色技术虽然简单，但经过几次的反复浸染以后，纵然衣服穿到破烂，其色仍不褪。

以上所述，不论那一种手工业生产，其主要目的是为了家庭的自给自足。但整个大瑶山里，仅有巴勒村却是例外。巴勒上下两村凡茶山瑶74户，每户男女老小，都学会一项手工业：妇女编织竹筐、竹篓、竹簟、竹箩（系绳挑的），男子则制扁担、剜木瓢。所有的生产品，主要是作为商品交换，而且历史是很久远的。巴勒村瑶族之所以各家都经营这类手工业，这与他们的生活环境是分不开的。

巴勒村，位于大瑶山东北角的边境地区，地接蒙山县境，与蒙山北部的新圩仅隔40里左右。村落的地址是在一个高山顶上，但是那里的岭顶相当平坦。兰姓茶山瑶从山外进入瑶山时，他们的祖先就在那里开辟一些水田，但为数仅有108亩，而且水源不旺，如果天气稍旱，就会受灾。村的附近山地虽然也有不少，但多是瘦瘠的石山地，能垦种的并不多。因此，依靠这些田地来养活当地的六七十户居民，是有困难的。故在他们的祖先的传说里有如下这么个故事：

巴勒村全村都姓兰，和岭祖村的茶山瑶是同族。当他们的祖先进入瑶山不久，就感觉到生活的威胁。他们便到岭祖和同族们商量，要求搬到岭祖来居住，或是分一些土质较好的山场给他们。岭祖的同族，没有答应巴勒人这个要求，双方坚持不下，又因是同族，不便用武力作最后的解决办法。协商的结果，便相约以比箭来作最后决定。他们用木杆竖一个铜钱作为靶子，双方的人，各选出射手来比赛，相约：如果巴勒人射中，岭祖人就分些肥沃的山场给他们；如果岭祖人射中，巴勒人的要求只好作罢。双方比赛的结果，岭祖方面获胜了。巴勒的祖先，只好率领族人仍回原处居住。当巴勒人回去的时候，岭祖人一起唱歌送行。巴勒人想到回去以后难于生活，啼哭起来。岭祖的同族，见他们可怜，便请铁匠打了一把斧送给男子，打了一把刀送给妇女，并且说“你们回去，就拿着斧和刀进山里去讨吃罢！”巴勒人回到原处之后，依着岭祖人的话，每逢农活稍闲的时候，都进山去搞手工业：男的用斧剜木瓢削扁担，女的用刀砍竹破篾编织竹器。不管这个传说的真实程度怎样，巴勒田少山瘦、不能专靠农业生产来养活全村300人口却是显而易见的事实。该村1956年的农业收入：村旁附近山上水田108亩产稻谷25 000斤，在蒙山县新圩附近大兰村平地水田128亩产稻谷40 560斤，旱地产苞米8000斤，红薯、芋头共约12 000斤。总收入原粮85 560斤。如以全村

300人计算，平均每人占280多斤。因这一年天气干旱，作物比上年失收差不多一半。即以丰年而论，该村粮食仅仅能勉强自给。假如除去远在汉区大兰村的水田128亩不算（这些田是几十年来，他们经营竹木器手工业产品畅销、售价较高的时候逐渐积钱购买的），每年就要减少稻谷收入40 000斤以上，这样粮食就不能自给了。很显然，住区的自然环境促使巴勒居民不得不走手工业生产这条道路。这是易于理解的。正因为这样，巴勒村茶山瑶虽然与岭祖同姓同族、同语言、同风俗，但在服装上却与岭祖相差很远。岭祖的妇女，直到解放时，还保持着穿民族服装的特点（解放后一般青年妇女都已改汉装，只有中年以上的妇女未改），而巴勒村远在100年以前，妇女早已改穿与蒙山汉区的妇女相同的服装了。这是由于他们不仅要经营竹器编织的手工业生产，同时还要把产品自运到蒙山新圩去赶圩，进行交换。他们与汉区居民接触的机会如此频繁，改变服装，这也是很易理解的。

巴勒村男子制作木瓢、扁担的工具有斧、锯、斫、刀、剜刀、刨等，妇女编织竹器的工具仅有刀、锯、刮等，这些工具都从汉区购入。经营这项生产，生产者多是住在老山里劳动。这样，就减少了把笨重材料搬运到家来的劳力（有时在山里做好粗坯，然后运回。竹子则在山里剖成竹篾运到家里编织），但也增加了独居深山、经常要受到毒蛇猛兽袭击的危险。而产品制成以后，又得挑出距村40多里的圩镇销售，跋山涉水，出入往还，也并不是一件轻松的劳动。总之，他们经营这项手工业要比山外的手工业者艰苦得多。

一个具有熟练操作技术的男子，入山一次，从伐木到制成成品，共需7天（晚间也要工作三四个小时），可做成8寸口径的大木瓢50个，或是3寸口径的小木瓢（粥勺）100个，或是扁担30条。运出新圩出售，约需两天。产品收入约20~25元，每个劳动日价值约为2元2角~2元8角。以此与农业生产相比，其收入是较大的。不过，这类的手工业产品，不是经常都有销路，而且也不得整年都住在荒山野岭的深林中工作。按照当地瑶族的习惯，每年只能经营两个月，前后可进山9次（赶圩的时间不计算在内）。平均每个男子每年收入约200元左右，即可换稻谷3300斤。

妇女编织竹箩，每对需工一天（包括砍竹剖篾，下同），小箩每对价4角，大箩每对价6角。加工的竹箩，小的每对8角，大的每对9角，每对需工两天（晚上工作3小时，三天三夜可织2对）。平均每个劳动日约值5角。这类产品只限秋收时才有销路，为时也仅有两个月左右。此外的时间，则织些菜篮、斗笠、竹箪之类，陆续出售。每个具有熟练技术的妇女，平均每年约可收入百元左右。这对粮食生产不足的巴勒村瑶族家庭经济来说，其补益也不为小了。

1956年11月间我们到岭祖调查时，据该乡乡长兰胜富反映：巴勒村的手工业产品木瓢、扁担等因找不到销路而不得不停止生产。7月间他们曾与忠良供销社接洽，但供销社因未接到上级的指示，却不肯订合同。九十月间他们把产品运到蒙山汉区新圩供销社，自由零售，两个月内，全社（巴勒农业社）共收入500元。10月间忠良供销社答应订合同收购了，但价格却不能令生产者满意，例如：饭瓢由原价7分减至3分（以每一件为单位，下同）；粥瓢由1角减至4分；6寸口径长柄木瓢由2角6分减至1角2分；8寸口径水瓢由3角2分减至1角8分。这样便影响了生产者的生产积极性。这个要靠一笔较大的手工业收入才能解决生活问题的农业社，如何解决产品的销路问题，就被提到重要的议程上了。

此外，还得提一提大瑶山内理发手工业的发展情况：

瑶族男子，过去都留发做髻（茶山瑶、花蓝瑶、坳瑶）或结辫（盘瑶、山子瑶）。辛亥革命之后，结辫的逐渐把辫剪去，只留短发护脑，等它长了，用手剪剪短或用剃刀剃光。这种理发工作，多由瑶族互相帮助来做。做髻的根本不剪不剃。因此，在40多年前，大瑶山是找不到专业的理发工人的。自从1940年国民党广西当局以武力攻入瑶山之后，设立了警备区署。当时这个反动机关，为了实行反动的强迫同化政策，强迫留发做髻的瑶族男子改装。警备区署里有个理发兵，就常到警备区署所在地金秀、白沙、六拉、昔地等四村帮已经剪发改装的瑶族理发。但还没有开设理发店。直到抗日战争胜利以后，从1946年起，才开始有一个平南的理发工人因逃避国民党征兵而来到金秀。从此大瑶山的中心地区，也就有了汉族的理发工人来帮瑶族理发了。但他还是一面种田，一面理发的。直到解放以后，大瑶山内才正式开设有理发店。从1956年起，金秀的四家理发店成立合作小组。其他如罗香区、忠良区原来没有理发店的地方，也有了理发店。而且在罗香区六合村的理发工人还是坳瑶呢！

兹将自治县县治所在地六拉乡解放后的手工业情况列表如下：

项目 名称	社或组	户数	社员数（人）			每人每月工资收入		社或组成立年月
			汉	壮	瑶	最高	最低	
车缝业	1	13	15	3	2	50元	15元	1956.1
理发业	1	4	5			50元	30元	1956.1
银器业	1	2	2			28元	28元	1956
打铁业	1	8	8			40元	18元	1956
纺织业	1	4				30元	25元	1956.2

四、贸　易

大瑶山位于广西的中部而稍偏东。虽然全境都是高山深谷，形成与山外隔离的屏障，但是它的面积并不太大，根据最近出版的地图推算，仅有2200平方公里左右。即以山里的或高或低，左盘右曲的道路计算，从南到北不过300里，从东到西不过160里。而在这一片山地的周围，却尽是汉壮两族的聚居区域。因此，如果想要与外地联系，却也并不十分困难。

截至解放时止，大瑶山瑶族人民主要的生产活动，完全着重在农业方面，而在农业生产活动中，又只偏重粮食的生产。其次，则以土特产的经营为其主要的副业。手工业则极不发达，它还没有从农业中分离开来，因而瑶族中还不曾有专业的手工业者。而他们家庭中所附带经营的手工业，还多是一些日常生活用品，最主要的生产资料和生活资料，如铁器农具和家具、食盐、陶器、布匹等，他们都是不能生产或是生产尚不能满足最低需要的。

大瑶山瑶族社会没有发展到社会第二次大分工，应当从它的特定的历史条件和地理环境联系起来考察，必须了解的是：现在聚居在这里的瑶族，并不是大瑶山的土著民族，而是在明代中叶以后，被明清两代封建王朝的武力压迫，才陆续从接近瑶山的地区迁入瑶山的。在民族压迫紧张的年代里，反动统治阶级常采用沿山筑堡、设屯置戍的残酷措施以加强对大瑶山的封锁。在这种情况下，瑶族人民的生产活动，最主要的为了免于饥寒，则粮食和棉花的生产便占有头等重要意义。到后来这种严密的封锁政策松弛的时候，由于瑶山边缘紧接着汉壮地区，彼此之间的经济联系必然迅速发生。这样，瑶族必不可缺的重要的生产资料和生活资料，就可以仰赖于汉壮地区的输入，而山外汉壮地区所需要的土特产，也要仰赖瑶山大量的生产来供应。在这种经济联系日渐密切的情况下，瑶族社会所需要的不是发展自己的手工业，而是土特产。以大量的土特产来换取自己必不可缺的生产资料和生活资料，便成为瑶族社会极其自然的生产方向。事实证明：茶山瑶、花蓝瑶和坳瑶，以前是家家户户都要种棉织布以供给衣料的，后来由于土特产有了广阔的销路，他们便停止或日渐减少了这种纺织生产。而土特产种类和数量都较多的金秀一带，在清咸丰九年（1859）已有桂林药材商进山收购香草，同时也有从修仁县城迁入瑶山的汉人在那里专营布匹生意。当地瑶族就不再从事种棉织布，男男女女都集中力量去种植售价高昂的香草了。由此可知，大瑶山瑶族之所以偏重农业和土特产的生产而不重视手工业，亦不是偶然的。

由于瑶族人民需要经营大量的土特产以换取必不可缺的生产资料和生活资料，便与山外汉壮地区在经济上发生了紧密的联系。但是，由于历代统治阶级所造成的民族歧视和压迫，瑶族人民在商品交换过程中，亦具有不同于一般情况的特点。兹将瑶山的贸易关系分述如次：

（一）商品交换的历史片段

大瑶山瑶族从什么时候开始与山外汉壮地区发生贸易关系，已无从稽考。从茶山瑶的历史歌谣中所透露的一点消息，似乎是在他们的祖先进入瑶山不久之后，就已经开始。现把六段村一带茶山瑶流传的“历史故事歌”抄录一段如下：

初初进入大瑶山
一片荒凉大青山
先把大树砍倒下
后再砍木开荒田
有水地处开田垌
无水地处种旱田
插标为号各占山
姓苏的是苏显贵
姓陶的是陶善保
还有莫家莫金一
这样各管各山场
买汉人牛来耕地
买来谷种去种田
自己造了木犁耙
又造蓑衣和雨帽
卖出香菇和杉木
得钱买得大粗布
造得犁耙有衣穿
赶着水牛来生产

据大瑶山北部六段村一带茶山瑶传说，他们的祖先是在朱元璋和陈友谅争天下的时候，天下大乱才从湖南迁徙来广西的。进入大瑶山之前，只知道曾在修仁西乡七排附近的山上住过一段时间，而进入瑶山定居的确切年代却不知道。据推测，可能在明朝末叶。到了清朝初年，大瑶山北部毗连的汉壮地区，封建王朝对少数民族的大举武装进攻已经停止，而仅限于设堡置戍的消极防守。这时，深居大瑶山的瑶族人民，生活就比较安定，与山外进行商品交换也才成为可能的事。上举歌瑶中的“卖出香菇和杉木，得钱买得大粗布”的贸易关系，可能是从清朝初年开始的。

上述的情况，仅是一种推测。瑶族与山外发生贸易关系的确切年代，据调查中所搜集到文字记载，则是在清乾隆年间，现在还竖立在在保村桥头的在保、杨柳、将军三村共立的石牌，其镌刻年月为乾隆五十一年（1786）十月。它的条文第九条载有：“九令……善人卖买生意，有茶有食吃”一句。意思是说，如果进入瑶山做买卖的善良商贩，到瑶族家里，是会受到茶饭招待的。瑶族人民为了要与山外进行商品交换以满足生产和生活的需要，故在石牌条文上作出这种带有鼓励山外商贩进入瑶山进行贸易的规定。据此，则瑶族人民与外地发生贸易关系的历史，至少已经有 190 多年了。

关于在石牌条文里作出保护山外商贩规定的，在清同治六年（1867）刊立：的金秀沿河十村共立的坪免石牌中，也可找到。这件石牌的第十条和第十一条载明：“十立：不论何人，见客买卖生意，不得乱作横事可也。”“十一立：不论何人，见客生意交易，是作横事，莫怪石牌。”条文里所谓“见客买卖生意”，即是指来山里做买卖的客人，瑶族称汉人为客人。所谓“不得乱作横事”，即是说不得抢劫或谋害这些外来商贩。所谓“莫怪石牌”，即是说，如果有人抢劫或谋害外来商贩，石牌出面干涉，休得见怪。瑶族人民之所以用法律的规定来保护入山贸易的商贩，显然是瑶山作为商品的生产已有了发展，商品交换日趋频繁的结果。

大瑶山的土特产中，以香草为最著名。而香草较大数量地向山外运销，开始于清咸丰九年（1859）。据在瑶山出生现已 82 岁高龄的汉族老人黄三和说，他的父亲黄正美，原住修仁县城北门街，起初常进瑶山做小买卖生意，熟悉了金秀一带的情况。咸丰九年（1859），桂林著名大药店熊同春和黄福泰两家的老板，要进瑶山收购香草。便请黄正美带路进入金秀。又由黄正美的介绍两家老板住在金秀村石牌头人全胜印家，收购香草。为了讨好石牌头人，使收购中不致发生事故，凡收购 100 斤香草，都给房东白银 5 钱，作为“秤工”。当时香草的价格，每斤值铜钱 200 ~ 300 文，白米售价每斤 8 文。即一斤香草，可换白米 25 ~ 37 斤。当时金秀一带的香草为数还不多，而且仅有桂林这两家药店收购，直到光绪年间，平南方面才开始有商人入山收购。由于香草从此有了销路，而且售价昂贵，因而刺激了生产。经过 30 年左右，到清光绪十七年（1891），黄三和 15 岁的时候，金秀附近一带香草生产量竟达 30 000 斤左右。当时的市价每斤值白银 2 ~ 4 毫。如果平均每斤以 3 毫计算，共值9000元。当时的米价，每百斤 2 元 5 角左右，即可换白米 3600 担。金秀四村之所以富甲瑶山，是和这项土特产的大量外销分不开的。

香草有了销路，而且产量日渐增多，瑶族不再种棉织布了。因此，需要山外供给布匹的数量也日渐增多。黄三和的父亲黄正美，在带领桂林药商进入金秀以后，也由修仁迁入金秀居住，经营布匹生意，这是山外汉人进入瑶山中心地区经营商业的开始。

（二）山外小商贩进入瑶山的交换活动

大瑶山瑶族与山外汉壮地区的商品交换活动，主要是依靠山外小商贩来进行。而这些小商贩，多是接近瑶山边缘地区的汉壮两族人民，有的是专业的小贩，有的却是农民在农闲时兼营的副业。他们的资本不多，也很少有人在收购或输入货物的时候，雇请挑脚为他搬运。他们只凭着自己的劳力，在山外购买一些为瑶族所需要的生产资料和生活资料挑入山内，挨村挨户地上门兜售，同时收购瑶族的土特产品。而在这种交换过程中，多采用物物交换的形式，只有数量较大、售价较贵的商品，才采用货币的形式进行交换。

瑶族最需要的生产资料是铁器农具，如锄、刮、锹、铲、刀、斧、镰、犁头之类，生活资料则是食盐、布匹、铁器炊具、陶器用具、火柴、缝纫挑绣所需的针线和色丝以及副食品中的腐竹、细粉、头菜、瓜菜、鸡、鸭等。小商贩把这些东西运入瑶山，和瑶族换取土特产及药材，有时连稻秆也在收买之列。

毫无疑问，瑶族与山外小商贩的交换过程中，所受的剥削是无可避免的。而这一事实，也是小商贩所承认的。据黄三和的谈话，可以作为一个绝好的例证。

前面提到在金秀经营布匹生意的黄正美，于光绪三年（1877）身死。他的儿子黄三和当时仅有1岁，还不能继承父业，直到黄三和19岁时（1895）才开始做生意，收购香草、吊兰、罗汉果等土特产，运往桂林出销。当时桂林的香草市价每斤值四五毫，金秀仅值2毫左右。到光绪二十八九年（1902—1903），香草涨价，桂林每斤值七八毫，金秀仅值4毫。挑运香草往桂林，往返需时6天，共需伙食、住客栈等费用1元2毫，如雇人挑运每百斤挑脚（运费）2元。按这个数目计算：在金秀收买香草100斤运往桂林出售，除去路费和挑脚共计3元2毫，可净赚27~37元。吊兰的市价，桂林每斤值8毫，金秀仅值4毫，恰为桂林市价的1/2。只是当时瑶山这项土产不多，每年仅有400~500斤，而且大多数是平道乡太平村出产。罗汉果金秀较多，年产量在1000斤左右。当时的市价，桂林每一百个售三四元，金秀仅值1元，恰值桂林市价1/3或1/4。由此可见在瑶山收购土特产的小商贩，中间剥削是很大的。

瑶族人民之所以能忍受小商贩的中间剥削，都是无可奈何的事。第一，他们当时受到反动统治阶级的民族压迫和歧视，是不敢或不愿到汉区去的，因而便不可能知道山外的情况，特别是商品的市价；第二，即使敢于出山，也将遭到欺骗和侮辱，甚至还可能遭遇祸害；第三，他们耕山种地，农活比较繁忙，也难于抽出时间往山外进行交换活动。有了上述这些原因，他们只求作为商品的生产品能够脱售，价格的高低，就不能不把它放在次要的地位来考虑了。我们在调查中，曾经发现过瑶族对不等价交换的一种看法，坤林村的盘瑶说："平南人（指平南方面的小商贩）剥削我们，但是我们也剥削他。"他们并解释这话的含义说："如果没有平南人来卖货买货，我们要把货物挑到汉区的圩场去卖，再把要买的东西买回，一来一往，起码要一两天。如果拿这两天来生产，不是可以比平南人剥削去的钱还要多么？而且，我们要买要卖的东西也不多，如果卖一斤茶叶又到圩场跑一趟，买一斤生盐又去圩场跑一趟，那是多么麻烦呀！"从这里，可以看出瑶族不愿自己挑运产品直接到山外圩市进行交换的原因，同时也可充分说明小商贩在瑶族经济生活中所起的作用。解放以后，自治县境内虽然已经有很多地区设立了购销机构，极大地便利了瑶山居民的交换活动。但一些距离购销门市部较远的村落居民，仍然愿意和小商贩打交道。这无非是他们感觉这样的交换比较便当而已。

（三）瑶山内的商店

大瑶山瑶族，一般说来，是不经营商业的。有的话，也仅是个别地区在晚近几十年才发生的事，而且人数是极少的。但是，大瑶山却在很早以前已经有了商店，不过这种商业的经营者，仅是从汉区迁入山内的汉人而已。前面提到在清咸丰九年（1859）就已进入金秀经营布匹生意的黄正美，便是一个例子。只是他所进行的贸易活动，似乎还带有经商的性质，资本不大，经营的规模也是很小的。这可以从他死后，他的儿子黄三和在19岁开始做生意的时候还只是收购一些香草自己挑运到桂林出售的事实予以肯定。

接着黄正美之后，进入金秀经营商业的，有平南人廖义德。他进入瑶山的时期是光绪初年（1875），也正是香草大量由往北（桂林）销售转到大量向南（平南）出山的时期。他所经营的商业，主要是收购香草运往平南北部的思旺圩和桂平的大湟江口，而又从这两个市镇购买布匹入山。并附带经营酿酒和杂货生意，因剥削甚大，不久即致富。他的活动能力较强，更善于投机：当金秀起石牌打三点会的时候，他就到平南贩运老枪来卖；当广源公司到金秀经营木材的时候，他就与公司勾结，把自己的儿子安插到公司里去当职员，并与公司人员串通诈欺瑶族的树价。正因为如此，到后来金秀沿河十村起石牌打广源公司的时候，保护公司的武装被瑶族击败。事后，瑶族愤恨廖义德勾结公司，欺压他们；同时在冲突时，廖的儿子又带公司的军队去打过六拉，便把廖捉去杀了。

广源公司是由陆荣廷的部属勾结一些地主和奸商合股经营的，可说是官僚资本的企业。1915 年开办。武装冲突的起因是公司企图诈欺瑶族的杉木价款（不按照约定的售价付款）、不尊重民族风俗、砍伐社坛树以及公司的雇用人员和军队强奸瑶族妇女。在瑶族忍无可忍的时候，便起石牌围攻公司。武装冲突发生于 1917 年旧历十一月十七日，经过 6 天 6 夜激战，结果，公司的军队被打败，逃出山外。公司方面死亡 10 多人，瑶族死 3 人，瑶族并夺获公司步枪数支。事后，公司知瑶族未可轻侮，便派人向瑶族求和。协商结果：双方损失，各不计较；杉木价款照原议交付；不再继续砍伐杉木，仅将已经砍伐的运完出山为止；瑶族夺获公司之枪，由公司每支给款 10 元赎回。一场因贸易而引起的冲突，至此始告一段落。后来，广源公司更名荣新公司（一说改称天发公司）重入瑶山运木，经过 3 年，才把木材运完。搬运的方法：在金秀河塞坝，运至河口；再由河口起岸，由人工抬运至范道村旁下江燕河；由江燕河运入运江而下柳江。

广源公司在金秀经营杉木前后计 5 年，公司共雇用砍工、运工约 300 人。金秀附近一带的杉木，凡胸径在 3 尺以下、1 尺以上的大木材约 10 万株，经此一度采伐，所余已极小了。

民国以后，桐油的销路渐广，山外汉族商人，开始入瑶山收购桐子，因而促进了瑶族对油桐的培植，且逐年增多。种植油桐，几乎成为主要依靠垦荒种山的盘瑶、山子瑶和杂居在瑶族村落的汉族家家户户必不可少的副业生产。由于瑶族种植油桐日多，汉区的商人地主，见有利可图，便由入山收购桐子进而改为入山开设油榨。而这种汉商开设的油榨，又往往附带经营其他商业，并以“放桐油花”的方式，进行高利贷剥削，更恶毒的是用推销货品预付价款的双重剥削方式来收购桐子（其实就是以货品“放桐油花”而又加上一重售货的剥削），使生产者堕入债务的陷阱中而不能自拔。像这样的油榨，民国以来，在大瑶山前后开设了 4 个：一在中南部桂田乡南洲村，为平南县鹏化山区汉族大恶霸官僚地主张春如开设的；一在中北部甲江乡旧村，为平南迁入瑶山居住的薛四开设的；一在北部六定乡六定村，是前榴江县汉族地主与六定村茶山瑶地主苏宝三合伙开设的；一在三角乡三角村，是榴江汉族地主开设的。现举南洲油榨为例，以概其余。

南洲村虽然是花蓝瑶村庄，但它的周围的居民却多是盘瑶。民国初年（1912），张春如派了他的狗腿翁志梅进入瑶山，选定这里开设油榨。这个油榨的规模，每年约产油 10 000 斤，即需要桐子 40 000 斤。他收购油子，完全采用高利贷方式。而剥削的主要对象，便是附近一带山上的盘瑶。

他剥削盘瑶的过程：先到山外购买瑶族所需要的衣服、布匹和生产工具，预先赊销给瑶族，以其货价多少，再折成桐子，到桐子收获时还债，一般的折价是银毫三四元，折合交桐子 100 斤。但他的货价，都要算得比在其他地区用现款购买的较贵。而到桐子收获时期的售价，每百斤又往往不止三四元。这样一来，生产者便要遭受双重剥削。其实，问题还不止于此。由于桐子折价太低，往往使生产者无法交足赊销的货价。于是，他又把瑶族所欠付的桐子，作5分利息的借贷，即要债务人到下年收获桐子的时期偿还，欠桐子100斤的，就要还150斤。如第二年仍无法偿还时，则又利上加利。翁志梅采用这种极其残酷的方法剥削盘瑶，以致桐子的生产者，永远不能挣脱债务的桎梏，每年所生产的桐子，也必须全部送到债主的手里。

据身受其害的盘瑶老人们说，翁志梅以货品折桐子的具体情况是这样的：一匹1尺2寸宽，不够缝两件衣服的土布，折算桐子300斤；一斤生盐，折算桐子50斤；一把钩刀，折算桐子100斤。像这样刻毒的算法和残酷的剥削，瑶族简直是无法偿还债务的。兹举两件事实来说明瑶族被剥削的痛苦：

1947年，桂田村黄文品赊购了翁志梅宽1尺2寸、长7尺的土布一匹，裤子一条和爆竹一包。当时土布折价38元，而桐子每百斤作价8元。由于始终都不能偿清这笔债务，经过8年之后，黄文品即共欠翁志梅桐子1900斤。虽然黄文品每年都要交还一些桐子，但这笔债务仍是逐年增多。直到解放时止，黄文品逐年共交了桐子3900斤，但最后还欠桐子900斤。同年，桂田村赵如府赊购翁志梅的一匹土布（尺寸和折价同前），在8年里，赵如府交了生猪一只及苞米数百斤，最后还欠翁志梅桐子800斤。要不是解放的话，黄赵两人的债务，恐怕一辈子也无法还清的。

另一种汉区地主到瑶山所开设的商店，也是采用赊销的变相高利贷方式对瑶族进行剥削的。瑶山东部忠良村（原属蒙山，解放后划归大瑶山）地主温善初，在40年前，曾经以大批的形式，向金秀茶山瑶租得距离金秀约50里的花木山老山，转租给观音山、十二步等村的盘瑶垦种。他向茶山瑶所交的山租，仅一次性交东毫300元；但转租给盘瑶时，则一次性收山租600元。距此不久之后，又把他所占有的青山——观音山租给盘瑶，不采用大批形式，而是按年计产收1/3的山租。最初的几年，这种实物地租是由“山丁”在收获后送到他家的。后来，他便改变方式，索性在观音山村建筑一座泥墙房屋，让“山丁”把山租送到那里集中。他并利用这项收租得来的粮食，就地酿酒、养猪、开设商店。酒是瑶族的嗜好品，在瑶山酿酒，既可就地向瑶族销售，又可瞒骗国民党政府的税收，这真是一举两得的事。后来，他又到山外购入一些瑶族所需要的生产资料和生活资料，用赊销的方式，向瑶族预购桐子、苞米、六谷、笋干之类。其折算方法，也是出货偏高、入货偏低的，只是不曾达到翁志梅那样残酷到毫无人性的程度而已。

这个商店，是由温善初的儿子经理的，这个家伙却是一个赌鬼。一次，他把店里的流动资金输得精光，便使用卑鄙的手段，花言巧语哄欺盘瑶赊货给他，运出平南销售。说定是卖货回来以后就交货款的。哪知他到思旺之后，仍然大赌，又把赊购盘瑶的货款一齐输光。等他回到店里时，盘瑶向他要钱，他却无法交出，只好以连拖带赖的伎俩来应付。盘瑶认定他是山主，怕得罪他，也不便过于使他为难。因此，直到解放后，他还欠着盘瑶的货款未还。

另外一种情况，是汉族地主兼营商业。龙斯麟，蒙山夏宜人，他虽然不在瑶山里开设商店，但他在夏宜开设的商店，就是靠剥削瑶山东南部的盘瑶人民的血汗起家的。由于他姓龙，自称与忠良区双合乡立龙村茶山瑶是同族。清朝末年，他就以汉区团董的身份而又拉上是茶山瑶同族的关系，常在瑶山东南部地区为瑶族人民调解纠纷，实际上还是借此来进行敲诈。由于他在瑶山的关系拉熟了，就趁机向处于山丁地位的贫苦盘瑶进行商业和高利贷的剥削。每逢盘瑶挑着生产品到夏宜销售的时候，龙斯麟总是在表面上装出对盘瑶十分亲切的样子，拉他们到店里招待烟茶，甚至午餐。忠厚朴实的盘瑶，自然不会看透他这种手段反而认为他是好人，就常常愿意把生产品和他进行交换。因此，瑶山东南部盛产的薏米，绝大多数都落在他的店里。当盘瑶到他店里买货时，他常用酒肉招待，瑶族嗜酒，等到醉后，生产品才过秤，秤多秤少，就任凭龙斯麟上下其手了。在这种情况下，往往100斤产品，只秤得七八十斤，盘瑶也不疑心他会少给秤头的。

龙斯麟的另一种剥削盘瑶的方法是“放六谷花”，即是六谷刚下种不久，盘瑶缺粮的时候（旧历四五月），他便派人到盛产六谷（即薏米）的村庄放债，即是预付价款买新谷。村民等到收获之后，再送六谷去还债。这种债利是很高的，一般只当实际市价1/2。而且，还有一种极不合理的规定：如果放债时的价款低于还债时的实际市价，债主照收而不补钱；如果放债时的价款高于还债时的实际市价，债主却要债务人照实际市价补交实物。这就是债主管赚不管赔的刻毒手段。

龙斯麟有时还用商品去换六谷，其间不等价的差额往往更大。据平山村赵如府说，某年，龙斯麟在2月间用白布去换六谷，当时的交换比率是：两匹小白布换100斤六谷，刚交换不久，到3月间，市场上的实际价格是100斤六谷可换12匹小白布。时间相隔不到一个月，而盘瑶的六谷竟以1/6的低价落到龙斯麟手里了。其实是，每当六谷突然涨价而盘瑶还没有打听到行情的时候，龙斯麟往往趁着这种机会去抢购六谷，这种做法实际上等于掠夺。

更不近人情的是一次以食盐换六谷的交换。抗战中某年，龙斯麟知道盘瑶迫切需要食盐，便对盘瑶说：“你们先把六谷秤给我，给我做本钱，我好到外面去办盐回来，卖给你们。”盘瑶也信以为真，便和他议定，百斤六谷换盐45斤；2月交六谷，5月交盐。盘瑶把六谷秤给龙斯麟以后，到3月间，六谷突然涨价，每百斤可换食盐160斤。像这样的事，便是龙斯麟对盘瑶人民一贯使用的伎俩。龙斯麟的发家史，是和压榨盘瑶人民血汗分不开的。

瑶族虽然不从事商业活动，但晚近70年来，也有个别生活富裕的人，开始经营商业。例如，在民国初年（1912），金秀村石牌头人龚道金（茶山瑶）曾经营过杂货生意。民国二十四五年（1935—1936），金秀村石牌头人全胜祝（茶山瑶）也在本村开过商店，经营布匹及杂货。1938年起，平贡村坳瑶赵文全，曾经在罗运村开过杂货商店，历时将近10年。罗香村梁振荣（坳瑶）也在本村开设过小杂货店。岭祖村茶山瑶兰端安，在50多年前曾与蒙山汉人合伙经营过杉木行。商店虽然设在蒙山，杉木则在岭祖一带收购。至于个别瑶族，在晚近50年来，经营行商小贩的，也不乏其例。只是这些经营商业的瑶族，不管开设商店也好，经营行商小贩也好，其家庭仍然从事农业生产，而不是以专门经商为生的。而且这些商业活动，在整个瑶山经济生活中所起的作用不大。仅仅是瑶族自营商业的一种萌芽状态而已。

（四）沿山各县的圩市

解放以前，大瑶山内是没有一个商品交换圩市的。瑶族所需要的生产资料和生活资料的购入以及土特产品的销出，都要依赖山外大批的行商小贩和山内少数的商店，而这些商贩的货源和销路，却又仰赖于沿山各县接近瑶山边境的圩市。因此，这些接近瑶山的圩市，便成为瑶山与山外汉壮地区经济联系的枢纽。也就是输入瑶族所需要的生产资料和生活资料和瑶山运出的土特产品的集散地。故这些初级市场对瑶族经济生活所起的作用是极其巨大的。

上述这类圩市，在瑶山南部的有平南县属的思旺圩和马练圩。前者距罗香区边境约70里，距离瑶山中心地区约180里。贸易规模较大，过去曾开设几家收购土特产的商店，瑶山的香草，几乎全部要运到这里集中，然后再由这里用木船装运到桂平大湟江口，再由大湟江口水运至梧州转广东佛山集中后，向香港出口。其他瑶山所产的土特产品如香蕈、笋干、薯茛、药材等，也大多数由这里收购集中后，再转运各地。正因为这样，所以进入瑶山的行商小贩，也以思旺圩附近村落的专业小贩和农民为多。当这些小商贩入山收购土特产时，必须带运一些瑶族所需要的货品进山，以便进行物物交换。这样，思旺圩便又成为供应瑶山生产资料和生活资料的主要市场。后者距罗香区边境仅七八里，虽然也有水道可通濛江而入郁江，但它的贸易规模不大，只能消纳少量的土特产品和供应少量的日常用品。如罗香一带村落有了较大数量的土特产品时，瑶族也往往自己挑运到思旺圩去销售，而不向马练圩运销。总之，思旺圩不仅与瑶山南部一角有着经济联系，几乎与整个瑶山直接或间接地发生经济关系。

在瑶山西部的有象州县属的桐木圩、大乐圩和中平圩。桐木圩距离金秀区边境 15 里，距离瑶山中心地区约 60 里。贸易规模虽不如思旺大，除香草外，其余瑶山的土特产品，它都能大量收购，而供应瑶山的生产资料和生活资料是和思旺相差无几的。它与瑶山发生经济联系的地区，主要计有金秀区、三角区、长洞区偏北一带村落，其中又以沿金秀河十村为主。解放以后，尤其是在金桐公路通车之后，山内土特产品的输出，山外各种货品的转入，绝大部分要通过这里来集散，它已经将解放前思旺圩的地位取而代之了。

大乐圩距长洞区边境约 15 里，距长洞区中心地区约 40 里。长洞区商品的出入，与它的联系是相当紧密的。但贸易规模不如桐木之大，只能消纳长洞区一带输出为数不多的土特产品，其供应瑶山的商品，也仅限于长洞的部分地区。

中平圩距离长洞区和六巷区边境各约 15 里，距离长洞区中心地区约 50 里，距离六巷区中心地区 60 公里。贸易的规模与桐木圩不相上下。它和上举瑶山的两个区经济联系比较紧密，其消纳和供应情况，亦与桐木圩略同。

在瑶山西南部的有大樟圩（解放以前属象州县，现划归金秀瑶族自治县）和百丈圩。贸易的规模都不大，没有较大的专业收购土特产和销售生产资料与生活资料的商店。较大数量的商品交换，只有在圩期才能进行，它仅与六巷区有着并不太大的经济联系，较之附近的中平、大乐都逊色不少。

在瑶山西北部的有鹿寨县属的七排圩和荔浦县属的三江圩（解放前均属修仁）。距离三角区边境各约 10 里，距离三角区中心地区约 30 里和 50 里。贸易的规模与大樟、百丈相同。前者与三角区中部和西部一带村落的关系较密切，后者与三角区北部地区村落的关系较密切。

在瑶山北部的有荔浦县属的建陵镇（原修仁县城）。距金秀区和三角区边境各约 15 里，距两区的中心地区各约 60 里，距瑶山中心地区约 110 里。贸易的规模，相当于桐木圩，但和瑶山的经济联系范围，只限于金秀区和三角区的北部一带村落，对瑶山经济方面所起的作用反不如桐木。

在瑶山东部的有蒙山县属的新圩，距忠良区边境约 20 里，距忠良区中心地区约 40 里，贸易的规模相当于桐木圩。瑶山东部地区一带村落的土特产的输出和绝大部分生产资料和生活资料的输入，主要依靠这个圩市。三合乡巴勒村所产的手工业产品，绝大部分是运往这个圩市销售的。

在瑶山东南部有蒙山县属的夏宜街和文圩。前者距离忠良区南部边境约 20 里，距离忠良区南部中心地区约 50 里。文圩又比夏宜远 30 里。前者的贸易规模虽不大，但有专业收购瑶山土特产的商店，而其他商店，也还能在一定程度上满足附近一带瑶族的需要。解放以前，大瑶山内，只有忠良区南部地区才盛产薏米，而这项产品，大多数是运往夏宜销售的。

后者的贸易规模虽然较大，但是距离瑶山较远，瑶族只在农事稍闲的季节才到这里进行商品交换。

总之，上举这些圩市，虽然在贸易上各有其不同的条件，和瑶山经济联系亦各有其不同的范围。但是它们或多或少地都为瑶山消纳了土特产和输入了生产资料和生活资料，在瑶族人民经济生活中或大或小地都起着有利的作用，这是无可置疑的。由此可知，如果这些圩市的贸易日趋繁荣，便能给瑶山以有利的刺激，从而促使瑶山生产的发展；瑶山的生产有了发展，也可促使这些圩市的繁荣。相反，如果这些圩市的贸易日趋萎缩，就会影响瑶山生产发展，也将影响这些圩市贸易的衰落。两者之间的相互关系，也必须加以肯定。

大瑶山的瑶族，虽然过去由于怕受山外汉壮两族坏人的歧视和欺骗，或是因农事繁忙而不易抽出时间，从而宁愿忍受小商贩的中间剥削，而不愿自己把生产品挑运到沿山的圩市销售，以换取所需的一切。但这种情况，近六七十年以来，也逐渐有所改变。特别是处于"山丁"地位的盘瑶和山子瑶，他们生活一般都比较穷困，而居住的地区，又多在瑶山边缘，与沿山各地的圩市比较接近。因此，他们挑运着生产品去赶圩，早已是常事了。此外，住在瑶山东北部的岭祖、巴勒两处的茶山瑶和住在南部罗香一带的坳瑶，其住地也极接近汉区，且远在清乾隆以前，就已经和清朝的官府发生了纳粮和供应的关系，而自称为"粮瑶"。因此他们把生产品挑运到汉区去进行交挑，也是常事。其他地区茶山瑶、花蓝瑶和坳瑶，虽然极少出外赶圩，但也并不是绝对不去，尤其是晚近40年来，瑶族各族系自运生产品到沿山汉壮地区的圩市进行交换，已有逐年递增的趋势。

（五）瑶山内的交通运输

大瑶山虽然有不少的河流，但因河身陡狭，流量不大，无法通航。只有少数较大的河流，在其中下游可以运输木材出山。但在中游地带，多数还是采用单条放运的办法，能够把杉木扎筏运输的河流，只限于六定河、长滩河、忠良河、大同河、九十三河、滴水河、长洞河、江燕河、三角河等的下游较平较宽之处。过去大瑶山林业之所以不能充分发展，主要是受到水运限制的结果。但是，尽管如此，上述这些河道，对瑶山社会经济却在一定的程度上起着积极作用。因为每年在这些河流里运出的木材，总值达40万元以上。

瑶山内商品的运输，全部采用人力挑运形式。而山内又尽是崇山峻岭，其主要几条通向山外圩市的交通道路，也还是陡斜纡曲，不易出行的。由于交通运输的困难，输出输入的商品，也受到相当程度的限制。正因为如此，山内外商品售价的差额是相当大的，这样，当然会直接影响瑶族的生产和生活。

瑶族为了维护山内的交通路线，就不得不采取一种有效措施。他们每年往往规定一个时间，动员村中在一定年龄限度里的男女劳动力，一齐参加修路。例如罗香一带的坳瑶，每年规定旧历八月初一起至十五日止，为修路日期。在这半个月当中，凡是年龄在18～48岁以内的男女，都毫无例外地要参加修理道路和桥梁的工作。他们并历来就划定了各村应负责修理的范围。在范围以内的大小道路和桥梁，都要修理一番。而且他们修路还有一笔最初由各户量力捐来的基金，交由一人保管生息。每年修路时所需的费用（如购买桥梁木料之类），就由基金的利息开支。伙食则由各人自备。

像这种情况，其他地区和瑶族各族系都大致相同，只是规定的日期是以当地生产情况而定的。例如金秀四村，规定旧历七月初七到十四日修路。因为这几天是他们过节的日子，照例不做农活的。趁这几天修理道路，便给劳动力一个恰当的安排。其次，金秀并没有修路的用费，他们要架桥梁时，所用木料，可以在附近的公山上采伐，并不需钱购买。

有些地区，山路少人往来，往往易生乱草。在这种情况下，每年还得修路两次。例如上下古陈村坳瑶，就是规定每年三月、六月两月各修路一天的。盘瑶也规定八月修路，这是因为九月间就开始秋收了。他们修路时，一经号召，凡各家可以劳动的男女老少，都自动参加，一家参加多少人，却没有具体的规定。尽管如此，到修路的时候，是没有人借故不去的。

瑶族这种修路的习惯，大概在很早以前便开始了。一直相沿至今，已经成为大瑶山各族系的优良传统。

最后，还有一件关于筑路的往事值得一提：

解放以前，从罗香区龙坪乡古潭村经金秀到桐木，是有一条长约200里的“大路”的。路面约有5尺宽，而且修得比较平整。在解放前，就整个大瑶山来说，这可称得上是一条最好最宽的“大路”。但是，这条“大路”的修筑是和瑶族人民遭受的苦难联系在一起的。

1940年，国民党在瑶山设立金秀警备区署后，为了便于其反动统治，便强迫沿途瑶汉两族人民来做无偿的劳役。当时沿途十多里内的青壮年，都得用自己的工具去筑路。原来规定每个参加筑路的民工每天发给5角桂钞作伙食费的，但这笔钱却被国民党反动政府的官员们贪污了，结果一文都没有发到民工手里。

这条“大路”修成之后，恰值抗日战争日渐紧张的时期，从平南通往修仁桐木一带的货物，有许多便由这条道路经过。尤其是广西沦陷期间，从瑶山通过的货物更多，几乎每天都有二三百人从这里往返。这条道路，在解放以前，每年也由附近居民修理一次。

（六）贸易关系带给瑶山的影响

从上面所举的事实看来，尽管大瑶山社会在解放以前还停留于自给自足的自然经济阶段，但另一方面，由于它受到社会历史条件的限制，以致手工业没有从农业中分离出来，山内也不能形成能够满足瑶族居民需要的市场。因此，无论瑶族所需要的生产资料和生活资料，特别是最主要的铁制生产工具和食盐，必须仰赖于山外汉壮地区的输入。而瑶族所生产的大量土特产，也必须运到山外才能找到销路。一句话，瑶山社会与山外汉壮地区的经济联系是十分紧密的。如果一旦断绝这种山内外的联系，瑶族人民的生活是难以想像的。

由于瑶山社会既已与山外汉壮地区发生了不可分割的经济联系，而最主要的铁制生产工具，又完全仰赖于汉壮地区的输入。如果汉壮地区的生产工具有了改进，则瑶族所使用的生产工具也将随之有所提高。例如，在70年前，瑶族还是使用一斤左右的小锄小刮耕种的。后来在瑶山边缘地区，曾经一度由汉族来大量种蓝制靛。种蓝的汉族所用掘土刮山的铁制农具，都是重量在2斤以上的大锄和大月刮（又名蓝刮）。特别是大月刮，形如半月，刮口成弧线状，两旁有尖角，既可铲土又可掘土，是很适合山地的耕作的。自从种蓝的汉族把这种生产工具带到瑶山边境之后，不久也传入了瑶山，因而提高了瑶族耕作效率。截至解放前夕，瑶山瑶族的农具，除极少数的几种如木耙、狭长瑶刀等以外，其他的几乎与近山汉壮地区农民所使用完全相同。而且这些铁制农具的数量，如以家庭单位计算，甚至还比汉壮地区要多一些，纵使家庭生活极苦的瑶族，几乎每一个劳动力必定有一把月刮和一把柴刀。毫无疑问，这些农具在一定程度上是足以提高瑶族的耕作效率，从而促进生产的发展的。

至于耕作技术方面，虽然瑶族在某些方面还保存不惯用犁耕田和采用“刀耕火种”的垦殖，但另一方面，许多汉壮地区比较进步的技术，亦由于通过贸易关系使民族间发生频繁的接触而传入瑶山。例如罗香一带的坳瑶，70 年前还是种中季稻粳米的，后来却学习了附近汉区的技术，改种双季稻的占禾了。这种技术，罗运坳瑶也开始在试种。

由于贸易关系，沿山各县的行商小贩，经常进入瑶山，而瑶族人民也因交换需要逐渐挑运生产品出山销售，民族间的接触日益频繁，文化上的互相交流和影响，自是大势所趋。截至解放初，瑶山瑶族各个族系，除保持着本民族的语言外，绝大多数都学会了汉语（包括桂林普通语，平南、蒙山等县带土音的粤语和客家话等），使民族间的思想感情得以互相沟通，也就为瑶族人民接受汉族进步文化提供了先决条件，为民族团结打下了稳固的基础。

四、民　　族

一、民族名称及人口分布状况

（一）民族名称

大瑶山的瑶族，照向来的习惯，一共分为五个族系。又因风俗和经济地位的不同，曾被划分为两个类别：一为长毛瑶（包括茶山、花蓝、坳三系），因留发不剃，男女都盘椎髻于顶而得名。又因他们占有山场、水田和河流，也称为“山主”。一为过山瑶（包括盘、山子两系），因其开荒种岭，随山迁徙而得名。又因他们所开垦的山地，都是向“山主”租来的，必须交纳山租，故也称为“山丁”。这些都是汉人对他们的称呼。这些称呼仅能代表汉人以往的看法。这种看法与瑶族的自称和互称，都具有不同的意义。

1. 汉　称

（1）茶山瑶。“茶山”是大瑶山北部一个历史上的地名。根据清同治六年（1867）茶山瑶师公全胜银手抄的现藏金秀村全胜祝家的一本《还愿洪门太疏意者牒榜》神书第一页有：“今据大明国广西道桂林府修仁县西乡淳化里茶山洞上秀村新安社下……”一行地名记载，金秀村，原名上秀村。可证金秀村址是在茶山洞的。又据《方舆纪要》载：“茶山（永安）州西四十里，绵亘深远，林菁丛郁。”大瑶山北部，恰在永安州（今蒙山县）西。根据上述这些记载，可证茶山瑶是因住地而得名的。

（2）花蓝瑶。在解放前某些大瑶山调查报告，有误作“花篮瑶”的。而对“花蓝”这个族称，各人的解释也有不同。据我们多方深入了解查对，比较正确的解释是：因为花蓝瑶妇女的服装，都喜欢挑绣色彩斑斓的花纹。花蓝瑶族叫蓝，并不是代表蓝的一种颜色，而是指多种灿烂的色彩。用他们自己的话解释：花蓝就是“花花绿绿”的意思。据此，花蓝瑶是以服装色彩而得名的。

（3）坳瑶。由于远在清康熙二年（1663 年）已向清朝官府纳粮，名为“粮瑶”。又因男子的头髻位置，不偏不倚地结在头顶的正中，不同于茶山瑶髻的偏于前，也不同于花蓝瑶髻的偏于后，故也称“正瑶”。坳字却是“瑶”字声音的讹译。

（4）盘瑶。又称“板瑶”，由于从前其妇女所戴的帽子，曾经是用木板做的，后来虽改用木皮或黄蜡来做了，但他们仍然叫这种帽子为“卜扁”（现在仅在结婚时才戴）。“扁”即是“板”的瑶音。因此，有些地区（如桂北）也称板瑶为“顶板瑶”。这种称呼在旧籍中常可见到。“盘瑶”这个名称，则由于他们崇奉始祖盘王而得名。盘王，在盘瑶留存已久的“过山榜”（或称过山牒）里或写作“盘护王”，当作“槃瓠”之误。在大瑶山内外，有人把妇女戴尖顶帽的盘瑶称为“尖头瑶”，把妇女用花带缠头的盘瑶称为“平头瑶”，以装束命名更为明显了。

（5）山子瑶。或简称“山子”。过去汉区地主叫佃耕自己田地的贫苦农民为“佃户”或“佃子”。瑶山的山子是靠佃耕“山主”的山地垦种为生的，故把他们称为“山子”。这个族称是由于被压迫被剥削而得名的。

2. 自　称

（1）茶山瑶。自称为“拉架”（lāqiā）。“拉”是人称冠词。“架”是山。合起来意思便是住在山上的人。

（2）花蓝瑶。自称为“穹咧”（qióng lie）。“穹”是山，“咧”是人。合起来意思也是住在山上的人。

（3）坳瑶。自称为“俵门”（bián Mēn）。“俵”是自称，如在他们的盘王歌和情歌中，凡男子自称都用“俵”或“俵兄”可证。“门”是人。

（4）盘瑶。自称为“棉”（Miān），意即是人。

（5）山子瑶。自称为“门”（Mēn），意即是人。有些地区或自称为“钳济门”（giān zìMēn），直译为山子人。

3. 互　称

（1）茶山瑶对各族系的称呼

①称花蓝瑶为“山尤”（Sān yóu）。即“山瑶”两字的变音。这是以前的称呼。近来则称之为“挖蓝”（wā Lān），即“花绿”两字的变音。

②称坳瑶为“尤”（liǎng yóu），即“粮瑶”两字的变音。

③称盘瑶为“山板”（sān bàn），两字的音义完全与汉语相同，也就是过山板瑶的意思。

④称山子瑶为“山挤”（sān jǐ），直译为山子。

⑤称汉人为“拉周”（lāzhōu），意即住在山外的汉人。

⑥称壮人为“周仲”（zhōu yhub），“周”是住在山的人，“仲”即“壮”的变音。

（2）花蓝瑶对各族系的称呼

①称茶山瑶为“吉虽”（jī xū），意不可解。

②称坳瑶为“傣”（biāo），意不可解。

③称盘瑶为“尤半”（yóu bàn）。“尤”即是“瑶”的变音，“半”即是“板”的变音。“瑶板”即“板瑶”之倒装。

④称山子为“散济”（sàu zi），即山子两字的变音。

⑤称汉人为称讲普通话的汉人为“羌”（qiāng），称讲粤语和客家话的汉人为“嘿”hēi，意思不可解。

⑥称壮人为“Nīa”，意不可解。

（3）坳瑶对各族系的称呼

①称茶山瑶为“钳兜”（gián dōu），“钳”即是山，“兜”含有老人或头人的意味，是个略带尊敬的称呼。合起来意思就是住在山上的头人。

②称花蓝瑶为“跌”（dié），意不可解。

③称盘瑶为“班尤”（bān yóu），即“板瑶”或“蓝瑶”两字的变音。

④称山子瑶为“层济”（zēn ji），即“山子”两字的变音。

⑤称汉人为“兜门”（dhīu mēn），“兜”即老人或头人的尊称，“门”即是人。

⑥称壮人为“兜”（dōu），与称茶山瑶为“钳兜”的“兜”，称汉人为“兜门”的“兜”，意思都是一样。

（4）盘瑶对各族系的称呼

①称茶山瑶为“台仙”（dāi siān），直译为“来山”。意思是来到山里居住的人。

②称花蓝瑶为“不滴”（bū dī），意不可解。

③称坳瑶为“凡播”（fán bě），直译为“三块”。传说，伏羲兄妹结婚后，生育出一个像东瓜样的肉团。伏羲兄妹用剑割成小块遍撒各处。后来剩下近瓜蒂的三小块，认为这是不成材的了，便把它丢在屋边的陡坡下，到第二天便变成了坳瑶。

④称山子瑶为“山则棉”（san zěmīan），“山则”即“山子”两字的变音。“棉”即是人。

⑤称汉人为“干”（gǎn），“干”是汉人。

⑥称壮人为“干庄”（gèn zhuǎng），“干”是汉人，“庄”是“壮”字的变音。

（5）山子瑶对各族系的称呼

①称茶山瑶为“金倒”（jīng dōu），“金”是山，“倒”是汉人，合起来即“住山的汉人”。

②称花蓝瑶为“倒的”（dōu dī），“倒”是汉人，“的”字意不可解。

③称坳瑶为“倒扁”（dōu bían），“倒”是汉人，“扁”是变化，意思是一种讲话时夹杂着许多别族别系语音的汉人。

④称盘瑶为“倒半”dōu ban，“倒”是汉人，“半”即“板”的变音。

⑤称汉人为“倒”dōu，意不可解。

⑥称壮人为“倒庄”dōu zhuāng，“倒”是汉人，“庄”即“壮”字的变音。

（二）各族聚居和散居的地区分布

大瑶山居民，计有瑶、汉、壮三个民族。据 1956 年 6 月统计，瑶族为最多，共 19 426 人，如以族系来分，盘瑶为 10 699 人，茶山瑶为 5348 人，坳瑶为 1234 人，山子瑶为 1323 人，花蓝瑶为 822 人。汉族次之，共 7482 人。壮族最少，共 4129 人。再加上机关干部（未分族别）704 人，全县人口总计 31 741 人①。

各族各系聚居的村落，因环境局限，一般并不太大，因为人口过于集中则对生产不利，如果过于分散，防御又成问题。大体而言，茶山瑶、花蓝瑶和坳瑶，过去都占有广阔的山场，开辟了水田，经济比较充裕，住处就可固定下来，故聚居程度较高，一般村落都在 20

① 以后历次人口普查数据分别为：1964 年全国第二次人口普查时，全县总人口为 38 232 人，其中瑶族 21 537 人，壮族 5738 人，汉族 10 935 人，其他少数民族 22 人；1982 年全国第三次人口普查时，全县总人口为 58 298 人，其中瑶族 33 727 人，壮族 8998 人，汉族 15 534 人，其他少数民族 39 人；1990 年全国第四次人口普查时，全县总人口为 139 044 人，其中瑶族 48 883 人，壮族 60 555 人，汉族 29 517 人，仫佬族 41 人，回族 14 人，毛南族 13 人，苗族 6 人，侗族 6 人，布依族 6 人，彝族 2 人，土家族 2 人，傣族 1 人，满族 1 人；2000 年全国第五次人口普查时，全县总人口为 134 934 人，其中瑶族 50 532 人，壮族58 539人，汉族 25 468 人，侗族 119 人，苗族 112 人，仫佬族 33 人，回族 31 人，毛南族 21 人，满族 12 人，布依族 11 人，蒙古族 9 人，水族 9 人，藏族 8 人，傣族 6 人，土家族 6 人，黎族 5 人，仡佬族 3 人，彝族 3 人，白族 3 人，维吾尔族 1 人，乌孜别克族 1 人，高山族 1 人，未识别民族 1 人。

户以上，间有多至50户的（如金秀、长二、孟村、罗运），甚至有个别地区，在纵横2里内就聚居4个村落，户口在160户以上（如金秀附近四村）。至于盘瑶和山子瑶，过去都没占有山地，全靠批租山主的山地，“刀耕火种”，因不施肥，从而广种薄收；一到耕地肥力消失，便弃之而去。因此，住所就不易固定，而村落住户也不能过多，一般只在10户左右，尤以10户以下的为多，只有极少数的村落达到20户以上（如坤林、六眼）。壮族一般都聚族而居，在平原地区的（如大樟）村落户口多在30户以上，在山里的户数则较少。汉族大都与他族杂居，仅在瑶山边缘接近汉区的地区，才有少数汉村。但户口仍不多，一般都在10户左右。

解放前，瑶山各个民族，甚至瑶族中的各个族系，除以手工业或商贩营生的少数汉人，间或杂居在茶山瑶、花蓝瑶、坳瑶村里以外，不同民族或不同族系共住一村的现象是很少的。主要是由于经济、政治地位不同以及语言及风俗习惯各异所致。但长洞区平道乡大平村却是茶山瑶与壮族共住，三角区江燕、金茶、花相三村却是壮汉杂处。这只能看做一个例外了。

各民族和族系住区分布的情况，大体说来，茶山瑶聚区最为整齐，坳瑶次之，花蓝瑶又次之，壮族又次之，至于盘瑶、山子瑶及汉族，除少数地区的村落比较聚集外，其余多与他族村落犬牙交错，散布在整个瑶山各个角落。就地区来说，茶山瑶聚居中部、北部及东北角，分布于金秀、三角、忠良、长洞、罗香5个区内；坳瑶聚居在南部和东南角，分布于罗香、六巷两个区内；花蓝瑶聚居在南部稍偏西的一角，主要分布于六巷区内，只有龙华、南州、初二、六团、罗丹等村分布在中部的长洞、罗香两区属地内。壮族以聚居西南部大樟区的为最多，余则散居于三角区和长洞区内。汉族聚居村落，多在瑶山接近汉区的边境上，在东部的为忠良区的忠山、车田、林秀等乡，在北部的为三角区的长乐乡，在东北的为三角区的三角乡和甲江乡的泗村，在西部的为六巷区的青山乡，在西北部的为金秀区的和平乡，在东南部的为罗香区的大垌、罗香、龙坪、古茶4乡。盘瑶虽散布全山各处，与各族交错而居，但村落比较聚集的地区也还有几处：在东部的有忠良区的六干、双合及金秀区的共和乡；在西北部的有三角区的柘山、三角、六秘、甲江4乡；在中部的有长洞区的桂田乡；在南部的有六巷区的六巷乡，南部地区及大樟区的瓦厂乡；在西部的有大樟区的新村、玲马、木山3乡。如以六段、金秀、平林、罗香、山茶等村作为点，从北到南画成直线把各点连贯起来，成一分界瑶山的中线，山子瑶居住的村落，都在直线以西，其分布地区，主要是散于三角、长洞、六巷3区和罗香区的罗丹乡、大樟区的玲马乡内①。

二、民族由来

（一）瑶族起源传说

大瑶山瑶族五个族系都普遍认定：瑶族人民是伏羲姊妹（按：即兄妹）的后代。他们不仅在每一件重大事情讲话时（如开石牌会的料话，发生争端时的讲理，婚嫁酒会中讲吉利祝颂词等），都要在开头讲“盘古开天立地，伏羲兄妹造人民”，而且还普遍地流传着

① 该段中出现的区今已改为乡或镇，而乡则为原属区所对应的乡（镇）的辖村，村则仍为原属乡所对应的村的自然村。

“伏羲兄妹”（或作神农兄妹）的故事。在许多神祇崇拜仪式的神书中，还把这个故事编成七言一句的韵文“神唱”，在跳神时歌唱。大意是：从前发生了一次洪水，把天下人民全部淹死。伏羲兄妹因乘大葫芦浮在水上，得免于难。后来兄妹成婚，生出一个肉团；伏羲用利剑剖为360片，撒到各处，这些肉块都变成了人民。其中一半住在山上，便是瑶人；一些住在平地，便是汉人（一说360片肉块，变成360姓人，其中5姓为瑶族）。兹将有关传说及神唱，分别列下：

1. 伏羲兄妹故事

从前，大圣（张天师）和雷王两人是要好的朋友，两人便搭伙种山（一说大圣租地给雷王种），相约耕种的收成，各分一半。大圣为人忠厚老实，雷王为人狡诈凶恶。在第一年春耕的时候，雷王心生巧计，想独占收益，便问大圣在收获时要禾苗上面的还是下面的。大圣决定要上面的。雷王便单种芋头、红薯。收获时，大圣要上面的，分得的尽是芋苗、薯藤，雷王要下面的，却尽是芋头和红薯。到第二年大圣要下面的，雷王便改种黄粟和麦粩等。到收获的时候，雷王分得的都是谷子，大圣却尽是禾秆。到了第三年，大圣上下两头都要，雷王却要中间的。雷王便种苞米。到收获时，大圣又只分得苞米秆，雷王却又分得苞谷。于是，大圣和雷王的心里各有了疙瘩，但仍然合伙种山。一天，雷王想把大圣害死，便相约去烧山，准备种粮食。放火的时候，一个要站在山上，一个要站在山下。风是从山下吹往山上的。雷王便故意先让大圣选择站的地点。大圣选的是山下，雷王选的是山上，并叫大圣从山下放火。大圣没有想到雷王恶意，而且火是从山下放的，风是朝着山上吹的，再也不提防什么了。哪知大圣在自己身边放火之后，火乘风势，霎时猛烈起来。雷王站在山上，使用法术，把手巾向火一扇，风势马上转过头来，从上吹下。火舌熊熊，竟向大圣扑来。大圣被火烧着，面孔被烧得焦红，连阴毛也烧个干净，变成一个丑陋的男子。现在庙里塑的大圣神像，都是红面，就是为此。

大圣和雷王从相好的伙伴变成仇人之后，两人便各施法术，互相斗打。一次，两人斗法：雷王把油麻向空中一撒，变成一群黄蜂去螯大圣。大圣就抓把豆子向空中一撒，变成一群乌鸦把黄蜂尽行吃掉。雷王又把白毛巾向天空抛去，变成大雪，纷纷下降，把乌鸦全部冻死。大圣吃了败仗，只好暂时躲在屋里练法，准备再战。哪知雷王不肯一刻放松，每天都跑到大圣屋背上挑战。雷王声音又大，天天大吼大骂，几乎把大圣的耳朵都震聋。一天，大圣忽然心生一计：走到河里，捞取很多的青苔，敷在自己的瓦背上。不久，雷王又来挑战了，从天上飞将下来，一脚踏在屋瓦上，青苔本是滑溜溜的，雷王站脚不稳，骨碌碌一个踉跄，跌下地来。大圣就用早就预备好了的水缸，把他罩住，雷王因此被擒。大圣把他关进禾仓里囚禁。一关三年，都不放他。天上没有雷王，便无人管雨，因此天旱三年。一天，一些老百姓打从大圣屋边经过，大家纷纷叹气说：“天已干旱三年，禾苗不生，不知怎样是好?”雷王在禾仓里听到了，便接嘴说：“莫说三年不下雨，就是七年不下雨我也不怄气。”大圣听了这话，恼他嚣张的性情不改，便打算把他杀死，用肉腌酢。但因家里没有酢罐和盐，就到街上去买。临行的时候，再三嘱咐儿子和女儿——伏羲兄妹好好看守雷王，更不要给他水喝。大圣离家之后，雷王便向伏羲兄妹讨水喝，伏羲兄妹不给他。他又苦苦哀求说：“我在仓里关了三年，就渴了三年，实在难抵！求你们给我一点水解渴吧！”伏羲兄妹还是不给。他就骗伏羲兄妹说：

"清水你不给，给一瓢潲水我喝也好!"伏羲兄妹心想：父亲并没有教我们不给他潲水喝，由于一时可怜他受渴难抵，便舀了一瓢潲水给他。雷王得了潲水，第一口喝了一些解渴；第二口含在嘴里，念念作法；第三口把它喷出，禾仓立刻破裂，他跳出仓来急忙从前门逃走了。刚走到屋后，忽然想起伏羲兄妹给他的好处，又从后门回头，拔脱一颗牙齿交给伏羲兄妹说："这是一颗葫芦瓜，如果后来天下大雨的时候，你们就赶快把它点在地里，等它长出大瓜来，你们就躲进瓜里去。"说罢，拔脚走了。

雷王回到天上，要报仇雪恨，想用大水来淹死大圣，便不断喷水下地，变成大雨，7天7夜不歇。地上涨了大水，快要淹到大圣房屋，伏羲兄妹着急，便把瓜子种在地里。瓜子立刻暴芽长藤，开花结果，长出个像禾仓般的葫芦来。大水淹进屋了，葫芦忽然开裂。雷王在天上叫道："伏羲兄妹，伏羲兄妹!快搬柴米到葫芦里去!"伏羲兄妹照着做了，大水已把葫芦浮起。他们来不及同父亲一齐进瓜，只好大叫："大水来了，父亲快走呀!"大圣从梦中惊醒，知道是雷王报仇，便急忙拿起宝剑跑出房来，见一个猪槽浮在门外，便跨上槽去，要想上天杀雷王。大水越涨越高，一直淹上天门。雷王见大圣来势汹汹，吃惊不小。便叫他的四个兄弟快快逃走，只有一个兄弟是个聋子，听不见雷王的呼唤，拼命来同大圣斗打。他见大圣乘着猪槽，便使劲把水戽进猪槽里去。水满槽沉，大圣竟被淹死。大圣死后还不服气，变成一条七星鱼，钻进海底，把海底钻成一个大窟窿，水从窟窿漏去，大水才消退了。

伏羲兄妹躲在瓜里过了七天七夜，葫芦被大水漂到昆仑山边。等大水消退之后，葫芦便落在昆仑山上。两兄妹爬出葫芦，张目四望，附近人家都被洪水荡尽，找来找去都不见一个人影。后来兄妹两人，各拄一丈二尺的铁棍，游行天下，去找人民。一天，行到昆仑山下，遇见一个乌龟。他俩便问乌龟："世上还有没有人?"乌龟说："天下人民都被大水淹死，绝了人种，最好是两兄妹自结为婚。"兄妹听了发怒，便用铁棍把乌龟壳打碎，并说："如果你能把碎壳复合，我们兄妹就结婚。"后来游了几天，在路上又遇见乌龟，果然碎壳复合，死龟复生，只是背上多了一些碎片合成的痕迹。兄妹还是不服，不肯结婚，继续行游天下，去找人民。一天，在路上遇见一条竹子，他俩便问竹子，世上有没有人。竹子也用乌龟一般的言语回答了兄妹。他俩听了发怒，便抽出佩刀把竹子斩成多段，并说："如果你能把断竹复合，我们兄妹就结婚。"后来游行了几天，在路上又遇见竹子，果然碎段复合，断竹复生，只是竿上多了一些断片合成的节疤。兄妹还是不服，不肯结婚，继续游行天下，去找人民。一天，在路上见一个乌鸦，他俩便问乌鸦，世上有没有人。乌鸦也用竹子一般的言语回答了兄妹。他俩听了发怒，便抽出佩刀把它颈子斩断，并说："如果你能把断颈复合，我们兄妹便结婚。"后来游行了几天，在路上又碰上了乌鸦，果然断颈复合，死鸦复生，只是颈子上多了一圈白色的痕迹。兄妹还是不服，不肯结婚，继续游行天下，去找人民。行行游游，天下已经走遍，手里拄的铁棍已经磨尽，还是找不到一个人影。一天，太白仙人下凡，拦住兄妹的去路，劝他俩结婚。他俩还是不肯。太白仙人说："你俩各搬一片石磨，各上一个山头，两人同时把它从山上滚下，如果两片石磨，仍旧合在一起，你俩就结婚吧!"兄妹心想：天下哪会有这样的巧事，便答应照做。结果两片石磨，真的合拢起来。兄妹还是不服，翻悔前言。太白仙人又说："你俩各上一个山头，各烧一堆野火，如果火烟结在一起，你俩就得结婚。"兄妹心想：天下哪会有这样巧事，便答应照做。结果两股火烟真的绕结起来。兄妹还是不服，翻悔前言。太白仙人又说："你俩各到一边河岸，各人解下发来梳头，如果头发绞在一起，你俩就得结婚。”兄妹心想：天下不会有这样巧事，便答应照做。结果两人的头发真的绞结起来，再也无法解开了。因此，兄妹只好睡在一处，尽了夫妇之道，头发才自然解散。

兄妹结婚后，女的怀孕生育，但是生下来的不是小孩而是一个像东瓜般的肉团。他俩用刀将它斩成360片，带到山顶上往下抛撒，肉片沿着山坡滚下，多数滚下了平地，少数停留在山上。隔了一夜，第二天早上他俩出门张望，只见四面八方，高山平地都有火烟升起，原来那360片肉块，已经变成了360姓人了。在山上的只有5姓，便是瑶族的祖先；其余那些落到平地的，便是汉族的祖先。只是这些初出世的人，没有屋住，都住在芭芒根下；没有衣穿，都赤身袒体；没有谷米吃，都吃木叶藤心或薯莨。后来紫微山有只老鼠，把谷种搬到山上。神农见了，便把谷种带到各处给人栽种。从此人人都有了粮食。

附说

这是大瑶山瑶族五个族系都普遍流行的传说。族系各地区的说法虽不完全一致，但基本上是相同的。例如：茶山瑶则说雷王和大圣（张天师）互斗，并讲述他两人由相好变成仇敌的经过。花蓝瑶则说雷王和张三（或说雷王与海王）互斗，也讲述他两人原是好友，后因海王要吃人才成仇人的。其他三个族系，或说雷王和张天师互斗，或说雷王和张角老互斗，但不讲互斗的原因。其次，花蓝瑶则说雷王被捉后关禁在铜笼里，其他四个族系都是说被关在禾仓里的。有的说涨水的时候，有个小鸟飞到大圣屋上，叫着“种瓜，种瓜”。伏羲兄妹会意，就把雷王给他们的瓜种种下，等到结瓜之后，瓜上忽然裂开一道口来。小鸟又叫着“搬米搬柴”，伏羲兄妹照做之后，小鸟又叫着“进瓜进瓜”，伏羲兄妹跨进瓜里，大水就淹进他家。再次，坳瑶则说伏羲兄妹生出肉团，斩为360片后，再喷上一口水，肉团就变成了人。茶山、盘瑶、山子三个族系，都说是把肉块撒到四处，自然变成人的。只有花蓝瑶则说生的并不是肉团，而是一个像石磨般的石块。有的则说把石块打碎后带到山坡上去向四处抛撒，石块滚下平地的，变成汉人，留在山坡上的就变成瑶人。有的则说伏羲兄妹把石磨凿开，发现里面有三升芝麻种和三升青菜种。他俩把这些种子撒播时，女的勤些，把装在箩里的芝麻种用手抹平才撒，以后变成住平地的汉人；男的懒些，青菜种子就让它高高低低地装在箩里，撒播时随手抓着便抛，后来变成住山上的瑶人。再次，山子瑶则说360片肉块，一半落在山坡上就变成山子瑶，一半落在平地就变成汉人。坳瑶则说360片肉块，变为360姓人，只有5姓是瑶人，其余的都是汉人。此外，在讲述伏羲兄妹行游天下找人民一段，也有简有繁：简单的只说遇着乌龟，被斩破还能复合或火烟绕结后，兄妹便结婚了。繁复的有的则只讲述遇见乌龟、竹子和乌鸦，有的只讲述石磨和合、火烟绕结和头发绞结。至于其他细节的，还有不少。总的说来，这个传说，在五个族系的口述里，是大同而小异的。

2. 有关瑶族来源歌唱

(1) 神农兄妹神唱①

听闻阳界鼓纷纷	神农皇帝降来临	早问我在扶桑庙	功曹执状去传神
入筵领受三杯酒	从头唱出圣原因	未唱前王并后汉	且唱神农兄妹身
洪洞元年马生角	洪洞元年马咬人	洪洞元年雷落地	张公提禁在仓心
雷公答言兄妹道	你取盆水公洗身	你取盆水共张剑	想来计较出仓心
雷公得出仓厢外	便将葫子答还恩	便将葫芦下园种	三朝葫芦暴生根
生得葫芦仓样大	抛刀开口入葫心	雷公答言兄妹道	运柴运水入葫心
运柴运水入葫了	得见东方出朵云	朵云不是朵云样	朵云正是杀人云
七日七夜洪水发	葫芦浮上到天门	七日七夜洪水退	葫芦跌落昆仑山
山上树木水淹死	世上全无一个人	行过昆仑山脚下	遇见乌龟在山林
兄妹答言乌龟道	世上有人是无人	乌龟答言兄妹道	你今听我说原因
世上人民水淹死	你两兄妹自为婚	兄妹得闻如此语	刀斩乌龟烂成尘
世上有兄才有妹	如何兄妹自为婚	赌你乌龟再复合	我两兄妹自为婚
行过昆仑山脚下	遇逢乌龟拦他身	当初乌龟光滑滑	如今龟甲妹刀痕
行过紫微山脚下	遇逢生竹在山林	兄妹答言生竹道	世上有无一个人
生竹答言兄妹道	你今听我说原因	世上人民水淹死	你两兄妹结为婚
兄妹得闻如此语	刀斩生竹烂成尘	世上有兄才有妹	如何兄妹结为婚
行过紫微山脚下	遇逢生竹挡他身	当初生竹全无节	如今竹节妹刀痕
只有兄妹心不服	买取沈香烧上云②	从此兄妹心才服	结发夫妻春过春
结发夫妻三两岁	三年两岁有儿身	生下一块团团肉	想来计较造成人
造得三百六十姓	一半作官半作民	一半上山作山子	二半落洞作民人
造成男多女又少	如今世上有单身	造得人民无饭吃	净吃木叶共藤心
紫微山上有只鼠	口衔禾谷在山林	神农下种下界种	将归下界种禾根
如今人民才得吃	万古流传春过春	今日儿孙有状请	我来收赎你禾魂③
拜送神农上马去	庆些鼓乐我回云		

(2) 盘皇坐席神唱④

盘皇落地太平春	请尔盘王圣帝临	三位佛慈排排坐	轮流一个说原因
洪垌元年马出角	洪垌二年牛咬人	洪垌三年祭洪水	黄河淹没世间人
七日七夜淹天下	草木全无有一根	天下人民尽死了	尚剩伏羲两个人

① 本歌根据罗香区罗丹乡石门村李阿壬家藏手抄本神书照录。为山子瑶“求苗”祈祷仪式中降神时歌唱的一种神唱。

② 以下语气不接，疑有缺漏字句。另据忠良区岭祖乡茶山瑶神书伏羲神唱是：“从此二人不服气，天上差个李老君。伏羲当初便出敕，买取沈香三百斤。买取沉香三五贯，又看香烟何样分。香烟合上青天去，兄妹今日便为婚；香烟分成两边去，兄妹断的不为婚。一时香烟上交结，兄妹一日就成亲。”

③ “赎禾魂”是一种祈求五谷丰收的一种集体祭神仪式，又名“求苗”。多在旧历六月六日举行。

④ 这首神唱根据罗香区罗运乡罗运村坳瑶师公盘连兰所藏神书抄录，是在游神的祭典降神时歌唱的。

尚剩伏羲两兄妹　走入葫芦里内巡　水涨便到紫微顶　水推七日到昆仑
昆仑山顶住三岁　昆仑山下住三春　太白仙人来造化　化作金龟说事因
金龟答言伏羲道　你今听我说原因　天下人民死尽了　你两兄妹结为婚
伏羲答言金龟道　你今听我说原因　我两同胞又同奶　如何兄妹结为婚
从此伏羲心发恶　就将铁棒打龟身　打得金龟千万棒　金龟骨肉烂如粉
若你金龟剩和合　我两兄妹结为婚　从此金龟又和合　合成八卦在龟身
合成八卦在龟背　二十八宿转人伦　妹便与兄宿一夜　妹今不觉就怀身
满满怀胎十个月　降生团血重千斤　武帝便把长生剑　便把长生剑来分
一块分开成十块　十块开来成百分　百块分开成千块　化做成千成万人
便把长生水来喷　喷成男女走纷纷　造得三百六十姓　尚留五姓作瑶人
造得男多女又少　如今世上身单身　男在左边无沙数　女在右边无万人
造得人民无屋宅　人人住在芭芒根　造得人民无衣服　人人比像畜牲身
造得人民无火烛　如逢生物凭生吞　造得人民无饭吃　人人吃尽薯莨根
造得人民无书字　又无书字教人民　造得人民无礼义　又无礼义教人民
鲁班皇帝造屋宅　造得屋宅得遮阴　伏羲皇帝造衣服　造得衣服及衫裙
祝融皇帝造火烛　把生煮熟养人民　神农皇帝造五谷　造成五谷养人民
颜回皇帝造书字　造成书字教人民　周公立例为夫妇　你来我往合成亲
张朋立地为山岭　造开水陆到如今　造得人民都完备　青草山头合化身
大岭原来盘古骨　小岭原来盘古身　两眼化为作日月　牙齿变化作金银
头发化为作草木　有如猛虎出山心　气便为风谗为雨　血流江水万年春
出圣爷在青草庙　世代流传春过春　今日迎神并游乐　乡坊安乐太平春

（二）祖先迁徙经过

1. 茶山瑶

茶山瑶是情况最复杂的：就其姓氏说，人口较多的大姓计有苏、陶、全、莫、金、刘、钟、龚、田、兰、龙等；就其分布地区说，几乎满布在大瑶山中部和北部；就其来源说，有的来自广东，有的来自湖南，有的来自广西南宁、百色、浔州、贵县、象州；就其血缘关系说，有的同姓却不同祖，有的同祖却不同姓，且有许多小姓，由于婚姻、共村、共占山场田地河流等关系，却改为当地的大姓；就其入山的路径说，则东南西北各方都有；就其入山时间说，也有先后的不同。兹就其不同的来源，分述如下：

（1）从广东来的

金秀、白沙、昔地、罗梦、平林、六竹、古卜、田村的苏姓、钟姓和龚姓，古卜、板衍的陶姓，立龙和上卜泉两村的龙姓和莫姓，岭祖、巴勒两处六村的兰姓，田村的田姓，其祖先以前都是住在广东猪儿巷（儿，粤语读如倪 nǐ）的。相传被汉人赶走，先到广西梧州，再迁而至藤县濛江流域居住。后来又被官兵来撵，有些从濛江西移到平南县北部琉璃、利两等处住过，然后沿大同水入瑶山；有的北移到永安州（今蒙山），在大兰、荷村等处住过，然后沿忠良河入瑶山。各姓迁移的路径及有关传说如下：

①金秀、白沙两村，原名上秀、歌欸。苏姓的始祖，是“南天得道感应苏灵公”。来瑶山的祖先苏贵一、苏贵二、苏贵四，原与平林、六竹、罗梦、古卜的苏姓祖先同族。

自从在广东猪儿巷被汉人赶走后，先到梧州，再到藤县北部沿漾江两岸一带山地居住。后来覃千户开辟全江（濛江两岸地区），又撵瑶族，于是再向西移。曾经住过平南的琉璃（在今平南同和区古琉乡琉璃村，即明代小田、罗应各瑶地）。后再被迫北移，到平南北部的马练圩附近利两（旧方志作李良或立谅）、三江一带居住。在利两时，曾在三江开辟了一块大田，一共有24个田坝口，并在利两对岸田垌中的土坡有坟山。后来覃千户又来追赶，便迁到北约5里的船埠冲、棕衣坪一带居住。在船埠冲时，等到官兵退了，他们就到利两、三江等处种原来开好的田地。船埠冲口有个金仙庙，神公很灵；屋梁上吊下一朵莲花，非常好看。出外种田的妇女，就把小孩放在庙里，让他们看莲花，小孩便不啼哭；等做工完毕之后，再回到庙里把小孩抱回家去。船埠冲口的金仙庙，是个“龟蛇相会”的好风水。因北岸山似蛇形，南岸山似龟形，龟蛇的头部，原来是有个石崖由北岸搭过南岸的，故名。瑶族住在船埠冲时期，生活很富裕，不但妇女喜欢用银饰来妆扮，连母猪的耳上也要带银环的。因此，附近的外族人都叫他们做“富瑶”或“蛮瑶”。后来，覃千户又带兵来打船埠冲，打了3年，都攻不进冲去。随后发现是这一穴“龟蛇相会”，地运太好，便雇请石工把搭在龟蛇头部的石崖凿崩。风水坏了，瑶族才打下败仗，离开船埠冲和棕衣坪一带，再向北朝着瑶山深处迁徙。覃千户的兵，一直追到立龙村外的鱼跳石才不敢再进。覃千户也在这次战役中被瑶族毒弩射伤，抬回五屯后身死（一说当场射死。他骑的战马逃回去，马鞍上插着覃千户临死前咬下的长指甲，他的部属才知覃已战死）。

当时住在利两和船埠冲一带的瑶族，还不止苏姓一族。如现在住平林的钟姓，古卜的陶姓，立龙和上卜泉的龙姓，都是与苏姓同一遭遇的。被官兵追击的时候，大家分头逃窜：一路沿平余水西进，便到平余、平林、六竹、罗梦一带；一路沿大同水北进，便到古卜、立龙、六寨山一带。金秀、白沙两村苏姓祖先，就是由六寨山而最先进入金秀的一支。

②昔地苏姓祖先苏道五，是比苏贵一、贵二、贵四几个后到金秀地区的。当他来到这里时，所有的山场、田地、河流，都已被先到的人号占完了。他只得向苏贵一和六拉陶道旺要求分些土地。因为那时山深林密，老虎很多，苏贵一等要求他把老虎赶走了才分土地给他。他答应了，便天天磨刀砍树，结果把村旁的树林砍光了，才把老虎赶走。苏陶两人也兑现诺言，分了110把禾田及金秀河一小段给他。

③罗梦苏胜祖先苏贵三是和他的兄弟苏贵一、贵二、贵四等，一同进入金秀地区的。在离开利两、船埠冲以后，曾住过田好、广朗（即大垌乡之六泠冲），迁至屋旧，再由六寨山而入金秀地区。先住在金秀南约10里的仑浦顶山脚下，因为怕雷劈（一说怕金秀人抢）才迁到现在的村址罗梦的。

④平林的苏姓祖先，在船埠冲被打败后，先住在平余村（现为汉人居住）。钟姓则先到平林开村。后来因钟姓没有师公（巫师），常到平余来请苏姓的师公去为他们祭神，往来不便，后来就让苏姓搬到平林去同住。苏姓在平余村居住时，曾在大垌开辟了许多水田。距今50多年前，平林苏公看、苏公背、苏扶国、苏扶又等7家，曾与大垌村的陈保因争田界械斗一年。

⑤古卜陶姓祖先陶道六、陶道南迁到藤县。在利两被官兵打败后，即沿大同水向北迁徙，先到金咙村立村（在利两北15里），不久又被撵走，到南蛮（或作“大门”）、六笛立村（在距利两30多里的大垌附近），后又迁到九宜（在船埠冲东高山上，现村里还有苏姓居住，据称前辈原系瑶族，距今四代人才改着汉装），再迁至大垌壬察顶（山名）。此后才

与同来的苏姓分开。苏家的祖先走进平林、六竹、金秀等处；陶家的祖先陶文献走进古卜、冲谜田立家，其子陶道亮、陶万义又迁到粳谷立村（距古卜西约8里的山冲内），共120户。又被一个名叫林爱（译音）的带兵包围，放火烧村，全村老少尽被杀害，只剩陶公担抱着一个孙女逃出，事后在硬坝地方，搭盖茅棚居住。后到陶公县才到朝葬田地方起造田厂安身。再传到丹公由，再传到恩根瑶，才到恩根田地方居住。恩根瑶公生两男：长男陶扶情在朝赶的地方开垦荒田耕种；次男陶道贯在同老田地方立厂开田。再传到陶扶章，入六寨山居住，生育五男，被虎伤害三个，剩下两男，一叫陶公谋，一叫陶公按，才出山到平山地方起屋居住。其子陶扶得与古卜陶公问之女婆晚结婚后，才至古卜安居。至50年代已有7代。如果从陶文献以下几代算起，则陶姓祖先到瑶山深处的古卜冲，已有16代，时间约为400年了。兹将他们宗支表列如下：

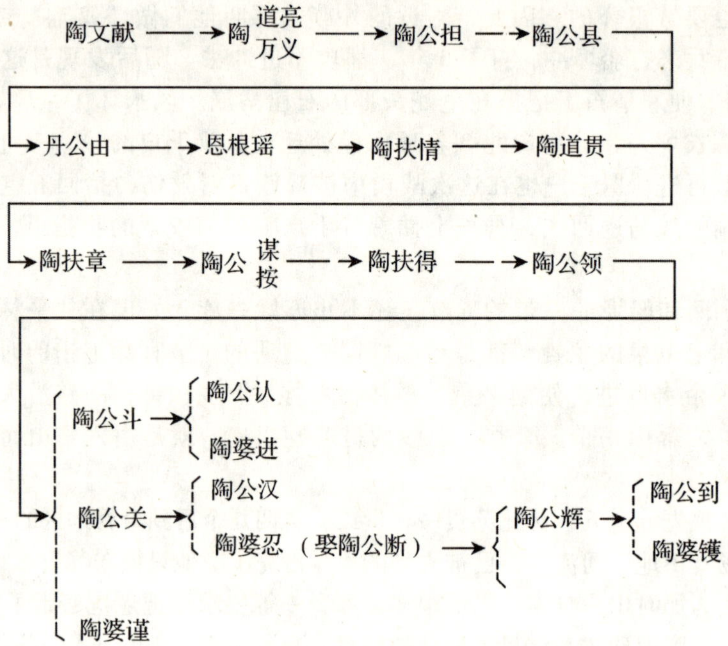

还有现在与陶姓同住在古卜村的苏姓，都是由利两入山的。其祖先最初曾住过距古卜约10里的坤林顶山腰的道华地方（前些时为盘瑶村，现已无人住）。什么时候迁至古卜，代数多少，现已不明。

⑥岭祖、巴勒两处，共大小自然村6个，全为兰姓（最近20多年来，有些家户因前辈是汉族或壮族来此上门当赘婿的，如黄、梁、高、莫等姓，已改回父系的原姓）。据说，兰姓原为蓝姓，后因犯了什么事才改为兰姓的。祖先原住广东猪儿巷，后被汉人赶走。初到广西时，兄弟共有6人："三个上山，三个下海"（一说3个仍回广东，一说3个被水淹死）。在广西的三兄弟：一个"过了排"（指原修仁县属的头排至十排，在大瑶山之西）；一个住在蒙山县新圩附近的大兰村；另一个就是岭祖的祖先。他从新圩西南的金泗坳入山，沿忠良河西进，到忠良附近的车田居住。那时生活很苦，没有锄铲开田挖地，就用刀砍落燕木做锄铲，在那里开了一些小块的水田。后来又被汉人赶走，才迁至北审（在岭祖南约15里山上，现为盘瑶村）居住。一次，他们的祖先到岭祖地方打山猪，见到这片土地较好，才迁到这里安身。

在车田时的祖先名叫兰公用，一传到公田，再传到公敢，再传到公邻。进入岭祖的祖先便是公敢和公邻。由公用传到公敢、公邻中间究有几代，现已记不清楚。自公邻到岭祖后，子孙繁衍起来，先是24户，后来人口渐多，就把全族分为四支，称为“四公八甲”。四公就是公款、公先、公定、公营。公款一支共14份，公先一支共6份，公定一支共8份，公营一支共7份，四支合计35份，即35户。其后子孙更多，逐步发展，解放初已有46户，分居在大村、仑崩、仑根、九龙4个村，合称为岭祖。

兰姓祖先初到岭祖时，尽是古木青山，野兽很多，山狍常到村边水坑里洗澡。一年，由大兰迁入巴勒村（在岭祖北约20里的高山顶上）的兰姓，因该处山高缺水，土地又瘦，便来同岭祖争山场。双方争持不下，后以比射弩箭来决定胜负。结果岭祖的前辈射中了靶子（一枚铜钱），争议才算结束。岭祖人送巴勒人回去，一路唱歌送别。巴勒人认为自己回到不易生活的地方，还要受苦，便大哭起来。岭祖人见他们哭得可怜，便打把斧头送给他们的男子叫他们到老山里去挖木瓢，削扁桃；打把刀送给他们的妇女，叫她们到老山里去砍竹织竹篓，各靠手艺讨吃。

岭祖祖先何时入山，年代已不复记忆，兹据大村兰爱南和兰文山两家所存的“兰姓家谱”所载各代姓名，并参照兰玄凤的墓碑记载，大致可以推定兰姓祖先入山的年代。分述如下：

甲、兰爱南家谱摘要

始祖兰玄承　　二代兰金两　　三代兰福串　　四代兰扶宗　　五代兰扶判

六代兰福梅　　七代兰石养　　八代兰扶寨　　九代兰佛贤（早死无后，妻妹剑，兰玄凤之女）兰善德（扶寨继子）　　十代兰志安　　十一代兰善和　十二代兰爱南

十三代兰继廷　　十四代兰某（解放初仅3岁）

这本家谱，一开头便写有“清康熙世代祖分支列派各公”字样，可知是从清康熙年间开始登记的世代祖先。康熙以前究竟有多少代，则无从推测。

乙、兰文山家谱摘要

一世兰金公　　二世兰福遁　　三世兰福亢　　四世兰福众　　五世兰福喜

六世兰福孝　　七世兰福沈　　八世兰金劝　　九世兰桂宗（本姓黄，乾隆四十七年到兰家做兰金劝长女妹赐的赘婿）　　十世兰扶笃（道名玄凤）　　十一世兰继昌

十二世兰忠配　十三世兰长留　十四世兰玄合（号文山）　　十五世兰美森

十六世（解放初仅3岁）

根据上列这本家谱，兰文山的一世祖兰金公究竟是什么时候的人，是无从揣测的。不过，根据兰爱南的家谱记载，他第九代祖先兰佛贤的妻名妹剑，是兰文山第十世祖先兰扶笃（玄凤）的女儿。由此可知兰文山家的第十一代，恰当于兰爱南家的第九代。以此类推，则前者的第三代，恰当于后者的第一代。也就可知前者的第一代，要早于后者两代人。如果后者第一代祖真的是从康熙年间记起的，则前者的第一代祖先，要早于康熙五六十年，他就是明朝末年的人了。又据兰文山家第十代祖先兰扶笃的墓碑载：扶笃道名玄凤，生于乾隆壬子年（即五十七年，1792）十月。如果从他出生时算起，迄今已有一百数十年，子孙已历七代。扶笃以上还有前辈九代。如按上述年数比例计算，则须加上200多年。两者合计为300多年。照公元推算，则为1580年，即兰金公当是明万历年间人。而这一本族谱，并未列入传说中进入瑶山的兰公用和迁到岭祖时的兰公敢、兰公邻等人的名字。可知兰姓最初迁入瑶山当在明万历年以前。

⑦上卜泉、莫村两村的莫姓，祖先莫文三，原住广东，后被汉人赶走，移到梧州，后迁到蒙山，住新圩附近的荷村，现在新圩许多莫姓都是同族，前辈曾到那里去同他们一起拜过坟山。后来再由荷村迁入瑶山，先住天堂山南麓的仑顿村（现为盘瑶住处）。祖先初到这里时，用木钩当锄铲，选择一些被山猪撬松了的山地，加以整理，点种红豆。一直以红豆当作粮食，吃了3年，随后才慢慢开出田来耕种。后来又曾一度迁到立龙村北的山坳下居住，娶立龙的姑娘龙的笑为妻，并与立龙的龙姓划界分山：以立龙村北的山坳为界，坳以南归龙姓管，坳以北归莫姓管。再后又沿卜泉河向北迁徙，才搬到卜泉建村定居。随后子女渐多，上卜泉地方窄小，生活困难，才向早已占住低水河的陶德亮打主意：把一个女儿嫁给陶德亮，要求在低水与板衍之间，分一段地给他的后人耕种。现在住在莫村的三家莫姓的祖先，就是陶德亮分地以后才迁来居住的。

⑧板衍（或写作板愆、板显、宛显）村陶姓十二户，都是他们祖先陶道由的后代。他们原住在广东，后来迁至广西而入瑶山。以前住过三清、六问，又迁至花下，最后才到板衍定居。初到板衍时是个没有人住的荒山野岭，靠挖山种白豆当粮食，吃了3年白豆，才逐渐开田种谷米。

⑨田村苏姓的始祖是“南天得道感应苏灵公”。来瑶山之前，曾住过有一块二十四个田坝口的大田的地方。这与金秀等村苏姓的传说相同，也就是从利两入山的。他们还记得的远祖姓名是：苏成旺、苏成好、苏廷礼。先住江救（孟村附近）。后来三人分居：成旺到田村，成好去美村，廷礼去瑶山外面原属修仁六排的鹿地村。现该村立有民国二十七年的一块石碑，里面还叙述到苏廷礼在清康熙年间捐田修桥的事。可见他是康熙时人。苏胜经记忆中的代数，至解放初能数出十代，这就仅是迁到田村后的年代了。其各代姓名如下：

一代苏公类　二代苏公晓　三代苏公定　四代苏道想　五代苏道凤
六代苏胜长　七代苏公藤　八代苏公伴　九代苏胜径（尚存）　十代苏庆光

⑩田村的田姓和莫姓：田姓分大田、小田两支。小田先到田村，祖先名已忘；大田祖先叫田门等，由平南迁入瑶山（一说与同村苏姓同来），先住过韭菜坪、卜算、冲豪（距离田村不远）等处，后迁田村旧村。清光绪十四年戊子岁（1888）金秀河山洪暴发，把村冲坏，才迁来现今的田村新址。到瑶山后尚可数出的代数，田道府家共有十一代，姓名如下：

一代田道位　二代田公麦　三代田公殿　四代田道历　五代田道学
六代田公干　七代田胜贵　八代田道考　九代田道府（尚存）　十代田女善
十一代田玉仙

小田祖先的名字，现已不复记忆。何时从何处入山，也不清楚。只知道祖先入瑶山后曾住过岭秧田地方，后来才迁到田村旧村同大田共住的。至于该村3户莫姓的祖先莫字英，先是帮田家看牛的小孩，长大以后，田家替他娶了亲，子孙乃同田家住在一处。

⑪白沙陶姓的祖先，是从平南县境进入瑶山的。未入山前，曾住过龙阳、大建（不明在何处），一说曾住过七村、利两。进入瑶山金秀地区的时间，大致与金秀苏姓祖先苏贵一兄弟等相同，因为陶姓的祖先所占山场田地也是相当多的。来到白沙以后，不知有多少代，现在所能记忆的祖先名字，一个叫陶公勾，一个叫陶公圳。他们分居后成为两房。现在陶胜众一房，就是公勾的后人。照他所藏“目莲榜”上记载各代祖先的名字，共有9代，如果加上他自己以后的4代，合为13代，再加上公勾1代，共为14代，表列如下：

陶公勾…… 陶公晓 → 陶公用 → 陶公欧 → 陶公演 → 陶公绞 → 陶道园 → 陶胜道 → 陶胜全 → 陶胜达 → 陶胜众（尚存）→ 陶胜海 → 陶妹听 → 妹听子（解放初3岁）

上述这些茶山瑶的祖先，其原籍都在广东。到广西之后，一部分则说曾住藤县濛江一带，并且说是在五屯覃千户开辟全江时才逐步被赶进瑶山的；一部分则说曾住蒙山新圩一带，也是被汉人赶进瑶山的。又据从这两条路线到瑶山的瑶族还能记忆的祖先姓名，都各为16代上下，时间在距今400年左右。从这些被提供出来的线索，如果查对一下汉文的历史记载，就更能明了他们过去遭受封建王朝民族压迫的悲惨经历的。

关于“五屯新”和覃千户的记载，据《藤县志》载：“五屯新，洪武二年（1369）九月，省州治，镡津县入焉。十年（1377）五月，改藤州为藤县，共三厢二十八里。外五里为五屯所军籍。”（卷二十一）又：“明洪武八年（1375）藤州壮目覃福，招集三江、随化、大任、杨峒、大黎户壮八百六十四名，编充桂林右卫中所效劳军伍，授福千户管领。福故，军伍散归，五里因之梗化，所存仅五十余人。”（卷十）又：“成化二年（1466）都御史韩雍平峡（按：指大藤峡）贼，善后建成五屯，设指挥千百户所卫。原存五十余人，调本管千户李庆往抚各壮，自首者一百六十五人。并将现在壮民尽数编作士兵。今千户李庆掌印。覃福、孙仲英为本所世袭土吏目，协同管事。”（卷三）从上举这些记载里，我们可以明了如下的几件史实：第一，藤县五屯所的设置时间是明朝洪武十年（1377）。第二，茶山瑶传说中的覃千户，就是覃福或者是世袭他千户职位的后代子孙。第三，当明代设置五屯所，授覃福千户管领职位的时候，藤县所属三江、随化、大任、杨峒、大黎一带（按：各地都在濛江流域）的居民，不是被称为瑶族而是被称为壮族的。可知从瑶山南部进入瑶山的茶山瑶，时间当在明朝洪武年间以后。

曾经住过蒙山（旧永安州）新圩一带的瑶族，在明代不断遭受封建王朝武装屠杀的事实，是史不断书的。兹举数事，俾见一斑。

甲、《永安州志》引成化年间彭矩所作《原建永安州碑记》载：“永安，古蒙州地也……唐武德间（618—626）始有立山县……至洪武乙丑（1385），邑民被于草寇，户损过半。知州李昂奏革县治为古湄巡司，隶平乐县。立山元废，几经百年。各处瑶壮窃反，居民流移他境。守土之臣，间指兵深入杀戮，未几，而凶横愈炽。……成化十三年丙申岁（1477）特命巡抚甘肃副都御史朱英，总督两广军务兼理巡抚。下车之初，边务方殷，而平乐府江之警尤急。乃悉发桂林官军，顺流而下，会合总府诸军，授以方略，分阃克期进攻荔浦，破贼险隘，贼畏惧敛迹。”又据前志载：“成化十三年，壮瑶窃反，剿灭；未几，凶横愈炽，都御史朱英奏请始建永安州。”可知朱英奏请建永安州，是在所谓“破贼险隘，贼畏惧敛迹”之后的一种措施。这里所指的“贼”，当然就是他们所指为“窃反”的瑶壮丁。

乙、《明史·韩雍传》载：“（韩雍）按地舆，诸将议曰：贼以修仁、荔浦为羽翼，当先收二县，以孤贼势。乃督兵十六万人，分五道，先破修仁贼，穷追至力山（在永安州西三十里），擒千二百人，斩首七千二百级。”（按：此为成化元年事）

丙、《广西通志》引《蛮司合志》：载“［王］守仁密檄诸将，移兵剿仙台诸贼……贼闻牛肠诸寨破，大惧。方据险设伏，而诸军骤进，奋勇夹攻。贼不支，奔永安力山。乃分兵围之。贼复大溃。其奔诸路者，多为防截参将沈希仪所擒。”（按：此为嘉靖七年即1528年事）

丁、《荔浦县志》引万历元年（1573）郭应聘《讨平三峒事略》载：“永安知州廖宪言于［徐］作曰：‘永安诸贼，盘诘山谷，不可胜诛。唯榕洞一巢（按：在蒙山新圩东北十余里），贼少而悍，倚险自固，患在肘腋。适今不举，后难图矣！’作授计于宪，以二年（1574）密遣百户苏胜宗，总目覃满，率兵捣之。擒斩五千余级，鲜得脱者。遂以满领其田，屯兵百人耕守之。”

（2）从湖南来的

住在大瑶山北部六段、六定、长二（旧称成二）、长滩、将军、杨柳（旧称香柳）、三片、在保（旧称寨保，或写作太保）、土县、低水（旧称滴水）、下卜泉等村的茶山瑶，计有苏、陶、莫三姓，其祖先都说是从湖南迁来的。有的还远溯到湖南以前的原籍，说曾住广东南海普陀。也有的则说迁移广西之后，曾经住过南宁、百色，或者住过浔州、贵县、象州等处。传说纷纭，莫衷一是。这是由于代远年湮，记忆不清的结果。尤其值得注意的是：不管他们单提湖南也好，或是提到衡阳、祁阳也好，多数还要加上一个小地名猪儿巷，这一点又与来至广东的相同。至于从湖南迁徙到广西的原因和时间多数都说是朱洪武（元璋）和陈友谅争天下的时候。有的则说朱洪武到湖南杀人很多，在那里无法安身才逃走的。有的说他们的祖先是做官的，而且是个忠臣。他们对于朱陈争天下的故事，言之凿凿。凡是要唱自己祖先的根底歌的时候，都连带着讲述这个故事，他们由湖南迁来是比较可信的。

①六段的苏姓，是来瑶山北部较早的一支。六段村的得名，就是苏姓祖先初来时，选定一个有六个大石崖的地方开村（在现在六段村的东边山坡上）。苏姓祖先，原住南海普陀山，迁至湖南猪儿巷（一说是衡阳猪儿巷，一说是祁阳猪儿巷），因朱洪武来打湖南的陈友谅，要杀个鸡犬不留。苏贵显、苏贵芳、苏贵珠兄弟三人（一说苏贵显在湖南时做大官，是个忠臣）被迫离开湖南，逃来广西。先到修仁县七排（壮语叫做那胜，汉语叫那岭）居住，后来因出乱事，才进瑶山。初到六段时，全是原始森林，他们就号山号河，占了很宽的山场，随着砍木开山，立村定居。后来三兄弟分开，苏贵显住六段，苏贵珠到古黎长滩（在长滩河中段，原在该处的茶瑶山，于民国初年因土匪扰乱，被修仁县府强迫迁往修仁县城居住），苏贵芳到六眼，因无后人，山场并归贵显所有。后来贵显子孙繁衍，便分出一支到六定（原名古参）居住。现六定全村都姓苏，便是苏贵显的后人。

最初分迁到六定的祖先，名叫苏公本，距今大约有十多代人。但就算得出名字的，只有9代：公斗→胜福→婆韦→公乡→胜强→胜利→胜教→法通→运光。

②三片，以当地有三个大塘而得名。祖先原姓陶，名叫陶善保。与苏贵显同由湖南迁到广西修仁县的那岭。进入瑶山时，先到距今三片西南3里的冲村地方住过。比六段苏姓来得较晚，当时六段一带的大山大河，已被苏姓号占，所以占山较少，而且又不如苏姓山场田地那么肥沃。因此，至今还流传着“青山有苗是苏家，茅草向天是陶家。”的谚语。但是，现在三片村无陶姓，很早以前已逐渐改为苏姓了。原因是：第一，由于婚姻的关系，照茶山瑶规矩，女娶男为赘婿，男子是应该从妻姓的；第二，由于苏姓是个有势有声望的大姓，赘婿

或他的子孙，慕其父族的声势，往往不随母姓而改为父姓。风气所趋，陶姓只好把姓氏改变了。从苏陶两姓分山和姓氏两方面看，可见苏姓入山之后，就处于较优越的地位。

③杨柳的莫姓，最初来瑶山的祖先是莫金一、莫金二和莫金三。他们原住湖南金县（按：疑是靖县之误）猪儿巷，是被别人赶走才迁来广西的。他们因比六段苏姓后到，所以也占不到较多较好的山场田地。初入瑶山时，在离现在杨柳东南约5里的姑水地方立村，后又迁到田念（现在保西3里），再迁到田间（杨柳南2里），最后又到在保。后来兄弟三人分开：莫金一住在保，莫金二住将军，莫金三住杨柳。

关于上述、苏、陶莫三姓祖先的另一种传说是：苏贵显、陶善保、莫金一等，最初是同到六段立村的。后来才把陶善保分到三片，莫金一兄弟分到杨柳。莫姓人口多了，一支分到将军，一支分到在保。又据苏姓老辈说，他们祖先离开湖南后，还到过南宁、百色。而卜泉、低水的陶莫两姓，都是同祖的分支。

另据现藏六段村苏庆廷家的一本《断图山界》（即分山界的文书）手抄本记载一些祖先分山传说，文字虽然极不通顺，难于理解，但有些地方，也可约略看出苏、陶、莫三姓过去的一些经历。其中提到他们祖先姓名和年代的前后共有五处：一是："洪武二年丙午岁莫老弟、老仪、老休三姓分地界。"二是："京统（系正统之误写）年丙午岁莫金一、金二、金九，苏通三、通七，陶善保同作齐心……"三是："洪武二年丙戌岁十月十五日苏莫陶三姓要官人分定祖公立致（置）文书山简（按：即山界之意）山岭，分定三姓良（疑粮字误写）户。"四是："弘治十年丁巳六月十六日巳时分定，不设（疑是说字的误写）何言，苏老议、老参、老休三人所管一界山岭。"五是："洪武二年丙戌岁七月十四日已卯良日想分山简（意即山界，下同）天上洛（落）雨，大水浅（铲）田地破坏了，至到八月十二日又叫官人来分地界，抄写祖宗文书山简。"从上述这些记载里，可以看出如下几件事：

第一，文书里所提到的洪武、正统、弘治等年代，都是明朝皇帝的年号，这与他们传说因朱洪武与陈友谅争天下，才从湖南迁到瑶山相符。

第二，文书里提到祖先的姓名，大致可分为两批：一批是莫金一、金二、金九，苏通三、通七，陶善保；一批是莫老弟（或老参），苏老仪（或老议），其余一个名老休，应是莫姓。前者大致与口头传说相符，也许苏通三、苏通七即是苏贵显兄弟。但后者在洪武二年（1369）和弘治十年（1497）两段中同时出现，就不易弄清他们究竟是早或是迟于莫金一、苏通三和陶善保。

第三，既说"要官人分定祖公，立置文书山界。"或说"又叫官人来分地界"，又说"分定三姓粮户"，在文书中他处并有"莫家粮米三桶，钱五百，停首钱（经问明当地老人，说是'打手钱'即纳粮时交给收粮过斗人的一种手续费）一钱三分"（苏家也有同样的记载）。可知在明朝某一时期，六段一带的茶山瑶是受当时官府管辖的。

④长二、长滩、土县的陶姓祖先，原住湖南衡州府猪儿巷、木棉铺，还住过南山金县（疑是靖县的别音）、北海沅州。因为"天风乱，木叶翻"（意即世道变乱），才迁来广西的［据长二、长滩二村道光十二年（1833）所立的石牌，内载："我瑶山先祖公三代××南京县，广东猪纸街"等句，则说祖先是从广东来的］。进入大瑶山后，先住美村、孟村。当时祖先是陶法达、陶法佑两兄弟，下一代生陶现一、陶现二、陶现三。现三生子三人：一个叫傅世常，一个叫张世立，一个叫玄尼响。人口多了，便分散居住。傅世常迁长滩，张世立迁长二，玄尼响迁土县。据长二村65岁老人陶道立所能数得出他家在分支后的各代名字，共为15代：

第一代陶胜高	第二代陶胜好	第三代陶胜芳
第四代陶胜富	第五代陶胜朝	第六代陶胜响
第七代陶胜堂	第八代陶胜接	第九代陶胜珍
第十代陶胜利	第十一代陶胜途	第十二代陶胜刚
第十三代陶道立（尚存）	第十四代陶义廷	第十五代（解放初7岁）

但是根据长滩陶姓另一种说法：始祖夫妇是陶十户、婆氏良，原住南山金县（疑是靖县的别音）、南海普陀。迁移过程中，曾到过那轩、平坝、马拦、交椅。后来迁到瑶山美村居住，生育五个儿子：一个分往道江，一个分往低水，一个留在美村，一个分到六拉，另一个先在六拉附近住过，因自己只有锡斧，不比别人用铁斧能砍倒大树，才又迁到长滩居住。初到长滩的祖先名叫陶贵五，他共生五男，名叫子闷、子庙、子香、子财、子将，曾经一度分居在长滩附近周围的山坡上住，现在还有许多山场是以他们名字做土名的。

又据美村、孟村陶姓的说法，和上述两说都略有出入。他们的祖先从湖南迁广西后，曾住过马栏、都椅，再迁至原修仁六排的能庆旧村（离现在的能庆村约3里），最后才由能庆入瑶山。祖先是四兄弟，即陶现一、陶现二、陶法达、陶法佑。现一先住离美村西约10里的大冲，一支后迁板老冲而至美村，随后某祖生四子，即胜好、胜保、二干、胜岁。现在的陶凤轮家，即二干之后人。由二干起，至凤轮之子止，共13代，约320年。一支由大冲迁至孟村，已繁衍成30家。随后某祖生四子，即道会、道龙、道现、道成，因而分为四房。现陶道然家，即为道现的后人，由道现起，至道然之子止，凡十二代，约300年。现二支的后人，则迁到土县；法达和法佑，则迁至长滩、长二。

⑤低水陶姓祖先是陶德亮，原住南州、北海，因人少又弱，不能生活，才迁到广西。从修仁入瑶山，初到这江潭社坪（在古黎长滩附近一条小冲里）立歌火社，开村居住，当时用铅斧砍树，与古黎长滩和六段两村分山分界。后又迁到长滩河观音潭以上的低论地方立村，因屋地崩陷，陶德亮骑马逃出，但全家七男七女和妻子，都无一幸免。陶德亮只身逃出后，便到低水附近一带号山号河，占了不少的地方。再娶上卜泉莫文三之女为妻，生二子：长名立保，迁居坪亚（离低水一里多），后生三子，分为三家，其中一家家主因放蛊给土县人活埋，便绝了后代；次名立享，住低水，生男育女，一共分为九家。距低水南约3里的莫村，所有山场田地都是陶德亮的，后因与莫文三有姻亲关系，才分一些给莫姓的。但据长滩陶姓传说，他们原同祖先入山时先住美村，后才分支到长滩和低水的。

上述苏陶莫三姓茶山瑶，住区接近原修仁县境，而他们的祖先传说，又多说是从修仁、七排等地入山的。现在七排一带居民，仍多系壮族。由此可见他们和修仁及壮族的关系是很密切的。明代以后，修仁地区的瑶壮两族的反民族压迫斗争与封建王朝对瑶壮两族实行武装镇压的历史事件，言之凿凿，兹略举数事如下：

甲、《修仁县志》载："明万历间，壮人肆劫滋扰，修参军率师讨平之。筑石墙、莫廖、桐木三堡，委土舍梁传一履亩亲丈，分为十排。崇祯庚辰（1640），头排潘枝叶、二排潘胜举，统众千余人，出劫阳朔、恭城、平乐一带乡村。甲申（1644）十二月总兵杨国城、府江道唐绍尧、参将龙伦率师讨之；渠魁授首。至改革之际（按：指清兵入关覆灭明朝时），仍行肆劫。定鼎后（按：指清初），进兵搜剿。顺治十六年（1659），四排韦文造、韦文绽；康熙二年（1663），七排梁扶资等相继不轨；举兵擒剿，罪人斯得。"

乙、《修仁县志》载："叶喜雨，弘治间（1488—1505）知修仁县。县故瑶壮杂处，新失吉祥、安平二里，孤城荒凉。"

丙、同上志载："彭时济……嘉靖十一年（1532）知修仁县。县界柳、象，瑶寇叛服靡常，出城数武，非挟戈矛，拥什伍，不敢往。田土遂芜。"

丁、同上志载："杨日安……万历四年（1576）知修仁县。时残破之后，编户只半里，诸务废弛。刻意抚绥……感化壮瑶，输粮编户，迄成二里。"

戊、同上志载："胡仁醇……雍正二年（1724）任平乐府，时修仁十排壮负固为暴。甫视事，即督师剿平。"

己、同上志引《粤西丛载》："明英宗正统九年（1444），桂林等府，修仁等县蛮作乱，民大扰。安远侯柳溥为总兵官，讨平之。"又"雍正二年（1724）修仁苗覃狗仔聚啸劫夺，排内诸村，所至蹂躏。未几，当事者用千总杨刚帅兵讨平之。"

（3）从浔州、贵县、象州等处来的

据传说，茶山瑶从前住过浔州、贵县、象州，或是先住过南宁、百色，随后再迁至浔州、贵县、象州再入瑶山的，计有金秀、滴水、容洞三村的全姓，金秀、白沙（一部分）、六拉、长洞、道江等村的陶姓，金村的金姓，六拉的刘姓，滴水的罗姓等。分述于下：

①金秀全姓，祖先叫全玄兰，原住象州的马栏、都椅，进入瑶山时，仅次于同村的苏贵一兄弟。故苏姓占山多，全姓占平地开田多。后来人口繁衍，分成上下两房：上房原为8户，后因同村一户叶姓迟到，无田地耕种，全家给了他40把禾面积的荒地让他开垦，他便改成全姓，因而共为9户；下房6户。据全胜祝家藏的"目莲榜"（中元节祭祖时张挂的祖先姓名榜）上列载十四代祖先姓名，如果加上胜祝本人及其子女，合为16代：

一代全玄兰	二代全法达 跌代	三代全法先	四代全扶银
五代全胜感	六代全胜海	七代全胜真	八代全胜鉴
九代全胜故	十代全胜阳	十一代全胜银	十二代全胜光
十三代全胜福	十四代全胜和	十五代全胜祝（尚存）	十六代全女谨

②滴水全姓祖先，名全忠信和全忠万，先住南宁，迁至浔州府贵县，再迁而至象州，由中坪圩东的平洲界入瑶山，至冲口，地方已被先入山的花蓝瑶冯公号占，后由冯公分大俄一片山地给他开田，便在大俄立村。后又迁至滴水旧村（在今滴水村西山上），最后迁至较平较宽的现在的宅场。在新址居住，为时仅有5代，凡120年。

③容洞全姓祖先全现长、全现三，曾住浔州府贵县，迁入瑶山时，最初在能桑（在容洞南约10里，与马安村相对）立村。后来世界翻乱，男子都出山外打州打县去了，留妇女在家。因妇女修整庙宇，"污秽"了神灵；村边小冲内忽然浮出死鱼，他们和马安的人都去捡回来吃。从此人畜发瘟，两村120户，人口所余无几，便迁到容洞旧村居住。其后人口增至20户，分为两房：一房16户，一房4户。后嫌旧村地点高陡迫窄，才迁至现在的村址，时间仅历六代，约150年。在旧村以前究有多少代，已不复记忆。

④金秀的陶姓祖先陶落七，原为做生意的汉人，曾住南宁、百色，后迁浔州府，再到象州大乐而入瑶山。陶落七生二子：长名陶中七（一说陶法度），仍居金秀；次名陶记念，则迁往长洞，现在长洞30户陶姓，便是他的后裔。

⑤六拉（原名古罗）陶姓祖先陶道旺，是较早来到金秀地区的茶山瑶。原在南宁、百色，被汉人赶走，才至浔州府贵县，后来还住过象州的马栏、都椅（在今大樟区大樟圩附近），最后才迁入瑶山。到瑶山后曾住过滴水附近的马安，龙华村旧址龙兴和修才，然后到花州（现称平办）。最后才迁至六拉。与陶道旺同入瑶山的有兄弟4人，其中陶元三到长

洞，陶三保到道江，全元章到滴水。陶道旺生三男一女：长子家父八，次子陶道五，三子陶道兴，女名婆世能。婆世能面麻貌丑，无人娶她。一天，到郎庞山去种地，在路上遇着由象州大乐落脉村迁到郎廊村打铁的壮人刘公栽正担着铁器来六拉、金秀一带去售，两人谈得情投意合，发生爱情，后来便招他为婿。刘也带了十三块山场到陶家上门。现在六拉村30户刘姓，便是陶婆世能和刘公栽夫妇的后人。此外，六拉村4户莫姓的祖先莫福应，原是象州大乐圩从隆村壮族，后来做了陶家的养子，娶妻生子，仍从莫姓。以前4户莫姓共做“洪门”（一种集体崇拜祖宗的仪式），但有时却到在保村莫姓借洪门神书使用。这似乎与在保莫姓也有一些关系。

⑥金村金姓的祖先金公蓝，是茶山瑶族中一个英雄人物，有关他个人的故事和传说很多，并说他死后是到平南成了神的。原住浔州贵县，到瑶山后，曾经企图在花州立州，土县立县。他想把石山赶来围绕州城县城，把石山当着羊群来赶走，结果途中遇着怀孕的妇人，被她失口道破，以致已经赶到中途的羊群，仍然化作石山，不再走来围城了。金公蓝立州立县失败后，曾经一度到修仁县六排大蚕村（现住壮族）去占大田洞，提出要大蚕人拉直牛角，自己折断一条木买（一种坚木名）的比赛。结果，大蚕人把牛角煮软，把它拉直了；自己却没有把木买折断，只好逃跑进山。大蚕人追来捉他。他便织了3尺6长的草鞋丢在路边，并用大竹筒冲黄泥糠秕等物假作人的大便拉在适当地处。大蚕人追进瑶山，见了这些东西，以为瑶人中有巨人，便不敢进入，吓得撤退了。公蓝生二子，长子名金扶进，现有后人4户；次名五道通，现有后人25户。另外有一个义子，名叫花平，原系汉人，因少年时到公蓝地上偷茶叶，被公蓝捉来，肚饿了，说话瑶族又不懂，他用脚趾夹着木炭在地上写字。公蓝见他聪明，便收为义子，给他娶妻，生下的子女，都称为“寒平”（瑶语称姓氏时，要在姓的前面加个寒音，如称金姓为“寒金”）。后来也改为金姓，现在有子孙8户。据龙华金姓的花蓝瑶传说：他们的祖先是金国宝、金国然、金国柄。入瑶山后金国宝到刘村住，金国然到金村住，金国柄先到道江，后迁至龙华居住。现居龙华的金国柄后人，是花蓝瑶。金村金姓祖先，似又是金国然。他是不是金公蓝的别名，不得而知。附记于此，以备一说。

由金村分往别处的金公蓝的子孙，计有：平道乡大平村4户，现已四代，已与该村居住的壮族同讲壮话，而不懂瑶话了。另一支分往江燕乡的花相村，过去做洪门时，还要抬猪回到金村来和金姓共祭的，现在语言风俗也和该村壮族相同了。又一支分往平道乡的道江村，现有3户。又有一个妇女叫婆灵的，因搬到江燕乡盘王村种田，便在那里定居下来。后来与壮族姓卢的结婚，后人已改卢姓了。另有一个金公谊，搬去平道乡古占村住，迄今已有4代，现该村的金亚心，便是他的后人。还有一支搬往长洞乡龙华村住，现在后人共有3户。

⑦滴水罗姓的祖先，已忘其名，从前曾住过象州的贾村，与滴水全姓的祖先一同进入瑶山。入山后居住的村落，也始终与全姓同在一起。

（4）其他

由于年代久远，还有一些茶山瑶族已遗忘了他们远祖的原籍，或由于茶山瑶族姓氏复杂，住区太多，因时间的限制，调查时未能逐一详细访问，还不能查清他们远祖的住地，如美村和社村（或作谢村）的金姓，刘村的刘、甘、苏、陶、麦、贵等姓，美村的苏姓等都是。兹将各姓有关祖先传说，分述如下：

①美村（原名尾村或妹村）金姓祖先原姓全，名现九（一说全现九是远祖原籍的地名，九或是州字之误读），入山后，初住离美村约2里的差社，后迁板老冲，再同原住该村的陶姓一同迁到美村。在差社居住时，一年，丈二、六团两村的花蓝瑶到横山、南州一带打鹿。鹿被

射伤后跑来差村旁潭闷地方才死。差社的人发现后，便邀约孟村、金村、社村三村的人来分吃，后被花蓝瑶跟踪寻来，知道鹿被差社拾获，双方便发生械斗，用弓箭为武器打仗。一天，云雨弥漫，差社人未及提防，花蓝瑶恰来袭击，见差社的耕牛放出在外，便把12头白水牛一齐拉去。差村损失巨大，就要求分鹿肉的三村赔偿。孟村、金村、社村便把三村共占的一段河流，从潭旧起到六塘止，共分作12小段，作为赔偿12头牛的代价。

全姓改为金姓的传说是：全姓有一代的祖先叫全公官晓（瑶语“发财大”之意），原住在社冲。因葬了一棺“凤凰池”，在墓地对面的山崖石缝里，住着一穴大蜜蜂，蜜糖从石缝里流出，公官晓用竹涧架在石缝口取蜜，每隔3天便得一担，因此致富。后因看地先生误会公官晓招待不好，叫公官晓把像凤凰嘴那片大石破坏，从此石缝里的蜂蜜，不再流出，家产也渐渐衰败下来。公官晓认为姓不好，不能掌大财，便把全字加上两点改作金银的金字。以后子孙便不姓全而姓金了。现在美村金姓还数得出祖先名字的代数，最多只有11代，下面是金玉书家的代数：

一代金公星　二代金公事　三代金公利　四代金公申　五代金公贪
六代金公挠　七代金公好　八代金胜长　九代金扶表　十代金玉书（尚存）
十一代玉书之子（小孩）

②社村金姓的祖先颜二十，原住黄晓、都办（记音，不知在何处），入山后曾住过离孟村二里的能横，因入山较迟，占不到山场河流。一年，天大旱，能横小溪水源枯竭，孟村人却不许他到自占的河流担水吃用，只好出钱向孟村人买了一段名叫潭拉的河塘吃水（“拉”是后的意思）。后来觉得不方便，才迁至社村。当时住在社村的人共有四族：颜二十一族，金姓二族，还有“寒梁”一族（一说“寒梁”即颜二十的后人）。寒梁一族，从前原用梁为姓，后来逐渐改为金姓，该族有个梁公主的，直到国民党打入瑶山后，别人还称他为梁先生的。但至现在，全村34户都一律姓金了。

③刘村的姓氏原来是很复杂的，除刘姓之外，还有兰、甘、苏、陶、麦、贵六姓，其来源也各不相同，但是现在却一律改为姓刘了。原因不明。据传说：刘姓祖先刘育、刘睦、刘十九，曾住刘村背的韭菜坪。兰成直和兰法起是兰姓祖先从六身六陈（不知在何处）来瑶山的，曾住过近刘村大路边的龙塘。甘姓祖先甘公明，也曾住过龙塘。苏姓祖先曾住过久摇（地点不明）。陶姓祖名已忘，先曾住过差掘（离田村4里），后来全村衰败，只剩一老婆婆逃到田村，另两户逃来刘村。后者到刘村后与兰姓合为一族。麦姓祖先麦公净，曾住过古麦，再迁居龙塘，又曾一度迁至刘村背岭上的轩端居住，贵姓祖先贵恒如，曾经住过能近。此外不详。

④美村苏姓祖先，名已遗忘。原住今平道乡罗族冲岭红地方，全村10多户，生活很富裕。别村妇女非穿上十二条裙，即不许从他村边经过。因此，附近村邻都对岭红人不满。后被差社人嫁祸，竟被一种性极凶悍的佯人（又叫山鬼）名叫佯料和佯鸾的纠众袭击，把全村杀光。只有一对夫妇，因那夜出外看田水，留宿田边，没有回村，幸免于难。随后这对夫妇逃到板老冲与陶姓共村居住。陶姓迁到美村时，苏姓也一齐同来。佯人袭击岭红的时间已不复记忆，只知那时佯人和板老冲陶姓都是以弓箭为武器的。

上述茶山瑶祖先传说，多提到原住浔州、贵县、象州一带，被汉人撵走，才逐步进入瑶山的。容洞全姓并有世界翻乱，祖先到山外打州打县的传说。这些事迹都有极大可能与明代朝廷屡次派遣重兵进击大藤峡（在黔江横石矶之下，弩滩之上，地界武宣、桂平两县，山脉北接大瑶山，南连贵县龙山），镇压瑶壮两族的反民族压迫的斗争有关。据汉文史籍和有关地方志记载：从明太祖洪武八年（1375）直到明世宗嘉靖十八年（1539）这160多年间，所谓“三年一雕剿，五年一大征”，就是明代朝廷动辄以数万乃至十几万兵力对大藤峡两岸瑶壮人民的残酷屠杀。尤其是从明英宗正统二年（1437）到明世宗嘉靖十八年（1539）这一百年间，明代朝廷就先后派遣韩雍、王守仁、蔡经和翁万达等人，进行了三次“大征”。这些重大的历史事件，都会直接或间接地与大瑶山瑶族祖先的流亡转徙有关。具体史料，分见花蓝瑶、坳瑶祖先传说部分，兹从略。

据金秀一带茶山瑶老人们传说，在他们的祖先进入瑶山之前，山里住有一种奇形怪状以茶叶为食粮的人，两眼直竖，胸部有孔穿身而过，挑担不用肩而把圆扁担穿入胸孔来挑的。在美村苏姓祖先传说中，当他们住在岭红时，曾被一种名叫佯人又称山鬼、性情凶悍的人把全村杀光。是否茶山瑶人山之前，早有一些与现在瑶族不同生活习俗的居民先在大瑶山内？以后这些居民究竟是被消灭了还是迁徙了，却没有下文。

2. 花蓝瑶

花蓝瑶人口较少，住区分布在大瑶山中部和西南一角，总计其所住大小村落仅12个。其中大族为蓝、胡、侯、冯、相五姓。各姓祖先传说亦大致相同，根据老人们所提供的材料，都说祖先详细经历，因年代久远已不复记忆，但是有一点却是十分清楚的，就是只知道他们并不是大瑶山的土著，而是从贵州古州（今榕江）迁来的。他们离开原藉之后，全族人分乘18只船（一说120只）顺流而下，途中经过柳州，并曾在一个河道弯曲、险滩密布、水流湍急的地方，有半数船只遭致覆灭；剩下来的9只船上的族人，后来才到象州（一说曾住过武宣）。在象州东部七里、下里、马鞍山（在今象州中平圩西约10里）和梧桐、江西等处住过。随后清朝官兵来撵，才进入瑶山。其入山路线，大致可分为四路：一支由中平向东北经大乐圩长洞河入山，到长洞转入龙华；一支从中平圩向东沿滴水河到六甲、大进、丈二、六团、罗丹一带；一支从中平圩向东南沿大凳河和九十三河到大凳、王桑、门头、古蒲、六巷一带；一支不知从什么地方绕到平南县北的鹏化山区沐陆村住过，然后由沐陆再迁门头。此外，另有一支经过大凳，再翻越蓬界坳转向北行，到瑶山中部地区龙华一带。兹将各姓祖先传说分述如下：

（1）罗丹、丈二、六团、龙华等村的冯姓

冯姓祖先，冯正一、冯正二、冯正三、冯十七，原住贵州、古州。到象州后，在马鞍山附近的马台、石人居住。因冯公兄弟和一个名叫王宁的是好友。王宁偷了官印，皇兵就来打他。他恐慌起来，便把偷官印的事诬栽到冯公身上。皇兵就来打冯公。冯公吓慌了，也不敢去见皇兵说明自己受诬，便带着三个兄弟和两个姐妹逃走。最先逃到六甲（在滴水河口附近），皇兵追来，只得深入瑶山。先到大进，嫁了一个姐姐在那里。后到滴水，遇着全公，想要在那里居住。全公说这里他已经号占，叫冯公沿着河水直进，另找地方（据滴水全姓传说，却说冯公先到大进，全公向冯公分地，冯公给他到六俄居住。两姓传说，恰相矛盾）。冯公只好又走，随后经过六力，遇见何公。经过罗运，遇见盘公，都同全公的说法一样，得不着地方安居。到罗运以后，四个兄弟便分路找安身之处：冯正一带着冯十七找到罗丹；冯正二找到了丈二、六团；冯正三找到了白牛。这些地方与罗运盘公所占之地接界，于是大家便商量分山分河：冯正二管拉河及两岸山场，冯正三管白牛冲及两岸山场，界限都容易划定。只有冯正一要同盘公共占一条大河，分划就有困难。两人议定：盘公拿酒罐从白牛冲口的石台滩流上，冯公拿酒罐从罗梦附近的罗丹河尾流下，看两个酒罐在什么地点相会，就以那里为界。结果，盘公的酒罐不能往上流，在石台滩就沉了。冯公的酒罐顺流而下，直流到石台滩才沉。因此就确定双方的地界：石台滩以上一河两岸之地，概归冯公；石台滩以下一河两岸之地，概归盘公。后来冯公嫁了妹妹给罗梦人。冯正一又和妹妹分河，双方以十七冲口的马安石为界，石以上归妹妹，石以下归冯公。冯十七原先本来跟着冯正一住罗丹，后因生活不下去，就跑到石人根（离龙华15里），后来迁往龙华居住。冯公在大进的姐姐，本来是招婿上门的，起初还从母姓。后来子孙因为上门的赘婿是姓覃、姓黄的壮族，就逐渐改为父姓了。白牛的冯正三，也因后代招坳瑶上门，其语言风习竟与坳瑶相同了。

（2）龙华的侯姓、蓝姓、金姓

①侯姓

侯姓祖先原住贵州（一说为南州），侯宗望、侯宗良兄弟曾在武宣和象州的马鞍山住过，在那里开田种地。一年洪水暴发，七日七夜不止，到处漂流木根木尾（这可能是一种“避忌”的说法。在瑶族许多传说中提到兵荒马乱，都不直说，却只说是“天风乱，木叶翻”），因听闻瑶山地区宽广：“黄猄跑三个月都跑不完，乌鸦飞三天也飞不过”，便离开马鞍山，经过大凳，翻过蓬界坳，进入瑶山中部。当时同来的还有蓝、金、盘三姓。侯姓祖先到瑶山后，先在龙俄（离龙华3里）的山冲里立村造屋，开田种地。

②蓝姓

蓝姓祖先蓝清睦、蓝清和兄弟，离开马鞍山后，由大乐圩东面沿长洞河入山，先到长洞。因为那里的平地已被先到的陶姓茶山瑶号占。一个名叫陶知命的便叫他们到山岭上去找安身之处。蓝姓兄弟只好再走。后来蓝清睦在龙华的冲口立村，蓝清和到南州住下。

③金姓

金姓祖先金国宝、金国然、金国柄兄弟，也是与侯姓同时间进入瑶山的。金国然到金村居住，金国宝到刘村居住。金国柄先到道江，随后又迁至离龙华4里的河边一个叫昂头的地方住下。

在龙华附近居住的侯、蓝、冯、金四姓的祖先，因当时人口不多，各人住地又距离不远，平时也经常互通声气，彼此往来。后来，住在昂头的金国柄养的母牛，一胎双子，但是两只小牛却共着一条尾巴；同时母鸡又像公鸡般啼叫，便认为是不吉之兆，于是迁到龙兴建村。住在石人根的冯十七因缺水不能再住，也搬家来到龙兴。接着侯公晓（宗良之子）和蓝清睦也搬家到来同住。从此侯、蓝、冯、金四姓由分而合，同住一村，共为9户。四姓子孙传至100多年前，发展为19户，计人口103人。至清光绪八年（1882），龙兴村被山洪冲崩了一些房屋，便迁到龙华另建新村。民国八年（1919）龙华曾发生瘟疫，计死18人。截至1956年，除迁来的汉族人口不计外，全村花蓝瑶仅有21户75人。

（3）六巷的蓝姓

六巷蓝姓祖先，原住古州，到象州马鞍山迁出后，曾住过大樟区西南约20里的古董村（现住壮族），后来搬到枫木界北面的江村、外村（现为盘瑶村，改名古浪），再后由古蒲冲入山，又在顶宁、吉炕（在古浪东）住过，最后才进入六巷附近居住。另一支原为相姓后改蓝姓的祖先，由大凳河入山，先到离六巷西南约10里的大河（瑶语叫结遮）地方居住。当两姓祖先到这里时，只是开荒种包谷和粽子。住了两代之后，又迁到斜崖（距六巷14里）附近的山上，并分散居住，每处一两家、三四家不等，在此种地过了一代。后来在密林中寻到一片较平的地方，才开始挖田种禾稻，因名这里为新田（距六巷9里）。当时挖田的工具是竹锹，打猪只用弓弩。房屋都是竹茅盖。因用竹锹挖田，田的面积是很小的。有个老辈挖了好几天，共挖成田13块。挖成后数一数却少了一块，后来发现这块田是给自己脱下的笠帽盖住了。

在新田住了一代，又迁到铜锣岭（离六巷8里）建村。铜锣岭的得名，是因当时曾经使用铜锣召集散居在附近的各小村居民，以猎获物如鱼鸟野兽等作牺牲，集体举行“祭社”仪式。后来便把各小村集拢起来迁至俄仓（离六巷3里）地方，建成六巷旧村，房屋仍是竹篱茅舍。全村共22户66人。当时附近还是林木茂密的老山，野兽很多。一天，老虎闯进村来咬猪，村人共同鸣锣持弩追赶，深入丛林，发现现在六巷村这片较好的山地，于是大家又迁到这里建造新村。蓝相两姓到六巷地区的时间，约为350年。

原从大凳河入山到大河居住的相姓，计有10家。后因婚姻关系，逐渐改为蓝姓。又原住六巷东面约10里泗水村的七家相姓，也是从大凳河入山的。后因村小人少，生存和婚姻都有困难，70年前也搬来六巷共村，并逐渐改为蓝姓。

花蓝瑶风俗：每年旧历七月初七和十四两天，都要迎送祖先，给祖先送冥衣、献纸钱。在举行这种祖先崇拜仪式中，必须将各代祖先的名字念出，请他们来受领这些祭品。故对祖先的名字，大多数人都是记得清楚的（其间只有记忆多少代的差别）。他们没有文字，就靠着这种方法记清自己的世系。据记忆较多的老人们，一直能把他们从古州到现在的各代祖先名字背诵出来，合计共为26代。历时约650年了。各代的名字是：

公蓝→哲夫→哲龙→都聚→都统

→公朴→居底→公显→公道→公造

→公长→公别→娃丽→公赛→就公

→公汉→公布拉→公礼→公折→公曼

→公标→公关→公兆→公多→公安

→最末辈

（4）门头的胡姓

门头胡姓祖先，原住古州，迁来广西后，曾到过浔州府境内，再迁至象州的七里、下里（即中平圩马鞍山一带），后来才迁入瑶山。至于迁徙的原因，据老人们说是：“清朝起，赶走明朝皇帝。明朝皇帝不要我们上粮，清朝皇帝却要我们上粮，才被迫逃走入山的。”现住门头的胡姓，一共是三支人，各支入山的路线和时间都有所不同。最初到该地建村的是七户，这一支沿九十三河入山，最先住在枫木界南麓的古盆冲口，然后沿河逐步深入，曾经一度住过的地方，计有：巴拉窝（意即四件衣）、多素（又名黄桑大垌）、下风（在黄桑村西对面岭）、松绵（在小横冲口）、翁叩（在洛西河口）、孤林领（意即军田），最后才迁到跌凤（意即下面冲在现门头村址下面一箭之地）。在江村外村居住时，准备和追击的官兵决战，因为想砍倒松树阻拦追兵，结果反被大树倒下压死了许多人。官兵追来，无力抵抗，只好往深山逃窜了。初到跌凤村，生活很苦，祖先们只带了一升黄粟和一升麦粰种子进山，无锹无锄，只凭竹尖木尖挖地。一年，到七月节没有肉来供祭祖先，7家人只打得一只老鼠，大家便轮流着以这老鼠祭神。相传最初到跌凤开村的是胡公曲。据最先到跌凤开村的7家中之一的后人胡公秀所能记忆得清楚的各代，到他孙儿止，共为14代，约350年。

胡公曲 → 公耶 → 公最 → 公庄 → 公修 → 公党 → 公绣 → 公省 → 公安 → 公明 → 公秀 → 玉珍 → 振光（13岁）

另一支胡姓祖先，先跟到龙华一带的花蓝瑶入山，因为同行的都不同姓，只在那里呆了一个短时期，后来打听到自己的同姓族人住在门头一带，他便迁到这里来住。这支仅有一家，即1957年任门头乡乡长胡扶寿的祖先。据胡乡长数出他一家来到门头，已有如下的15代人了：

胡公官 → 公越 → 公村 → 公同 → 公丈 → 公杠 → 公圭 → 公昂 → 公廷 → 公完 → 公求 → 公宁 → 公吊 → 扶寿 → 旭光 ——（20岁）

另一支胡姓的祖先，虽然说是同在象州马鞍山分散逃入瑶山的，但有的说曾经住过平南鹏化山区的沐陆村（现在该村尚多胡姓，40年前彼此还有过联系），然后由黄钳河尾来到大桥河门楼开村居住（现该处尚有村落遗址）。另一说则为曾到象州百丈圩东的抱村（现住壮族）住过，后来进入山区，还住过一个名叫“央那弄”的地方（一说在大樟附近，一说在桂平三江区北）。随后又搬到红台、洛西（现大樟区瓦厂乡境）。那时有三个祖先：一个叫公台，一个叫公岭，一个叫公桂。红台以公台而得名，洛西河东岸有个小村名岭桂，就是以公岭、公桂之名而得名的。后来又从红台、洛西搬到大桥河门楼地方建村，在沿大桥河一带开田。也同六巷一带一样流传着一个老辈挖了13块田，给笠帽盖住一块的故事。在门楼住时，这支人已繁衍到12家，在大桥河沿岸和河尾上洞田、六庙等处都开有稻田。一年，村里打醮祭神，龙母便派两个龙女来看。临行前叮嘱她们不得讲话。龙女来到祭场，门楼村青年见忽然来了两个美丽的姑娘，大家都来热情地招待她俩，各人都用筷子串着糍粑给她俩吃。小的龙女不懂事，见到筷子，便对姐姐说：“这筷条不对我们的”，姐姐马上责备她。这样两个龙女都开了口。门楼青年听到这个美女语音不对，大家颇以为怪。当她俩要回家时，大家务要送她俩一程。刚送到河岸边，龙女要求青年们大家闭好眼睛，不要看她们。青年们口里答应，却并不照办。结果竟见她俩跳下水走了。这班青年回家后三天，都相继死去。门楼村衰败下来，剩人已不多，才搬到跌凤村来，在现在门头村的下面盖屋居住。原住跌凤的各家，也陆续搬上新址，建成现在的门头村。据从门楼迁来门头的胡姓后人胡公坤能记忆各代祖先的名字，算至他孙子一代止，共为17代，但公台、公岭、公桂三人，不知究竟是父子还是兄弟，而且已不知他们葬在何处，能够确切知其葬地的，则仅有14代。兹表列如下：

胡公岭 → 公桂 → 公台 → 公排 → 公敬 → 公欧 → 公养 → 公辣 → 公留 → 公金 → 公堰 → 公扫 → 公稍 → 公昂 → 公坤 → 扶林 → 俊光（14 岁）

（5）黄桑下灵的胡姓

黄桑胡姓的祖先，由象州马鞍山的梧桐、江西逃出后，也同门头胡姓祖先一道住过古盘冲口，然后分到下凤和文凤（离黄桑东北约 3 里）居住。当时下凤凡 60 户，文凤凡 60 户（这仅为一种传说，如按照当时情况，如说用竹锹木尖挖田之类以及当地地理环境，都不可能使住户这样集中）。前者因村人见到一个黄猄睡在村外深潭旁的石崖上，用弩把它射中，跌入深潭，三天后才浮出。村人把它分吃了。原来这个黄猄是龙的化身，因此全村崩陷，剩下的人不多了，就搬到文凤去住。后来文凤又发生瘟疫，死人很多。剩下的人才搬到黄桑另建新村。随后又搬了 13 家领袖人物到离村 5 里的石人山（按：即金童玉女山）石崖下开村，起名下灵。后来，由下灵的瑶族领袖率领花蓝瑶武装群众，一度打进了象州城。结果被困在闸门里，不得退回。正慌乱中，幸得一个被官兵掳去的瑶妇指点，叫他们请“公度神”（即胡公度大王、民族神）求救。他们照做了。忽然一阵大风把他们吹出了闸门之外。距今 90 多年前，红台、洛西一带盘瑶，在黄元明领导下，反抗缴纳山租，与黄桑、下灵两村胡姓花蓝瑶发生武装冲突，械斗长达 13 年。两村曾先后被盘瑶攻入，两村各户都避入门头。后来花蓝瑶假意和盘瑶讲和，愿把红台、洛西一带山场让给盘瑶，约定在大桥立约。黄元明骄傲自大，失去警惕，结果在立契后的归途中被花蓝瑶预先埋伏的铳手打死。械斗虽告终止，但下灵已不敢再住，剩下的各户，分别搬到黄桑、门头两村居住。现在下灵的屋址，已经垦作棉畲了。黄桑胡姓能记清的代数，据胡扶林家的，共为 16 代，表列如下：

胡公本 → 公列 → 公莱 → 公门 → 公甲 → 公邦 → 公翁 → 公跌 → 公堰 → 公亭 → 公情 → 公今 → 公阵 → 扶林 → 扶华 → 扶华之女

（6）大凳、古蒲的相姓

大凳（包括新村）、古蒲相姓的祖先，由古州迁到象州马鞍山后，住在梧桐、江西村，祖先生下相公福、相公秀两兄弟。公秀知书识字，不肯随兄长搬迁，改姓何，留住梧桐，其语言风习现已同于壮族了。现子孙繁衍，近 2000 人。直到现在，与花蓝瑶胡姓尚承认是同族关系。

公福进入瑶山后，曾住过江村、外村，再深入一步时，曾在黄茅（在江村东北约6里，在大凳西南约35里）住了一个时期，生育了四个儿子，即公五、公六、公七、公八。其后兄弟再分途迁入山内：公五往大进建村（罗丹祖先冯正一的姐姐，可能是与相姓这支祖先结婚），公六入大凳河，公七入古蒲冲，公八到六巷，后因婚姻关系，逐渐改为蓝姓。

大凳祖先相公六在黄茅分支后，便迁到大凳建村。后人口稍有发展，才在离村3里以外，分建一个新村。

古蒲祖先相公七，离开黄茅岭后，先在白竹坪住过，随后进入古蒲冲，建立了古蒲旧村（在现在古蒲村北岭背），七八十年前，因瑶山常被汉区的土匪窜入，该村离本族系村落较远，才搬到门头和六巷之间，建立古蒲新村的。胡公七这支后人，至解放初已有13代，表列如下：

胡公七 ——→公德 ——→公阿 ——→公也 ——→公彦

——→公前 ——→公良 ——→公表 ——→公关 ——→公冷

——→公信 ——→子 ——→孙

（7）花蓝瑶传授祖先历史的方法

花蓝瑶族把祖先历史传给后辈的方法，除七月节给祖先送冥衣纸钱时，例须把祖先名字逐一念出以外，还有三种方式：一是在任何一种祭祀祈祷中，在请神之前，必须喃念一套“通讲”。在这段话里，要把祖先原来住过的地方，依次念出。据说神是跟着祖先来的，不念祖先住过的地方，神就找不到根。一是在办女儿婚姻喜酒时，做大舅的在筵席上以银钱赏给妹夫或姐夫时，要讲“出财”；主家答谢时，也要讲“还财”，即是结婚双方的家长，各都要把家庭历史讲述清楚。一是老辈就编好了一些古底歌谣，一代一代传给后人。此外，还有在开石牌会的料话中，在发生争端时的讲理中，都要讲述祖先来历。由于这样，他们虽无文字记载，也能把自己祖先的经历，记得清楚。兹将有关花蓝瑶族祖先经历的讲话和歌谣列举如下：

①门头胡姓祭神“通讲”（据60岁老人胡公坤口述）

唔今唔休　通到跌为巩　唔今唔休通到七里马鞍山　通到古盆、巴拉窝（按即四件衣）　通到大遮、下凤　通到松绵、翁叩　孤岭林　通到下灵、门头　旧日就有皇管天于今不有皇管天　立得庭都大庙　立得加沙古尼社大　交到三十一夜　不曾背饮　不曾背喝　我于今全家人丁　办得三十一夜　办得长斤四角桌　办得苗香一供　办得白纸金钱银钱　办得黄禾金饭　办得秧六皂粑　办得鱼仔白鳞　办得一醮白肉　办得桃花甜酒　不喃别鬼　不喃别神　喃你众人家老公①

②门头胡姓的讲“出财”（据46岁师公胡公秀口述）

① “唔今唔休”意不可解，是喃神时附加的开头话。话语中的“通到×××”，即是祖先从前居住的地点。全部话语中，只“跌为巩”不知在何处，余均能指出所在。

天师置　盘古造　未曾造地先造天　未曾造人先造神　造天　造地　造月　造日　造虫造蚁　造河　造湖　造我一切人丁　造我们在古州省　柳州府　各立各村　造村造地

五代到夜　十代到光　清朝上
赶我们明朝皇　明朝皇稀散落熔①　走省过省　皇过皇
走到七乡下里　来到梧桐江西　立村立地　绚车不落
绚马不停　我瑶头长头发　稀散落熔　进瑶山竹根木根
来到江村外村　立村立地　造岭地田地　绚车不落绚马不停
我们姓胡走进来到文凤才立村　我们分散到跌凤石夹坳
我公曲造屋地仓地　造山岭田地　到公耶
养男育女　到公最　养男育女　到娃八　养男育女　到公修
养男育女　到公等　养男育女　到公嗓　养男育女　到公绣
养男育女　到公信　养男育女　到公昂　养男育女　到公明
养男育女　到公秀　养男育女　到扶圭　养男育女　到甘…
……（下略）

③花蓝瑶“根底”歌

（以下据门头村胡玉珍口述）

伏羲造米造菜青②　姊妹造行造芝麻③
造菜青　菜青撒　造芝麻　芝麻分
菜青撒　在古州　芝麻分　在柳府
在古州　在五岁④　在柳府　坐十年⑤
在五岁　清朝上　坐十年　明朝成
清朝上　世界反　明朝成⑥天地乱
世界反婆人住不落　天地乱公人坐不稳
住不落　高岭上　坐不稳　山高行
高岭上　张目看　山高行　张耳瞧
张目看山头还有宽　张耳瞧山根还有远
还有宽婆人邀女坐船头　还有远公人邀仔坐船脚
坐船头　给船撑　坐船脚　给船推
给船撑　到梧桐　给船推　到江西
在梧桐　屋地造　在江西　仓地安
屋地空造田地不有份　仓地是安山岭不有凭
不有分　做上冲　不有凭　做上河

---

①“稀散落熔”，即四处逃散，局势糜烂之意。“到公×”是数出讲话人本家的世系各代祖先名字。

②③“菜青”即青菜。青菜，芝麻：相传伏羲兄妹造人民时，是以青菜和芝麻种子撒在山上，变成人民的。

④⑤“五岁”、“十年”是泛指，并非实数。

⑥“明朝成”，可能是指南明在南方的兴起。

做上冲　进十二冲　　做上河　进十河
进十二冲人住一冲　　进十河一个各一河
一人一冲各造巷　　一人一河各造村
各造巷　做挖岭　　各造村　做挖山
做挖岭　造田地　　做挖山　造陇畦
造田地　千世住　　造陇畦　万代坐
千世住　各立庙　　万代坐　各立神
各立庙　千年拜　　各立神　万代喃
千年拜　到婆世　　万代喃　通公朝
到婆世　婆种木　　通公朝　公插竹
婆世种木木出芽　　公朝插竹乡成荪
……（下略）

（以下据门头村胡扶寿口述）
伏羲造来造下日　　姊妹造行造下天
造下日　造虫蚁[①]　　造天下　造人丁
造虫蚁　满下日　　造人丁　散下天
满下日　坐七乡[②]　　散下天　坐下里[③]
坐七乡　汉仔上　　坐下里　壮仔起
汉仔上　住不落　　壮仔起　坐不甜
住不落进瑶山顶　　坐不甜进瑶山根
进瑶山顶各造巷　　进瑶山根各造村
各造巷　各立庙　　各造村　各立神
各立庙　五代供　　各立神　十代喃
五代供　到今岁　　十代喃通今年
……（下略）

（8）有关瑶族在大藤峡的斗争史实

明朝时候，瑶族人民在大藤峡坚持了百多年反抗封建王朝民族压迫斗争的光辉史实，在汉文的史籍、方志中是多有记载的。《粤西丛载》："大藤峡在万山中，盘礴六百余里"的说法，显然就把现在的大瑶山境域包括在大藤峡范围之内。再看当时领导斗争的瑶族领袖，其最著名的有侯大狗、蓝受式、侯通三、侯胜海、侯公丁、侯郑昂等。而在汉文的旧籍记载中，凡是提到大藤峡坚持反抗斗争的瑶族时，往往称之为"蓝贼摸乱"（《献征录》），或"老蓝寇起"（《姓氏谱》），或"蓝胡侯盘四姓渠魁"（《明史土司传》），或"胡蓝二姓间相互为寇"（《献征录》）等，从而知道当时瑶族领袖人物，多是姓蓝、姓侯、姓胡的。在前面所述的花蓝瑶祖先传说中，我们不仅发现花蓝瑶曾经与官兵作过战，

① "虫蚁"是喻人丁众多。

②③"七乡"、"下里"即七里、下里。从前象州共分八里，一里在柳江西岸，七里在柳江东岸。里又常分上下，如北上里、北下里之类。七里、下里等地，恰在马鞍山一带。

战败被迫才进入瑶山的；而且他们祖先从前曾经住过武宣，鹏化山沐陆村等处，这些所在，又恰是明代封建王朝派兵进攻的目的地。再看当时那些瑶族领袖的姓氏，恰巧又多为花蓝瑶姓。这样，我们就很自然地联想到花蓝瑶与大藤峡斗争史实的相互关系了。兹选录部分有关材料如下：

①明英宗正统七年（1442），“瑶贼蓝受式等，恃所居大藤峡山险，纠集大信等山山老、山丁数百人，递年杀掠。千户满智等诱杀十人。帝命枭之。家口赐给有功之家。”（《明史·土司传》）

②明英宗正统十四年（1449），“参将范信杀获大藤峡等处贼首侯通三等二百三十有奇，蛮寇遁散。”（《粤西丛载》）

③明英宗天顺六年（1462），“总兵颜彪攻贼于大藤峡，破之。”（《图书集成·职方典》）彪奏：“率军进剿大藤峡，攻破七百二十一寨，斩首三千二百七十一级，复所掠男妇五百余口。”（《明史·土司传》）“巡抚叶盛同都督颜彪讨大藤蛮贼……分道夹攻，破老鼠、道袍、石门、紫荆、金龙、白鹤、六庙、仙女关、通天岭等七百二十一处。”（《粤西丛载》）

④明宪宗成化元年（1465）正月，“左佥都御史韩雍，征夷将军都督赵辅，游击将军都督和勇等，调两京、江、湖、汉、连兵，讨侯大狗。”（《天下郡国利病书》）“冬十二月，韩雍大破大藤峡瑶，改峡名曰断藤。”（《明史·宪宗传》）

⑤明武宗正德四年（1509），“蓝贼扰乱，一日谍报贼众分攻平南、贵、桂三邑。广西佥事符观，督兵驰至平南江，伺贼半度，击之，斫其渠魁，中流淹没，不计其数。”（《广西通志》引《献征录》）

⑥明武宗正德十一年（1516），“断藤峡苗，时出剽劫。左都御史总督两广军务陈金，以苗嗜鱼盐，可以利縻，乃立约束，令民与苗市。改峡曰永通。”（《明史·陈金传》）

⑦明世宗嘉靖七年（1528），“总督王守仁定田州，还。两江父老遮道，言峡贼阻害状。守仁疏请讨。报：可。乃令官军突进，贼奔断藤峡。复追击，破之。两江悉定。”（《明史·土司传》）

⑧明世宗嘉靖十七年（1538），“断藤峡贼侯公丁，据弩滩为乱。张经与御史邹尧臣等定计，以军事属翁万达，诱执公丁。”（《明史·张经传》）

⑨时国子监封登奏：“浔州夹江诸山，啥岈叉寨。峡中有大藤如斗，延亘两崖，势如徒杠。蛮众蚁度，号大藤峡，最险恶。地亦最高。登藤峡岭，数百里皆历历目前。军旅之聚散往来，可顾盼尽。诸蛮倚为奥区。桂平大宣乡崇委里为前庭；象州东乡、武宣北乡为后户；藤县五屯障其左；贵县龙山据其右；若两臂然。峡北岩洞以百计，仙人关，九层崖，报险峻。峡以南，有牛肠，大岵诸村，皆缘江立寨。藤峡，府江（按即桂江）之间，为力山。力山之险，倍于藤峡。又南则为府江，其中多冥岩奥谷，绝壁层崖，十步九折，失足陨身。中产瑶人，蓝、胡、侯、盘四姓渠魁。力山又有壮人，善传毒药弩矢，中人无不立毙。四姓瑶亦惮之。自景泰（1450—1456）以来，哨聚至万人，隳城杀吏。而修仁、荔浦、平乐、力山诸瑶应之，其势益张。渠长侯大狗，赏悬千金，购莫得。玉林、博白、新会、信宜、兴安、马平、来宾、亦煽动；所至邱圩、为民害。乞选良将，多调官军、狼兵，急灭贼”！报：“闻”。（《明史·土司传》）

从上举的史料，已可看出明代大藤峡瑶族人民对封建王朝进行反抗斗争的概略。而这些领导斗争的瑶族领袖，又多为侯、蓝两姓，这就很有可能与花蓝瑶族祖先有关。尤其是所谓“中产瑶人，蓝胡侯盘四姓渠魁”，其中花蓝瑶姓氏就占了三个。这难道还是偶然的巧合吗？不过，根据上述花蓝瑶的祖先传说及其有关歌谣，却较明显地提供他们祖先入山的时间是“清朝上，世界反；明朝成，天地乱。世界反婆人住不落；天地乱公人坐不稳。住不落，高岭上；坐不稳，山高行”的。或者说：“清朝上，赶我们明朝皇。明朝皇稀散落熔，走省过省，皇过皇”。祖先才是“走到七乡、下里，来到梧桐、江西，立村立地”。后来又因“绚车不落，绚马不稳，我瑶、长头发”，才是“稀散落熔，进瑶山竹根木根”的。这样，似乎就与明代中叶前后在大藤峡所发生的与瑶族有关重大的历史事件不相联系了。如果再联系他们祖先传说中，说是原住古州，后乘船到柳州府，再到象州，才在马鞍山一带住下的史实来看，这又似乎与南明的史事有关。这个有关瑶族历史的问题，究竟怎样，是值得研究的。

3. 坳　瑶

坳瑶住区分布于大瑶山南部罗香、六巷两个区内，其大小村落仅14个。属于罗香区的计有：罗运乡之罗运、察村、六俄（以上二村坳瑶于1955年已全数搬入罗运村）、白牛、横村等村；罗香乡之罗香、公也、六合三村；古茶乡之龙军、琼五两村；龙坪乡之那历、平贡两村。属于六巷区的计有六巷乡之上古陈、下古陈两村。此外，还有大樟区的高秀、奔腾、化鹿等村的盘姓，均从王田迁来。而王田盘姓祖先，又为上下古陈和罗运盘姓坳瑶的同族。不过，他们迁到王田的时间已久，平日又极少与瑶山深处的坳瑶发生联系，而住区又多壮族，因此，他们的语言风习都早已与壮族相同了。

综计坳瑶的姓氏，主要有盘、赵、罗、苏；其余他姓坳瑶，则是为他族到坳瑶家上门为赘婿的。而四姓之中，主要的又为盘、赵两姓，他们常自称为“三盘四赵”的子孙。

坳瑶的远祖，原住贵州省龙魁县（译音）。在那里居住的村落名称，传说不一，总括起来，计有斧柄岗、老鼠尾（老鼠窟）、苓香山、冬叶坪、单坪场、单格场、李子青、李子黄、百拆村等。后来迁徙到广西，曾住过南宁、百色。在百色居住的时候，后来还流传着一首纪念的歌词：

那岸百色对百色，
那岸州门对县门；
州门县门门相对，
门楼相对厦相遮。

离开南宁、百色之后，乘船东流而下，曾一度到过广东（大多数不提此地），后来又迁到桂平、平南沿河一带，曾住过大梦、小梦（确切地点不明）、古雍（滩名，地在平南之西，桂平大湟江口之东，是郁江中的一个险滩）。在古雍滩住的时候，原与别的瑶族支系同在一起的，当时有赵、盘、冯、罗、苏等姓，后来因为和汉人争田争地，便打起仗来。结果，瑶族大败，死人不少：盘姓只剩男子12人，赵姓只剩男子7人，冯姓只剩男子2人，罗姓只剩男子4人，苏姓只剩男子1人。迫得分途逃走：一支顺流而下，逃往广东连山；一支溯流而上，逃到桂平大湟江口登岸，曾住江口附近的思旺角和大湾。两支人在郁江分手的时候，为了在将来会面时还能认识远祖原在贵州迁出的同族，便编了一首歌谣，让日后各教子孙，永记不忘。歌词如下：

六月种六豆，
六豆爬爬下岭来；

手把豆根不要问，
贵州六豆有根源。

在与广东一支分手的时候，还有一个插曲。原来坳瑶祖先公召杠（瑶语称缺为“杠”，此人以嘴缺为名）的妻婆姥二，素与去广东一支某公是“同年”（情人）。当约定分途迁移时，某公便约婆姥二和他同去广东。并约定当晚鸡啼时敲钟为号，到那时，让婆姥二逃上他的船去，以便顺流东下。不料这事被公召杠预先探知了，到当晚还没鸡啼时，公召杠便把自己的船开往岸边，假意敲钟数响，婆姥二以为情人船到，便仓猝跳入船舱。公召迅速把船划到江心，溯流而上。姥二才发现上的不是情人的船，而是自己丈夫的船，便长叹一声，借船为题，唱出一首自怨自艾的歌来。公召听了，也打趣地答她一首。歌词如下：

妻：千差差！
千差入着陨老船！（陨老船，意即缺破的旧船，语双关，意谓丈夫嘴缺。）
早知老船等未入，
撑到半江叹不回。
夫：未怕差，
未怕差着陨老船；
未怕差着老船陨，
老船未陨陨兄身。（意即船并不缺破，不过我缺嘴罢了。）

在思旺角、大湾居住之后，便逐步向北部山区迁移；还住过桂平的上瑶、下瑶（大宣圩以东）、督的、古程，再向东迁至平南思旺圩西面的龙门、石马、仙台、花相，在木屐冲开村立寨。当时那里有一架水碓，盘、赵、冯三公便比赛跳水碓，试验各人的本领。冯公力弱，在水碓一起一落间，他只来回逃过3次；盘公力较强，能逃过5次；唯有赵公力最强，动作最敏捷，能来回逃过7次，而且他背上还背着一个孩子。后来便进入鹏化山，逐步沿着花王水深入，曾住过瑶案（或作姚案）、瑶村、瑶王坪等处，最后又在王四垌灯盏坪建村。在这居住时，公召杠、婆姥二同一个姐妹姥肖相继死去。他们的子孙便把三坛金骨（火化后捡骨少许装入小坛）葬在雄鸡公山悬崖间的罗盘岩里。民国二十一年（1932）和二十八年（1939），三盘四赵的后裔，曾约齐到此处扫墓，并曾用竹架梯爬进岩里，三坛金骨依然尚存。

在王四垌住的时期，人口繁衍起来，冯公和罗公首先由此搬走；三盘四赵子孙，仍居这里。一年，住在王四垌的坳瑶，又被汉人来打。王四垌人派人去冯、罗两公住的水滴垌（在罗香区公所东）求援，救兵未至，而王四垌已败，三盘四赵子孙，也就从此分散，各奔一方了。兹将各姓迁徙传说分述如次：

(1) 赵姓

赵姓是公召杠之后裔（一说是婆姥肖之后裔，因姥肖曾带着弟弟阿德逃难，把肖字加上逃走的走字，便作为本支的姓氏）。公召杠在王四垌时，生了一个儿子，起名叫赵芝杖。他率领本族人离开王四垌，向东迁移，先到罗香地区的山茶旧村开村，后来打猎追野狸过了一一个山坳，听见山下有小蛙叫，知道那里必有水塘或田地。下山一看，果然。不过，那些平坦的地方，已被先入山的蓝周两姓开辟成田，立村居住。后经协商，蓝周两姓只好迁走，让赵姓来住。赵姓到此建村后，起名龙军（或作龙筠）。但因蓝周两姓仓促离开此地（可能并非由于协商，而是强力的逼迫)，赵姓忘了问明社的名称，只好派人去追问。由于蓝周两姓已去远，无结果而返。赵姓的人便齐来社山树下住宿，要想探个梦兆。当晚听得树上有鸟“卜罗、卜罗”地叫。他们认为这便是社王给的兆头，于是起名“罗卜社”。从此赵姓便在这里安居下来。后来赵芝杖生了4个儿子，起名赵粗、赵幼、赵烟、赵煤，又依次称他们为公踏、公看、公间、公铲，由于兄弟4人分工，各管一事，故有：“公踏踏地方（踏勘），公看看地方（巡视），公间间地方（划界），公铲铲地方（开辟山地）”之说。随后官兵又来进攻，赵姓便和水滴垌的冯公罗公，一齐迁到大门界立寨。等官兵退后，赵姓又到山的东面罗香、龙军一带开田；冯姓罗姓便到山的西面白牛一带开田。因为那时铁器不多，多半把竹木斫尖做锹锄，粮食常不够吃，主要以打猎和挖山薯充饥，故至今他们还流传着一首挖山薯的歌：

肚饿饭，
解桂蒙头挖山薯；
挖得一棵用网背，
挖得两棵用担担。

一次，官兵来进攻大门界村寨，他们早就扎好了石棚（垒石），等官兵爬上山时，用刀把牵绊石棚的藤条割断，垒石排山而下，终于把官兵打退。官兵第二次进攻，不敢再攻大门界，却从另一个山冲爬过黄竹界而过罗运。官兵人多，爬山时都用手扳着竹子前进，结果竟把路旁的青竹都摸得枯黄，变成黄竹子。黄竹界就因此得名。官兵退后，赵姓仍到罗香一带耕种，但仍回大门界住。当时在大门界住的，起初共13家。后来人口渐多，村的范围扩大到石崖之下。一年，夜里发生大雷雨，屋后石崖崩塌一角，村中屋舍被压倒不少，人也死伤很多。幸而许多人因下山做田工，晚上住在田寮里未回，方免于难。其余住在村里的人，几乎所余无几了。屋舍正在崖下的一家，老人名叫公爱。全家无一幸免。后人为了纪念这次变故，便叫村后的高崖为“公爱顶”。现崖下尚有屋基遗址，显明可辨。

自大门界崩山后，住在那里的赵姓，还剩64家，便迁下山来，仍回龙军居住。盘、冯、罗等姓共剩33户，搬下白牛建村。赵姓回到龙军后，人口逐渐繁衍到120家。因当时房屋都用蓬叶搭盖，一次失火，全村竟被烧光。各户无屋，便迁往各自的寮居住。住惯了，便在那里定居，从此分成了龙军、罗香、琼五、罗洲、平贤、那历等七村（一村后来搬迁，村名已忘，现六合、公也两村，是后来六村中分出的家户）。因为他们都是赵粗、赵幼、赵烟、赵煤四个祖先的后人，故称为“四赵”。四赵子孙，从最初在龙军立村立社时起，到1956年已历17代，约420年。

（2）盘姓

盘姓祖先盘阿德，在王四垌时生了三个儿子：德一、德二、德三。在王四垌分散时，德一由花王水尾东出滑坪，在那里又住不安，便北入扒沙界，想到瑶山深处去找同族。在界下遇见一个叫公明的，便问罗世蕃住在何处。经公明指点，终于在罗运找到罗世蕃，便在这里定居下来。随后官兵追到，他们族人守住罗运西面的界脚，坚决抵抗。官兵不能攻入，只好爬上界脚西北面的一个小土岭顶扎下营盘，与坳瑶东西对峙。某天的一个清早，坳瑶祖先使用一张大弩，瞄准官兵的营盘发箭射击一个蹲在营门外洗脸的官兵。一箭射去，未中目标而射中营门旁的一棵大树。官兵大吃一惊，站起来想拔出那支箭杆，使劲也拔它不出。官兵知道瑶族的弩箭厉害，便传令即刻退兵。有些将官骑着战马仓皇地从岭上跑下，显得十分狼狈。后来瑶族就把这个地方起名为马窜界。又把官兵扎营的小岭，起名军营岭，遗址尚存。

官兵仓皇退兵逃走，盘公便率领同族跟踪追赶。不知追了多少路程，行至一处，前面横着一条大河，官兵先一步逃过河去。盘公正要过河追赶，忽然河底的圆石都一齐浮了起来，使瑶族不能稳步徒涉而过。盘公便说："我们不要再追了。你看！我们追到这里，连石头都浮起来了，还要追他们吗"？于是，盘公便收兵回来。为了纪念这次战事的胜利，各人都在那河里拾一两个浮石回家，永远流传给后代子孙。瑶语把这种圆石称为"谷标"（gū biāo）。直到现在，罗运和上下古陈三村，几乎家家还把它收藏着。石色褐黄，形扁圆、椭圆、浑圆不等，表面光滑可爱；大的重一二十斤，小的有鸡卵般大，一般有小碗粗细。石能浮水，固属神话，但以此物作为某次战事的纪念品，代代留存，却是可信的。

罗运坳瑶祖先入山的年代，已无人能够记忆清楚。兹据盘达芝家能够念出祖先名字及指出葬地的，算至他孙辈为止，共为16代，约400年。

盘公满 → 姥息 → 姥远 → 公牙 → 公情

→ 公曾 → 公两 → 公用 → 公开 → 公旦

→ 公盏 → 公林 → 公律 → 达芝 → 妹进

→ 妹松（17岁）

盘德二、盘德三兄弟离开王四垌后，沿花王水北上，越过一重大山（力山），住在牛儿社。在这里居住时，生活困难，开山种地，都用牛角套在木棒上当作锹锄，种的也多是苞米黄粟。后来再迁到九十三河中段的石湾立村（在古浦村南的河边），并在河边较平坦的地方，开辟了许多水田，有的大田竟可年产20双禾把（约400斤）。门头花蓝瑶后到，无平地可以开田，见了盘姓这些大田，更觉心动。一天，门头祖先胡公曲，哄骗盘姓头人盘公杠到绥铺地方会商。门头人多人强，在盘公杠毫无准备之下，竟用轧棉机的铁轴，击破了他的头壳，当场身死。是夜，门头人一齐袭击石湾，从村头杀到村尾，盘姓逃脱的人为数不多，只好迁到黄钳河另辟田园（一说盘姓先至黄钳，后至石湾）。

传说盘姓逃入黄钳河后，在义五口地方立村立社。随后人口逐渐繁衍，全村共42家。后因村背的石崖出圣——变社王，时有老鹰、野狸来村咬鸡，老虎入村咬猪，拖到石崖上面去吃，村人讨厌这个石崖，集议各家出柴一把，去烧这座石崖，石崖受热爆炸，一片石飞下山脚的深潭，变作鲤鱼。村人见了，便捉鱼来吃。在把鱼煮熟之后，一个妇人抱着自己正在患痢疾的孩子从鱼肉旁走过，小孩的大便拉在鱼里，家人吃了，全家都拉起痢来，传染开去，全村大多数都拉痢了。因此死的人不少，只好又迁徙。从此德二的后人于清雍正六年（1728）迁至古陈。德三的后人迁至王田居住。

盘姓迁到古陈的一支，分开在上下两村居住。上古陈最初住在五指山的石崖根脚，后来才移至近河的新址。下古陈先住庙山附近，后因村人多患黄肿病，才迁到现在的地方开村。上下古陈入山年代，已不复记忆。据盘华英家能数出祖先名字的代数，到他儿子一代止，已历16代，与罗运盘姓的代数，恰相符合。表列如下：

盘公锡后 → 公叶 → 公浪 → 公栽 → 公争 → 公宰 → 公就 → 公正 → 公晓 → 公在 → 公并 → 公后 → 公业 → 辉明 → 华英 → 华英子（13 岁）

盘姓迁到王田的一支，原是盘德三的后人。德三在黄钳居住时，生子三人，一人早死，剩下三和、二性两兄弟，才从黄钳向西迁徙，经过红台、洛西，过王田而至冬温，再向前进，只见已是平阳大地，只得退回，三和便住在冬温，二姓则到王田与原住在该村的潘、唐两家，共村居住。后来子孙繁衍，有的便向山外迁移，一支分住高秀，一支搬往奔腾，一支迁往花鹿。因这些地方都是壮族聚居的村落，除王田处于崇山峻岭间，比较偏僻，所以瑶族的语言和习俗，保持较久。大约在 40 年前，有个名叫盘天镜的老公公，还能用坳瑶语喃神，部分老者还讲瑶语。其余迁往奔腾、高秀、花鹿各村的盘姓子孙，因与壮族共村杂居，故对瑶族固有的语言风俗，早已抛弃无遗了。王田地区狭窄，生活生产都极困难，解放以后，原住该村的 8 户盘姓，便陆续向外迁移到大樟圩附近几个壮族村落居住。王田的盘姓，虽早已逐步改变了瑶族的习俗，但与古陈的坳瑶，不时尚有联系。例如 1937 年，盘公云曾请下古陈盘子吉等到家里“打卜禳”，打黄泥鼓跳神祭家先；1948 年王田盘姓还与古陈、罗运、罗香等处三盘四赵的子孙，齐到罗盘岩拜过坟山。抗日期间，花鹿盘天云，王田盘天开、盘天福、盘天运等九家，同请古陈盘子吉等到王田“跳盘王”，祭祖先。彼此都当作同族，亲密相待。兹将奔腾盘英辉家宗支谱系①照录如下：

① 这家的谱系，共为 13 代，从盘阿德到盘敬双的 6 代间，都采用父子联名制。在坳瑶记忆的谱系中，从未发现与此相同的。现大瑶山各瑶族支系中，只有盘瑶还保存着这一风俗。

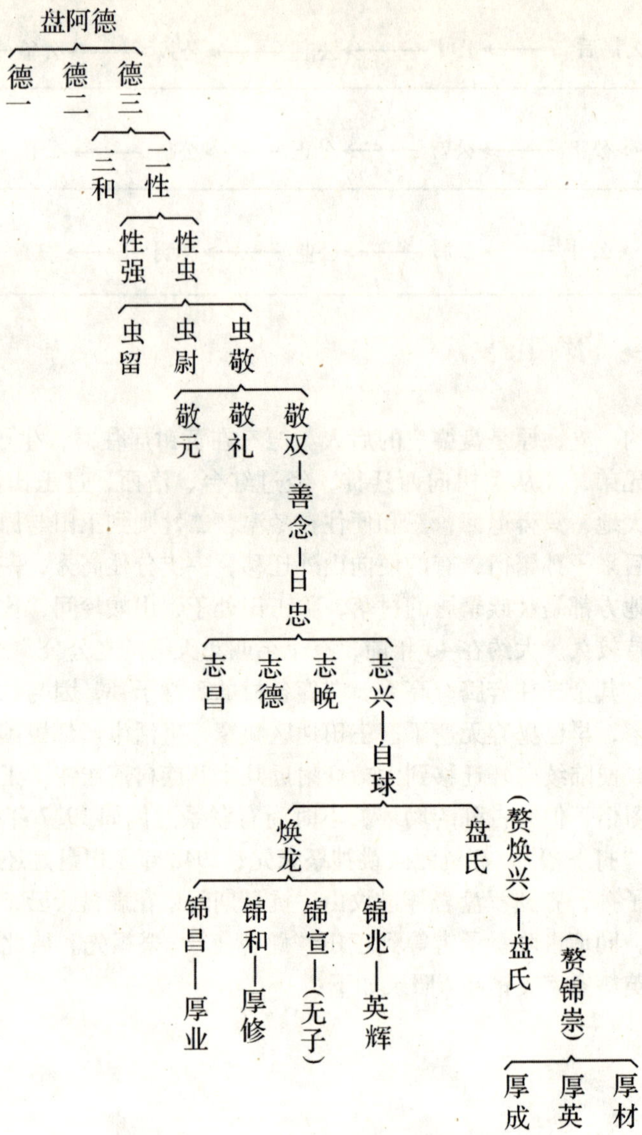

此外，白牛还有盘姓几家，虽承认是“三盘”的子孙，但世系却不甚清晰。他们祖先二人：一是盘公该，一是盘公晒。最早住在圣塘山东南角一个叫担仓岭的高山上（现在尚有屋基遗址），后来才搬到白牛居住的。横村盘姓坳瑶，是从罗运搬去的，时间只有六七代。先住横村旧村，70年前左右，才移至横村新址。

（3）罗姓

罗姓祖先罗公响和罗公义，从王四垌东迁后，最初住过瑶老冲（在龙坪乡古潭村东南，现汉族住区花洲山人村附近），后迁罗香乡东马练圩附近的古孟冲（那历河口），再迁而至佛子村，即水滴垌。后来又迁到罗香附近的直冲和荒田界脚。因官兵来撵，才同居住龙军的赵公一起上大门界立寨。大门界村寨屋舍被崩山打毁后，才向西下山，迁至白牛建村。初迁白牛时，还同一道从大门界西迁的冯公共住白牛。后因婚姻关系，冯姓子孙多入赘村里的罗姓和盘姓，便改变姓氏了。

（4）苏姓

住在横村的苏姓，原从罗梦搬来（现罗梦的苏姓都是茶山瑶）。最初到横村的祖先是兄妹三人：两个兄长叫苏文德、苏文映，妹妹叫苏十盲。苏十盲后来又迁至容洞。苏文德、苏文映兄弟来到横村后，同稍后一步来到的全姓分山划界：苏姓分定棚凉垌，即今新横村一带；全姓分定六拉垌。两姓各在所占之地，从事开发。只是苏文德、苏文映和苏十盲，原来虽是同族，但是现住容洞的苏姓，则为茶山瑶；住在横村的苏姓，则为坳瑶。其语言风习都截然不同。虽然如此，但在解放以前，两村的苏姓不论在感情上和经济都有密切联系的。如双方有喜庆酒会时，彼此都互请参加；苏姓在横村分占地界内所收的山租，也要作三份分开，给容洞苏姓一份。这是按照三个祖先各占一份来分配的。

至于横村的全姓，仅有一家，祖先来源不明。只是姓名的班辈用字，却和滴水的茶山瑶相同。其语言习俗则与坳瑶相同。

（5）有关坳瑶祖先的几种传说

①据横村老人们说：坳瑶的祖先，最早原住南京十宝殿。后来搬迁时，渡过大海，遇大风浪，船不能进。族人就商量许盘王愿。后来海里现出一条大鱼，大家爬上鱼背，由鱼驮着渡过大海。

②据上古陈村老人们说：盘王在世时，因为打猎，被山羊触下悬崖跌死了。子孙见盘王打猎未回，便四出找寻，许多天都找不着他的尸体。后来见许多乌鸦在一个悬崖上面飞来飞去，叫喊不停。他们到那里一看，却见盘王尸体躺在下面，但悬崖过高，无法下去收拾盘王尸体，只得把崖上长着的一棵树木砍回，把木心凿空，然后再猎取山羊，将皮剥下，蒙在这段凿空的木上，作成两头大，中腰小的黄泥鼓，到祭盘王时，便敲打这鼓来纪念盘王。

③据那历赵兆昌说：坳瑶在贵州时，还同盘瑶住在一起，彼此也互通婚姻。后来不知为了什么事，两个族系闹翻了脸，彼此当天烧香发誓，永不通婚；如果犯咒，就全家绝灭。到大瑶山内居住时，坳瑶盘公爱娶了盘瑶女子为妻，结果，全家竟被屋后的崖山崩下压死。以后的人都说盘公爱娶错了盘瑶女子，是“犯了”祖先的誓言。从此再也没人敢同盘瑶通婚了。

（6）有关的历史材料

根据上举坳瑶祖先迁移的路线，到了广西桂平一带以后，所居碧滩、鹏化山区的仙台、花相以及现在仍为坳瑶住区的罗运，都可以从汉文的史籍和方志中找到。而在这些地方所发生的历史事件，又与明代封建王朝派兵进攻大藤峡瑶族人民有关，兹选录几条如下：

①明世宗嘉靖七年（1528）“王守仁驻南宁，故为散遣诸兵状。湖广兵皆偃旗息鼓弛至，与官军突进，四面夹攻之。‘贼’破……‘贼’遽奔断藤，（按：即大藤峡）诸军追击之……还兵浔州。守仁密檄诸将，移兵剿仙台诸‘贼’，仍分布各哨：永顺兵由磐石、大黄江（即大湟江）登岸，剿仙台、花相，保靖兵由乌江口、丹竹埠登岸，剿白竹、古陶、罗凤。”（《蛮司合志》）

②明世宗嘉靖十八年（1539）“蔡经……以兵三万五千为左军，命张经统之，以副使翁万达监军，分六道进……又以兵一万六千余人为右军，命都指挥佥事高乾将之，以副使梁廷振监军，分四道进。乾部下指挥马文杰由武宣攻碧滩、渌水诸巢……‘贼’大窘，遂拥众奔林洞而东。王良辅以兵击之中断。贼复西奔，遇官军诸路毕至，奋杀‘贼’一千二百余级。其东奔者，入罗运山。万达等移兵攻罗运，又斩首千余级。‘贼’益窘。‘贼党’有桀黠者，号于众曰：‘往年据险结巢，被官兵歼之；今日不可再聚’。于是贼皆漫走山谷间，

令官兵疲于追逐，且持日久，粮尽，必速退。会有言罗运山古所未至者。‘贼’遁深入，不复穷追云。”（《粤西丛载》）

4. 盘　瑶

（1）祖先传说

盘瑶普遍崇奉盘王（或称盘护王）为其始祖。相传，盘王是一个有功于国家的“龙犬”，故也称为“狗王”。后因咬杀了反乱的紫王（或作高王），便同评王的第三公主结婚，生育六男六女。评王封他们为十二姓。十二姓子孙繁衍，便是现在的盘瑶。这是在盘瑶族中人尽皆知的传说，与范晔关于槃瓠的故事，基本相同，不过是把“槃瓠”说作“盘护”而已。这种以动物作为族源的传说，显然是氏族社会里的一种“图腾”崇拜。从而可知盘瑶在很早以前，是以“狗”为氏族标志的。关于“盘护王”或“狗王”的传说，在盘瑶族虽然尽人皆知，但因流传已久，各地的说法也并不一致。兹略其小异，取其大同，举述两说如下：

①第一说

从前，评王坐在北京，掌管天下，天下太平。宫殿养着一个毛色有二十四斑点的大狗，叫做龙犬，评王对他十分爱护。后来一个远在海外的番王，名叫紫王的反乱天下，时时开兵来打评王。战争进行了许多年，都不能把紫王打败。评王便张贴榜文，布告天下，内容是：如果有人能够打败紫王，除封官赐赏以外，还把自己的女儿——第三公主配他为婚。朝中大小官员都没有人敢去撕榜。一天，龙犬见了榜文，便跳上墙去，把它撕了下来，用嘴咬着，上殿去见评王。评王见它撕了榜文，便问它是不是有本领去打紫王。龙犬点了几下头，表示要去杀死紫王。评王大喜，便摆下丰盛的筵席，给它饯行。龙犬吃了评王赏赐的筵席以后，立刻启程。出了宫殿，像腾云般地飞跑，到了海边，费了七天七夜的工夫，终于游过大海，到了紫王的国里，一直闯上金殿。紫王坐朝，见了龙犬，知道是评王豢养的爱犬，心里十分高兴。对大臣们说：“你看，这个评王养着的龙犬，现在都逃到我国来了；评王江山必败，我国必胜”。从此紫王便把龙犬养在宫殿里，常常带他在身边，形影不离。一天，紫王如厕，龙犬乘其不备，猛扑过去，把他睾丸咬下，紫王立刻身死。龙犬再咬下紫王的头颅，飞奔回国，朝见评王。评王召集大臣，齐来辨认这个头颅，知道确是紫王之头，心中大喜，便大摆筵席，犒劳龙犬，并赐他许多金银珠宝。但是龙犬心念与公主结婚，不受这些金银珠宝的赏赐。评王心知其意。但想公主怎能与狗结婚，怀有悔婚的意念，终日闷闷不乐，却又不肯说出口来。后来公主知道这事，便劝父亲应该依照从前的榜文行事，不可失言。而且表示自愿嫁给龙犬。评王接纳了公主的劝谏，把第三公主嫁给龙犬。成婚以后，夫妻感情很好。大家都觉得奇怪。一天，公主的母亲同公主谈起这事，公主才说出龙犬白天是狗，晚上却是一个美貌的男子。他身上的斑毛，晚上也变为光彩灿烂的龙袍。所以两人感情很好。母亲说：“龙犬既然晚上可以变人，你就叫他变成人好了，何必白天还要变成狗呢?”公主说：“如果要他变成人，他就要做王。那么，父亲又怎么办呢?”王后把这事告知评王，评王说：“这倒不难，只要龙犬能变成人，他要做王，就封他到南京去，我在北京做王，岂不是两全其美了么?”王后把评王的意思告知公主，公主就和龙犬商量。龙犬叫公主把他放在蒸笼里蒸七天七夜，便可脱去身上的毛而变成人。公主照办了。但蒸到六天六夜时，公主怕丈夫蒸死，便揭开盖子来看，只见龙犬果然已变成人，不过因蒸的日子不够，还剩头上、腋下和脚胫上的毛未曾脱掉。但盖子已揭开，不能再蒸，只好把有毛的头和胫，用布缠裹（这便是盘瑶男女，至今要包裹头、胫的来历）。龙犬变成人之后，评王便实践诺言，封他为盘护王，并备办金银珠宝，绫罗绸缎，作为公主的嫁妆。在朝中大摆筵席，款待盘护王夫妇，并召集群臣作陪。随后还派鼓乐，引送他夫妻到南京十宝殿会稽山安居，每年差人供奉银粮给他夫妻享用。后来盘护王夫妇，共育六男六女，都长得人身端正。评王大喜，就敕赐这十二个男女为十二姓：盘、沈、包、黄、李、邓、周、赵、胡、唐、雷、冯。其后子孙繁衍，先住玉明冲、九牛山，再迁到千家洞。评王为了爱顾这十二姓子孙，便敕令各地文武官员，凡盘护王子孙所居的山地，任由开山耕种，蠲免一切粮赋差役。一天，盘护王出山打猎，不幸被山羊触下悬崖跌死。他的尸体被挂在悬崖上一棵古树上，子孙找到后便把这树砍下，做成长腰木鼓，猎获山羊皮漫在鼓上，敲鼓唱歌，来哀悼盘护王（这便是还盘王愿的起源）。

千家洞是个四周高山围绕，中有广阔肥地的所在。十二姓迁到这里后，为了供奉自己的祖先，便砌一座平安庙，把盘王神安在里面，并用铁和黄金合铸一个香炉供在神位前，故有“铁打香炉三斤半，黄金四两五钱三”的说法。在这里定居时，子孙繁衍到千户以上，故把这里起名千家洞。洞里土地肥沃，年年丰收，十二姓子孙生活过得很好。每逢新年，各家都要大请春酒，你来我往，宴会不绝；不到村外一棵桐柞木（又叫得空木）开花，是没人下田的。一年的春头，外面的汉人县官，听到十二姓盘瑶有这种风俗，便到洞里查看。盘瑶各户都请他吃春酒，这家吃了，又到那家，家家盛情款待，说是未到桐柞木开花时间，都是休息宴会的日子，绝不让客人辞行的。恰好那年村里有个寡妇，因为儿子年幼，劳动力弱，每年生产收入不大，没力量在新春年头，请酒招待同族。见别人酒会往来，心生嫉妒，便暗地把村外的桐柞木凿个小洞，放盐进去，因此这棵树便不开花了。村中的春酒，一直吃到三月，还未停止。外面府官衙门，见县官久去不回，疑被盘瑶杀害，便兴动人马，杀进洞去。从洞头杀到洞尾，才发现县官还在那里吃酒。但事已弄错，却也无法挽回了。县官觉得对不起十二姓人，只得带兵出洞。事后大家去看桐柞木，才知被人阉割，不再开花，以致酿成这场大祸。老人们商量，认为不能再在这里居住下去，决定搬家他迁，同时把盘王神位和香炉一起带走。在迁移中，过一大海，船遇风浪，七天七夜不得到岸。一天，姓沈的船只，划到一座小崖石边躲风，船上的人纷纷到石上煮饭。火烧燃以后，崖石动起来，往下沉去。在此煮饭的人，尽被淹死。原来这座崖石是一条大鱼，鱼背被火烧痛，所以沉下。因此，其他的各姓，更加慌张，只有纷纷向自己的祖先——盘王祈福，许盘王愿，说是：如果船有幸到岸，以后子孙永不忘恩，杀猪祭祀酬谢。祈福之后，果然风平浪静，剩下的船只，都到了岸。从此十二姓分手，各奔前程，就把祭盘王的香炉分作十二块，再把一个牛角锯作十二节，各姓各持一件，作为十二姓共祖同族的凭证（一说从南京十宝殿会稽山玉明冲、九牛山迁出后，就渡海进入千家洞。在千家洞十二姓分手时，分香炉和牛角）。十二姓分手后，分为三支：一支往南海，一支去交趾，一支到广东省韶州府乐昌县住下（另有一说：一支往交趾，一支去湖广，一支到南宁、百色，一支到广东，一支到广西）。在乐昌住的，到明朝成化年间，受皇兵进攻，才又迁徙，经过天鹅冲、金竹坪、青蛇岭等处进入广西。

②第二说

从前，世界大乱，番王带兵来打中国。国内的大将，都被番王打败；朝内的文官，也没有一个出计退兵。国王便张贴榜文说：“谁能打退番王兵马，愿将公主许配为妻”。

榜文出了很久，都无人应征杀敌。后来天上降下一个神犬，周身黑毛，其大如虎。它一直跑上金殿，到国王跟前叩头。国王觉得诧异，向它问了许多话，它都摇头表示不是。最后问它是不是愿去杀番王，它才点头。国王便对神犬说："你如果能打退番兵，把番兵头颅取来，我就把公主嫁你，决不翻悔"！神犬对国王叩几下头，下殿飞奔而去，一直跑到番王营中。番王见中国的大犬投他，十分高兴，便将它豢养，带在身边，一刻不离。后来神犬趁番王如厕的时候，扑过去把番王的睾丸咬下。番王立刻气绝。神犬便把他的头颅咬下，飞奔回国，朝见国王。国王封它大官，它却摇头。国王无法，只好把公主配它。便命自己三个女儿一齐装扮上殿，问谁愿与神犬结婚。大公主和二公主都不愿嫁，只有三公主，看见神犬并不是狗，而是一个标致的青年。便自愿和它成婚。国王以女配犬，很觉羞惭。便命工匠到深山里面，建造房屋，送神犬夫妇到那里居住。一次，公主回朝探望父母，母亲问她同狗结婚，相处得怎样。公主才对母亲说出实话，说他并不是狗，而是一个美男子。从此父母才安心下来，并备办金银彩缎，送女回去。

几年后，公主生子，人形，只是全身都披着长毛。神犬便叫公主把他放在甑内来蒸。婴孩在甑内觉得太热，便把双手双脚夹紧，并用手掌抱着头颅。七天七夜过后，揭开甑盖，只见小孩全身的长毛全脱，只有腋下、胯下和头壳上面的毛，因被夹着和抱着，火功未到，还未脱落（这便是人有头发、腋毛和阴毛的来历）。

国王因神犬杀敌有功，把三公主配他之后，虽然是个赘婿，却封他为长子。国王钟爱长子，便封他管山。理由是：山上木多，斩木根，吃木尾，费了一次的劳动，便可收获多年，如砍木便生香蕈。在平地种田耕地，种一年，只收一次。因此，国王便敕令天下："离田三尺，任由瑶人耕种做吃；离水三丈，戽水不上，便由瑶人管上。不纳粮税，不供差役"。赐他夫妇住在南京十宝殿。

神犬死后成神，称为盘王。盘王共生九子，起初本来年年虔诚敬奉盘王，不敢怠慢。日后年长月久，九个儿子竟有八个渐生厌心，便提议说："我们年年耗费很多钱财牺牲，来敬盘王，弄得生活都感困难，不如不敬的好"。这个提议，八个儿子都表示赞同，只有最小的儿子，表示反对。语言来往，触怒了八个兄长。他们竟把小弟弟赶到离南京隔两重海的远处去了。自此以后，八兄弟不再敬奉盘王。盘王在天有灵，见八个儿子，不敬奉自己，大怒之下，便把他们一齐收去——一个个都死了。住在海外的儿子，一共生了十三个儿子，分作十三姓，其后子孙逐渐繁衍到八千人口。因为人口盛旺，引起当地土著的嫉妒，他们商量，密谋要把盘王的子孙杀绝。盘王在天有灵，知道后人在海外将遭灭族大祸，便派一个神降生在他的后人之中。这个孩子长到八九岁时，便对族人说："不久将有大祸临头，我们全族必须渡海重回故乡。"全族人都信了这小孩的话，搬家渡海回乡。小孩带族人渡过了第一重海，到达一个海岛上面。小孩为了考验人们是否真心敬奉盘王，便在这个海岛上暂时住下。时间过得很快，转眼已过四十年。由于岛上无田可耕，族人多靠吃草木果实过活。在生活困苦的时候，族人又有一半不愿敬奉盘王了。盘王又把他们收去。小孩已老，下凡的时间已满，仍要上天。临死时，拿出一条木棒嘱咐族人说："谁敬奉盘王，祭祀这棒，可以逢凶化吉"。说罢，把木棒插在地上，便断了气。后来十三姓盘王子孙，因岛上生活困难，又约齐渡第二重海回乡。在渡海时，遇大风浪，有一姓子孙不敬盘王，不肯带那条木棒过海，就被风浪把船打翻。其余十二姓子孙，见不信盘王的，船只已经打沉，大家便齐呼盘王名字，对他祈福，发誓日后必定敬奉他。他们并拿出木棒，插在海中。盘王在天有灵，海里霎时现出一条路来，白天用乌云照海，夜里用星星照水，引导十二姓子孙前进。终于平安渡过大海，回到南京十宝殿。后来由南京十宝殿迁到广东省韶州府乐昌县山冲里居住，不知住了多久，才分支来到广西。

附录一

评王券榜牒文给照

正（理）忠（宗）景定元年十月二十一日。臣僚俱屈承应（认）。准盘龙护王登佐殿。跃拜舞朝。王欣中独言报主施恩。尽在准志。我王敕誓。恐或未坚。紫王张何处之德。再誓敕护造开国榜于文牒。皇帝或娇儿子盘古王盘太祖高皇帝。开天立地。盘古三郎。盘六绍七郎。开宝二年八月十五日给榜文牒。下各处山头。收积原日山土国地。凭代为照。先被国界。评王次紫王睁（争）斗战国占朝。斗国无胜。盘护王陛下。朝内大将军。何臣为计。收斩紫王头级。可将殿前三宫女许配为妻。启评王吩咐。朝内诸臣及大将军何人安策。并无启奏横王。朝内龙犬顺口启奏曰。龙犬愿领旨斩紫。灭紫衣赤才。评王盘护。龙颜大悦。陛下圣旨曰。龙犬接旨施行。不敢忘主之恩。发誓不虚。陛下排筵。饮罢领命辞别众臣大将。大开城门，送出教场拜别而去。舞走如飞，穿游过海。七日七夜。游到紫王国内。紫王认得原是横王陛下龙犬而投我国。评王无道。国必败。吾闻昔日有异物进朝。我国必胜。王家龙犬走过海来投为主。朝内诸臣大将欢喜。龙犬游宫有强虎之威。大有二十四斑点。教初生在东海刘家所。被刘男刘弟称是生母仙伲不养。将去都落。日随跟紫王。路中被遇一妇。大叫声紫王。左右臣大悦。进朝引龙犬入内宫。饮食美味。待之不浅。紫王每坐朝廷。偿分待则以大将安词。再战评王。斩取断头。可安国界。是夜。排筵饮酒大醉。昏迷不省人事。不管龙犬心思报主之恩。威猛功劳。心生一计策。是夜至龙床宫。一口咬定颈中。咬脱头级不放。偷出外边。拖过海。回归朝内。污血在身。大臣僚举抱住问言龙犬曰。汝自取得。口啣紫王头级到至殿前。朝见评王。盘护祈陛下。小龙犬奉旨施行。不敢违令。取斩紫王头级在此。凤我主赐罪。评王大悦。见犬身威猛勇。立时陛下刹准备酒大筵席。三日三夜。大作鼓乐庆贺。从此国界安宁。诸臣启奏盘护王陛下无别。因我主金口敕令。若有何人收斩紫王头级。愿赐三宫之女与他为妻。如今龙犬过海斩除回朝。望我主陛下敕令。盘王想起将三宫女许配之事。呵呵大笑道。陛下将着三宫女装扮衣裳插带梳。备办齐整。来到盘王殿前。深深参拜。龙犬见。向前一口咬定三宫女黄装脚下不放。要与我龙犬配合。我奉你父亲之命。游过海取斩紫王头级回朝。你父将你配合我等为妻。三宫女准领父令。当凭评王为月老。就入内宫排宴成亲。敕令虔备鼓乐送入会稽山居住。每年差人供奉钱粮给夫妻食用。黄金白银共交八十万供应。官赐二品尚书。敕令文武官员照牒放免一切。前后只许青山白云之地安居。后宫女育生四男四女。分为八姓。龙、蓝、卜、刘、唐、秦、戴、文。此为八姓龙犬子孙。花衣红锦。搬移居住王山为业。永远为悉存照。

先因盘护王娶评王殿下一宫女配合为妻。首生七女。后征伐海外。龙犬收斩紫王头级。国界安宁。盘护王不愿登佐殿为主。愿将男女分姓。为花领板瑶。评王殿前陛下。急将五姓天子人孙。公侯谪议。敕赐各姓。盘、沈、包、黄、李、邓、周、赵、胡、雷、郑、冯。高照酬偿各种官禄。钦奏钱粮。黄金白银二十万。王瑶子孙年年完纳。俱应官赐一员都尉护国尚书。盘王愿将十二姓发于各处青山安住。正为盘王子孙永居山田为业。盘王准令。以盘瑶买榜开国文牒给照。真观三年光禄子伏兵部尚书。敕封盘瑶子孙祖宗散奉香火。七月十四日。定为目连节。十二月三十日为大年节。永在青山开具主神。请动三清盘王圣帝。盘王十七郎。盘九郎。盘十郎。禾花姐妹。圣僧和尚行郎。把伞圣帝。如今后代王瑶子孙。祖居青山。逢节设祭。此神世有灵显。护金银财宝。祈保千年万代。蒙光州司马经使郑文式尸死在知州石羊县。三夫人一品悟先府充。都尉尚书。有于山内。真观三年立置十二姓王瑶子孙永晓世务。分耕山田水源各处山场。三锹以上之地离田三丈三尺不到。离水三丈六尺库水不上。乃是瑶人之地承管。以下三锹之地乃农民耕种。送纳税王粮。三锹以上之地乃养生送死安葬。依三千条罪律令施行。入山居住。刀耕火种山田。坑处管业。蠲免国税夫役。各照律令。入山沟中岭田拨归王瑶子孙承管。赦免粮免税。准照律令。国家普天下万顷山河。青山荒坡。仍系朝廷山场。仍须王瑶子孙承耕。青山荒岭茅田。有自置山货。藤豆、旱禾、糯谷、粟、麦、芋头、红薯、羌麻、菜、茶叶、竹、木、桐油、百行等件。与客通贩。全身瑶山。准备民浮游贩货。不许汉家伪害。豪富欺凌。侵夺山货。肥身利己。如有百姓霸占山林荒山田园水源。瑶人奉告。倘有刁横强诬侵占。当该禀赴前令劝休。官有究治。不许差倦强锁瑶人。王瑶永居山田山地。不属国家所管。遂给券牒。付与王瑶永远万代剩留。后代时官之主。正有立地。盘古王瑶子孙。将国分界。通呈官司胜验之人。观中间有无笔文字。特典依律令。出世子孙代代乞恩放行。右牒上奉十二姓王瑶子孙。永远为照。右牒十二姓板瑶。搬移家丁妻儿男女。衣箱枪弩刀斧。百行等件。游过寻访山场耕种。经过各有布政司府县乡村。路头关津隘口居民。把捕兵丁。把截去路。不许行凶盘问。开关放行。切莫阻挡行程。文引为照。右牒盘瑶子孙搬移。因恐决少盘费。任从逢州食州。逢县食县。逢乡食乡。瑶人寻得青山荒地。居住耕管为业主。将榜牒为照。右牒十二姓永远管山。刀耕火种山田余得活命。先日盘护王处转山岭青山捕猎石羊。不料错脚。被石羊扠落石下。跌伤而死。子孙逐日寻找尸首。将归七贤洞南山安葬。而连把首声喑。呵呵唱跳。吹乐三日三夜。惊天动地。因前便是评王子孙宗祖。评王敕令伊十二姓王瑶子孙。敬奉盘王圣帝子孙。使动长腰木鼓。吹笛笙簧。唱歌随鼓响。板瑶身穿花衣。头上梳装（妆）。引出男女。摇天动地。世代皆看叹绝。收得黄金几誇（?）木铜铃。王瑶子孙侍奉香火。享寿无疆。功绩连绵不朽。合县敕令律条。开列于左。

一准令王瑶子孙所居青山冲岭。田苗荒地。刀耕火种。山源水口。田苗以上三锹之地。不许百姓汉家客民霸占。以下三锹之地。源（原）系百姓轮纳税粮夫脚役不免。评王陛下敕令王瑶子孙。耕山不许上税。耕种山田场莫上粮。似此原系开国评王田地山林。倘若离田三丈六尺。库水不上。均系原管之业。准律施行。

一准令人民不许娶瑶女为妻。民家许百姓为婚。盘王之女不嫁汉家民。倘若不遵律令。应罚蚊子作酢三瓮。开通铜钱三百贯。无节竹三百枝。狗出角作梳三百副。老糠纺索三百丈。格木船一只。宽八尺。厚十二寸。深长十二丈。若有百姓成亲者。无此等件。定言入官究治。依律除之。山田拨归王瑶。准令施行。

一准令各省府县州司官吏。公事不许科派诸盘瑶夫役。并予蠲免税粮。或往来山峪。不许问律盘查。准令施行。

一准令十二姓王瑶上考各省府县赐官赏职。点拔贡。举人。居住青山。不许条僯（迁移）。准令施行。

一准令王瑶子孙。永代所入各省布政府县见官。不准王瑶下跪。父母病逝。丁忧三年。不当杀牲告判。逢水过渡。不使钱文。如有不遵。参究偿令施行。

一准令十二姓王瑶子孙自行嫁娶。不与族外配婚成亲。倘若不遵。禀官依律施行。

一准令王瑶子孙出入搬移住从。所带弓弩刀枪。不许官府军员巡捕百姓盘查阻挡。准令施行。

一准令应承王瑶耕种山林荒地田园。不问缘由。广阔远近水源尺丈。付与王瑶子孙世代管业。逢山刀砍。逢水开田养活。山土耕耘栽种等件山货生理。通客贩卖。不许诬骗行凶强取。倘若不遵。任从王瑶刑罚赏令施行。

一准令任从学舞艺。不许府县官员派瑶当差。准令施行。

一准令天时不雨大旱。禾稻五谷焦枯。任以王瑶师道付出府县。祈求风雨。裕国裕民。宗庙天廷玉皇大帝。开天立地圣众盘王。高山祖公众皇。见吾道德普奉。准令护盘古圣帝所管。百万百千山林。山水田地。竹林木薯。蕉藤。白藤。置出。盘王子孙所管。百万山田。皆是瑶山管业。倘有高山厚岭山林。高坪荒地茆坡。离水三尺。离水三丈。各依本分。不与民间之事。离田左右三尺寸（三）三（寸）上下。王瑶安葬之地。百姓不许阻挡。青山荒地。刀砍火烧。种禾散谷。粟、麦粉、包粟、栽种为食。三月清明下本。四月耘除草。秋月禾胎入米。冬月收藏。世代不租税。王瑶子孙各户。侍奉盘王大帝。二庙天皇。长腰木鼓。吹笛笙歌唱。鸣锣打鼓随唱。男女连夜达天转地。瑶人世代家家安乐。居住山林。日共青山对坐。夜有百鸟共栖。男人吹笛学师。女人学花针线习歌。日日快活。春到栽种五谷杂粮。播田种豆。薯姜芋菜等项。所为活命。不与民间之事。仍栖朝庭（廷）官地。燕飞不过坪田坪水船车。该国皇帝地面。百姓所耕。养生送死。纳钱粮。当夫。送役。户口。王瑶子孙居住高山草岭养生。敬奉盘王圣帝。但有高山厚岭。日月照临。听闻禽兽之声。青山石壁。所听饿鬼。荒地冲中。常闻野狸之叫。仍系瑶人之业。栽种养活。永代本分。倘有贪官军民堡差役。生计侵入瑶山捕捉。指瑶为盗。横生祸端。诬害瑶人。不准律罚。准令施行。

评王牒文开列如左。

右牒王瑶子孙。犹恐过犯王法律条。敕令各省府县官员经审。勿得杖打。偿命充徒。查明原施归准牒。右牒天下十三省布政使司。各府州县军民人等。以山内瑶人不同。各均山水地界。普天下置有东南西北。乾坤艮异。金木水火土。但有青山荒地茆坡草。神农五谷与瑶人养生性命。此乃清泉源水不干。敕令第一山场山田。第二山坡岭田荒地冲田。皆与瑶人管业之地。但有竹木等件。不许百姓别人乱斩。第三坡水下民家管业。春旱时百姓开水入田。即系民家所管。纳粮与民不同。各法山水分界。地面不同。盘王子孙之业。百姓客民之田。瑶人山田岭水。百姓坪坦之田。各立尺寸。二家不得争占。汉民倚强诬伪瑶人所执。盘王仍立为始。置文立牒。倘若民等不依地界。禀究呈上。官有准究除强定律。评王盘护榜文照牒。付与王瑶子孙万古传留为照。右牒榜文付盘王三郎。盘绍七郎。准此为照。计开瑶人老名下。

高太祖王盘护男女大小三千七百五十四号。

计开十二姓盘瑶姓名开列于后。

第一男姓盘陆公名才富。封助国护主。食邑五千户。补充券州敕（刺）史。

第二男姓沈名贤成。封国侯。食邑六千户。补充敕州大将军。

第三男姓包名进承。封都尉。食邑三千户。补充桃州敕（刺）史。

第四男姓黄名文敌。封光禄大夫。食邑三千户。补充尧州都尉。

第五男姓李名思安。封才禄大夫。食邑二千户。补充本司侯射郎。

第六男姓郑名连宴。封镇国大将军。食邑一千户。补充胜都尉。

第七男姓周名友旺。封都尉大将军。王氏夫人。

第八男姓赵名朝昌。封都尉国公。杨氏夫人。

第九男姓胡名通广。封都尉总将。承氏夫人。

第十男姓雷名才朝。封都尉定国将军。喜氏夫人。

第十一男姓邓名富有。封护国公都尉。杨氏夫人。

第十二男姓冯名德中。封经国门下大学士。知州。柳氏夫人。

右仰准如前令。后思议定十二姓名门下议立敕官各赐各品尚书都尉。令准瑶人入科取考者准令。右仰各姓爵官如前。议定官品门下大学士臣林光。奉照议定姓名大学士臣冯德忠。封经国大侯门下大学士臣罗道上。奉官品大学士臣刘居上。奉东门大将军金骑都尉臣经专上。奉南门大将军雷骑都尉臣罗行上。奉西门大将军飞骑都尉臣何临上。奉北门大将军节飞都尉臣刘任上。奉中门大将军节骑都尉臣刘光辉。中国大夫知国事卢节。奉给事策令宗。奉正练大将军节度判使臣李行林。奉金紫光禄大夫上校国佐首舍人。奉名皇名别于左。

景炎一年。至元三年。元（疑为符字之误）三年。大德十一年。至大四年。皇庆四年（?）。正德四年。乾文（疑为元字之误）八年。泰道（?）五年。知（疑为至字之误）正十六年。开宝二年八月十五日给照施行。普天下各省布政史司一千九百零四处。一分田塘。九分山岗（冈）。一分团塘。百姓耕管。九分山岗（冈）冲田山田。瑶人永远耕种为业。被瑶过往搬移。此照为实。钦差官员巡捕总兵人等官。于建除一年八月初六日。山东布政司（使）吏（司）青州府县相同出给照。但有青山四方山林荒地四至。千万山田。生有树木。冲中岭田。君归开国王瑶子孙管业。蠲免皇税当夫科派。王瑶原有田地。栽种五谷。青山生有山猪。山羊。山牛。山猺。山獐。山麂。山鹿。山猪。山鸡。百鸟。溪河水鱼。成出福人。开国皇帝敕令准与娇儿子孙任从弓弩打猪。射死禽兽。可以有种有收。可无耗食五谷。便为养活。干免朝廷府县粮税。倘有田旱。民乡村里老百姓头目三千户。如有不遵律令之人。乱入科派夫役。强取物件。收税纳粮。敕令瑶老瑶头。将所持盘王敕赐铁链绳索。木枷木押。将强反之人捆绑锁缚。扯解官究治。依律惩罚，当官罚钱一百贯。白米八十石。官使杖重打八十大棍。奉吾盘皇之令。如有姓（性）强争地界。唆诈盗偷。倚强恶棍强阻。山林荒山田地。各有规定。诬害王瑶子孙。任从呈禀官吏究治。准奉评王律条施行。始祖王瑶居住地方。不敢为匪为歹。并无盗心横强。可保全身家安乐。王瑶原系善人。牒文为照。敕赐皇名。

建隆六（?）年。朝（乾）德五年。开宝八年。端德（?）三年。淳化九（?）年。端接（拱）五（?）年。天禧六（?）年。盛（咸）平六年。景德四年。祥光（?）×年。乾兴二（?）年。天圣九年。明达（疑为道字之误）四（?）年。嘉庆八年。治平四年。景佑四年。宝元二年。康定二年。康定八（?）年。皇佑（祐）五年。元礼（丰）十（?）年。元佑（祐）六年。乾宁八（?）年。绍圣四年。端（疑为靖字之误）国（端国前疑漏建中二字）二（?）年。元符三年。庆元六年。淳惆（?）十六年。至通（道）一年。开喜（禧）十年。重和一年。宝应（庆）三年。绍兴三年。乾宗（?）九年。端平六年。绍定六（?）年。嘉泰六（?）年。淳祐三年。宝祐六年。宣和十（?）年。皇帝同使瑶人原是开国皇帝娇儿子孙。王瑶于绍兴十六年五月十三日出照。

发下各处地方。据榜实帖。钦蒙赏赐该王瑶抚子三千七百五十四号。勘合回山。赏金银万两。绫罗绸缎千匹。白米百万石。铜钱千贯。五谷本五千石。弓弩锹刀斧锄。六畜牲滋。锅头等项等件各物。赐明与王瑶子孙世代茂盛。皇帝敕赐养活生命。开国天子殿前地令所发前主青山。依然安居各号养活。长衫大袖。男瑶使用长腰木鼓。女身穿花衣青衣。日在青山之地。赐有金银宝贝。子孙游山之处。任从葬在坡山。石神石虎。麒麟口。狮子口。龙头龙口龙尾。任从葬之。右牒敕赐十二姓子孙。任从浮游天下。随风雨浪。逢山吃山。逢水吃水。有山砍山。有水开水。有田耕田。开荒耕地。十二姓瑶人来不带米。去不分家。世代本分。为是助国之人。与圣分忧。应便四方居住。给主评王。给榜令律法条券牒。王瑶照验施行。

中华民国三十岁甲申年二月初四日吉兴提名。蓝一心正笔凭为记号。永远为照。(抄自大瑶山六巷区六巷乡水屯盘瑶手抄卷)

附录二

世代流传祖居来历书

十二姓板瑶，出世在南京道，十宝店。千家洞，开有田地很好，有吃有饮。太翁十二姓，供只香炉，敬奉烧香，供上盘皇。铜置（制）香炉三斤半，香炉底黄金四两五钱三。供（共）立有盘皇庙，十二姓烧香供（共）故盘皇会。在顺治皇，外洞百姓见官，入去千家洞，要我十二姓板瑶请新年酒代（待）他百姓官。官不出不回。百姓不见官转，就打姣（计较），他百姓就出兵入来查我板瑶。又因整兵大齐饮新年酒。来查一档（趟）二档（趟），兵也不见出，官也不见回。百姓恐怕我十二姓杀他的官。他百姓作商量，发兵马上入来打我千家洞。打散了入到村头，正（才）见官饮新年酒。百姓官长正（才）收兵退转不打。我十二姓板瑶，想尽不捨田地移居，等到桐柞木开花才做工。年年十二月初一请酒到出年二月春社。他百姓不用阴同（疑是不修阴功之意），担火去烧，担水淋木死了。等到六月七月，不见木开花，正（才）去看，木也死了。不春做，不冬收。想尽不奈何，有三个人老商量，带我十二姓子孙移，在顺治坐京元年四月初八日。飘摇过海，过红水渡。过了一年三百六十日，船不通，愁愁忆忆，在海面计到，知得前日在敬有盘皇五鬼，正（才）来大齐商量许福，一许二邦（帮），一转二邦（帮），又过不通；又许流落：要用三男三女，唱歌贺他盘皇抾抎（二字意不明），又过不通。因位（为）十二姓移居，不带香炉来。佢盘皇流乱无人敬奉，兵马头茶（?）饿，要用许起福愿，祭兵马愿，同他做盘口，断过北京，三朝船行到岸，马行到乡。十二姓板瑶过到边北京，大齐商量，得处安居，慢谢他盘皇神恩。三个翁忿（分）开：一念（捻：支）不南海，一念（捻）下校枝（交趾），一念（捻）下广东道陈（韶）州府落（乐）昌县安居，又开口开口，耕种很好。各人立宅安居。又谢恩（意即还盘皇愿）。知得他有灵神，十二姓正（才）台（抬）香炉，各人分开上敬奉他盘皇翁。在成化皇城（成）圣，管至百姓，又起姣（计较）来打我十二姓板瑶。又着德（得）移居。过天俄（鹅）冲，入金竹平（坪）。过蛇青（即青蛇）岭，一路入广西山头游剑（转）；一念（捻）入古蒙州，一念入徭州（疑是桃州之误），因为百姓又来打古蒙（此处已近大瑶山，疑在蒙山境内）。发入冲良（疑即忠良），又入大橙（凳）、六牛、石水（滴水）、六运（罗运），四处游剑（转）。十二姓愿种地，不愿种田。十二姓瑶人斩山斩岭，不立社，不立庙，正（才）变过山粮徭。吐（土）徭在后来到，吐（土）徭作（着）立社立庙。我徭随斩随去，去到无处，番（翻）转来，吐（土）徭又不分种。正（才）来作（着）得代（带）酒米鸡肉恭去批来正（才）得种。前日在千家洞置有连州、行平、付灵、付江、等庙，香竹圣皇堂。庞文府接到祖翁来力（历），前世来因，始祖行善来因力（历）语，勤作耕，迟早立功。锄山挖岭度食，生业为本。

修善书一卷。万古流船（传），世代子孙，永远船（传）板徭知到（道）前世太翁祖。

敬昔（惜）字纸，亲友借去，亲手送转，不德（得）乱患（放）篓（漏）失。

庞文府亲手录出，流船（传）子孙，作为记船阳（传扬）。

中华民国三十四年岁次乙酉三月二十五日吉订庞文府置订。

（原本存广西壮族自治区博物馆。该馆于1954年12月在大瑶山三角区甲江乡蓝冲庞家采集）

（2）盘瑶迁入大瑶山之例

盘瑶，又名过山瑶。解放前，由于长期都没有土地，只靠垦荒山、种杂粮过活，而且没有完全摆脱“刀耕火种”的落后生产技术，耕地还不施肥，等到它的肥力消失，不再适于农作物成长的时候，就得把这片地抛弃，迁徙他处。这便是“过山瑶”名称的来由。一般说来，盘瑶因生产上的原因是不易定居，流动转徙较为频繁。

盘瑶从何时开始进入大瑶山，虽据多方调查，也得不到确切的说法。这也与他们常常过着流动转徙的生活有关。虽然现在过山瑶和长毛瑶都还流传着盘瑶是先于长毛瑶进入瑶山的传说，但究竟在什么时代入山，却找不到一个答案。就是在有关汉文旧籍记载中，也找不出这项文献。据调查中搜集到的茶山瑶祖先传说，只知从藤县、平南进入大垌、利两一带的苏、莫、龙、陶等姓的茶山瑶祖先，当他们被覃千户以武装压迫进入利两和大垌一带的时候，当地是先有盘瑶在居住着的。只有这一传说，才稍稍说明了在三四百年前大瑶山已经有了盘瑶的踪迹，但却不能确知他们最早进入这里的年代。

大瑶山盘瑶人口数目在各族系之上，其分布地区，亦较其他族系为广。他们入山的路线和时间的先后，当然也不相同。现举我们重点调查地区的坤林村的两个盘瑶家族为例，借以了解盘瑶入山的概略。

①赵至田家祖先入山情况

赵姓盘瑶，共分三大支族，即五代赵、六代赵、七代赵。所谓几代赵的意义，即是指他们所用的宗谱派辈字是五个、六个或七个，把固定几个派辈字用完之后，又周而复始。”赵至田家是七代赵，也称“大赵”，其宗谱派辈用字是“如、得、生（或可换用戍）、有、进、才、至。”赵至田是“至”字派，至字是七代赵最末一字。他的儿字的派字，就要回复到用第一字——如字，孙儿则用第二字——得字。余类推。

我们调查时，赵至田拿出一本《太祖流支图式》（按：即“宗支簿”），内容虽然只侧重记载他家前辈的葬地，但从这些简单的文字记载中，也可了解他家十多代人迁移的经过和进入大瑶山的大概年代。因为，他们先人的葬地，可以证明就是他家先人住过的地方。兹摘录其历代先人葬地如下：

第一代：赵法位，妻冯氏。

第二代：赵法钱，妻赵氏。夫妻共葬在平南县藤雨冲佛子冲。

第三代：赵法龙，妻赵妹社。夫葬在浔州府、桂平县、大扇乡、古丁里罗湿村大杯田头坪。妻葬陆川县、社里禄谭洞。又葬北流县合经里妹花丁冲。（按："大扇乡"疑为"大宣乡"之误。大宣在桂平县境北部，地接瑶山山脉南端。又"罗湿"疑为"罗宜"之误，现大宣之北有罗宜，系山区，地与大瑶山南部之大樟区瓦厂乡六苗村接界。其妻既葬北流县，又葬陆川县，疑另一个是续弦的后妻。）

第四代：赵法护，妻赵妹石。夫葬北流县把洞村北冲。妻原在平乐府荔浦县、咸亨里、礼智乡、高堡部陀冲、牛头岭。（按：赵法护死后葬北流，其妻或在赵法护死后，即迁居荔浦咸亨里。牛头岭在何地不详。咸亨里在荔浦西部，地与大瑶山北部相毗连。牛头岭可能仍为瑶山山脉范围之内。）

第五代：赵法金，又名如清，妻李氏。夫葬柳州府东乡里黄乾、浮冲。（按：葬地只记在柳州府，下缺县名。查东乡里系武宣县东部地接大瑶山境的地名。武宣旧属柳州府，记载中的东乡里，很可能是武宣的东乡。黄乾、浮冲在何处不详。盘瑶称山谷为冲，浮冲当系山区，在乡之东的山区，即现大瑶山大樟区、玲马乡以南一带。）

第六代：赵法贵，又名得寿，妻冯氏。夫葬柳州府、长花里计冲、藤冲。妻葬柳州府、象州安上里、古陈、水井村。（按：夫的葬地只记柳州府，下无县名。"长花里"疑系"昌化里"之误。考象州东部接瑶山境，有昌化里之名。因疑柳州府长花里，即为柳州府象州昌化里。象州属柳州。妻的葬地在象州的安上里，这里也是象州东部地接瑶山的所在。所记古陈，是否即现大瑶山六巷区六巷乡的上下古陈则不能确知，水井村在何地不详。）

第七代：赵法强，又名成财，妻黄氏。夫葬浔州府、平南县、担到里花黄、无偃冲。妻葬平乐府、永安州、西乡里、平坦堡、六吞冲、蓬蓉冲、六降冲。（按：夫的葬地在平南县担到里花黄、担到里在何处不详。"花黄"疑系"花王"之误。查花王水在今平南县朋化区北部山区中，地与今大瑶山六巷区门头乡的黄钳村相接。妻的葬地的六吞冲，现名六灯。今属大瑶山忠良区六千乡，仍为盘瑶族住区。六降即六干之别写，即今六干乡人委所在地。）

第八代：赵法应，又名有元，妻赵氏。妻葬浔州府、平南县、思罗乡、武郎里、大同水、甲午冲。（按：甲午冲在今六干乡境。）

第九代：赵法禄，即赵进秀。

第十代：赵法广，即赵才广。

第十一代：赵至田，1957 年 82 岁。

第十二代：赵如县，现住六降。

第十三代：赵如县之子。

从上举这本《太祖流支图式》里，可以看出盘瑶赵至田家 13 代人居住迁移的足迹。他们在约 300 年前（每一代以 25 年计算）就从毗连大瑶山的南部地区的平南县藤雨冲、佛子冲迁徙到桂平、陆川、北流、荔浦、武宣、象州、平南、永安州（今蒙山）、平南等县的山区居住过。而这些住地中，除陆川和北流两县以外，都是大瑶山境域或毗连大瑶山的山区。如果以他家第二代祖先赵法钱曾经住过平南县的藤雨冲、佛子冲时算起，则在约 300 年前左右，大瑶山或与大瑶山毗连的山区里，已经有了盘瑶的踪迹。如果以他家第七代祖先赵法强之妻曾住永安州西乡里平坦堡吞冲、蓬蓉冲、六降冲时算起，可以确切知道他家进入今大瑶山忠良区六干乡境内已历6代，时间约150年。

②坤林五代赵祖先入山情况

大瑶山金秀区共和乡坤林村住着的另一支系的赵姓盘瑶，是五代赵（又称小赵），他们派辈的用字只是五个，即：明、成、文、春、进。根据这支姓赵的传说：他们的先辈是从湖广迁来广西的。初入广西时住过什么地方，已不复记忆。从赵成州起，以下各代子孙，都还记得清楚。据说赵成州是个有一手好工艺的工匠，既会打铁，又会打银。到大瑶山后，曾杂居在汉人聚居区大峒附近。因为他人很能干，当地汉人也不欺负他。死后葬在大峒山上。他有两个儿子：长子名文定，次子名文林。他死后，其妻便带着两个儿子搬迁到今六干乡崖塔地方居住。其后儿子长大分居，长子文定迁往今六干乡东北的六桂居住。次子文林生二子，长子名春秀，次子名春才，由祖母带着到坤林居住，成为坤林的开村人之一。同来开村的还有赵至田的祖先和黄姓的祖先。现住坤林的两支赵姓，子孙繁衍。黄姓一支，在60年前迁往荔浦西北部山区的南流村了。

从赵成州进入瑶山定居大峒时算起，至1957年已历8代，时间约200年。如从赵春秀、赵春才兄弟到坤林开村时算起，至1957年已历6代，时间约150年。若就随山迁徙，流动性较大的盘瑶来说，坤林村有了这么长的一段历史，可说是个比较突出的例子。盘瑶之所以能在这里定居下来，与他们的经济生活是有直接相关的。因为这里的土质和气候，适于种植六谷米（薏米），收益较多。又由于盘瑶勤苦耐劳，把积下来的钱来批耕金秀、白沙两村茶山瑶占有的坤林附近一带的老山。老山土地极肥，不但旱作可以丰收，且砍倒的大树，上面多能自然生长木耳，也可增加一种副业收入。收入既多，他们就开始买进了茶山瑶山主的山场开垦成为水田，为定居生活打下了稳固的基础。

兹将坤林村五代赵各代世系表列如下：

- 赵成州
  - 文定——春德——进林
    - 明周
    - 明文——（初住六桂，后迁六雷，子孙不
  - 文秀
    - 春秀——进保
      - 明福
        - 成现　（赘婿——子甲）
        - 成贵——文旺
      - 明进
        - 成金——文福、文汉
        - 成艮——文 ×、文田
      - 明龙
        - 成旺、成元——文荣、文 ×
      - 明宫
        - 成广、成福——（迁往金秀）
        - 成有——（出外上门）
        - 成才——（现当干部在外）
    - 春才
      - 进德——明香——（迁往修仁六利）
      - 进禄
        - 明显
          - 成富——子甲、乙
          - 成德——女甲、乙
        - 明安（赘婿）成府——文官、文印、文耕
      - 进广
        - 明文
          - 成仙——文德——女甲
          - 成清（赘婿）——文禄
        - 明品
          - 成堂——子甲、女甲
          - 成福——女甲
          - 成坤（赘婿）——文周、文府
      - 进案
        - 明会——女甲、乙（迁往修仁六利）
        - 明科
          - 成保
            - 文天（赘婿）—女甲、乙
            - 文富
            - 文贵
          - 成求—女甲

③六仁村庞姓祖先入山情况

盘瑶族的庞姓，本不属于盘瑶传说的十二姓之内。而现在盘瑶中的庞姓，是汉族庞姓到盘瑶家上门的赘婿。根据盘瑶的风俗，上门的赘婿，如果接受了妻家的财礼（或称“身价钱”）称为“卖断”的，则须改为妻族的姓氏；如果不接受或减收妻家的财礼，称为“顶两头”或称“后代留一根须”的，则不改为妻族的姓氏。庞姓盘瑶的祖先，当属于后者。

据金秀区共和乡六仁村庞姓的传说，他们祖先原系汉族，名叫庞法胜，原住广东省猪仔巷第二行，后迁居广西，娶妻黎氏，生子庞法龙，长大后便到盘瑶家里上门当赘婿，传至第五代祖先庞法罡，曾住过象州属境以内，具体地名不详。传至第八代祖先庞法宝，迁居罗香区平竹乡的六尾竹，后因家财被盗抢劫，又搬移到蒙山县上鉴乡西冲（在忠良区六干乡之东，属大瑶山山脉）居住，再迁移到今共和乡沙坪村附近的红冲（又名能勇冲）和坤林对面山的郎庞与六仁村背的龙回等地住过，直到第十一代祖先庞贵保才迁到六仁村定住，至解放初期约有 120 年了。若从第八代祖先庞法宝曾住久竹尾算起，至解放初期，时间约 200 年了。庞姓所以能在六仁村定居下来，是由于他们学会了种植六谷米（薏米），收入较多，有了积蓄，便逐渐买进了罗梦村茶山瑶一些离村很远的产业——水田和山地，为定居打下了经济基础。

兹将庞成府家收藏的“宗支簿”上所载各代祖先表列如下：

第 一 代：庞法胜　　原住广东省猪仔巷第二行
第 二 代：庞法龙　　到盘瑶家上门为赘婿
第 三 代：庞法尚
第 四 代：庞法行
第 五 代：庞法罡　　曾住过象州管辖的地方，地名不详。
第 六 代：庞发才
第 七 代：庞法位
第 八 代：庞法宝　　曾住今罗香区平竹乡六竹尾
第 九 代：庞法应　　曾住蒙山县上鉴乡西冲
第 十 代：庞法周（又名文凤）曾住能勇、郎庞、回龙等处（距离六仁不远）
第十一代：庞法富（又名贵保）迁住六仁定居
第十二代：庞法乡（又名成乡）
第十三代：庞法接（又名有品）
第十四代：庞法秀（又名富才）
第十五代：庞××（富才之子）

3. 山子瑶

（1）祖先传说

山子瑶也和盘瑶一样崇奉盘王。在他们的祭神经典里，也有盘王跟皇帝三公主结婚的神唱，大致与盘瑶传说相同。此外，还有十二姓共同乘船渡海，被风浪覆船，淹没了一姓，尚留十一姓，以及曾经住过千家洞，也和盘瑶的传说一致。更足以引人注意的是：他们有的传说与盘瑶原系兄弟，因在迁徙途中分散，各奔一方，以后才分为两个族系的。甚至有的说，他们同盘瑶和坳瑶，原先是同族，直到进入大瑶山后，因各谋生活，才逐渐分成三个族系的。

关于盘王的传说，在古占村师公们用来祭神的神唱歌本中，发现了如下的记载：

盘王歌唱

翻手你打阳手鼓　覆手又打鼓纷纷　听得鼓声调调响　盘古大皇来赴筵
今早我来青草庙　劳烦使者去传神　我就得闻一状清　装鞍宝马赴坛心
来到坛前你下马　旌旗显现鼓纷纷　入筵受领三杯酒　坐筵唱出圣原因
日月在天是爷眼　日月双排定乾坤　头便是天脚是地　儿孙正在腹中心
梁山树木爷头发　石头便是牙齿根　江水长长爷肚脏　深潭鱼龟是肝心
只叹当初高王反　高王造反占朝心　皇帝出榜朝门挂　无人揽返入朝心
谁人杀得高王尽　我把三女结为婚　盘王得闻如此语　当时揽榜入朝心
皇帝答言盘王道　你要几多马共军　盘王答言皇帝道　不要不多马共军
前阵马军共两个　后阵马军共两人　吉日利时爷起脚　盘王上马急如云
当时去到高王国　高王一国闹纷纷　从此盘王多变化　化作犬儿地上逃
三更逃到高王殿　高王饮酒闹陈陈　从此盘王咬一口　咬跌高王在地心
回得朝门开榜看　大人得见失三魂　军胥归到皇帝殿　皇帝得见失三魂
皇帝在朝嗤嗤笑　识得盘王身有阴　赏功归到皇帝殿　声锣声鼓闹纷纷

皇帝当时就封职　就赏红罗金共银　盘王答言皇帝道　你今听我说原因
金银珠宝我不要　想起当初旧榜文　皇帝答言盘王道　那些小事且宽心
金银珠宝依然要　三女与你结为婚　盘王闻得如此语　当时放下且宽心
吉日利时合亲眷　同坐朝门春过春　皇帝退朝与我位　我今不愿坐朝心
皇帝答言盘王道　你今听我说原因　坐朝又怕粮差恶　子孙后代怕当军
随我斩山并耕种　种粟山禾春过春　官世不差民不扰　万年欢喜在山林
皇帝后来也封职　也封来朝皇帝身　皇帝便出随身帖　揽归欢喜在山林
皇帝敕我为丞相　也封夫人当省军　经过几多皇帝了　经了几多马共军
见了几多世界乱　见了几多好恶人　搬过几多山共岭　翻翻复复合成人
只叹圣爷化世早　儿孙受苦十三分　不如当初爷在世　儿孙都唱太平春
今日到坛亲祈保　儿孙耕种十部春　一保二保都设好　平安二字挂门心
拜送盘王上马去　雨过山头慢谢恩

山子瑶人口虽然较少，但住区极其分散。大瑶山共分7个区，山子瑶分布在三角、长洞、罗香、六巷、大樟5个区，13个乡里，大小共23个村屯。他们的姓氏，现有李、黄、蒋、盘、邓、卢、赵、陈、谭、郑、覃、莫、冼、刘等15姓；但据传说，只有盘、黄、赵、冯、李、邓、蒋七姓是祖先原来的姓氏，其余八姓都是后来别族到来上门当赘婿的。原有七姓中，除蒋姓以外，其余六姓都是盘瑶祖先传说中的十二姓里所有的，由此也可看出山子瑶与盘瑶两个族系的一些关系。山子瑶也同盘瑶一样，不像长毛瑶那样同姓聚族而居，且村落一般多在10户左右，最多的不满30户，最少的仅四五户。他们也同盘瑶一样称为过山瑶。因为过去都是靠租长毛瑶山地开山种岭，迁徙无定的。

山子瑶祖先迁徙情况，传说不尽相同，但有一点为多数人所公认的，就是他们的祖先曾住广东省猪仔巷（或称猪鸡巷或珠玑巷），由猪仔巷迁到广西来的。兹举几说如下：

①第一说

山子瑶祖先原住在一个名叫龙湾的地方，后来不知什么原因迁到泉州（此地名系记音，可能是琼州或者是其他同音的地方）住了两代，后又迁到广东猪仔巷，住了三代以后，再由猪仔巷迁移到肇庆，在这里住了一代。再迁而至广西的藤县，住了两代。再迁至象州，住了一代。最后才由象州进入瑶山。由广东迁移到广西时，族人共分五只木船由水道而上，其中两只船是盘瑶，三只船是山子瑶。现在还流传着两首纪念祖先住地的歌瑶，译记如下：

山子瑶，从前由在龙湾来；达到琼州（?）集体共走到广东各分开。

从前住在琼州县，走到广东佛山街①；皇帝分出无地种，分散兄族各走行。

②第二说

山子瑶祖先原住在广东猪仔巷。从广东迁移到广西时，族人分乘三只木船溯江而上。其中两只船先行，一帆风顺，就到宾州（今广西宾阳）住下；另外一只船后行，中途遇风浪，将船打入了一个山峡里，船上的人恐慌起来，只得当天许愿：如果神灵保佑，以后愿永远供奉金甲白虎令公。风浪平息之后，船得脱险，但已不能追上另外的两只船了。后到广西，沿途住过什么地方，已不复记忆，只记得进入瑶山时，最初是住在黄桑附近沿河一带，即今之六巷区沿九十三河的六巷、门头两乡境，后来再分散山内各地。

① 据说猪仔巷在佛山。

③第三说

山子瑶祖先原住广东，后迁广西。由广东迁移时原来打算到交趾国去，全族共十二姓，因渡海遇风浪沉船，淹没了一姓，只剩十一姓。行至广西边境时，上一险滩，水流湍急，因上滩费力费时，所有船只一时不能通过，相约先上滩的先行，到了有岔路的地方，插支铜筷作为标记。先行的虽然依照约言在岔路上插了标记，但等到后行的达到岔路的时候，标记已被过路的人移动，因而走错了路途。从此先行的便到交趾国去了，后行的却因走错了路而到了千家洞。在千家洞居住的传说，与盘瑶的传说完全相同。在千家洞分散后，族人随地迁徙，一支进入大瑶山，最初曾在罗丹居住。

④第四说

山子瑶祖先原住广东省猪鸡巷（珠玑巷），后迁徙来广西。迁徙时，全族共有十个公老：其中八个迁往宾州（今宾阳县）居住；两个到武宣县安居，后由武宣再迁至平南，由平南而入瑶山，最初在今长洞区滴水村背的石山顶居住，由此再分散瑶山各地。

（2）山子瑶入山及其迁徙之例

过去只靠向山主租耕山地垦荒种植的山子瑶，除由广东迁到广西后在山外曾经住过的处所传说并不一致外，就是到了大瑶山以后，由于刀耕火种，生产技术落后，便不能长期在一个地方定居，从而流动转徙的情况也和盘瑶相同。兹举数例，借以了解他们入山的年代和在山内迁移的梗概。

①古占村山子瑶之例

古占是长洞区平道乡一个自然村，凡 17 户，计有李、盘、黄、覃、冼等姓，其中以李姓多数，共 10 户。据该村老人们传说，虽然不知道祖先原籍究在何处，但据确切记忆，若干年前，祖先曾在武宣县内住过一个很长的时期，后来又搬到碧滩（按：在大藤峡内）；再后才从碧滩迁移到大瑶山来的。入山以后，最初先后住过六巷、罗运两村的附近山里，经过两三代后，因山地种瘦了，又迁到平道乡、道江村附近的古宫村住了一代，最后才迁移到古占建村，到解放之初已有 7 代。据此可知古占部分山子瑶的祖先，进入瑶山，约有 10 代，时间约 250 年。而古占建村到现在，也有近 200 年的历史了。

②石门村邓姓之例

石门村是罗香区罗丹乡的一个自然村，凡 16 户，计有李、邓、黄、盘、卢、赵、郑、蒋等姓。据邓姓老人记忆：他们的祖先是广东迁来广西的。迁移的原因，据说是当时广东天旱 3 年，耕种无收。祖先听闻广西省有 42 个大山，山上终年木叶常青，是个很好的地方。他就携带全族人逢山过山搬家到广西的大仙洞（疑即桂平县北部的大宣。此地据大湟江口仅 20 多里，与下面要提到的李姓祖先曾住桂平江口附近或有联系）住下，后因世界翻乱，逐步迁移进入大瑶山。初入山时，在罗香区平乡竹境内的难加山住了两代，又迁到二巴（地点不详）、盘王、花相等处（在三角区江燕乡）居住。过了一两代，因当地匪盗多，本族人口少，常受人欺侮和压迫，才迁来石门居住，至解放之初已历 80 多年。如果从住难加山算起，则邓姓进入瑶山，已有 200 年左右了。

③石门村李姓之例

在山子瑶中，李姓是个人口最多的大族，在全山现有 23 个山子瑶村落里，除极少的三几个村落没有李姓外，其余或多或少都有李姓住户。石门李姓，共计 6 户。据老人们记忆：他们的祖先是从广东迁到广西来的。最初在桂平县江口（按：即大湟江口）附近的一个小村居住。随后又迁到平南县鹏化山的容洞，最后进入瑶山。最初住过罗运附近的屯照村，再迁至六俄村（罗运附近），再迁至横谭（罗运附近），再迁至距石门18里的古埠尾，再迁至罗丹对面山的桥仓村。在桥仓住的李三公，最初迁到石门建村，至50年代已历4代，约90年了。如果从他们最初迁入瑶山住在屯照时算起，时间虽不能确知，但从曾经四次迁移住所来推测，每一处以住20年计算，约为80年，再加上石门建村已90年，则李姓入山的年代，大概在200年左右。

李三公到石门建村后，曾收养了一个跟父亲从山外逃入瑶山的幼女，等她成年之后，就留她在家招赘。当时有个住在滴水乡岭岔村的山子瑶名叫李阿尾的（法名李法容）16岁时，便到李三公家上门为婿。结婚后，李阿尾19岁生长子阿喜，25岁生次子阿壬。阿壬现年63岁。由此可知李阿尾到李三公家上门的时间，距今已有98年。由此也可推知石门建村当在90年以前。

据李阿尾的次子李阿壬所能记忆的父族祖先入山的经过如下：

始祖李玄从，由广东迁至广西武宣县的弩滩、碧滩附近的山地住下。生一子名云才。云才生一子名成仁。成仁住武宣时，因受附近壮人压迫，才迁入大瑶山来。最初住三角区江燕村，开山种地。后又受到当地壮人的欺侮，便再迁到长洞区道江村尾的古宫地方居住，后又迁滴水乡的搭灯地方，不久又迁至岭岔。成仁共生七子一女。阿尾是他第四子。阿尾到李三公家上门后，生二子三女。阿喜是他的长子，阿壬是他的次子。现阿喜已经有了曾孙，阿壬也有了孙儿。如果从李成仁迁至江燕时算起，至50年代已历4代，时间约在100年以前。

④六眼村邓姓之例

六眼是三角区六定乡一个自然村，解放初有山子瑶29户，是山子瑶村中最大村落之一。全村计有蒋、盘、黄、赵、邓、李、谭、莫等姓。其中邓世安一户，原是甲江乡甲江村人，后到六眼来上门做赘婿的。据邓世安所能记忆的祖先迁徙情况，也说祖先是从广东猪仔巷迁来广西的。邓姓祖先入瑶山后，最初住在滴水村背的石山尾约40年，后迁至金田乡六壬村住了一代，再迁甲江乡扑寅住了20多年，又迁到旧村背六郎住了10多年。最先来瑶山的祖先名字，现已不复记忆，只知道在六壬居住时的祖先名邓元谭，元谭生元明，元明生成贤，成贤生妙才，妙才生世安，世安在1957年有41岁，已有了儿子。即从邓元谭到邓世安的儿子，共计5代，约历120年。如再加上在滴水背石山尾居住的40年，共约160年以上。

⑤旧村山子瑶之例

旧村属三角区甲江乡，有黄、邓、盘、冯、李、刘等姓。相传祖先原籍在广东省，全族10个祖先同迁广西，一支8人迁往宾州居住，一支两人迁到武宣，再由武宣迁到平南。入山后，先在滴水村背石山顶居住。后再迁到古占村住了4代，最后才来旧村。旧村原是茶山瑶的村落。茶山瑶迁往长滩后，村寨荒废了，山子瑶祖先才从古占迁来这里批耕山地的。最先到旧村的山子瑶是李法才和盘法旺两家，稍后来的是原住古占的邓、刘两姓。

在80年前，旧村山子瑶共42户，形成山子瑶最大一个村落。后因人多山地不够开垦，生活受到威胁，这里的住户，才又各自先后分头迁徙。一支是李元贵、邓廷夺、邓乃韩、黄贵民4户，迁往甲江村居住，发展到10户：其中邓、谭两姓8户，后又由此再迁往古范，李、雷两姓两户，也已迁往蒙山。一支是姓谭的，迁往大漕口（属六定乡），现在该村的4户谭姓，就是由旧村迁出的谭姓的后人。一支是邓、盘两姓，迁往大樟区境内。一支是蒋道林和李仁昌两户，迁往六眼居住，迄今已有70多年了。

三、民族关系

在大瑶山面积约2000平方公里的山区中，居住着瑶、壮、汉三个民族。单就瑶族而论，又因民族来源不同，语言风习各异，在很早以前就分为茶山瑶、花蓝瑶、坳瑶、盘瑶、山子瑶五个族系。在五个族系中，且因经济地位的不同，又分为“山主”和“山丁”两个剥削与被剥削集团。长期以来，由于住区的犬牙交错，经济上和政治上的互相关联，文化上的互相沟通，表现在民族关系上也就错综复杂。加之全山周围600余里，围绕在山外六个县份的居民，有汉有壮。而在这些汉族之中，其语言风俗，也很不一致。在30年代，大瑶山虽然在政治上还基本上保持着独立状态，但在经济上却早已与山外发生了密切联系：不仅绝大多数的生产工具（如铁器）和一些生活必需品（如食盐、布匹等）已在极大的程度上仰赖于山外；就是山内的许多副业生产品（如香草、香蕈、桂皮、笋干等）也早就成为商品，必须依赖山外的市场。由于经济上的相互交流，促使和加强了山内外人与人的联系，从而在文化上就会很自然地发生着相互的影响和交流。同时，由于民族的或经济的利害关系，彼此间也常常发生矛盾，致起冲突。下述各项具体事实，都可表明这些方面。

（一）民族间和族系间的相互影响

1. 民族的融合

由于山内三个民族和五个族系的错落相处，而沿山周围又环居着汉、壮两族，在长期的相互影响之下，则这一民族与那一民族之间，这一族系与那一族系之间，或因某个族或系的少数人迁居于另一个族或族系的住区或村落中，或因婚姻关系年长月久，就逐渐习惯了另一族或系的语言风习，这种趋于一致的结果，是极其自然而难于避免的现象。兹将民族间或族系间的互相融合情况，分述如下：

（1）某些人原为汉族，但因入山已久，其语言、风俗、习惯、宗教信仰，都与当地瑶族完全相同。个别的汉人，到瑶山以后，成为瑶族的赘婿之例，固已不胜枚举，甚至一家或数家，由于迁到山内居住，而习惯了瑶族语言风俗习惯的，亦有例子。例如金秀陶落七家族原是山外的汉人，因到瑶山经商，与金秀茶山族同住一村，其子孙后人，早已同茶山瑶一样了。

（2）某些人原是瑶族，但因祖先住在瑶山的边沿，没有同他的族人一道迁入瑶山，后来逐渐迁来的汉人在当地占了多数，原住该地的少数瑶族，习惯了汉族语言、风习，其子孙后代，便同汉族一样。例如，住在平南鹏化山木屐冲的盘姓，原与罗运及上下古陈的坳瑶是同族共祖的，住在鹏化山沐陆村的胡姓，住在象州中平区梧桐、江西等村的何姓，原与门头、黄桑的花蓝瑶同族，现在都已与当地汉人或壮人一样了。至于一些原住在瑶山内的瑶族，因事迁出到山外，也很快地改变了本民族的语言风习，例如原住古黎长滩的苏、蓝两姓茶山瑶，民国初年因外地的土匪窜入，修仁县派兵入山剿办，事后把该村的瑶族，一齐强迫迁到修仁县城居住，数十年后，已不再保持其原有的语言风习了。

（3）某些人原是壮族，由于迁入瑶族村落居住，其子孙的语言风俗，完全与瑶族相同了。例如盘王村的卢姓，原是前修仁县六排鹿地村壮人，90多年前，由于避匪，迁来瑶山，现在一切都与当地茶山瑶一样了。此外，六拉村的刘姓，其祖先刘公栽原为前象州县大乐圩落脉村壮族，后入瑶山，与陶道旺之女婆世能结婚。六拉村和田村的莫姓，其祖先原来也是壮人，后为茶山瑶养子，并娶茶山瑶女为妻，虽然姓氏还从父亲，但语言风习早已改变了。

（4）某些人原是瑶族，由于住的村落，壮族人口较多，也逐渐转变了原来的语言风习。例如金茶、花相、江燕原来有很多都是茶山瑶的，60 年来，却逐渐改变了语言风习，而同壮族相同了。此外，大樟区高秀、奔腾、花鹿等村的盘姓，原来都从王田村迁出。王田村盘姓祖先，又是与上下古陈坳瑶同祖的。现在这些盘姓的语言风习，早已与当地壮族相同了。

（5）两个族系间的互相融合，也可举出两例：一是横村的苏姓，据他们的祖先传说，是从罗梦迁出的。当时一同迁移的两兄一妹，两个兄长住在横村，则语言风习，都与同村及其邻村六俄、寨村、罗运的坳瑶相同；妹妹后来又迁到容洞，则语言风习都与茶山瑶相同。罗梦现在仍是茶山瑶苏姓村落。那么，从罗梦迁往横村和容洞的苏姓，有极大的可能是其支族，但迁到横村的苏姓，却改变原有的语言风习，与当地坳瑶融合了。一是 70 年前，门头花蓝瑶胡公进，因无子嗣，经花蓝瑶族人许可，接盆架山子瑶赵公信为子。其时赵公信早已与山子瑶妇女李娃九结婚，并生了两个女孩。胡公进便把赵公信夫妻子女四人接来，顶胡家香火。赵公信一家四口作了花蓝瑶养子后，把本族系的语言风习都一齐改变，一切皆同于花蓝瑶。后来带来的女儿，也都嫁给花蓝瑶为妻。现还存在的门头村花蓝瑶胡公均，死了老婆，也讨了一个山子瑶的寡妇为妻。这个寡妇，也把同前夫所生的二女一子，一齐带来胡家，一切都与花蓝瑶相同，不再保有山子瑶的语言风习了。

2. 文化的交流

在大瑶山这个范围不大的地域，聚居着三个民族和五个瑶族族系，且长期以来，又早已和沿山周围的汉壮两族在各方面发生了密切联系，彼此经过长期的共同相处与相互交往，在诸如语言文字、宗教信仰、文学艺术、风俗习惯等方面，必然互相影响，取长补短，借以充实和丰富本民族或本族系的生活，从而形成民族间或族系间的文化交流。兹将交流现象，分述如下：

（1）文字语言方面

汉文在瑶山开始使用的确切年代，虽然因资料缺乏，无从考究。但据已搜集到的可靠材料，最少在 300 年前，茶山瑶族已经有人能读写汉文。根据在金秀村全胜祝家搜集到的一本还洪门愿的神书名为《得符歌唱》的神唱手抄歌本，末页写明手抄人的姓名和抄写的年月。手抄人是全道鹤，当是全胜祝的前辈房族。抄写年月是“大明永历八年岁次甲午”，即公元 1654 年，距今已 300 多年了。这本神书，我们已向收藏人收购。

茶山瑶到了清朝乾隆年间，已用汉文刻石立碑，作为石牌条文公布。我们在长二乡在保村旁，曾发现在保、杨柳、将军三村共立的石碑，文字书法拙劣，错别字连篇，语句更不通顺，一见便知出自瑶族的手笔。碑上末行，刊载立石的年月是：“大清乾隆五十一年丙午十月初七日午时”，即公元 1786 年，距今已有 190 多年的历史了。此碑我们已经拓印。

此外，其他各瑶族系，都藏有很多祭祀的神书抄本，如盘瑶的《盘王书》，山子瑶的《杂粮书》和《鬼脚书》，坳瑶游神时的《神唱》，花蓝瑶的《点兵书》等。绝大多数虽由外来汉人代抄（末页常写代抄人姓名、籍贯和工钱），但各瑶族系都早已有人能识汉字，则是极其明显的事实，如果不是这样，则这种神书的抄写，便失去效用。只是各族系能够识写汉字的时间有迟早的不同而已。

瑶族人民之所以能读写汉文，据了解，绝大多数都由汉壮两族的塾师入山教学而得，其次则由本族系的巫师（包括道公和师公）的传授。

语言是人与人之间用来交流思想的工具。各民族之间或各族系之间，接触一经频繁，必然很自然地要设法突破语言的障碍，以期达到互相了解。大瑶山各民族间和各族系间的语言，彼此能互相通话的极为普遍。有的人甚至能讲六七种不同语言，如汉语中的桂林话、平南白话、客家话，还有壮话、茶山话和盘瑶话等。此外，瑶族五个族系，多能用桂林话和平南白话，唱出汉人的山歌。瑶族运用汉语以表情达意的较高程度，于此可见。详见下节语言部分，兹不赘述。

（2）宗教信仰方面

首先，大瑶山五个瑶族族系，在宗教信仰上都属多神崇拜。虽然在崇拜仪式上各有不同的特点，但是所崇奉的神祇，大致是相同的。尤其是其中一些主要神祇，如社王、雷王、甘王、冯三界、刘大娘、陈宏谋等，五个族系都共同崇敬。这些所谓大神，原都不是本民族的神，而是在许多汉区也崇敬它的。根据神书的记载，甘王名甘应，是前象州大樟圩附近古车村壮人，是今古龙、桂平、贵县、平南一带极其尊崇的神祇。冯三界名冯克利，是贵县人。他不但是桂南各县所崇奉的神祇，即使在桂北一带也有专庙供奉，如桂林未拆城墙之前，水东门城楼上便专祀冯三界，名“三界楼”。刘大娘是平南思迴岩大心村人，到容县三片石成神，桂南奉她为保护禾苗的灵神，后从瑶山南部传入瑶山。据知，岭祖的刘大娘神，是清咸丰二年（1852）从蒙山接来；金秀四村的刘大娘神，是清光绪四年（1878）从罗运接来，传入罗运的时间，当早于此，已将近百年左右的历史了。陈宏谋临桂汉人，清乾隆时官至宰相，在汉区并无专庙，在瑶山却说他曾向皇帝力争豁免了粮税，便奉他为神。至于社王和雷王，更为广西境内极其普遍敬奉的神。瑶族俗语中有“先立村，后立社庙”或“立村立社”的说法，其崇奉社神的历史当更为久远了。

其次，五个族系祭神用的神书，相同的也很多，尤其是跳神时用来歌唱该神来历的“神唱”，例如歌唱伏羲姊妹、社王、刘大娘、甘王、冯三界（或名冯圣公）、白马仙娘、五官、灶王、四值公曹等，其内容都是大同小异的。尤其能显示民族间文化交流的有些神书，瑶族在用时，或用壮语来念，或用汉语来念。盘瑶的《盘王书》甚至还要用湖广话来念。坳瑶跳盘王的歌词，也是用半瑶半汉的语言念唱的。至于瑶族道公所用经典，内容与汉区的差别极少。

再次，各族系的庙宇，特别是长毛瑶三个族系的庙宇，所供的神像，亦复大致相同。他们常把二三十个甚至五六十个偶像，共祀一庙。其中主要的神祇，如大圣（或称北府，即张天师、李天师）、雷王（或称威德）、甘王、冯三界、神农、伏羲、民主三郎、白马仙娘、梁王、吴王等，不但山内三个长毛瑶族系都有，即使在山外西部壮族地区（如象州桐木圩一带）和南部汉族地区，如桂平三江圩和平南马练圩一带，也大致如此。

再次，在某些集体崇拜仪式上，民族间或族系间也有相同之点。例如游刘大娘，即抬着她的神像在田垌中游巡，祈求她保护禾苗，这原是桂南各县的祭神仪式，在瑶山内几乎各个族系都要举行。旧历二月、八月的两次祭社分肉，本是汉族由来已久的集体崇拜仪式，在瑶山各民族各族系中，也或繁或简地举行。又如茶山瑶每隔18年或20年举行一次的“功德”和“洪门”盛大祭典，在山外西部的壮族住区桐木、大乐一带，从前也是举行的。又如坳瑶和盘瑶都极崇拜盘王，其祭祀盘王的仪式称为“跳盘王”，直到50年代两个族系都还在举行。不过坳瑶把盘王神位安供在山村间的庙宇里，盘瑶则把它安供在家屋里。坳瑶“跳盘王”祭典，由一村或同姓几村集体举行；盘瑶则由一家单独举行而已。

此外，如丧葬信风水，婚姻须合八字，疾病不重医药而重祓除，梦兆吉凶的解释以及天堂地狱之说，原来都是汉族迷信，但在瑶族之中，却也普遍如此。

(3) 风俗习惯方面

在风俗习惯方面，各民族间与各族系间的互相影响尤多。首先，就服装说，逐渐改为汉装的，为时已久。例如巴勒茶山瑶，虽然至今仍然保持着民族语言，但因该地主要的生产收入是砍扁挑、凿木瓢、织竹器等手工业，这些生产品主要依靠运往蒙山新圩出售，与山外汉族接触机会既多，不仅男子早已不椎髻高耸，即使妇女的装束，也早已与汉区相同。又如金茶、花相的金姓茶山瑶，于七八十年前，已逐渐改变服装，与同村共居的壮族一样，也就是改为汉装了。又如平林、六竹的茶山瑶，因住区与罗香的坳瑶接近，且从前在政治上也与罗香共立石牌，在相互影响下，妇女的服装是大致相同的。盘瑶和山子瑶两个族系，妇女服装至今虽然仍旧保留着民族特点，但男子却不如此，除包头带外，其他则早已改变，和汉族相同了。

其次，丧葬方面，瑶族五个族系，从前都用火葬的。但盘瑶和山子瑶，因经常流动转徙，与汉族接触的机会较多，最迟的在80年前，已经不再举行火葬，而采取与桂南一带汉族相同的方式：先埋棺入土，过了几年之后才掘坟捡骨装入瓦坛再葬。其他各族系，也都渐向这种趋势发展，例如罗香一带的赵姓坳瑶，绝大多数在八九十年前，都由火葬改为埋棺捡骨葬式。上下古陈坳瑶，在20年前还是采用停棺烧骨葬式的，随后也逐步改为停棺捡骨葬式了。六巷、门头一带花蓝瑶也是如此。金秀一带茶山瑶，在40年前还是完全采用火葬的，随后便逐渐改为埋棺捡骨葬式。此外，长毛瑶三个族系，以前各姓都有公共墓地的，成年人死后，火葬捡少许骨灰装入小坛，然后将坛葬在公共墓地。后来逐渐改变分散葬埋，而且要择地看风水了。

其次，清明扫墓、七月中元节为祖先送冥钱冥衣，是原来汉族普遍崇拜祖先的两个节日，但这在瑶族五个族系中也都普遍流行。而且还把它称为“目莲节”，用上了汉族民间流行着的“目莲救母”故事，从此就不难知道这个节日的渊源了。

再次，在若干禁忌方面，五个族系也有一些是相同的。例如，家中有人生男育女，都要把竹叶或木叶插在门外作为标志，以防巫师闯入。据说，如果巫师闯入刚生小孩的家里，以后作法就不灵验了。又如家中有病人，经请巫师送鬼祈禳之后，是不许生人入屋的，也要把木叶插在门外。据说，鬼送了出去，生人是可把它带进屋来的。如果外人不懂这一风俗，冒昧入屋内，是会被家主责备的。此外，在生产方面，也有一些共同的禁忌，例如到老山里去劳动，不许说肚饿，不许直接说煮饭和吃饭，而是用“晓地龙蜂”或“烧黄蜂”的隐语来代替。

(二) 民族间和族系间的矛盾

民族间和族系间，往往因经济利益或政治权利的矛盾，以致发生冲突的事例，在大瑶山是常见的。特别是过去“山主”占有广阔的土地，“山丁”则没有一草一木。“山丁”赖以为生的耕地、屋地、柴山、水源，都要缴纳一定数量的租税给“山主”才可租得。在这一关系形成之后，“山丁”还要忍受一些苛刻的额外“供应”，甚至还要忍受一些无理的敲索（打油火）。由于这样，在阶级矛盾不可调和的时候，民族之间或族系之间的武装冲突，则以民族形式表现出来。例如，瑶山最著名的“甲申乙酉事件”（1884—1885）；清光绪十二年（1886）至二十四年（1898）间的红台、洛西盘瑶黄元明领导打下黄桑、下灵、门头等村花蓝瑶事件；清道光十一年（1831）至二十五年（1845）间，龙华花蓝瑶与容洞茶山瑶争山事件，都是由于“山丁”反抗缴纳山租而起的。其次，“山主”与“山丁”之间，也往往因山界不清，甲村与乙村、甲姓与乙姓互起冲突。武装仇杀的事，也不鲜见，例如：

300年前，胡姓花蓝瑶初到门头定居时，攻杀石湾古陈盘姓而夺其田地；70多年前龙华花蓝瑶与长洞茶山瑶互争棉花地；清宣统三年（1911）龙华花蓝瑶冯金两姓因争田地曾与滴水、丈二、六团三村武装冲突14次；80多年前（光绪二十三年［1897］），六段、三片、六定三村因河流问题，曾与在保、杨柳、将军三村发生械斗；90多年前上下卜泉、低水等村，因争长滩河文潭、古游冲两地，曾武装冲突13年。至于个人与个人因争山界而至械斗的事例，更不胜枚举。

其次，山外汉族地主，仗其恶势，进入瑶山争夺田地的，也不乏其例。平南鹏化张春如，于1934年仗势进入黄钳，曾夺占上下古陈盘姓坳瑶祖遗水田25垌，双方打官司达7年之久。此外，象州百丈圩附近抱村壮族，曾进入枫水界附近，意欲夺占黄桑花蓝瑶猪槽冲、马槽冲两处山场田地，曾经发生武装冲突。后来抱村壮族还趁黄元明打黄桑、门头等村时，一度打进黄桑村。

再次，因政治权利所引起的冲突，在“山主”之间也有其事例。在70多年前，岭祖茶山瑶，因不堪金秀、白沙两村石牌头人的苛扰，在汉人入茶山瑶为赘婿的桂永大领导下，竟把历来称为“父母”的金秀石牌头人全胜印，捆缚起来。事后便捣毁石牌，不再受其约束，而加入忠良汉族地主阶级所领导的太和团了。又如60多年前，金秀因维护其在平林冲尾一带居住的盘瑶山丁，责备罗运不应容纳曾经到平林冲尾盘瑶家劫掠的汉人刘阿滩，致与罗运发生械斗，曾俘虏罗运一个妇女，索款赎回。

（三）本族系间的内部联系

大瑶山瑶族五个族系，错落而居。同一族系的村落，也散布各处，很不集中。特别是过山瑶，过去由于租山垦殖，流动转徙频繁，因而所居村庄，更是星罗棋布，遍于全山。加之高山陡岭，重重阻隔，平日本族系间的联系，就不会太多；如有，也只限于各人之间的往来。这种少数人的行动，虽然在族系间的内部联系上起着一定作用，但意义究竟不大。正由于这样，他们为了加强同族系的团结，密切同族系的感情，就常常利用某种习俗作为手段，以巩固族系的联系。兹将各族联系同族的习俗，分述如下：

1. 茶山瑶

茶山瑶有一种规模宏大的集体崇拜仪式，名叫“做功德”，每隔18年举行一次。或一村各户举行，或相邻几村联合举行。在举行这种盛大祭典的时候，参加祭典的各村各户，都须准备酒肉，招待远来的客人，并且要在事前预为通知，以礼相请。这些被邀请前来参加祭典的客人，绝大部分便是同族系的亲戚和房族。祭典一共举行3天，主家就要待客3天。如以金秀、白沙、六拉、昔地四村共同举行的“功德”而论，四村凡180多户，每户如果邀请六七个亲族，那么，前来参加祭典的客人，将达千人以上。像这样同族同系不分男女而人数又达千人以上的欢聚，对于加强和巩固族系内部的联系，无疑起着重大作用。

其次，茶山瑶聚居的中心地区，金秀沿河以下十村和长滩到六段一带的八村，有一种轮村按次插秧的风俗，即每到插田的时候，必须按着老辈传下来的规矩：依一定的顺序，插完了第一村田，才插第二村；插完第二村，才插第三村……不得紊乱。当插第一村的田时，其他各村都来相帮，到插第二村、第三村田……时，也是同样。如以金秀沿河十村为例，一村插田，九村的男女（不是全部）都要到一村作一次聚会。在劳动以后的休息时间，彼此尽量进行社交活动。这种一年一度的欢聚，一直要到十村的稻田插齐才算结束。

2. 花蓝瑶

花蓝瑶村落稀少，人口不多。大致说来，他们的村落都在瑶山中部和西南部两个区域。这两个区域，中间隔着圣堂顶一带高山，平日同族系间彼此的联系是极少的。他们彼此联系的方法，是每年在农闲的季节，不是甲地区的男青年们到乙地区去找女青年们唱歌，便是乙地区的男青年们去找甲地区的女青年们唱歌。每次相约去找唱歌对手的，常有十多人至二三十人不等。而且一次唱歌的集会，动辄要三五天才能结束。临别的时候，还得彼此相约后会之期，才各自带着充满欢愉而又怅惘的心情两下分手。像这种集会，不能仅仅把它看作青年们的一种文娱活动，应该肯定，通过这种文娱活动，在实质上还起着联系不同地区的同族系的纽带作用。例如，丈二、六团、罗丹等村，距离门头、黄桑等村，远在百里以上，要不是凭着这种活动来彼此联系，其他的机会就极其难得了。

3. 坳　瑶

在距今40多年前，坳瑶还流行着一种“做浪”的风俗。每逢农历春节，正当他们在休息中欢度节日的时候，要在一个规定的日子里——正月十四日，约齐附近村庄的同族，作一次男女老幼都参加的集会。如罗香地区附近七村的赵姓坳瑶，就得在这一天聚于他们祖先进入瑶山最初的住地——龙军村旁的一个山坡上，欢聚一整天。集会的内容，除推选族中老人讲述祖先故事以外，还要宣布维持社会秩序的石牌法律（公约），之后，老年和中年则饮酒言欢，青年男女则互答情歌，少年儿童则敲锣打鼓，尽情嬉戏，使七个不同居住区的同族的感情熔铸在这次欢聚中。

坳瑶三盘四赵的子孙，为了使同族得个聚会的机会，在1930年至解放时止的20年间，曾经约齐所有盘赵两姓的族人，同到埋葬进入瑶山时的始祖遗骨的罗盘岩扫墓。其中一次，连语言风俗已经与壮族趋于一致的王田盘姓，也来参加。这种活动固然是为了纪念远祖，同时也借此密切了散居各处的同族系间的联系。

4. 盘　瑶

盘瑶结婚，例须举办大酒，款待亲戚和房族。耗费之大，为瑶山各族系所少见。在这种大张婚筵的时候，不仅要以最诚敬的礼节邀请嫁方的近亲数十人参加，就是男方远在百里以外的近亲和友好，也都要一齐请到。婚筵一连三天。这样就可使嫁娶双方的亲友百数十人甚至二三百人，聚集一堂。也无异使远近的同族，通过这婚姻庆典，彼此之间加强了联系。

更值得注意的是盘瑶的同族，不管怎样迁移转徙，以至关山远阻，千里睽隔，各居异地，但在彼此感情上的联系，仍然是十分紧密的。如一方遇有什么重大事件发生，彼此之间，仍要互通消息，统一意志和行动。我们在调查中曾经搜集到迁往越南北部地区的盘瑶，寄给原住在恭城东乡的同族的家信和《交趾曲》（清同治九年［1870］手抄本）与住在湖广桃州的盘瑶寄给广西同族的《寄歌》（清光绪二年［1876］手抄本），这些文献可以充分说明瑶族共同体的稳固的联系，绝不因地区的隔离而有所松弛。

附录一

（一）冯朝易家信

在于壬申年。兄冯朝易。回乡执（接）你冯朝唐。又说无盘钱。路程遥远难得见。兄同中赵富荣。搬家一起同到龙团圖（?）。石马家下。又住一年。只见山场中平。又去踏看洪山洞。赶万言山。十分可好。居住后好开田。只因路遥远。难得回乡报执（接）。闻知赵成府回家。要执（接）父母。我今如得答信回家执（接）弟兄。今字报亲弟冯朝唐。你看邓金荣回去搬家。你也一起同伴搬来万言冲居住。若是来者。锅头碗炮（煲）斧头不用担来。有钱到此自置得出。又到弟兄冯朝良。凤杨。凤宝。凤贵等。你有信好处安心耕种。若是（漏“有”字）意一起同来洪水洞赶万言冲居住。兄有亲信符（付）。同弟兄看实。别有胡言乱语。说好说丑。千急千急莫信。专字真言拜上。众等准此一言。

问平乐府　问龙窝塘　问鸡关塘　问劦（栗）木街
问舟（丹）竹塘　问利铺（荔浦）县　问清山塘　问修仁县
问拿技圩　问罗受（秀）圩　问罡上（迁江）州　问五湖四海
问八里塘　问石墙塘　问九牌　问桐木圩
问拿技圩　问千罡（迁江）州　问都落塘　问大杏塘
问龙怎　问大塘　问同湾塘　问仁恩唐
问古东　问磨东度（渡）　问鸦落塘　问三卯塘
问横山塘　问清龙塘　问千（迁）江县　问龙降塘
问齐林塘　问三瞄（?）三塘　问猛虎渡　问州圩圩
问长在塘　问烟登塘　问兵（宾）州州　问丁桥
问大等　问六道匕　问思龙圩　问八塘
问七塘匕　问大塘　问五塘　问四塘匕

三塘　二塘　头塘　思恩府　头林圩　二唐（塘）钩圩　三塘四塘
五塘　归德州　六塘　龙×　七塘　三塘　凉水井　上林塘　丰斗
林凤塘　环塘　平马塘　田州　畏（?）杵料　头塘　二塘　三塘　四塘
五塘　六塘龙至七塘　大树卡　观音塘　白（百）色街　平巷塘　阳春塘
禄冲塘　罗林塘　利赖塘　剥隘塘　白隘塘　鹤塘　姐宁塘　南尾塘
问者　双岭　合庚　归朝州　四庭　富州
此处分路
别赴一方　八劳　八押　龙滩　西磨　鸡街　赴狗街　脚踏细杵科
思答卡　干河　那杀街　瓢高街　石洞　千庄　下里者　虾若　棘六
塞冲　癞子基　铁厂　三塘　二塘　头塘　开府　草冲塘　芦（?）坝
二塘　平担街　高皿　峚（?）塘　氏泥　低水　低恕（?）　三家店　千河沟
大歇厂　波宜　大南西　小南　又过度洪水河　猛罢　慢耳　慢堂
慢逢　慢右　人慢　金慢　力慢元　猛萃　豫猛老　×南梁　南柳
南峚大旱　猛律　猛码　关风不住　小栏马不住　要到万言冲
猛洞十分可好住　后好开田子孙　乐业平安无事

（二）交趾曲（1）

一便（片）乌云四片慌　大朝众娥（偶）共商量　齐共商量了　渐了受（就）离乡
得见大朝官反烂　十分难住又难安　出路无盘费　也着走交枝（趾）

搬家出门多愁忆　十分愁忆路头长　半路无家住　妻儿男女睡市坪
行出路头无方便　饱多饱少无人知　姊妹脚又痛　朝补（哺）夜晚泪魁魁
一片乌云四边飞　大朝众娥赴交枝　出路多愁忆　愁愁忆忆无人知
得路受行平乐府　象州过了到柳州　过了柳州渡　大船撑过不闻忧
行过一州又二县　来兵（宾）过了又迁江　过了龙虎渡　遥遥远远到田州
过了田州到白（百）色　三街四巷好风流　姊妹齐停下　齐齐停下且宽油（游）
一片乌云四边飞　大朝众娥赴交枝　过了广西　八（剥）碍（隘）见云南
条路迕迕到富州　鸡巷犬街到高街　又问头塘路　开府在眼前
行过水泥三家店　大南西过小西南　到了西南口　大河洪（红）水满江流
姐妹相邀请船子　谁知船子使钱多　使了锡钱钞　渡过洪（红）水河
不过黄河不死心　过了洪水正甘心　姊妹问行远不远　慢金山过猛华山
南梁南柳广山水　南华猛犸大山头　姊妹安居世不愁　罗离
一片乌云四边宽　齐齐定下万言山　又住猛洞山头好　竹瓦盖屋好安居
修山斩岭种禾熟　收禾收得万和千　一世不愁忆　三仓未了四仓添
寄书传报大朝娥　齐到交枝世不忧
乌鸦飞来郎寄信　燕子飞来郎寄言　寄信传报大朝娥　齐到跤（交）趾好过年
撑船过海离了岸　担伞出门离了州　因为当初公爷不置平田地　也着抛心外国游
撑船过海离了岸　担伞出门离了乡　因为当初公爷不置平田地　不奈时何离了娘
人传交趾百样好　众娥搬家随路寻　千里开田来就水　万里抛心来就山
交趾山林无万阔　里头藏得万由人　串心也有拾日路　行过四围一月还
交趾山头多广阔　春到听闻百鸟声　空闻催春不见面　空见山头木叶青
催　春　鸟　也会催春也会飞　催春更催人有娥　莫催单身心里思
交趾山林多广阔　千重岭过万重山　安南便是黎皇殿　安边海里出盐田
春茎也作双也念　春花也收双也收　六月修草木横坐　邀妹唱歌秋过秋
传报大朝众姐妹　莫在广西抵肝饥　不如齐到交趾国　白饭饱人不了时
齐到山头好安乐　一年耕种二年藏　三年四岁牒禾卖　接得银钱慢讨双
刘三歌词都报尽　大朝众娥听歌章　不信便在广西道　信者齐来共一乡
大朝江垳种败了　早早商量思路寻　再等几年无钱钞　子子孙孙难起身
大朝江垳种败了　四季赶春不得眠　春过秋来冬又到　好双过路也难连
苦叹苦心焦　备办盘钱出路遥　早早行来得安乐　莫听人传朝过朝
大朝午未年间着水荡　水荡泥坡下广州　众娥空思又空忆　一年耕种半无收
众人文状都奏尽　不见雨来双泪流　申酉年间天大旱　七月求天不上云
众人苗禾焦枯了　天赐一分心便宽　传报大朝众姊妹　莫嫌修路远那罗离
到　交　趾　架锅无米慢想思　交趾地头真是好　不忧耕种那罗离
好　禾　行　一岁种禾二岁藏　齐齐来到交趾国　不愁白米那罗离
好　青　山　半年辛苦半年闲　初到山头有出处　也有较计那罗离
好　砍　盆　一个换禾三十斤　三十斤禾添碗半　不愁人担那罗离
路　无　长　朝去夜回归本乡　初到山头无酒饮　斩粉斩糯那罗离
造　糯　饼　饮了三朝肚无饥　初到山头无酒饮　斩粉斩糯那罗离
造　酒　浆　饮了迷迷睡到光　吃肉便来交趾有　三日无荤当一年

山牛山猪倒不尽	倒杀象儿肉二千	爱连好双交趾有	贪唱歌词连好妻
坐落大朝多愁忆	年年辛苦那罗离	也　无　收	夫妻男女泪双流
不如齐到交趾国	逍遥快乐那罗离	能　通　陲	寄信大朝报众人
坐落大朝不安乐	年年受害那罗离	不　奈　何	铜钱又着铁钱磨
齐心行到交趾国	黎殿京上那罗离	去　求　官	求得官多立县门
众人立州又立县	做官做府那罗离	得　太　平	多见瑶官立县门
大朝申酉年间出贼盗	劫村劫寨那罗离	不　太　平	人民告状入州门
官府出差捉贼盗	贼人走散那罗离	害　人　丁	有理无钱审不清
出世未曾到别国	众人来到得安乐	好山好水那罗离	漫　游　游
思着大朝在远州	交趾有名黄通陛	写书交把盘文容	共宗共祖那罗离
肝　里　通	书中寄得好言语	齐共法请法水翁	共祖子孙黄通鉴
将来书字打开看	细心读看那罗离	好　子　孙	造书寄信把人传
去者之人听歌曲	也有不去那罗离	莫　乱　谈	写书容易造言难
千般言语都报尽	随人心意那罗离	到咬（交）技（趾）	千人得见万人思

[说明]

上面的一封家信和一首长歌，是原住在广西恭城县东乡的盘瑶，迁往交趾（越南）洪水洞、万言冲（或作万言山或万云冲）以后，写信和写歌邀约广西同族，齐赴交趾安居的。信的后段，开列了很多地名，这是“路引”，用意是指点同族按照这些地点走，便可直达他们的住处——万言冲。不过，这些地名，有的顺序颠倒或重复。这可能是辗转传抄的错误。

长歌《交趾曲》，前段也有“路引”。不过略而不详。倘与信里的路引互相参证，就可知道这支迁往越南北部的瑶族迁徙的途径。这支曲子，既说明了他们迁徙的原因，也描写了他们新居所在地——洪水洞、万言冲的美好环境和优裕生活，其中有许多词句是颇动人心弦的。它不仅记述了广西盘瑶和越南北部傜族的一段具有重大意义的史实，即使从民间文学的角度看，也足以说明瑶族人民创作的才能和高度的智慧。

《交趾曲》的原抄本，我们在调查中仅发现了两本：一藏长洞区桂田乡高兰村黄元林家，无抄写年月，且开头缺了一大段，它的原文是从“行过一州二县”句起的，中间也稍有缺漏；一藏桂田乡田头村赵德仙家，书面上写明是清同治九年（1870）十二月二十四日赵荣府手抄。上面的曲子原文，曾用两本互相对照校正。

根据赵德仙家藏本的抄写年月，可知从恭城迁往越南这支盘瑶，其迁移时间必定在清同治九年（1870）以前。又据信里提到赵成府回家（即从越南回恭城）接父母，才把这信和歌曲带回来的。可知寄信寄歌的时间，距迁移时间尚不远，因为迁往越南赵城府的父母还在恭城。又，曲里有“得见大朝官反烂，十分难住又难安”和“大朝申酉年间出贼盗”等句，所谓“大朝”，当是指当时的中国皇朝而言。如果根据距离同治九年（1870）不远的几个逢“申酉”的年份，则咸丰十年（1860）为庚申，十一年（1861）为辛酉，再往上推，则道光二十八年（1848）为戊申，二十九年（1849）为己酉。这两个年头他们所谓“出贼盗”，或者说“官反烂”，我们初步认为可能是指太平天国革命时期的广西局面。倘这个前提不错的话，则盘瑶这次远道的迁徙时间，可能是在清代咸丰、同治两朝之间，即距今100多年。

以歌代信，是盘瑶的一种传统习俗，这种歌词，他们称为“歌寄”，即是“寄歌”。至今大瑶山盘瑶人民，还保持着这种传统。

《交趾曲》这首长歌，大瑶山的盘瑶老前辈差不多人人都熟知。而盘瑶有一支人迁往交趾的事，他们也留在代代相传的记忆里，足见这支曲子，在盘瑶人民的思想感情中起着重要的联系作用。

曲里“那罗离”是歌唱时的饰音，无意义。凡盘瑶歌曲里，常见这种饰音，如“盘王歌”里的七个曲子，多数都是这种饰音，可为例证。曲里凡有这种饰音的句子，下面三字，应与饰音上面四字同为一句。

（三）交趾曲（2）

平乐府管恭城县	坐落东乡住头年	难为通界寄信到	仔细思量双泪淋
齐共法清共法水	法明法钱共州连	当初本是共炉香	世金（今）分散二炉烟
刘三传报共榜众	再寄信归报到真	真言写信报真仔	正好搬家出远寻
搬家银钱费空了	搬到众榜遮顾人	众人有心遮顾子	子子孙孙慢谢恩
黄灵二郎会造曲	造歌造曲寄人传	传报共榜众姐妹	得子到边齐共林
郎今便是聪明仔	造出金言传世间	一卷歌词话不尽	留来传古到如今

[说明]

这首歌是以前住在恭城东乡的盘瑶，接到了迁往交趾（越南）的同族的寄歌（交趾曲之一）以后，由于原来所筹集迁移路费，已经花光，因而不能实践已经迁往交趾洪水洞、万言冲的同族的相约，同赴交趾，便作了这首歌以纪念其事。用意无非是要使这一重大事件，能借歌词，传之后人。盘瑶每遇重大事件，往往作歌纪实。这种纪事歌，名为“传歌”，“造歌”或称“立传歌”。至今大瑶山盘瑶，还保持着这种传统习俗。

歌里提到的送信人通界，即交趾曲（1）里的黄通鉴的别写。盘瑶语：“界”与“鉴”同音，瑶语译为汉文，常有不同的写法。黄灵二郎，可能是黄通陲。

（四）交趾曲（3）

松烟点纸从根诉	酬恩不得怎交开	杰在清朝源油禀	平乐荔浦共广西
又共山河共本寨	如同祖内共姑奶	黄獭地头共耕种	细小少时同一奶
齐在广西苗为长	美未半句起心歪	千世同帮齐不限	只图同伴要年排
飘游途中多苦难	火点齐熔死葬埋	二等荣华投两分	一世贫穷在没才
磨炼千回过州府	四十五日到濒街	流落安南浮沙国	喜了心中为望傥（？）
节时荒忙各寻处	就如广鸟各分排	分散龙唐龙为赛	寻卖黄颂半赶街
帮手长年乃辛苦	难为度本过州来	修道龙蛇接书字	犹如抛水鼠（？）年来
自从接出未游谢	蒙了恩深榜上排	看情可有千般量	前去者良帖地批
龙皇便散千金宝	荣华富贵能京才	考举红鸾休莫话	不能中榜出朝牌

不被前朝之夏事	运筐詈（?）世守孤妻	前赐金论苗不舍	不能转本就回妻
榜眼状元前中定	周全文武两边排	贫寒秀女谢情烧	为见舍情不会慢
丑号磨砂菊引纸	付情曾道半天师	抛下情由休莫听	长黄（?）老者一盏油
塘里寒鱼有年纪	半百之时恂孔林	不　会　写	不会造言字不清
从小未敬孔夫子	乱造三千初学情	照古老言抄上纸	后世人传莫笑单
交趾歌言传世上	但造一言人世看		

［说明］

这首是迁往交趾（越南）的男子，写回给广西的情人的一首“寄歌”。数千里关山睽隔，两地相思仍然借着浅吟低唱以互通款曲。这不仅显露了瑶族人民真挚淳朴的感情，同时也显示着族系间思想感情的紧密联系。盘瑶男女间互相爱悦而互传“寄歌”，这是他们的传统习俗之一。至今大瑶山盘瑶，仍然还保持着这一传统。

歌里的许多词句，如果以读汉文的眼光来看是不易解释的。有些字，仅是一个记音，再加上一些错别写法，就更难理解。这里照原文抄写，以存其真。

附录二

飘文寄禀遇仙凤	顺飞世上报情来	听传贵国仙林众	报情来砌贱寒街
飘文遇仙无别事	因为当初公胜田	公胜粮田拾捌石	税银九两八钱三
被了汉民强占了	龙村贫贱亦难连	贱乡人偶被了难	费了银两无万千
地名落在立头洞	落在桃州十八都	明朝年间瑶人管	清朝民占命难逆
嘉庆九年上禀纸	州杨补堂审不清	本县官人不做主	官非打到北京城
道光圣主倒了旨	州太安爷断子传	部文打到马沙府	毛匪民家双泪涟
道光年间十一岁	张太官人断好声	上司断转瑶人种	无钱赎契又抛情
姊妹思量心不伏	舍身传案种粮田	二十六年又去禀	黄太清官追契原
粮田断转瑶人种	报龙众偶凑银钱	毛屋强人又起较	害了苗乡受可怜
贱处银钱使空了	无钱赎契到今年	拖到今年二十八	具禀官人要赎田
七月二十九日审	老除清官报子连	因为众人钱枯了	官人难把寄来传
四处恩兄齐意了	能表春来冬又飞	重有寒乡贫贱偶	独树架梯难奈为
山广鸟单冷落啡	一个鸟儿难出声	有钱禀契官非胜	无钱空恨审无情
咸丰君王登了位	想起劳情心不甘	又去三关呈案纸	合得船成撑过滩
咸丰五年飘书报	伸词飞下广西游	随意那人拆开看	舍兄驾福赐桃州
不怕朝廷人马乱	亦有清官批得清	有心六年八月到	杀败毛家就立营
众乡贫寒无计奈	三州四县奏邀请	听闻龙州贵人众	禀报仙林舍砌城
传叩天眉开境照	靠团贵人齐赐缘	齐捐银钱赎田地	赎转契书得转田
若是真心龙驾到	齐家拾盛凑银钱	瑶人入户讨得令	逍遥快乐过长年
共乡耕田好过日	瑶人同生一爷生	公胜粮田齐有份	赎转契书齐得耕
伸报广西众人偶	挪步舍情一面来	来到苗乡共村住	起屋立条对面街
千　万　千	千万叩龙来赐缘	若有真心龙驾到	好合花园千万年

飘文寄到逍遥国	千万叩龙拾砌情	行人言语真言语	本不虚传无假声
若有枉言传世上	后年对得旧书言	不信但看天堂水	落下凡间四处元
明阳宽仙但飞到	水过江河但则滩	有意飞来共村住	内带逍遥当那闲
共立沙刀杀百姓	国里团圆无二心	齐耕大塘广田洞	土瓦盖屋万年深
白纸砚台笔定下	朝廷打鼓定午更	六巷桥头通四海	千人重叩斗船行
顺天传望天镜照	立起逍遥金树凉	伏共乾坤中央照	好过凡间天下光
众朝人偶齐会过	头红落地不抛情	传报众偶莫多想	慢条情意好安庭
过山耕种眼前事	几多劳碌无安身	不知落雨耕田好	半年耕种半年闲
寄书之人立头洞	小姓赵寒寄细书	细名财落投音赐	贱字音明进顺修
姓在书中字在语	字内分明名姓扬	李小寄书李福印	借珠动笔莫谈章
元是五年八月到	飘信行游贵国乡	限断六年八对八	准到洞头领税粮
李全分下人落散	信会同华准意齐	莫把拖年落立了	推时年久望人开

[说明]

这首歌是湖南桃川的盘瑶写给广西同族请求给予银钱援助的“信歌”。这首歌词，充分说明瑶族间的思想感情上的联系，绝不因山川远阻、道路迢遥而有所松弛。恰恰相反，他们彼此之间，纵然千里睽违，各居一方，即使平日绝少联系，如果当有重大事件发生的时候，仍然是可紧密团结，互相援助的。

另一方面，这首歌还显示了瑶族人民意志的坚强，虽然毛姓霸占桃川十八都立洞瑶族人民的公胜田历时已久，他们仍然锲而不舍地和这个恶霸作坚决的斗争，从清嘉庆九年（1804）直到咸丰五年（1855）历50年而坚持不懈。这决不是没有意志的人所能想象的。虽然他们所采取的手段是向封建皇朝和清官府告状，向地主阶级告地主阶级，问题得不到彻底解决，是完全可以理解的。但在瑶族人民始终不懈的斗争下，官司竟然打到北京城，致使清朝官府也不得不把这些田判归原主。这总算是瑶族人民斗争的胜利。至于恶霸霸占粮田和官府要钱赎契，也可看出当时地主阶级对瑶族人民是如何剥削、压迫和掠夺的。此外，歌词中还有“杀败毛家就立营”和“共立沙刀杀百姓”等句，也可看出瑶族人民心灵深处蕴藏着无比的愤怒之火，快要到爆发的时候了。

原歌本现藏长洞区桂田乡田头村赵德仙家，为清光绪二年（1876）十月手抄本。歌词中“龙”、“贵”等是第二人称的尊称，“苗”、“单”、“贱”、“单林”等是第一人称的谦称。

5. 山子瑶

山子瑶常借两种宗教仪式来加强同族群体的联系：一是男子成丁仪式——度戒；一是为已死的老人们超荐——打冷斋。这两种宗教仪式，常常约齐多人来集体举行。例如1956年春间，古占村十多个青年男子，便是在一次祭典中同时度戒的。在他们度戒时，曾从远地同族村落如石门、古范、黄莺等处请来主持仪式的道公和师公十多人，做他们的保举师、引教师和正度师等。这批青年度戒之后，就跟这些远地的师公和道公建立了师徒的关系，一生都得亲密地来往。1957年1月底到2月初，六巷区门头乡的屯巴村，曾经约齐了远近数十里乃至百里以外的同族，为67个已死的先人，举行了一次集体打冷斋，为先人的亡魂作超度，这样一来，则这67个老人的孝子孝孙，就得各备祭礼和费用，同到屯巴村祭坛聚会5天。

在这次宗教仪式中，同时又附带为二十几个不同村庄的青年男子举行度戒。因此，在这种两种宗教仪式同时并举的5天中，不但这些住在不同村庄的当事人——石门、鸡俄、新安、横村、天凳尾、邦加、屯巴等村的孝子孝孙和度戒的青年及其家长，必须齐集在一起，就是一些当事人的亲戚，为了来祭祀亡故的老人和祝贺度戒的青年，也要从各地到此参加。从而使百多个散在各处的同族得以聚集，借以加强彼此间的联系。

6. 各族系间的互相联系

在大瑶山里，瑶族五个不同族系间的互相联系，是利用政治的形式来表现的。长期以来，他们已经建立了一种公约性质的政治制度——石牌。一村或数村有小石牌，相邻的数村或十数村有联立石牌，全山有总石牌（或称大石牌）。石牌公约，他们称为石牌法律。其法律条文，虽然仅有一二十条，但在过去，它对维持瑶山社会秩序却起了重大的作用。故瑶族有“石牌大过天”的说法。参加石牌的人，必须遵守石牌法律。故在建立石牌宣布法律的时候，凡参加的村落住户，都要派人出席。因此，不同族系的人们就可在这种会议中彼此聚会。在大瑶山，最初有长毛瑶各族系共同建立的石牌。随后过山瑶也同样建立了自己的石牌。到清朝末年，各地三点会、哥老会等堂会兴起，瑶山曾有一部分地区作了这些堂会的根据地。瑶族人民为了保护自己的生命财产，长毛瑶和过山瑶曾联合起来建立石牌。如光绪二十三年（1897）由金秀、白沙两村领导的千八石牌，有现居忠良区和金秀区共和乡等处的23个盘瑶村庄参加，便是个典型的范例。

四、语　言

（一）各族系的语言

大瑶山瑶族五个族系的语言，各不相同，约可分为三系，即茶山瑶语为一系，花蓝瑶语为一系，坳瑶、盘瑶和山子瑶语为一系。茶山瑶语，颇接近侗语和壮语。花蓝瑶语则接近苗语。盘瑶语则与广西区内各地绝大多数的盘瑶语完全一致。坳瑶和山子瑶语，则很接近盘瑶语。如果三个族系的人聚集在一处，各用本族系的语言交谈，大致可以互相听懂。

（二）各族语言的相互影响

语言是人类交流思想的工具。没有思想的交流，便不可能使人们在与自然力作斗争中，在为生产必需的物质资料而斗争中协调其共同活动，便不可能在社会生产行为中获得成功，因此也就不可能有社会生产本身的存在。大瑶山是瑶、汉、壮三个民族和瑶族中五个不同族系共同生存的社会，为了交流思想，达到互相了解的目的，就不能不在熟悉本族的语言之外，还要熟悉他族的语言，借以协调在社会生产行为中的共同活动。又由于山内的经济生活，很久以前已经与沿山汉壮两族住区发生了密切联系，在彼此频繁的交往中，则语言的互相影响，也是极其自然的事。

1. 瑶族各族系间语言的相互影响

在大瑶山里，瑶族中不同族系杂居在一个村庄的现象是极其少见的，特别是长毛瑶与过山瑶同居一村的例子是找不到的。因为，过去两者不论在经济地位和政治地位方面都有所不同。在生产方面，长毛瑶因占有山地，开有水田，便习于种稻；过山瑶靠批租“山主”的山地垦荒种植，便习于耕种旱地。这也是促使两者不能同居一村的原因之一。

至于长毛瑶三个族系，虽各占有山地，都习于耕种水田，但他们的祖先入山的时候，早就占有了一定范围的山场，并开辟了水田而定居下来。在这种情况下，只能同本族系的亲族住在一起，而不可能与非本族系的人共同杂居一村。但是，尽管这样，而各族系的村庄，总是互相错落而又互相毗连的。因此，只要是两个以上不同族系的村庄相邻的话，彼此往来接触就自然比较频繁。在这种情况下，只有彼此互相熟悉对方的语言，才能打破思想感情上的障碍以满足共同生活的需要。两个相邻不同族系互学语言的例子很多，在整个瑶山里几乎随处都可见到。例如坤林村盘瑶与古卜村茶山瑶，门头村的花蓝瑶与屯巴村的山子瑶，六巷村的花蓝瑶和石夹、泗水二村的盘瑶，彼此都可以用对方的语言互相交谈。虽然不是每个人都能这样，但一般参加社会活动较多的成年男子大多数是能做到这一点的，其中尤以过山瑶为多。至于过山瑶之间，因彼此语言大致相近，互相学习更为容易，则熟悉对方语言的人数就更多了。

2. 汉语对瑶壮两族的影响

汉语对大瑶山瑶壮两族的影响是很大的。在瑶族五个系和壮族中，除极少数老年妇女外，几乎没有人不熟悉一种以上的汉语方言的。这里所说的汉语方言，是桂林普通话、平南话、蒙山话（这两种都是夹有土音的粤语）和客家话四种。其中更以桂林普遍话和平南话影响较大。如果能熟悉这两种语言，纵走遍整个瑶山，也不会受到语言的障碍而不能同瑶族交谈的。就地区来说，金秀以北，包括金秀、三角两区，普遍地能讲桂林普通话，一部分人并且能讲平南话；金秀以东，包括忠良区，大部分人能讲桂林普通话，一部分人能讲平南话和蒙山话；金秀以南，包括罗香、长洞、六巷三区，普遍地能讲平南话，一部分人能讲客家话。大樟区的瑶壮两族，一般都能讲桂林普通话，一部分人能讲平南话或客家话。许多瑶壮两族的人，在熟悉各种不同的汉语方言之后，并且还能用它来编歌唱歌。他们熟悉汉语的程度，由此可见。不同地区之所以熟悉不同汉语方言的原因，主要是由于他们住区与不同汉语方言的汉区接近、彼此往来接触机会较多的缘故。在瑶族中，过山瑶不管住在哪个地方，都普遍地能讲桂林普遍话。除此之外，更能讲与他们接近的汉区的其他汉语，有的还不止能讲一种，而是能讲两三种。

这里必须一提的，就是记录汉语的符号——汉文，在大瑶山瑶壮两族中的影响也很深刻。解放前维持瑶山社会秩序的石牌条文，很早以前，便已用汉文书写并刻在石上。在长二乡发现的石牌中，有清乾隆年间的刻石，即其一例。至于瑶壮两族巫师所用的祭神经典和青年们最心爱的山歌唱本，都是用汉文抄写的。这些抄本，几乎在瑶山各大小村庄都可见到，足见其普遍性。而祭神经典年代最久的抄本，在金秀村竟发现了明末万历八年（1580）的，足见其历史之长。这些神书和歌本，除一部分在念唱时是用瑶语或壮语发音外，用各种不同汉语来念唱的也不少，特别是山歌，几乎都是用桂林普遍话或平南话来歌唱的。

3. 壮语在瑶族中的影响

壮语对大瑶山瑶族的影响，虽然比不上汉语那么大，但是在某些地区，也有不少人熟悉和使用它。瑶山西部，地接象州县境。沿山的桐江镇和大乐、中平两区以及鹿寨县属七排等地，都是壮族聚居之区。居处既相毗连，瑶壮两族接触必多，则语言的影响就成为无可避免的事。因此，大瑶山的三角、长洞、六巷等区的瑶族，熟悉壮语的人是很多的。而且山内有些村落，很早以前就有由象州、修仁（现划归象州和荔浦）等地迁入瑶山居住的壮族，如三角区的江燕乡，长洞区的平道、长洞、大进等乡，壮族或与瑶族杂居一村，或自成村落。这更加速和扩大了壮语对瑶族的影响。金秀为瑶山的政治和经济中心，过去汉壮两族的商贩，常络绎不绝地到这里进行交换，因此，这里的茶山瑶不但普遍熟悉桂林普遍话、平南话两种汉语方言，而且有一部分人熟悉壮语。这些地方的师公道公所用的祭神经典，虽用汉文抄写，但念读时有一些是用壮语发音的。更值得注意的是，金秀石牌头人为居民调解纠纷和居民向石牌头人申诉时，常有一种排比句式的话语，而这种话语中都是使用瑶语夹杂壮语来讲述的。由此不但可以看出壮语对瑶语影响的深刻，而且可以看出瑶壮两族文化的交流与融合。

大樟区的大樟、互助两乡，原属象州县地，1954 年才划归大瑶山瑶族自治县的。这两乡的居民绝大多数都是壮族，他们的语言，也给附近瑶族以极大影响。相邻地区的盘瑶许多人都熟悉壮语，这已经为人所共知。一件突出的事例是，当地王田、奔腾、花鹿、高秀等村盘姓居民的祖先，原为坳瑶，据他们自称是与古陈、罗运、罗香等处的坳瑶同族的。由于住区接近大樟圩附近的壮村，80 年来，他们已逐渐习用壮语，直至目前为止，除个别老人还能讲一些坳瑶语言以外，壮语已经成为他们日常普遍使用的交际工具了。

4. 瑶语对山内汉壮两族的影响

解放以前，杂居在大瑶山的汉壮两族居民，为数不多，不管他们是自成村落或是杂居一村，都在绝大多数的瑶族村落的包围圈里，因此，瑶族的风俗习惯及一切文化生活，都要给这些为数不多的汉壮两族居民以不可避免的影响。而在日常生活中作为人与人间交流思想的语言，就会在极大程度上来影响他们，一些居住在瑶族村庄里的手工业工匠和商贩，几乎没一个不是熟悉瑶语的。有些在瑶山娶妻生子，一代一代地住下去，这些后辈子孙，在当地出生长大，他们能操瑶语，那就更不必说了。自成村落的汉壮居民所受影响，虽然不比与瑶族共居一村的那么大，但由于村庄互相毗连，大部分人也是熟悉瑶语的。此外，还有常在瑶山往来的行商小贩，为了交换的方便，也有一些能讲瑶语的，不过为数不多而已。在山里居住的壮族，多是与茶山瑶共村或邻村，由于两者语言发音比较接近，因此，就更容易接受瑶语的影响。反过来，茶山瑶学习壮语，情况也与此相同。

五、人口消长情况

（一）解放前长毛瑶人口消减的趋势及其原因

解放前，包括茶山瑶、花蓝瑶、坳瑶三个族系的长毛瑶，都是大瑶山土地的占有者（虽然其中有很多的贫苦农民）。从远祖以来，不但早在本族系占有的山谷间开辟了水田，栽种稻谷，而且所占有的老山，出产土特产很多，如香草、香菇、桂皮、八角、笋干等等，都是值钱的商品。长毛瑶具有这样优厚的经济条件，按常理说，人口的繁衍生息应该是不断向前发展的。但事实却不是这样，他们的人口反少于没占有土地，专靠租山垦种的过山瑶（包括盘瑶和山子瑶）。全山瑶族的总数 1957 年为 19 426 人，长毛瑶仅有 7404 人，占瑶族总人口数 38. 11%。其中茶山瑶为 5348 人，占瑶族总人口数 27. 53%，占长毛瑶人口数 72. 23%；花蓝瑶 822 人，占瑶族总人口数 4. 23%，占长毛瑶人口数 11. 09%；坳瑶为 1234 人，占瑶族总人口数 6. 35%，占长毛瑶人口数 16. 67%。过山瑶共 12 022 人，占瑶族总人口数 16. 89%。其中盘瑶为 10 699 人，占瑶族总人口数 55. 08%，占过山瑶人口数 89. 00%；山子瑶为 1323 人，占瑶族总人口数 6. 81%，占过山瑶人口数 11. 00%。为什么长毛瑶的人口反比过山瑶要少呢？我们曾对这个问题进行了调查，从已收集到的材料中，可以找得到一些答案。分述如下：

1. *解放前人口减少的趋势*

在长毛瑶三个族系中，人口都有逐渐减少或停滞不前的趋势。其中茶山瑶一般的村落，还能保持百年以前的户数，人口大致处于停滞不前状态。但是花蓝瑶和坳瑶的情况，则有显著下降的趋势。这可从下面两例中看得出来。

（1）花蓝瑶之例

根据老人们所能记忆的传说，花蓝瑶过去的人口是较多的，不知从什么时候起，就逐渐减少下来。很显著的事实是，老辈曾经住过的一些村庄，由于自然灾害、疾病死亡或武装斗争，便一个一个地衰败了。单就六巷区内的九十三河和大凳河沿岸的花蓝瑶村庄，陆续衰败的就有窝巴、花雷、文凤、上凤、泗水、下灵、屯巴7个。兹将它们的户数及衰败原因列表如下（据1957年调查）：

村名	户数	衰败原因	归并何府	备注
窝巴	60	山洪冲毁房屋		全村覆灭
花雷	12	同上		同上
文凤	120	一说瘟疫死亡多，后迁走 一说原因不明	黄桑	
上凤	60	屋基崩陷，全村几乎全部毁灭	黄桑	剩少数人他迁
泗水	7	死亡和迁移	六巷	现为盘瑶族居住
下灵	13	与盘瑶为山租械斗13年，一度被盘瑶攻入将房屋烧毁，后迁走	黄桑、门头	
屯巴	15	瘟疫死人多，后迁走	同上	现为山子瑶居住

上表所列7村，共计287户，他们因遭受巨大的天灾人祸，虽然有些村庄并不是全部覆灭，但所存的户口也是不多的。这样严重的灾祸，确实是花蓝瑶人口一个难以补偿的损失。又据六团、丈二花蓝瑶的传说，他们的祖先原住在古埠冲的，当时共有120户，后来由于全村男子都出山外打州打县去了，只留着妇女和小孩在家。因为村里的庙宇屋瓦破漏，妇女们爬上瓦背去修理，“污秽”了神灵。男子在外面便打了一个大败仗，死亡很大。逃回来的人，只剩18户。因此，便分头搬移，6户到六团，12户到丈二。六团和丈二的村名，就是由6户和12户而起的。这个传说，可以使我们知道过去花蓝瑶在反抗民族压迫的年代里，历次的战争中所遭受的屠杀是很严重的，这就使他们的人口数不能不急剧下降了。

以上所举，已是年代较远的事实。如果从近百年以来的情况看，现在六巷区内的六巷、古浦、门头、黄桑、大凳、新村六村，仍然存在着居民户口逐渐减少的趋势。据老人们的耳闻和目见，这里百年以前的户口，都远远超过现有的数目。有些家庭由于仅有的单丁独子（女儿包括在内）死亡，就再没有后代来继承宗祧而成为绝户。或是甲乙两家，一家仅有一子，另一家仅有一女，这对男女结婚后，就把两家并为一家，从而使户数逐渐减少。现将六村原有户数和现有户数（1957 年）列表如下，以资对比：

村名	过去户口数	现存户口数	较过去减少户数
六巷	60	33	27
古浦	28	9	19
门头	42	28	14
黄桑	24	15	9
大凳	32	21	11
新村	8	5	3
合计	194	111	83

（2）瑶坳之例

据坳瑶古老的传说，罗运村最初有居民 120 户，经过一个时期，减至 80 户。再经过一个时期，减至 60 户。截至解放时，仅余 43 户。120 户和 80 户的罗运，究竟在什么年代，现已无人说得清楚。但 60 户的罗运，多数的罗运居民和邻近的同族，都能言之凿凿。一个年纪 58 岁的老人，据他亲眼见到的事实，村上便有 15 户因无嗣而成为绝户的。这些绝户的户主是：

①盘公开　②盘公先　③盘公收　④盘公白　⑤盘公条
⑥盘公业　⑦盘公沓　⑧盘亚松　⑨盘姥于　⑩盘阿椒
⑪盘姥韦　⑫盘公弹　⑬盘公相　⑭盘公斜　⑮盘公伞

它说明：在近 50 年左右的一段时间中，罗运的户口就减少 15 户。如以每户平均 4 人计，合为 60 人。如当时的户口是 60，即减少原来户数的 1/4。这个数字是很惊人的。1957 年罗运村共有坳瑶 53 户，除去其中 43 户为原住户，另 5 户是由原住户分家出来的新户外，还有 5 户是在合作化高潮之后，为了生产上的便利，才从距罗运四五里外的寨村、六俄两村迁来的。

寨村、六俄两村，原是坳瑶的住所。据老辈传说，两村原有 22 户。但约在辛亥革命前后，寨村已经只剩 7 户，六俄只剩 5 户，合计为 12 户。几乎较原来的户口减少一半。这是 50 年代时年已七旬的盘公垓和盘公烟两位老人少年时亲眼见到的情况。但两个村庄，到临解放时，寨村只剩 3 户，六俄只剩 2 户，较之辛亥革命前后的户口，又减少一半以上。而且六俄的 2 户，最后只有 4 人，而且这 4 个人中，仅有一个小孩，其余 3 个都是丧失了劳动力的老者。由上举这些活生生的具体事实来看，坳瑶人口在解放前逐渐减少的趋势，是极其显著的。

2. 长毛瑶人口减少的原因

长毛瑶人口不能逐渐增加反而逐渐减少的主要原因，约有下列几个：

第一，人口限制。限制人口，是长毛瑶三个族系都普遍采用的手段。他们一致认为：居住在高山深谷的瑶族的祖先，给后人开辟的水田并不太多，每年生产的粮食，也很有限。如果家庭人口逐渐增多，粮食便不够吃。而且一家若有两三兄弟，各人都怕分不到较多的家产，就要过穷困的日子。兄弟们势必你争我夺，各怀异心，由互相嫉妒而至互相仇杀。从这个观点出发。一般的家庭都保持着“一脉单传”的原则：即是父母生育子女，只留两个，一个留在家里承宗接后，一个出嫁。如果家产较多的，照金秀一带的标准，一家有600把以上禾（每把重旧秤12斤左右）田的，也可有三个以上的儿女，留两个在家分占田产，其余都嫁给同族系的人为妻或赘婿。财产较少的家庭，如有三个儿女，也要把两个嫁给别人。如果生育多的子女，便采用堕胎或杀婴的方法来达到限制的目的。这种情况，在长毛瑶中很普遍。不难理解，当瑶族的祖先们受到历代封建统治阶级武装压迫，在万不得已的情况下，进入生存条件极其困难的高山深谷的初期，由于生产的困难，必然经常受到饥饿的严重威胁。在他们的传说中，至今还留存着许多先人艰苦斗争的记忆，比方用竹木尖棒开田种地啦，靠挖掘山薯度日啦，只带来黄粟、麦粹或豆的种子啦。这些都可作瑶族初入山时生活极端困难的说明。在这样的困难情况下，如果人口不断增加，则饥饿、死亡威胁更大。为了民族的生存得以延续，人口的限制就成为必要的手段。据金秀老人们传说，他们六七代以前的祖先，男子年龄要30岁，女子要在20多岁至30岁才许结婚。这可能也是一种以迟婚来限制人口的手段。那么，堕胎、杀婴则成为必然。

堕胎和杀婴是长毛瑶各系中较普遍的。但在调查访问中，这项具体材料，还不尽可靠。我们调查金秀区六拉乡白沙村43对夫妇的儿童生育死亡情况，共生育194胎，其中堕胎仅8个，占儿童死亡人数8.25%，占生育总数4.12%。杀婴42个，占儿童死亡人数45.3%，占生育总数21.65%。最突出的一个例子是，陶女杰（79岁）夫妇，共生育19胎，杀婴15个。又据罗香区罗运乡罗运村调查统计：76对夫妇，共生育207胎，其中堕胎仅2个，占儿童死亡数2.78%，占生育总数0.96%。杀婴4个，占儿童死亡人数5.56%，占生育总数1.96%。又据六巷区门头乡门头村调查统计：84对夫妇，共生育207胎，无堕胎的。杀婴53个，占儿童死亡人数63.1%，占生育总数25.6%。一个突出的例子：胡扶现夫妇，共生育15胎，杀婴达11人。

据自治县派到我组工作的苏显廷同志（金秀茶山瑶族）说：“有人计算过，仅1948—1949两年中，六拉乡四村，共育婴孩110个，其中被杀的就有85个。”留养的只26个，才占育儿数的23.6%。这个数目是很惊人的。但是如果在对具体的人进行调查时，有一部分人却不承认自已曾经有过这样的事。在罗运的调查材料中，更可看得出这种情况。一部分调查对象之所以要把这些事实掩盖起来，或是由于害羞，或是由于害怕犯法（解放后已经宣布杀婴为非法行为）而加以隐瞒。调查中虽多方动员，效果仍不大。又因这种事情，各家都是在较隐蔽的情况下进行的，要想从侧面去了解和查对材料，也还有一定的困难。

总之，以堕胎和杀婴的手段来限制人口的增加，是长毛瑶各族系普遍的现象。其结果必然会使他们的人口停滞不前甚至消减。解放后，特别是在合作化高潮之后，瑶山普遍成立了高级社，随着经济生活的逐步改善，他们也不再以杀婴的办法来缩减人口了。

第二，儿童出生率不高和死亡率较高。根据在长毛瑶村三个点的调查，他们的儿童出生率不高，而死亡率却是较高的。其具体情况如下：

①根据金秀区六拉乡白沙村的材料：43对夫妇，共生育194胎，平均每对夫妇育儿数为4.51个。能成长到满15周岁以上的为97人。平均每对夫妇养成儿女2.25人。在15岁

以下死亡的（包括小产、堕胎和杀婴）为97人。恰占出生人数的一半，即50%。除去小产、堕胎、杀婴三项共死50人不计外，其余因疾病死亡的儿童47人，占生育总数24.21%，占死亡人数38.43%。

②根据六巷区门头乡门头村的材料：84对夫妇，共生育207胎，平均每对夫妇育儿数仅为2.46个。能成长到满16岁以上的为123人。平均每对夫妇养成儿女1.46人。在16岁以下死亡的（包括小产、堕胎和杀婴）为84人，占生育总数40.58%。除去小产、堕胎、杀婴三项共57人不计外，其余因疾病死亡的儿童27人，占生育总数13.04%，占死亡人数32.14%。

③根据罗香区罗运乡罗运村的材料：67对夫妇共生育207胎，平均每对夫妇育儿数为2.72个。能成长到满16周岁以上的为135人，平均每对夫妇养成儿女1.77人。在16岁以下死亡的（包括小产、堕胎和杀婴）为72人，占生育总数34.78%。除去小产、堕胎、杀婴三项16人不计外，其余因疾病死亡的儿童56人，占生育总数的27.05%，占死亡人数77.78%。

从上举三个典型材料看，儿童出生率和儿童死亡率的数字都是很惊人的。促使儿童出生率不高，而死亡人数较多的因素，最主要的有两个：一是梅毒病患的流行，一是医药卫生的缺乏。

在调查中，发现罗运村应届生育的76对夫妇中，竟有16对是从来没有生育过小孩的，占应届生育夫妇总数21%。大体说来，10个已婚妇女中，约有两个以上是没有生过孩子的。这个数字不是很惊人吗？此外，在前项调查中，又发现小产和死胎共10胎，其中李景安夫妇，现年已40岁以上，共生育5胎，除一胎出生后7个月才死以外，其余都是死胎。这些妇女之所以不育、小产和死胎，我们怀疑可能与当地梅毒病患的流行有关。不过未获该村居民具体的性病检验材料，我们仅从访问了解和其他村庄的检验材料来作推断而已。

大瑶山内性病的流行是相当普遍的。尤其在解放前某些男女性关系比较混乱的地区，就更为严重。现据大瑶山瑶族自治县检疫站供给的材料，列表如下（1957年）：

村名	族系	受检人数	阳性反应人数	病患者占受检人数（%）
古浦	花蓝瑶	13	7	53.9
大凳	花蓝瑶	63	13	20.63
黄桑	花蓝瑶	39	15	38.47
古陈	坳瑶	66	23	34.83
屯巴	山子瑶	47	3	6.40
邦家	山子瑶	42	10	23.80
杨柳	茶山瑶	63	19	30.16
在保	茶山瑶	94	20	21.38
长二	茶山瑶	113	28	24.77
大岭	汉	45	3	6.67

从上表所列数字来看，可知大瑶山梅毒流行是相当严重的。在长毛瑶三个族系中，情况更为严重。又据大瑶山人民医院过去曾参加过检梅工作的苏玉莲同志谈：1955 年她曾到六段村去调研过，虽然受检人数已经忘记，但还记得清楚有阳性反应者占受检者的百分比是 70%。她也认为这是一个突出的例子。上表所列的村庄，以地区论，杨柳、在保、长二和六段属金秀区，在大瑶山北部；古陈、古浦、大凳、黄桑、邦家、屯巴、大岭属六巷区，在大瑶山西南部。从此也可看出梅毒流行地区是相当广的。梅毒对生育有绝对的影响，这是不用解释的。因此，我们可以断言：有梅毒病患的妇女，或是不育，或是死胎，或生育后子女会发毒而死，从而使儿童死亡率上升。

解放前，瑶山的医药卫生发展十分迟缓。人们发生了疾病，除可以服用一些瑶族医师的草药以外，是找不到中西医药的。在这种极端缺乏医药的情况下，瑶族便把治疗的希望寄托在神力上面。他们不幸发生疾病了，首先就要求神问卜，请当地的巫师（包括道公和师公）来为病人进行祈祷。如果病势不减或加剧了，这种祈祷活动还不断进行，以至再三再四，虽耗资损财，亦在所不惜。解放后虽各区都设立卫生所，在县治所在地并设立了医院，医药卫生情况已大有改善。但人们对祈神除病的观念，至今仍然还在不同程度上保存着。我们每到一村，都能碰到这种事例。可知解放前的情况是如何严重了。

除此之外，人们对环境卫生和疾病预防的常识，也是极其缺乏的。例如，多数村庄都不设厕所，人和猪牛粪便，充满巷道而无人理睬；饭菜食物，任苍蝇爬吮而不加盖覆；剩饭冷菜不再加热便吃；夏秋两季蚊虫孳生，而不用蚊帐（贫穷的无钱备置，就是经济能力充裕的也不习惯用它）。至于小孩的看管，也多不甚注意，特别是两三岁的小孩，由于母亲要参加繁忙的生产劳动，多把他们留在家里，由老人或较大的子女看管。由于照顾不周，常让他们在污秽的泥地上爬滚，随便抓东西吃，疲倦了就随便躺在地上睡觉。这样就很容易感染疾病。

对瑶族健康威胁很大的传染病是疟疾、痢疾和天花。解放前，疟疾的发生极为普遍。痢疾和天花虽不常有，但一到流行的时候，人们除采用隔离法或叫病患者搬往山上去住，或是未经传染的人都避到村外的田寮去住以外，就没有其他的方法来预防和治疗了。据罗运老人们谈：辛亥革命前后，一个平南汉人到罗运做生意。他在山外染了天花，到罗运后才发病。因此，罗运的居民也陆续被传染。三四十岁的壮年，染病共 29 人，死亡 25 人。全村居民，除留六七十岁的老人在家看守和运粮上山外，都逃到山上去躲避。等到疾病停止半年以后，才搬回家来。又 40 多年前，罗运曾发生痢疾传染一次，全村计死 4 人。民国八年（1919）龙华曾发生瘟疫一次，共死 18 人。像这种传染病，在山内其他地区也间或发生，这也促使瑶族人口下降。兹将长毛瑶儿童死亡统计表附后（根据 1957 年调查）。

大瑶山瑶族自治县金秀区六拉乡白沙村茶山瑶儿童死亡统计表（调查夫妇43对）

<table>
<tr><th colspan="2">项别</th><th>性别</th><th>人数</th><th>占各该项百分比</th><th>占生育总数百分比</th><th>备注</th></tr>
<tr><td colspan="2" rowspan="4">出生胎数</td><td>男</td><td>103</td><td>53.09</td><td rowspan="4"></td><td rowspan="4">43对夫妇，共生育194胎，平均每对生育4.51胎。</td></tr>
<tr><td>女</td><td>91</td><td>46.91</td></tr>
<tr><td>不明</td><td></td><td></td></tr>
<tr><td>合计</td><td>194</td><td></td></tr>
<tr><td colspan="2" rowspan="3">成长人数</td><td>男</td><td>55</td><td>56.70</td><td>28.35</td><td rowspan="3"></td></tr>
<tr><td>女</td><td>42</td><td>43.30</td><td>21.65</td></tr>
<tr><td>合计</td><td>97</td><td></td><td>50.00</td></tr>
<tr><td rowspan="28">儿童死亡数</td><td rowspan="4">死亡人数</td><td>男</td><td>48</td><td>49.48</td><td>24.74</td><td rowspan="4"></td></tr>
<tr><td>女</td><td>49</td><td>50.52</td><td>25.26</td></tr>
<tr><td>不明</td><td></td><td></td><td></td></tr>
<tr><td>合计</td><td>97</td><td></td><td>50.00</td></tr>
<tr><td rowspan="4">堕胎</td><td>男</td><td>2</td><td>2.06</td><td rowspan="4">4.12</td><td rowspan="4"></td></tr>
<tr><td>女</td><td>6</td><td>6.19</td></tr>
<tr><td>不明</td><td></td><td></td></tr>
<tr><td>合计</td><td>8</td><td>8.25</td></tr>
<tr><td rowspan="4">小产</td><td>男</td><td></td><td></td><td rowspan="4"></td><td rowspan="4"></td></tr>
<tr><td>女</td><td></td><td></td></tr>
<tr><td>不明</td><td></td><td></td></tr>
<tr><td>合计</td><td></td><td></td></tr>
<tr><td rowspan="4">杀婴</td><td>男</td><td>25</td><td>25.78</td><td rowspan="4">1.65</td><td rowspan="4">六拉乡在解放前杀婴是很普遍的现象，本表所列数字，有一对夫妇，生育17胎，杀婴15个。</td></tr>
<tr><td>女</td><td>17</td><td>17.52</td></tr>
<tr><td>不明</td><td></td><td></td></tr>
<tr><td>合计</td><td>42</td><td>43.30</td></tr>
<tr><td rowspan="3">1月内</td><td>男</td><td>13</td><td>13.40</td><td rowspan="3">14.94</td><td rowspan="3"></td></tr>
<tr><td>女</td><td>16</td><td>16.49</td></tr>
<tr><td>合计</td><td>29</td><td>29.89</td></tr>
<tr><td rowspan="3">1月以上
1岁未满</td><td>男</td><td>1</td><td>1.03</td><td rowspan="3">4.12</td><td rowspan="3"></td></tr>
<tr><td>女</td><td>7</td><td>7.21</td></tr>
<tr><td>合计</td><td>8</td><td>8.24</td></tr>
<tr><td rowspan="3">1岁以上
3岁未满</td><td>男</td><td>4</td><td>4.12</td><td rowspan="3">3.09</td><td rowspan="3"></td></tr>
<tr><td>女</td><td>2</td><td>2.06</td></tr>
<tr><td>合计</td><td>6</td><td>6.18</td></tr>
<tr><td rowspan="3">3岁以上
15岁未满</td><td>男</td><td>3</td><td>3.09</td><td rowspan="3">2.06</td><td rowspan="3"></td></tr>
<tr><td>女</td><td>1</td><td>1.03</td></tr>
<tr><td>合计</td><td>4</td><td>4.12</td></tr>
</table>

大瑶山瑶族自治县六巷区门头乡门头村花蓝瑶儿童死亡统计表（调查夫妇84对）

项别		性别	人数	占各该项百分比	占生育总数百分比	备注
出生胎数		男	97	46.86		84对夫妇，共生育207胎，平均每对生育2.46胎。
		女	71	34.30		
		不明	39	18.84		
		合计	207			
成长人数		男	73	59.35	35.26	
		女	50	40.65	24.16	
		合计	123		59.42	
儿童死亡数	死亡人数	男	24	28.57	11.59	
		女	22	26.19	10.63	
		不明	38	45.24	18.36	
		合计	84		40.58	
	堕胎	男				
		女				
		不明				
		合计				
	小产	男	1	1.20	1.93	
		女	1	1.20		
		不明	2	2.38		
		合计	4	4.76		
	杀婴	男	9	10.72	25.60	杀婴是花蓝瑶极普遍的现象，无论在座谈会上，或个别访问，大家都承认这一事实。但具体调查时则多隐瞒，此数仅为17对夫妇的情况，且多是从侧面了解所得。其中杀婴有11个的。
		女	8	9.52		
		不明	36	42.86		
		合计	53	63.10		
	1月内	男	4	4.76	3.86	
		女	4	4.76		
		合计	8	9.52		
	1月以上1岁未满	男	4	4.76	2.90	
		女	2	2.38		
		合计	6	7.14		
	1岁以上3岁未满	男	3	3.58	1.93	
		女	1	1.20		
		合计	4	4.76		
	3岁以上5岁未满	男	1	1.20	1.45	
		女	2	2.38		
		合计	3	3.58		
	6岁以上8岁未满	男				
		女				
		合计				
	8岁以上16岁未满	男	2	2.38	2.90	
		女	4	4.76		
		合计	6	7.14		

大瑶山瑶族自治县罗香区罗运乡罗运村（坳瑶）儿童死亡统计表（调查夫妇76对）

<table>
<tr><th colspan="2">项别</th><th>性别</th><th>人数</th><th>占各项
百分比</th><th>占生育总
数百分比</th><th>备注</th></tr>
<tr><td colspan="2" rowspan="4">出生胎数</td><td>男</td><td></td><td></td><td rowspan="4"></td><td rowspan="4">76对夫妇，共生育207胎，平均每对生育2.72胎。</td></tr>
<tr><td>女</td><td></td><td></td></tr>
<tr><td>不明</td><td></td><td></td></tr>
<tr><td>合计</td><td>207</td><td></td></tr>
<tr><td colspan="2" rowspan="3">成长人数</td><td>男</td><td></td><td></td><td></td><td rowspan="3"></td></tr>
<tr><td>女</td><td></td><td></td><td></td></tr>
<tr><td>合计</td><td>135</td><td></td><td>65.21</td></tr>
<tr><td rowspan="40">儿童死亡数</td><td rowspan="4">死亡人数</td><td>男</td><td></td><td></td><td rowspan="4">13.43</td><td rowspan="4"></td></tr>
<tr><td>女</td><td></td><td></td></tr>
<tr><td>不明</td><td></td><td></td></tr>
<tr><td>合计</td><td>72</td><td></td></tr>
<tr><td rowspan="4">堕胎</td><td>男</td><td></td><td></td><td rowspan="4">0.96</td><td rowspan="4"></td></tr>
<tr><td>女</td><td></td><td></td></tr>
<tr><td>不明</td><td></td><td></td></tr>
<tr><td>合计</td><td>2</td><td>2.78</td></tr>
<tr><td rowspan="4">小产</td><td>男</td><td></td><td></td><td rowspan="4">4.83</td><td rowspan="4"></td></tr>
<tr><td>女</td><td></td><td></td></tr>
<tr><td>不明</td><td></td><td></td></tr>
<tr><td>合计</td><td>10</td><td>13.89</td></tr>
<tr><td rowspan="4">杀婴</td><td>男</td><td>2</td><td>2.78</td><td rowspan="4">1.93</td><td rowspan="4">杀婴是坳瑶普遍现象，平日谈话中，大家都承认，但在个别访问时，则不承认本人有此举动，疑是害羞或有其他顾虑。此栏数字疑不确定。</td></tr>
<tr><td>女</td><td>2</td><td>2.78</td></tr>
<tr><td>不明</td><td></td><td></td></tr>
<tr><td>合计</td><td>4</td><td>5.56</td></tr>
<tr><td rowspan="3">1月内</td><td>男</td><td>4</td><td>5.56</td><td rowspan="3">6.28</td><td rowspan="3"></td></tr>
<tr><td>女</td><td>9</td><td>12.50</td></tr>
<tr><td>合计</td><td>13</td><td>18.06</td></tr>
<tr><td rowspan="3">1月以上
1岁未满</td><td>男</td><td>5</td><td>6.94</td><td rowspan="3">5.31</td><td rowspan="3"></td></tr>
<tr><td>女</td><td>6</td><td>8.33</td></tr>
<tr><td>合计</td><td>11</td><td>15.27</td></tr>
<tr><td rowspan="3">1岁以上
3岁未满</td><td>男</td><td>11</td><td>15.27</td><td rowspan="3">8.22</td><td rowspan="3"></td></tr>
<tr><td>女</td><td>6</td><td>8.33</td></tr>
<tr><td>合计</td><td>17</td><td>23.60</td></tr>
<tr><td rowspan="3">3岁以上
5岁未满</td><td>男</td><td>3</td><td>4.17</td><td rowspan="3">1.93</td><td rowspan="3"></td></tr>
<tr><td>女</td><td>1</td><td>1.39</td></tr>
<tr><td>合计</td><td>4</td><td>5.56</td></tr>
<tr><td rowspan="3">5岁以上
8岁未满</td><td>男</td><td>2</td><td>2.78</td><td rowspan="3">1.45</td><td rowspan="3"></td></tr>
<tr><td>女</td><td>1</td><td>1.39</td></tr>
<tr><td>合计</td><td>3</td><td>4.17</td></tr>
<tr><td rowspan="3">8岁以上
16岁未满</td><td>男</td><td>4</td><td>5.56</td><td rowspan="3">3.86</td><td rowspan="3"></td></tr>
<tr><td>女</td><td>4</td><td>5.56</td></tr>
<tr><td>合计</td><td>8</td><td>11.12</td></tr>
</table>

（二）过山瑶人口增长的趋势及其原因

解放前，过山瑶是没有占有土地的山丁。除个别的人由于勤耕苦作，掌握了种植经济作物——六谷米、天花粉、油桐、油茶、茶叶等的生产技术，在极端勤苦、节衣缩食的情况下，积蓄了一些银钱，买进了山主少量的不太好的山场和水田以外，绝大多数人都是无立锥之地的贫苦农民。按常理说，他们既然处于这种困苦的经济生活条件下，人口不应该是持续不断增长的。但事实却不是这样。从前节所举的瑶族人口数字中，已知过山瑶人口为12 022人，占瑶族总人口数61.89%，是超过长期以来就占有广阔山场田地、经济和政治条件都远远优于他们的长毛瑶的。为什么过山瑶人口能在极端贫困的经济生活条件下却不断有所增长呢？从已经搜集到的材料中，是可以找到一些答案的。

1. 过山瑶人口增长的趋势

从几个点的典型调查材料中，可以看出过山瑶人口有逐渐增长的趋势。这种趋势，很可能从一个家庭子孙繁衍的具体情况得到明确的认识。兹举两例如下：

（1）盘瑶之例

金秀区共和乡坤林村赵姓（五代赵）盘瑶，从祖先赵成州的次子赵文秀住在坤林附近的崖塔时期算起，到1957年已历7代。现住在坤林的赵文秀的子孙，除去男子出外上门做赘婿，女子嫁出门的不计外，已经分成18家。其子孙繁衍情况如下表：

第一代　文字派　1人

第二代　春字派　2人（女子嫁出的不计，下同）

第三代　进字派　5人

第四代　明字派　11人（包括留女招赘的赘婿）

第五代　成字派　20人（迁出2户不计在内）

第六代　文字派　21人（出外上门的1人不计）

第七代　春字派　3人（均是5岁以下的小孩）

从上表可以看出，盘瑶人口的增长，第五代成字派，50年代时还有许多是壮年和青年人，他们的下一代——文字派的人数，可能还不止现有的21人。第七代刚开始，人数还不能估计。

（2）山子瑶之例

根据罗香区罗丹乡石门村山子瑶李阿尾（已死）家的调查材料，也可看出山子瑶人口不断增长的趋势。李阿尾原是滴水乡岭岔村（现无人住）人，他在清光绪年间当他16岁的时候来到石门李三公家上门做赘婿的。结婚后共生二子三女，都养大成人，嫁娶婚配，并且子孙繁衍。综计李阿尾的后辈为：第二代5人，第三代11人（1人夭亡），第四代27人。这是李阿尾家70年来人口增长的速度。过山瑶人口就是如此增长，因之，长毛瑶的人口增长是落在他们后面了。

兹将李阿尾家四代人谱表列于下（但这是非常突出的例子，并不是所有过山瑶人都是这样，也有人口发展迟缓的。此表系根据1957年的调查资料）：

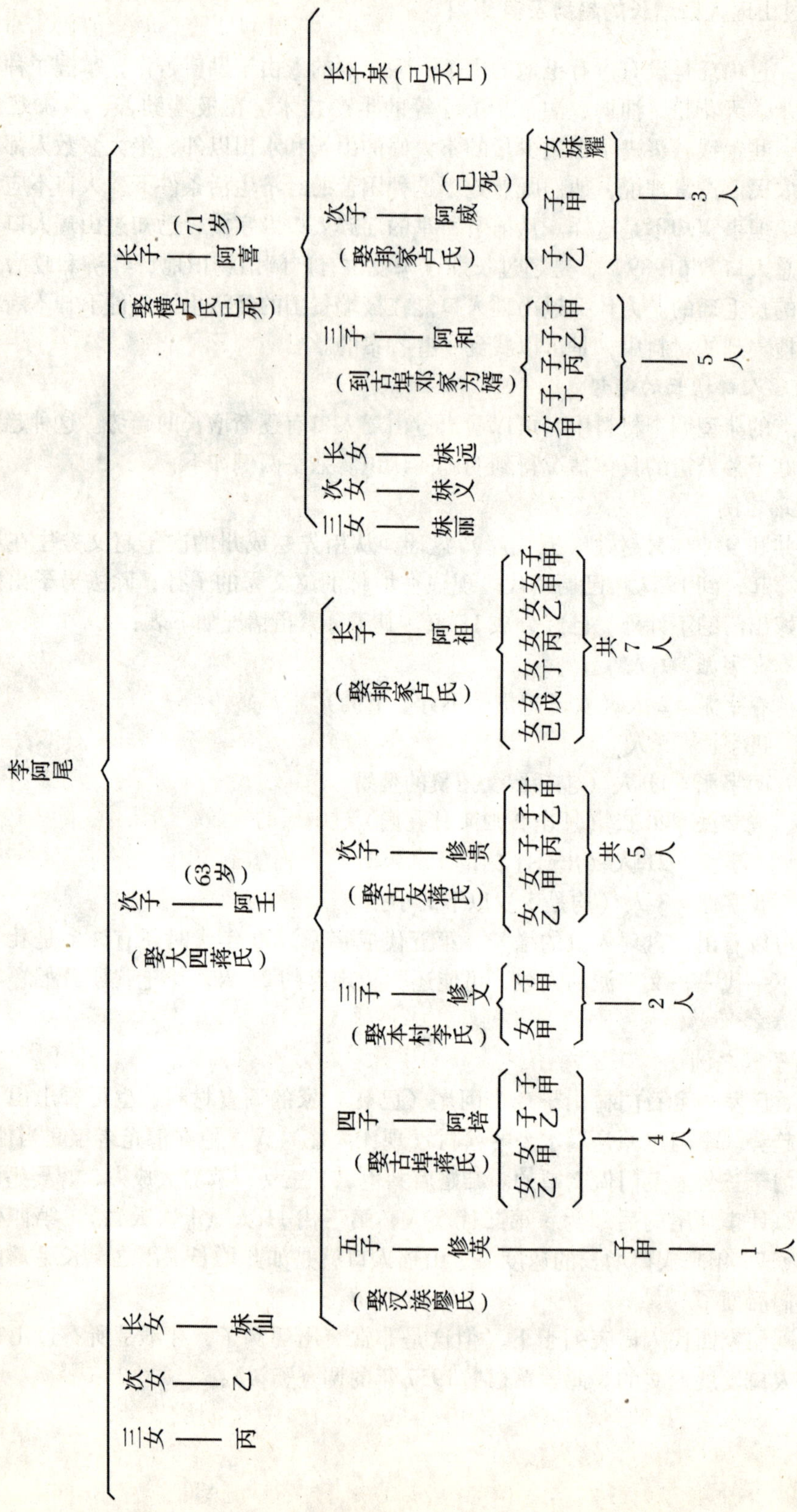
李阿尾
长子 阿喜（71岁）
（娶横卢氏已死）
长子某（已夭亡）
次子 阿威（已死）
（娶邦家卢氏）
女妹耀
子甲
子乙
3人
三子 阿和
（到古埠邓家为婿）
子甲
子乙
子丙
子丁
女甲
5人
长女 妹远
次女 妹义
三女
次子 阿王（63岁）
（娶大四蒋氏）
长子 阿祖
（娶邦家卢氏）
子甲
女甲
女乙
女丙
女丁
女戊
女己
共7人
次子 修贵
（娶古友蒋氏）
子甲
子乙
子丙
女甲
女乙
共5人
三子 修文
（娶本村李氏）
子甲
女甲
2人
四子 阿培
（娶古埠蒋氏）
子甲
子乙
女甲
女乙
4人
五子 修英
（娶汉族廖氏）
子甲
1人
长女 妹仙
次女 乙
三女 丙

2. 过山瑶人口增长的原因

过山瑶人口不断增长，可以从前面揭示的具体事例得到证明。促使他们人口增长的原因，主要的有两点：

第一，没有限制人口的习俗。过山瑶垦山种岭，耕作技术落后，基本上还不曾摆脱“刀耕火种”的方式。耕地概不施肥，一般只能耕种5年左右便要抛弃，另垦新地。采取这种粗放的耕作方法进行生产，结果必然是广种薄收。要“广种”，就需要大量的劳动力。不这样，那“薄收”的粮食，就不足以维持生活。这便是过山瑶为了发展经济的原因而促使家庭人口不断增多的一个因素。长毛瑶怕儿女多了会挨饿，过山瑶怕儿女少了会受饥。两者的愿望恰恰是相反的。因此，长毛瑶就不得不想方设法来限制家庭人口，而过山瑶也不得不想方设法来增加家庭人口。过山瑶妇女，除极个别的因生育太密，以致妨碍本人生产时，间有堕胎外，杀婴的现象是不存在的。他们不但把自己生育的儿女都抚养大，有时，还用一定的代价向山外贫苦的汉壮两族农民接养女孩，作为养女。长大以后，留在家里招赘。这种现象，不仅家庭缺乏子嗣的会这样做，即使有儿有女的家庭，有的父母还是这样做。目的只有一个，就是希望家庭人口增多，好有较多较强的劳动力从事生产，增加收益，以避免饥寒的威胁。事实证明：在过山瑶中，凡是家庭人多力强的，生活就要好些；相反，凡是家庭人少力弱的，生活就比较困苦。例如，长洞区桂田乡桂田村冯荣金（贫农），1957年59岁。妻黄妹记，50岁。这对夫妇所生一子三女，儿子留在家里娶媳，女儿也留在家里招赘。真是儿孙满堂，全家共有20人。在桂田村说来，9户当中他家的生活是首屈一指的。1955年未入社前全家10个劳动力，收入粮食14 350斤，每人平均700斤以上。其他副业收入还不计算在内。据了解，当时他家的生活已达到富裕中农的水平，已有些微的雇工和放债的行为。这是人多劳动力强的结果。

第二，儿童出生和死亡情况并不比长毛瑶差。过山瑶的物质生活条件，除人口以外，其他都远远落在长毛瑶后面，甚而可以说两者有天壤之别。按常理说，生活贫困的过山瑶，儿童出生和死亡的情况，应该要比长毛瑶较差。但据调查材料证明，事实并不如此。据金秀区共和乡坤林、六仁两村盘瑶儿童死亡统计材料：54对夫妇，共生育254胎，平均每对夫妇生育4.7人。这个数字要比经济条件在大瑶山里处于最高地位的白沙村的每对夫妇平均育儿4.51人稍高。根据长洞区桂田乡桂田村盘瑶的材料，25对夫妇，共生育96胎，平均每对夫妇育儿3.84人；又据三角区六定乡六眼村山子瑶材料，31对夫妇，共生育101胎，平均每对夫妇育儿3.26人。这个数字虽然比不上白沙村，但也要比罗运村的每对夫妇平均育儿2.72人、门头村每对夫妇平均育儿2.46人较高。如果以养成到16岁以上的人数相比，盘瑶也不比长毛瑶为低。据坤林、六仁两村的材料，平均每对夫妇养成儿女2.63人，比白沙村的每对夫妇养成2.25人较高。据桂田村材料，平均每对夫妇养成儿女2.4人，这个数字虽然与白沙村的数字相近，但比门头村的1.46人、罗运村的1.77人都要较高。以儿童死亡人数相比：坤林和六仁是44.09%，六眼村是47.53%，比白沙50%较低；比门头40.58%和罗运34.78%较高。桂田是37.50%，比白沙和门头都较低，比罗运则稍高。如果减去堕胎、小产、杀婴三项不计，单就疾病死亡的儿童人数来看，坤林和六仁是104人，占生育总数40.94%，占死亡人数92.86%；桂田是31人，占生育总数32.29%，占死亡人数86.11%；六眼是48人，占生育总数47.53%，占死亡人数100%，均比白沙、门头、罗运等村只占生育总数24.21%、13.04%、27.05%和只占死亡人数38.43%、32.14%、77.78%较高。从上面这些数字可以看出，盘瑶虽然由于物质条件远不如长毛瑶的优厚，在儿童出生以后，因疾病而死的人数较多，但这些死亡的数量与长毛瑶中的堕胎和杀婴来比较，两者儿童死亡率接近，但过山瑶还比长毛瑶的情况较好一些。如果把长毛瑶间有隐瞒堕胎和杀婴的情况估计在内，那么长毛瑶儿童死亡数字可能还要高。再就过山瑶的儿童出生率较高的情况来看，从而就可大体上找出过山瑶人口逐渐增长的原因了。兹将长毛瑶和过山瑶的儿童出生和死亡情况，列表如下，以便对比（根据1957年调查资料）。

长毛瑶、过山瑶儿童出生情况对照表

村　名	夫妇对数	育儿总数	每对夫妇平均育儿人数	养成至16岁以上人数	每对夫妇平均养成儿童数	备注
白　沙	43	194	4.51	97	2.52	养成人数以满15岁以下计
门　头	84	207	2.46	123	1.46	
罗　运	76	207	2.72	135	1.77	
坤林、六仁	54	254	4.70	142	2.63	
桂　田	25	96	3.80	60	2.40	养成人数以满15岁以下计
六眼	31	101	3.26	53	1.71	同　上

长毛瑶、过山瑶儿童死亡情况对照表

村　名	儿童死亡数	死亡数占出生总数百分比	堕胎小产杀婴死亡数	疾病死亡人数	病死数占出生人数百分比	病死数占死亡人数百分比
白　沙	97	50.00	50	47	24.21	48.55
门　头	84	40.58	57	27	13.04	32.14
罗　运	72	34.78	16	56	27.05	77.78
坤林、六仁	112	44.09	8	104	40.94	92.94
桂　田	36	37.50	5	31	32.29	86.11
六　眼	48	47.53	0	48	47.53	100.00

过山瑶的物质生活条件虽然比长毛瑶差很远，但他们的医药卫生条件，是不会比长毛瑶还好的。大致说来，他们发生疾病也只知用本族系的医师的草头药，也同样崇信以神力祓除祈禳。至于环境卫生和疾病的防治，也与长毛瑶不相上下。只有一点是比较值得注意的，就是他们夫妻关系比较稳定，性的生活也要严肃得多。在梅毒病患方面，虽然我们还没有找到盘瑶的检验材料，但据调查了解，他们感染这种疾病是少见的。从前面所举的山子瑶检验材料看，也要比长毛瑶低。同时，必须指出：邦家和屯巴两个村庄，都和花蓝瑶村相邻很近，而且这几个村庄的山子瑶，有的妇女还嫁给花蓝瑶；有的寡妇在嫁给花蓝瑶之后，还把前夫的儿女一齐带到后夫家去作为后夫的儿女；有的花蓝瑶因无子嗣，也把山子瑶的儿女接来当养子。在这种情况之下，两个族系的风俗习惯，便要互相影响。性病的传染，可能与此有关。

总的说来，瑶族人口的消长问题，关键在于是不是自己在其本族系中限制人口和梅毒病患是不是普遍严重。解放以来，关于梅毒传染问题，党和政府早已经采取检验、医疗的措施，在一定程度上收到了效果。虽然普遍的检验、治疗工作，因限于人力物力，迄今还未完全做到，但彻底地扑灭这种疾病，已为时不远了。现根据1957年的调查资料，将六仁、桂田、六闻三村的盘瑶、山子瑶的儿童死亡情况列表如下：

大瑶山瑶族自治县金秀区共和乡六仁村（盘瑶）儿童死亡统计表（调查夫妇54对）

<table>
<tr><th colspan="2">项别</th><th>性别</th><th>人数</th><th>占各该项百分比</th><th>占生育总数百分比</th><th>备注</th></tr>
<tr><td colspan="2" rowspan="4">出生胎数</td><td>男</td><td></td><td></td><td rowspan="4"></td><td rowspan="4">54对夫妇，共生育254胎，平均每对生育4.7胎。</td></tr>
<tr><td>女</td><td></td><td></td></tr>
<tr><td>不明</td><td></td><td></td></tr>
<tr><td>合计</td><td>254</td><td></td></tr>
<tr><td colspan="2" rowspan="3">成长人数</td><td>男</td><td></td><td></td><td></td><td rowspan="3"></td></tr>
<tr><td>女</td><td></td><td></td><td></td></tr>
<tr><td>合计</td><td>142</td><td></td><td>55.91</td></tr>
<tr><td rowspan="37">儿童死亡数</td><td rowspan="4">死亡人数</td><td>男</td><td></td><td></td><td></td><td rowspan="4"></td></tr>
<tr><td>女</td><td></td><td></td><td></td></tr>
<tr><td>不明</td><td></td><td></td><td></td></tr>
<tr><td>合计</td><td>112</td><td></td><td>44.09</td></tr>
<tr><td rowspan="4">堕胎</td><td>男</td><td></td><td></td><td rowspan="4">0.78</td><td rowspan="4"></td></tr>
<tr><td>女</td><td></td><td></td></tr>
<tr><td>不明</td><td></td><td></td></tr>
<tr><td>合计</td><td>2</td><td>1.79</td></tr>
<tr><td rowspan="4">小产</td><td>男</td><td></td><td></td><td rowspan="4">2.36</td><td rowspan="4"></td></tr>
<tr><td>女</td><td></td><td></td></tr>
<tr><td>不明</td><td></td><td></td></tr>
<tr><td>合计</td><td>6</td><td>5.36</td></tr>
<tr><td rowspan="4">杀婴</td><td>男</td><td></td><td></td><td rowspan="4"></td><td rowspan="4"></td></tr>
<tr><td>女</td><td></td><td></td></tr>
<tr><td>不明</td><td></td><td></td></tr>
<tr><td>合计</td><td></td><td></td></tr>
<tr><td rowspan="3">1月内</td><td>男</td><td>19</td><td>17.86</td><td rowspan="3">11.02</td><td rowspan="3"></td></tr>
<tr><td>女</td><td>8</td><td>7.14</td></tr>
<tr><td>合计</td><td>28</td><td>25.00</td></tr>
<tr><td rowspan="3">1月以上
1岁未满</td><td>男</td><td>13</td><td>11.60</td><td rowspan="3">7.48</td><td rowspan="3"></td></tr>
<tr><td>女</td><td>6</td><td>5.36</td></tr>
<tr><td>合计</td><td>19</td><td>16.96</td></tr>
<tr><td rowspan="3">1岁以上
3岁未满</td><td>男</td><td>14</td><td>12.50</td><td rowspan="3">10.23</td><td rowspan="3"></td></tr>
<tr><td>女</td><td>12</td><td>10.71</td></tr>
<tr><td>合计</td><td>26</td><td>23.21</td></tr>
<tr><td rowspan="3">3岁以上
5岁未满</td><td>男</td><td>4</td><td>3.58</td><td rowspan="3">7.08</td><td rowspan="3"></td></tr>
<tr><td>女</td><td>14</td><td>12.50</td></tr>
<tr><td>合计</td><td>18</td><td>16.08</td></tr>
<tr><td rowspan="3">5岁以上
8岁未满</td><td>男</td><td>4</td><td>3.58</td><td rowspan="3">4.33</td><td rowspan="3"></td></tr>
<tr><td>女</td><td>6</td><td>5.36</td></tr>
<tr><td>合计</td><td>11</td><td>8.94</td></tr>
<tr><td rowspan="3">8岁以上
16岁未满</td><td>男</td><td>2</td><td>1.79</td><td rowspan="3">1.57</td><td rowspan="3"></td></tr>
<tr><td>女</td><td>2</td><td>1.79</td></tr>
<tr><td>合计</td><td>4</td><td>3.58</td></tr>
</table>

长洞区桂田乡桂田村盘瑶儿童死亡统计表（调查夫妇25对）

<table>
<tr><th colspan="2">项别</th><th>性别</th><th>人数</th><th>占各该项
百分比</th><th>占出生人
数百分比</th><th>备注</th></tr>
<tr><td colspan="2" rowspan="4">出生胎数</td><td>男</td><td>50</td><td>52.08</td><td rowspan="4"></td><td rowspan="4">25 对夫妇，共生育 96 胎，平均每对生育 3.84 胎。</td></tr>
<tr><td>女</td><td>41</td><td>42.71</td></tr>
<tr><td>不明</td><td>5</td><td>5.21</td></tr>
<tr><td>合计</td><td>96</td><td></td></tr>
<tr><td colspan="2" rowspan="3">成长人数</td><td>男</td><td>31</td><td>51.67</td><td>32.29</td><td rowspan="3"></td></tr>
<tr><td>女</td><td>29</td><td>48.33</td><td>30.21</td></tr>
<tr><td>合计</td><td>60</td><td></td><td>62.50</td></tr>
<tr><td rowspan="28">儿童死亡数</td><td rowspan="4">死亡人数</td><td>男</td><td>19</td><td>52.78</td><td>19.79</td><td rowspan="4"></td></tr>
<tr><td>女</td><td>12</td><td>33.33</td><td>12.50</td></tr>
<tr><td>不明</td><td>5</td><td>13.89</td><td>5.21</td></tr>
<tr><td>合计</td><td>36</td><td></td><td>37.50</td></tr>
<tr><td rowspan="4">堕胎</td><td>男</td><td></td><td></td><td rowspan="4">4.17</td><td rowspan="4"></td></tr>
<tr><td>女</td><td></td><td></td></tr>
<tr><td>不明</td><td>4</td><td>11.11</td></tr>
<tr><td>合计</td><td>4</td><td>11.11</td></tr>
<tr><td rowspan="4">小产</td><td>男</td><td></td><td></td><td rowspan="4">1.04</td><td rowspan="4"></td></tr>
<tr><td>女</td><td></td><td></td></tr>
<tr><td>不明</td><td>1</td><td>2.78</td></tr>
<tr><td>合计</td><td>1</td><td>2.78</td></tr>
<tr><td rowspan="4">杀婴</td><td>男</td><td></td><td></td><td rowspan="4"></td><td rowspan="4"></td></tr>
<tr><td>女</td><td></td><td></td></tr>
<tr><td>不明</td><td></td><td></td></tr>
<tr><td>合计</td><td></td><td></td></tr>
<tr><td rowspan="3">1 月内</td><td>男</td><td>7</td><td>19.44</td><td rowspan="3">8.33</td><td rowspan="3"></td></tr>
<tr><td>女</td><td>1</td><td>2.78</td></tr>
<tr><td>合计</td><td>8</td><td>22.22</td></tr>
<tr><td rowspan="3">1 月以上
1 岁未满</td><td>男</td><td>3</td><td>8.34</td><td rowspan="3">5.10</td><td rowspan="3"></td></tr>
<tr><td>女</td><td>2</td><td>5.56</td></tr>
<tr><td>合计</td><td>5</td><td>13.90</td></tr>
<tr><td rowspan="3">1 岁以上
3 岁未满</td><td>男</td><td>3</td><td>8.34</td><td rowspan="3">7.29</td><td rowspan="3"></td></tr>
<tr><td>女</td><td>4</td><td>11.11</td></tr>
<tr><td>合计</td><td>7</td><td>19.45</td></tr>
<tr><td rowspan="3">3 岁以上
15 岁未满</td><td>男</td><td>6</td><td>16.68</td><td rowspan="3">11.46</td><td rowspan="3"></td></tr>
<tr><td>女</td><td>5</td><td>13.90</td></tr>
<tr><td>合计</td><td>11</td><td>30.508</td></tr>
</table>

大瑶山瑶自治县三角区大定乡六眼村（山子瑶）儿童死亡调查表

<table>
<tr><th colspan="2">项别</th><th>性别</th><th>人数</th><th>占各该项百分比</th><th>占生育总数百分比</th><th>备注</th></tr>
<tr><td colspan="2" rowspan="3">出生胎数</td><td>男</td><td>50</td><td>49.51</td><td rowspan="3"></td><td rowspan="3">调查夫妇31对，共育儿101胎，平均每对育儿3.26胎。</td></tr>
<tr><td>女</td><td>51</td><td>50.49</td></tr>
<tr><td>合计</td><td>101</td><td></td></tr>
<tr><td colspan="2" rowspan="3">成长人数</td><td>男</td><td>27</td><td>50.94</td><td>26.73</td><td rowspan="3"></td></tr>
<tr><td>女</td><td>26</td><td>49.06</td><td>25.74</td></tr>
<tr><td>合计</td><td>53</td><td></td><td>52.47</td></tr>
<tr><td rowspan="15">死亡人数</td><td rowspan="3">死亡总数</td><td>男</td><td>24</td><td>50.00</td><td>23.76</td><td rowspan="3">山子瑶无杀婴、堕胎现象。</td></tr>
<tr><td>女</td><td>24</td><td>50.00</td><td>23.76</td></tr>
<tr><td>合计</td><td>48</td><td></td><td>47.52</td></tr>
<tr><td rowspan="3">生出至1岁未满</td><td>男</td><td>12</td><td>25.00</td><td rowspan="3">20.79</td><td rowspan="3"></td></tr>
<tr><td>女</td><td>9</td><td>18.75</td></tr>
<tr><td>合计</td><td>21</td><td></td></tr>
<tr><td rowspan="3">1岁至5岁未满</td><td>男</td><td>11</td><td>22.91</td><td rowspan="3">18.81</td><td rowspan="3"></td></tr>
<tr><td>女</td><td>8</td><td>18.54</td></tr>
<tr><td>合计</td><td>19</td><td></td></tr>
<tr><td rowspan="3">5岁至10岁未满</td><td>男</td><td>1</td><td>2.08</td><td rowspan="3">3.96</td><td rowspan="3"></td></tr>
<tr><td>女</td><td>3</td><td>6.25</td></tr>
<tr><td>合计</td><td>4</td><td></td></tr>
<tr><td rowspan="3">10岁至15岁未满</td><td>男</td><td></td><td></td><td rowspan="3">3.96</td><td rowspan="3"></td></tr>
<tr><td>女</td><td>4</td><td>8.33</td></tr>
<tr><td>合计</td><td>4</td><td></td></tr>
</table>

五、生活习俗和文化宗教

一、物质生活

(一) 服 饰

瑶族穿戴的服饰，是最能显著地表现民族特点的。在旧籍中许多谈到瑶俗的记载，不说椎髻跣足，便道斑衣花裙。足见瑶族服饰的习尚，早为人们所注意。

大瑶山瑶族五个族系，不但各个族系的服饰有所不同，即使是同一族系，因居住地区隔离，也并不一样。

解放前，各族系一般还保持着原有的特点，大部分还是椎髻跣足，大领斑衣，银钗饰头，大环贯耳的，妇女的装束改变不大。而尚黑衣的旧习，直到现在，还是如此。

1. 衣 服

茶山瑶、花蓝瑶、坳瑶的老辈，衣服的制成，从种棉、扎花、纺纱、织布，直到靛染、刺绣、缝制的整个过程，都出于妇女劳动的双手。辛亥革命之后，洋纱洋布不断输入瑶山；瑶山土产也较多输出山外，由于土布所费的劳动力多，价格比洋纱洋布昂贵，因此，种植棉花已不如种植土产那么有利。种棉纺纱的人就渐渐减少下来了。到现在除花蓝瑶、坳瑶的妇女，还有一些人少量种棉，自己纺纱以外，其制衣的布料，绝大部分已购自山外汉区。只有作为绣巾绣带的布，需要狭窄幅面，仍须由妇女自织。瑶族衣料，喜用黑色、深蓝色，茶山、花蓝瑶喜用白色，盘瑶、坳瑶、山子瑶着白色以为是带孝，故禁用。因此，自织成或购入的白布，概用靛料浸染。靛料出于自己种植，浸染两布匹，其色可经久不退。

盘瑶、山子瑶向来就不种棉纺织，但靛料仍须栽种。因为他们没有山地，没有水田，只靠租种山主贫瘠的山地栽种杂粮生活，而生产技术为极其落后的"刀耕火种"，广种薄收，劳动力主要投放在生产粮食方面，衣着的来源就很难兼顾。加之他们有的居处接近汉区，与汉族的交往亦较频繁，布料来源较易。

现在各族系的衣服式样：男子除六巷区一带的花蓝瑶还穿着大领对襟，左右开深衩长可及膝的古老装束外，长洞区一带的花蓝瑶以及其他各个族系近80年来都已改变，全部着唐装，衣裤与汉区无异。各族系的妇女衣服，则很复杂，茶山瑶和山子瑶一般已由原来大领对襟改为大襟，只有岭祖村（茶山瑶）的老婆婆仍在大襟衣上套上一种没袖的大领对襟大褂。其他各族系都还是穿着大领对襟的花衫。

女裤有短有长，各族系不尽相同。茶山瑶有一半着长裤，一半着短裤。除平林、六竹、岭祖等村短裤不过膝外，其余各处所着短裤都已过膝。下扎脚笼或绑腿，脚笼两端都有少许花纹。盘瑶、山子瑶则着长裤，劳动时也在裤筒下截，捆上绑腿，并用小花条带束之。盘瑶裤脚绣有花纹，宽约3寸余。花蓝瑶和坳瑶都着短裤，缝制方法极为简单，以布料两幅纵折，参错合上，只缝两条骨缝，便成人形无裤头的短裤，方法是十分原始的。妇女着裙之风已改，只有岭祖、卜泉、低水（茶山瑶）相邻几村，还在短裤之外加捆一条长约一尺的细褶短裙。

解放前，瑶族男女一般都穿单衣，尤以处在“山丁”地位的盘瑶、山子瑶最为普遍。夹衣和棉衣，只有经济较充裕的“山主”和接近汉区的茶山瑶和坳瑶才能享受，但数量极少，其中又以男子穿着的为多。以往布料除部分自织外，从外购入的都是粗布，仅有极少部分富裕户着绸缎细布。其余呢绒、毛线更不敢问津了。

2. 巾带和鞋履

瑶族各族系男女，很多人在头上梳髻，即旧时所谓“椎髻”，多用头巾，冬夏常不除。男子一般用黑布，只有坳瑶和花蓝瑶用白布。有发髻的用长头巾绕髻缠扎，露髻在外；无髻的先以前段蒙头，全巾绕头缠扎。岭祖、坤林一带盘瑶，用数丈长之头巾旋缠系扎，大如脸盆，外层用一花带围之，以示美观。妇女头巾十分复杂，形式花样翻新，一般都扎在髻上，多数外表现出短梯形，如“”形，花蓝瑶、坳瑶及大部分茶山瑶都是这样。坳瑶则用竹壳制成“”形，戴在头上，有时还裹扎头巾于“”形外，作为装饰。金秀沿河十村及长洞村茶山瑶，才把大方巾压在平列无髻的头顶的三条弧形“”的大银钗上，上平而两角下垂呈“”形。六巷区的花蓝瑶妇女，蓄长发，梳半边，倒向前额，平眉线处又将发倒挽头顶，用银夹夹之，然后用布缠扎，形如网帽。每日均涂以猪油，光而黝黑。花蓝瑶少女，蓄长辫二根，盘挽头上，直至16足岁或结婚时，再着成年妇女之梳妆。山子瑶和罗梦茶山瑶，头髻外罩围箍，头巾罩于箍外。前者重叠四五层，后者只用一层。盘瑶头上不留长发，经常剪光，岭祖、大樟、金秀等区盘瑶，妇女喜用白色丝条缠头；三角区一带的盘瑶妇女头上戴圆锥形黑布的尖头高帽，如“”形，外罩头巾。

带的种类很多，主要为腰带。男子除坳瑶、花蓝瑶用白色窄花带束装外，其他概用长幅黑布束腰。妇女带类更多，主要是用来围腰。盘瑶妇女常用彩色丝线织成两寸余宽之长腰带围腰，花纹美丽，且经久耐用。除腰带外，妇女还自织有围裙带、脚笼带等，不过这些都是窄短而具有花纹的。

跣足习俗，现在基本上仍然存在着，男女在劳动中，是连草鞋也极少穿的。晚间和赴酒席时所穿之布鞋，除接近汉区的极少数瑶族妇女能自做外，绝大多数都向汉区购买，甚至连穿的草鞋也是如此。坳瑶妇女在喜宴时，还着花鞋。少数地区盘瑶和山子瑶过去由于生活贫困，有终年不穿鞋之现象。木屐的使用，六巷区一带花蓝瑶原来就有，形式与日本木履几乎没有两样。现在各族系已有使用木屐习惯，都是40年来从汉区传入瑶山的，形式与山外汉区所着相同。瑶族一般不穿袜子，仅金秀地区茶山瑶有少数人过去用白布缝制袜子来抵御寒冷。

此外，茶山瑶、盘瑶妇女，喜修拔眉花，让浓眉存留一线，有的甚至一点不留，以示美观。瑶族男子，无留须习惯，即使是高龄老翁，唇边仍无须迹。

3. 被 帐

大瑶山瑶族过去常缺乏被帐，除生活较充裕之户俱有被御寒之外，绝大多数人家靠焚柴薪取暖，以度严冬长夜。盘瑶、山子瑶这种情况更为普遍。有的虽有被子，但数量极少，数口之家，共一被子取暖，也属常见。解放后，终年无被，靠生火来取暖的现象已基本消除。但生活贫困之户，被子仍极少。使用褥子垫铺，则极少见到，一般较富裕之家，使用草席，较贫困的则使用自编竹席，也有极少数连竹席都未具备，躺卧于光板之上。蚊帐仍然缺乏，除个别殷实富户使用从汉区购入蚊帐之外，其他人家是无法购买的。金秀地区茶山瑶，还请木工制成一种架床，形如方柜，周围镶木板壁，以一方留一洞门，供人入睡。夏来，即用一帘布，拦挂洞门，以防疟蚊叮人。

瑶山夏秋两季晚间虽然较凉，一般都难离开棉被，但蚊虫仍是相当多的。瑶族无帐者除以烟火熏驱蚊虫之外，则无其他办法抵御，只能让蚊子叮人。因此，每逢暑夏到来，山内疟疾普遍流行，对身体健康有极大影响。

4. 服饰花纹和织绣

瑶族妇女的衣服巾带及部分男子的巾带，都挑绣或编织许多美丽可观的花纹，花蓝瑶和坳瑶男女背物之布袋以及盘瑶青年男女喜用之垫肩、背裙也如此。这些花纹有的是一些几何图案，有的则是些鸟兽花草，色彩鲜明夺目。而这些独具匠心的艺术作品，又都是和他们的日常生活密切联系起来的。如蝴蝶、飞鸟、大木花、缠枝、蕨草等都是在劳动环境中习见的东西，被恰当地安置在衣裤的边缘上，使质朴的衣服，增加悦目的装饰，充分表现出她们内在的智慧和制作的才能。花蓝瑶、盘瑶妇女织绣艺术很好，真是巧织天工。茶山瑶和山子瑶妇女织绣比其他族较少。巾带上的花纹，多安置两头。有些则纯用彩丝织成。花蓝瑶和坳瑶背袋，花纹绣于袋之中部，作方形图案。巾带和背袋这些花纹，采用装饰图案较多。

衣物上的各种花纹，采用扎绣、挑花和编织三种方法：扎绣不必依照布纹下针，花纹的方圆转折，可以自由安排。挑花则须依纵横的布纹下针，故花纹的表现，只能是些图案；织花因受经纬线的限制，更是如此。

瑶族妇女从五六岁起，开始学习刺绣，至十多岁时，已能掌握各种技术。工艺精巧者，会在妇女中具有威信和受爱戴尊敬，而青年男子寻找配偶也喜从这方面去物色。

5. 饰　品

瑶族各族系都喜用银作饰品，妇女固然如此，男子也不例外。银饰主要的有头钗、头钉、头针、耳环、颈圈、手钏、戒指、吊牌、烟盒等类，各类之中，形式花纹及大小也不一致，真是花样翻新，各显其美。

茶山瑶、花蓝瑶、坳瑶的男子，以往多留发为髻。插在髻上的银饰，茶山瑶常用剑叶形银钗，坳瑶、花蓝瑶则用小圆如星的头钉。坳瑶青年在结婚时，带上七八十颗头钉，发顶端还标插一对蝴蝶花。花蓝瑶则喜贯耳戴上银环。初入瑶山的人，如不仔细观察，则往往认男为女。以往茶山瑶也有穿耳戴环习惯。各族系男子，都喜戴手钏和戒指。有些家中富裕的人，衣襟上还挂着吊牌。此外花蓝瑶和坳瑶还常佩带有银质长方形烟盒，上刻花纹，细致可观，且配彩色丝带，既能装烟，又为装饰点缀。盘瑶和山子瑶在宴会中也常佩带，一般时间不带，具有者还是不普遍的。

妇女插头饰的也只限于茶山瑶、花蓝瑶和坳瑶，其中金秀一带茶山瑶的银钗最大，三条孤形的大钗，缚在顶上，两端翘起，重量约一斤左右。其他各地茶山瑶妇女，以用扁平的头钗者为多，一般都插在发髻旁。金秀一带茶山瑶妇女，常在发后插一木梳。坳瑶妇女发髻椎立高耸，上面则插小圆如星的头钉数枚乃至数十枚。花蓝瑶只用一枚头钉，用来插在覆盖头髻的折合处，以稳固头巾。盘瑶不蓄长发，故不用头钗；山子瑶虽留长发，也不习惯配用。耳环各族都喜佩戴，甚至有的还要戴两对或三对，每边重二三两，往往坠崩耳孔，但亦不觉痛苦。如耳孔坠崩后，则用小绳拌环于耳褶上边，由此可见对装饰之重视。以往盘瑶少女和青年妇女喜戴翠环，其环由若干小铃重叠而成，贯戴耳上，行动时沙沙有声。

颈圈在以前茶山、花蓝、坳瑶都用，现在只坳瑶妇女和花蓝瑶少女才较多使用。

手钏是无论男女都戴的，虽然男子不一定每个都有，但有的也并不少。因为青年可以用它作谈爱定情的信物，老年可以用它作重大事件的信证。妇女戴的很普遍，一般双手戴上一至三对，盘瑶青年姑娘，常有戴上十多对的。

男女俱用的银饰，还有吊牌，女的与男的大致相同。以长约一尺的银练，一端缀着花银牌，牌下缀些挖耳、牙竿及只作装饰用的薄刀剑之类，挂在胸右，以作装饰。

男子佩带之烟盒，花蓝瑶妇女也经常随身佩带。妇女虽不吸烟，盒中可盛火柴，也为点缀饰品。此外花蓝瑶族妇女，常佩带铜铃，行走时，叮当有声，据说可以避邪，但也作为点缀之品。

盘瑶妇女常用银作排扣，有些还在胸前用丝织小袋装上一副小银筷。当然，有这种饰品的人，家庭是比较富裕的。此外，胸背常挂彩丝贯黑白珠子的“金捧”5～10个，丝绦下垂，是一种比较突出的装饰。

制造银饰的工匠，除古陈村一个坳瑶族外，其他的地方是再也找不到的。因此一些汉族工匠，就进入瑶山，选富裕的村落居住下来，专为瑶族制造这样的装饰品，获利十倍。

此外，瑶山瑶族凡遇事外出，不论男女，常喜佩刀。刀长一二尺，用竹或木做成刀鞘，佩带时，将刀放入鞘内，这种旧习，至今仍然存在。

6. 特殊服饰和禁忌

瑶族特殊服饰，是师公和道公的一些法衣法帽之类，其与汉壮两族师公道公所用的没有显著差别。然而这些服饰，却是从汉区买入的。盘瑶度戒时例须有一条由妇女自绣之法带、法衣和白色黑花的绑腿，它才是具有民族特点的东西。此外，盘瑶姑娘，在出嫁时要穿长可过膝的花衣，头上并须戴高大用腊漆光的“角板”，上撒红黑吊珠丝线及盖两尺满挑图案花纹的方形头帕。这是其他族系所无的。

老人过世，各族都有戴孝习惯，男女着白衣白头布，长二茶山瑶还着白帽，与汉区无异。六巷一带花蓝瑶，还用白麻线穿系一个铜钱，戴在手上。男戴在左边，女戴右边。此外，还将白棉纸小块，圈于手上或戴于耳上，男女如此。

男女小孩服饰，式样仿制成年之各族男女，也有少许花纹。一般都采用父母之破衣料来重制，也有极少部分采用新布。小孩均着布帽，较为讲究。多数挑绣花纹，有蝴蝶、鸟兽、寿字形几种，多由妇女制作，但有极少部分也从汉区购买。盘瑶小孩之帽，满绣花纹，但缝制简单，将绣成之花纹布块，留一线细孔，以小绳穿入紧缩而成，谓之“锁头帽”。其他装饰品，很少佩戴。

盘瑶的男女小孩，只穿无扣的衣，不穿裤。解放初亦尚如此，肚皮经常袒露出来，容易受凉生病。

此外，瑶族妇女生育小孩后，都备有襁褓，一般都由妇女缝制，也有的从汉区购入。花蓝瑶妇女自制襁褓，挑绣花纹，较为美观。

穿戴服饰如遇有老人过世，习惯上有一些禁忌，一般都不着锦绣花衣。如系亲属，妇女在守孝期间，不戴耳环、手镯、戒指以及各种装饰品，如果不是亲属，在白事酒席中，也宜着素服。罗香一带坳瑶的白头巾，如在戴孝守服时间，两端花纹不绣红色，只绣紫色，三年服满，又可绣红色了。

坳瑶老年妇女，如无后裔，常不佩戴耳环、手圈、戒指等饰品，以示命苦。

瑶族对于衣服和各种装饰方面的卫生，是不注意的。由于衣服少，或因爱惜衣服，或因劳作忙碌，平日不大勤洗。床被也是如此。这种情况，在以往生活较贫困的盘瑶和山子瑶中更显得突出。花蓝瑶妇女，头发结髻如瓢，罩覆前额，坳瑶妇女作髻耸立顶上，每日用猪油胶结头发，以免散乱，妇女作髻或包扎头巾在顶上，解巾洗头后另妆。

最后须说明的是，自清末以来，由于瑶汉两族的交往渐趋密切，文化互相影响之结果，是瑶山各族系的服饰，已不断地渐起变化。到国民党广西省当局于1940年进入瑶山之后，变化就日益加剧了。解放以来，瑶族政治觉悟逐步有了提高，某些对生活生产不便的服饰和装饰，自觉自愿地有着不同程度的改变。到了50年代，农村中的瑶族青年男女，一部分已少着已往的服饰了。

（二）饮 食

1. 粮 食

瑶族粮食，主要是稻谷和玉米（或称苞米），其次是麦粰（或称粰子、鸭脚粟）、粟米、荞麦（或称三角麦）、高粱；杂粮是木薯、红薯（番薯）、芋头等。

稻谷共分两种：一为水稻，一为旱稻。水稻中有大米（又叫粳米）、黏米和籽米。旱稻又称岭禾。它是种在山地里，不需引水灌溉。

茶山瑶、花蓝瑶和坳瑶，占有山地，过去开辟有水田，粮食生产，以种水稻为主，除个别地区（罗香区），一般都种大米。日常食粮，也以大米为主；个别地区也掺杂吃一些木薯、红薯或芋头。

盘瑶和山子瑶，自己没有土地，即使有也是极少的。水田几乎没有。生活来源靠租山种岭来耕作旱地作物，其中以种玉米为最多，旱稻次之。此外则种其他粮食和薯类，其数量是不多的。粮食也以玉米为主，其他谷物和薯类都掺杂食用。

2. 菜 肴

（1）蔬菜及野菜

瑶山瑶族住宅附近，都开有园地，可是蔬菜种植很少，种类也不多，主要有小白菜、苦吗菜；其次为萝卜、南瓜、北瓜、水瓜、葫芦瓜、茄瓜、苋菜、冬瓜、黄瓜、丝瓜、苦瓜、豆角、眉豆、饭豆、刀豆、黄豆。用以调味的有大蒜、葱头、生姜、辣椒、番茄。上述蔬菜，不仅种类和种植数量很少，且种植不经常，有时种有时不种，显然是终年不够食的。补救的方法，除节约吃菜外，还靠采摘野菜来补充蔬菜之不足。此外，瑶族还有用黄豆做成豆腐来吃的习惯，除节日和举办筵席之外，一般是不做的。

野菜的种类很多，有菜类、菌类、笋类三种。菜类常食的有石含菜、养菜、野苦马、飞机菜、蚂蚁菜、龙菜、鸭脚菜、田慈菇、木丹菜、野蓊菜、芭蕉心、棕白叶、马尾草、水草、石苋菜、岩菜、旱菜等；笋类常食的有黄干笋、泡竹笋、甘竹笋、楠竹笋、苦竹笋、摆竹笋、白竹笋、黄竹笋、黑竹笋等十五六种；菌类常食的有香菇、木耳、雨菌等十七八种。几乎无毒能食的野生植物都可补菜之不足。

栽种蔬菜，各族系的情况也有所不同。一般来说，盘瑶、山子瑶种植较多，茶山、花蓝、坳瑶种植较少。原因是前者已知使用粪便作肥料，种植易于成长；后者经济较充裕，有时可以向外地运来的小贩购买。另一方面则是不习惯以粪便作肥料，经营管理也差，纵然栽种，成长也不好。

(2) 肉类

瑶山瑶族人民，不分贫富，几乎家家养猪，户户养鸡，养鸭则较少，但不养牛。故猪肉和鸭肉为各族系主要的肉类食物，但因饲养方法欠妥，数量并不太多，比较经常食用的肉类，还是以捕猎鸟兽为主。兽有山猪、黄猄、野狸、麂羊；鸟有山鸡、鹧鸪等。猎捕鸟兽方法很多，除荷枪牵犬围捕外，还有装索、装踏、装铁夹、设陷阱等，茶山瑶多装鸟盆，这些方法都较巧妙，只要鸟兽踏入所设圈套，均能捕获。除装鸟盆有季节性的限制外（装鸟盆在秋末初春时节），其余各种方法，皆可随时进行。一般冬季进行较多。

鱼、蛙也是各族系食用的对象。山涧溪河虽多，但溪流不大，产鱼量较少，加以近年来常有人用毒草、石灰、茶麸、野桃叶等来毒鱼，同时又不断有外地鹭鸶来围捕，因而溪内大鱼小虾，几乎绝种。捕鱼方法以网捕较多，其次是装竹笼、钓鱼、塞河岔、架鱼梁等，尤其是在洪水暴涨时，以捞绞来捞，得鱼甚多，最多者每次能获五六十斤。虾用小捞绞捞捕之。蛙有山蛙、剥皮蛙（山蟾蜍)、黄皮蛙、小土蛙几种，其中以山蛙味美、肉细腻，香甜可口。捕蛙方法，主要是晚间燃着火把到山冲或田里去照，蛙在晚间见火光明亮，愚笨不逃，白天奔跳很快，不易捕捉。此外也有以竹编织成圆锥形稀疏简单的竹笼，装在山间溪流水急之处，借水急之力将蛙冲入竹笼中。

除鸟兽鱼蛙之外，瑶族还喜欢捕鼠、拾田螺、捉泥鳅田鳝来食，其味虽美，但产量不多。

3. 烹饪方法

稻米和玉米造饭，多不经淘洗。饭食分干饭和粥两种。贫苦人家，在米粥中常掺混一些木薯、麦粽、粟米粉或红薯、芋头搭煮，有的食米仅占极少部分。干饭也有拌玉米、红薯或芋头搭煮的。木薯、红薯、芋头也可单独蒸煮来吃。有时也把稻米、木薯磨粉，搓粑煎或煮来吃，也有在过节日的时候用竹叶、草叶包裹米粽来吃的。

菜肴烹调方法，与汉区无大差异。如吃肉类，一般用干炒、水煮、白煨、黄焖，除极贫者外，都要放盐调味（瑶山每年都盛产笋干，经常以笋干换盐，故经常无盐食的现象还是极少的)，放油煎煮则不是常事。用香料佐味是不易见的，葱蒜极少使用，姜虽有种植，以出卖为主。使用佐味不多，从汉区购买香料来调味，更属少见。办大酒时，客人众多，将大块猪肉用滚水白煨，煮熟后再捞出切成小块，用簸箕装载。很少放盐入锅，用盐碟装上盐，吃时沾上咸味。蔬菜烹调一般是炒、煮两种，有的用酸坛浸酸，有的晒干、炕干留用。肉类（包括猪、牛、鸟、兽、鱼蛙）有用炒米粉和盐腌酢的习惯。茶山瑶几乎家家户户都有酢坛。食酢肉时，一般生食，不经炒煮，瑶族都认为这是美味。

4. 日常膳食及酒会

瑶族每日都吃三餐，过去富裕的“山主”，三餐俱吃干饭。较富裕之家，农忙时节才如此；一般则两饭一粥，较贫者则是两粥一饭，甚至一日三粥。生产季节，午饭多包干饭到田间地里去吃；稀粥不易携带，同时中午食不饱，会降低下午工作效率。

在家吃饭，一般是一家人共桌而吃。坳瑶、花蓝瑶一家共吃的情况较少，总是谁饿了谁就先吃，工作迟回家，先回者也不等待。如有客人，除茶山瑶外，其他族系的女人，都不能与客人共餐（女客例外)。花蓝瑶的媳妇不能与家翁共席，盘瑶的媳妇虽可与家翁共席，但只能站立或蹲着，不能坐凳进餐（平时在家翁前也不能坐，只能蹲着，这叫做“蹲翁”)。

在家如此，上山也不能破例。

瑶族男子多有饮酒的嗜好，过去男子在十五六岁以上，几乎没有一个不会喝酒的。酒自酿，用粮食酿酒较多，用杂粮和果类的很少，一般都经过发酵蒸煮，与汉区蒸酿过程大致相同。由于酒系自酿，取饮方便，故富裕者每日常要喝一两次，个别要喝三次，晚餐喝一次更为普遍。视吃酒比吃饭更为重要。妇女饮酒，很难找出例子，即使有，也是极个别的，酒会场合也是如此。

酒会，是指婚丧庆吊，祭神聚会时饮食而言。在这种场合，须设宴款待亲朋，大酒大肉，让客人吃饱喝醉为止。接近汉区的瑶族，家庭富裕的，宴客时有的也办“十大碗”的鸡、鸭、鱼、肉等好菜，一般的只吃猪肉，至多也只用少量的鸡鸭。茶山瑶打冷斋时，也要请客，因祭祀中须大小牛只3只，宴客也请吃牛肉。有鸟酢的地方，它便是款客的上菜。茶山瑶做洪门和做功德时，款客全用猪肉，不能吃蔬菜。盘瑶结婚，款待送嫁的亲戚，除一般的宴客菜肴外，还要专做一碗瘦猪肉（精肉）奉敬各人一份。行拜堂礼时，嫁方的父母及媒人上席受拜时，也与众客不同，须另加敬一碗鸡肉。

喜庆酒会，席上常歌唱，猜拳换杯助兴。丧事虽仍办酒席，但不能唱歌、猜拳作乐，客人衣饰也不能穿着得华丽，否则会被人恶评。

父母死后，儿女在戴孝期间，虽可参加酒会，但不能坐在上席和以唱歌、猜拳、换杯等作乐。

盘瑶、岭祖茶山瑶、罗运和古陈坳瑶结婚时，一连三天请酒，特别是盘瑶，在这三天之内，几乎夜以继日，吃喝不歇，故耗费猪肉烧酒为数极大。

村中一有酒会，便是青年男女交际极其活跃的机会。除丧事外，村头巷尾，山边水畔，火堆旁边，到处可听到歌声。情歌挑逗，彼唱此和，爱情往往因此而生。某些族系在某种酒会中，男女私奔，亦所不禁。有的虽不公开如此，但在性关系上比平日随便一些。

5. 有关饮食的特殊情况

①禁忌食物

各族系道公俱忌食牛肉，师公、道公均忌食狗肉、猫肉、蛇肉。一般都认为狗、猫、蛇肉是秽物，吃了会遭到不兆命运。盘瑶和坳瑶一般都不吃狗肉、乌鸦和老鹰，盘瑶又不吃龟鳖。茶山瑶会卜卦的人忌食七星鱼。花蓝瑶产妇在产后一月内，严禁肉类和油盐；如有老人过世，未出殡之前，忌食酒肉盐类，仅能吃白饭。金秀一带茶山瑶族，凡是儿女拜太阳、道公、社王为寄父者，每逢朔望，忌食肉类。生蛋不出而死的母鸡，盘瑶妇女忌食其肉，认为食其肉后，生育时即遭类似恶果。

瑶族对祖先很尊敬，在进餐之前，必须先念祖先几辈姓名，表示祖先尝后，子孙才能受用，尤其是备有丰盛之餐时，更须如此。

②祭品

瑶族祭神，一般用猪、鸡、鸭、蛋、鱼，忌用狗、蛇、猫、蛙肉。茶山瑶打冷斋祭雷王时则杀牛来祭。坳瑶祭盘王时，为盘王独设一份祭礼，做13个圆顶的糯米糍粑，瑶语叫它为“头粑”。祭时要用簸箕装着摆在地上供奉。花蓝瑶祭祖先和送鬼，除忌用猫、狗之外，还忌用牛和芒鼠。山子瑶、坳瑶和盘瑶对“猎神”格外崇敬，每逢猎获野兽都要请师公喃神，用整个兽物祭奠后，然后才能剖开分食。此外还有用酒、茶、果等供物供祭。盘瑶祭盘王时采以三茶四酒五果供的仪规。

③度荒食物

大瑶山严重的荒年是极少的，但因自然灾害而歉收是常有之事。瑶族遭遇这种不幸时，贫困的人，多是向富裕户借贷谷米杂粮等，在严格的节约下度过荒月，山区野生能食植物较多，寻找野生植物来度荒也是常有之事。度荒食物甚多，主要有山马蹄、芭蕉、苎麻根、石苋菜等。最好的度荒食物是山茹，块根肥，香甜可口，营养好，但产量少，且不易挖掘。

④饮料

瑶族喜欢饮茶，故茶水也成为款待客人饮料。有客人到来，必敬以烟茶，是瑶族常礼。瑶山瑶族常饮之茶，一般有三种：一种是绿茶。茶树自己栽种或野生，谷雨后采回嫩叶，以火焙干，即可煨饮。盘瑶、坳瑶喜欢浓茶，晚间饮后，则不易入眠。一种是桂皮茶。野桂树是野生的，不需培植，剥其树皮煨饮，其味颇香，且有少许辣味。盘瑶煨饮较为普遍。一种是凉茶。凉茶是采用各种草根如接骨、茶辣等煎煮，饮后既能解渴又能驱热，其味苦，不易入口。除有病之人喜饮外，一般是不常煎饮的。

瑶族还有喝生水的习惯，在家如此，下地劳动更不例外。每到夏秋之时，天气炎热，饮生水特多，故容易发生疾病。因此，每于夏季患霍乱等病的极为普遍，这是由于饮生水多而引起的。

6. 饮食器皿和炊具

瑶山瑶族各个族系饮食器皿一般有碗、钵、杯、汤匙等，都是从汉区购入。不仅种类少，数量也不多。除生活较富裕之户数量较多外，贫困之人家，饮食器皿仅能够用。如举办一次筵席，必须走遍数村，才能凑足一次酒席所用之器皿。盘瑶、山子瑶由于经济困难，饮食器皿更是缺少，除部分从外地购买之外，一部分是以毛竹的竹节制成竹钵、竹碗来使用。此外，吃饭所用之筷子，都用竹削制而成。

做饭的炊具主要有釟锅、鼎锅等，也是各族系基本俱有的炊具。生活富裕之“山主”，还有汤瓢、网瓢等炊具。瑶族做饭，采用炉灶者多，也有采用三脚铁架来煮吃的。盘瑶和山子瑶还常取三个砖石立架煮吃的。

瑶族生火燃料取用木柴，除烹饪食物外，又为取暖之用。瑶山竹木遍地，取之较易。晚间黑暗，除少数富裕户燃点植物油照明外，一般都用较干竹木，生火照明，取用松明更为普遍。

7. 饮食卫生

瑶族人民对饮食卫生，一般说来都不够重视，很随便，炊具多不常洗，饭菜多喜冷食，且常不加收捡。坳瑶、花蓝瑶、盘瑶常常头天晚上煮熟第二天三餐的饭食，煮后又不加盖，让苍蝇爬食，让灰尘飞扬入内，亦熟视无睹。大体说来，解放后瑶山各个族系，除腌酢肉生食之外，一般都是熟食。就好的方面来说，个别地区，如六巷区古陈的坳瑶，对年长咳嗽或久病的人，已知采取隔离措施，即让他们独用自己的食具。如果到人家家里饮酒或群众聚餐的场会，如他们不带食具，就往往主动用蕉叶代碗，临时削木枝代筷，让别人代他夹菜，放在蕉叶上给他吃。花蓝瑶在开餐时，还有分吃习惯，但不普遍。

瑶族用水，多用竹涧接引山泉流入屋中，用木桶或瓦缸盛载，取用时很是方便。但竹涧一般露天架设，秽物易落入涧中；加以盛水之木桶瓦缸，常久不刷洗，易生孑孓，往往不加沉滤，即用以做食，是很不卫生的。

（三）居 住

1. 村落分布情况

大瑶山是瑶族聚居区，瑶族五个支系的村落，分布于7个行政区内。茶山瑶分布于金秀、三角、忠良、罗香、长洞5个区，主要集中聚居在金秀区；花蓝瑶分布于罗香、长洞、六巷3个区，主要分布在六巷区；坳瑶分布于罗香、六巷两个区，主要集中聚居在罗香区；山子瑶除金秀区外，散居在6个行政区，没有一个聚居中心；盘瑶分布最广，各区都有居住，主要散居在忠良、三角和大樟3个区。

山内山峦起伏，峭壁林立，溪流纵横分布，绝少平地。各族系的村落有的聚居和散居在山脚溪旁，有的在山谷山腰，有的在岭脊的陡坡上。一般都依山立宅，村落往往被丛山遮蔽，不易发现。当步入瑶山之时，随溪攀援，每过一村都有数十里，行至疑为山穷水尽之处，翻一山越一岭，或转一弯，却又柳暗花明呈现一村。插入云霄的山峦，疑为野兽出没之处，稍微仔细观察，就可以发现稀散村落。真是白云深处有人家。

茶山、花蓝、坳瑶居住的村屯较为集中，住的环境也比盘瑶和山子瑶占了优势。茶山瑶的村落多分布在山谷和沿溪流两岸山坡下，也有个别村落在山腰的。从茶山瑶居住的环境来看，地势较平，绝大部分的村落占据瑶山中心。坳瑶村落，多分布在山谷中，少部分在山脚和山腰。花蓝瑶部分居住在溪流两岸山脚，部分在接近山顶之山腰中，多接近悬崖峭壁。他们居住环境不仅占了优势，并且还占有广阔肥沃山地，故水田较多。村落周围有原始森林，已久禁不伐，远处山林可以批出收租，从而在经济上占了优势。

三个族系的村落住户较为集中，其中又以茶山瑶村落为最大，每村平均在30户左右，个别村屯达到50户以上，如金秀、长二、六定、六段等村，村落居住有五六十户集中点为金秀沿河一带。花蓝瑶、坳瑶每村平均在20户左右。坳瑶最大村落为罗运、古陈两村，住户达30户以上。花蓝瑶集中点为六巷村，最大的村落如六巷、门头住户也仅是30户。三个族系村落虽然距离较远，村落分散，但从地理环境来看，还是连成一线的。如花蓝瑶分布在长洞、古陈两条溪流的12个自然村，地理上还能连成一片。

茶山瑶、花蓝瑶、坳瑶立宅之处，尚有一定选择，不仅要傍山倚水，而且要选择具有一定有利防守的地势。村落周围，设有围墙和闸门，以防止外族势力侵入发生械斗，或防止猛兽对人畜袭击。花蓝瑶选择近山崖地区立寨，如被人袭击，退入悬崖之上，居高临下，可以坚守。较大的村落，尚设有炮楼，耸立村中或寨侧，可以控制别人从四面袭击。

山子瑶和盘瑶居住分散，多分布在山脊陡坡之上，也有少部分居住在山冲和山腰的。为了向“山主”批租山地，都散在茶山瑶、花蓝瑶的村落周围，成了茶山瑶、花蓝瑶防止外部袭击的前卫。盘瑶和山子瑶多居陡坡险地，也为防止“山主”或外力袭击。村落极为分散，住户也不多，每村一般在10户左右。两三户立村，其数也不算少。最大的村落也仅是20余户，如六眼村是山子瑶最大的村落，只有23户。坤林村是盘瑶最大村落，也只有25户。瓦厂是盘瑶聚居行政乡，全乡盘瑶127户，分居40个自然村落，没有一村达到20户的。山子瑶、盘瑶耕种技术还停留在“刀耕火种”阶段，耕种三四年之后，又丢荒另换新地垦辟，没有固定耕作地区，因此经常迁徙，三年一搬，四年一换，成了常事。整个瑶山每一处角落几乎都有山子瑶和盘瑶居住过的住宅遗址。

盘瑶和山子瑶居住周围，都是草山，几乎没有一块森林，水田更是极少。他们选择的住处，不仅要地势险陡，而且要有水、有竹，因为他们的住屋、工具、用具绝大部分是用竹制造。即使个别地区没有竹子，待他们居住下来之后，首先就要着手栽培竹子。

2. *房屋结构及其形式*

瑶族房屋结构大体可分三类：第一类是砖墙木架瓦盖，是质量最好的一种，坚固耐久；第二类是泥或卵石墙木架，其中又分瓦盖、竹盖、杉木皮盖三种；第三类是木架篱围，其中又分竹盖、杉木皮盖、茅草盖三种，这类质量较差，如遇狂风暴雨，柱摇漏雨。花蓝瑶、茶山瑶、坳瑶以建筑泥墙或卵石墙木架瓦盖为最多，有极少部分砖墙木架瓦盖。盘瑶和山子瑶以建筑木架篱围竹盖最多，木架篱围木皮盖次之，茅草盖极少，但也有少部分是泥或卵石墙木架，竹盖或木皮盖的。

建筑形式，比较复杂，大体说来，可分三类：

第一类：狭长式，宅内依次分畜栏、米房、厅堂、卧室、厨房，宅内上架楼设有禾仓。墙壁不开窗，安有天窗和亮瓦，一般光线不足，空气流通不够。

第二类：分进横阔式，又分两种型：甲型是内分二进和三进，内分为畜栏、楼房、正屋（正屋分厅堂和卧室）、厨房，禾仓不设宅内，在宅旁另起一小屋为仓。乙型与甲型大体相同，畜栏设于宅外。

第三类：平列式，分两种类型：甲型正屋一排横列，内分大三间，中为厅堂，两旁设卧室，卧室上有的设楼，有的不设楼；厨房、禾仓、畜栏另设宅外。乙型不分间，成为一大间，卧室、厅堂等皆在其中。

茶山瑶住宅，大部分属第一类，第二类甲型次之，乙型更次之，第三类型极少。住宅多数有门无窗，虽有天窗取亮，其光微细，屋内暗（安明瓦是近几十年之事，但光线仍然不够），仿佛深穴，结构形式较为古老。由于经济充裕，雇请外地外族工匠在门上雕龙刻凤，装饰花纹。有的神龛也如此，门上并刻有横匾及对联，金壁辉煌，受汉族影响甚大。屋门与宅舍两者相比，极不相称。

花蓝瑶住宅大部分以第三类为多，第二类乙型次之。花蓝瑶经济虽然富裕，住宅多不讲究，卧室、厨房、米房共在一处，床铺无物遮蔽，尚设有床架，分上下两铺。宅内仅有一二门，无窗，光线不足，如白天关上门户，在宅内伸手不见五指。花蓝瑶认为住宅越暗越好，露光易于泄财，故不留窗格。住宅结构形式较为原始。

坳瑶住宅以第二类乙型和第三类乙型的为最多，第二类甲型次之。罗香一带坳瑶住宅设有窗户和天窗，较为明亮，住宅内分配陈列，稍有条理，主要是接近汉区，受影响很大。罗运与古陈一带地区，设窗和天窗较少，故房内仍较黑暗。

盘瑶和山子瑶的住宅都是第三类乙型居多，甲型次之。盘瑶和山子瑶住宅绝大部分是用竹子来建筑，房矮且窄，用竹片编篱，透风露光，光线仍然不够，也不经久，每隔三四年，必须再进行修理，否则崩塌，不能居住。这种建筑，以往是适应经常迁徙的特点，因为他们每迁一处居住之时，原来的住宅都全部抛弃，到新址重建新宅。

各族系的住宅，都是依山建筑，地势很不平坦，因此住宅的建筑，按地势分上下两间或数间，所有的住宅建筑，摆布在一块平坦地面上的，似乎很少。住宅建筑时，极少留窗，空气阳光均不足。茶山瑶的村落，房屋建筑很密，一间紧接一间，几乎没有缝隙，影响采光。花蓝瑶宅前尚留一道宽敞走廊，屋檐离地很低，致使宅内光线更加黑暗。

各族系的神龛均设在厅堂，一般都安置在正中，与大门相对。茶山瑶较富裕之户，神龛还雕刻精致花纹，相当美观。盘瑶和山子瑶的神龛有一部分不设在正中，用木制成一架神龛，安置在厅堂左侧，这种形式较为独特。

3. 迷信及其禁忌

各族系建筑房屋时，接近汉区的瑶族，一般都请地理先生来看风水，用罗盘定向，选择吉日。离汉区远的瑶族不请地理先生，只请本族的师公或道公选择吉日。建筑吉日一般要择动土、砍伐、升梁几个日时。这些谓之吉日吉时决定后，就动土兴工。如选择的吉日遇上农忙季节，可先在中宫或左后角安好墙基，筑好一版墙，叫做“安根”，然后用木皮盖好，以防日晒雨淋。“安根”后，随时都可动工建筑。“安根”时，要备香帛和宰鸡一只来拜鲁班师傅，并喃请祖先和山神，贴有“姜太公”和“张天师”的神位，据说这样就可以“驱避”和“恶鬼凶神”。

房屋建成后，安大门、新居和安香火也要选择吉日和时辰。如安大门的日子与建筑的吉日相同，可以同时进行；一般的是在建筑后才选吉日安大门。安大门时同样要杀鸡敬供门神。在坳瑶地区，安大门的时候，要用很多铜钱放于门椳上摆成三角形，方底向内，其角向外，如“—◁”形，叫戽斗，底方向内就表示今后钱财只有戽进，没有戽出的意思。升梁用的梁木，叫做栋梁，比较讲究，砍伐梁木都要选择吉日吉时，梁木的长短，都规定有一定尺寸，用周尺来量过。梁木做成后，用红粉染红，以示吉利。升梁的吉日吉时选定后，按照时刻进行，梁木从房屋正中升起，两端用柱子撑住，并在梁木两端各种仪树一根，假名一为松柏，一为芝兰，即是“老如松柏，少似芝兰”之意。梁木中段，用红布包络几根禾线，谓之“禾魂”，意思是禾魂在家，以示今后丰收，生活富裕。此外，并在禾魂旁边，钉上一块或数块梁布，长约四五尺，上书升梁大吉字样，以示吉利。

择定安香火日期之后，按照吉日，请师公和道公来喃神，烧香焚帛，杀鸡供奉，把神祇和香炉安入新宅神龛，并贴有神位字样，意思是请祖先随子孙迁移新居。

在建筑新屋过程中，特别是动土、升梁、安大门、新居、安香火几个吉日吉时，忌和别人吵闹。筑墙时忌从墙上跳下，用的木锤也不能从上往下甩。所有参加建筑的人，要特别小心，不准许有弄伤事故，要绝对保证安全。未“安根”之前严禁动土，否则认为会造成倒塌等不吉利现象。如家中人畜有孕，虽择定吉日，也不能动土，否则认为会引起小产。

在日常居住时，也有着不同的各种禁忌：盘瑶、坳瑶、茶山瑶在宅内严禁打钉，乱打钉易犯家神，容易惹起眼痛。瑶族对于灶王特别尊敬，平常时候，不能随便使用脚踩上灶去，更不许敲灶，否则灶王发怒，易遭火灾。盘瑶和山子瑶神龛中的香炉，不准轻易移动，更不能存放其他不洁之物，否则家先动怒，人畜不安。花蓝瑶产妇在产后一星期内，不能走过厅堂神龛前面，否则会污秽家先，致家先逃跑。

4. 其他建筑和家具

瑶族其他的建筑有禾仓、畜栏、田寮、厕所、水碓等，除金秀一带茶山瑶和罗香一带坳瑶有部分禾仓设于宅内之外，设于宅外者较多。

禾仓建于宅边，有泥墙瓦盖、木围竹盖、竹围竹盖三种。茶山、花蓝、坳瑶都是泥墙瓦盖；盘瑶和山子瑶经济条件较差，都是木围竹盖或竹围竹盖。宅外设禾仓不仅可减少宅内摆布面积，还可以避免不幸遭火灾之损失。以往石牌制度禁律森严，禾仓虽远设宅外，稻谷亦无人偷窃。

田寮又称禾寮，有土冲泥墙瓦盖及木皮盖、卵石砌墙木架篱围等两种结构。多设在离宅较远之田边。农忙时可以居住，秋收时又可暂时贮放谷物。茶山瑶、花蓝瑶、坳瑶建筑泥墙或石墙瓦盖结构最多，所有的远处水田，几乎每处都有田寮。山子瑶和盘瑶建筑木架篱围、木皮盖两种结构极为普遍。建立在山地上多，在田边极少。此外，花蓝瑶和坳瑶在屋边不远之空地上，建筑简单棚厂，叫做秆棚，秋收剪回禾把，多放在棚中风干。

畜栏，有关猪、关牛两种，式样相同，都以圆木叠成围栅，留一门以便牲畜出入。各族系建筑大致相同，无显著差别。为了饲养管理便利起见，往往畜栏离宅极近。

使用厕所大小便的习惯，除盘瑶和山子瑶外，其他三个族系为时不久，故厕所的建筑也极其简单，仅用木条架立以竹片木皮围盖。坳瑶厕所更为简单，仅用几块木板架设而成，不围不盖。

罗香一带坳瑶和个别地区盘瑶，有使用水力舂米之水碓，一般建筑在屋边小冲。用木或竹建筑一间小屋，屋中设木碓和石臼，以水力舂米，极其方便。

瑶山瑶族家具，除个别富裕户设备较完善外，一般备用极不齐全，仅能勉强使用。炊具主要有锅、罐，食具主要有碗、碟，日常用具有桌、凳、桶、柜、竹箩、竹篮等。花蓝瑶、茶山瑶、坳瑶生活条件较好，家具比较多，如炊具中锅头一种，就有大小几个。山子瑶、盘瑶经济条件困难，设备极少，如炊具中锅头只有一个，最多两个。煮饭热水都是共用。一物几用的现象在盘瑶和山子瑶来说是极普通的事。家具来源，多自汉区购入，生活困难的山子瑶和盘瑶，也以竹制作一些家具使用。

5. 建筑用材及劳动

瑶族建筑材料极其简单，一般有砖瓦、石灰、石头、木料、竹子等。这些材料，除砖瓦需从外地汉区购买或请汉族匠人到瑶山来烧制外，其余材料都是就地取材，随取随用，十分方便。盘瑶和山子瑶的房屋，多数用竹木结构，建筑简单，取材容易。

建筑需要的劳动力有雇人、互助两种：一种是生活富裕的地区和工种比较复杂的，如雕刻、制砖瓦等，一般都是雇请汉人和本族内具有技术的人来做；一种是工种较简单以及生活较贫困的都是靠亲戚和邻居帮助，自己动手建筑。但就整个工程比例来说，还是很小的。瑶族有互相帮助习惯，你做我帮，我做你帮，只需招待膳食，不需开支分文工资。如甲建筑房屋，通知乙丙两户某日帮工，乙丙两户届时遇有任何紧张工作都须放下，以坚守信约。

6. 环境卫生

解放前，由于经济条件限制，缺乏科学知识，瑶族住宅环境卫生很差，尽管有些族系的村落经济稍为富裕，但仍不重视。不管哪个村庄，都是一样。瑶族的猪、牛、鸡、狗经管不善，任意放养；有的虽设栏栅，但看管不严，任牲畜随意出入，因此猪、牛、鸡、犬到处奔走，粪尿遍地，行人步入村巷，触目即是猪屎、牛粪，臭气扑鼻。花蓝瑶和坳瑶村庄，宅前宅后虽有阴沟阳沟，但不经常修理，所以脏水淤积，蚊蝇繁殖极快。有的村落还有人畜共居之现象。花蓝瑶和坳瑶地区尚无厕所，随处大小便；有少部分地区虽然设有厕所，但数十户人家，仅一两个，显然不足需要。花蓝瑶使用后之农具，未经洗净，便置于厅堂。

瑶族宅内卫生，茶山瑶部分地区较为讲究，其他族系则极不讲究，很少扫地，厅堂、米房、灶上鸡屎常常遍地皆是，东一堆，西一堆，简直不能插足。房屋均缺少门窗，阳光不足，一到暑夏，蚊蝇满屋飞扬，嗡嗡之声，不堪入耳。花蓝瑶、山子瑶鸡鸭多关在厅堂，夏季炎热，地皮潮湿，跳蚤满屋皆是。

由于环境卫生太差，人们身体健康受很大影响，每年流行性疾病发生不少。

解放后，党和人民政府重视少数民族卫生事业，大力开展爱国卫生运动。有的地区很注意卫生，瑶族人民开始重视卫生事业，取得一定成绩。但整个瑶山的环境卫生，仍然很差，还待努力，方能避免各种不应有的疾病发生。

（四）交　通

瑶族各个族系居住的地方，都是高山陡岭，绝少平地，因此无车马交通工具，来往仅靠步行。

瑶山道路有干线和支线：干线路面较宽，常有行人走，每一二年修补一次，是瑶山通达山外汉壮地区圩镇的主要道路；支线都由干线分支，通往山内各个村落，密如织网，路窄陡滑，似鸟道羊肠；加以少修整，每当入春之后，草长树发，草木常常铺塞路面，用木棍拨开，始能见路，行走极其不便。

瑶山道路，险峻崎岖，平坦道路极少，每过一村，不是上坡就是下岭。瑶族人民在这种道路上，不管是徒手而行或是身荷重担，都是快走如飞，这是山外各族所远不及的。

瑶山山岭重叠，溪流甚多，大小道路，都要穿过溪流，故架设桥梁较多。瑶山各族系架设桥梁结构式样虽然不多，但能利用自然地势和材料，架设几种不同结构的大小桥梁。一般常见的桥梁，有独木桥、板桥、瓦桥、石板桥、吊桥等几种，除瓦桥结构稍复杂外，其他桥梁建筑，极其简单。现分述于下：

瓦桥：多建筑在富裕村落附近溪流之上。桥上设柱竖亭，用瓦片遮盖。桥两旁设有栏杆和坐凳，以便行人休息。茶山瑶、坳瑶地区建筑较多，其他族系地区尚未发现。

木板桥：以数根木条，横架于溪流之上，上铺木板，边侧无栏杆。瑶族各族系都喜建筑，是瑶山桥梁较多的一种。

石桥：采用天然石板，架设于小溪之上。采用一块架设者较多，数块合并架设者少。石板桥经久稳固，架后一劳永逸，为其他桥梁所远不及。当地瑶语有“杉木架桥三年断，石板架桥万年牢”之歌谣。

独木桥：用木条一根架设，极其简单原始，过桥时，触目惊心，只适于人稀少走之道。盘瑶和山子瑶地区架设较多。

吊桥：用两条横木架于深陡溪流之上。若溪宽，一木不能直架彼岸，以两根圆木在中间衔接，两岸用两木弯成弓形，牵以藤索，把两根木头，连接成一座木桥。两边桥头用大石压住桥木，免使桥身左右摆动。桥身用藤编牵一段栏杆，以便行人攀拔。行人走过桥上，上下颤动，须加谨慎，否则容易坠于河中。这种桥主要是适于溪深水急不能安装设柱的地方。架设简单，极其原始，但不稳固，行走时危险性大。这类桥梁仅在花蓝瑶地区发现一二座，其他地区尚未发现。

瑶族人民对架桥事业来说，都很积极，五个族系皆是如此。这除了他们积极发展交通便于行走之外，与迷信也有很大关系。认定架桥是功德之事。如盘瑶为了子女身体健康架有“十保桥”；茶山瑶为了祈求人丁康泰、五谷丰登，架有“功德桥”。类似这类情况，各族系都有，不胜枚举。

1956 年，金桐公路通车后，不仅促进了城乡物资交流，而且加速了山区社会主义建设，大大改变了已往山区交通落后的面貌。

二、家庭、财产和婚姻

（一）家族、家庭及财产继承

1. 家族和家庭

（1）毛长瑶的家族和家庭

大瑶山五个族系的瑶族，大都各分族系而自成村落。两个族系共村杂居的现象是极不易见的。其中茶山瑶、花蓝瑶、坳瑶，由于最初进入瑶山时，占有广阔的山场，在较平坦而肥沃的地方开辟了水田，建村定居。一村里面，共同聚居的往往是一个或几个同姓的血缘亲族。而在一个原来共祖先的某姓氏之下，由于子孙繁衍，又往往分为几个小集团。前者称为“家族”，后者称为“房”。瑶族常把这种由一个祖先的后裔所分出来“房”比作树的枝丫。例如坳瑶称“房”为“gua”，即此之意。“家族”是较疏远的血缘关系；“房”却是较亲近的血缘关系。“房”的下面，则为家。家即家庭，它是瑶族社会的基本组织单位。一房之下往往包括数目不等的家，有的只有两三个，有的十多个，但二十以上的数目在调查中还没有发现。可见“房”这个社会组织形式仅是一个成员不多的小集体。

家族有时占有公共财产，那就只限于他们祖先早年占有的山场与河流。但不是每个家族都如此。“房”占有公共财产的现象则比较普遍，不过仍以山场为多。占有水田却是个别现象，如滴水村茶山瑶和罗香村坳瑶，过去曾经有过公堂田，它就是共房几家人的公共财产。家族在瑶族社会里所起的作用也不如房那么大，仅在同家族的人和别人发生武装冲突时，可以互相帮助，这是常有的事。此外，如族里有事，而房里不能处理时，就得由家族来处理，这是不常有的事。至于家族和房的公有财产，如果是山场，不论共占的那一家有人力都可去开垦种植杂粮，谁种谁收，种多得多，种少得少，不要求每家平均。如果种香草和香蕈等高价的土产，则各家合作。如果把公山出租，所得租息，则各房各家均分。

由血族近亲所组成的房的成员，彼此间相互关系就比较紧密一些。其权利与义务，大致有如下几种：第一，不互通婚姻（茶山瑶有例外），男女不得通奸；第二，如有鳏寡孤独得互相照顾；第三，某家无子嗣，要先在房内选人承继，本房无人才得在族内挑选；第四，房内有无嗣继承的产业，由同房各家共同处理；第五，某家当卖土地，先通房内，次通家族，倘无人承买，才得外卖（早年如果房和家族无人承买，则不得外卖）；第六，某些族系，房内有老人去世，同房的弟妹和晚辈都要戴孝一个时期，以表哀悼（例如坳瑶，在这种场合例须不戴银饰及包扎全由红丝挑绣的花带三十天到四十二天）；第七，互通有无，即是同房某家有婚丧大事，所需银钱、酒、米、猪肉等，无力筹措时，同房中的生活较富裕的各家，都有借助的义务，并不得索取利息。甚至有某家缺少水田耕种，同房田多的人还得分出一些水田给他耕种，以示照顾。不过这种事例，并不常见，而这发生关系的两家，其感情也要较好的才如此。

生产资料中占重要地位的水田，除个别地区有公堂田以外，绝大多数都已成为家庭的私有财产。许多林木茂密、出产丰富的老山，也大半如此。农业活动及其他生产活动，主要的是以家庭为单位来进行。

长毛瑶的家庭组织，一般都是由一个父系血亲的两三代人所组成的小家庭。而这种家庭组织形式是和家庭经济密切联系着的。长毛瑶占有瑶山内广阔的山场和在可以引水灌溉的地方开辟许多平田和梯田，在瑶族中占着经济的优势，他们从要保持这种优势的观点出发，而采用了“一脉单传”的家庭组织形式。所谓一脉单传，即是每一对夫妇所生育的子女，一般都以只留两个为原则：一个留在家娶妻或招赘以继承宗祧；一个嫁出给别人为妻或赘婿以维持社会的存在。生育多了，就采用杀婴或堕胎的手段实现其目的。他们这样做的理由是：“我们瑶人田版少，留多了娃仔就没有饭吃。”或者还加上一个：“兄弟多了，大家怕田版少，没有饭吃要受苦，就你争我夺，打架杀人。”由此可以看出：长毛瑶之所要保持一脉单传的家庭组织形式，主要的是怕穷，怕降低他们在瑶山里的经济地位。

保留两个子女的理想标准是一男一女，男的留在家里，女的出嫁给人。但是，由于父母的生理、生育以及儿童死亡种种原因，事实上是很难达到这种最理想的愿望的。有的是两男或两女，有的只是一男或一女，甚至有的会绝嗣（不育或所育儿童都死亡）。因此，留女在家招赘的现象就普遍存在，接养房族的儿女为嗣的也不在少数。另一种情况是，如果家庭生活比较充裕，也有留育三四个子女的，不过，纵然如此，也只留一个在家承宗接后，其余都要外出。只有家中富裕而水田又多的，才能留两个儿女在家，平分财产。至于留后的标准，则按照“先男后女，先长后幼”的原则。但也有例外，如果应该留在家里接后的男的或居长的，自愿入赘（多数是因自己找到了如意的婚姻对象），自动向家长声明，也可以不遵循留后的一般原则的。

接养子嗣的对象，也要按“先亲后疏”的原则。这个亲疏的原则，除亲房和家族以外，还要加上有婚姻关系的他房他族的直系血亲在内；比方兄长无嗣，可招外出的弟弟和姐妹的儿女。反之，外出的弟弟和姐妹无嗣，也可接外家兄弟姐妹的儿女。另一种情况是，坳瑶和花蓝瑶无子嗣时，可以接“花灯”。所谓花灯，是以灯引路的意思。即接一个子女来引带自己生育子女。这是一种含有宗教意义的做法。这种花灯，就不一定要论亲疏的血缘关系，有时可以接养别的族系的子女。但这种花灯如果真的“引带”出弟妹来，自己就得出嫁，而让继父母生的子女留在家里承继宗祧。此外，坳瑶接养子女，如果父亲未死时，可以接自己心爱的人而不必限于亲房；父死，应该接谁为子女的，全权不由自主，而要由亲房决定。女招赘的婿死无子，接子女之权由这个妇女决定；男娶妇的，夫死，妻无决定接谁为子女之权，要由亲房做主。花蓝瑶有一种特殊情况，如果获得家族和亲房的许可，还可以接外族系的人做儿女。

长毛瑶的妇女在家庭中的地位是和男子平等的。男子到别家上门做赘婿的，在家庭中虽然也有承继财产的权利，但在亲房和家族中的地位则稍低，有的就是在家庭中也受到妻子的支配。赘婿入赘后要改从妻族的姓氏。但坳瑶有所谓“顶两头”的风俗，即男女双方的宗祧他都承继，生育儿女，两家平分。这种婚嫁方式，赘婿可不改姓。

祖父母和父母死亡，子女和孙儿们都要戴孝。孝服用白色。停棺在家时即须穿白衣，扎白头巾，为子女的，直到把它穿烂为止。葬后孙子女就不再穿。但子女在3年以内，孙子女在一年以内，都不能戴银饰，扎束全用红丝挑绣的头带和腰带。此外，在老人死后，子女和孙子女都须斋戒，数日内，不吃肉荤，并不得睡高床、坐高凳，要在棺旁借草而卧，直到出葬后为止。吃荤则须等到道公来家打斋时，为孝子们“开斋”后方可。茶山瑶父死要戒盐5天，母死要戒酒5天。说这是报答父母的恩德。父母死后一个月（有的地方40天）内，到别人家住宿，不能睡正屋，只能睡侧旁小屋（金秀茶山瑶）。孝服未穿烂，不能参加别人喜庆的宴会。孝服穿烂后，虽可参加喜庆宴会，但未满3年（有的地方一年），不能坐上席，饮酒时不能猜拳，不能唱歌作乐。侄儿和侄女对伯叔和姑母，也要戴孝3年，但仅限于留在家里的，嫁出的则不必如此。

长毛瑶的家庭在观念上虽然是以血缘直系亲属为其成员的，但在某种场合，往往又有与这一社会制度互相矛盾的现象存在。例如岭祖、卜泉、低水一带的茶山瑶，罗运、古陈一带的坳瑶，过去盛行"点火把"和"做同年"的风俗，夫妻关系只是一个名义，双方都公开地和情人同宿的。因此，子女并不与父亲有什么血缘关系，这是显而易见的事实。另外，某人娶妻以后身死而无子女，父母可以留媳在家招赘，他们所生的子女，也与这个家庭毫无血缘关系。但家庭和社会都认定这些子女是这个父亲的血亲。

（2）过山瑶的家族和家庭

盘瑶和山子瑶，由于初入瑶山时没有占有土地，只靠租种山主的山地过活，又由于还在较大的程度上保持着"刀耕火种"的落后耕作技术，种地不加肥料，一到垦种三五年之后，地力耗尽了，就要把它丢荒，迁徙他处，另垦新地。因此，他们虽然也是同族系的居民共建村落，但因迁徙频繁，村落住户一般在10户左右。这样就不可能使共祖先的血缘亲属，世世代代聚集在一处，恰恰相反，凡是兄弟姐妹多的家庭，一到各人婚娶之后，往往分家拆户，各走一方。他们既不能或不容易聚族而居，那么，家族和房这个血缘组织形式，就不易出现。但是，这不等于说过山瑶不重视血缘关系，他们对于同族共祖的远近血亲的观念，是极其明确的，而彼此间的联系也经常不断的。除非是真的搬家远徙到不易互相来往的地方，年长日久，音信断绝的时候，才少来往。

过山瑶的直系血亲，如果彼此居住的地方距离不远，在每年清明扫墓的时候往往要聚会一次。此外，如有婚丧大事，也要互相通知参加。特别是婚姻喜庆，还要事前以礼相请，如盘瑶嫁女或男子外出上门，嫁娶双方例须事前商定要请嫁方多少"酒份"（每份一客），这些被请的酒份，就是嫁方的血缘近亲，他们要在婚期前一天到嫁方家来饮宴。到婚期那天，送嫁方到娶方家喝送嫁酒。这无异一次血亲的大聚会。

盘瑶娶亲需费（猪肉、酒、米、银钱）很大，单就猪肉一项，往往要用1000斤左右。这项费用，生活穷困的盘瑶家庭是很难筹措的，唯有求助于血族近亲和邻里。凡是被邀约借助婚费的人，是不加拒绝的。这项借助的东西，等到出借人有婚姻喜庆的时候，才由借方如数偿还。从这方面也可以看出过山瑶血缘近亲和同族系间的一种社会关系。

盘瑶，自称为"十二姓瑶"。照他们的祖先传说，最初的祖先——盘护王与评王第三公主结婚后，生六男六女，其后评王钟爱他们，各赐一姓。在大瑶山的盘瑶，却只有李、盘、邓、周、赵、黄、冯、庞、郑九姓。据说庞、郑两姓，还不是十二姓之中的姓氏，而是原来汉人来盘瑶家上门为赘婿的。十二姓中各都有一种固定的班辈用字。凡是同一祖先的后人，大家都须按照这几个字的次序来起名。见了各姓人的名字的班辈用字，便知是原来同宗共祖的一脉血亲。例如，赵姓有三个祖先，他们分为五代赵、六代赵、七代赵三支，各有各的班辈用字。把这几个字用完，又周而复始。

五代赵的班辈字是：文、春、进、明、成。

六代赵的班辈字是：朝、如、生、进、文、福（后来因嫌"生"字不好，把它改为"成"字）。

七代赵的班辈字是：如、德、生、有、进、才、志（或作"至"）。

黄姓的班辈也只有5个：元、通、进、文、金。

冯姓的原为7字：荣、成、春、文、金、章、祚（后来嫌"祚"字不好念，便把它去掉，只用6字）。

庞姓的为5字：文、成、有、福、贵。

郑姓的为6字：文、成、进、万、有、如。

由班辈用字来联系共祖的血缘亲属，这是盘瑶的一个特点。此外，盘瑶男子一人必须有三个名字：一是乳名，是生后满月时由巫师卜卦来安名的；二是派辈名，按派辈字来安；三是法名，是度戒时安的。乳名采用父子联名的形式，即儿子的乳名，必须采用父亲辈名的末一字为名。例如坤林村赵成保的长子，乳名叫“端留保”，次子乳名叫“端满保”。女儿虽只有乳名，也要和儿子一样采用父女联名式。

过山瑶的家庭组织形式是父系为中心的一夫一妻制，家庭中凡是达到成年已经婚娶的子女，都要平分财产，另立新家庭，所以家庭的组织成员，也就多是一对夫妻的直系亲属。过山瑶不像长毛瑶那样严格地限制家庭人口的繁衍。相反的，他们不仅把自己生育的子女都留下抚养，甚至自己虽然已有子女而接养别人的子女为嗣，有时还花上一笔银钱向山外贫穷汉人买女孩作为养女。目的只有一个，就是企望家庭人口增多。他们这种社会习俗和家庭制度也与他们处于“山丁”地位的经济有密切联系。因为他们无水田可耕，仅靠租山垦种杂粮来维持生活，如果人手不多，劳动力不强，就很不容易进行广种薄收的农业生产活动。我们在调查中所遇到的事实证明：凡是人口多、劳动力强的家庭，其生活也必然比较过得去；反之，则不免于饥寒。

过山瑶有多个子女的家庭，留子女在家的人数却不受限制。男子固然可以留在家中娶妻，女子也可留在家中招赘，甚至接养的女儿也一样可以留在家里招婿。而且这些兄弟姐妹及其赘婿在家庭里地位都一律平等，任何人也不加歧视。只是上门的赘婿，在盘瑶家庭中，凡采“断卖”的婚姻形式，则要改从妻族姓氏；采“顶两头”的婚姻形式则从父系姓氏。山子瑶赘婿，无论采哪一种婚式，都一律不改原姓。无论盘瑶或山子瑶，如果是“顶两头”的，所生子女，嫁娶双方平分。这样一来，虽是同胞弟兄姐妹，但却并不同姓。接养女儿，例须改从继父的姓氏，当她招赘后所生的子女，虽然姓氏从母方（也就从祖父），但就其血缘来说，并不与这父系家庭有丝毫关系。寡妇留夫家招赘的，所生子女，其血缘关系，也与此相同。

过山瑶对生养死葬的孝道也是社会普遍的道德。子女们成婚后虽然分居，但绝不抛弃对年老父母的奉养。家庭中的财产，在分家时父母也占一份。父母欢喜同哪个儿女同居同吃，谁也不加拒绝；要是各自开灶不同儿女在一起，谁也不加干涉。无论在哪种情况下，儿女对父母总要尽可能加以照顾的。

过山瑶敬奉祖先的香炉，是表示继承血缘关系的象征。有这个香炉，才能表明自己继承先人宗祧的身份。兄弟姐妹分家各居时，由分占原来设有祖先神龛旧屋的人要原来的香炉，分住新居的就另立新香炉。香炉一经设置，就要代代相传下去，不得毁弃。如果某甲是单丁而又到别家上门做赘婿时，绝不能采“断卖”的婚式，而要采“顶两头”的婚式。在这种情况下，某甲就要在结婚时，把香炉带到女方的家里去，名叫“带香炉”。这样一来，娶方家堂上就要出现两个“香火”（祖先神龛）。女子出嫁如果是“顶两头”的，也是如此。

过山瑶家庭中的妇女，虽然在劳动生产中与男子完全一致，但她在家庭中的地位却是不平等的。表现在：第一，妇女不能掌家；第二，在过去妇女不能和男子同台共食；第三，在用大木桶浴身时，规定先男后女。这些都是男尊女卑的具体表现。

2. 财产继承

(1) 长毛瑶家庭财产的继承

长毛瑶的家庭，是以父权为中心的。故掌管家财的大权，一般都操在男子手里，只有在个别情况下，丈夫不能很好地掌握家务，而妻子却又比较能干时，妇女也可以掌家。另一种情况，就是留女招赘的，妻子怕丈夫不忠实，会把她的家产拿回娘家去，也不会让男子掌家。

家庭中父母健在的，一般都由父亲掌家；只有父亲年纪老了而自己又不愿再费心操持家务时，才把财产大权交给下一代。儿子掌家之后，凡一切生产计划和家庭大事，还是要事前和父亲商量，听取老人的意见然后才能决定的。

长毛瑶家庭采取“一脉单传”为继承宗祧的原则。家中财产，即由留在家里的儿女享受。没有亲生儿女，接养的子女，也同样可以享受财产。如果家庭富有，要留两个儿女在家时，到他（她）们婚娶之后，财产就照两份均分；仅茶山瑶有个别地区有一种较突出的事例，如果两个儿女分家时，长者要享有一块大水田的权利：即在家庭占有的所有水田中，抽出最大的一块给长子女，然后把其余的水田、山场、房屋及其他财产，搭配均匀，作两份平摊，各占一份。这便是长男长女在家庭中享有的一种特权。六段、长二一带，家中兄弟多少，都要平分水田，出嫁的，也得把分得的财产，带到娶方家去，这是男女平等享有家庭财产的一个绝好例证。凡是兄弟姐妹分家时，家长都要邀请家族或亲房来参加，所有财产的搭配，如何才算均匀，山场如何竖立界址，都要经过家族长辈们的评议，然后以抽签的形式来决定谁占应得的一份。邀请家族长辈参加分家的另一种意义，就是使老人们到场作证，以后还可避免或减少争端。这种请老辈分家的事，不但长毛瑶如此，过山瑶也无例外。

家庭成员除了共同劳动的收入作为家庭开支以外，是允许各人积储“私房钱”的。私房钱的来源，一般是在不影响家庭生产的情况下，自己抽出一些时间（节日不休息或利用其他休息时间）独自去搞副业生产，如烘笋干、种香草、摘茶叶、种香蕈、采集药材之类。子女出嫁之后，有的还要不时回到娘家来，在娘家的山场里经营一些副业，把收入带到娶方家里去用。这种私房钱的开支，由各人自由处理，家长绝不加干涉。一般用途，男的添置衣服鞋帽，女的多数是购买彩色丝线来织绣衣饰和巾带等，或者是用来买物赠给情人。茶山瑶在过节日的时候，如果家庭收入不敷开支，家中成员往往各自拿出一些私房钱来添购食物。

长毛瑶副业活动的门路较多，个人的收入来源较大。到了年老的时候，往往有一笔为数较多的私蓄（有的多达两三百元）。这笔私蓄，一直要到临死的时候，或是赠给他心爱的后辈中的一人（外嫁的子女包括在内），其他亲人都不得争夺，或是交给儿孙作为丧葬、费用。

在金秀一带的茶山瑶，早年出嫁儿女时，往往要把一份田地作为陪嫁。男的给田版禾把10～24双，女的给山地一块，大小不定。这种陪嫁的田地，名叫“姑婆田”。到这人死后，如果他的儿女不请外家吃一餐特设的筵席，不送外家四五件白孝衣、鸟酢、糯饭等礼物和12个银毫，外家就有权把这块“姑婆田”索回；反之，田地仍由其后人承受。

老而无嗣，死后便成“绝房”。他的财产则由亲房商量处理：有的给人承继他的宗祧，这个人必须替死者“戴孝”，才算是他的后人；有的则把所有的财产变卖，作为丧葬打斋、超度等费用。财产多的，可以多买些酒肉，让亲房的人们大吃大喝，直把它耗尽为止。寡妇再嫁，所承继的财产是不能带走的。有子女的就留给子女，没有子女的，则交给亲房来处理。

（2）过山瑶家庭财产的继承

过山瑶的家庭，也是以父权为中心的。一般都由男子操持家务。

由于过山瑶不实行人口限制，一个家庭中常常留两三个儿女在家，而儿女婚娶之后，又往往要分家各住。故分家的事也比长毛瑶较多。当分家时，不管是亲生儿女或是接养的儿女及其赘婿，都一律平等地分占财产。其实，过去处于“山丁”经济地位的过山瑶，是很少有人买有田地的，房屋也多是竹篱茅舍，家具等动产为数不多。在这种情况下，兄弟姐妹分起财产来也就比较容易，而分家时最重要的问题还是赡养父母。

过山瑶都有赡养父母的道德，不敬奉和赡养父母的人是要遭受社会舆论的谴责和近亲老辈的斥责的。因此，父母到了晚年是不会被子女遗弃的。纵使家无财产，子女也得尽力奉养。如果家有两个子女，分家后则把父母分开由两家奉养；只有父或母时，则轮流奉养；如果祖父母和父母都同时存在，也可分开奉养。如果有财产的家庭，有时也留一部分财产作父母的赡养费；父母年老不能劳动，则由子女代耕；父母死后，这项财产即作为丧葬费用；如果子女平均把丧葬费分担付出，这项财产则由子女平分。

过山瑶的家庭，也允许成员有“私房”积蓄的。其来源和用途大致也和长毛瑶不相上下，只是在数量上，因为没有山场和森林、副业门路不多，个人的生产活动的收入，是很有限的。

盘瑶还有一种家庭习俗，虽然接养的儿女，分占财产和家庭地位都和亲生儿女一样，但是他（她）在成人之后，如果行为不正，而又不听长辈教训，血缘近亲不仅对他（她）有权教诫和责备，情形严重的，还可把他（她）分占的财产收回，由家族处理。不过，这种事例是极少见的。

（二）婚　姻

1. 茶山瑶的婚姻

（1）第一种类型

在六拉乡（包括金秀、白沙、六拉、昔地四村）和金田乡（包括田村、刘村、金村、社村、孟村、美村）一带的茶山瑶，其婚姻过程，大体上必须经过恋爱、订婚和结婚三个阶段。

在婚前，男女有公开的社交自由，有的可以同时交几个情郎。这种情况，不仅未婚青年男女如此，即使已婚的男女或鳏夫寡妇也并不少见。

金秀四村，村里设有公共娱乐的场所，名“正月屋”，旧例规定从旧历腊月十五起，至次年正月十五止开放，供村中男女老幼聚谈之用。这便是青年男女公开交际、言情谈爱的好场所。此外，在平日生活中，在插田（因沿河十村，是要按照老规矩分村插秧，甲村插完之后才过乙村的）或龛神赛会的时候，也是青年男女谈情说爱的时机。其手段有时从唱歌入手，有时在唱歌时还伴着吹木叶逗引。

在恋爱过程中，如果双方情投意合，愿意结为终身伴侣时，可以把自己的心愿告知父母，由父母请媒作形式上的撮合，然后订婚。如父母不同意就难。这种由父母包办的婚姻在五六十年来，已经占主导地位了。

订婚的手续很简单，男娶妇的或女招赘的，都由娶方的父母遣媒向嫁方父母议婚，一言为定，并不经任何仪式和交什么礼物作凭证。如果由父母包办的婚姻，而双方订婚时年纪都还小的话，到男女双方成长之后，往往因不同意而加反对，在父母无法强制结婚的情况下，也可解除婚约。不过，这种行为是犯石牌法律的，故哪一方面首先表示不同意的，就得赔款给另一方。赔款的数目，多则72毫，少则36毫（银币）。由此可见，这里的婚姻要经双方同意还是一个相当重要的条件。媒人在婚姻中也是必不可少的中介：在订婚时向双方说合，解约时得向不同意的一方索取赔款。赔款一方，还要给媒人以相当的报酬。

结婚时不举行仪式。按照习惯，婚期多在旧历除夕。婚期前一天，娶方另请一个媒人（不是订婚时那一个）到嫁方家去接亲，到婚期当天，接回媳妇或赘婿，就算完成了婚礼。媒人到双方家都要受一餐款待，并得娶方两斤猪肉的报酬。如不办酒请客，这项报酬也可免去。

结婚时，有不办酒、办小酒、办大酒待客的三种形式。从这里也可看出当地婚姻仪节的发展过程。不办酒的，只需赠送嫁方父母一只鸡（不送也行）。办小酒只是杀一只小猪，请几个血族近亲来吃一顿，并赠送嫁方父母猪肉12斤。办大酒却要杀一只大猪，请客（亲房和亲戚，有时还请朋友）几十人来宴饮一餐，并须赠送嫁方父亲猪肉36斤，母亲12斤，请师公（巫师）来祈祷。不过办这种大酒，是较近的事，同时也是富裕家庭才这样做，是不常见的，一般都以办小酒为多。婚筵不一定在结婚时举办，如果是腊月结婚，就到次年正月举办，甚至有的要在新婚夫妇养育第一个子女满月时才举办。如果娶方是办大酒的，嫁方就要备办一些嫁妆，如衣服絮被柜箱之类做陪嫁。

一般人的婚龄在十八九岁左右。但据老人们传说，距他们3代（距今约100多年），男女要在20岁左右才订婚，超过30岁才结婚。理由是说早婚损伤身体，促短寿命。但到晚近四五十年以来，一般十二三岁就订婚，十八九岁就结婚。少数人还不到这个年龄也结婚了。

童养媳不多见。年龄悬殊的男女结合也极少，如果有也是贪图一方家产才如此做。纳妾现无其例，只查出百年前昔地石牌头人苏道营（公麻）及国民党统治时期乡长苏道海。寡妇再嫁不受任何拘束。夫死妻留夫家招赘婿的也有。未婚和寡妇私生子，是犯石牌法律的行为，石牌查出就要罚款。同姓婚姻相当普遍，房族隔三代以上就可以发生婚姻关系。表兄妹结婚有而不多。与他民族或他族系瑶族通婚，以前是严格禁止的。理由是：第一，认为山外汉人和壮人“狡猾”不可靠；其次，过去金秀一带是瑶山政治中心，经济地位和政治地位都高，不仅看不起其他族系，就是连别村同族系的人也多不愿和他们通婚。直到国民党统治瑶山以后，才有6个姑娘被坏人诱骗嫁给了汉人或壮人，后来其中有的仍被遗弃回家。解放以后，与别族通婚就比较普遍了。

离婚现象很普遍，如1956年金秀全村57户共有夫妇72对，其中男的结婚一次的仅有20人，女的22人（妻死再娶，夫死再嫁的不计在内）；结婚两次至三次的占多数；甚至有结婚四次至五次的。主要原因是封建包办婚姻及旧社会制度下不良风俗的结果。

（2）第二种类型

六段、六定、三片、杨柳、将军、在保、长二、长滩、罗梦等村的婚姻，在形式上也要经过恋爱、订婚、结婚三个阶段。但是恋爱的过程，青年男女的恋爱对象，同时有多个的，性关系也更为公开。

这些地区的恋爱方式，与六拉乡一带却不相同，有所谓“爬楼”、“撬门”的风俗。每到旧历正月至四月，青年未婚男女，在劳动以后，往往集中到村外的山坡上去谈情，并多用唱歌为互相挑逗。

青年男女在谈爱中如果找到了情投意合的对象，可以自由订婚，也可以托媒说合；但是，这种行为，多数是会遭到一方或双方父母拒绝的。父母们常替自己的儿女物色配偶，直到他们认为找到合乎条件的人，才托媒到嫁方去撮合，经嫁方家长同意，就可订婚。订婚的手续；除罗梦村娶方要给嫁方两只鸡和一对手镯（招赘的不要后者）外，其余各村，只是一言为定。由父母做主的订婚年龄一般在十二三岁。

男女年届十五六岁时，即举行婚礼。婚期在习惯上多是正月、二月、四月、八月和腊月，其中尤以正月、二月、八月这三个月居多。婚期前一天，由娶方请亲戚二人在天未发白前到嫁方去接亲。当接亲的人来到嫁方门前时，罗梦村的习俗，父母要从后门走出回避。等到接亲的人把新人接走以后才得回家。他们认为这样做双方家庭才会和好。嫁方也要请人送嫁，六段一带是两人，罗梦则要四人，并以一人撑伞，在新人前面引导，新人要踏撑伞者的脚步而行。并忌檐水溜滴过的地方，否则新人就会留恋娘家。送嫁的妇女，还要留在娶方家里陪新娘同宿两晚才回，以后新郎才能与新娘同床。

这里（罗梦村除外）有个突出的特点，不论女子出嫁或男子入赘，都须把在娘家和兄弟姐妹平分所得的家产（田亩），带到娶方家来，作为娶方家产的一部分。日后父母死亡，出嫁的仍须负担一笔丧葬费。

其他情况，大体与六拉乡一带相同。离婚的人数和次数比金秀尤多，据了解，结婚一次的极少，多的竟有 8～10 次的。

由于性关系随便，这一带的梅毒流行也特别严重。据 1956 年大瑶山瑶族自治县防疫站的检查，呈阳性反应的占受检人数的百分比如下：六段村 70%，长二村 24.77%，在保村 21.38%，杨柳村 30.16%。这种病状今后仍须大力治疗，并须大力宣传教育，改变这种不良的习俗。

（3）第三种类型

在大瑶山东北角的岭祖（包括仑崩、大村、九龙、仑根）、上下卜泉、低水、莫村、板衍等村，其婚姻习俗，一方面因岭祖比较接近汉区，许多仪节受到了汉族的影响；但另一方面，却又保存了一种带有“群婚”残余的制度，使它的形式与实质显得很不调和。兹以岭祖为例，举其婚俗如下：

这里的婚姻仪节，比较复杂而繁琐。它的整个过程，大体要经过提亲、合年庚、订婚、报婚期、拿送聘礼、结婚、回门七个阶段。在形式上仍是一夫一妻制。

提亲即议婚。合年庚包括试酿烧酒和算命合年庚。订婚要以一个手镯为凭，并须请嫁方的血族近亲饮宴。报婚期是通知结婚日期。送聘礼则是把规定聘金和礼品送往嫁方。从提亲到报婚期，娶方都要送鸡、猪肉、酒、米等礼物给嫁方，而且都由娶方家长中的一人，轮流到嫁方家办理这种婚姻手续，以示慎重。

送聘礼又名“过礼”。这一项财礼钱物，原规定的数量是：铜钱 3600 文，猪肉、酒、米各 80 斤。60 多年前，湖南汉人来到这里上门做赘婿的桂永大，才倡议改为银毫 100 毫（10 元），猪肉 120 斤，酒米各 80 斤。这些财礼，统由一个男媒人（行媒，规定要请嫁方当事人的舅父或叔父担任）送往嫁方。过礼的一天只送银钱，结婚前一天送猪肉、酒米等。另外还要请一个女姓来做媒，她并不执行媒人的职责，只是为了她能和行媒配成双数。

举行婚礼的头一天晚上，娶方要请亲房中与新郎同辈的二男一女去接亲，称之“三接”；嫁方也要请新娘的表姐妹兄弟或从姐妹兄弟三人（二女一男）送嫁，称为“三送”。新娘离家前先拜辞香火，后拜辞父母亲族，父母等还要对她教诫如何成家立业的话。新婚离家时，由送嫁中的一女撑伞伴扶她同行。出门时，新娘要踏过娶方接亲人带去的草鞋，说穿草鞋才能勤劳动，并示“先苦后富”之意。出门后，接亲的点燃火把在前面引路，白天仍然照做。说是新娘带火到男家才得当家。行至半途，新娘又和“三送”都须吃一些娶方带去的饭包。说是如果新娘在途中饥饿，以后就会过苦日子。中途如遇桥梁，新娘不得由桥上走过，要由接亲中的男子背她绕河而行。说桥是会断的，河水是永远长流的，过桥就不吉利。途中新娘不得见牛，故接亲的人要一个走在前面“扫路”，遇牛就撵走，如果被新娘见了，说是会使她蠢笨的。新娘入门时，怀孕的都须回避，不然也会对新娘不吉利，会思念娘家。

结婚仪式，新婚夫妇并不交拜，只是新娘入屋后，先拜灶神，后拜香火（祖先神龛）。说灶王是管女人的。新郎则拜父母和亲戚，意思是他已成人，应该对长辈表示感谢。

结婚的当天，娶方还要设宴请客，不但要请亲房及亲戚来吃喜酒，还要请嫁方的父母兄弟姐妹及近亲都来赴宴会，一连两餐。第一餐为“大酒”，新娘须到娶方亲戚房族的席上敬酒，以认识亲族。被敬酒的都须给一个“利市”封包酬答新娘。第二餐为“正酒”，都要丰盛的筵席，表示敬重。

婚后三天，新婚夫妇要回嫁方去拜识亲戚，称“三朝回门”。嫁方例须请齐自己的近亲房族来家参加宴会，席间新郎须向各亲戚敬酒，以认识他们。这些亲戚，都要备一份礼物，如衣服、布料或银钱，送给新娘作嫁妆，同时，嫁方也要请娶方的父母来家饮宴，称为“认亲”。嫁娶双方，都各于来往时备办礼物，如糯米糍粑和糯饭等，互相赠贻。婚后，娶方还要酬谢媒人、三送、三接、三老（村老）、五斗（代收粮赋的头目）一些银钱和猪肉。

娶方的婚筵耗费很大，近四五十年来，一个中等家庭，办一次结婚酒，少则30台左右，多则五六十台，连续两餐，至少要用猪肉500～800斤（包括送给嫁方的财礼肉），酒米各五六百斤，银钱百元。这笔款项，一般都是向近亲房族借来的。有的人家，一二十年还不能偿清这项债务，严重地影响家庭生产和生活。

招婿入赘，送嫁方的财礼也减少很多。招未成年小姑爷（赘婿）的礼金从前只是1200文，后改12毫（银币），猪肉、酒、米各12斤。招成年的大姑爷，财礼加倍。其余仪节和婚筵，大致与娶妻相同。

婚姻不仅不避同姓，就是胞兄弟的子女也可结合。特别是招赘上门的，赘婿必须要房族中的最亲的兄弟的儿子。据他们解释，自己的家产，不应该让外人占去。结婚的年龄一般都在10岁之下，最多也不能超过16岁。据解释，年纪小娶到家里来才容易惯熟，而家里又可多一个人帮做工。

离婚在当地是一件极其严重的事。解放前是不易见到的。夫妻闹意见，社会舆论就会谴责。闹离婚要受石牌的处罚。岭祖拆石牌加入汉区太和团后，团甲长还是可以处罚离婚的人，因此男女多不敢离婚。其实，问题并不在此。据72岁老人兰善才的解释是：如果有人真要离婚，村人不许他们在村里离，家人也不许他们在家里离；当事双方，各带柴刀一把，竹筒一节，背着人悄悄地到一个山坳上去，用刀把竹筒破开作两片，各执一片，立刻向相反的方向走开，表示各走各路，永不回头。

离婚的妇女或寡妇再嫁，社会对她的规矩是很严的。她们再嫁那一天，不许走往别村和从别人门外经过，必须在深夜绕路过村。村人知道村里有人娶离婚妇或寡妇，往往黑夜守住巷口，以防他们通过。如被抓住，就要向他们罚款。故她们要想进入这个新丈夫的家，是很费神的事。娶离婚妇或寡妇，要写契约，这种契约，谁也不肯让他们在家里写。当事人和代笔人必须到偏僻的山里去写，而且还要不让人知道。

岭祖和附近的卜泉、低水等村，有一种“点火把”的风俗。男女结婚后，一般同床30

天。之后，双方都可任意各寻所欢，并且还可公开约请情夫到家里同宿。因为情夫白天在自己的家里劳动，晚饭后，才点着火把到情妇家过夜，故有“点火把”之名。当妻的情夫来到家里，丈夫及家人不加干涉，有时还要以酒肉款待。这种情夫妇的结合，各出自愿，如果一方表示不愿了，就可另觅新欢。

在一对男女点火把期所生育的儿女，与他实际上的父亲有一定的社会关系：有的呼他为“伯父”（如岭祖），有的直呼为“父”（如卜泉、低水）。到这个“伯父”或“父”死的时候，还要到灵位前祭拜；假如“伯父”或“父”的家庭，给他一些白布，他还得戴孝。到清明节日，他还得买些祭品，同“伯父”或“父”家里的人一道去扫墓。

情夫与情妇互称 le sia，意思是“相好”。本夫与情夫互称为 le yiay，意义不明。情夫和情妇在点火把期间，白天还可邀约互相帮忙做农业生产活动。

2. 花蓝瑶的婚姻

（1）第一种类型

六巷、古浦、门头、黄桑、大凳等村的茶蓝瑶的婚姻是一夫一妻制。它的过程，主要有订婚、结婚、办大酒三个阶段。

未婚男女在结婚前可以自由追求对象，家长和社会都不加干涉。未婚男女可以比较公开，已婚的人却要采取较为隐蔽的方式。男女公开交际的机会，除村中有婚姻喜庆、迎神赛会以外，多在冬闲和旧历正月，他（她）们不仅可以成群结队地在村里村外唱歌，有时还可以到同族系的邻村或数十里以外的村庄去找唱歌的对手，也就是找恋爱的对象。

婚姻要由父母做主，当儿女长到十一二岁，父母就得代儿女择配。一经选中，就请媒说合。媒人把娶方交给的铜钱百文、衣服一套、银饰一件（手镯或颈圈），带到嫁方家里，说明来意。如果嫁方家长同意了，就把媒人带来的礼物收下，便算双方已经订婚。以后，每逢节日，娶方家长要送些礼物如糍粑之类给嫁方；嫁方家长则须带领订婚这个儿女到娶方家里吃一餐，借以表明双方的关系。不过，当儿女不满意对方时，也可解除婚约。只是要由不同意的一方，赔偿3000文铜钱（后改白银3元或6元）给对方才可了事。

结婚须择吉日。婚期前一天，由娶方请媒人（有的还要加请两个亲族）去接亲，接亲的要把娶方送给嫁方的财礼——白米、酢肉、烧酒各8斤带去，接受嫁方家长的一餐招待后，把新人接回。当新人进门时，娶方的父亲或招赘的母亲要出外回避。同时，新婚夫妻要在厅堂里共坐一条长凳，共喝一杯酒，以表示和合。结婚仪式便算完成。此时照例不设筵待客，只是以少量酒肉招待媒人和接亲的人一餐，叫做“办小酒”。结婚年龄一般在16岁左右，有的仅十二三岁。

这时的婚姻还是很不稳固的，只要男女一方不满意对方，便可提出离异，而且也比较易于脱离关系。虽然先提出离婚要赔偿对方一笔银钱，为数只不过铜钱一二千或银币一二十元就行。婚姻稳固的时期，一直要到生育了儿女，在第一个儿女满月时办了酒席宴会亲戚之后。这次酒会叫做“办大酒”。

当夫妇生育第一个小孩时，家长就得大宴亲戚。这次宴会，与其说是为小孩庆祝“满月”，不如说是为孩子的父母庆祝“结婚”，至少兼有两重意义。酒会中最主要的客人是嫁方的家长及其血族近亲。他们来赴宴时，要备办礼物赠送给小孩和小孩的父母。后者即是嫁妆。这次宴会有一定的仪式，第一，在入席前要请老人为小孩安名；第二，入席时媒人要对生育小孩的夫妇“料话”（训诫词）；第三，双方家长要讲“出财”和“还财”。从媒人训诫词的内容，可以看出一些社会制度，它的大意是：

“从前我和你们做媒，穿针引线；今天你们成了家，养了儿女。以后应当相亲相爱，和睦相处，双双到老。做媳妇的，在家从父，出门由夫。不得与阿公（翁）同坐一条凳，同用一个台盘（桌子）；过河时不要让阿公牵你。谈恋爱不能当着阿公的面……”

讲“出财”是在生小孩的夫妇到嫁方父母席前敬酒时进行的。所谓“出财”，就是在这对夫妇敬酒以后，外家父母必须给他俩一些赏钱。讲“还财”就是娶方父母回答“出财”的言辞。这一讲一答，往往要进行一个钟头。因为双方都要把祖先迁徙的经过和各血缘近亲的关系，原原本本地详细述说。而且边讲话，边喝酒；讲了又喝，喝了又讲。有时整个长夜都在这一讲一答中度过。

娶方为了对嫁方父母及其近亲表示敬意，要特地为这些亲戚设置几台与众不同的筵席。即在圆圆的簸箕里，堆砌着圆锥形的重约20斤的大肉堆，而且这些猪肉，要挑选最好吃的，如瘦肉、猪肝之类，如果吃完，又继续添上。这是一种极特殊的礼节。

花蓝瑶在近六七十年，可以与别族别系通婚，在六巷和门头两村，有娶迁往山里的汉人、壮人和邻近坳瑶、盘瑶、山子瑶妇女为妻的，但却不嫁女给他族他系。

寡妇再嫁不受拘束。有的寡妇生育儿女，也可带着儿女出嫁，等儿女长大后，仍送回前夫家里（子女生活费由前夫家供给）。有的不再嫁人，则找一个鳏夫往来。鳏夫来家时可以帮做一些生产，回家去就自做生产。这种形式的结合，社会和家族都不加干预。如果生有儿女，都要嫁出，例不得分占前夫家里的财产。

花蓝瑶离婚的现象也很普遍。据1957年门头村调查统计：男子52人，结婚一次的19人，二次的21人，三次的10人，九次的1人；女子61人，结婚一次的20人，二次的29人，三次的11人，四次的1人。又据六巷村调查统计：男子17人，结婚一次的3人，二次的10人，三次的2人，四次的2人；女子16人，结婚一次的2人，二次的10人，三次的4人。

这里男子娶妻，女子招赘以及接养男女的现象都同时存在。据1957年门头村28户的调查材料统计：男娶妻的共43人，女招赘婿共14人；男入赘的5人，女出嫁的30人；接养子的2人，接养女的3人；男子出继的2人，女子出继的3人。

六巷一带花蓝瑶梅毒也相当严重，据自治县防疫站检查，呈阳性反应的人占受检人数的比例如下：古浦村53.9%，大凳村20.6%，黄桑村38.5%。

（2）第二种类型

这个类型的地区，处于瑶山中部，包括龙华、南洲、六团、丈二、罗丹等村。这个地区的婚姻过程，大体和六巷一带相同。在仪节方面，却有不同之处。最突出的是结婚后生育儿女不办大酒，也就是说，男女结婚后配偶关系就比较稳固。兹举其不同之点如下：

①订婚时的财礼，仅是鸡一只，猪肉一斤，糯米糍粑20斤。

②结婚前，须合“八字”（年庚）一次。

③结婚前一天，接亲的要把娶方给嫁方的财礼带去，其财礼的数量，要较六巷一带为多，即要送父亲猪肉10斤，送母亲猪肉8斤。另外送猪肉和糯粑各五六十斤，银毫16毫，衣服一套。

④当新娘或赘婿入门时，娶方全家（包括新人）都要暂时离开家里，出外回避。他们认为这样做，以后全家的人都要比娶来的新娘或赘婿强。

⑤回门的仪节虽与六巷一带相同，一般同村婚嫁的则在当天，娶别村的则在第三天。夫妇回门时赠送嫁方的礼物是一只已经下蛋的母鸡。等到夫妇回家时，嫁方的父母也要用已经

下蛋的母鸡相赠。这两个母鸡都不能杀吃，一直养到它到老才能宰杀。

⑥与他族或他系通婚极少见。离婚现象也不多。

⑦夫妇生了小孩，三天后即请接生婆来家替他（她）安名。外祖家在半月左右，选择吉日送一只鸡、几斤米和几件小衣服给孩子，以示祝贺。满月时有的虽也请客，但不如六巷一带那样既祝贺孩子出世，同时又祝贺孩子的父母结婚。生活困难之家，不请客也可以，不比六巷一带那样非办大酒不可。

必须说明的是，龙华一带村庄与滴水、长洞一带茶山瑶住区接近，且生产劳动中互相帮助，青年男女正月元宵节前的群聚唱歌、言情谈爱也常在一起，故婚姻某些仪节是受到茶山瑶影响的。

3. 坳瑶的婚姻

（1）第一种类型

罗香、龙军、琼五、罗洲、平贡、那力、六合等村的坳瑶，婚姻均须父母做主，媒妁撮合，自由结合是不为社会所承认的。在婚姻仪节方面，因住区接近汉地，且有与汉族杂居现象，受到汉族的影响也显而易见。

这里整个婚姻过程，大致分为问亲、交定、报婚期、过礼、结婚五个阶段。“问亲”即是请媒人去对方家议婚。经过试酿烧酒决定吉凶后，就送鸡一只给嫁方，作为“交定”。择定婚期后，遣媒通知嫁方，称为“报日”。到婚期前一天，娶方家长随同媒人把财礼送到嫁方，由嫁方家长收受，称“过礼”。在授与礼银之后，娶方家长照例要向嫁方家长讲一段祝词，名叫“讲古”，或称“讲保卜”。嫁方受银后，也要讲一段回答。这种祝词多用排比对称句，内容从开天辟地讲起，接着讲两家如何成婚，并祝新夫妇在婚后育儿养女，发家兴业。

结婚时间要选在黎明前后。路远的新娘或赘婿先期到村上亲戚房族家住一宿，等待吉时入娶方之家。结婚仪式是：首先由新夫妇同拜香火（祖先神龛），由大明公（村中年纪较长的巫师）主持饮合卺酒。其次合家饮“上堂”酒，新婚夫妇初次见面。饮毕，行“交手”礼，把棉条先由新郎交给新娘，再由新娘交回新郎。

新娘或赘婿要由几个送嫁者和四个大舅（新娘的兄弟姐妹）送来，娶方款待这些客人，要设三次酒宴：第一次是“对茶”、“对酒”、“对肉”。请陪客7人陪他们饮食，似有接风洗尘之意。第二次是午餐正席。第三次是晚餐正席。饮宴中新郎例须到送嫁者和大舅席前敬茶敬酒，大舅要对“讲保卜”，以示祝贺。到送舅等回家时，娶方还要赠送大舅猪肉4斤，银币4毫，其余送舅和大明公减半。

坳瑶招婿上门也是很普遍的事，仪式大致同娶妇。赘婿本家无兄弟的，有“顶两头”的婚俗，即日后养育子女由嫁娶两方分占。

娶妇和招婿的“身价银”和“礼肉”（即结婚前一天送给嫁方的财礼）虽然社会上有规定的数量，但时间不同，却有渐近渐多的趋势。据瑶族老人亲眼所见：最初身价银是9两6钱，后改为10两4钱，又改为13两，最后改为14两4钱。到抗战以后，这种规定被打破，结婚不讲银钱而讲稻谷多少，有娶一妻而耗费四五千斤谷的。礼肉则由最初的60斤，增加到140斤，在这段时间中，还学会了汉区“送米担”的礼节，即在过礼时，要请人挑一担礼品去，这些礼品包括白米5～12斤，鸡一只，槟榔若干枚，饼两包，酒两坛（6～10斤）。这些物品，招赘的减半。从这里，可明显看出罗香一带瑶族的婚礼，有些地方受了汉族的影响。

坳瑶嫁女也有嫁妆，最初是极少的，除新娘身上穿着的一两套新衣服及银制首饰外，最多用绣花布口袋装一两套衣服，后来逐渐增加木面盆、木脚盆、木箱等；箱内并须装载3～10套衣服，富有的并须增加手钏、耳环、头钗等，个别的还赠颈圈一副，需白银一斤。

离婚极少见。谁提出离婚得向对方赔款，数量多少双方议定。寡妇再嫁，有子女的身价银归子女，无子女的身价银1/3归夫家。离婚和寡妇再嫁，均由生身父母主持其事。如果人还年轻，身价银并不低于初嫁，年长者略减。社会对她们并无歧视。只是出嫁那天，须住在侧屋，让接亲的从侧屋接去。

罗香坳瑶与汉、壮两族通婚，已有百年的历史，不仅有汉女嫁瑶男的事，而且有瑶女嫁给汉人为妻的。

婚姻禁忌不少：新娘撑的新伞上须挂大明公画的符箓避邪；途中经有岔路之处，须插小红旗一面，以免新娘魂魄误入歧途；如过桥梁，须绕路从河下而过；如遇水枧须先拆开，不许跨过，否则心凉而不恋夫家；如遇牛须撵走，否则新娘见了，会蠢笨。这和花蓝瑶大致相同。

（2）第二种类型

上下古陈两村坳瑶婚姻，整个过程大致与罗香同，却多“回门”一个程序。在报婚期的时候，嫁方即提出要娶方多请一份“酒份”，并商定每一“酒份”要赠猪肉多少斤（这点与盘瑶同)。婚期前一天，娶方家长、媒人及接亲人同到嫁方“过礼”，此与罗香同，只是双方家长授受礼银时却不讲“保卜”。新娘在途中的禁忌较少，伞上不挂符箓，岔路不插小红旗。结婚仪式，不饮“上堂”酒，不行“交手”礼。送舅和送亲者到娶方，娶方也要盛筵款待，但不“对茶”、“对酒”、“对肉”。新郎到送舅席前敬酒，送舅亦须讲一篇祝词，送舅和送亲人，即是所谓“酒份”，往往多至二三十人。娶方赠给这批客人的猪肉，也较罗香为多：大舅约5斤；媒人同大舅；其他近亲如父母兄弟姐妹舅母等一般是3斤，疏远的是1斤。身价银数目：老辈定为白银6两6，猪肉60斤。近来稍有增加。招婿上门，身价银5两，猪肉同娶妇。

新婚夫妇回门，是罗香一带所没有的。结婚的当天，娶方设宴款待送舅等，并须请房族和村邻宴会。次日早餐后，新婚夫妇即须备办礼品——猪肉数斤和糯米糍粑二三十斤，同到嫁方家去拜祖先。到他俩转回时，嫁方又须备办糯米糍粑250斤左右，分为4担，送新婚夫妇回家，娶方接到这份礼品，又须办酒席一次，请原送舅、送嫁和原来的贺客宴饮，名叫“吃糍粑”，实际还是要大酒大肉招待客人。因此，古陈结婚一次，须耗费猪肉四五百斤，酒米各三百余斤。

古陈坳瑶的配偶关系是极不稳固的。夫妻结合，仅仅是个名义。即使刚结婚数日亦干起“拜同年”的事来了。这一点与岭祖茶山瑶完全相同。

坳瑶女子，年龄到十三四岁以后，绝大多数就开始找情人私通，假如怀了孕，怕石牌处罚，家长就不得不替她找个丈夫来负个名义。在这种情况下，丈夫的年龄，一般小于妻子。因此，往往有“父亲”年仅十一二岁，而“儿子”已有两三岁的。但社会上并不以此为怪。未婚女子招引情人来家，却是半公开的，不如已婚妇那么“名正言顺”。坳瑶称情妇为Menau，直译为“人妻”；称情夫为Men yiag，直译为“人夫”；双方泛称情人为duai，意思是“同年”或“相好”。在他们的情歌里，常称为“伴代”。做同年期间所生的子女，也要称情夫为父。其他与岭祖茶山瑶亦同。

男女做同年的时间，要看双方感情如何来决定。结婚却要避近亲，做同年也是如此。

坳瑶留女招赘和“顶两头”的现象很普遍，据上古陈村盘姓同祖的4小房14家的调查材料统计：男娶妇的9人，女招婿的4人；男入赘的1人，女出嫁的5人；男出继的3人，女出继的4人；接养子的无，接养女的2人；顶两头的14人。

上、下古陈两村的梅毒流行情况很严重，据自治县防疫站1956年检查的结果，呈阳性的人数，占受检人数的34.8%。

罗运、横村等处坳瑶，婚俗大致和古陈相同，特别是“做同年”的风俗，完全与古陈一样。

4. 盘瑶的婚姻

盘瑶村落，散布在大瑶山各处，但他们的婚姻制度，各处都完全一致。整个婚姻过程，大致分恋爱、求亲、订婚、结婚几个阶段。

青年男女公开的社会交际，是为社会和家庭所允许的。他（她）们每逢到别村做客时，主家都要邀约村中青年来家陪他（她）唱歌或“讲白话”。这种“白话”就是一种类似歌谣的词句，不过在交际时不是唱而是像念台词那样念而已。这些交际歌词或白话的内容，多是互相谦虚的客套，或者是倾吐爱慕之词。到唱到或讲到双方情意相洽的时候，也可直接提出婚姻的愿望。因此，青年男女往往在这种交际场合，撒下爱情的种子，不少人由此成为未来的配偶。

男女双方因交际相识以后，还可以互寄情歌，表达自己对对方的情愿。这种情歌，可由别人代写，瑶语叫做 cug yui，直译为“歌寄”，即是寄歌。不论在交际中或寄情歌时，如果双方有意成为配偶，还要交换首饰、巾带之类，作为凭信。

通过上述这种交际，如果双方愿成配偶了，可以把自己的心愿转告家长。家长同意了，再请媒人到对方家说合，而对方父母也同意时，就可达到结合的目的。但另一种情况，也有男女双方并不经过两相爱悦，全由父母做主而结合的。不过像这样的婚姻，父母也必须征求过子女的意见，经过子女同意以后才能实现。总的说来，盘瑶的婚姻，不经过父母的同意固然不能结合；不经过本人的同意同样也不能结合，即使结合后仍要闹离异的。

婚姻的第一步是由家长请媒向对方“求亲”。对方家长同意后，让媒人把儿女的年庚送去。经过请巫师“合八字”，假如认为大命相合，第二步娶方的家长即随同媒人一道到嫁方家“下定”，并协商应请“酒份”和送嫁客的数目。在决定婚期后，娶方并须把一份的“身价银”送给嫁方，并告知婚期。嫁方知道婚期之后，就要预先邀请送嫁的亲戚房族（即“酒份”客和送嫁客）。由于盘瑶村落散处各方，近亲房族也许有的距离很远，因此，娶方预告婚期的时间，至少要在距婚期两个月至四个月之前进行。娶方预告婚期后，出嫁的女子，即停止农副业生产活动，一心在家挑绣花衣、花带，准备嫁妆。

结婚之日，嫁方全家大小及其他“酒份”（外祖父母、舅父母，胞叔伯姑母、胞兄弟姐妹等）、送嫁客（从伯叔、伯母、婶母，从兄弟姐妹，表兄弟姐妹等）伴同新娘（或赘婿）到娶方家。新人行至村边时，娶方让巫师拦路杀一雄鸡“断煞”。新人入门时，门旁须点一盏“迎亲灯”照着。新人入门后，先拜香火，后拜灶神，其次再在香火前举行结婚礼。由巫师念祝词后，并以酒杯交换地分给新婚夫妇喝饮，婚礼即告完成。

盘瑶婚礼中有一种较特殊的仪节，名叫“拜堂”。它是新婚夫妇给尊长辈的一种敬礼。这个仪节即是香火前摆方桌数张，连成长台，上陈酒筵，先请嫁方的祖父母、父母，外祖父母、舅父母等“亲家客”，每次8人轮流入席接受酒筵，新婚夫妇向客人行12次跪拜礼后，并须以圆盘奉酒两杯，敬奉客人。饮毕，客人赠给新婚夫妇一二毫，作为答礼，燃鞭炮一串，即告退席。到嫁方的客人拜完之后，再请娶方的客人，行拜同前。这样一批一批地轮流下去，往往通宵彻夜，还不能完成这个仪式。

盘瑶婚制，娶妇和招赘并重，嫁女与送子入赘平等。因耕山最需要的是劳动力，有的人年纪还轻，就接养养女，等她成长后招赘上门。有的家庭人口不多，如儿子病死，还要留着媳妇在家招婿。至于亲女儿留家招婿的现象更加普遍，纵然她已有子娶媳也可如此。而赘婿在家庭中的地位也与亲生子女一律平等，不加歧视。

娶方款待嫁方的“亲家客”（包括酒份客和送嫁客）共需设酒筵6次：结婚的当天午、晚两餐，次日早、午、晚三餐，第三天早餐。这些筵席，除摆有普通客人所共有的丰盛酒肴外，嫁方的祖父母、父母及酒份客，每人还须另加瘦猪肉一碗，以示敬重。至于娶方请来的客，在送了“亲家客”回家之后，还要加上一餐午筵款待他们。此外，村邻男女来帮忙办喜事的，在结婚前一天到来；客散之后，还要帮主家送还桌凳碗盏之类，他们又要比娶方亲友多吃两餐便餐和一次酬劳筵席（名为“工钱酒”）。在三天喜宴中，有的除正餐以外，还要加“宵夜”酒，或加一次“拜堂”酒（有的不一定举行“拜堂”这个仪节）。总之，在结婚的三天内，总是一餐接一餐地吃喝不停，因此，待客所耗费猪肉、酒、米的数量是很大的。

无论娶妻或招婿，娶方都要给嫁方一笔财礼钱。这种礼金一般人都叫它为“身价银”，显然含有买卖的意味。嫁方的身价，女子较男子为高，而时间距今越近，身价越多。据一位70岁的老人说，他结婚时，身价银仅是24两银子，以后越来越多，到临近解放前的一二十年里，越发乱了，有的娶个媳妇，竟花东毫1000元，一般的也要300元左右。根据我们收集盘瑶的石牌条文也可证明这话是正确的。如坤林一带五十三村在1927年时所订的石牌，一开头就提到身价银的事，而各条文绝大部分也都与婚姻的身价、酒份有关，便是绝好的证例。

盘瑶婚姻形式，可分“卖断”、“断亲不断种、后代留根须”和“顶两头”三种。身价银也因三种不同形式而不同。身价多少，最初本为社会所共同遵循的习惯，后来这种习惯被打破，就多由嫁娶两方家长协议。到身价过于混乱时，石牌曾经作了一些规定，但实际上似乎没有发生多大效果，尤其是国民党统治势力伸入瑶山之后，石牌制度被摧毁，因此就更加混乱了。大体而言，娶妇的身价，往往比招赘多一倍，或者后者为前者的2/3。也就是男子的身价是低于女子的一半或1/3的。具体地说，70年前，娶妻的身价为白银24两，招婿则为12～18两。1930年左右，身价增高，娶妇一般需银在东毫百元以上，招婿也要六七十元。抗日胜利以后至解放前一段时间，娶妇一般是东毫二三百元，招婿也有高达百元的。如果采“后代留根须”的形式（即男子到女家入赘，自己改从妻姓，但所育子女，要留一个继承生父的宗祧），身价要略为减低。女子出嫁“留后”者同。如果采“顶两头”形式（男子入赘或女子嫁出，所育子女，两家平分），身价极少，甚至可免。

婚姻中另一种耗费，是娶方赠送“亲家客”的猪肉和银钱。数量如下：父母猪脚各1只；祖父母共猪脚1只；外祖父母同。此外，替新娘背嫁妆的弟弟、行媒、坐媒（规定由舅父母充当）猪脚各1只。其余亲家客，其中请“酒份”的，各赠肉3斤；一般送嫁客，各赠肉1斤左右。赠送银钱的数额，除赠送父母“水源钱”2两4（或2元4角），坐媒1两6以外，其余各送2毫。此外，还要赠“吹鼓手”和“打办”（代办酒席的人）2人猪腿各1只，共3只，重量不拘；有的只赠“打办”猪肉各3斤。娶方自己的亲友，他们备贺礼来贺，也要答赠猪肉，其数量视贺礼的大小而定：贺礼在1元以上的，老辈时回赠猪脚1

只，1元以下赠猪肉1～3斤不等；解放前一二十年间，多已不赠猪脚，改赠猪肉1斤或半斤。

综计盘瑶一次的婚姻费用，以猪肉而论，多的达1000斤以上，一般都要四五百斤；以饭米及煮酒用米而论，合计约需300～800斤；以银钱而论，多的千元，少的百元以上，一般都在二三百元之间。这项巨大的费用，往往靠向亲戚邻里借助而来。对于生活一般都处于贫困状态的盘瑶来说，毫无疑问，它是会严重地影响他们家庭生活和农业生产的。有的家庭，由于所负的婚姻债务太多，祖父母结婚，一直到孙辈还不能逐一清偿。一般也要十年八载才偿完。因此，过去盘瑶生活是比较穷苦的。

盘瑶离婚的事，解放前极不易见。石牌法律规定，是不许让人这样做的。招赘婿的，还要订立合同为凭。尽管如此，但是个别离婚事件，还是难于避免。离婚的女子或赘婿，如果再嫁，婚事则由石牌头人主持，身价银不由嫁娶双方家长收受而由石牌头人处理。离婚夫妇，照例无人为他俩代笔写离婚字据，人们认定这是不“阴功”的行为。写了会使自己不吉利。因此，当事人只好用砍铜钱或破竹筒的方式来解决。砍铜钱或破竹筒的地点，必须在村外或河边。谁先提出离异的，谁就来持刀动手。砍破之前，两人向天发誓，然后下刀。破后各执一边，以作凭证。

婚姻不避同姓，血缘亲属隔五代之后，即可通婚。女子嫁外族的事例极少。调查中，仅在六巷发现嫁花蓝瑶一例。但招汉人壮人为赘婚的，则很普遍。接养汉壮女孩为嗣的也不少。婚龄一般在16～20岁之间。

婚姻中的禁忌：在取八字时，如在途中见大蛇拦路，老鼠、野兽或虾蚂出穴，大石崩滚，或看别人梳头、剃发，或见人扛锄锹、木板或畚箕，或见人扫地、锯木，或遇见埋葬等，都认为是不吉之兆。八字取到家里后，如雄鸡不依时而乱啼，家人打破碗碟，也同样认为不利，须把八字退回。新人入门时，年命“相剋”的人须暂时回避。

5. 山子瑶的婚姻

山子瑶婚姻制度比较简单。整个过程，大致可分为说亲、合年庚、订婚、结婚、回门几个阶段。

青年男女在有婚姻喜庆时也喜欢以唱歌的形式谈情说爱，但这不意味着是选择配偶。因为他（她）们的婚姻，必须由父母做主，并在本人同意下才成立的。

父母为儿女选得对象后，即请媒向对方家长说合。对方父母和本人都同意了，即开年庚八字交媒人带回娶方。娶方请巫师代合八字，如果没有所谓“冲剋”，接着双方家长互相请酒一餐，并邀约媒人也参与这个酒会，即算“订婚”。此后，双方商定一定从长考虑婚事的期限（大概是3个月到1年），在这期限内，如果有一方不满意，还可退婚。反之，便定期举行结婚。

结婚前一天，娶方就请6个血缘近亲（其中须有两个是未婚的女子）随同媒人到嫁方去接亲。同时并要把“身价”猪肉50斤、酒50斤（有的地区仅30斤）带到嫁方去。嫁方例须在款待接亲人之后，晚间邀请近邻男女来陪同唱歌，内容多涉及双方婚姻的事。其中也有故意问难，请求对方回答的。次日接新人回男家，女家送嫁的一般是16人。例须黎明前入门（路远的提前一天接亲，新人到村上别家住宿一晚，到婚期那天才入门）。新人入门时，娶方全家都须暂时离家回避。新人入门后即举行结婚仪式，先拜香炉，接着由巫师讲彩话、作法，以酒饭分给新婚夫妇共吃饮，称为“合酒饭”。婚仪中另一重要礼仪，则是双方家长、亲戚和媒人对新夫妇致训诫词，内容为告诫夫妻要和睦，要勤劳生产，不得离异等。

当晚，娶方也要邀约邻舍和亲戚陪伴送嫁客唱歌，其内容与前同。送嫁客至次日早餐后回家。新婚夫妇回门，不一定在三日之内，路远的一月半月择吉日去也可。回门礼物也很简单，仅用一只鸡、几斤猪肉、五六斤糯米糍粑送去敬奉嫁方的香火而已。

山子瑶的婚姻形式主要分娶妻和招婿两种，也有“顶两头”的风俗，不过其子女并不平分，而是仅留一个为嫁方的后人。在这种婚礼下，“身价”可以略减。无论娶妻或招婿，最初的几年（最少一年，最多五年，一般二三年）夫妇都要给嫁方做些劳动，以照顾农业生产。赘婿上门，不改变本姓，其子女亦随父姓。仅是采“顶两头”婚的，其子女中的一人，要从嫁方的姓氏。有的虽然不是“顶两头”的，但因嫁方无后，也可把外甥接一个回来，继承宗祧。有的赘婿，在岳父母死亡后，还可带领妻子儿女们回外家。

山子瑶与汉人通婚已不少，但仅限招婿上门。女子出嫁他族和别族系的事例很少，仅在六巷、门头两乡，女子有嫁花蓝瑶和坳瑶的。同姓结婚不在限制之列，血缘亲属隔三代以外可通婚。由于山子瑶村落零散而不集中，婚姻联系，往往有远在百里以外的。

山子瑶实行一夫一妻制。离婚很少发生。据六眼村老人说，在六眼、古范、大漕口、新村、旧村等6个自然村里，截至解放时为止，30多年间，离婚仅有6起，其他地区则甚少。他们离婚要受严格的限制，因为石牌和结婚时训诫词都起着巨大的作用。离婚当事双方如果不把事体扩大，私自了结，罚款不过几元到十几元；如果闹到石牌知道了，石牌头人及结婚时合八字看日子的巫师、媒人、双方父母亲戚都一起出面讲话，那就非罚156元（其中120元给参加结婚时致训诫的亲属，36元给离异者的父母。有些地区如六眼一带，则罚酒肉各120斤给5村石牌吃喝）不可了。寡妇再嫁无任何限制与歧视。有子女的可以带往后夫家，养大后送回。

山子瑶结婚费用不大，且多由家庭自筹，没有向亲邻借助的习惯。

婚姻中的禁忌，在取八字时大致与盘瑶同，即在途中不得见不利的征兆，否则即中止议婚。新人的身边要带些铜钱，当经过溪流时，要投两枚入水，称为“买路钱”；到娶方的家里，也要投两枚入水缸，称为“买水钱”。新人在途中不得跨过水涧，必须先拆开水涧而后经过。如果新娘或新郎有一方八字中带“煞气”过高，在新人入门之前，要用竹筷一双，用红纸裹好，放在长凳上，再用凳横拦住大门，等新人入门时，媒人用刀把竹筷砍断，以示断绝“煞气”，免日后夫妇间一方“强迫”另一方。

三、丧　葬

（一）茶山瑶丧葬

茶山瑶居住在大瑶山的中部、北部和东北部，村落虽然比较集中，但就其风俗而论，各地却并非完全一致。下面的材料，只是取其大同，略其小异的记述。

凡已经结婚的成年人，病危时，家人必须通知血缘近亲来探望，尤其是妇女，一定要请她的外家亲属到场。这不仅是使近亲得以和垂危的人作最后的诀别，而且要使各有关系的亲人都清楚病者的死因，以免日后另生事端。

死者在临死前，亲人要喂他（她）一点温水，以示最后的敬意。同时，并以银币一枚和铁片一角，放入死者口中，意思是不让他空口而死；或者说，他死后口才狠，免受“人”

欺负。

人死后，孝子孝孙即哭泣出门，到河边“买水”给他沐浴尸体。在汲水之前，向“河神”烧香化纸，并投铜钱4枚下河，然后以竹筒汲水3次，携回烧热，由亲人替死者沐浴后，再为他装殓，换上新衣。如果死者先父母而死，并须在头上缠一条白纸，表示戴孝。如果妇女没有生育子女的，两手须执白布各一片，给她上天时“拨云扫雾”之用。装洗完毕，扶尸到厅堂中央，坐在椅子上。请巫师替他作法。如果其生前是师公，家人就要杀鸡6只和小猪6头作为祭品（做道公的只杀鸡1只），祭祀他当师公时的“兵马”后，再请师公来祭他。如果其生前并未“度戒”当师公或道公的，那就只请巫师来替他“开光”一次，使他的灵魂进入“阴府”时才得看见路径，不致摸黑。个别地区（如罗梦）生前未度戒的，还要用麻线穿两枚铜钱缚在死者的双眼上，用意也与此相同。在这些禳神的手续完毕后，即行入棺。

棺用大杉木制成，形制和附近汉壮两族普通用的相同。棺内底板置铜钱4枚，一角一枚。然后再重叠铺垫白纸及白布各3层。尸体仰面睡在棺里，上盖白布、白纸各3幅。两旁空隙再用白纸填塞，然后盖上棺盖，停放于厅堂里，请道公为死者打斋超度。一般都要打斋3~5天，生前做师公或道公的还要多几天。

父母死后，子女、媳妇和女婿们，都不得吃荤。金秀一带，父死戒盐5天，母死戒酒5天，以报父母之德。儿孙辈在老人死后，即须戴孝守孝。孝服在出葬后3天由打斋的道公为他（她）们除去。守孝日期，有的是21天，有的是33天，在此期间，守孝的人都不得睡高床，坐高凳，夫妇不能同宿。未曾除去孝服之前，是不能进别人家里去的。在守孝期间，虽可进别人家里，但是如果在别人家住宿，则不能睡正屋，只能睡侧屋。

在家里停棺的时间，一般多是1~7天。未出葬前，棺前要供饭一碗，给死者当餐；棺下放清水一盆，给死者沐浴。这些供品，直到出葬时才除去。死者的女婿，并须用纸制成小棺一副，放置在棺上，以示孝意。出葬的前一天，死者所有生前的用品，都须在棺前用火焰熏过一次（以前是全部烧化的），让死者的灵魂带去使用。同时，向他祈祷：日后请他常回家照顾田地山场等产业，使家人得以丰衣足食。

出葬时，由道公作法送葬。棺未出门前，即须派一个人沿着抬棺经过的路径，沿途叫喊，名叫“喊车”。村人听闻了，马上把大门关上，意思是不让死者的“鬼魂”闯进家来。直到棺抬过门口以后，才再开启。喊车的人并须带一盆白饭，沿途撒去。这是对沿途的孤魂野鬼的一种布施，让它们吃饱了，以免来“扑棺”——使棺材沉重，给抬棺人添麻烦。喊车的人，是出葬的前导。他出门之后，接着即抬棺出殡。道公在棺前引路，孝子孝孙及亲属等在棺后送葬。家里仅留道公一人作法，“打扫”家里的外鬼，使家庭“干净”，不致为鬼所扰。棺材抬出后，或送入火葬场，或送至停棺的棚内，或送至临时浅葬的处所。这要看采用哪种葬式来决定。茶山瑶所采用的葬式，是因地各有不同的，分述如下：

1. 火　葬

火葬本是从前大瑶山各个族系的瑶族所共同采用的葬式，由于时间的推移，各地所受外来影响也先后不一致，从而引起了变异。金秀沿河十村和罗梦等村，现在还未绝迹，保持着这一较久的葬式。用这一葬式的，出葬前两天，与死者有血缘关系的房族亲戚，都要为死者采集一束干柴，预先送到火葬场去。火葬场多是在离村一二里外的山坡上。棺材抬到后，即放置在铺平的干柴堆上，接着由道公作法，把棺盖撬开，再用横木架准它，使盖与棺身的中间，留出一个隙缝。道公继续作法，然后把预先准备好的一束干竹片（死者是男的用36

条，女的用24条，长约6尺）的一端烧燃，从棺的一端（尸体脚的一端）插入棺内。棺内因装殓时满填白纸、白布，都是易于着火的东西，故火把一插入棺内，立即起火。孝子并要添加一些松脂小柴片入棺，以助燃烧。这时，抬棺的道公和送葬的人各都离去，只留孝子在旁守候，大约要四五个小时后，棺及尸体才全部烧完。等骨灰冷了，孝子就用高约一尺的陶坛一个，把尸体心胸、头颅、四肢各部的骨灰，各捡一点装入坛内加上盖子，携往墓地安葬。其余的骨灰，则在火葬场附近，掘一小坑，就地掩埋。

安葬骨灰坛，以前各个血缘亲属是有公共墓地的。不同辈分的人，其葬坑并有先上后下、左男右女的次序。但我们现在所能见到的，最多的只葬有20个骨坛的墓地，而且次序排列得也不如规定的那么整齐。由此可知，这种公共墓地，只是“房”这个血缘集团所共有，而不是整个共祖先的“家族”公有的。这种做法，在八九十年以来，已经被破坏，我们在茶山瑶村庄附近，往往发现单独的坟墓，这与堪舆风水有关。

安葬骨灰坛的墓式，是选倾斜的山坡，用锄锹把土垂直削平，成为直壁。再把下面的土削平一片，使它成为陈列祭品的小平台。最后在直壁上掘一长方形墓坑，骨坛就安置在这个墓坑里，外面再用石板封口。这种墓式，似乎还保存一些“崖葬”的遗迹，新葬的墓旁，常竖有木牌、布幡；死者生前一些用具，如碗筷、斗笠、雨伞、背箩、烟筒以及“口粮”酢肉之类，也一起摆在那里。

2. 停棺捡骨葬

这种葬式，多见于长洞一带。据老人说，当地原用火葬，后来才改用这种葬式的。这种葬式，与瑶山边境象州县大乐、中平一带壮族相同，显然是受了壮族文化影响的结果。其法，尸体仍用棺材装殓，出殡后，即抬至村外附近的山坡上停放，搭盖一个临时性的茅棚，遮盖棺材。经过两三年后，尸体腐化了，便开棺把全部骨骼捡出，装入一个高约2尺，腹围约2尺的陶坛内（装法：大致按人身体部位把脚骨放在下面，头骨放在上面），然后加盖，择地安葬。

3. 浮厝捡骨葬

长洞北部的平道乡一带，盛行这种葬式。方法和停棺捡骨葬大致相同，只是棺材不加盖茅棚，改用土块盖覆而已。这种葬式也是象州县大乐、中平一带的壮族盛行的。而且，平道乡的太平村，还是茶山瑶和壮族杂居的村庄，风俗相互影响是必然的。

4. 深埋捡骨葬

长二、六段一带及岭祖、巴勒两村，盛行这种葬式。第一步是把棺材掘一深约4尺的土坑掩埋，数年后，掘出棺材开棺捡骨，装入陶坛，另找吉地安葬。并重视堪舆之说，显然是受到汉族文化的影响。

5. 土　葬

未成年人采用此种葬式，年龄较小的用薄棺，较大的用成年人的棺殓葬。葬法与深埋捡骨葬同，不过埋葬后不再捡骨而已。

6. 挂　葬

茶山瑶的小孩，他们都认定是一个管理生育的花婆神（或称山婆）送来的。因此，儿童必须在五六岁以前，举行一种酬谢花婆神的祭祀仪式，名叫“还花”。小孩未经“还花”的，如果死亡，就仍然让他的灵魂回到花婆神那里去，以便再次投胎出世。他们对这类小孩，采用挂葬。即把尸体用破絮、破衣、棕皮等包裹起来，置于竹筐里面，请道公为他“开路”之后，就着人把他携带到村旁附近的山冲里，悬挂在树丫上，这样，尸体容易腐烂，也就是使小孩容易投胎转世。

（二）花蓝瑶丧葬

花蓝瑶的丧葬仪节，大致可分为两种类型，一是住在瑶山中部龙华、六团一带的，一是住在瑶山西南部六巷一带的。分述于下：

1. 龙华一带的丧葬

成年人死后，要向近亲和外家报丧。特别是外家要来看着装殓入棺，了解死者是不是冤死。病人到临危时，家人即须以银币的一半给他含口，认为这是给他换牙齿。洗尸后换新衣带，脚上穿鞋后还要套一对草鞋，好让他走往“西方”去。脸上用纸蒙盖，双眼各放铜钱一枚，使他看不见阳世而只能看到阴间，与阳世隔绝。接着入棺。棺用厚大杉木制成，与茶山瑶同。尸体入棺前，常人、道公、师公各有不同的做法。生前做道公的和常人一样，浴尸穿戴后就可入棺。尸体上覆盖几层白布，即盖棺盖。接着要请道公来做道场，道公没有到家做道场之前，家人不得吃任何东西。如道公死，家人并且不得哭泣。不然，就会哭散道公的“兵马”（师公死亦同）。师公死，必须替他穿上生前的法衣，戴上面具，扶他坐在厅上，两脚踏着铜锣，然后请师公来作法祭禳。

停棺在家的时间虽仅几天，但日期却要道公选择，出殡安葬的日子，忌“重丧”、“三丧”、“三煞”、“流财”等日。停棺在家时，棺下要放禾把一束，作为死者的食粮，并须每天做道场超度，但超过3天以上的，就不一定天天都做。

出殡时，孝子把身体伏在棺下的禾把上，说是粮食不让死者带走。死者所需食粮，另盛饭一碗，分为两半：一半留在家里，另一半用纸包裹，跟棺材一起送走。移棺时，道公在前引路，死者的家属亲戚也行在棺前。如果死者是师公，则由师公引路，道公随在师公之后。

葬式与茶山瑶同。成年人用火葬或停棺捡骨葬，未成年人用土葬，小孩用挂葬。孝子孝孙等，从人死之日起，即须斋戒，至送葬后才由道公给他（她）们开斋，以后才可吃肉。此外，24天内不得睡高床，必须垫草睡在厅堂中的地上，以尽孝道。这点也和金秀等地茶山瑶相似。因为龙华等村，都与长洞一带茶山瑶接近，两者互相影响是难免的。

2. 六巷一带的丧葬

六巷、门头、黄桑、古浦、大凳等村的花蓝瑶，丧葬仪节完全相同，但与龙华一带却有差异。

人死时仍须以银币的一半含口，另一半由家人保藏。他们认为这样做才不会让死者灵魂空手出门，免于贫困。如果他穷了，会回家打扰家庭。

浴尸装殓同龙华，所不同的，无论常人或师公、道公都一样入殓。这里的棺材用薄板临时合成，并不得抬进屋内。尸体浴洗后，即用竹席一张，盛着抬往门外入棺。入棺时须请一个师公为他“开路”。盛尸的竹席，连尸一同放入棺内，上面再覆盖白布3幅，青布2幅。此时不加棺盖。棺不能停放一天以上，要在当天出殡。出殡时，除家人和亲属，全村邻里（绝大多数是同姓）各家都派一人来送葬。移棺时，棺上覆盖死者生前所用的絮被，送葬中的一人，燃一个火把为死者照路。棺材抬到村边一里以内大路边的山坡上停放，即将絮被揭开，并以酢肉和谷种各一小坛，放入棺内，然后盖上棺盖。棺上并搭盖临时棚厂遮盖。死者生前的用具，一齐放在棺盖上，大致与龙华相同。棺材所以要停放在近村大路边，说是便于照看。但当尸体腐化时，臭气薰天，常令人掩鼻而过。

出殡后第三天开始做道场超度，此后第五、第七、第九、第十一、第十三等天也同样举行。在举行超度时，亲戚房族都来吊唁。每次祭事完毕，都把草灰一盘放在厅上，以验死者灵魂是否回家。如回，灰上就会现出动物的足迹。如有，就停止超度，不然一直做到第十三天为止。在这13天的时间内，孝子们不能吃荤，不能睡高床，这点与龙华同，也与茶山瑶同，只时间长短稍有差别而已。另一种避忌，夫妇一人中死去，另一人必须搬往别家暂避，直到出葬以后，才得回家。他们认为不这样做，是会一同死亡的。

停棺两三年后，尸体腐化了，便请一个师公去作法开棺捡骨。师公到停棺处，用3个草人和3个石子向棺上掷去，把“鬼”撵去了，即揭棺捡骨，盛入陶坛内，方法与茶山瑶的停棺捡骨葬同。小孩和虽已成年但尚未满30岁而又无子女的，死后一律用土葬，不再捡骨。而上举的停棺捡骨葬式，也是后来改用的。据老人们说，他们的老辈，原来也是火葬的。

（三）坳瑶丧葬

坳瑶丧葬仪节，亦因住区不同而有所差异。罗香一带住区接近汉族，且有与汉族共村杂居现象，受汉族影响较大，截至解放前为止，似乎已和汉族葬式无大差别。上下古陈两村，住区比较偏僻，却和罗香不同，但因和六巷等村花蓝瑶相邻，其葬仪与花蓝瑶相同之处反而较多。兹将两种类型，分述如下：

1. 罗香一带的丧葬

病人至临死前，先用柚叶、生姜煎水给他洗浴，并把装殓的衣帽鞋袜等一齐穿戴，认为如果绝气后再穿，他就不能领受。死后以银币含口，并用小纸包饭3团，分放在尸体的腹部和双手里，以免他受饥和到阴间遇恶狗时可用此打狗。棺与附近汉区同。入棺前，先放灶灰，再铺红纸，上以竹片7条曲折地架成“七星桥”，然后再放尸体。尸上盖覆孝子的白布和女儿以及血缘近亲送来的红布。入棺前请道公“净棺”，入棺后请道公“打斋”。打斋前道公要为孝子孝孙等“戴孝”。停棺在家最多不过7日，一般是两三日。

老人死后，儿女、媳妇和孙辈，不吃荤，不坐高凳，男的晚间睡厅堂地下守丧，打斋时须用红纸写死者姓名和生卒年月日时，作为“神位”。出殡前道公作法“送亡”，孝子捧“神位”到门外烧化，用红纸包裹它的灰烬，葬后“安灵”时，又把这个小包挂在“灵位”上面。

葬地由孝子自择，掘墓坑时由孝子扛锹绕棺三匝，然后随同帮忙掘坑的人到葬所，由孝子先掘墓坑四角土块各一锹，随后才交锄、锹给帮忙的人，继续把墓坑掘成。

出殡时，道公随棺送葬，并沿途抛撒米谷铜钱，名为“撵丧”。棺葬下墓坑后，孝男女们齐跪坑前，道公以米谷铜钱抛撒棺盖上，为死者“送粮送钱”。铜钱抛出棺外的，现华字一面为阳面，孝子拾回，以小绳贯穿，系在左手腕上；现满字一面为阴面，仍投入墓坑，归死者享用。所有米谷溅在孝子们身旁的，认为这是死者赐给家人的粮食，必须带回撒在厅堂四角、禾仓、牲畜栏圈等处，可使人畜兴旺。葬埋后，并将死者生前的用具陈列墓上，此与龙华花蓝瑶大致相同。

葬后，道公仍回丧家为死者“安灵”，写一“灵位”给孝子们供奉。孝子在安灵后即可开荤。以后每隔死期7天，称为“一七”，都须设祭一次。直到“七七”届满为止。父母死，儿女戴孝3年；孙儿女戴一年或几个月。白孝服以穿破戴烂为止。戴孝期间不得戴银饰、红花带。满了“七七”后，孝男女虽可到别人家参加庆吊，但不得坐上席、劝杯、猜拳和唱歌。

罗香一带原来也行火葬，据65岁老人赵宽荣说，从他曾祖起才开始改用深埋捡骨葬式的。根据这一说法来推算，时间约近100年了。

未成年即不满16岁的人死去，较长的用薄棺，幼小的用杉皮、旧席包裹，掘坑掩埋，不再捡骨迁葬。

2. 古陈的丧葬

上下古陈两村的丧葬仪节，大致与六巷花蓝瑶相同。所不同的是，古陈的棺材可抬入屋内，入殓时须以小陶坛装饭压在尸体上，说是可免死者肚饥。棺在屋内加盖再抬出。停棺在棚厂经过40天到几个月后，即用火烧化。然后捡骨灰一部分入陶坛，择地安葬。其余骨灰，即在停棺的地方掘一小坑掩埋。这种葬式，40年前还盛行。我们称它为“停棺烧骨葬”。它是从“火葬”到“停棺捡骨葬”的一个过渡形式。罗运、横村等处的坳瑶，40年前也是采用这种葬式的。现在他们都用“停棺捡骨葬”，个别的还采用“土葬”方式了。

孝男女孙儿们戴孝、忌荤、不睡高床等，和罗香相同。打斋略似六巷花蓝瑶。所不同的，上下古陈坳瑶只在距死期40天后（认为是尸体肌肉腐尽了），才打斋一次。打斋时，用禾秆扎一草人，剪彩纸作衣帽等给它穿戴，作为死者的神像来祭祀，祭毕烧去。之后，再由道公请死者灵魂来受祭礼，这时孝子们和来吊唁的近亲们都纷纷烧纸衣，并以鸡、猪、酢肉等祭品来祭。祭毕，道公撒草灰于厅里以验神迹，这又与六巷花蓝瑶略同。

无论罗香或古陈，凡伤死、产死的人，除打斋超度外，还加上一套“过油火”的法事。而能做这种法事的只有山子瑶。其法：用桐油一小锅，加火煮滚，师公手执长剑，向油喃喃作法。喃毕，口衔清水向油锅喷去，水入滚油中，即刻发出大火焰。师公执剑横着火焰斩去，红焰即分为上下两截。师公领捧着死者神位的孝子，从火焰空隙中跳过，认为这样做，才能使死者灵魂“干净”，以后不再变为凶鬼害人。如果不这样做，村邻是不容许的。

另外，许多地区的茶山瑶、花蓝瑶，虽然现已不采用火葬，但对伤死、产死的人，仍用火葬。用意与坳瑶“过油火”相同。

（四）盘瑶丧葬

盘瑶的丧葬仪节，许多都和罗香坳瑶相同：如人未绝气前即须为他装洗，洗尸水要加些香料；以银币给死者含口；入棺前须先请道公作法“净棺”（盘瑶称为“撵寒鬼”）；尸体的腹部要以小饭团“压肚饥”（盘瑶死者血亲各一包）；掘墓坑时孝子须先动土，然后交锄锹等工具给帮忙的完成。此外，还有孝子在出葬前不得吃荤，守孝期不得在参加庆吊时坐上席、唱歌、猜拳等。

盘瑶对死者的装殓衣物，是不许有铜器的。装洗后把尸体抬至厅里，净棺后才入棺。棺与茶山瑶所用者同，但棺内木缝必须用树胶敷涂，棺壁内裱敷砂纸，以防尸水渗出；外裱五色彩纸。垫盖葬体的东西较多：下层垫钱纸数层，再垫白米数斤，然后让尸体躺在米上。尸上再盖钱纸，纸上又盖白米，米上再盖布1～3层（儿女多的每人盖一层）。布上再盖钱纸和白米，米上再盖夹被（有的地区尸体上下只垫盖白纸和白布各3层）。入殓后不加盖，等所有亲人到来看过以后，再行加盖。

停棺在家少则一天，多则四五天，再择日出葬。在未出葬前，要请道公打斋，直到出葬为止。

祖父母或父母死后，子女、孙子孙女及媳妇、孙媳等都要戴孝。孝布为白色，长短按长幼次序而不一：长子用的长5尺左右，次子较短，三子更短，孙儿女、媳妇和孙媳只用小块白布挂在头上。戴孝期只限于停棺在家的几天；出葬后即将孝布脱下，放在死者灵位前。葬后3天、7天、21天、满月、49天、71天那天，都要请道公给死者“送饭”。嫁出的子女及孙儿女都要回家设祭尽孝。守孝期一般是71天，最久的不过3个月（有的地区最长40天）。如孝期未满而又遇新年，有的人不让不吉利的事拖过新年去，也可缩短守孝的时间，在过年以前烧去葬后为死者所设的“灵位”，同时也把孝布烧掉。此时虽已脱孝，但未满71天孝子们到亲友家参加活动时，仍不能坐上席、唱歌和猜拳。如果死者的家属有人是师公或道公，守孝期最多是40天，因为在守孝期间他是不能替人卜卦和祈禳的。

盘瑶也采用深埋捡骨葬式，但是如果葬后家里人畜兴盛的，也不一定要重新掘墓开棺捡骨迁葬。这似乎是由“深埋捡骨葬”到“土葬”的过渡形式。上述的情况仅限成年人而言，如果年未满18岁的人，只用杉皮或薄板做棺埋葬，采用葬后不再捡骨的“土葬”形式。而且也不请道公打斋超度亡魂。据坤林村盘瑶老人说，八九十年前他们也是用火葬的。其后改为现在的葬式。

（五）山子瑶丧葬

山子瑶的丧葬仪节，与盘瑶几乎完全相同，差异之处，仅是人死后才沐浴装殓。其次是不规定在下葬71天内的几次“送饭”的设祭而已。此外，守孝期没有具体的规定，有的是一年半，有的是三年，有的则以孝衣穿破为止。成年与不成年的分界，以已满或未满15岁为准。年满15岁的，葬式照成人；否则即用薄棺土葬，不再捡骨。

四、节令及禁忌

（一）节　令

1. 茶山瑶

（1）春节

金秀茶山瑶认为春节是一年的开始，也是上一年生产活动的终结，应当休息娱乐，高兴一番。家家须杀鸡宰猪，肉量多少视家境贫富决定，贫穷的人家也得买上四五斤猪肉，生活富裕的买三五十斤乃至百斤不等。在春节还盛行拜年，瑶语称为“博拉敢”（意即到外婆家去）。初一或初二日夫妻拿着一两斤猪肉到岳父母家吃一顿饭，并约定日期请对方来。来时携带十多个粑粑（用糯米饭做成的圆饼），作为礼品。

从初一到十五日，所有的人都休息，穿着最漂亮的衣服，尽情娱乐、唱歌、吹叶、敲锣打鼓，甚为热闹。在旧社会里，也有一些人进行赌博，有个别的因而倾家荡产。这时又是青年男女唱歌互答，谈情说爱的绝好机会。正月十六之后，就算是春节过完了，即开始正式干农活。

岭祖茶山瑶在过年节时，除拜年吃喝、休息娱乐与金秀同外，除夕之夜由家长关大门；凡挂在墙壁上的衣服都要取下来；厨房的锅菜也要放在木架上。初一早上女人不得先起床，要等家长先起才能起来。初一日，全家男女老少都要到事先选好的有利的方向（选方向是参阅农历决定的）去小便，然后回到厨房喝生水，他们认为今天喝了生水，全年喝生水肚子也不会痛，并免除百病。他们还认为初一日若有狗叫就有豺狗来，猫叫会有老虎来。十五早上必须吃素，十五上午以后春节就过完了，下午即可以吃荤。

（2）二月社

金秀四村信奉社王，二月社日是村民集体祭社的日期。祭社必须杀猪，肉一部分大家均分，留下一部分集体会餐。社有社老，祭社当日，社老要把有关农业生产的一些事情向大家“料话”（详见宗教信仰祭社部分）。

（3）清明节

清明节，家家都去祭扫祖坟，杀鸡买猪肉为祭品，将祭品献在墓前，并烧纸钱。用一根柳木插在墓上。祭毕，把祭品在墓旁煮吃，然后回家。插枫树叶于门前避邪。

（4）五月初五

五月初五日，金秀村家家要杀鸡买猪肉，大吃一餐早餐。吃过后同族共房的人，要集体上山砍柴。自己有山林的，各在自己的山上砍；自己没有山林的，要到比较远的山林（公山）去砍。砍下的柴火足够一年的需要。这些柴火当天不搬回来，留在山上干了，到十月或十一月才逐渐去担回家。劳动力少的人家，砍一天还不够烧，初六初七两日还继续砍，直到够用为止。

（5）五月分龙节

这个节日，在历书上载明日期。岭祖村民当日忌挑粪和畚箕过门口，否则当年农作物受旱。

（6）六月初六

岭祖全村的人进行游神，全村各户派人参加，并请师公祈祷，然后把神农氏和刘大姑娘等神抬出田垌游行，祈神灭鼠、收蝗，以期丰收。

（7）七月节

七月初七日，是纪念祖先的节日。金秀一带，户户都挂出写着祖先名字的“目莲榜”，买些冥钱纸、香、猪肉和杀鸡鸭作为祭品，在家祭祖。初七日早上迎接已死的祖先回家，每日设供品祭祀，直到十四日为止。因而十四日又备祭品祭祀，表示送祖先离家。十五日备办酒肉请客（亲戚），客人来时也各人带些粑粑作为礼物，合起来吃个痛快。家有死亡未满三年的祖先，在七月初一先“接回”供祭。同样也要过节。七月二十日，他们又认为已死的祖先又要“回家”，于是子孙们又得杀鸡杀鸭供祭祖先。初七日起至十五日，要停止生产活动，不出工。其他地区大同小异。

岭祖村在七月十四祭祖，当日不下田干活。

（8）八月社

金秀茶山瑶八月祭社，一切活动与二月社日同。

（9）尝新节

金秀一带，每逢八月巳日，家家摘新谷约半斤，捣米和老米同煮，分祭神的猪肉做菜肴过节。这次祭神，是共一社庙的居民的集体祭典，但不是祭社王而是祭雷王、大圣等神（另有庙宇）。老甲头和社老主持其事，请师公到庙宇里去作法祈祷半日以上。祭品须杀大猪1只、鸡4只（其中一只必须是公鸡，且要用口咬死），另外鸡蛋29只。祭毕，除给些猪肉酬劳师公外，其余的各家均分，各家一份，甲头则占二份。祭神后，社老、甲头等相聚吃新米饭，由社老先尝，名叫 jin bō，直译为“吃破”。这是新谷必须由社老先尝之意。由此也可看出社老在社会上的地位。

2. 花蓝瑶

(1) 春节

龙华花蓝瑶，旧历除夕进行祭祖，祭毕燃火炮。是夜全家大吃一餐，吃罢男女老幼都要洗澡。他们认为这样一洗会把疾病洗光，日后身体健康。

初一日的早晨，先由老人起床并开大门，一出大门即烧香拜四方，根据农家历记载哪方吉利就先拜哪方。拜毕鸣炮，家里其他的人方可出门。首次出去的又鸣炮。他们认为死去的祖公的灵魂，在除夕回来过年，初一早回去，鸣炮是欢送的意思。这天，特别要吃得好。男女老幼均着盛装。他们认为这天吃好些，全家人都会力大健康，好干活路。一年到头劳动，早出晚归，穿的是破旧衣服，只有过年是穿新衣服的时日。过去，他们也同金秀茶山瑶一样，在春节休息时间也有赌博的恶习。

由初一到十五日，都不从事生产劳动。拜年的风气很盛行。初一这天，小孩子往亲戚家拜年，进门时放火炮，见了老人说几句“彩头话”，以示恭敬与祝贺。老人也以事先包好的一些钱送与小孩。青年男女，在这十多天内，还要在一个山坡上集会唱歌，附近的茶山瑶也来参加。

门头村过春节情况与龙华相同，只是没有赌博恶习。

(2) 二月社节

门头村、龙华村一带，也是过社节，祭社王、祈祷社神保护禾苗。其他情况大致与金秀一带茶山瑶相同。

(3) 二月保苗节

六巷村在二月中要过保苗节，日子由巫师择定。当天，家家杀鸡杀鸭和做些粑粑祭祖宗，其用意也是为了祈求祖先保佑禾苗。

(4) 三月清明节

六巷村、门头村都过清明节（节日根据农家历记载），这一天必须祭扫祖坟，在坟前烧钱纸、燃香，将熟肉摆在坟台以供祭祖公，供祭时对坟墓跪拜。

龙华村也过清明节，祭扫祖坟的情况大体与门头、六巷两村相同，所不同的，他们祭扫祖坟回家后，又祭供祖宗，他们认为清明节祖宗要回来，当天即回去，在家供祖是欢送祖宗回去的意思。

(5) 四月初八、五月初五日

门头村各户在四月初八和五月初五两天，每家都做 1 ~ 5 斤的黑糯米饭，并以猪肉及鱼在香火台前祭祖。

(6) 六月保苗节

门头村，在六月中选定吉利的日子做“保苗”祈祷，以熟鸡肉及猪肉祭祖，并请师公来喃神，祈求祖先保佑禾苗，年成丰熟。

(7) 七月节

六巷村于七月初七日早晨接祖、烧钱纸及纸衣“给祖公受用”。从初七日开始直到十四日早晨，每逢吃饭都要供奉祖公。十四日早晨也如初七日早晨一样又祭祖。祭毕即送祖公出门。他们对祖宗极为恭敬，尤其是十四这天，准备好酒好菜大吃一餐，这天不能开玩笑，以示庄重。据当地人蓝济君说：“在以前有个穷苦人，家无隔日之粮，七月初七到了，他没有什么东西供祖，于是到河边去打鱼，以备供祖，但是一直弄到夜晚才弄得几条小鱼回来，这时祖宗已走了，他供奉的东西祖宗已不能领受。后来这人竟得病而死”。由此可见，他们对祖宗信奉是非常重视的。

龙华村各户，也有初七日接祖、十四日送祖的习惯。门头村只以十四日为节日（没有接祖、送祖的概念及仪式）进行祭祖，祭法与六月保苗节相同，是日休息一天。

（8）八月社

门头村、六巷村、龙华村均八月祭社王，其祭法与金秀茶山瑶相同，其愿望也是祈祷社王保佑禾苗茁壮，五谷丰收，人丁健旺。

（9）尝新节

田里稻谷黄了（九月），六巷村各户要选个好日子"尝新"，称为"吃新米"。将田中稻谷摘些回来，去壳，与旧米一起煮熟，煮熟后先以一点给猪或狗吃，然后人才吃。其用意是让猪和狗把人们的疾病带走。门头村是把新饭和猪肉祭祖，祭罢全家大吃一餐。

（10）九月初九日

九月初九日龙华村家家以糯米粑粑作早、晚餐，他们认为这天吃了这些东西，人们会更加身强力壮。

（11）十二月二十三日

门头村人认为十二月二十三日是灶王回天堂的日子。是日家家户户做黄糖饭，并备些鱼肉祭祖先和灶王。

3. 坳 瑶

（1）春节

罗香、古陈、罗运等地，从初一到十五日为春节时期，在此期间，青年男子最高兴的娱乐活动，就是在村边较平的地方，集体学跳"黄泥鼓舞"。喜欢打猎和捕鱼的男子，便进行渔猎活动。他们认为在春节日期去搞，日后事情吉利。女的则在家缝衣挑花。青年男女也欢喜在村外山坡上唱民族传统的"大歌"（山歌），追求心爱的对象。一般要到初六以后开始干活，个别的到十五日以后才干活。

（2）清明节

各地坳瑶，清明节家家都去上坟。是日各户门边并插枫木叶，认为枫叶有臭味，可以避邪鬼。

（3）祭"落秧"

在三月间，罗运村要择个日子祭"落秧"，是播种时的一种祭祀。各家上山采大眼竹竹笋，做3只糯米粑粑供祭灶神。

（4）五月"辰日"

罗运和古陈，每逢五月的"辰日"（根据历书记载），都须备办酒肉，供祭祖先，祭后家人聚食过节。不下田干活，认为下田禾苗会受灾害。如果这个月有三个"辰日"，只忌两个，末尾一个不忌，也不再过节。因为"辰"属龙，故不能动土。

罗运和古陈两处，在五月中，要选择一个吉日，祭所有的庙宇。一村分作若干组，各组负担祭一个庙。杀鸡以为祭品。祭后各家过节。当天不出工。十五日买肉和做糯米粑粑过节，不出工。

（5）六月"求苗"

各家择定一个吉日，在家里做"求苗"的祭祷。以鱼或肉作祭品，供祭祖先和灶神。

（6）七月节

坳瑶也是初七日接祖，十四日送祖，大体情况与金秀村茶山瑶相同。不同之处，是在送祖时烧纸衣给祖宗受用，纸衣数量有四种情况：三件、五件、七件、九件。件数多的送与刚去世的父母，余则按祖公辈分越远越少。烧纸衣毕，即嘱咐祖公自己上山找果子吃。烧化纸衣时，必须把祖先的名字逐个念出。这是他们能记忆祖先名字的一种做法。其他各瑶族也大致如此。

（7）八月社节

古陈村逢八月社日，社老一人准备祭品到社庙祭社王，其他各户则在自家门口祭，请社王来领筵。祈祷禾谷丰熟。

（8）“求禾花”

罗运村居民，每年八月十五日都要做一次集体祈禳。全村各户，分作几个小组，自备酒肉若干，分头到各个神庙里（该村有庙宇4座和设在青山大树下的社神1个）去祭祀，叫“求禾花”（这时正是稻谷抽穗上浆快成熟季节）。祭后各户出一人在庙里聚饮，名叫“吃众”。

（9）尝新节

罗运及附近各村坳瑶，在九月间择吉日，各村各户同日尝新，瑶语称为“吃新禾饭”。在田中摘已熟稻穗二枝，先用它煮水，再用这水拌旧米煮饭，家人共餐。不祭神。饭熟，给猪狗吃后，人才尝新。

4. 盘　瑶

（1）春节

盘瑶重视春节，和其他瑶族相同，但因生活贫苦，不能休闲过久。老辈由初一到十五日里休息及娱乐。有休息到初五止的，有到初十止的，一直休息半个月的为数极少。在这段时间，青年男子有的学“跳童”，青年女子有的学挑花。男女们有的学唱歌，有的过村走亲戚互相拜望，有的过村或在本村找对象，言情谈爱，唱情歌，“讲白话”。中年以上的男女，女的挑花做衣织带或与年轻的姑嫂们陪伴客人，男的多是招待亲友谈心饮酒，吃些较好的饭菜。

十五日为“开年节”，是一年中的大节，一般杀猪或买猪肉或杀鸡饮酒。没到十五就开工的家户，到这天也仍得休息一天。

（2）二月初一日

过节这天，吃干饭，添少许肉类。是日忌“鸟仔窝”，不做工。犯忌就会被鸟雀挖吃谷物种子或谷穗。

（3）社节

二月社日（照历书）是小节，休息。买肉或捞鱼虾煮干饭吃。

（4）清明节

三月清明是大节。村中杀猪，各家分肉，买回祭祖先、拜坟，到坟头烧钱纸焚香，不做工。

（5）求苗

五月择吉日“求苗”，各户在家祈禳，请一个师公（自己会做的不请）在香火前喃神，祈求庄稼生长良好。家中买肉或杀鸡供神，供后过节。

（6）分龙节

分龙节是盘瑶的大节。在立夏以后，照历书记载，决定节日。这天家家杀鸡或买肉供神，请师公一人在大门内对天喃神，祈求收耗（指野兽），免伤庄稼。不做工。不许用刀上山砍柴、用锄挖土，犯忌会天旱。

(7) 夏至节

夏至日不出工，忌虫，忌吃青菜。犯忌田地里会生草多。

(8) 七月节

七月节，是盘瑶纪念祖先的大节。十四、十五两日祭祖先。村中杀猪，各家分买猪肉回家祭祖，祭后进餐，是日不做工。

(9) 立冬节

可过可不过，过节的买少量肉菜煮干饭吃，不做工。

(10) 过年

除夕家人团聚，好酒好菜大吃一餐。

5. 山子瑶

(1) 春节

六眼村山子瑶在大年初一日，若要用水，要在取水的地方先烧钱纸，后取水，以示买水，他们认为“木有根，水有源”。其他情况大体与汉区相同。

(2) 二月社节

二月逢社日，各户一人参加祭社王。杀猪聚会社前，由社老“料话”，做法与金秀村茶山瑶大致相同。只是比茶山瑶耗费较少，不如他们那样分甲轮流养猪，而养猪的一家，除供给祭社的以外，多余的肉，还要请亲戚饮宴。杀猪又有许多避忌规定。是日家家还要祭拜祖先。

(3) 清明节

三月清明上坟，仪节与盘瑶、坳瑶大致相同。是日家家做黑饭吃，其做法是将树叶舂碎，用清水滤过，去渣留下水，以米泡一夜，取出煮熟即成。

(4) 赎禾魂节

四月初九日，家家在家里做“赎禾魂”的祭祷。他们认为如不“赎禾魂”，大水会冲去田里的谷种或幼秧。

(5) 五月初五日

五月初五日，家家祭祖先，是日并煮草药沐浴，认为可免疾病。吃雄黄酒，认为日后喝冷水免肚痛，并以雄黄酒洒屋舍四周，以防毒蛇进屋。

(6) 保苗节

六月初六日，各户都到庙宇里祭五谷神。杀鸡，以血淋在钱纸上，每段田丢一块。祈祷禾苗茁壮，五谷丰登。

(7) 七月节

七月十四日是大节，祭祖时拿一套新布衣服在烧化钱纸的火焰上打一个圈，以示给祖公受用。他们认为：阳人每年两套衣，阴人也要一套。甲江乡旧村则剪纸衣、雨伞、手巾烧化给祖先。凡能记忆得名字的祖先，各得一份，远代的件数较少，近几代的件数较多。由家长烧化。如果家长未度过戒，必须请师公代替，他们认为未度戒的人话语不灵，度过戒的或师公的话语才灵。这样祖先才能领得到，不被野鬼争夺去。祭祖毕由家长念祖先名字（包括考妣），从远到近。念时家人在旁静听，其目的是要后人牢牢记着祖宗名字。因瑶人不识字，没有宗支簿流传，这样便是记忆祖先名字的一个必要的方法。

(8) 八月社节

八月逢社日，各户一人到社老家参加祭社王，仪节与二月社相同。

(9) 冬至

十一月冬至，以鸡或猪肉等祭祖先，以示秋收冬藏，一年农事到此宣告结束。

(二) 禁　忌

1. 饮食的禁忌

茶山瑶一般人都忌食狗肉，认为这是有秽的东西。师公和道公忌食七星鱼，说它是张天师变的。吃了它，作法喃神就不灵验。道公忌食牛肉。凡小孙拜认过道公或太阳、社神为父的，除了忌食牛肉外，每逢初一和十五日，忌吃荤。有些地方，度过戒的人，忌食猫、狗、牛、蛇、鸟、鸦、老鹰的肉，认为食了作法就不灵。没有度戒的人，也忌食狗、猫和蛇肉，认为吃猫肉会整年流涕，吃狗肉会破相（五官伤破）或手足抖颤。

产妇营养较好，但忌食用猎枪射击而死的鸟兽，恐硝磺有毒，妨害健康。所吃的猪肉，也必须有所选择，若是病猪，它的肉和油都忌吃。并忌食黑肉或黑脚鸡、老鹰、牛肉、红豆等，青菜也不多吃，33 天以后，则不再忌。

用米粉盐巴等腌制的鸟酢，忌再行炒煮，否则认为坛里酢肉，一齐会腐烂。与死人接触过的人，在 7 天以内，不得动手开酢坛取酢肉；抬过棺材的，则忌 3 天。

坳瑶，每年立秋那天，忌下田，须拾田螺吃一餐。不论多少，都要吃几个。如果吃了这餐，以后随时吃它都可以；不然，必须要过了清明节以后才得吃田螺，否则，认为眼睛会发看不清。又开春以后，必须过了清明节才能吃鳅鱼和黄鳝，否则，认为眼睛会看不清。

与茶山瑶同样，凡度戒的人，都忌食狗、猫、蛇等。认为这些是师公和道公的“兵马”中的一种。此外，认为它们有秽气，吃了作法就不灵。平常的人也不吃这些动物，认为吃狗肉会瞎眼，吃猫肉会生麻风。

花蓝瑶也忌食狗肉，并不许以狗肉、芒鼠肉和牛肉作祭品。认为吃了狗肉，就不能“度戒”；度了戒的巫师如果吃了它，就会作法不灵。人不吃它，自然也就不能祭神了。

忌食芒鼠肉的原因：相传从前稻谷的禾穗是前面的剪了，后面的接着又生长的。有个独生子，因人手单薄，一年到头禾都剪不完。一天坐在田里痛哭。仙人经过那里，问明原因，怜悯他无妻，便告诉他到明天把来到田里的 5 个姑娘中的一个的翅膀收起来，便可同仙女结婚。独生子照做了。就和仙女结了婚。后来夫妻争吵，仙女打算回天上去，却没有翅膀，不能飞腾。一天，她开禾仓取谷捣米，发现她的翅膀藏在那里，急忙带上，想要逃走。恰巧被丈夫碰上，拉着她的尾巴不放。结果夫妻俩都上了天空。不幸遇到雷公把他俩劈死，掉落下来。丈夫掉在树上，变成了乌鸦；妻子掉在地上，变成了芒鼠。因为芒鼠是人变的，所以也不能当作祭品。

不把牛肉当祭品的原因：因为牛是怀胎 9 个月才生育，和人怀胎的时间相同。如果用了牛肉作祭品，家事就会不顺。

山子瑶信算命。如果命里忌食狗肉的，就要一生戒食。有人吃狗肉，也不许在家里杀煮，必须到屋外去弄。吃后，要把碗盏洗净，把口漱净才得回家。此外，立春节忌食青菜，犯忌，认为田地里会多长野草。

花蓝瑶妇女在生育小孩之后，忌食盐油一个月。恐油腥混入水缸内，产妇必须另以小缸盛水，而且饮水不要用竹管接来的，另从山谷中汲取。产后十多天，才能用清水煮一些青菜吃。在这之前，仅能吃白饭。她们认为吃了盐油，产妇就会害病。解放初，这种习惯仍未改变。

盘瑶度过戒的人忌吃狗、猫、牛、马、蛇、乌鸦、老鹰。认为马是巫师的“兵马”，猫和蛇都是秽物。另一种说法是，蛇是一种鬼，吃了鬼入肚，它就会作怪。乌鸦和老鹰是吃蛇的，故也在禁忌之列。在盘瑶传说中，从前狗王和皇帝第三公主结婚，后来生六男六女，成为十二姓盘瑶。巫师与平常人一律禁食。另一种说法是，马、牛、乌鸦都是巫师的“兵马”，所以度过戒的人都忌吃。但马肉除了三、九、十三个月不吃外，别的时候还可不忌。因产子而死的牛，蛋生不出而死的母鸡，妇女忌吃。否则，将来自己生育时也会难产而死。有的地区，度戒的人，还忌吃田螺和乌龟，不但不能吃狗肉，连杀狗都不能观看。

2. 住宅的禁忌

各地瑶族，建筑住宅、禾仓、猪圈、牛栏等，都须选择吉日，然后兴工。择日多由师公或道公以由汉区传入的“杂粮书”为根据，结合方向，趋吉避凶。在建造住宅时，一般都要供奉姜太公和张天师两个神位，因为他们是为众鬼所惧怕的。有了他们在这里，邪神恶鬼就不会来扰乱生事。住宅建好，择吉入宅，一般要杀鸡“安香火”，即把祖先的神位，供在厅堂里，并须把原住宅的火种带到新居来。

茶山瑶、花蓝瑶、坳瑶的猪牛栏圈，多建筑在大门的左右。据茶山瑶解释，猪牛栏的臭气，也可使鬼不敢进门。

罗香村一带坳瑶，对住宅建筑的禁忌如下：（1）人畜有孕期间，忌在屋内或猪牛栏圈旁建筑其他房屋或别的建筑物，否则，会使胎儿流产。（2）平日忌随便在屋内墙壁上乱钉钉子，认为这样会“冲犯家神”，家人会肚痛或眼痛。（3）烧火的灶，忌敲打，更不能用脚踏，否则会触犯灶神，招致灾祸。（4）祖先神龛两旁和前面，不得随意放置杂物，更不能把香炉移动，否则家中人丁不安。（5）子日属鼠忌开禾仓。

关于屋宅的建筑，最注意开工动土、搭架横梁和安大门三件事。在进行这三项工程时，都要设祭祷神。开工时，择定日期时辰，在预计的建筑的“中宫”（厅堂中部）最先筑一版土墙，名为“安根”。在安根以后，又在预计的厅堂正中，搭架一条“栋梁主”的横梁，离地面约8尺，再在梁木的两端，分别插松柏木和桂树各一株，即“老如松柏，少如兰桂”的意思。他们非常重视屋宅大门，要择吉日吉时进行安大门的仪式。除杀鸡祭神外，并须在门上面，用铜钱若干，排成“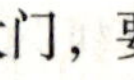”戽斗形状，柄向外，斗向内，意思是要它把金银财宝都戽进屋里来。建筑中筑泥墙时，忌人从墙上跳下，或把筑墙的工具向下抛投。

古陈坳瑶，除正式祭神时在家里打“黄泥鼓”外，平日是不许在屋内敲打的。认为敲打起来，鬼神就会入屋，引起灾害。同样，也忌在屋内唱“大歌”。其次，立秋以后，家人和外人都不许在大门口站立，或挨门而立。认为这时禾将成熟，“禾魂”要回家。如果被人阻挡了禾魂不得入屋，就不得丰收。再次产妇在7日以内，不得出厅堂行走。7日后，如必须经过厅堂时，须提竹织的畚箕，拦着身体近香火（祖先神龛）的一面。认为这样才不致使秽气冲犯香火。

古陈坳瑶住宅，正屋开并列的中门两道，左为阳门，右为阴门。阳门经常开关，是阳人出入的，阴门只有在打黄泥鼓祭祖先、游神和家中死人时才开，棺材要由阴门抬出。阴门，就是鬼神出入的门。

盘瑶的住宅内不许乱钉钉子，不许敲打灶头，更忌脚踏，连杂物也不许乱放在灶上。也不许在神龛前狂喊乱叫或唱歌。妇女生育后，三四天内不能走出厅堂，经过解秽后，出厅时也要用其他东西遮着下体，以免秽气熏污祖先。否则人丁就会不安。这与坳瑶的习俗相同。

3. 生产方面的禁忌

金秀一带茶山瑶，三月初三和十五日不用黄牛。四月初四和初八日不用水牛，立夏日两者都不用。认为用了它，就会生疮流脓血而死。岭祖村仅立夏一天不用牛，认为这天是牛的生日。

过去前辈打猎时，不许向别人讲明他到什么地方去做什么事，忌倒扛猎枪，否则认为不会猎获鸟兽。岭祖村同。

到老山进行生产活动，如需在山里煮饭吃时，不许直接讲煮饭，须用隐语讲“烧黄蜂”或“挖泥”，以避免野鬼来扰。

妻怀孕后，夫妇都不能在别人出门劳动的时候，问他（她）去干什么。村人同孕妇或其夫在一处做工，必须先叫他俩开工。认为不这样做，当天做工的人会发生刀砍斧伤，石压手脚等事故。打猎时，孕妇之夫，一定要他去放狗。

插田时，忌抛秧苗到别人身上，犯忌，被秧打的人会“早死”。

做鸟盆的第一天，要选择日子，七月要选辰日，八月要选亥日（两个日子称“大煞日”），到架鸟盆的所在，取竹枝一条架到鸟盆上。这样做过，以后随时都可进行工作，不再择日子。

家中为儿女作过“还花”的祈祷后，在33天内，全家任何人都不能上山采竹笋。他们认为儿女年幼，也像初出土的嫩笋。如果去采笋，儿女就会死亡。

岭祖一带的茶山瑶，上山打猎时，在途中遇见妇女，妇女必须让路回避，否则就不会猎获野兽。又家里男子准备出外打猎时，妇女不得对着男子梳头，否则就会一无所获，空手回家，甚至打猎的人还会受伤。

早上准备上山劳动，如果煮饭不熟，或出门时忘记带刀斧、草鞋等类，就须停止上山工作，认为如果再去干活，就会被刀斧砍伤或跌伤、跌死。又在上山工作时，早上在山上遇见别人，两人不能谈话，怕讲出不吉利的话于己不利。但做田工时则不忌这些。

五月“分龙”那天，不许挑大小便和畚箕出外，否则会干旱。

滴水一带茶山瑶，在山上劳动，不讲老虎，而以“嘴大”来代替。猴与熊，则以“四脚”来代替。刀伤，以“芒草割了”代替。斧伤，以“鸡叮了”代替。锄挖伤，以“狗咬了”代替。

小满节忌种棉花。犯忌，棉会被雨冲死。

龙华村一带花蓝瑶，正月逢子日不开工，认为子属鼠，这天开工，老鼠会伤庄稼。同月辰、酉、亥日也不出外劳动，认为辰属龙，这天干活，蛇会多；酉属鸡，鸡为鸟类，这天干活，以后鸟会吃禾谷；亥属猪，这天工作，以后山猪会伤害生产。又五月初五也不出工，认为这天泥土苦，出了工，以后生产会不好。又七月秋分那天，也不出工，否则认为禾胎不丰满，会歉收，而且做工人会害病。

门头一带花蓝瑶关于生产的禁忌也有不少，如：（1）正月内忌三个子日不出工。认为子属鼠，犯忌，老鼠就会伤害庄稼。解放后，只忌第一个子日。（2）二月内三个辰日不开工，认为辰属龙，辰日这天，不下田进地，不带青色作物入屋。犯忌，会遭蛇咬，蛇会入屋。（3）三月谷雨，不下田地劳动。又忌用牛，四月初八日，认为是牛生日，也不用牛。（4）三月初三日，忌结婚。犯忌，老鼠会害庄稼。（5）三月初七日，是五谷生日。这天不下田进地，不开仓，不舂米，以示对五谷“尊重”，五谷才能丰登。（6）五月分龙节，忌下田地生产。犯忌，田地崩塌。(7) 夏至节，忌“小米胎”，不入黄粟地劳动。犯忌，会使黄粟歉收。(8) 从正月到九月，逢亥日不出工，认为亥属猪，犯忌，山猪会伤害庄稼。近来有了改变，在山猪不到之处，仍可去劳动。(9) 又从正月至九月的酉日不出工，理由与龙华一样。(10) 播种稻谷，要择日子，并由社老先播，各户居民才能播。这天禁忌外人进屋。又插秧时也择日子，且先由社老下田插完12棵或10棵后，居民才能插。社老插的禾，不下肥。过12天后，占验是否生长得良好。如好，兆当年丰收；否则歉收。又在插秧时，如有人插错别人的田，要罚鸡3只，为主家“赎禾魂”。

盘瑶的生产禁忌也不少，列举如下：(1) 二月初一日忌“鸟仔巢”，如果出工，会被鸟雀挖食播下的种子和谷穗。(2) 二月二十忌水，不出工。犯忌会遭水灾。(3) 三月初一忌雷公养仔，不出工。否则会遭大水或天旱。(4) 三月二十日忌老鼠，不出工。否则老鼠多，会咬禾苗。(5) 小满节忌“大水回”，不干活。犯忌会遭水灾。(6) 芒种节忌山猪，不外出劳动。犯忌，山猪会伤庄稼。(7) 小暑节忌老鼠，大暑节忌山猪，不出工。否则野兽会伤庄稼。 (8) 立秋节，交秋的时辰以后，不做工。犯忌，禾苗会“发秋”，枯黄而死。(9) 处暑节忌山猪，不出工。犯忌山猪会吃禾苗。(10) 白露节，到山猪多的地上修砍地边草，并扎草人惊吓兽类。

山子瑶的生产禁忌，约有以下几种：(1) 五月分龙日不许挑粪，犯忌会触怒龙神。再则不能挖土，犯忌水源会枯竭。(2) 四月八日，是牛的生日，忌用牛，否则认为牛会疲困而死。(3) 小暑节，说是老鼠的生日，不做田地工。犯忌老鼠会伤害庄稼。(4) 大暑节忌山猪，不干活。犯忌山猪会多而伤禾苗。(5) 七月二十日，雷婆回娘家，它并要把“禾魂”一齐带去，不干田地工。否则收成不好。(6) 八月二十日，雷公回天，忌干农活，常改做修路等工作。如犯忌，五谷失收，人会生病。(7) 春天在田里干活，忌谈土地神。如犯忌，五谷会歉收。(8) 插秧时，拔秧的人，只许把秧苗抛投到需要的地方，忌用手传递。犯忌则禾苗生长不壮。抛秧忌从插秧的人头上抛过，犯忌禾苗好而人会生病。开始秧插那天，要杀鸡祭秧地土地神。田禾已熟，开始剪禾那天，要选择吉日。(9) 砍杉树开工那天，忌讲不吉利的话，忌吵闹和吹口哨；并忌高声大叫和唱歌；忌用口念数树株的数目，只能用指甲断草秆计数。此外，如当天出门时，拿错工具之类，即中止上山，否则会发生伤亡事故。(10) 凡渔猎工具，忌产妇触弄和妇女在它上面跨过，否则，渔猎会不顺利。(11) 凡上山打猎，要在天未亮前出门，忌见妇女梳头。如果在中途遇肩不挑物、手不提物、空手回村的妇女，认为当天打猎必无所获。

坳瑶的生产禁忌：(1) 忌子日、未日、亥日下田地生产，否则，老鼠、熊、猴、山羊、山猪等会伤害禾苗。(2) 立夏节忌用牛。认为这天是牛的生日，用了它会累死。

4. 生活方面的禁忌

金秀一带的茶山瑶，凡家人生病，请巫公作法“送鬼”后，门外插青叶一枝，禁外人入屋。如果不识这种风俗的，误闯入屋，他们认为又可把已送出门的鬼魅再带进屋内，就要受到主人的斥责甚至揍打。其他族系大致也有此俗。

家里生育小孩后，就在门头插青叶一枝作为表示，以免师公、道公闯入屋内。认为初生小孩，秽气很大，如果巫师进屋闯了秽气，他将来不能替别人作法。带着秽气的巫师替别人作法，死后就难过阴府的十殿阎王。生育男孩或女孩，有一定的标志：男的插竹叶，女的插木叶。

别家生了小孩，忌直接问是男是女。必须用隐语改口来问：问是“找鱼”还是“找螺蛳”。鱼表示是男，螺蛳表示为女。

村中遇有疾病流行时，怕病鬼窜到自己家来，常把藤萝、凤尾草等青叶，横挂在门框上避邪（近山汉壮两族都如此）。

别家死人，当天忌入这家去，并忌走孝子到河边“买水”所经过的巷道路径，出入须绕道而行。

烧火的柴木，入灶时，要先从木稍一端烧起，忌把木尾先入灶。认为这样做以后家里的人做事就找不到头尾，家中就会不顺。

岭祖一带，谁吃了瘟鸡肉，就不能到别人家吐口水，认为这样做会传染鸡瘟。

家有喜庆，不欢喜戴孝的人进屋，认为这是不吉之兆。孕妇不能在新娘入屋时去观看，新婚夫妇拜香火时也不能去。否则，这对夫妇就不会和好到老。

滴水一带，凡家里死了人，全家人不得用手摸孵雏的蛋及小鸡，摸了蛋会坏，小鸡会死，到过丧家的人亦同。直到出葬后才解忌。

门头一带花蓝瑶，遇村里发生鸡瘟时，常以手掌浸白石灰水，印在大门旁墙上，以避鸡瘟。

山子瑶偶然投掷石块，打死兽鸟，认为是凶祸将到的征兆，在数日内言行必须小心谨慎。

产妇在一个月内，称“坐月婆”。不许她用手摸正在孵蛋的母鸡。犯忌，鸡蛋就会腐坏。又不许从庙宇门前经过，否则神会作怪。

早上煮饭不熟，当天不能出门买卖东西，认为出门会遇强盗抢劫。

家里生了小孩子，即插一枝常绿的“富贵树”，女孩则插竹叶于门外，一个月内，不乐意外人入屋。如果有人误入，主人必须打一杯清水给这人喝，认为这样做了，以后小孩才不会腰疼脚酸。

家中有久病的人，即用茅草一小束，把尾屈曲作结，挂在大门上，忌外人进屋。犯忌，病会拖延难愈。

男女忌在庙宇和社坛附近发生性关系和讲涉及性行为的言语。如犯忌，人会生重病或死亡。

坳瑶的生活禁忌：（1）正月初一至初五日，忌讲鬼和老虎及其他不吉利的言语。（2）正月初一、初三和初五三天，忌远行。认为这几天都是凶日，远行会碰上鬼魅。

盘瑶凡行远路及有重大事件出门，在途中遇见鼠、蛇、大树倒、石山崩等，都认为不吉利，必须中止其行动。这种相信兆头的观念，不但解放前如此，直到解放初仍然未改。例如，1957 年夏间，金秀区共和乡附近几村盘瑶，因当地人口较多，耕地多已陆续垦种多年，土质已较瘦瘠，因而筹划迁徙。自治县党委和人民政府为了照顾他们，曾与蒙山县党政领导接洽，选定适当地方移民。一切都已办理停当。坤林村的盘瑶居民愿意搬迁的，并亲自到移民地点看过，认为满意。但当正式迁移时，第一次移民在途中遇见老鼠，因而折回；第二次再迁，又在途中见蛇，只得再度折回。经过两次他们认为是不祥之兆，竟打消了迁徙的念头，仍在原处安心生产了。

产生这些禁忌的根本原因，主要是本民族过去处在反动的阶级压迫及随之而来的民族压迫之下，经济生活困难，科学文化知识落后，对自然灾害和人为的灾害无法理解，只有寄托在迷信上面求得“庇荫”。另一方面我们也可以看到，汉区的封建文化意识在瑶族已扎下很深的根。今天，对于这些禁忌必须逐步加以破除，否则会给生产劳动、给社会主义建设带来不利的影响。

五、文化教育

大瑶山瑶族人民，过去长期遭受历代封建统治阶级的残酷压迫和掠夺，被迫居住在高山深谷生存条件极其艰苦的环境里，以致文化教育发展迟滞，不能与先进民族并驾齐驱。这是完全可以理解的。但是，尽管如此，假如简单地仅把“落后”这一类词汇来概括瑶族在文化教育方面的一切，这也是错误的。各个民族的文化，自有其特点。瑶族当然也不能例外。大瑶山瑶族，不仅在文化教育方面具有显著的特点，而且，在某些方面还很突出地表现其优秀的特质，如丰富多彩的口头文学创作和精巧细致的挑织花纹，不仅可与汉族的媲美，甚且还有超乎其上的。

其次，在我们未入大瑶山之前，总以为瑶族人民因长期缺乏一定形式的教育，而本民族又没有文字，调查中不可能或不会较多地收集到文字材料。入山以后，事实有力地否定了我们的估计。例如，茶山瑶在距今190多年以前，就能运用汉文书写石牌律，并镌刻在石碑上；在300年前就能运用汉文自抄神书。而祭神经典之多，竟至盈箱累箧。即使以过去处于“山丁”经济地位的盘瑶和山子瑶而论，所藏古典歌本，也并不如他们生活那样贫乏。我们曾在桂田乡田头村赵德仙家发现一大箱近百年来的手抄神书和歌本，而且还把具有历史研究价值的“交趾曲”和湖南桃川盘瑶因被恶霸霸占田案写给广西同族的“信歌”保存下来。这些情况，都是我们始料不及的。

说到教育，瑶族虽然没有本民族文字来把累积的知识技术传给后辈，但他们在极困难的条件下，也还要把本民族的历史，以歌谣和故事的方式，在一些规定的场合或平日讲述给下一代知道。他们的许多历史重大事件，就依靠这样的口耳相传，一代复一代地流传至今。这不仅使后代子孙并不因没有文字而数典忘祖，同时，通过这些传述，更培养了民族的自尊心和自豪感以及坚强果敢的艰苦斗争的毅力。至于调整人们相互间的行为和人们对社会的行为的道德、伦理的各种规范和原则，也往往在其流行的歌谣、故事中加以概括，并借它的生动的描述，使现实和社会生活等再现出来，以指导儿童、青年和社会广大群众。

（一）文化和艺术

1. 民间文学

（1）歌谣

大瑶山崇山峻岭，地僻人稀，瑶族人民为了要突破环境的沉寂，美化和丰富自己的精神生活，因而极其爱好歌谣。唱歌，便成为男女老幼无人不爱也无人不会的生活技艺。唱歌虽然简单，但是能够把许多社会流行的歌谣记忆下来，甚至要把一些古典歌谣记忆不忘，也并不是很简单的事。由于唱歌既成为生活中必不可缺的一件事，要学会它，就得从幼年时代开始。儿童到了七八岁时，家里的前辈，往往就教他们吟诵歌词。儿童生活单纯，记忆力强，在家长们的教导下，到了十一二岁，大都能学会歌词几十首。我们在门头乡调查，住在乡长胡扶寿家里，他的外孙年才八九岁，已经学会了好几首花蓝瑶最流行的古典歌。在六巷村调查时，只要对着七八岁的小孩有意地唱一句“吉冻挪”（鹌鹑鸟），他们几乎每个都会接着把这首长有十多句的古典歌词背念清楚。盘瑶许多歌谣，都抄有歌本。儿童到了十一二岁时，家里有人识字的，就把这些歌本（尤其是“盘王歌”）教他们念读。如果家长不识字的，也往往由邻舍能念读的人教念。我们常常碰上并未读书的盘瑶，却能照着歌本念读“盘王歌”和一些情歌之类。此外，如果遇有唱歌的场合，儿童和青年们都喜欢前往参加旁听。在这种现实生活中，自然也学会许多歌词。

熟悉古典歌词，仅能把民族丰富的遗产继承下来，熟悉流行的歌词，也仅能应付某些场合或作为自己创作的基础，如果想表达自己的思想感情或与别人互相对唱的时候，还是要靠即景生情、因事感兴的创作。因此，瑶族男女老少固然人人都喜唱歌，人人都会唱歌，但绝不是每个人都能成为歌手。不过，能够应付各种场面，构思敏捷、出口成章的歌手，如果是上了十家八户的村落，几乎每村都有一两个的。这种歌手，往往成为人们所尊敬和爱戴的对象。他们不仅是歌词的传授者，同时也往往成为青年们对唱中的幕后“提词”人。

瑶族唱歌，是生活中极其自由的事，除一些禁忌外（如坳瑶在家里不能唱“大歌”，在村中有人办丧事时不能唱歌之类），不管什么时候和什么场合都是可唱歌的。并且，还有一些规定的场合，必须让男女尽情欢唱，例如节日里，特别是春节期间（从旧历初一到十五日）有些地区则规定在某个山头为唱歌聚会之地，如龙华花蓝瑶和附近茶山瑶规定在古有尾村附近的山坡上；罗运坳瑶规定在村旁的大庙坪；罗香七村规定“做浪”的地点在龙军村附近的浪坪上。又如，在婚姻喜庆和祈神祭典中，某些地区的插秧季节里（如金秀一带的茶山瑶村和罗运一带的坳瑶村），都是纵情歌唱的大好机会。盘瑶每逢有年轻的客人到家里来的时候，主家也必须邀约邻舍的青年陪伴唱歌（男的女陪，女的男陪）。在这种场合里，不但村中青年、少年男女大多数要来参加或旁听，有的青年们还要邀请中年或老年歌手来协助，甚至连参加对唱者的父母，也要在旁指导协助他们的女儿。花蓝瑶村庄，有的距离在百里以外，可是青年和中年男女为了要找寻唱歌的对象，却不惜远道跋涉到同族的村里，连唱几天几夜，才依依而别。

瑶族歌瑶的运用是十分广泛的。综其内容，大致可分为十类：

第一，爱情歌。即青年男女言情谈爱之作。可以在交际场合用它来彼此唱和，互表爱慕思念的情愫。如果一对青年曾经一度对唱相识之后，有一方对另一方发生了爱慕之情，别离以后，还可以自写或请人代写歌词，寄给对方。盘瑶的“寄歌”，便是一例。抄录一首如下：

试造意　白纸铺台试造言　造言不因为何事　为想情仙①正②造言
日头出早能③朵金　照下青山青树林　仙在当阳有日照　苗④坐冷林一世阴
试飞信　云雾也飞信也飞　凤扇云头天上过　信飞扇落锦⑤门楣
禀报锦　贱小单林⑥细报央⑦　那日得见贱信去　扇到门前舍接看

① 仙：是对女方的尊称。下同。
② 读如“乘”，近粤语，作“才”解。
③ 能：意思同“像”。
④ 苗：是男子的谦称。
⑤ 锦：是对女方的尊称。
⑥ 单林：是男子的谦称。
⑦ 央：是对女方的尊称。

细报贵① 把笔写书传报仙 贱②是出门游天底 仙坐广州细伏家③
试造意 把笔台头造一言 风扇云头游天过 白纸游游贱信飞

第二，“立传歌”。或称“造歌”。把本族系所发生的重大事件，编为歌谣，以记述其梗概，使后人记忆不忘。它颇有历史记载的意味。如六段村一带茶山瑶流传的“历史故事歌”，门头村一带花蓝瑶流传的“古底歌”等都归这一类。前者从开天辟地起，接着描述他们祖先如何迁入瑶山，初到瑶山时生活如何艰苦，一直唱到解放。长凡220多行。后者虽然也从开天辟地唱起，但仅讲到他们的祖先迁徙的经过和进入瑶山为止。这首“古底歌”，已见民族来源部分，兹不赘举。

第三，是以歌代信的另一种“信歌”。即是如遇本族系发生什么重大事件，必须通知远在异乡的同族以便统一意志和行动时，也往往用歌谣形式来表达意志和愿望。例如：远迁越南北部万言洞的盘瑶，写给原籍恭城东乡同族的“交趾曲”；湖南桃川盘瑶，因祖业田产被汉族毛姓恶霸霸占，而请求广西同族援助的信歌，都属于这一类。歌见前民族来源部分。

第四，祭神歌。它是宗教崇拜仪式中所用的歌谣。大致又可分为两种：一是“神唱”，内容侧重叙述神的来历。在跳某一个神像时，师公戴着面具，把这个神的身世，一一唱出。可能是戏剧的原始形式。例如金秀一带茶山瑶还洪门愿时所用的神书“洪门上筵将头一百二十分位”、“还愿洪门梁吴歌唱”等，都属于这一类。另一种是“大歌”，内容十分庞杂。它虽然是严肃的祭神之歌，但实质上多数都是男女互相爱悦的情歌。例如盘瑶和坳瑶跳盘王时所用的“盘王歌”，山子瑶跳祖先时所用的神书，都属于这一类。“神唱”详见下面宗教信仰部分。仅录盘瑶的二十四路“大歌”中的“歌春”数首于后，借见一斑：

一树好花不会种 种在大洲石壁边 天光日照沙洲上 讨藕④不成郎自莲⑤
火烧路边松子树 过路听闻松树香 共村姊妹都嫁了 重留单身相伴娘⑥
斩笋便斩三月笋 四月斩来成钓丝⑦ 连双便连十七八 二十打来人渐羞
行山不知山路暗 行水不知水路深 郎姐⑧生郎无缘分 强如燕子入青云

第五，婚姻歌。又名“六合歌”，在婚姻喜庆中，按照瑶族的风俗，有的族系是要于婚期前一天由娶方请几个“接亲”到嫁方去迎接新人的。这些接亲客人到了嫁方，嫁方就得于设宴款待之后，邀请邻里亲朋来陪伴他们唱歌。婚期，嫁方也要请些亲族把新人送到娶方家去。娶方也得照例邀请亲友陪送亲客唱歌。在这种场合，唱歌的内容首先必须从双方婚姻唱起，故名为“六合歌”。例如，山子瑶婚嫁中，就很讲究这一套礼节。其内容并以双方互相赞颂对方的一切为主。兹择录石门村山子瑶的“六合歌”数首如下：

① 贵：是对女方的尊称。
② 贱：是男子的谦称。下同。
③ 伏家，持家之意。
④ 藕谐偶，双关。
⑤ 莲谐怜，双关。
⑥ 娘是少女之通称。
⑦ 一种竹。
⑧ 姐是母亲。

入山便唱山竹木	入门便唱主门楼	来到庭前唱龙殿	高椅排排坐两边
一唱修得好台凳	桂木修台在两边	桂木修台装筵上	得见众亲朋友园
唱了唱	妹村富贵百般齐	金盏银盏排台上	成双成对配龙麟
利年金花水性到	兄今心愿入筵中	来到宴中见好事	得见六亲坐了齐
自叹修得好金柱	柱头柱尾修莲花	柱头柱尾银包过	今日婚姻排在筵
自叹白饭白云白	将来台上满鸳鸯	不吃自闻心里饱	到手自闻心里香

第六，生产歌。内容歌唱一年中各月份的主要耕作情况，如种稻、种芝麻、种苎麻、种蓝靛等。这类歌谣在坳瑶和盘瑶的古典歌中都不乏其例。从这些歌词内容里，很可以看出这两个瑶族支系在历史上的一些农业生产活动范围及其耕作技术，并不如进入大瑶山后的“刀耕火种”的落后状态。

甲、坳瑶十二月生产歌

正月雷公唤	二月犁耙渐①地行	三月耙田撒谷子	四月芒种插单秧
五月担粪泼生水	六月担锹看田塘	七月得见禾带线②	八月得见禾浪花
九月禾熟垌垌熟	十月收禾禾满仓	十一月开仓捣白米	十二月担伞纳官粮

乙、盘瑶“歌春”③

春到了	家家备办逗犁耙	家家犁耙都逗了	屋底大塘谷爆芽
春到了	姊妹相邀去买牛	守到春间牛上价	三百贯钱买个牛
买田便买大垌田	莫买深冲细丘田	细丘田中多木櫷④	坳折犁头莫怨天
大垌田	三百牯牛犁半边	三百牯牛犁不尽	山猪结兜⑤鹿来眠

第七，甲子歌。它是以六十年干支及五行编成的歌谣，其目的在于便利记忆年月和五行，具有“历书”的作用。有的并且把它穿插在情歌的开头。则六十年甲子，便成为一套六十首的情歌。在男女言情谈爱的歌词中，又能熟记干支五行，真是一举两得了。这种歌谣，在盘瑶和山子瑶的古典歌中均可找到。

甲、盘瑶甲子歌（摘录）

甲子乙丑海中金	丙寅丁卯炉中火	戊辰己巳大林木	庚午辛未路旁土
壬申癸酉剑锋金	甲戌乙亥山头火	丙子丁丑涧下水	戊寅己卯城头土

……

---

① 渐地：即随地或满地之意。

② 瑶族呼禾穗为禾线。

③ 见二十四路盘王歌。

④ 木櫷：即木根。

⑤ 结兜：即巢穴。

乙、盘瑶六十年甲子情歌（摘录）

甲子乙丑海中金	见娘脸面白英英	得娘成了郎妻对	共台吃饭也甘心
丙寅丁卯炉中火	炉中有火也无烟	得娘成了郎妻对	东拜日头西拜天
丙子丁丑涧下水	夜里水深光亮鱼	得娘折起成郎藕	折得郎莲世不忧

丙、山子瑶六十年甲子情歌（摘录）

甲子乙丑海中金	见娘年少挂兄心	看娘便像天心月	字命不招年过年
丙寅丁卯炉中火	炉中有火煎茶汤	有年有月成双对	也凭茶叶做媒人
戊午已未路旁土	风吹桂树上娘乡	有心不怕路头远	路远莲花花正新
庚辰辛巳白蜡金	蜡烛点灯日夜光	蜡烛点灯同结愿	烧香拜鬼望成双

第八，创造歌。它叙述荒远的古代，天地万物是怎样创造出来的。例如，在许多祭神的“神唱”里都有“伏羲姊妹（即兄妹）造人民”的传说歌，叙述在洪水之后，天下人民尽被淹死，只剩伏羲兄妹两人，相配为婚，才又创造了世上的人民（详见民族来源部分）。在盘瑶祭盘王的“盘王歌”中，有“天大旱”、“天地动”、“天暗乌”、“雷落地”、“洪水发”、“洪水尽”几段，其内容亦复与此相同。另有“造天地”一段，则是叙述神力创造天地、日月星辰、山河草木、县府州城、田地、犁耙、布机、船只、禾谷、苎麻、衣衫等。摘录几首如下：

第一平王造得地	第二高王造得天	第三暖王造得火	第四盘王造得衫
第一平王造得地	第二高王造得天	高王造天盖不过	平王盖过月转圆
初造日头十二个	今时日头两个先	十个打落东炉国	两个有缘身带残①
高王在天置天地	平王在地置天庭	置得日头第一好	七星共合照天庭
高王在天置天地	平王在地置山源	置得山源向水口	水源统合对山源
高王在天置天地	平王在地置江河	置得江河无万阔	置得鲤鱼无万千
高王在天置天地	平王在地置州庭	又置州庭官人坐	又置路系通到京
高王在天置天地	平王在地置盐田	置得盐田凡人吃	又置客船无万千
出世信王先出世	信王出世无衣衫	信王出世无衣着	路逢金骨②拗③遮嘶
起计盘王先起计	初撒苎麻叶带花	苎麻细小不能苎	蕉麻缉丝便成花
起计盘王先起计	初合高机叶带丝	造得高机儿孙织	儿孙世代绣罗衣
起较盘王先起较	盘王起较逗犁头	鼠王过海偷禾种	黄龙含水喷禾兜

第九，“盘歌”。这是互相盘问，要求对方解答的歌谣。这种歌谣，旨在测验对方的记忆和智慧。所出的难题，多是他们传说或神书中载有的。不仅在情歌和婚姻歌中有，甚至祭

① 盘瑶传说，日月都被人射伤了的。

② 金骨：木名。

③ 拗：折断。

神的“盘王歌”中也有（如“何物歌”）。摘录山子瑶的几首为例：

问：山大便算何山大　大过何山十几分　何山不着日头晒　北京江水何潭深
答：山大便算罗山大　大过紫薇十八分　雪山不着日头晒　北京江水五湖深
问：日头初打何般出　转到何般何处回　问娘风打何山过　问娘雨打何般回
答：风打紫薇山头过　雨打龙门水底回　日头初打扶桑山　转到昆仑山脚回
问：当初日头有几个　打开几个作何般　现在面前有几个　交在何人手上拎
答：当初日头十二个　打开十个作天星　现在面前有两个　交在李皇手上拎

第十，滑稽歌。歌词带有滑稽和幽默意味，把一些常见的事物，颠倒错乱地排在一处，往往令人忍不住发笑。这种歌谣，在盘瑶的“盘王歌”和山子瑶的古典歌中都可找到。

甲、盘瑶“见怪歌”①

出世不曾见小怪　今年见怪大如天　狐狸吊脚鸡踏弩　黄猄踏碓屋檐边
出世不曾见小怪　今年见怪大如天　青泥出笋官厅底　山蛤上床盖被眠
出世不曾见小怪　今年见怪笑呵呵　岭上装夹捉善鳝　倒装鱼笱捉天鹅

乙、山子瑶古典歌②

迷了迷、闷了闷　屋背塘干、鲤鱼吞鸟绢③　大虫捉猪狗来劝
老鼠担枪、猎猫入村转
养大不曾会说哄　岭上石头、块块风吹乱　打牟田塘掘老鼠
放火烧坡、去罗细鱼执

瑶族歌谣的形式，也是多种多样的。一般以每句七字、四字句为一首，与汉族旧诗七言绝句同。不过常有变格，即有时或用三字、五字乃至十二字为一句的。三字或五字句，常用在首句，超过七字的句子常用在第三四句。全篇四字或五字的歌，虽然也有，但为数极少，仅能当作例外看待。除每句七字、每首四句的短歌外，更有长达几百句的长歌。前者各类歌谣都有，后者多见于叙述历史故事和神的来历一类叙事歌中。歌谣也讲究押韵，韵都在句末一字。四句歌，有的在第一、第二、第四句用韵；有的只用在偶句。长歌除第一句有时用韵外，以下都在偶句用韵；有时中间也换韵。

就歌谣的风格说，除许多已经受了汉族山歌的影响，甚至照抄汉族歌本且用汉语歌唱的情歌以外，各族系原有的歌谣，都具有显著的民族特点。分述于下：

①茶山瑶情歌

茶山瑶原有的情歌，叫做“唱央丽”。所谓“央丽”，即是对唱歌的对象的一种称呼，如汉族山歌中的“我情”、“情哥”、“情妹”、“姣连”、“姣娥”之类。唱这类情歌，必须以

① 见二十四路盘王歌本。
② 见山子瑶跳家先神书。
③ 鸟绢：即绢鸟，就是翠鸟，或称鱼狗鸟。

“央丽”开头，故名。句子多少没一定限制，句式长短也极其自由，也不十分讲究用韵。表达方法多喜直陈其事，连歌瑶最易见的譬喻，也少应用，因而缺乏委婉曲折、细致含蓄的风味。兹举例如下：

央丽呀央丽
男有男文章
女有女道理
本当唱歌就闹热
央丽呀央丽
男有男文章
大伙有文章
大伙又闹热
不要得罪哪一个
就是长久了
央丽呀央丽
有心大伙唱
大家没有得罪哪一个
天下一条理
杨梅一样花
央丽呀央丽
我有心跟你做工①
又怕你日后反良心
你要讲真心话
我才放得心
央丽呀央丽
我有心又有意
怕你没心意
怕你不得意
与我奈不何

②花蓝瑶歌谣

花蓝瑶的歌谣，多喜长歌，更喜用“连珠格”的句式，反复咏唱，缠绵悱恻。又多借物寄意，含而不露。至于句式，用字多少，虽不受拘束，但却往往两句排比对称，多样而又统一。花蓝瑶已往读书识汉文的人极少，但在歌谣的造诣上，他们却是显得比较突出的。例如“哨子好”这首歌，明明是男子挑逗女子之作，但不直接说出心中爱慕之情，而用“借物”来作隐喻。歌词如下：

哨子好
天天夜夜吹
吹过你门前
吹过你门口
见你在梳头
我想问你借把梳
牛角制梳再还你
哨子好
天天夜夜吹
吹过你门前
吹过你门口
我想问你要水洗
春水涨来再还你
（全套四首，仅录两首）

又如，男女互唱的情歌，也多是用长歌的。这样，就便于委婉地发抒思想感情。但另一方面，无论在构思和造句上，都要多用些气力。比起短歌来，就更显得它的气魄宏大，波澜

① 见二十四路盘王歌本。

壮阔。

男：人讲年长年又到　人说岁久岁又来　年长年到春头到　岁久岁来春天来
春头到了春作到　春天到来到春耕　到了春头选好日　到了春耕选好天
选得好日，三百老少就拿锄
选得好天，三千男女就拿锹
又拿锄头又拿斧，又拿锹来又拿刀
拿锄拿斧，春工九层做
拿锹拿刀，春工十层耕
九层工做，同人出路人有对
十层工耕，同人出门人有双
哥单身　心自想来乱纷纷　百样功夫自己成　单身的人做不清
父母生来同人样　为何无人来配哥　讲油讲盐讲得甜　回去家中似水淡
在此大家讲得好　不知如何舍得离　谈油谈盐谈得好　哥今问妹句话先
我俩如今来谈笑　问你姻缘有无有　妹娘栏中有匹马　问妹开栏不开栏
若是开栏讲一句　哥想拿回栏里关　关入我栏变我马　一世同人才安心
一世功夫安心做　百样功夫走上前　教你回家慢慢想　一定嫁我结成双
女：你做哥哥讲真好　人有春耕我无耕　我无工做高岭看　我无工耕岭高瞧
看见人人下了垌　瞧见人人下了工　双眼望人我无辈　我无处靠心头乱
千万也求结成双
你说单身找双对　我也觉得讲的真　因我生来面貌丑　谁人愿要我为妻
你是讨我我同意　我俩就是结成双　我今是得有双对　句句讲的都是真
恐怕你今谈过天　乱谈过天给我信　回家日夜乱纷纷

③坳瑶歌谣

坳瑶的歌，一般以七字为一句，四句为一首的形式为主。首句有时只用三字或五字。对音韵十分考究，不仅要押韵，而且一句中的平仄韵多错落摆列，咏唱起来琅琅上口（翻成汉字有时就不易保存原来的声调）。表现法多用譬喻，或者远远讲开去，最后一句才点明主题；或者根本不说出本意，只借物为喻。在他们的古典情歌中，常常被人们称赞的是“三十六春到，二十四思娘”。这两套情歌，共60首，现在已经无人记得齐全了。他们虽有用汉字记录的歌本，但其中夹杂很多瑶语，不让歌手解释，往往不会理解或造成误解，例如，“等”或“邓”，读如ten，即同齐的意思。又如“追”和“伴待”，都指情人。“半乃”则是叹气。与此相类的尚多，不能一一列举。兹举情歌几首如下：

思娘恶①　思娘便出外篱挨　几条篱梗兄挨断　冇②人传报兄追知
思娘恶　思娘抽气③泪淋身　抽气便都风吹树　泪流便等水下滩

① 恶：厉害之意。
② 冇：读如冒，与粤语相似，即没有。
③ 抽气：即叹气。

死唔放　　念了成追死唔抛　　木死藤生奈唔得　　藤死木生死重缠
脚底冇鞋难行路　　水底冇船难行滩　　瓶中冇酒难留客　　塘中冇水难养鱼
月亮光光开门望　　望见阳鸟渐①天飞　　阳鸟飞天唔同样　　也难开口话生疏
断定②拎怕远　　断定拎怕远路追　　鸡啼炊饭天光下　　十日路头等半朝

④盘瑶歌谣

“盘王歌”是盘瑶的丰富的民族文艺遗产。它的内容很广。单以风格而论，也很能显示民族的特点。它多喜用譬喻，婉转陈词，借物见意，不喜直陈，都和坳瑶的歌瑶相近似。其中最突出的，是在同一内容的咏唱中，往往喜用只换一两个字的同样的句子，接二连三地歌唱几首乃至十首八首，以达到反复歌咏的目的。这一点也和坳瑶的“盘王歌”相似。在二十四路盘王歌的“歌春”一段中，像这样的歌词更多。例如：

人话春到春未到　　人话春深春未深　　春深也有书来报　　春深亦有鸟来寻
郎话春到真是到　　郎话春深真是深　　春深也有书来报　　春深亦有酒来斟
人话春到春未到　　人话春齐春未齐　　春齐亦有书来报　　春深亦有鸟来催
郎话春到真是到　　报你春齐真是齐　　春到亦有书来报　　春深亦有鸟来催

一般的情歌中，盘瑶喜借用许多尊贵的事物来譬喻对方。这种赞扬，不仅是对对方的客气，实质上还是表露爱慕之情，只是不用直说而已。至于遣词造句，他们有一套与汉族也与其他族系不同的歌词用语，因之，虽然他们保藏丰富的用汉文记音的歌本，却使外人不易理解。择其易懂的几首如下：

难为八仙下巷里　　百样团圆八宝丝　　难为抛刀下巷绣　　下巷烧香天底知
一条丝线绕缠树　　花发团圆八角凉　　难为抽手明阳镜　　手托月头照转天
不在礼　　青燕不当入贵园　　不当飞入逍遥府　　惊动君王未得眠
当初鲤鱼共深水　　共个深潭住万年　　水推江边深潭浅　　打散鲤鱼各自滩

⑤山子瑶歌谣

山子瑶一般的歌谣，除“神唱”外，多是七言四句的短歌。遣词造句，大致与汉族的山歌相近，可从前段所举的“甲子歌”和“婚姻歌”中看出，兹不赘述。最突出的是他们神书中保存着的古典情歌，其形式和风格，都截然与各族系的不同。粗看起来，却与汉族的旧词相仿佛。其表现手法，也达到相当高度的水平。多以习见的具体事物来描绘抽象的感情，使主题形象化。如：

十几情、情十几　　梳得好头、生得好牙齿
行过龙门龙摆尾　　行过寺门、佛自抽身起
情了情、苦了苦　　共尔造双、交挂郎肠肚

① 渐：随处或满地。
② 断定：即决定或约定。

同过奈何桥一度　　生是同枕、死了同坟墓

必须一提的是，大瑶山瑶族除盘瑶以外，其余四个族系，用汉语唱汉族山歌，已经是很普遍的事。在北部和西部地区接近荔浦、象州县境的，则用桂林话唱；在东部地区接近蒙山县境的，则用桂林话或蒙山话（带土音的粤语）唱；在南部地区接近平南县境的，则用平南话（带土音的粤语）唱。这也是民族间文化的相互影响和融合的一个很好的例证。兹录流行于瑶山的汉族山歌数例，以资比对。

甲、桂林话山歌（流行金秀、六段一带）

这山望见那边山　那边花朵动翻翻　哥想伸手摘一朵　朵朵成双无朵单
河水短　拿尺来量河水长　河水又长尺又短　人心难定水难量
妹在青山跌颗针　哄哥进山满山寻　三脚板凳给哥坐　没曾坐稳就反心
我俩好　铜罐烧茶我俩吃　我俩得吃长江水　长江水断慢分离

乙、平南话山歌（流行罗香、平林一带）

偶呵台　咁①好缘姣②天赐来
天下缘姣佢③第一　尽贪情义冇④贪财
个⑤条大路曲又弯　捞⑥妹行去又行翻⑦
弟有十分中意妹　人熟礼生开口难
睇⑧妹都系⑨高机布　一条纱幼⑩一条粗
妹个本心有二样　一时话想一时无
今日弟来到个边　个塘莲子好新鲜
借问一声第几妹　个塘好藕乜⑪人莲⑫

最后，值得一提的是，瑶族不但有歌，而且有曲。不过这种曲子，仅仅见于盘瑶的“盘王歌”中，其他族系却是没有的。这个集古典歌谣之大成的“盘王歌”，其中共有曲子九支，而主要的是七支。他们常称它为“七任曲”。曲有曲牌名，即：第一，黄条沙；第

① 咁：这样。
② 缘姣：称对方。
③ 佢：他。
④ 冇：无。
⑤ 个：这。
⑥ 捞：同。
⑦ 翻：返。
⑧ 睇：看。
⑨ 系：是。
⑩ 幼：细。
⑪ 乜：哪个。
⑫ 藕谐偶，莲谐连，双关。

二，三蓬闲；第三，万段曲；第四，荷叶杯；第五，南花子；第六，飞江南；第七，梅花大碗酒。此外，还有家先曲和亚六曲。这两个曲子有人说它原是一个。这种曲子，除见于“盘王歌”外，我们搜集到的，仅有“交趾曲”。

曲子用长短句，近似汉族的词曲。句子常用“那罗利”等衬字作饰音。曲子是有曲谱的；许多“盘王歌”的开端，都写有用“罗利陵罗利哪离……”记下的曲谱。他们在歌唱曲子之前，往往要先把这些曲谱念一通，以调整声调，然后再唱曲子的词句。兹摘第五曲“南花子”两段如下：

前唱南花子　　后唱木兰花　　木兰花发白连连　　六字（?）纷纷坐酒尊
来时留客住　　去时留客人　　主人留客客留心　　且慢宽宽坐酒尊
前唱南花子　　后唱木兰花　　木兰花发白行行　　谁家养得歌二郎
前插金鹅带　　后插龙凤花　　手拿歌卷绣金鸡　　六字纷纷坐酒阶

这里摘录的两段，其句式是极整齐的。每首两节，而且前后两节，都是五、五、七、七的句式。但其他各段则不甚一致，大概是由于辗转传抄，致有漏误之故。至于“交趾曲”中的一段，则是三句一首，第二句中夹饰音。例如：

传报大朝众姊妹　　莫嫌路远那罗离到交趾　　架锅无米慢慢思
交趾地头真是好　　不忧耕种那罗离好禾行　　一岁种禾二岁藏
齐齐来到交趾国　　不愁白米那罗离好青山　　半年辛苦半年闲

此外，还有一种由平南方面传入瑶山南部的故事唱本，现为罗香、罗运、古陈一带坳瑶所喜闻乐唱（用平南话唱）。内容叙述宾州（今宾阳）一对青年（覃清与刘十娘），因采茶而恋爱，由恋爱而私奔。但十娘为其父另许配富豪之家，经十娘力争，其父亦不为所动。在十娘同意之下，覃清竟把她杀死，自己也被官府捕杀。死后两人的阴魂同到阎君前投诉。阎君怜他俩生死不渝的真挚爱情，发他们还阳，成为夫妇。全文长600多句，多用六、六、七、五的长短句式为一首，并若干首组成，是类似弹词的民间唱本中不易见的形式。兹摘录覃清与刘十娘茶园相逢一段，借见一斑。

耕种又交七月　　上有大小高田　　一男一女看茶园　　快乐小神仙
弟便近前偷看　　胜如玉女身材　　盘龙发髻插金钗　　前后似龙排
一笑千金难买　　同行脚步轻轻　　面带桃花眼似星　　讲话甚聪明
……………　　问了二人同去　　相邀同过青山
十娘行后弟行前　　同去看茶园　　去到盘龙桥上　　覃清便买槟榔
俾①口槟榔奉十娘　　侬两结成双　　娘便低头来接　　口中偷笑吟吟
借问我情一句音　　茶礼领未曾　　娘便将言说起　　爷娘未领人茶
父母生我共一家　　问弟意如何　　日守空房泪落　　夜间独睡罗帏
单身专望弟成双　　眼泪落茫茫　　我便将言说起　　日间独坐厅前

① 俾：给。

自小单身独自眠　　未曾结姻缘　　侬两成双虽好　　路遥书信难通
昨夜梦见一双龙　　今日两相逢

（2）谚语

①天黑有雨，人脸黑有事。

②鸡脸红，生白蛋；人脸红，养娃娃。

③云雾走南北，晒得顶不得。

④早起三朝准一工，懒人睡到日头红。

⑤早睡早起身，梳通头髻拜灵神。

⑥种田没有粪，莫到田茎巡（意即莫到田边去看，即无希望）。

⑦冬天耳热，必有大雪。

⑧会办事肉进嘴，不会办事索上颈（指石牌头人）。

（3）谜语（翻译普通话）

①广东来个人，一身白林林；起身作个揖，惊动满桌人。（酒壶）

②两根小南竹，起个小白屋；里头有人死，外头有人哭。（蚊帐）

③走路扇扇子，坐下摸胡须。做屋六个角，做酒酒好吃，酒糟又得钱。（蜜蜂）

④青铜伞，伞铜衣，衣底有个黑蛋，蛋有一扑毛。（芋头）

⑤河源一朵云，河口一把火。（旱烟筒）

⑥翁高，奶矮；翁撒尿，淋奶肚拐。（酒壶与酒杯）

⑦千人过，万人走，有人站桥面，有人跌桥底。（米筛）

⑧砍根竹，架个楼，千人过，万人走。（米筛）

⑨头上有四方，黑水丁当，一天用三次，一夜睡到天光。（竹筷）

⑩小小一粒米，大来大肚拐；人们千万用过，皇帝老爷也要尝。（妇女的奶）

⑪远望一个黑鸡婆，近看不是黑鸡婆，老鹰看见也不抓，野猫看见也不拖。（黑牛粪）

⑫生在青山叶开枝，死后在家管数目，手拉一根发，问你多少年纪？（秤杆）

⑬大哥慢慢来，二哥跳起来，三哥快爬来，四哥唱歌来。（虺子、跳蚤、臭虫、蚊子）

⑭生在青山，竹叶尖尖，死后削成两片，敬奉家先，有事就要发羊癫。（卜卦用的竹蒿）

⑮上山爬一爬，下水洗一洗，拿起来，讲道理。（毛笔写字）

⑯人走人路，鬼走鬼路，螃蟹走横路。（人用牛犁田）

⑰高头落雨，底下吹风，雾走西方，底下满红。（风车下米）

⑱生在青山，竹叶青青；死在平地，共一家人。爷娘养我两兄弟，为何取我三个名。（卜卦的蒿子）

⑲皮包子，子包心；吃了子，丢了心。（包米）

⑳青皮包白肉，白肉包豆豉，豆豉像粟米。（茄子）

㉑一个锅，煎两个粑；有个热，有个冷。（月亮和太阳）

㉒去时牛拖犁，回时犁拖牛，车到大门口。（木匠用的墨斗）

㉓四方株，四方树，倒开花，直生果。（油麻树）

㉔春天飞到北京殿，冬来常在海中游；数百人齐像条带，风云里内叫啾啾。（天鹅）

㉕子细竹，架根桥；千人能过，万人能游。（蚂蚁）

(4) 婚姻祝颂词

坳瑶在婚姻中有一种祝颂词，他们称为“讲古”，或叫“讲保卜”。这种祝颂词，在两种场合要讲：一是娶方家长在婚期前一天，把“财礼”送到嫁方家去，当把礼银交给嫁方家长后讲一次；一是送嫁的大舅，把新人送到娶方家后，娶方家要设宴款待。喜筵上，新郎须来敬大舅的酒，这时大舅就得对新郎“讲保卜”一通，以示祝贺，其词如下：

开天立地　盘古置　伯老造　伏羲姐妹造人民　神农皇帝造谷米　人置对　禾置双　木格桥　老人架　佛子石　老人立　见牛十二冲水沓　见人十二众人问　得一把菜　少一个篮　得一把刀　少一个鞘　我问到你　你愿开门　我愿架梯　请得媒人　口针条线　讲成条亲　泥坪种茅　同意做亲　回家找先生　看日子　已到今天　利年　利月　利日　利时　今早来接你女回去　接我香炉　顶我香烟　五男五女　男的好得文章书字　女的好得照镜风流　世世出老①出师②　担伞行游　担扇行逛　于今你两佬　种田成禾　斩地成黍成麦　种薯薯大　种芋芋亚③　种香④香长　种桂桂大　吃米米返桶　喝酒酒返瓮　用钱钱返箦　用银银返缸　杀鸡鸡返埘　杀鸭鸭返笼　养牛牛满栏　养猪猪满麓　养鸡鸡满埘　养鸭鸭满笼　你俩佬长过水　广过天　热过火　响过锣　你两佬同天富贵　天下归你两个　大发大富　恭喜恭喜

(5) 传说和故事

瑶族各族系都有许多传说和故事在人们口头上流传着，其中有一部分内容很好，结构自然，细致优美，故深为瑶族人民所喜爱。瑶族人民在这些传说、故事中，吸取了为人处世的准绳，从而也反映了瑶族人民善良和淳朴的优秀品质。

从传说故事的主题来看，很多都是叙述一些正直善良而又历尽苦难的人，如何在万般险难的境地，得到“神”或“好心”的动物的帮忙，使他们脱险走向幸福生活。例如，“会唱歌的野猫”，就表现一个无依靠的小孩，得到土地神、龙王公主及一些动物的帮助，把他从苦境中挽救出来，和龙王公主结为夫妻。不幸公主被暴虐的鬼帝掠夺去了。残暴的皇帝虽厉害，但终于死在明智勇敢的公主手下，夫妻又得团圆。也有一些是讲述一些邪恶狡诈的人，怎样受到应得的惩处，例如“鬼朋友”就是讲一个懒惰的青年人交了一个“鬼朋友”，鬼朋友给他一顶隐身帽并怂恿他去偷窃，最后被人发现拿去处罚。还有一些是叙述为人民谋幸福的神，为人民解除灾害的人等。所有这些故事，都反映了瑶族人民好善恨恶，同情苦难的人，赞扬为人民除害谋幸福的人，厌弃那些不正派的为非作歹的人。瑶族的传说故事有很多是通过神话表现出来的。这是由于在过去的黑暗时代，现实生活中发生的事情，得不到公正的解决，瑶族只得把这些正当的理想寄托在神的身上。虽然如此，但人们仍感到故事有一定的人民性，是现实生活中的事情。有一些由于神话色彩很浓厚，不免夹杂一些迷信的因素，对故事的真实性及其感染力受到一定的损失。这是因为创作者受到时代水平的限制，是完全

① 老：指头人。
② 师：指师公。
③ 亚：大棵。
④ 香：香草。

可以理解的。

瑶族识字的人很少，为了不忘本源，有些故事专门讲述瑶族历史事实，另外还有一些是从汉区或壮区流传进来的，例如“鬼谷先生”、“包文拯”、“梁山伯与祝英台”、“董永与七仙姑”、“蔡伯阶”等，在瑶族人民口头中也很流行。由此可见，瑶族与汉、壮族在文化上是有着相互影响交流的。

2. 艺　术

（1）织绣

瑶族各族系妇女的衣服巾带及部分男子的巾带，都绣织有许多带有鲜明的民族特点的花纹。瑶族妇女上至七十多岁的老奶，下至十二三岁的小姑娘，均会挑绣。衣服巾带上的花纹图案，都凭着自己两手绣织而成。这些花纹图案多取材于人们在生产劳动中所接触的事物及其他常见的自然物，如大木花、曲折山路、蕨草、蝴蝶、鸟兽、人物、云霞等。

瑶族人民的花纹图案主要绣织在服饰方面，其他方面固然也有，但为数极少。他们制作花纹图案有挑花、织花、扎绣三种方法。

挑花，是利用布料的经纬线，以十字绣法挑出的花纹。它是民间工艺美术的主要方法。一方面比较经济，省工又省钱，另一方面比较耐用，能洗耐磨，而且非常朴实美观。这种方法在瑶山普遍采用。但因这种方法在制作上受到经纬线一定的限制，在创造花样的多样性方面就比较困难。然而瑶族人民在这方面的创造仍是多样性的；有各种连续花纹，有鸟、兽、蝴蝶等变形花纹，有云、山路等象征花纹，也有人物的形象，总计起来不下几十种。

织花，是利用各种色彩线在打织一件东西的过程中挑织成的花纹。它也是民间工艺美术的方法之一。这种制作方法与挑花比较起来需要较多的线和工，但它的耐用及美观也不亚于挑成的花纹。这种方法主要通用于打织头巾、头带、腰带、绑腿带等。在各种带子上打织的花纹，有连续花纹，有对称的色彩及和谐的条纹，有各种动物变形：如螃蟹、蝴蝶、青蛙之类。这种方法也如挑花一样受经纬线一定的限制。除了盘瑶的花纹较丰富之外，其他族系比较简单。

绣花，是利用丝线以针绣在布上面的花纹，这种方法也是民间工艺美术方面常见的一种。它不经济也不耐用。但是在创造花样上，不受经纬线的限制，在创造多样性方面，可以任意描绘各种形象和调配极丰富的色彩。瑶族在这方面也创造出各种动物变形，如：二龙戏珠、虎、蝴蝶、鸟、鱼等类。这种方法在各族系中以茶山瑶、坳瑶、花蓝瑶比较丰富，其中又以坳瑶、茶山瑶更甚。在盘瑶、山子瑶族系中很少见到。

从以上三种方法来看，瑶山五个族系的各样花纹图案有共同的特点和风格，即都是以黑、白、红三色为基础色，再按不同的花纹图案适当的调配其他颜色。以服装来讲，一般都是黑色或深蓝色的。他们即以这两色为底色，用白色和红色来衬托，使花纹既与衣服色协调，又使花纹鲜明好看。

（2）雕刻

瑶族有一些简单的雕刻艺术，主要雕烟盒及神像。但真正能掌握雕刻艺术的人，是极少的，复杂的雕刻都是请汉区的工匠来做。

（3）舞蹈

瑶族各族系都有一些舞蹈，一般是用于祭祖及其他宗教仪式中，如盘瑶以前很盛跳“长鼓舞”，另外还有“捉龟舞”、“盘古兵舞”。打平安醮时，师公祈祷时跳的舞，共有七种，即红旗舞、飞刀开路灭秏舞、雷斧打兽舞、走道捉秏舞、出牌请秏平安舞、丰熟打花舞、结束散会坐车舞等。其舞具有铜锣、刀、斧、剑、伞、公鸡、粑粑棍。在祭祖时集体进行的舞蹈，坳瑶有“黄泥鼓舞”，祭神时用。这种鼓一套有三个，两公一母，舞时边打边跳，别具一格。其他族系跳神祭典中，师公、道公的许多舞蹈名目未详。只用于娱乐的舞蹈，瑶族是没有的。

（4）音乐

瑶山各族系都很爱好娱乐，其乐器一般有胡琴、箫、笛、锣、鼓、唢呐。桂柳流行的调子戏，在这里也有不少人深通其唱腔而喜欢唱。除此以外，还有本民族固有的唢呐，一般是在结婚、寿诞时伴着锣鼓吹奏。根据盘瑶老人记忆所及，它的曲子计有“小开山”、“大开山”、“下扬州”、“接新娘”、“双凤朝阳”等。现举一例于下：

果　化（歌谱）　C调　4/4

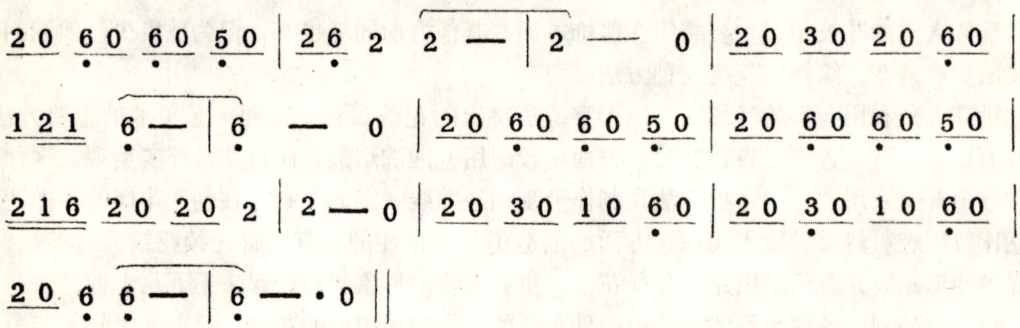

此外，瑶族青年男子，还喜吹木叶。他们在劳动中或在唱情歌的时候，往往摘一片草木叶衔在两唇之间，便能吹奏出音韵清晰，并能表露感情的声调。

（二）教　育

瑶族过去遭受历代统治者的民族压迫，被迫避居在生存条件极为困难的高山深林，环境给予生存极大的威胁，不是受“大征小剿”的残酷屠杀，便遭毒蛇猛兽的危害。在这种恶劣的情况下，瑶族要想把自己积累下来的一些知识技术，用一定的方式系统地传给后代，事实上是很困难的。因此瑶族人民文化比较贫乏，知识技术水平进步较慢，这是可以理解的。到了后来，反动统治者总结了历代大汉族主义对少数民族压迫的经验，知道光靠血腥的屠杀是不能使英勇果敢、不屈不挠地进行反抗斗争的瑶族人民低头于反动统治者之下的，从而改变其压迫的方式，实行大汉族主义的同化政策，即在可能的条件下，从思想意识上来影响瑶族人民，以巩固他们对瑶族统治的地位，从清朝末年到国民党统治广西时期，就在瑶山开办学校，企图实现其同化政策。在解放前，瑶山各族系所受到的教育、除了本民族一些不同的社会教育、家庭教育以外，其余都带有开化的意味，但是在另一方面也起着为统治者所预期不到的促进民族间文化交流的作用。

1. 社会教育

瑶族人民以往虽然不曾有过把本民族祖先长年累月所积累下来的自然斗争和阶级斗争的知识技术，有系统地用固定的方式传给下一代的教育，但有时也以本民族重大的历史事件，以口耳相传的方式教育其子孙。为了使后代子孙不致忘本，老前辈就得把祖先的历史传授给后辈。传授祖先历史的方法，有的是在开石牌大会“料话”时讲的。在这种会议中，除讲述石牌法律（公约）和祖先迁徙经过之外，为了使参加石牌的本族人民遵守法律，还得把前辈人在某个时期发生过的重大历史事件，用举例的方式，生动地讲给大家听。这种方式，几乎山内各族系都采用。罗香区的坳瑶，40 年前还保存着一种“做浪”的风俗，每届旧历正月，都定期举行一次。罗香附近 7 村所有姓赵同族（招赘改姓的也包括在内），齐集龙军村附近的浪坪，尽情娱乐，欢度新春。在这个同族男女老少都参加的集会中，也要由一个石牌老人对众“料话”。料话中也要讲述祖先历史和以往本族发生过的重大事件。

瑶族又从口头创作方面把本民族许多重大事件编成歌谣，教给后辈。这些文艺作品，不但美化和充实了他们精神生活，同时也可使后代子孙记忆着自己的历史。例如茶山瑶的历史长歌，内容从盘古开天立地讲起，一直唱到解放以后，他们如何在共产党和毛主席领导下，当家做主，过着美好的生活。花蓝瑶的“古底歌”，把祖先从贵州迁到象州后，如何被封建统治赶进瑶山的经历，也简要地加以叙述。盘瑶的“交趾曲”，把本族系的一支，从恭城东乡迁徙到交趾的经过及交趾万言冲的环境如何美好、生活如何优裕的情况，生动地描写出来。另外的一封信是湖南桃州的盘瑶写给广西同族的，形式仍用歌谣体，内容有他们的田地如何被当地汉族恶霸霸占，他们向清皇朝告状，这些统治者如何跟他们敷衍的事实。此外，距今 40 多年前，瑶山盘瑶集中回千家洞事件，也写下了“立传歌”给本族歌唱，其教育意义是很大的。

此外，瑶族各族系都有许多传说、故事在人们口头流传着。如金秀茶山瑶的“吃人的神”，描写一个勇敢的姑娘，如何冒险到西天去学得法术，终于把为害全族的凶神杀掉，为民除患。又如“野狸唱歌”，描写一个被哥嫂厌弃的孩子，如何得到神的帮助，得到会唱歌的野狸，中间经过哥嫂的谋夺，他终于与龙王的女儿成婚。后虽被皇帝把龙女夺去，但他终于艰辛地猎获鸟兽毛皮，制成毛衣，把皇帝骗了，致皇帝于死地后，自己仍与龙女过着幸福生活。这些神话和故事，无疑可以培养其后代子孙的善恶观念以及刚毅果敢的坚强性格。

2. 私　塾

瑶族各族系都有许多神书和歌本，其中虽然大部分是请汉人抄写，但也有一部分是瑶族自己抄写的。茶山瑶自己抄写的时间最早的为明朝永历八年（1654）的抄写本。至于清朝乾隆以后的抄本，为数更多。在盘瑶的歌本中，也发现有同治年间的抄本。这些抄本，可以说明一个问题，即距今 300 年前，瑶族人民不但能识汉字，而且能写汉字，汉族文化对瑶族影响由此可见。

瑶族孩童的读书识字，是由汉壮塾师教导的。例如金秀区六拉乡昔地村茶山瑶年逾八旬的老人苏胜段幼年时，他的父亲就专为他到当时的修仁县桐木圩请了塾师来家教学。直到解放初期，他的年龄虽高，还写得一手略带颜体的好字，一般汉文都读得懂、写得出。从而推知早在 300 年前，瑶山可能已有私塾的设立，而塾师必然是山外的汉、壮人。

瑶山私塾的设立，瑶族人民读书时间的久暂，也因各族系经济的不同而不同。在金秀一带富裕的茶山瑶村庄及近汉区的罗香一带坳瑶村庄，设私塾、请塾师教学，时间是按年或按月计算的。其他地区，教学时间多是按月计算，甚至有按日计算的。后者以生活贫困的盘瑶为多。据长洞区桂田乡盘瑶老人盘文品（1956 年 70 岁）讲，他在儿童时，只是开了一个蒙，即请了一个经常在瑶山盘瑶地区教私塾的壮族老师，来家里安个圣位，让他拜了圣人（孔子），起了个书名，教了半夜书，把《三字经》教了大半本，就算结束了他读书的整个进程。老师去后，他就在每天做工完毕的夜里，自己复习那本《三字经》，年轻的时候认识几个字，后来岁数越大越丢生，最后仅能认识自己的书名了。又说，他们邻近的盘瑶村，儿童读书，总是请山外无依无靠的老年壮人来教的，薪金以月论，一般每月1角到2角。某年，曾有5个小孩共请一个老师，伙食由学生家长供给，轮流供餐，家里吃什么，老师也吃什么，学生大多数只能读一两个月书，能读上一年的，简直找不出例子。儿童读了这两个月后，就以此为基础而自学。有些家长读过书，识得字，或是当过师公的，就随时教自己孩子温习，或教读歌本或神书。这是瑶族人民旧社会读书识字的唯一途径。

罗香区坳瑶村落，接近汉区，与汉族文化接触较频繁，因此读过私塾的人较多，时间也较长。例如罗香村赵光林一共连续读了9年，赵光汉读了6年，赵光元读了5年。除此之外，坳瑶本族系内也出了塾师，可以开课，收本族子弟上学，龙军村赵兴廷、赵寿芝父子便是实例。此事距今已有百余年了。

3. 清末设在瑶山的学校

宣统元年（1909），右江镇台李国治带兵进入大瑶山，把三点会领袖郭三及其武装数百人镇压后，把大瑶山划归修仁、蒙山、象县、平南等县管辖。接着平乐府知府欧阳中鹄拨库银1000元，交修仁县署（今属荔浦县），存在当铺里生息，以利息收入在瑶山兴办学校，曾在金秀、六拉、白沙、昔地四村的中心地点，建筑校舍一座，名为“化瑶小学”。因存在当铺的基金，为广西军阀沈鸿英部队掠去，直到民国十年（1921）才停办。

在同一期间，平南县署也每年拨库银400两，在罗香、罗运、平林、六竹四个瑶村里，各设私塾一所。到了宣统三年（1911），罗香附近几村，开设学校两所，把当时官府拨来办私塾的钱拿来办学校。辛亥革命后，官府停止拨款，学校也随之关门。

4. 罗香村的教会学校

民国初年（1912），梧州福音堂美国教士陈华年就开始进入瑶山东南角传教。民国九年（1920），在罗香村买了一座屋子，一面设立福音堂传教，一面开设学校，招收瑶族子弟入学，不收学费。企图对淳朴的瑶族人民进行奴化教育。这所由美帝国主义者出款办的学校，共办了3年。其后大概由于广西政局混乱，交通阻塞才停办的。美帝国主义者在这里设立教堂及开办学校的影响并不大。教会学校停办后，罗香仍由自己出钱设私塾。

5. 国民党统治时期的“开化”教育

民国十九年（1930），广西省府就对瑶族人民开始了所谓开化教育。派人到罗香区的罗香村和桂平县紫荆山的横冲村（现属大樟区）开办学校。半年之后，广西政局变动，罗香学校停办。横冲村的两个教师，溜了一个。另一个是黄文焕，因与李荣保（瑶头）之女发生关系，未忍离去，终于与她结婚，后来就成为李荣保与国民党李、白、黄发生联系的桥梁。广西省拨款发枪给李荣保，叫他动员盘瑶人民迁移100户到十八山（即木山乡）居住，都是最初派到瑶山当小学教师的黄文焕所摆布。

当时广西省府派人到瑶山的罗香和横冲两村开办学校是别有用心的。因为当民国十六、十七年（1927、1928）时，罗香附近马练圩一带及与紫荆山相连的鹏化（属平南县）一带农民，曾组织农民协会（瑶族亦有人参加），并武装起来打过土豪劣绅。例如马练附近打过蓝文英和冯佐兴两名土豪。当时农民武装，气势壮阔，后来虽被国民党军队镇压下去，但统治者害怕在这瑶山的高山深林里复燃起农民革命的星星之火，故以办学开化为名，特别“照顾”了这个瑶村。

1933年由壮、瑶两族农民所组成的红七军二十一师，在东兰西山遭受国民党武装的围攻，师长韦拔群遇难，右江革命暂时遭受了挫折。同时桂北五县（全县、灌阳、兴安、龙胜、义宁）瑶族起义，也被国民党的飞机大炮镇压了下去。国民党统治鉴于光靠血腥屠杀不能彻底消灭民族意识，从而企图利用教育这个工具，对少数民族进行思想麻痹。因此，广西省教育厅便成立了苗瑶教育委员会，计划在全省少数民族地区设立学校，培养师资等。1934 年，便在全省范围设立了几十个化瑶小学。大瑶山罗香、门头、六巷、十八山、六庙、小横冲等村，都有这种学校。1935 年广西全省推行所谓三位一体的国民基础教育，瑶山各处原有的化瑶小学，一律改名国民基础学校，除原有的学校外，其他村落，如罗运、长洞、古陈、平林、六竹、岭祖等处，都次第出现了基础学校。1940 年金秀警备区署以武装打进瑶山后，国民基础学校随之增多。直到金秀设治局成立后，国民党加强了对瑶山的反动统治。瑶山各处的小学，才普遍设立起来。

6. 家庭教育

瑶族的家长们对子弟的为人处世的教育内容，一般是鼓励其劳动生产，教诫不可好吃懒做，不要偷窃及做其他不体面的事情，对父母要赡养，待长辈要尊敬，不可骂媳妇，与朋友相处要诚实守信。例如坤林村盘瑶 80 岁老人赵明福曾对其子赵成桂讲：“我们要做工才有饭吃，做官做府是轮不到我们的”。

另外，为了使子孙不忘本源，盘瑶的长辈教导晚辈要牢记“过山榜”和“还盘王愿”，因为过山榜上记载着本族系的历史事实，做还盘王愿是带有纪念祖先的含义。出于同一原因，茶山瑶老人嘱咐子孙在每餐吃饭时要请已故的考妣进餐。又如瑶族各族系在旧历每年七月十四日祭祖时，都由家长据记忆所及由远而近念历代考妣辈分及名字，念时，家人在静听，其意思是要后人牢牢记住祖宗。

除此以外，瑶族各族系对其子弟的待人接物及其他生活方面都有一定的教育。例如坳瑶，在很早以前，家长对子弟就有一套生活教育，记其大略于下：

（1）摆食台要摆直台（桌的合缝对香火神龛与大门方向），设横台（即桌缝向左右方）是供神公的。

（2）坐二人凳要坐对凳脚的榫头，不得坐凳中，以免妨碍同座的另一人。

（3）吃饭时，左手端饭碗，拇指须扳碗边，另四指须托紧碗底，以免掉饭。

（4）拿筷要抓住筷的中段，拿直筷不拿横筷，以免妨碍同座的另一人。

（5）几人共长凳坐着吃饭时，两手臂须夹紧，不许张开，妨碍别人，并不许把两臂扶在台上。

（6）持酒杯时，拇指与食指捻住杯口，不许把掌心罩在杯口上面，以免妨碍别人斟酒。

（7）扒饭入口，不许太大口，并不许横筷扒饭，要用直筷入口内，以免掉饭粒。

（8）吃饭不许搭嘴使发响声，并要嚼细才吞下咽。

（9）夹菜要夹自己面前的，不许夹别人面前的；夹着什么吃什么，不许满碗挑选。

（10）吃饭完毕，须轻轻放碗筷上台，不许把碗筷重放台上，发出响声，像生气一样。有客共餐，吃毕必打招呼，讲一声“某某慢慢吃”，或讲一声“某某松容”亦可。并须站在台边，替长辈添饭倒茶。对本家老人及到别人家做客，都应如此。

（11）凡到人家吃酒，不许乱坐上位，也不得把脚跷起来。

（12）凡抹食台，要把台抹净，其法，有三句成语：一扫锦鸡啄食，二扫五马巡行，三扫黄蜂塌地挪。即是第一要把台上所落的米饭谷粒先行捡起喂牲畜，第二才把台布沿台圆转抹擦，第三要把台上汤水抹干。

(13) 扫地时，扫把要挨紧地面扫去，不许将扫帚尾挑起灰尘。正月初一扫地，要从门磴扫进神龛前，即向内扫，不许由神龛前扫出门磴，即向外扫。

(14) 教儿童青年要早起，谚语是“早起三朝准一工，懒人睡到日头红”。又说：“早睡早起身，梳通头髻拜灵神”。

另一方面，瑶族溺爱儿女的现象也是极其普遍的。家长对儿童的一切言语行动，多抱着放任自流的态度，是好是坏，都不加干涉，听其自然发展。我们在调查中实地观察，当儿童有错误的时候，很少见家长当面指斥和纠正。因此，打骂儿童的现象也是极少的。

（三）科学知识

1. 卫生与医药

大瑶山瑶族，由于过去长期遭受民族压迫，苦难极深，居住在生存条件极端困难的环境里，故卫生方面，一般说来是较差的。生活条件较好又接近汉区的地方，因渐受汉族文化影响，已有一些进步。但是绝大部分地区，还相当落后，影响瑶族人民的健康很大。

在饮食来说，全部采以熟食，就是腌酢的肉类，也是用盐和炒米粉拌和同腌，且经三四个月腌酢，肉类中寄生虫已基本杀死，食后害处不大。只是饭菜多喜冷食，经常不捡拾收藏，任苍蝇、蟑螂爬食和尘土飞入，往往不再加热，就取来食。就好的方面来说，有个别地区（罗香、古陈一带坳瑶），已知与患病者分食，不用病人食具，这是极少的现象。六巷一带花蓝瑶有分食习惯，但不经常。

衣被洗换，更不经常，几个月洗涤一次是常事。妇女的发髻，常擦油脂，花蓝瑶和坳瑶每一二天要擦一次猪油，为了保持光滑，以往都是几个月不洗头的。解放初罗香一带坳瑶，每月梳洗一次，算是有了改善。瑶族洗澡却属常见，又以盘瑶较为突出，家家户户都备有杉木木桶一个，不分炎夏严冬，每天晚上都要洗澡一次。罗香、罗运、坳瑶也是如此，但不用大木桶而用小桶。花蓝瑶、坳瑶和盘瑶早晨不洗脸，也不漱口，只是趁洗澡时附带洗一次。茶山瑶和山子瑶，虽有洗脸习惯，但漱口刷牙的只是极少数。

由于大瑶山山高林密，空气湿度很大，加之过去要经常预防敌人突然的袭击，故住屋一般都不开窗，以致室内光线和空气都感不足。室内又经常欠收拾打扫，家禽关在室内，鸡屎满地铺陈，每到夏季，地皮潮湿，跳蚤繁殖，苍蝇蚊子也多。村中环境卫生更差，猪牛有栏不关，经常放出村头巷口，粪便堆积巷中，让它日晒雨淋，无人理睬。许多瑶族村落，还没有厕所，男女老幼，随处便溺，更使环境不洁。

以往瑶族经济困难，卫生常识缺乏，在生活方面对卫生注意不够，因而疾病较多。尤其是小孩，往往因医药缺乏，死亡率很高。据几个点的统计，最低的都在30%以上，最高的竟达50%。远在清光绪三十四年（1908），罗运村（坳瑶）发生天花一次，29个中年人被传染，结果死亡25人。1948年，坤林村（盘瑶）全村120多人，都染上痢疾和疟疾，死亡8人，其中小孩5人。其他地区，类此情况也经常出现。解放前，瑶山瑶族人民，是经常受到疾病痛苦和死亡威胁的。

从调查了解以及农村中的中草药医师反映，以往瑶山流行疾病主要有痢疾、疟疾、麻疹，次为霍乱、天花、伤寒，再次为水痘、脑膜炎等。此外，由于风俗所引起的长期以来危害人民健康的性病，也是相当严重的，几乎每个村落，都有不同程度的病患者。大瑶山人民卫生院防疫站，为了做好驱梅准备，1955年度，在各族系村落，选择重点进行检查化验，结果证明，情况是严重的。现将检验结果择录列表于后：

村名	族别	受检人数（人）	阳性反应人数（人）	占受检人数百分比（人）	不同程度病患人数（人）			
					+	+ +	+ + +	+ + + +
六巷	花蓝瑶	333	99	29.27	46	33	4	16
古陈	坳瑶	66	23	43.85	8	6	6	3
长二	茶山瑶	294	63	21.34	38	22	3	
盆架（邦家）	山子瑶	43	3	7.00	2	1		
青山	汉族	115	22	14.19	6	7	8	1
备注	盘瑶地区未经检查							

从上举检查材料看来，大瑶山瑶族梅毒病患情况是很严重的。其中茶山、花蓝和坳瑶较严重，山子瑶次之。就是杂居在瑶山的汉族，病患者也不算少，应同样引起重视。

瑶山瑶族人民，过去迷信思想严重，有病便求神祭鬼。但近几十年来，对待疾病的态度，早已不再完全依靠巫术了。虽然遇有疾病，有时还做些求神送鬼祈祷，特别遇到重病或全村人口不安、谷物受灾、牲畜不旺的时候，就要集体进行祈祷。但是，另一方面，瑶族人民很早就学会一些医药知识：有的是烧艾火，烧灯芯火的灸法；有的是用碎瓷片刺穴堂的针法；有的则是用草木根叶煎水洗身的外灼法；又有以草木根叶及树皮煎服的服法；也有用草木根叶皮捣蓉涂敷于患处的外敷法。医术已是多种多样。而且有少数人医术较高，疗效极好，他便成为广大群众所信赖的医生（虽然未脱产）。有的还能采集药物自家配剂。盘瑶和花蓝瑶还有不少的人制药到汉区大小城市去出卖或替人医病（其中盘瑶妇女也占不少）。其次，在瑶山来说，稍具有草医常识的人，可不算少，几乎每个村落都有一至数人。

由于封建思想意识长期熏染，以往瑶山各族系医生传授医术秘方还存在落后保守思想，传授秘方都打折扣，或传假不传真，据了解，发现有一些秘方已经失传。今后应努力贯彻政策教育群众，克服保守思想，把各种医术秘方传授下来，以挽救祖国医学遗产。

兹将调查所得的几种医疗方法和特效秘方，分述于下：

（1）产妇洗身药方

瑶族农业生产劳动繁重，生育之后，除生活富裕的长毛瑶外，其余各族系的妇女，尤其是盘瑶，往往不待满月就得参加劳动。他们用一种草药洗身，就不致对产妇健康有影响。药方如下：

①用散风藤、威灵仙、金银花、上树蜈蚣、五爪龙、金耳环、枫木叶、半风河、杉树叶九味，共熬水洗身。产后十天八天，便可劳动。

②用红毛毡、小样珍珠盖郎伞、正式大郎伞、铺地马胎共煎水饮，并煎水洗澡。

（2）痧气

凡身体不适，头疼眼胀，身骨酸疼，不思饮食，身体疲倦，发热等症状，瑶族都名之为“发痧”。痧气有种种名称，如羊毛痧、泥鳅痧、绞肠痧之类。其治疗方法，大致有下列几种：

①用老旱烟管胶汁擦舌下青筋。痧气起时，舌下的两条青筋充血突起，呈蓝色。挑旱烟管内胶汁（俗名烟屎）涂于青筋上。

②用香火烧舌下青筋。

③用瓷碗或碟或死牛骨，沾油刮背，名叫“刮痧”，待呈现赤色，即愈。

④药方——

［一］用山芋郎根炒枯煎水服。山芋郎即野芋，根有毒，根汁沾在手上，手即麻痒。炒熟后，毒性减小，但平常人吃了它，口喉麻痒难受；有痧气的人吃它，不但不麻，反觉有甜味。此药为治痧之王，单用或与他药同用均可。

［二］用生老虎耳根捣蓉擦头和背。此药形似山芋郎，而叶较小，仅有巴掌大，形似虎耳，故名。有强烈的毒性。擦头和背脊时，即觉奇痒。忌入眼入口。

［三］白莲张木皮煎水服，治痧气和肚疼。这药味苦，无毒。大概是一种凉药，瑶人觉得心里热就把它煎水来喝。

［四］鸭脚木根和山芋郎根煎水服。此木有两种，治痧气以杆上有刺者较好。

［五］樋子木果，用热水冲服，能治带有肚疼的痧气。

［六］鱼腥草根茎煎水服，可治发热的痧气，有退热作用。这种草腥气很大，但有痧气的病人服它煎出的药水，反觉有甜味。1957 年春流行性感冒流行时，报上介绍此药可治。

［七］厚朴果煎水服。此果味苦。

［八］苎麻叶煎水服，可治肠腹剧痛，呕吐不出，大便不下的绞肠痧。如冬季麻叶已落，可取根煎水。

［九］用山芋郎根和鸭脚木根叶同煮水一大盆，趁热给病人洗身。洗后睡在床上，盖被蒙头，逼出汗来，病即退减。

（3）花风病

此病系冷热不和而起，身发高热，开眼讲梦话（呓语），有时发狂打人。医治此病，可用烧艾火和吃草药两种方法。前者非精于灸法者不敢乱用。因用此法，好就容易使病痊愈，不好也可使人容易死亡。故用草药治此病为多。

①烧艾火疗法

用艾火十三灸，分烧背脊骨、脚膝盖上下、肩头节下、肘关节外、腕关节附近等处。如果用灯火来烧，一共要烧二十四灸。烧艾火或烧灯火，要找到一定的穴堂来烧，不能烧到穴堂之外。找穴堂法是由老师传度的。例如用艾火烧膝关节上下，是以病人的手指来度定穴堂的位置的：膝盖上的一灸，从膝盖骨突出之处为起点，拼拢病人从食指到小指的四个指头作为标准，把四指排在膝盖的上段，即在四个手指的边上找到穴堂。膝盖下的一灸，以胫骨近膝之突起处为起点，亦摆四指为标准，在四指外边找出穴堂。又如找腕关节的穴堂，是以病人左右两手之大叉（拇指与食指间）互相交叉，同时伸直中指沿拇指直下，在中指的顶端找到穴堂。我们看了瑶族用这种方法来决定穴堂位置，便可知道他们的灸法已是相当科学的。这种医疗技术，据他们说是前辈人一代一代传下的，至于何时开始，向什么人学来，则已不复记忆。

②服草药疗法

用草药医治花风病，分内服、外灼两种方法，且要同时并举。药方如下：

［一］猪头壳根（木本）　　吊边勒根（木本）

草鞋板根（草本）　　　　　　　　　山鸡骨根（草本）

过江龙根（即芦荻、草本）

以上五味共煎水服。

［二］猪头壳叶　　吊边勒叶　　草鞋板叶

山鸡骨叶　　过江龙茎　　黄栀子叶

倒顶花木叶　山芋郎根

以上八味，共煮水一大盆，趁热给病人洗涤全身，然后盖被蒙头而睡，逼出汗来。

(4) 小儿急惊风和慢惊风

急惊风症状，小儿患病发热不退，手脚痉挛（抽搐），两眼翻白。发作时不省人事。慢惊风小儿久病体弱，两眼紧闭不睁，面皮青白。药方如下：

［一］用鹧鸪酸（草本）茎叶和麦辛草（译音）茎叶，共搓揉出汁，擦抹全身。并以上药各一小把煎水服。治急惊风。

［二］用鱼腥草茎叶和麦专草（译音）茎叶，共揉出汁，擦抹全身。并以上二药共煎水服。治慢惊风。

(5) 风气

身受风湿，日久发病。症状是全身骨骼尤其是各关节酸疼，或局部骨骼或关节酸疼，使人坐卧不安，历久或竟成瘫痪。用下列各药煮水，洗涤全身后，再用药渣抹擦疼处。如系局部骨骼酸疼，第一次煎水洗全身，第二次煎水洗疼处，连洗数次，便见功效。

过山风（藤）　　水榕木（木）　　过墙风（草）

牛耳风（木）　　七星伴月（藤）

又方：用红藤（以茎有酒杯大的更好）煎水洗身，效果也好。

(6) 肚痛

用黄皮（木本，即中药中的黄蘗）外皮及黄藤根共煎水服。如无黄藤，单用黄皮亦可。或用火绒艾根一钱，嚼食，立止痛。火绒艾，草本，衣高一二尺，叶大如掌，背面有细茸毛，呈白色。

(7) 上呕下泻

用灸法医治，效果很好。疗法：叫病人双手略向后伸，给小秤杆大小的竹棒一条贴近他的背上，叫病人用肘弯挽紧竹竿，使竹竿紧贴背上。以此竿为标准，在脊椎骨上找出穴堂，即在竿的上边及下边各烧一灸。如果单呕无泻，则仅烧上边的一灸；如果单泻不呕，则烧下边的一灸。如果呕吐十分厉害，还可以竹竿横线为标准，在脊椎骨左右各一寸三四分处各烧一灸。

又方：用老茶麸水煎服，如无老茶麸，用新茶麸，火烧过心，趁热放于罐内煎水服，药到病除。据自治县派到我组工作的苏显廷同志亲自经验，疗效极可靠。

(8) 头痛

用灸法医治，共烧五灸：①额中心一灸；②左右太阳穴各一灸；③左右眉头各一灸。如果全身发热，还可在脚板底中心烧一灸。此灸用大艾火烧，使病人感觉痛不可忍时为止。男烧左脚，女烧右脚。

(9) 跌打损伤

凡跌打内伤外伤，用两面针（藤）茎根，一包针（木）根，走马胎（木）根，三药共浸酒，久浸保藏备用。重者内服，轻者外擦，均极有效。如用牛刁竹（又名山刁竹）根浸酒服擦，效更显著。此药为药中之王，香气浓郁，不易采获。或用大郎伞、小郎伞二药之根浸酒服擦亦可。

（10）恶疔恶毒

恶毒疔疮初起，皮肉红肿，或有剧痛，用红蕨（草）的嫩苗，和生盐少许，共捣蓉敷患处。可把恶毒打消。如无嫩苗，采老苗剥出嫩心亦可代用。此外，用七枝莲（草）块根，捣蓉敷患处，效果亦佳。如果疮毒成脓裂口，用犁头皮（草）和拉克草共捣蓉敷患处，留一孔让脓流出，脓尽肿消，疮毒即愈。

（11）蚂蟥、山蛭咬伤

被田中水蚂蟥咬伤，流血不止，用黄烟敷伤口即止。被山蛭咬伤，流血不止，用笠帽的竹叶烧灰，敷伤口，血即止，百试百验。

（12）毒蛇咬伤方

①先用旱烟管烟膏冲水服，使毒不致攻心，然后再用烟膏敷伤口四周，留出伤口使它排出毒液。如果封口，即用生臭虫（木虱）捣烂涂伤口上，即开。

②用灯笼果茎叶捣烂敷伤口四周（灯笼果，又名炮仗草，特治扁头风毒蛇。又可以治小儿肾囊膨大，先吃后洗）。

③用叶叶一枝花茎叶捣烂敷伤口四周。

④用蜈蚣一条，生吞下肚；然后再用蜈蚣一条，烤干研粉敷伤口四周。

⑤用一枝香木叶捣烂敷头囟门（草本，铺地五叶分开，中长一苗，高3寸至1尺）。

⑥用刺茨菇草（又名山茨菇）根捣烂敷伤口四周。

⑦用金耳环草根捣烂敷伤口四周。

⑧用雄黄、灵仙、莫萸、甘草、良花、灵枝（疑系五灵脂）、法下、川连、白芷、连台各2钱煎酒水服。

⑨用生前胡根、生半夏根捣蓉取汁，擦伤口上边，阻截毒汁由血管传入全身。

⑩用葛麻藤叶，捣蓉取汁，先洗伤口，后再敷患处。

⑪如蛇伤，一时无药，可先将口涎涂伤口，再用刀或瓷瓦片刃口（临时打碎的）稍稍把伤口刮开，立刻用火柴划燃烧伤口。初烧时并不觉痛，连续烧下去，一直烧到感觉刺痛时为止。经过这样处理之后，即使是毒蛇，也可减少毒气，至少不致有生命危险。这是一个急救的有效措施。

⑫笋壳斑毒蛇伤，用红蓼草根捣蓉敷伤口。又方：用算盘子木叶捣蓉，拨开头发，敷囟门上。然后再把它的汁用鸭毛蘸着洗擦伤口，五分钟内见效。这个药方，是苏显廷同志传出。据他经验，疗效极好。算盘子木，灌木，一般高二三尺，极大的也有高丈多的。叶成箭镞状，互生。秋季结小果，有铅笔头大，扁圆而有棱，色红，仿如算盘上的珠子，故名。

⑬用山刁竹（又名牛刁竹）根捣蓉敷伤口。山刁竹，草本，茎细长，高一尺左右。叶形狭长，仿如竹叶。根粗如灯芯，有浓郁的香气。

⑭用七枝莲（又名独脚莲）块根捣蓉敷伤口上边。七枝莲，草本，一苗独生，茎的中部轮生狭长叶七片，茎顶开花，结实仿如莲蓬，故名。块根肥大，皮呈黑褐色，扁而狭长，仿如人足，故又名独脚莲。

(13) 蜈蚣咬伤方

①用老雄鸡口涎滴下伤口。

②用人耳屎涂伤口或用杉树浆，或用鼻涕虫捣烂敷伤口均有效。

③误吃蜈蚣，尿入食物内，用皂角一钱煎水服。

(14) 绝育方

用榕树根一味煎水服。

(15) 刀伤方

①用大蓝叶捣烂敷伤口血即止。如伤口不愈合，用木竹果叶敷之。

②用红漆木苗、茶枸二药嚼蓉或捣蓉封敷伤口。如伤口大流血不止的，先用绳扎住脉管，止血后再行敷药。

③用未生毛的老鼠仔和刺竹寄生捣蓉封敷伤口，愈合较快。

(16) 麻疹方

用野芝麻、露花果二味共煎水服。

(17) 红白痢疾方

①用白头翁草煎水饮。

②用铺地红毡和黑肉占鸡煲水饮，不加油盐，三次即愈。

③用苎麻根、山野细苗的东叶根煎水饮。

④久痢——用新鲜黄牛肉和香菇共煲，食绝为止，不必吃饭。

⑤小儿痢症——雷公筋和鸡蛋煲食。

解放以后，党和人民政府对瑶山瑶族身体健康特别重视，拨款给予免费医疗，同时还培养不少本民族医务人员。以往遗留下来的各种疾病，经过爱国卫生运动和医治之下，已逐渐减少，一些不良的习俗也逐步不断地改变，瑶族人民再也不像过去受严重疾病的威胁了。

2. 记　事

瑶族以往文化很落后，多不识字，日常生活记事仅靠脑力记忆，也有类似结绳记事现象。常采用的，有下面几种：

(1) 刻物记事——用竹片刻上长短横格代表数目，长者代表大数，短者代表小数。这种记事用来登记借贷较多。

(2) 画横格记事——用火炭或石灰，在墙上画横格记事。如借出鸡五只，以画五格代表，收回后将横格抹掉。项目繁多者，可将横格画在物件上，以资识别。

(3) 以物形象记事——以禾杆代表禾把，针线代表缝织，放在触目之地，见物即可记忆其事。如某甲，当日计划在翌日剪禾，抽一禾杆草放在触目之处，翌日见其禾杆，即记忆剪禾之事。

3. 方　向

以往瑶族没有指南针，辨别方向白天靠观看太阳，日出为东，日落为西，人向东立，右手为南，左手为北。夜间观看星位，如北斗星等。阴天以山脉分布或河流发源流向来辨别方向。

4. 时　间

他们在没有计时器具的情况下，主要靠太阳来记时间。日出为早上，日中为中午，日落为晚。晚间以星辰出落记时间。早上又以雄鸡鸣数辨别天亮。阴天又以雄鸡密啼来辨别中午。太阳方位也随着气节到来有变动的，茶山瑶又能抓住这变动刻上记号来记出准确时间：如在屋檐下，放着4个甚至12个不同石头，春季日光线照至某面为中午，夏季日光线又照至另一面为中午，其余类推。

5. 度量衡

（1）测重量

瑶族计算重量以使用秤为标准。在没有秤的情况下，如遇分物，可用一横木，以绳掏横木中部，两头挂上物件，待两端平衡，便知两物重量相等。过去也曾有以一盆、一桶、一箩、一碗、一杯、一抓来代替容量多少。也有以绳来量物计算大小的。

（2）测长短和距离

以步行计算每360步为1华里。拇指和食指向外伸为5市寸，拇指和中指向外伸为6市寸。两手向左右伸直男者为6市尺，女者为5市尺。此外，茶山瑶还以火柴盒宽度为1寸计算来量物长短的。

另一种一天一人平常可行百华里，故一天路即100华里，半天路即50华里，一早工走路即20华里。

6. 气象知识

气候与人们的生产和生活都有密切的关系。瑶族虽然没有专门的气象知识的传授，但是由于长期对自然界的观察与证验，也积累了一些气象常识。

日晕为天晴的预兆。

云往北走，必然天晴。

南风蛙（山蟾蜍）叫，快要下雪。

旱烟管上潮湿，天快下雨。

星密，落雨；星稀，天晴。

东风和西风相碰，必有雨。

东方打闪，有雷雨；西方打闪，天大晴。

萤火虫闪得密，有雨。

野蚁封窝封得平，必久晴；蚂蚁封窝封得低，必涨洪水。

蚂蚁搬蛋往上爬，必涨洪水；搬蛋往下爬，必然天晴。

黄瓜藤向上爬，当年大旱；向下爬，当年雨水多。

从上面这些情况看来，大部分是受汉文化影响的，这是长期以来民族间文化交流的结果。今天在党的领导下，在民族的大家庭中，为了社会主义建设和民族繁荣，瑶族将会得到各民族特别是汉族的帮助，飞速地向社会主义前进。

六、宗教仰信

（一）祖先崇拜

瑶族认为人死之后还有灵魂，它生活于另外的一个世界，过着与人间同样的生活，并可以给予子孙吉凶祸福。不经常供祭，家宅就不能平安。从而产生了虔诚的祖先崇拜观念。他们崇拜的仪式，有多种多样，分别叙述如下：

1. 做洪门

做洪门，又叫还洪门愿，也叫打香火醮，是茶山瑶最大的集体崇拜仪式。旨在祈祷祖先为后辈消除野兽之害。这种盛大的崇拜仪式，并非一家人单独举行，而是由血缘同族联合举行。每次间隔时间也较长，有的地区12年做一次，有的地区20年做一次，有的地区50年或100年才做一次。

2. 打　斋

这是瑶族五个支系所共有的崇拜仪式。只要是家运不好，他们就认定是神鬼捉弄，或祖先因不安而见怪子孙。

这就得要问卦，如果问出是祖先见怪的话，就得要打斋祈禳。茶山瑶打斋的时间共五天三夜。其程序如下：

（1）赎魂——某一祖先的灵魂被雷王神抓去了，必须用两头小猪供祭雷王，并请师公道公各一人祈禳一整天，为祖先赎罪，请它释放祖宗的灵魂。

（2）安龙——经赎魂后，祖宗得了自由。再请师公道公各一人，前往墓地祭祷，并烧钱纸一箱，使祖宗住得稳，而且还有钱使用。历时一整天，法事即结束。

（3）打斋——法事共需三昼夜。先由师公作法一昼夜，把牛、猪、鸡、鸭等祭品交给雷王等神。再由道公做两昼夜。最后一夜，到岭上烧一箱钱纸给祖宗，法事即告结束。

每打一次斋，消耗财物很多。仅以打斋一个节目来计算，就需要猪肉约200斤、牛肉100多斤、米400斤、酒270斤、东毫50元。如果连赎魂、安龙计算在内，共需东毫300元左右（连猪肉在内计）。

花蓝瑶打斋，有时由问卦决定。不过他们认为：如果一个人死去而不打斋的话，就无法登天堂；因为雷王挡住了通天的道路，要死者的子孙祭它之后方肯让路。故打斋时必须先祭雷王，后祭死者。祭时照例烧钱纸及纸衣服。法事由师公主持。打斋的耗费也不算少，每次所耗猪、肉、米、酒各二三百斤。

坳瑶打斋又名“做祖”，或称“打卜禳”，祭祀的时间虽说是七昼夜，但开始的四天，每天只祭神一小时左右，而且并不是连续进行。重要的仪式还是在最后三天，但也只是三天两夜加上一个早晨。它的“祈禳”节目是：

第一天：点猪——指定哪一个猪作祭神用。

第二天：交酒、交酢——以酒和猪肉祭神。

第三天：浸米——把舂粑的糯米用水浸泡后，蒸饭舂粑。

第四天：报日子——把正式打斋的日期告知鬼神。

第五天：开路——开辟并打扫道路，准备迎神。

第六天：打斋——正式祈禳开始。

第七天：继续打斋。

第八天：送神后结束。

最后三天节日比较重要：有请师、安坛、请家先、唱歌、打黄泥鼓等。每打斋一次，消耗猪肉200斤左右，酒米150斤以上，现款约东毫5元，故筹办颇不容易。

古陈坳瑶，除也有“做祖”的祖先崇拜仪式以外，在老人死去40天以后，要打斋一次。用意是给死者送衣食。

打斋的仪式，请师公来家里举行。其重要节目，要用禾秆扎个高约1尺5寸的草人，面用石灰粉刷，画上眼耳口鼻。身穿彩纸剪成的衣帽袜鞋，以象征死者。祭祷时，把它安置在厅堂中间；祭毕，烧去。之后，由师公请他的灵魂到厅堂中的祭台上“领筵”。祭品除死者子孙备办的猪、鸡、肉酢等外，还有许多糯米糍粑以及许多纸剪的衣服（数目按死者年龄计算，一岁一件，另加十多件）。这时，房族亲戚都来祭供。祭品略与死者家人所办的相同，只数量较少而已。祭毕，所有纸衣一齐烧化。这样，就算死者领受了这些衣食了。

他们对人死后必须打斋的解释：认为如果不这样，死者吃不饱、穿不暖，就会捉弄家人，使家人生病或遭遇其他灾祸。

盘瑶打斋较简单，仅是请一师公来祈禳就行。

山子瑶打斋，有的一家人单独举行，有的邻近几村或几十村结合度戒联合举行。他们认为每个人死后三年五载，都必须打斋超度，使其灵魂早升天堂。

3. 做盘王

这是盘瑶和坳瑶祖先崇拜的盛大祭祀仪式。盘瑶是一家在家里单独举行，坳瑶是一村或几村同姓亲族集体举行。

4. 清明扫墓

这是瑶族各族系共同的节日。每年清明节或清明以后一二十天内，必须到祖先坟上扫祭一番。有的是单独一家去，也有的是共一祖宗的同族各户同去，有的还邀亲朋同往。

茶山瑶对于清明扫墓很重视，较近的坟墓必须每年都要前往拜祭，至于路程较远的坟墓，虽然不能每年都去祭扫，但每隔一二年也得去一次。如果村中有的人家少去或根本不去的话，他就会成为众人议论的对象，认为他忘本。

为了使祖坟经常保持香火，每当清明扫墓时，必须让孩子也去，使他认识到祖坟的所在，日后长大成人，就可以接替老人去扫墓。

花蓝瑶对于清明节也很重视，照例年年前往墓地祭供祖先，并要行跪拜礼。对于祖先的墓地所在，他们记得很清楚。纵然是相距十几代人的祖先墓地，他们也不致忘却。

坳瑶清明扫墓的情况与以上大同小异。除了个别前往拜祭外，还有规模较大的扫墓情况：解放前，上下古陈、罗运、罗香一带的坳瑶，曾会同大樟区王田、花鹿等村的盘姓，前往平南县鹏化、花王水罗盘岩去祭扫他们最初进入瑶山的祖先的骨罈。

盘瑶扫墓一般是单独一家人的事情，也有集体进行的情况。另外，他们多半去新的坟墓，祖辈较远的墓地就不再去打理了。这和他们经常辗转迁徙的生活是相联系的。

山子瑶扫墓的情况与盘瑶大略相同，他们只到代数较近的坟墓，至于高祖以上的墓地则很少祭扫。

5. 七月祭祖

这是山内五个瑶族族系崇拜祖先的仪式。一律由家庭单独举行。

茶山、花蓝、坳瑶的祭祖情况大略相同，照例是七月初七日接祖，十四日送祖。这是全年的大节，少不了要隆重祭供祖宗一番。他们认定祖先虽然生活于另外的一个世界，但是生活方式是与人间相同的。故须烧纸钱给他们使用，烧纸衣给他们穿着，表示孝意。如不照办，祖先无食就会见怪，子孙就不得安宁。

茶山瑶认为祖宗有三个魂：一个在流浪，一个在坟墓里，一个除了祭祖以后的5天不在家外，其他时间都在家里。故须餐餐念祖宗名字，请他吃饭，请过后自己才吃，以示孝敬。

盘瑶在十四、十五两日祭祖，他们也认定祖宗是天天在家的。除了七月祭祖以外，只要平日有较好的菜蔬时，他们就要请祖宗吃饭。

山子瑶十三日接祖，十四日送祖。除此以外，正月十五及其他节日也得供奉祖宗。

6. 跳香火

跳香火，仅山子瑶举行，瑶语叫“耳曼”，直译为“做神”。他们认为人生病是神鬼捉弄所致。因此，就要请师公代为问卦。如果问出是本家的祖先作祟，并问他要多少个猪、鸡和纸钱来祭供，之后，便请师公来家对祖先祈祷，并卜卦决定一个退病的期限。如果真的在这个期限退了病的话，那就请师公来家许愿，预定个日期还愿——跳香火（一般在农闲季节）。在许愿的时候，师公还要“点猪”，即指定一条猪作为还愿的祭品。这只猪此后即不能移作别用，否则，祖宗又会见怪，使家里遭到更大的灾害。

跳香火的崇拜仪式，一共要进行两昼夜。其祭祀节目大致是：第一夜安坛，请神和解秽，并有跳神的节目，每个神降坛之后，都由师公唱出它的来历，歌词都是七字一句的韵文，名叫“神唱”。直到次日上午才结束。次日中午以后杀猪祭神，叫做“交猪”。如果许愿时是三头猪的话，除这“点猪”时已指定的那头生猪外，其余两头则用金色纸剪成猪形代替。“交猪”之后则是“交鸡”和“交钱”（纸钱）。三个节目要做到深夜。在这段时间里，主家和师公一律吃斋，到三个节目做完后，方可开荤。第二夜跳神，第三天早上送神、拆坛，祭典即告结束。

在跳香火的时候，主家还要请村邻每家一人来吃喝，远地的同族近亲和亲戚也要请到。因此，每跳香火一次，需要猪肉 50 ~ 100 斤、米酒各 100 斤左右，以及其他一些零星的用费。

（二）主要神祇及庙宇

瑶族认为：神是人变的，故有“先有人，后有神”的说法。各族系所敬奉的神祇多而复杂，根据各族系庙宇里所祀奉的神像及祭神经典内所列的神目，少则 100 左右，多则达四五百。其中除少数是本民族的人神外，还包括佛道两教的神，而且有许多还是壮汉族有真姓名的人神。这显然是受汉壮两族影响的结果。

各族系所信奉的神祇，大致可分为七类：

（1）人类始祖神：如盘王、伏羲姐妹等。

（2）自然神：如雷王、风伯、雨师、禾魂等。

（3）民族神：如金秀一带茶山瑶的苏灵公、陶五、苏六、陶金明、刘金相，花蓝瑶的胡公度等。古占、石门山子瑶的蒋六将军、盘都镇大王等。

（4）祖先神：如盘瑶的盘王、茶山瑶的苏灵公等。

（5）保护神：如社王、灶君、甘王、刘大娘等。

（6）祖师神：如三清（太清、玉清、上清）、三元（唐、葛、周三将军）、阴阳度师等。

（7）兽神：如虎、狮、犀牛等。

各族系所崇拜的神祇虽各有不同，但也有一些是共同崇拜的。其最崇敬的有社王、关圣、大圣、雷王、冯三界、刘大娘等。也有的是两三个族系共同崇拜的，如茶山瑶、坳瑶、花蓝瑶共同崇拜的甘王、冯三界、陈宏谋等，盘瑶、坳瑶所共信的盘王。至于各族系单独崇拜的神，名目甚多，不能一一列举。

山内各族系几乎村村有庙，少者一个，多者达 10 个，一个庙宇里的神像多达五六十个也是常事。有的以石为像，有的以木雕像，有的是在板上加彩绘像，有的只摆几个香炉而无偶像。盘瑶则把盘王供在家里，只在小木匣里装个香炉而无神像。这些庙宇，大多数还保存完好，只有茶山瑶比较集中的金秀四村，以前共有庙宇 9 个，现多数已倒塌或被国民党毁坏。现将该四村的庙宇分述如下：

(1) 社王庙——金秀、白沙共1个，六拉、昔地各一个共3个，内供社王、文昌、玉帝、神农等神。

(2) 雷王庙——供大圣和雷王等神。

(3) 三界庙——供冯三界和陈宏谋等神。

(4) 太公庙——供感应苏灵公和平琴等神。

(5) 烂庙——供甘灵圣和陈奉六等神。

(6) 地主庙——供甘王和陶五、苏六等神。

(7) 金身庙——供金身和陈六等神。

(8) 刘大娘庙——供刘三姐和刘猛等神。

门头村花蓝瑶的庙宇有下列几个：

(1) 甘王庙——供甘王、五娘、冯三界等神。

(2) 社王庙——供社王。

(3) 六庙——供五谷神和韦银等。

(4) 大神庙——供大神、覃东干等神。

(5) 刘大娘庙——供刘大娘、刘猛等神。

(6) 公度大王——供胡公度（只有香炉而无神像庙宇)。

坳瑶聚居的罗运村有庙宇5个：

(1) 盘王庙——供盘王神（没有神像，只有香炉)。

(2) 三界庙——供三界神（指上天、地下和人间为三界，无神像，只供香炉)。

(3) 刘大娘庙——供刘大娘、刘猛等神。

(4) 冯圣官——供冯圣（即冯三界）及社王、甘王等神。

(5) 另有社神一个，是以石为神像供在青山大树下的。

盘瑶聚居的坤林村只有社王（以石为神像）供于大树下面，其他盘瑶村落亦同样。至于盘王则供奉在各自家里。

山子瑶聚居的旧村有两个庙：

(1) 五谷庙——供有五谷神和刘大娘等神。

(2) 社王庙——与盘瑶相同，有神而无庙宇。

瑶族各族系中，以长毛瑶族的庙宇较多，过山瑶的庙宇较少，而且比较简陋。其原因一方面是由于生活穷困，另一方面也是由于他们经常迁徙的关系。但是过山瑶庙宇少，并不等于他们崇奉的神祇也少，其实载在他们神书里的神名，竟有一百以上。

从瑶族所崇拜的神祇来看，可知各民族文化的相互影响：

(1) 许多神祇在山外汉、壮两族都有，如神农、伏羲、轩辕、关帝（关羽)、鲁班、三清、三元、四大元帅（赵、邓、马、关)、观音、灶君、社王等。

(2) 瑶族崇拜的人神有的是汉族，如冯三界（贵县人)、刘大娘（平南人)，陈宏谋（临桂人)。有的是壮族，如甘王（象州人)。

(3) 瑶族各族系间，虽然崇拜的神祇并不一致，但也有好些是共同崇拜的。

此外，从山内各族特别是瑶族的宗教信仰中，可以看出他们对宇宙的观念。由于知识水平的限制，他们把自然界许多至今尚不能解释的现象，都认为是神鬼的摆布，从而产生多神的崇拜。

（三）主要的祭神仪式

瑶族崇拜鬼神的观念很深，凡遇人口不安，禾苗不好，六畜不旺，都认为是神鬼捉弄，非杀牲祈禳，就不能摆脱灾难。一家如此，则一家祭神；一姓如此，则同族祭神；一村或几村如此，则同村或几村联合祭神。兹将瑶族解放前崇拜仪式分述如下：

1. 祭社王

社王，系山内瑶族五个族系共同信奉的神祇之一。传说，社王本姓李，称为李社。出娘胎后就会笑，父母认定是怪物，就把他遗弃。后被白牛吞食。有一次，白牛到瑶山吃粟米，被瑶人用箭射死。众人分肉时，发现牛肚里有一个很像人形的石头，而且会讲话。忽然一阵狂风，将它吹至玉帝面前。王帝便封它为社王，到民间教民种五谷。故瑶族认定他是五谷神。关于社王的来历，瑶族各族系的传说均大同小异。山外壮族，也有类似传说。瑶族神书中，有关于社王的七言歌词两首，道出了社王的来历及其对人民的好处。社王原是五谷神，故瑶族人民对它特别崇敬，不但村有村社，而且有的一姓还供有小社，每一社都有名称，例如金秀白沙两村共立一社，名新安社；六拉村的社名歌放社；昔地村的社叫下新安社；金秀陶家之一小社叫麻多社。

有的社庙里并不专祀社王，却是供奉许多神的。例如金秀、白沙两村的新安社，一个约略一丈见方的小庙里的神龛上，就供有25个木板彩绘神像。

茶山瑶祭社每年举行两次，时间是阴历二、八两月的社日（历书上有记载）。当天均须杀猪分肉给同社各户。因此，就把共社各户，分成几组，按组轮流当头养猪供肉（如金秀、白沙两村81户，分为9组，每次祭社，要杀猪9只）。值年的头人早就准备各养大猪一头，到祭二月社时杀用。八月社时，早年是同二月社一样要由值年头人养猪分肉的，但近五六十年，已改为同组各户凑钱买肉到社庙旁吃喝。各组按照自己的经济情况，猪肉买多买少，并无限额规定。

值年头人所养的猪，在社日的前一天就要在家杀掉。杀猪时，同组的人都来帮忙。凡杀社猪的人，必须禁忌在三天前不得和妇人同房；否则，必遭社王责怪而生疾病。社猪肉除照规定数量供给同组各户外，余归值年养猪的所有。应供的数量，除以一小部分在杀猪时供同组各户聚饮一餐的食用外，余下的等到祭社时挑到社庙前均分，供同组各户社前聚餐，而不作为祭品。祭社神时，是另由社老杀一重约一二十斤的小猪作礼牲的。

每个社庙，都由卜卦选出社老一人，任期到死为止。他的任务，除祭社时帮助师公祭神外，平时每逢初一、十五，还要到社庙烧香，供奉神祇。还有一项较为重要的任务就是要在祭社之日，共社各户都来社庙旁聚饮的时候，对群众“料话”，宣布有关生产的各种条律。不仅如此，他还有几件显示有领袖权力的事：一是“吃四社”后“喊村”，杀社猪的头人才得煮社猪肉。所谓“吃四社”就是当各组杀完社猪后，社老选其中最大的一只，照例给银两毛，买肉一斤（常是价款少于物价的不等价变换），回家煮吃。吃罢，才出来“喊村”说：“我已经‘吃四社’罢了，各人可以煮社猪肉了。”这样各杀社猪的人家才得煮肉。二是浸谷种、做秧田的日期由他选择宣布，各户必须按照这个日期进行，不得谁先谁后。三是到“割青”（采绿肥放秧田内），那天，由他掌握时间放炮，全村各户须一致行动；第一炮响后，各家起床煮早饭；第二炮各家吃饭；第三炮响了，各家出去割青的男女才一同出门，上山割青。如果谁不遵从这些规定，都以犯石牌论，是要受处罚的。总的来说，金秀一带茶山瑶的社老，在立夏以前的春耕生产事项，共社的人都由他来安排和管理。从立夏那天起，这种管理生产的职责，则由“甲”来代替了。

为了使同组轮值养猪的人供应社肉的数量每年都一样平均，他们的老辈早就选好了一个刚重60斤的大石头来作标准。即不管你秤的多少，猪肉一定要和这个石头一样重。此外，轮值的人，在杀社猪之后，例需要请同组的人来聚饮一次，并须供应红糯米饭（饭熟后趁热用猪血和油搅拌而成）36斤。在社庙内祭神的师公，应得的报酬——小猪肉一斤，也都各有一个石头作标准。

轮值养社猪的人，杀了社猪，把应供的社肉60斤分给同组的人以后，所余的猪肉，例需请房族亲戚来家聚会欢饮，如果有人不这样做，是会遭到社会舆论的指责的。故金秀一带，每逢社日，男女都打扮得整整齐齐，你来我往，欢度节日。

花蓝瑶的社庙，有的专祀社王（如门头村），有的则与其他神共庙（如六巷）。但有一点：社王一律没有神像，而是以三个长形石头代替神位。据说：在若干年前是没有社庙的，只把三个石头神位，安放于大树下面，以树为屋，任随风吹雨打。后来，为了方便祭祀，他们才在石头上面盖上了简陋的房屋，以避风雨（如门头），六巷村则把神位移进了甘王庙。

社庙有社师一人，社老数人，均由卜卦产生，任期到死为止。前者负责祈祷，后者的任务是烧香及帮助社师祭神。

祭社每年举行两次，一般在二、八两月的社日。只有六巷村系八月和十二月（前者系旧例祭社的时间，后者却是就祭甘王之便共祭社王）。每次杀猪一头作为祭品。社猪由全村共社各户轮流饲养，猪肉于当天在社庙前平均分给共社各户。俟祭神结束时，或在庙前聚餐，或携带回家，均可自便。

六巷村的花蓝瑶插秧时，由社老最先选一处，插秧10株或12株，以占验当年的丰歉：这些秧苗插后不上肥，10天以后，看它生长是否良好，如生长旺盛，即为丰年之兆；如果枯黄，即为歉年之兆。社老不先下田插秧，任何人都不许先插。这种风俗也似乎显示社老是个领导生产和交通神人的人物。

坳瑶对于祭祀社王，并不如茶山瑶及花蓝瑶那样重视。有的村甚至没有单独的庙宇供奉社王，而是附带安置于其他庙里，逢祭其他神时，附带向他祈祷一番而已。

盘瑶也以石头为社王的神像。一村往往有几个社，例如坤林村共25户就立有3个社，即平安社、新安社、全州平安宁静社。

祭社的次数各有不同：有的是每年两次（如三角乡甘冲村），有的每年3次（如坪山、六仁等村），有的4次（如坤林村）。祭社后共社各户在社前聚餐，有的仅是烧香祈祷。总的说来，盘瑶祭社耗费财物并不很多，祭典也不如茶山瑶及花蓝瑶那样隆重。

山子瑶也没有社庙，而是以石头为神像，供于大树下面，以树为屋的。社有社老，系由问卦选出，任期仅3年，期满又得另选，如果问卦出来要连任的话，也可以继任。每年春秋二季祭社，时间是二、八两月的社日。当天必须聚餐分肉。为此，全村共社各户，每年轮两家养猪各一头，作为两次祭社之用。祭神仪式在社老家举行，每户户主一人参加，并在那里会餐分肉（猪肉以一半聚餐，一半按户平均分配）。祭社前，社老还要当众“料话”，宣布有关生产的一些条律（详见石牌制度）。

由茶山瑶、山子瑶的祭社情况来看，社老既要料理祭神事项，又要当众“料话”，俨然是一个领袖。其次，社老“料话”的条律中，只是一些有关生产的事项，他很可能产生在石牌老人之前。

附

社王坐席唱

坛前锣鼓响纷纷	本祭社王亲降临	入筵受领祈宁酒	在坛唱出圣原因
不唱前王并后汉	且唱开天李帝君	社王原是李家子	灶王又是叶家人
且唱我娘身怀孕	满满怀胎三个春	满满怀胎三年内	不见降下小吾身
从此我娘想死命	磨到利剑白如银	磨得利剑银咁白	破开肚里看谁人
小吾得闻如此语	连时降下小吾身	生得一朝会讲话	生得二朝会叫人
三朝会行四会走	白发生须满口唇	我娘不知赖是怪	拎去高楼丢死人
我娘拎去高楼丢	丢人不死痛人心	我娘见我又不死	拎去牛栏丢死人
我娘拎去牛栏丢	把那牯牛踹死人	把那牯牛不踹我	畜牲知我是贤人
我娘见我又不死	拎去岭头丢死人	我娘拎去岭头丢	把那日头晒死人
生得小吾身有道	凤凰开翼便遮阴	第二日期娘去看	莲花尚在小吾身
我娘见我又不死	拎去深山丢死人	我娘拎我深山丢	把那虎狼咬死人
把那虎狼不咬我	虎狼送奶两三巡	第二日朝娘去看	莲花尚在小吾身
我娘见我又不死	拎起江边丢死人	我娘拎去江边丢	把那水深沉死人
把那水深沉不死	化作浮萍水面浮	化着浮萍浮水面	耕牛吃水连萍吞
我在牛肚住三岁	我在牛肚住三春	从此白牛不识理	偷吃瑶人粟麦根
从此瑶人偷看见	便将药弩射牛身	射得耕牛跌落地	把刀把斧两平分
牛肉牛肝分去了	丢我牛肚在芒根	只有军人多猛烈	一刀斩入牛肚身
一刀破入牛去肚	得见石头三个人	若你石头会讲话	与你石头春过春
从此石头会讲话	我是开天李帝君	亦得大请人敬信	连时立祭护村民
社王原来三丈六	起屋不成住木根	大木林林是我屋	小木林林我舍邻
木叶正是琉璃瓦	木表砌阶层过层	当初欲把纸来画	又怕春天雨水淋
当初欲把木来凿	实怕虫蚁会通心	从此阳间须立石	立石年年春过春
我在村头为社王	不曾开口乱行瘟	若是社丁犯着我	我会不怪社丁人
若是畜牲犯着我	我今不怪畜牲身	过路客人犯着我	利锹铲草不留根

（据罗运村坳瑶师公盘达兰所藏游神神唱手抄本照录）

唱社王

神是本祭社王降	国母尊婆同赴临	且设社王原出处	当时出圣在昆仑
昆仑山下得一位	五个共得不曾分	一哥朔了二哥朔	三哥小三弟便生吞
四哥将去便开土	处处打落溅泥尘	一母变成九十九	变成五谷养人民
散满诸州天下路	万民百姓去耕田	从此散满天下去	至今天下活人民
凡间作事轻如纸	社王赐福重如山	今日朝洛位上请	用保设主得平安

（据金秀村茶山瑶嘉庆六年［1801］全胜阳手抄“朝官朝洛歌本”）

2. 做洪门

做洪门又名打香火醮，是茶山瑶族最隆重盛大的一种祭典。由血缘较近的同族联合举行。金秀附近10村，50~100年做一次。长二、长滩等村，20年一次。六段12年一次。因为是祭香火，神坛设在家里。祭祀由师公主持。祭神的目的在于祈求人丁平安，谷米丰收，家畜兴旺。

祭祀的主要神祇为北府大圣李王、雷王、梁王、吴王、其次为管篆、苏灵公、甘王、莫王、监厨、婆王、北府（虎相）等，此外还有九溪十洞蛮王。其他神祇，如照洪门神目所列，共计500多名。

祭典一共要设坛作3天3夜。金秀一带，神坛设在家里。长二附近等村，第一夜要在山坡上设坛作法（第二、三两夜在家举行）。神坛共分三个营盘，各营分别插刀剑及大小旗帜，旗上写着星宿、日、月、虎兵、龙兵、蛮兵等名称。次用120面小纸旗排插成阵、分为东、西、南、北、中5个门，互相通联。各门再用12支小旗插成一殿，共12簇。每簇代表一种动物，如某某飞鸟，某某野兽。此外，尚有明利堂、金牛簇、玉皇宫等布置。入夜，每家派一人参加，但不得点火把，也不许讲话。在场中燃起大堆柴火，作为照明之用。大伙儿围着火堆看师公作法念经。最后一个节目是师公穿游五门，每到一门都要学鸟兽叫，或装出鸟兽的动作。到代表着老虎的一簇小旗时，由师公作法将“老虎”杀死，并把各种旗帜烧光，表示把一切害鸟害兽、凶神恶鬼一齐驱逐，就可保五谷丰收，人畜两安。临了，师公还分些肉片和一只小虫给各人带回家去，放在猪牛栏里，可保家畜平安。各人回家时，仍不得讲话，直至到家时为止。否则，法事就不灵。翌日的两天两夜，才在村中公屋继续举行一切请神、祈祷等节目。到最后一天，每户一人共吃一餐，仪式才算结束。

金秀做洪门祭典的主要节目：第一天系立幡，把白布幡悬挂于约2丈高的竹竿上。第二天“送公曹”，也叫“请庙”，把神送到白幡下面。而最重要的是第三天的“杀吊猪”和第三夜的“跳六郎”。前者，在村外所立的长幡下面作法。以圆锥形竹笼装猪二头，悬空架着。师公十余人绕笼作法，由带头的三个师公分别用手中所持的木矛、木棒、法剑等刺猪喉头使叫。围绕三周后杀猪，抬回斩割，留下72块作为夜里“跳三郎”时吃“烧猪肉”之用。后者在家内神坛举行，扮演的六郎、五郎兄弟降坛后，扮演砍山伐木、烧山开地、砍树叶、唱山歌等节目。等他种的“谷米”成熟时，便有各种“鸟兽”来扰害，都被“六郎”打死。最后打得“山猪”时，即把“杀吊猪”时留下的肉块，用火烧熟，分给所有在神坛的人各一小片。据说，从前“杀吊猪”所用的猪是要山猪（野猪）的，把竹笼装在山林里，师公作法后，山猪就会自进笼来。后因此法失传，故改用家猪。但亦须尽量选黑毛猪或黑毛较多的猪来用。

为什么在“洪门”祭典中要演一些捕杀野兽的法事呢？在六段村流传着的“历史故事歌”里，说明了这个起源。其歌词是：

山猪马鹿伤禾苗　那时无枪也无炮　木棍竹矛组成队　撵跑野兽立洪门
一十二年做一次　有道公来有师公　…………　再过五年到六年
又有老虎乱进村　咬猪咬牛不太平　再请师公来问卦　问出神圣不安宁
又才许了做洪门　宰了肥猪两大头　请师公来跳洪门　后来无虎伤猪牛
神安六畜才旺兴

从这个集体崇拜仪式的起源来看，瑶族的宗教信仰，是和他们进入瑶山初期的艰苦生产斗争分不开的。当他们还没有比较锐利的武器和有效方法来防御和驱逐那为数众多的猛兽的时候，除竭尽人力组织使用木棍竹矛的队伍集体和它们搏斗以外，只得祈求祖先的阴灵和其他神灵的默助了。其他许多祭典，大致都可作这样的看法。

做洪门用猪肉的数目是惊人的。一是给师公的肉多，二是给客人吃的肉多。初入坛时，各主家都要杀猪一头。每头净重总在百斤以上。如10家人共做洪门，就要杀猪10头，8家人共做就杀8头。有的主家，请客人数达二三十人，连续要住3天，直到祭典完毕，他们才散。主家招待客人，净吃猪肉，不供小菜，猪肉吃完又添，烧酒喝完又上，主人不得稍露吝啬。因此，每个主家，至少要用猪肉300斤，多的要用猪肉五六百斤。

洪门祭典，虽然每姓要隔50～100年才做一次。但在金秀、白沙、六拉、昔地四村，共有6姓，而一姓之中，又分小支，因此，50年来，四村先后共做洪门达10次之多，即平均约5年即有人做洪门一次。

做洪门时，要请许多神祇降坛领筵，降神时，由师公穿法衣，戴纸面具“跳神”。调查中在金秀村搜集到清咸丰二年（1852）制的纸面具45个，背面都写明神名。据师公们说，这些都是较重要的神鬼，所以还愿时非祭它们不可。这些神名是：大圣、北府、当山、虎相（前三者是大圣的化身，虎是大圣的坐骑）、梁王、吴王、梁吴（梁王、吴王合在一面具上）、雷王、甘灵圣、社王、灶王、金身、辰录（即陈六）、陈宏谋、公婆（祖先）、太公、五郎、六郎、官六（即管录）、五通、五伤、星官、星主、先逢（先锋）、引光、土地、游山、和尚、三元、天岁、三师、特郎、三界、监厨、监鸡、九头狮子、判官、婆王（老妇）、上楼（老妇）、中楼（女）、下楼（女）、五娘（女）、女游（女）、武婆（女）等。并须喃唱神的来历，名为“神唱”，兹摘其几段重要的神唱如下，以见一斑。

附

北府洪门化帝天王唱

曲子落在太平年　神是大圣李通天　设主有筵来相请　踏弩拈弓起动筵
入筵启动烧前主　从头唱出我根源　我母原是天仙女　午日午时得遇仙
至此我娘便怀孕　当时怀孕李通天　满满怀胎十个月　戊午日时长通天
四个戊午都属火　五郎性急好威权　年登十五去学法　送入梅山学法缘
学得诸般法尽全　法主留我住三年　学法三年都通晓　拜随法主我归源
学法莫学女儿法　下沙娘子在江边　归到下沙青草埠　女儿法律处头前
五郎便问娘娘道　你今听我说根源　我今欲往日州去　踏上程途几万千
下沙娘子应不着　宽行三日急三年　从此五郎不服气　化作黄龙缭上身
跤取娘沙过海去　下沙娘子泪连连　归到天圣桥头路　遇着侍郎要赌钱
西府侍郎要作法　除头落脚挂花园　下沙娘子要作法　化作黄鹰飞过天
指取侍郎左脚去　五郎失脚泪流连　武帝相公来助法　借得铁弓及铁箭
门低装鸡等鹰到　几箭双飞弓便前　射着黄鹰踏落地　黄鹰打落水池边
斩取鹰脚接我脚　鹰脚接脚不周全　初接至侍又不好　我支出边他出边
上王元年五月五　泊罗江下看扒船　西府侍郎同一队　侍郎要我过西川
口叫渡船不近岸　风吹莲叶近岸边　侍郎拍手呵呵笑　今日翻我两连船
侍郎踏上莲船立　乘船一时到西川　五郎路上莲船立　鹰脚又开叶便穿
当时踏落龙王殿　龙王得见眼睛圆　龙王见我心慌怕　龙王要我结同年

置酒排筵五郎吃　夜叉送我出南天　只有五郎心肚好　只有五郎心通偏
一气五郎作一法　喝取夜叉贴地眠　五郎拍手呵呵笑　今朝你两命归天
斩取野叉四个手　安在左右边及边　装成三头并六手　五郎容貌好威权
来到鸡谷山下路　打破铁旗人取边　真武得而镇比极　灵公得面县南关
连时来到青草埠　遇逢十二打渔船　我便说语鱼哥听　你今渡我去南天
我去南天若得圣　我得今通你得筵　我成云时人侍候　不负鱼哥二歌筵
我在上筵领财马　你在下筵便领船　至此鱼哥便渡我　偬声抽身上我船
眼睛莫要看左右　手多莫要把船边　归到四周龙虎庙　遇逢坛主正排筵
坛主将年排左右　你队人多小人官　我队众人生得小　看来十五好威权
便请十五筵上坐　齐呼万岁李通天　就把酒来打一昔　日月腾腾落面前
梁山提虎五郎坐　青竹蛇儿做马鞭　捉取蜈蚣来引路　至今三恶得周全
手把龙泉一张×　指开地户见天边　从此下凡人敬信　十年十岁进洪门
（据金秀村茶山瑶刘胜应嘉庆八年［1803］手抄“洪门分筵末后天王唱”）

灵公唱

龙飞愿落久长新　灵公下马赴歌门　使者执状书相请　撩头略说圣原因
本属静江修仁县　住居茶峰押步村　父母生长三姐妹　丢下孤独一个人
本命建生年乙丑　不知日月及时辰　年登幼小爷娘死　如何养得一条身
不幸抽身才出外　几多辛苦得成人　便在西乡归淳里　住处主人在安村
常日做田为春子　岭上看牛晒杀人　热天又着日头晒　冷天独卧战兢兢
思量便归旧乡住　行至古参向古村　再过期年戊申岁　古参庙里正迎神
未知我是仙人骨　被着三郎买我身　买我传扬便卜卦　传凶度吉与凡民
住阳一日为童子　太子勾薄命归阴　寿命年登八十九　癸酉九月别凡伦
初二辰时归阴府　初三甲午结灵魂　至此下凡人敬信　村村立庙祀真君
（据金秀村茶山瑶全胜银同治六年［1867］手抄“洪门上筵将头一百二十分位”）

十相灵公

十相灵公神来降　我是中书省里人　只因南蛮人作乱　差郎来管静江军
行兵来到修仁县　石墙隘里歇郎身　翻身要议取茶郡　遇着苏公正出迎
要我两家结同伴　大家此地作神通　变相公分十相内　于今凡地领经纶
（据金秀村茶山瑶全胜银同治年间手抄“洪门草兵左班歌唱”神书中载）

唱梁吴根源

万岁落愿愿千秋　梁官下马说原由　最大便是静江府　管下大都分四天
东至兰麻山为界　南至宗确（?）海角边　北至丹州离云贵　西朝便是莫王天
父母生长八兄弟　出得梁八人疯癫　家里工夫全不管　溪洞山瑶博少年
住在茶山一个月　常有哑（?）头在半边　买得黄茶三百担　装成茶担弟行先

归到须溪第六洞　瑶人执弩路头缠　唯有八官不服理　连阵三流口出烟
第一箭来郎接得　第二箭来过膊边　第三箭来真凶猛　当时射入弟胸前
霹取山前打一箭　八官条命拿归天　杀虎亦有亲弟兄　梁九执枪入阵前
当时夺得兄尸首　一洞兄弟哭震天　买得鲁班木一具　开丧动鼓响连连
刘景先生作地理　妹九先生作地仙　正葬兰麻大岭上　邻洞山瑶好不癫
葬了得闲一个月　墓头袅袅出青烟　父母叫儿打开看　手把沙刀飞上天
依时再上须溪洞　杀得瑶人无万千　尽将瑶人作兵马　当时口里不通言
讲话一百瑶人解　尽将青布作头巾　枪刀牌棒双双起　随从八官赴县椽
游到洞铁石山下　遇着东江口天下　沽酒二人地下吃　相邀结义住千年

（据金秀茶山瑶全胜银同治六年［1867］手抄“还愿洪门梁吴歌唱”）

吴官祝赞唱

梁官赞唱谐圆满　吴官十六说原由　年登字小爷先死　再经七岁母先休
七岁便同叔公住　叔公交我看耕牛　起得高楼高万丈　兄弟轮流升上头
一哥二哥上不得　三哥扶落自成修　弟四便到十六上　十六上得好高楼
上得楼来无物贺　相邀偷吃叔公牛　毛叶作刀如锋利　割出牛耳并牛头
剥取牛皮作锅煮　牛耳作勺满锅捞　全身牛肉都吃了　牛轩嵌进献兵（?）头
日落西山天晚夜　兄弟相邀去磊牛　三百只牛都尽回　行行列列过街头
叔公便出庭前望　如何不见一头牛　叔叔开口问十六　口中分说肚中忧
说到起早犯太岁　请取先生共我收　叔公未知到□是　古牛陷落尘塘头
赶到塘边大晚夜　启闻蟆蚜叫啾啾　三喝四声全不动　此物何曾抽起头
唯有叔公多性气　一棒十六命归休　打死他付东江葬　截断东江水不流
葬在东江作乙向　寅申水流朝墓头　葬了得闻数个月　渐渐出圣过宜州
唯有宜州不信鬼　六案曹司着我收　游到峒铁是山下　遇逢梁八作都头
沽酒二人地下吃　愿交结义住千秋

威德、民主三郎唱

我是威德雷王降　民主三郎共赴临　入筵启动烧钱主　来坛说出圣原因
家住雷州立圣庙　雷车雷鼓振天宫　雷叫三千八百里　不伤田稼不伤人
启圣三年逢甲子　天曹昏暗不分明　亦有黑风并黑暗　恶人家宅尽归风
手把钺斧千斤铁　更把雷斧重千斤　若有阳人不敬信　一刀两断化成尘
从此留传天下去　凡人诸处尽迎宾

（据金秀茶山瑶全胜银同治六年［1867］手抄“洪门上筵将头一百二十分位”）

地主平琴大王唱

地主平琴大王降　暂离紫府赴厅台　入筵启贺烧钱主　坛前又说圣原因
本姓原是张家子　日日入山去采柴　去到深山未下手　望见虎狼对面来

拔出柴刀腰虎叫　不觉扇风跌落崖　跌落崖边郎失命　三更送梦到家来
爷娘得梦心欢喜　未知郎命落金台　第一早朝罗刀手　岗上田头昇上埋
前面金箱并玉印　两边锣鼓挂宣牌　号为平琴作地主　今宵来赴领钱财
平琴二皇亲送福　五更上马往天台
（据金秀茶山瑶全胜银同治六年［1867］手抄“洪门上筵将头一百二十分位”）

陶五官唱

神是陶五受勒降　下马入位说原因　原属修仁皈仁里　罗罗峒里住平村
小郎住在茶山地　本祭社保管郎身　未知我是神仙骨　太公买我做牛童
开楼占卜知生死　吉凶好恶尽通穿　初出下凡人未识　又行吃煮害喉风（？）
下凡敬信受敕鬼　除灾遣祸去如云

苏六官唱

神是游天苏六降　暂离紫府赴郎门　入门启动烧钱主　撩头且话说原因
本属静江修仁县　住居罗罗下秀村　村头本祭麻多社　罗安土地管郎身
因为其年戊申岁　上司差到出红军　一时来到蚕吾住　禾仓谷米踏成尘
壮人周公不服理　当时启去打红军　入寨打军相斗战　未知弓箭射吾身
戊申五月郎失命　落阵便在大蚕村　未知我是神仙骨　又行喉风害人民
魔取阳童来传度　传说苏家太尉官　到处乡村人敬信　游行天下到于今
今日洪门书相请　五更各罢圣归云
（以上两首根据的抄本均同前）

3. 做功德

做功德是茶山瑶一村或几村联合举行的一种超度亡魂恶鬼的集体祭神仪式。金秀四村，每隔 18 年做一次，六段、在保（原名寨宝、太保、载宝等）等村，每隔 12 年做一次。长二、长滩等村，20 年做一次，目的在于求人丁安宁，谷物丰收，家畜旺盛。如果村中居民不安时，就卜卦决定祭祀日期，做一年以上的准备，然后举行。因为在举行这个盛大祭典之前，必须把原有的一度功德桥重新修造，表示超度之意。在修桥完工以后，又须隔 3 年的时间才做功德。

做功德的祭坛设在功德桥附近。法事由道公主持，师公也来帮做。神坛设在一个临时搭盖的大棚厂里。坛内布置：正面挂三清，对面挂救苦难菩萨、九幽、朱林像。左边挂张天师、把坛和邓、辛两元帅像。右边挂李天师、把坛和赵、马两元帅像。棚外竖三幡，黄幡用来通玉皇，红幡用来通太公（祖先），黑幡用来送孤魂野鬼。祭典共经 3 天 3 夜。所祭的鬼是多而复杂的，所祭的有几百个神鬼，简直可称聚佛道天地诸神鬼于一堂。

做功德是一种盛大祭典，与做洪门并重，参加这一祭典的各村各户，都要邀请远近亲朋来参观。客人到家，例须杀猪置酒款待，餐餐吃肉到底，不能稍有吝啬，否则他们认为神就会见怪。因此，一家至少要杀猪一头，并耗米酒各五六十斤以上。如以金秀、白沙、六拉、昔地四村联合举行的功德为例，四村 160 户，除祭神用作牺牲的两头猪不计外，各户款客就要共用猪肉约 15 000 斤，米酒各六七千斤。从这个惊人的数字，也可看出当地茶山瑶经济力量的一斑了。

从茶山瑶这种盛大的集体崇拜风俗中，可以看出：就祭坛所供神祇及经典书籍中所载神名来看，可知受汉族文化影响甚大。金秀四村在做功德以后，每隔3年，须举行一种崇拜仪式。一共5种，合成一套，时间共为15年。加上3年便做功德。所以做功德的时间，每次要隔18年。兹将5种崇拜仪式简述于后：

（1）做疗旺（译音）：金秀四村所有师公道公，齐到村旁田垌中，摆一张桌子，上供香烛，由一两个老师公坐在桌旁念咒（默念），其余各师道，绕桌作法三迎而毕。

（2）做越（译音）：由自愿做此仪式的师公二三十人向村中居民领做。金秀四村共9庙，每庙分师公二三人去作法祭神。祈祷半天而毕。四村各户都捐些鸟酢（腌鸟肉）或猪肉块酬劳师公。

（3）做大节：由几个师公到地主庙内祭神一天一夜。

（4）做五谷：由几个师公到地主庙外坪场去祭神，做一天一夜完毕。（以上两种祭典，祭品都比较简单，只用鸡一两只、香纸等供品而已）

（5）架功德桥：金秀四村各户出工伐木，规定六拉、昔地两村抬木根一端，金秀、白沙两村抬木尾一端，架于河上。桥架成后，由道公去上木夹，当他钉最后一颗木钉时，是要对着一个被他见到了的人才下钉的。据说，这个被道公瞧见的人，不久就会“病死”。所以当架桥完工那天，是没有人敢近桥边的。道公没有见人，而时辰又到，只好见到其他动物就对它下钉。如果有小鸟恰在那时飞过，被道公见到了对它下钉，连小鸟会马上“掉下”来。不过，这仅是传说，谁也没有亲眼见过。

关于“做功德”这个集体崇拜仪式的起源，在六段村流传着的“历史故事歌”里也有说明。歌词是：

山村人丁不安乐　又请师公来问卦　问出瘟鬼和瘟神　众山村人来商议
许了打醮做功德　架了三度大路桥　请亲喝酒又吃肉　做了三天连三夜
做了功德得平安　人丁也才得安乐

4. *游　神*

游神，又名刘大娘出游，为茶山瑶、花蓝瑶、坳瑶、山子瑶集体崇拜仪式之一。

刘大娘，相传是宋朝时人，家住平南县思回岩下洞心村，父刘国赞，母黄氏，兄刘猛，因除蝗有功，封为刘猛将军。二姐出游天下，三妹唱歌得道。大娘在家侍奉双亲，父母死后，年才18，便去容山（一说大容山）礼佛修行，终于得道。直到清朝同治年间，北流容县一带禾苗生虫，大娘显圣，告诉田中捉虫老人，说刘大娘在容山顶上得道，如开路上山修庙塑像供奉，禾苗就可得救。老人率村民开路，一夜禾虫被鸟食尽。村民便在山顶上建庙塑神。县官得知，开兵上山追查，晴天突起乌云，把庙内神像遮掩，后来皇帝得知，封她为神。凡是接大娘神像游巡之处，居民安乐，禾谷丰熟，百物生长，生意兴隆。关于上段传说，几乎流传于整个大瑶山。茶山瑶的神唱书中，有“姑娘坐席唱”一首，叙述刘大娘的来历，歌词全采用七言字句，词句异常流利，且无重复之处。

刘大娘神传入瑶山的时间，各地迟早不同。据昔地村82岁茶山瑶老人苏胜段说：刘大娘神先到盘瑶地方，后到坳瑶住区罗运村。82年前（即苏胜段出生那年），金秀四村禾苗忽然出红叶，才去罗运把刘大娘神接来供奉的。又据岭祖村茶山瑶师公兰炳文说：咸丰二年（1852），岭祖一带蝗虫吃禾，老班到汉区接刘大娘来村，禾才得救。

茶山瑶游神期一般3年一次，即逢阴历有闰月的一年举行，时间均在阴历八月禾苗长胎的时候。祭礼是请师公祭神后，即抬神像出游田垌，过村也要进村受祭。个别村落，当神像入村时，还得由两个妇女唱山歌娱神。各处游毕回庙，需时约一天。

花蓝瑶因庙宇年久失修，倒塌净尽，故对于刘大娘的祭祀，并不单独进行。仅在冬季游甘王时，连同祭刘大娘。

坳瑶抬刘大娘神像出游，每隔一年的八月举行一次，由师公择定一天“好日子”举行，全套法事要三天两夜才结束。法事在村里临时搭盖的棚子里举行。第一天，把庙里的8个神像（刘大娘、二娘、三妹、刘猛将军、大娘的父母、两个将军）抬到棚子里，经过师公祭祷后，即开始抬神出田垌巡游。各处游毕后，仍由原路进村，神像仍放在棚子里。当天夜里并有跳神的节目，法事做到午夜为止。第二天，白昼杀猪鸡祭祀，夜里有跳神节目，法事到天亮方散。第三天上午，送诸神回庙，法事即告完毕，最后，全村聚众会餐。

山子瑶游神，3～5年一次，时间是六月初六，并结合祭祖举行。师公祭祷后，即抬刘大娘等神像出游。由于该族村落多在半山斜坡，游神多感不便，因而，只把神像抬出村外，然后又进村回庙，法事一天一夜即结束。当天，除全村杀猪祭神会餐外，各户还邀请远近亲朋到家做客，并祭供祖宗。

刘大娘神从汉区传入瑶山，山内三个民族（瑶、壮、汉）和五个瑶族族系都普遍崇拜。从而可以看出各民族间文化的相互影响。

瑶族之所以敬奉刘大娘，在六段村的“历史故事歌”里也提到。他们这样唱着：

一代传一代……　又有蝗虫吃禾苗　请得师公来问卦　问出神仙刘大娘
敬她立起庙一座　一把神像塑立好　蝗虫自己消灭了　三年又游神一回
游神五谷得丰收

附

刘大姑娘落筶唱

坛前锣鼓响冬冬　刘大姑娘降席中　前日道在平山峒　双双道在大山中
如今我在大山顶　多谢阳人一供终　大姐叫做清元妹　二姐叫做水生人
三姐叫做金生水　我哥叫做木生林　动起锣声添起鼓　再添锣鼓接灵神
显现就是我显现　威灵就是我威灵　父母生我三姐妹　兄妹同胞四个人
日月云游天下去　刘猛大将大岩庭　玉帝封为刘猛将　刘大姑娘作证盟
今日游神齐安乐　年年禾谷十倍丰

坐席唱

坛上锣鼓响纷纷　刘大姑娘亲降临　入筵领受游神酒　在坛唱出圣根由
唱我当初出身处　本是平南县内人　住在思回岩脚下　村名叫做大心村
我父便是刘国赞　宋朝原是读书人　我母便是黄家女　刘门黄氏老安人
生我哥哥是舅子　封为刘猛大将军　收藏蝗虫身得道　云游天下作灵神
生我女流三姐妹　兄妹同胞四个人　三妹唱歌身得道　唱歌得道变成神

三妹云游天下去　我是大娘伴二亲　陪伴双亲归寿日　年纪轻轻十八春
侍老送终完满了　自守深房一个人　仔细想翻人世上　哥哥妹妹化成神
我亦修身不去嫁　更衣沐浴去修身　去到容山三片顶　青天白日起乌云
一望万山均在下　果然清景好安身　就向岩前来坐落　修斋念佛过光阴
礼拜恒河沙数佛　口念慈悲观世音　不觉逍遥身得道　众村实要情通神
修炼四朝人未识　八百年来未现身　等到清朝同治世　推来岁次是壬申
皇帝见娘身有道　敕娘显圣救凡民　北流容县愿禾发　伤害禾苗尽死心
四月初间我出圣　娘是通神显现身　山脚有个耕田佬　日日捉虫田里寻
我见此人年老迈　对佢面前说原因　便说容山三片顶　刘大姑娘出圣神
尔队村人不识我　未曾敬奉我灵神　尔家老人先出力　开通条路上山寻
岭脚开通到岭顶　寻见香炉要妹身　登时说落将身起　化阵清风不现人
郎送回家割草根　这个老人来拜神　渐渐张张开一日　禾虫一夜雀来吞
第二日朝又去割　去归拾得一包银　大家欢天并喜地　传扬村上尽知闻
大众齐心去开路　开通条路四方寻　寻见香炉有一只　刘大姑娘出圣神
求我家家多得福　大显神通保护人　拜我家家虫就死　敬我家家禾就生
有病之人来求我　赠药给他调治身　落药之时病已好　三朝七日就精神
无子之人来求我　三年两载就生人　读书之人来求我　学问窗前日日新
行船之人来求我　顺风起浪不忧心　赌钱的人来问我　灵神不护赌钱人
盗贼之人来求我　灵神不护盗偷人　生意之人来求我　公平交易利不深
养牛之人来求我　十只生来百只成　耕田之人来求我　今年禾谷十倍丰
耕种之人来求我　年年禾谷满仓心　从此传扬人敬奉　四方接我去游神
游过垌中禾就好　游过江边源就生　游过村头人安乐　村中安乐太平春
游过街坊生理好　游过山头百样生　蝗虫律令我收去　福禄善庆我回返
今日拜答仙娘去　年年丰足满仓心　今日游神齐安乐　年年禾谷十倍登

（据古占村山子瑶所藏光绪十七年［1891］手抄本照录）

5. 做盘王

做盘王即还盘王愿。它是盘瑶和坳瑶对祖先崇拜的仪式。只是盘瑶系一家来做，时间没有一定；坳瑶则集体举行，每年或隔一两年祭一次。

盘王，在盘瑶所藏的“过山榜”里称为“盘护”。据传说及“过山榜”记载：从前番王作乱，评王出榜张贴，约定谁能杀死番王的，就封他为高官，并以公主相配。后来，评王养着的“龙犬”，游过海去，把番王咬死。评王便以第三公主匹配龙犬，令它带着公主到深山居住，生六男六女，自相婚配，分为十二姓。后来盘护入山打猎，被山羊触下悬崖而死。儿女去寻得他的尸体，因悬崖过高，无法搬上来，便砍倒崖边一棵大树，做成长腰鼓（又称黄泥鼓），猎取山羊的皮来做鼓皮。祭祀盘王时，打鼓歌唱之用。后来从南京十宝店搬家，途中过海遇风，十二姓沉去姓沈的一姓，合族恐惧，便在船头叩请盘王许愿，求盘王差五旗兵马保护。大风果然停止，合族才平安到达海岸。曾住过广东韶州府乐昌县，后又搬至千家洞，把盘王供在庙里，每年祭它一次。后因官兵进洞屠杀，瑶人死亡很多。十二姓人逃亡，分散各处，不能再砌盘王庙，便把盘王带到家里供奉。他们认为：如果日久不还盘王愿，它就会见怪，使家口不安，谷米不成，家畜不旺。如家中有此现象，卜卦问出是盘王见怪，就得先请师公祈福（即许愿），后再养猪还愿。

做盘王时不仅单祭盘王，还要附带祭许多神鬼。盘瑶祭盘王，分大小两种：大祭祈禳两夜一天，要请七甲（七类）神鬼临受坛祭；小祭祈禳一天一夜，要请六甲（六类）神鬼受祭。这里鬼神多而且杂，天上地下，水府龙宫，佛道两教，善神恶鬼，猛兽毒蛇，无所不包。大祭到第二夜的重要节目是“唱盘王歌”，由师公带着三对未婚的男女，坐在神坛旁教唱。歌有歌本三种，即“流落歌书”，“盘王书”（分三十六段及二十四路两种，只唱一种）和“男女唱歌本”。歌词内容很丰富，有情歌，有开天辟地诸神传说，有鲁班、彭祖故事，有互相盘问的对答，有对美好前景的憧憬。其中并夹有七个曲子，各曲并有曲牌名，是用长短句夹饰音衬字写成的。

祭典中要杀猪两头，猪肉祭神后只许供师公、亲友及家人吃用，不许出卖丝毫。如遇素不相识的人来家，也要尽情款待，不得吝啬。否则，他们认为盘王就会见怪。

在山子瑶的神书中，也有盘王神唱，并且在民间还流传着类似盘瑶的盘护故事、千家洞传说及十二姓人离散的历史传说。不过山子瑶并不单独祭祀盘王，仅是在祭其他神祇时，附带祭祷盘王而已。

坳瑶的盘王庙是建筑在深山里的。庙宇仅用四柱，上盖竹瓦或杉皮，无神像。祭典由一村或几村联合举行。祭期，罗运每年中秋祭一次，这次仪式比较简单，仅半天即结束。另外一种祭盘王的仪式比较隆重，祭期却不固定，而是要由问卦来决定。祭前并要重修盘王庙。罗香七村，从前每年祭一次，后改为两年或三年一次。古陈则一年一次。这种隆重的祭神仪式，除祭盘王外，也要附带祭许多的神，但不如盘瑶之多。主要有金王、包王、冯王、邓王、五王（疑是“伍”或“吴”或“胡”之误）、家主郎、土地、灶君、大圣、五雷神、韦托民主三郎（疑是韦驮之误）、三元三教主、阴阳菩萨、瘟主、瘟神、十二副妹花、盘古大郎等。

祭品中最突出的是供盘王那份“私筵”，用簸箕一个，内摆有圆顶的糯米糍粑 13 个；另杀刚开叫的雄鸡一只，去毛剖腹，洗净脏腑，先切头尾和两翅两腿，后再把其他部分切成小块，分摆在糍粑上面。摆法，头与尾相对，头两旁摆两翅，尾两旁摆两腿，余肉和脏腑分摆在其他糍粑上面。再用小杯斟酒，摆在糍粑旁，供祭时，鸡头向着盘王神位，尾向外。簸箕须摆在地上，下垫桄榔叶和叶形似剑缘有利刺的山菠萝叶。前者取其高，后者取其利。祭神中也有教女孩唱歌的节目，但由歌师教唱，不像盘瑶那样——由师公教唱。又有打黄泥鼓的节目，由三个舞师分别持公鼓二、母鼓一，且拍且舞，绕坛而行。盘王歌比较简单，原无歌本，专靠歌师口头传授。罗香村赵宽荣家藏有歌书，为清道光二十六年（1847）手抄本，用汉字记录瑶音，故无法读懂。问其主人，他也只会念念而多不解其意，故未译出。只在古陈村搜集了几百首，恐亦不全。

关于盘王的来历以及过海的传说，坳瑶与盘瑶有较多的共同之处。从盘瑶、坳瑶、山子瑶三个族系的历史传说故事以及盘瑶、坳瑶共有的崇拜盘王仪式看，有很多共同点。再从语言来看，三个族系亦很相近，他们很可能是同出一源。

6. 祭甘王

甘王，是茶山瑶、花蓝瑶、坳瑶、山子瑶共同信奉的神祇之一。

传说甘王是姓罗的（壮族），家住象州大樟（今属金秀瑶族自治县）附近古车村，是南朝的刘宋时代人。母陈氏。自幼丧父，依随母亲过着艰难贫穷的生活。白昼替人放牛，夜晚回家陪伴母亲。后因地理先生指点，得识三穴墓地：一穴能大富大贵，一穴出阴王

(即成神)，另一穴出皇帝。但必须要生葬方可见效。他便亲手打死了母亲，并立即将尸体扛往墓地掩埋。他不孝的举动激怒了天神。当行至墓地时，忽然倾盆大雨，雷声大作。甘王来不及再把母尸葬在出皇帝的坟地，遂将尸体放在出阴王的墓穴，匆忙逃回家里。后来蚂蚁搬土掩埋了他的母亲。此后他便能使法术随心所欲地作出超越人力的事情，例如：在牧牛时用黄泥做糍粑给同伴吃，把别人的禾苗移进自己田里，使用人家的耕牛等。于是村民纷纷向官府告状。官府曾差人捕捉他。从此，他即隐姓埋名，改姓甘。由于他有法术，捕捉也归于无效，此事遂不了了之。据说，他曾替南朝皇帝出过力，以撒豆成兵的法术，击退了皇帝的敌人，被封为惠济感应侯，并立有神庙。元代加封惠济显应圣公，明时加封为王，故为村民所崇敬。关于甘王的传说，不仅瑶族如此，山外壮族、汉族也都如此，内容均大同小异。

六巷一带的花蓝瑶，每年阴历十二月，照例举行祭祀甘王的仪式（月大在二十九日，月小则二十八日举行）。因甘王庙内有冯三界神像，故在祭甘王的同时又祭冯三界。每次祭祀必须杀猪两头（一头祭甘王，一头祭三界），系全村轮流由两家人饲养，每头规定供应祭肉60斤，余归主家。因甘王系壮族，故喃神时一律用壮语。猪肉则在庙前按户平均分配，待全套法事结束时即可食用，或在庙前聚餐，或携回家，均可自便。

庙有庙师两人（一个祭甘王，一个祭三界），庙老数人，均由问卦产生。任期到死为止。如果子孙会做的话还可以世袭。前者负责祈禳，后者负责在祭庙时打理供神的祭品。除一年一度的祭祀外，还有游神的风俗。如果村中发生瘟疫，抑或禾苗不好，必须问卦，如果问出要游神的话，那就得照办。这是一个比较隆重的仪式，除三界神外，他们把甘王庙内所有的神像都抬出来巡游。神像必须在每家屋里停留一夜并由主家招待全村吃饭。除了在家祈禳、烧香、供奉外，还有跳神的节目。直到全村各户轮流完毕，游神的仪式方告结束。

在游神期间，村民一律停止生产活动。早先，门头、黄桑、下灵（今已无村）三村共祭一庙，游神历时3个多月方能结束。后虽分庙祭祀，但户口较多的村庄，所费时间也就多，如门头有28户花蓝瑶，游神时，便有将近一月的时间不能从事生产。而且主家例须招待全村各户，而各户则男女老少相约而来；共祖宗者全家来；亲戚则男的全来，女的可来可不来；其他各户则只有男的来。如此轮流招待，消耗颇巨。每户消耗的猪肉，少者70斤，多者100斤，米酒各五六十斤。以门头为例，解放前游神一次，全村须消耗猪肉约2000斤，酒米各1400斤左右。对于生产的影响更不用说了。

坳瑶祭甘王的时间，系每年阴历五、八两月，祈祷法事历时半天即结束。并照例要杀小猪或鸡祭供。不过这不是单独祭甘王，而是所有各庙的神祇都一律祭祷，而且把全村分作若干组，每组几家负责祭一个庙的神祇。此外上下古陈两村也有类似花蓝瑶的游神习惯，但不是全村各户都祭，而是某家因有人生病问卦决定要“游神”才做的。日期多在腊月，所耗的财物也和花蓝瑶不相上下。古陈与六巷、门头等花蓝瑶村落接近，故风俗也略同。罗运、寨村、六俄三村坳瑶，也有全村或一家“游神”的崇拜仪式。祭典进行时全村做的，要把冯圣宫庙里的神像一齐搬到村中坪场上的临时搭盖的棚厂里；一家做的，则搬到家里来祭禳。其主要神为冯三界、金灵公、雷王、民主三郎、社王、五官、九官、陈宏谋等。

茶山瑶原来每15年祭祀甘王一次，金秀附近，因庙宇年久失修，早已倒塌，加之解放前曾经一度破除迷信，多数庙宇的神像，均被扔到河里。因而也就不再单独祭甘王了。

山子瑶并不祭祀甘王，也没有庙宇。不过，在他们的神唱书中却有甘王之名。由此可见，他们仍然是敬奉甘王的。

附

南朝甘王唱

南朝助国王甘降　暂离紫府赴坛头　今早我在古皆庙　功曹执状便关身
开书得见前头字　主人开会谢神通　入到凡筵占茶酒　略差童子说根原
本骨原是甘家子　张家差我去看牛　岭上看牛作一计　相邀偷杀叔公牛
茅叶作刀如利剑　牛头生煮得人愁　剥取牛皮漫地鼓　又把芒筒起岳楼
起得岳楼高万丈　请我甘王坐上头　日夜打鼓作芒响　乡村老少尽皆忧
乡里写书去申县　县司写状便申州　州里差人来收捉　未知都不见字由
起去东云山下住　化作葡萄藤一条　千百万人都过了　凡有圣犬吠呕呕
白马将军下一剑　血满江河如水流　从此我家身有圣　象州立庙祀公侯
有道行兵去助国　朝廷助国李都头　复后留传天下去　至今都不计春秋

（据金秀村茶山瑶同治六年［1867］全胜银手抄“洪门上筵将头一百二十分位”神书）

公爷歌唱（即冯三界）

万岁愿落庆常新　弥勒圣爷赴善门　入筵启贺烧钱主　坛前略说圣原因
本圣我是李家子　出世投胎改姓冯　父母生养三兄弟　自如金玉满盘中
七岁送入书堂教　五经九卷尽通门　习学三年归本俗　又叹我家第一穷
原居本属住州管　东博村头我祖宗　贵州官府差科恶　日日差人不登风
小子无钱身名拉　采香打柴应门风　日日采香随出去　从南至北落归东
落到浔州平南县　山神合位在其中　得吃仙人一个果　小吾吃罢得心聪
又得仙人条法符　交吾下界救贫穷　昭时昭□甭时好　个个皈依来拜公
到处乡村来迎接　香灯蜡烛满厅红　贵州有个表巡检　具状申司要灭公
元帅差人来传领　更把船行水路通　八月初二解到府　即时取问我原宗
有口有言无辩说　暗叫龙天保护公　申到上司便太爷　不交拘禁且宽容
不久太子来迎接　祖师有福再相逢　连夜赶行三五日　理定一日到洛雒
归到柳州抽眼看　祖师合掌礼虚空　圣爷抽手顶礼拜　今番虎相化成龙
从此圣爷出圣日　号为三祖师界公

（据全秀村茶山瑶同治六年［1867］全胜银手抄“洪门上筵将头一百二十分位”）

陈官坐席唱（即陈宏谋）

坛前锣鼓达朝廷　陈官下马领凡情　纳酒受茶筵上坐　在坛唱出圣原情
出圣我在桂林省　江华庙内我家庭　我父原是陈家子　生吾端正好聪明
年纪渐登一十二　送入书堂习学文　六部四书我通晓　拜辞学馆转回程

一来又想官职位　二来又想状元名　年纪渐登十七八　我进北京城内迎
住在北京得三岁　考习文章尽通明　从此帝王就封职　封我状元正出名
帝皇叫吾平排坐　众朝欢喜笑无停　帝皇答言小吾道　广西平南有皇城
石门姚案在城外　八寨石珠是皇城　花王正是朝天子　问你近邻明不明
小吾答言我主道　石门姚案是村名　花王正是粮瑶地　八寨石珠人安成
帝王便问小吾道　广西五谷十分成　人说广西多丰熟　一串黄禾有尺零
又说芋头真有宝　凡民吃了好当兵　小吾答言我主道　广西地浅种无成
便报我主莫要听　别处人传是假情　小吾得闻如此语　连时骑马就回城
从字和坤心不好　三串黄禾合一茎　便把牛胶连成串　就去帝王禀声明
便叫帝王出来看　广西串禾有尺零　帝王答言小吾道　个条道理实不明
便叫朝廷烧水煅　煅过正知是真情　帝王得闻如此语　煅过散断两三茎
我主开口说一句　和坤正是害人精　小吾识得和坤计　就带薯莨作芋名
我主不识芋头姓　便把薯莨共合成　帝王一边我一揹　二人分解实难明
一揹芋头吃完了　帝王吃了呕无停　从此帝王拜母寿　和坤送礼入朝廷
一条油独三担重　问你朝文明不明　不信拎出城外点　再离三丈打崩城
小吾识得和坤计　那是妖精害朝廷　从此帝皇就发喊　斩断和坤九族兄
小吾原护中华国　尽保广西人太平　子孙原在王朝住　文忠原在北京城
从此帝王就封职　尔家风水是聪明　一来尔中状元子　二来化作变神名
我今有灵又有应　凡民不信看年成　已已那年蝗虫发　吃尽江山禾草形
百姓人民无归靠　神坛社庙拜求情　聚集米粮去问卦　正是文中敬不明
从此大清人敬信　连时立庙在朝廷　立我身容凿我相　绫罗功服盖身形
便买三牲来庆贺　请师游乐故无停　陈官唱了筵中坐　来朝散罢各回城

(据罗运村坳瑶盘达兰家藏游神神唱手抄本)

7. 度　戒

瑶族各族系男子，年届十五六岁时，很多人都要举行一种宗教仪式，叫做“度戒”。其意义大致与成年礼相似。受过度戒的青年，可以结婚成家，参加社会活动的权力才被人所公认，可以进一步接受道公或师公的法术的传授，死后灵魂可升天做官。

度戒的仪式，茶山瑶和山子瑶常结合“打冷斋”举行，盘瑶常结合做“做盘王”举行，花蓝瑶则单独举行。这都是度戒者单独一人的事。

花蓝瑶度戒，必经喃神请各神祇降坛、安名（替度戒者取法名）、喊村（报告村里有人度戒，并要由村内“过路”，不准带残废的人观看）、路祭（当度戒者过路回家时，中途祭神）、跳舞、唱歌（入夜跳度戒舞及唱度戒歌）等过程。历时两天三夜方能结束。

举行度戒仪式，照例要请全村饮宴数餐：即请全村男子一餐，各户男子家长一餐，全村男女老少一餐。耗费也是很大的。仅以猪肉而论，每次一人度戒，少则700斤，多则1000斤。例如：门头村胡扶现度戒，用肉1000斤，胡天光1000斤，胡文光800斤，胡汉光900斤，胡扶寿800斤，胡公秀700斤，胡玉珍700斤。如此庞大的数目，对日后生活的影响当然不小。

山子瑶度戒系集体举行（因生活贫困，这样做较经济），10年或20年做一次，也结合集体“打冷斋”举行。山子瑶青年受戒，就其“度戒歌”看，从前是十种方法，也就是要接受十种危险和痛苦的考验的。

①云山法——从一丈多高的“云台”上跳下。

②刀山法——赤足爬上扎有12张或5张利刀的刀梯。

③盐埠法——以生盐放入眼里，并以7口细针穿背。

④勒床法——勒即木上长的利刺，即要睡在满布利刺的床上。

⑤火砖法——用脚踏烧红了的砖头。

⑥犁头法——口含烧红了的犁头。

⑦油锅法——用手伸入煮滚了的油锅内摸物。

⑧岩堂法——赤足走过长丈余的炽热火堆。

⑨七吉法——内容不明。

⑩阳山法——内容不明。

现在山子瑶由师公主持的度戒，受戒的人只受云山法一种考验了。所谓云山法，也叫“上云台”。以4条长木作柱，各条相距约1尺5寸，成正方形。一方扎横木为梯，竖成下宽上窄的四方小台，高1丈2尺或1丈8尺，叫做“云台”。受戒的人，由传度的师公引登台上。师公作法后，受戒者即手抱双膝从上倒翻下台，落在上铺有稻草和絮被的藤网上面。

受这种危险、痛苦考验的意义，就是认为原来的人已经死去，受戒后的是个不同的新人。这点可从度戒时师公所唱的“引光唱引师儿上台歌”中看出：

（上略）

保举师傅吹一口　小吾眼黑暗潺潺　引度师傅吹一口　小吾魂魄乱翻翻

正度师傅吹一口　小吾失命入阴间　沙或复头纸盖上　正同死了不回翻

上下又安两块板　一家大小泪潺潺

（下略）

不度戒的人死后怎样，也可从“度戒歌”词中找到线索：

（上略）

且说阳山不受戒　狂猥煞气有人担　一朝命尽归阴府　猪狗神来报旧冤

莫道眼前受报应　善恶算尽在近边　变化畜牲转世上　六道轮回五百年

盘瑶男子到十五六岁，无论贫富，都要度戒。他们认为：度了戒，天上的玉皇给了他一颗“玉皇印”，不仅生前可到各处去救人（为别人作祭神的事），死后还可上天，成为玉皇的人。再则，如果不度戒，食量越吃越大；肚大了，米就不够吃。度了戒的，每餐当吃10两米的，只吃8两也就够了。

举行度戒仪式时，要请师公11人来作法祈禳，即是堂师、跨教师、卜祟师、金头师、银头师、证明师、参度证明师、继缘师、卜给师、送兵师、斋兵师等。

度戒多与还盘王愿结合举行。仪式共须三天两夜。堂师、送兵师、斋兵师三人专理还盘王愿的法事，其余各师则掌理度戒。但两者都同在家里的厅堂中作法。

受戒的师男，在一个月前即须“净身”：第一，不得行房事；第二，须每天洗澡一次，家人共大木桶洗澡时，并须最先一个入桶，而不得洗别人的污水。举行仪式时，师公和师男的全家人都须斋戒，只是贺客才得吃荤。

祭禳的第二天下午，进行度戒，由金头师、银头师带领受戒者师男到大门口作法请玉皇下界作证。祭毕，师公就把木刻的“玉皇印”交给师男，并嘱咐他说：“于今师男得了玉皇印，以后不论到哪方都可救人了”。至此，仍领师男回厅堂内，叫他睡在事先预备好的床上，叫“睡阴床”。师公在旁作法，受戒者昏昏睡去，不省人事，口中并吐白沫，似觉十分辛苦，说是魂已离体。金头师和银头师继续在床旁念读神书，约一小时许，他们再作法把师男的魂收转。受戒者方如梦初醒。至此，也就算完成了度戒的仪式。接着，就杀猪祭神，全家开荤。

度了戒的人，可以学也可以不学做师公。如果要学，以后就可跟金头师和银头师等去请教。但无论怎样，度戒时所得的“玉皇印”是不可遗失的，到死后还要烧去。说是让他带在身边，才得进玉皇的门，成为玉皇的人。如果失了它，又得度戒一次，或是搭别人一同度戒一次，才得再刻一颗。

盘瑶中的五代赵姓，度戒则较简单，受戒的仪式，只是“挂灯”而不“睡阴床”。所谓“挂灯”，即是用约有酒杯粗，长六七尺的竹竿一枝，上凿七孔，分层插上用竹编织形如漏斗状的七枝小竹器，器内各放酒杯一只，盛油点灯。受戒的师男，掌灯坐厅堂中，由师公一人念读神书，数人绕灯手舞足蹈作法。神书读完，即算完成了度戒的仪式。

如果还盘王愿结合度戒，共需杀猪3只，连同酬谢师公、打办（替当事人弄饭菜或打理祭神的各一人）和请客的耗费，共需猪肉二三百斤，酒米各百斤以上。

8. 还　花

瑶族认为小孩是“花婆神”或称“婆王”送来的。故须向这个神酬谢，小孩才容易长大成人。“还花”虽是酬谢花婆神，但这种仪式是随着儿童年龄逐渐长大而不断进行的，实质上还是一种不同年龄的“成年式”。它与男子到成年的“度戒”的意义是相一致的。还花以茶山瑶较普遍。下面讲的，是茶山瑶为儿女所举行的还花仪式，即家里每个子女在15岁以前，一共要举行8次，有时兄弟姊妹两个或三个可以合并举行。

第一次，架七星桥——由师公一人主持祈禳。所谓七星桥，即用长四五寸、宽二三寸的扁平石板一块，另用酒杯大的小石子6块，一齐钉在人行路上，如“…□…”状，祭品用鸡一只，拇指大的粽子若干个。

第二次，架水沟桥——由师公一人主持祈禳。用木一条，架在小沟上面，祭品同上。

第三次，架冲桥——由师公一人主持祈禳，用3寸径、长约三四尺的木一条，架在小山冲上。祭品同上。

第四次，做前身鸡——由师公一人在家祭神祈祷，祭品同上。

第五次，做前身鸭——由师公一人主持在家祈禳。祭品要鸭一只，拇指大的小粽若干个。

第六次，做前身猪——由师公一人在家祈禳。祭品用小猪一头，小粽若干个。

第七次，做平楼——由师公一人在门外祈禳。祭品鸭一只，孵过几天的鸡蛋（至少3天，用来代替鸡）4个，共凑成五牲。

第八次，还花——由师公数人祈禳一昼夜。须杀大小猪4～7头，用肉约五六百斤，请亲朋来饮宴。祭品除猪鸡外，其余都用孵过的鸡蛋，共凑成九牲或十五牲，或二十一牲。

（四）师公与道公

学会一套法咒，熟悉一些祭神经典，可以交通人神之间的师公、道公和茅山教（茅山教在瑶山仅居于少数），瑶山各族都有，但以瑶族为最多。瑶族中又以茶山瑶为最多。据我们的调查统计，金秀四村茶山瑶师公道公人数，计有师公45人，道公52人，共97人。四村茶山瑶总人口816人，师公道公就占总人口11.88%，如以男女各占一半计算，则师道公占男子总人口的23.76%。这个数目只指曾经度过戒的而言，其实真正懂得做法事的，每村也不过几人而已。师公的职务主要是跳神祈禳，道公主要是超度亡魂。

由于瑶族的宗教信仰观念很深，一旦有人发生疾病，抑或其他方面的疑难之时，往往求之于鬼神。师公、道公是既能“交通人神”又能“代神讲话”的特殊人物，人们都相信他们法术灵验，从而就有人不断地请他为自己解决疑难与痛苦。他们因替人做法事而得的物质报酬，日积月累起来也就不在少数。例如，金秀一带“做洪门”祭典，如十家同做，一共要杀大猪10只，每只猪的头和尾都给师公和道公分享。如以每个猪头重15斤，猪尾重2斤计，则他们共得猪头尾170斤。此外，每只猪又要砍“三斤肉”8块，师公也分得4块。10只猪共40块。所谓“三斤肉”，其实并不止3斤，砍法是以把成人的食指到小指这四个指头尽量张开作为砍肉的宽度标准，每块宽约4寸，从脊到肚，长约1尺5寸，至少都有5斤。40块合为200斤。再则，还要做祭品“肉盆”两次：第一次3个，各重36斤、24斤、18斤；第二次3个，各重24斤、18斤、16斤，都归头家师所得。还有做两次的“肉串”，每串贯穿大小肉片近20块。师公道公又可分为8串，约共重20斤。简括地说，如果10家合做一次洪门，12个师公，两个道公，共可得猪肉520斤左右。最多的是头家师，可得150斤以上，最少的也可得30斤左右。盘瑶还盘王愿，给师道的酬劳，也是用猪肉的：堂师得猪头一个，约重10斤；金头师、银头师、送兵师、斋兵师各得猪腿一只，约重八九斤；其余的师公，则各得肉一二斤。总之，不论祭祷的神事大小，师公、道公除受主家酒菜款待外，多少还要得些做祭品的肉类。就是替人送一次小鬼，杀个鸡鸭做祭品，他们也要得一腿作为报酬。

另外，师公、道公在政治上也居于优势的地位，大多数石牌头人都由他们充任。以六拉乡四个茶山瑶村落来看，近百年来，所有的头人之中，只有三个不是师道公。六巷门头一带的花蓝瑶头人，几乎没有一个不是师公。师公、道公不仅在生前受人尊敬，而且死后也有“地位”。在瑶族人民的概念中，认为师公、道公死后可以登“天堂”，在另外一个世界里充当大小不同的官职，身边还有神兵保护。

师公、道公为人祈禳时都各有一套经典，而这种经典又以茶山瑶为最多，各有100种左右。师公主要是“做洪门”的神书，道公主要的是“做功德”、“打冷斋”的神书。洪门经典多采用七言韵文的歌本，名叫“神唱”。内容多半是叙述神的来历。这些歌词是研究瑶族宗教信仰和社会历史的资料。做功德和打冷斋所用的经典，多数是超度亡魂所用的佛经和忏咒，内容与汉区道士所用的大致相同。据当地道公们说：这些经典，都是从山外汉人那里学来的。盘瑶经典不过十多种，主要是“做盘王”用的。山子瑶的经典，为数与盘瑶差不多。坳瑶、花蓝瑶的经典，仅有几种。他们祈禳法咒歌唱，主要是靠口传心记，而不用文字抄录的。

瑶族所用的经典，都用汉文写成，有的是雇请汉人来抄写的，有的是瑶族自己抄的。在每本经典的后面，都附有抄写人的姓名以及抄写的年月。在调查中，我们曾发现有明朝万历八年（1580）瑶族自抄的神书两本。这些经典，师公或道公在祭神时，有的用瑶语，有的用壮语，也有的用汉语（粤语），而盘瑶做盘王的“盘王歌”是用既不像瑶语也不像汉语的语音喃念的。据他们自己说，这是“湖广话”。坳瑶的盘王歌，也有大致与此类似的情况。

问他们为什么如此，都说老辈相传就是这样。

从瑶山师公、道公及其经典来看，我们发现几点线索：第一，瑶山师公、道公多，社会地位也高，这是由于迷信所致，有疾病、疑难的问题，希图从师公、道公处得到解决，因为他们的话是“代表神”的，所以地位高。第二，祭神经典，都是汉文写成。道公所用的经典，又和山外汉区道士所用的大致相同，而且，有些经典是掺杂着瑶、壮、汉语来喃念的。从而反映出各族文化的相互交流。

（五）占卜及其他

1. 占　卜

瑶族每当家人生病，六畜不旺，生产不好，或见特殊现象（如大树倒、大石崩、大蛇拦路、蛇交尾以及家中雄鸡乱啼等），都认定是神鬼捉弄，必须求神禳鬼。但要弄清楚是什么鬼神作祟，就得请师公或道公卜卦。瑶族卜卦叫做“问鬼”，方法共有四种：

（1）问帅

问帅即是问大鬼。茶山瑶常用此法卜占。其法：请师公先请神，然后用形似钓竿的小竹一根，尖端吊装载白米的小口袋一个，竹的末端插入师公手执的小竹筒内。先由师公任意选择他们所知道的一个鬼或神的名字来问，当这个鬼或神到坛后，师公即摇动小竹筒，让米袋旋转，看米袋的方向，来决定是否是这个“鬼”或“神”作祟。如果转的方向是对的，那就再来定筶，即以竹筶击地，看两片竹筶仰俯的不同的“兆”；如果三次的兆恰为阴（两俯）阳（两仰），胜（一仰一俯）兆的话，就认定是这个“神”或“鬼”捉弄了。接着就得请师公或道公来送鬼。如果米袋旋转的方向不对，那就另提一个鬼或神的名字来问。像这样地继续下去，问不出鬼神的情况是极少的。

（2）问水卦

这种问卦的方法很普遍，瑶族各族系均采用。其法：用清水一碗，白米一碗，由师公或道公请神之后，任意指出一个神鬼的名字，即用手指取米粒，在距水约七八寸的高度，一粒一粒地分别投入碗中。如果见有三粒米沉而复浮的话，就初步决定这个神鬼作祟了。接着再用“定筶”的方法，最后决定是否是这个神鬼。如果投下的米没有三粒沉而复浮的，抑或有此现象，而“定筶”的结果又不是不同的三兆的话，那就不是这个鬼神，再由巫师另指一鬼名来卜问。

（3）降童

降童，也是卜问鬼神的一种方法。盘瑶、坳瑶、山子瑶都采用。降童师是要向师傅学会一套法咒的，他学会这种方法之后，才能替人“降童”。但这种人却不是师公或道公。

有事要问鬼的人，就请降童师来家，并把要问的事项告诉他。降童师即作法请神降坛。“神”来了，降童师全身便抖颤起来，“鬼神”已“附”在他的身上了。接着在厅里兜着圈子跳舞一阵后，又跳到桌子上作法“差兵”（差遣阴兵），叫阴兵去替主人查问是什么神鬼作祟。差兵后，降童师即跳下桌来，躺在地上默不作声，等到阴兵“查问”回来时，他便讲起话来，说出捉弄主人的神鬼名字。讲完之后，他又跳到桌子上“定筶”，如果是不同的三兆，便认定是这个“鬼神”捉弄主人。否则，他又要躺在地上再问，直到问出为止。

（4）问卦

这是比较简单的一种卜卦法。盘瑶经常采用。遭遇灾难的人，请师公代问到底是什么鬼神捉弄，师公即烧香纸请“圣”上“花盆”（即降临之意），这圣是否上了“花盆”，以投筶是否现阴阳之兆为定。如果不得阴阳兆，则需要再请。

“圣”上了“花盆”之后，师公又作法“差兵”，替主人查问神鬼。接着，按照先请家鬼，后请外鬼的顺序，把神鬼的名字逐一提出，再以“定筶”决定是那个鬼神。如果是不同的三兆的话，就确定是这个神鬼作祟了。

2. 看“杂粮书”

瑶族遇有特殊的梦兆及看见各种认为不祥之物，也要用占卜的书（名杂粮书）来卜占吉凶，以便祈祷，趋吉避凶。其内容大致可分为下列几类：

①关于时日月年吉凶的选择——如占六十甲子五煞，占天、地、林、神、火、山、鬼、人、水、州等十个吉凶，占百忌，占五瘟鬼，占十二时辰报事吉凶，占十二时辰见事吉凶，占三十日得病吉凶，占逐日逐月得病吉凶等。

②关于房屋和家常事务的吉凶——如占建屋，开门，拆屋，建禾仓，开谷仓，安床位，出猎，插秧，做鸡笼，造猪槽，造牛羊栏，织罾网等。

③关于身体上特殊颤动和变化的吉凶——如占眼跳，耳鸣，耳热，面发烧等。

④关于生育的吉凶——如占受胎月令，胞衣，血孕，六甲胎神离产，四季伤胎煞，五行月份生命定局，婴孩剃头等。

⑤关于自然和动物植物的预兆——如占雷鸣方位，雷鸣时日，见大石崩下，见树木倒下，公鸡母鸡乱啼，蛇鸟入屋等。

⑥关于梦兆的吉凶——吉梦，凶梦等。

（六）对自然现象的看法和梦兆的解说

1. 茶山瑶对梦的解说

（1）好梦

①见做官的人兴旺。

②见别人因惧怕而以伞盖身，大吉。

③见人出门应考，则清吉平安。

④见大火烧屋，兴旺大吉。

⑤见庙堂，大吉。

⑥见江河涨水，有酒肉吃。

⑦见火烧山，大吉。

⑧见担柴，得财。

⑨自身出血，衣食旺。

⑩见井水出，富贵大吉。

⑪见金银，有喜事。

⑫见坟墓，招财。

⑬见洗头，有衣食。

⑭见竹笋出，家事兴旺。

（2）噩梦

①见父母相骂，要失财。

②见古树，失财。

③听到雷鸣，春忧夏忧。

④见相争，有口舌。

⑤见有人打官司、日月发笑，就要有病或凶事。

⑥见旧伞，父母兄弟会死。

⑦见过大桥，大凶。

⑧见山崩，父母会死。

⑨见梳头，要散衣食。

⑩见猛虎出山，贫穷苦。

⑪见耕田人死，大凶。

⑫见风吹衣动，会害病。

⑬见路，要退财。

⑭见鸡鸣，有凶事。

⑮见蛇出，要失财。

⑯见赤身露体的人，要退财。

2. 花蓝瑶对自然现象的看法和梦兆的解释

（1）自然现象

①对天地的看法。天是男，地是女。盘古先开天，后立地，再后才有人民。传说过去天很低，还没有吊丝竹高，天压住了竹子，故而现在吊丝竹是弯的。

②对日月的看法。月亮是男性，太阳是女性。据说从前月亮太阳各有十二个的。由于太阳多，热力很强，晒熔了一个独生子。儿子的父亲十分悲痛，便用弓箭射死了月亮太阳各十一个，最后剩下两个带伤的月亮和太阳，医生替他们医治，并嘱咐要他们各吃一月的斋方可痊愈。太阳老实地照办了，月亮只吃了半月的斋就乱吃起来，结果太阳的病全好，月亮却还带残废，故而现在太阳是圆的，月亮则一月只圆一次。一说太阳与月亮原是两夫妇，太阳是女的，月亮是男的。上天把他俩分开照耀人间，故而有昼夜之分。他俩也就此永不得团圆了。太阳不喜欢人看她，若有人看，她就用利针刺人的眼睛。月亮在未圆之时也不喜欢人们看他（一说不喜欢指他），若违反了他的意愿，他就要割人的耳朵。

③对天星的看法。天上星的数目与世界上的人数相等。星有大有小，地上的人也就有做官的大小。

④对山脉河流的看法。山脉与河流都是盘古置的。泥土山是龙肉，石山是龙骨，小山起伏是龙鳞甲，山崩树倒及地动是龙翻身，河流是龙水。

⑤对风、雨、云、雷、电的看法，天上有四个门，四个天门都有一个风伯，雷王一动雷，他就放风袋，因此下雨前先有雷后有风，再下雨。

雨是雷王从河中把水取上去，再从雷王的嘴里喷出来。雷王出动时都有云，他在云上，故而看不见他。雷响是雷王在打鼓。雷王在天上打火排，好像人打火石一样，故有雷电。

⑥对虹的看法。虹叫“龙羊”或“天龙”。他是雷王下来取水的桥梁，花花绿绿的，故人们看不见雷王。

⑦对地震的看法。皇帝脚动让天下人知，因而地震。

（2）梦兆

吉梦

①与人谈爱，次日打得野兽。
②见山林长竹笋，当年一定有小孩出世。
③被蛇咬出血，次日有钱进屋。
④见死人，并与人抬棺材，次日得黄猄。
⑤上山扛柴火，次日有新鲜肉吃。
⑥见太阳初升，一年四季，人畜两旺。
⑦见牛群，则祖宗回家。
⑧见小鱼在水里游，当年丰收。

噩梦

①见黄蜂，有土匪进屋。
②见日落，有老人死。
③见石头滚下山坡或滚下水，次日损失财物。
④房屋倒塌，要害重病。
⑤梦中见马，必有老虎进村。
⑥见山崩及牙落，有人死。
⑦冬天梦耙田，要打官司。
⑧梦见葬死人，必有重丧。

吉兆

①鸡仔打架，次日有客进屋。
②晚间小孩哭，次日有亲朋来。
③女右眼皮跳，男左眼皮跳，次日得肉吃。
④走路见蛇，做生意得钱。
⑤不经意地翻穿裤子，得好东西吃。

噩兆

①见蛇交尾，老人要死。
②听到野兽叫吼，必有野物进村。
③见蛇入屋，必有鬼神捉弄。
④飞鸟入屋，次日搞工夫会被刀斧等砍伤。
⑤晚上老鼠叫，必有鬼神作祟。

⑥母鸡连生二蛋，主死人。

⑦两耳发烧，有人在背地骂自己，甚至会挨打。

⑧公鸡夜晚乱啼，要死人。

⑨嘴皮跳，必和人争吵或遭土匪拦路。

⑩成群乌鸦飞过，必有人死。

⑪男右眼跳，主挨刀斧砍伤；女左眼跳，会带伤。

⑫见大树倒，会生病。

⑬早晨见狗交尾，出门会遇土匪。

⑭早晨出门做工，背刀的新绳子断，则失财。

⑮见蛇脱皮，必病。

⑯猫头鹰夜鸣，主有人病，且不容易好。

3. 坳瑶对自然现象的看法和梦兆的解释

（1）自然

①太阳和月亮。太阳是一个漂亮的女人，月亮是一个男子。他们原是一对夫妇。两人齐走路，但月亮被铁钳夹断了一只脚，故跟不上太阳。此后，一年到尾只能相逢一次。太阳住在天庭的宫院里，不喜欢人看她，若有人看了她，就会被她用十二把针刺人的眼睛。

②风、吹风是神搞动的。气升上了天，就起大风。

③雷、雨、雷公打鼓就有雷声。雷公把十二水缸水倒下来，就变成雨。

（2）梦兆

好梦

①见太阳初升，有好人好事。

②见有人死和牙落，次日有肉吃。

③见火烧山和黄牛，次日天晴。

④梦中捉鱼或钓得鱼，主不久妇人分娩。

⑤梦中见一塘红水，次日必有酒喝。

坏梦

①见太阳落山，家里老人要病死。

②梦中去种田，要死人。

③见山崩压房子，家里有人要害病。

吉兆

烧火煮饭时火声发“笑”，不久即有客来。

噩兆

①晚上公鸡乱啼，系祖宗来报告有祸事来临。

②白日母鸡学公鸡啼叫，主家老人要死。

③见山崩、大树被风拔起，主家里或村里老人要死。

④家里有人生病而去求卦，如途中遇见有人扛锄头、柴刀、斧子、锯子、枪、刮子或带香纸，为求卦无效，病人无救之兆。

4. 山子瑶对日月及“预兆”的解释

（1）对日月的解释

太阳和月亮都是神，它可保佑人们。

（2）吉兆与凶兆

①看见流星呈绿色光芒，则人财两旺。流星若呈红色，并掉若干火须，落入哪村则哪村有火。

②见大树倒或大石崩，则要生病或死亡。

③公鸡乱啼，母鸡啼，是口舌是非的预兆。

④鸡生软蛋，家有病难。

⑤眼皮跳，心惊肉跳，主有灾难。

⑥老鼠咕咕地叫或咬人，主家屋不旺。

5. 盘瑶对自然现象及梦兆的解释

①月亮和太阳是两夫妇，能生男育女，儿女生多了，地上就太热太亮，玉帝才用甑子，把太阳月亮蒸熟，才断了生养。天狗吃日月（日食月食）便是玉帝用甑蒸日月。

②看见大树倒，大石滚，山崩，凶兆。

③看见大蛇或蛇进屋，凶兆。

④公鸡乱啼、母鸡啼及鸡生软蛋，凶兆。

⑤心惊肉跳，眼皮跳。凶兆。

⑥老鸦在屋上或头上叫。凶兆。

⑦梦见大树倒，涨洪水，墙倒塌，主村上有人死。

⑧梦见牙齿落，主父母将死。

⑨梦见身体强壮，必生大病。

⑩梦见人多办喜事，是丧事来临之兆。

⑪梦见穿新衣新裤，是将死之兆。

⑫梦见脱衣服，不死也会脱皮（严重的发病一次）。

⑬梦见别人给小孩抱，一定打得野兽。

⑭梦见身沾屎尿，必有好东西吃。

六、大瑶山瑶族社会性质的初步探索

一、大瑶山基本情况述略

（一）自然环境

大瑶山瑶族自治县位于广西中部而稍偏东，地处桂江、柳江之间。全境高山盘纡，除县境边缘接近汉区的地方有一些狭窄的平坝以外，其余都是高山深谷。全县共分7个区，44个乡，大小自然村庄375个。全山面积约2200平方公里。如果尽量选择较直的山路走，从南到北约300华里，从东到西约150华里，绕山的边缘一周长约600华里。

山的斜度很大，高峰到处耸立，最高峰海拔约1979公尺，一般都在1000～1500公尺之间。山里的溪河，绝大多数浅而陡狭；河槽中粗石巨崖到处屹立。可供运输木排竹筏的，只有大洞河、九十三河、滴水河、长垌河、六定河、长滩河、忠良河的下段。

山内气候温和，暑季最高温度为28℃，寒冬很少降至零度以下。雨量充足，全年雨量多超过2000毫米以上。风势也极为和缓。

（二）各族人口及其分布情况

县境内住着瑶、汉，壮三个民族，习惯上又把瑶族分为五个支系，即茶山瑶、花蓝瑶、坳瑶、盘瑶和山子瑶。前三者统称“长毛瑶”，后二者统称“过山瑶”。全县人口，据自治县1956年6月统计，共32 482人。其中瑶族为19 426人（包括盘瑶10 699人，茶山瑶5348人，山子瑶1323人，坳瑶1234人，花蓝瑶822人），汉族7482人，壮族4129人。干部（未详分族别）600多人。茶山瑶较集中地住在中部和北部，花蓝瑶较集中地住在中部和西南部，坳瑶较集中地住在南部和西南部。这三个族系的村庄，多建在地面较平坦、山势较开阔的山谷里或山腰上。村的附近多有水田和一些老山（原始森林）或青山（成长年岁不久的森林）。盘瑶和山子瑶，绝大多数住在没有森林多是茅草的高山上。村落星罗棋布，几遍全山。壮族住在山的西部，村庄多数在山谷和山腰上，且和茶山瑶村落相邻或杂居。大樟区的壮族，则住平地。汉族一部分与瑶族杂居，一部分聚居在县境边缘接近汉区的所在，村庄多建在小平坝上。

（三）耕地面积

大瑶山山高岭陡，山谷也很狭隘，绝少平坝，水田很少，旱地也并不多。据自治县人民委员会按1954年民主改革时的统计：水田仅有21 443亩，平均每人占0.78亩弱；旱地约87 370亩，平均每人占3.19亩弱。全部耕地合共81 443亩，平均每人还不到4亩（详见附表一）。水田中平田较少，而梯田较多，估计前者约占2/5，后者约占3/5。某些地区，几乎全部都是梯田。又由于山谷逼仄，日光直接照射时间较短及田水冷冽，大部分只能种单季水稻，只有县境边缘接近汉区地势较低较暖地区，如北部的柘山、长乐两乡（盘瑶、山子瑶和汉族杂居区），东部的忠山、车田、林秀等乡（汉族、盘瑶杂居区），东南部的大垌（汉族聚居区）、平竹（茶山瑶、汉族杂居区）、罗香、龙坪、古茶（汉族、坳瑶杂居区）三乡，才能种两造水稻。旱地绝大部分是轮歇地，开荒种植三四年后，就要把它“丢荒”，须休歇至少3年以上，使它又变成荒地以后，才能重新垦种。

除上述耕地外，其余都是森林和茅山，前者又分老山（原始森林）、青山（老山经过砍伐二三十年后自然成长的森林）和人造林（包括杉、油桐、油茶、八角、桂皮、茶叶、竹等），后者又分芒山（长着深厚的巴芒和小树）和草山（只有短浅的茅草）。长着森林的山岭还不到5%，其余都是芒山和茅山。

（四）农、林、畜牧、副业和手工业生产

1. 农　业

水田都种水稻。一造地区绝大部分种粳米，少量地种些糯米。两造田则种黏米，旱地以种苞米、岭禾、木薯为主，红薯次之。此外还种豆类、黄粟、麦粩、三角麦（荞麦）和芋头等杂粮。东部地区有种六谷米（薏苡）的，西南部有种天花粉、棉花、蓝靛等经济作物的。过去长毛瑶和部分聚居县境边缘的汉族，以耕种水田为主。过山瑶及杂居瑶族村落的汉族，以耕种旱地为主。壮族聚居于长毛瑶村落附近的，以耕种水田为主；聚居于过山瑶村落附近的，以耕种旱地为主。大樟、互助两乡，原来属象州县的一部分，村落多在山脚下的平坝上，这里的壮族和汉族则以耕种水田为主。只是山里水田和旱地都不多，合计每人只有3亩左右，故粮食的生产，在平常的年景，还稍有不足，丰收的年景，则勉强能自给。

2. 林　业

林业的收入，在某些地区占居民家庭经济中的较大比重，因此一向为瑶族所重视。林业包括天然林和人造林。后者计有杉木、松木、油桐、油茶、八角、桂皮、茶叶、棕、竹等。杉木全山随处都有，而且生长良好，一般15～18年即可砍伐作桁条木用，胸径可达4～5寸，高3丈以上。主要产区都在溪流可以运输的所在，如六定河（即黄洞河）、长滩河、忠良河、大垌河、九十三河（即六巷河）、滴水河、长洞河、江燕河的中下游。油桐各处可种，主要产区在东北部和西南部。油茶的主要产区在东北部、东部和西南部。八角和桂皮仅在南部才有。棕则以东部为多。毛竹、南竹、茶叶则以西部为多（详见附表十）。天然林多是杂树和苦竹、伏竹、黄竹等。其中不少建筑用材和一些木质细致坚实的粟、楠、黄桑、红图、白图等。此外，还有近30种可产香蕈的树木。

一些产杉的主要地区，农民的收入十分可观。例如：接近六定河的六定乡，1953年的林业收入竟达59 300元，可买稻谷9889担（每担价6元计），而该乡同年的稻谷收入，仅为13 900元。接近忠良河的忠山乡，1954年的林业收入，竟占总收入的21.8%；接近长滩河的长二乡，1956年的林业收入达16 345元，即可换稻谷272 400斤，而该乡水田年产量仅为251 080斤。接近六定河的六段乡，1956年杉木采伐600立方米，价值12 000元，而该乡同年的稻谷产量，仅值19 200元。又据1956年不完全统计，自治县外销的杉木，总值22

万元。可买稻谷 36 666 担，约当同年全县粮食产量的 22.6%。由此可见林业在瑶族经济生活中的重要位置。但是，由于过去私有制的限制，大瑶山的森林并不太多，据统计：1956 年天然林 28 170 公顷，人造林 14 800 公顷，总共 42 970 公顷，约占全县总面积 4.7%。解放几年来，自治县正积极贯彻以林业为主的生产方针，森林面积将会逐年扩大，农民的收入也将逐年增多。

3. 畜 牧

大瑶山气候温和，草木四季常青。虽然适于畜牧的发展，但畜牧业并不发达。瑶山居民，至今还仅是养牛来耕田、食用或祭鬼，很不易作为商品交换。山羊本是易养而繁殖很快的家畜，农民却无人饲养。马则更不必说了。

4. 副 业

大瑶山里的副业是多种多样的，最主要的是种植或采集野生土特产和渔猎活动。需要人工培植的土特产有香草、香蕈和天花粉等，采集野生植物后稍稍加工或不加工即可成为商品的，计有笋干、木耳、薯莨和野生纤维麻类千层皮等 10 多种，药材 300 多种，其中卖价较高的计有千斤草、罗汉果、金钗石斛、金耳环等等。此外，蜂蜜出产也不少，盘瑶族几乎家家都养蜂，在深林、石崖中也有一些可供取糖的蜂窝。

饲养猪、鸡是山内居民每家的副业生产。过去，这些动物的饲养主要的不是为了作商品交换，而是为了祭鬼和食用，不但生活比较富裕的长毛瑶如此，就是生活极其穷困的过山瑶也是如此。这完全与瑶族的宗教信仰有关。只是养得较多而家里那年又无须祭神还愿或婚丧大事的才有猪鸡出卖。有些无地的山丁，还得用猪肉作为山租缴纳。

山内森林茂密，鸟兽极多。瑶族经常以围猎、装踏、装索、装夹等方法捕捉兽类，以枪击、装鸟盆等方法猎取鸟类。山里溪流虽然浅窄，但是由于它也属于私有财产的一部分，受到占有者的严格的禁约的管理。鱼蛙的产量倒也不少，罗丹河（即滴水河）和长滩河的中上游，还产名贵的狗鱼（蝾螈）。捕鱼的方法常用架设鱼梁、撒网、拦河、下钓等，有些地区连撒网也在禁止之列。捕蛙则用火把去照捕，或用药去毒。所获鸟、兽、鱼、蛙，除狗鱼外，几乎全作食用。这些野味，往往成为瑶族肉食主要的来源，每家一年常可捕获百数十斤以至几百斤不等，比家里饲养的猪、鸡、鸭等的收入还要多。

副业的收入占瑶山居民总收入的比重也很大，据 1956 年自治县各国营企业收购土特产的数字，竟达 583 600 多元（详见附表十一、十二）。可见瑶山的土特产蕴藏量很大，自治县政府确定“以林业为主，多种经济，多种经营”的生产方针是极其正确的，今后将有更大的发展。

5. 手工业

手工业和农业并未分离。瑶族中的专业手工业者是绝无仅有的。家庭纺织在 70 年前还相当盛行，以后逐渐减少。后来仅有少数花蓝瑶和坳瑶妇女自种棉、自种蓝、自纺、自织、自染，或是由山外买来棉纱，自织自染，或是买来白布自染，其余各族系多已依靠山外的布匹做衣，至多买入棉纱或绒丝来自织绵带而已。这种纺织靛染的活动，妇女们多是在休闲的时间进行。编织竹器，如箩筐、斗笠之类的手工业，瑶族各地都有人会做。偏处东北部高山顶上的巴勒村，因为田地不多，而水利又成问题，在家庭经济中，依靠编织竹器和刳制木瓢、制作扁担等手工业的收入较大，但仍然不曾和农业分离，还是一面耕种一面搞手工业生产的。至于铁器、银饰、木泥建筑等工匠，都是由山外移居山内的汉人充当。解放初虽然瑶族中也有一些人学会这些工艺，但仍然没有成为专业者。

（五）商品交换

瑶族的各项生产，主要的是为了自给自足。粮食的生产不多，无疑地已不可能成为商品。在旧社会里，一些地主富农，即使家有余粮，不是把它存储，就是把它作高利贷的资本，出售的事是极不易见的。瑶山的商品交换，主要的是木材和土特产的外销，用以换取山里所缺的生产工具和生活必需品，如铁器、布匹、食盐之类。

瑶族除极个别的人近四五十年来经营一些商业活动，如运销木材出山，或收购土特产输出山外小市镇出售以外，都不经营商业。山内的商品交换活动，主要依赖寄居山内的汉人或由汉区入内的行商小贩来担负。因此，沿山各县的一些市镇，往往成为瑶山商品交换的集散点；举其较大的，计有平南的思旺圩和马练圩，蒙山的夏宜和新圩，象州的桐木、大乐、中平、大樟等圩集。其中尤以平南的思旺圩为瑶山绝大部分土特产的集中点。过去山内售价较高而产量也大的香草和香蕈，主要是由这里的商店收购的。

二、生产方式

（一）生产力

1. 生产工具和生产技术

大瑶山瑶族使用的生产工具，截至解放前夕，与沿山各县汉族壮族住区的农民所使用的基本相同。如农具中的犁、耙、锹、锄、刮、刀、镰、斧、锯、刨，都是铁器。虽然用犁的时间不长（距今约70年才开始使用），直到解放初也还有些地区耕田时并不用犁而仅用锄刮松土，但这是为了适应梯田面积狭窄和稻田灌水过冬的特点，至于较平较宽而又不灌水过冬的田，却是用牛拉犁来翻耕的。耙虽多是木制，但早已有了铁耙。使用木耙，也是适应田窄而田底多石的特点。至于垦种山地，虽然还在较大程度上保存着“刀耕火种”的落后技术，而“锄掘”也同时存在。只是因为山的斜度大，有的还是“挂牌土”，从而不能使用犁耙而已。

渔猎工具大致也和汉区相同。渔具计有网、罩、捞绞（小网子）、钓、笱、鱼梁等。而架设鱼梁，所获更大。猎具计有粉枪（帽咭枪）、步枪，作为围捕时的射击工具。此外，还有装铁夹、装木踏、装石压、装套索、装鸟盆（用木槽装水，内架胶竿黏鸟）等。除铁夹、步枪近50年才从山外传入以外，粉枪在百年以来已经使用。至于木踏、石压、套索、鸟盆等，都由瑶族手制，制法虽然简单，但百来斤的大兽，如山羊、山猪等，也常被木踏捕获。

碎谷工具，如碓、磨（泥磨和石磨）、筛、簸等，早已普遍使用，而且有一些地方，已装置水碓。部分地区已用风车扬簸糠秕。只有个别地区，由于宗教信仰，不用碓磨而仍在使用杵臼。

在耕作技术上，虽然在耕山种地时还保存着“刀耕火种”的落后状态，但就其大体而言，与沿山各县汉壮住区的农民，差别并不太大。一般水田，从选种、浸种、撒秧、插田、耘田、除草、施肥、水利灌溉，到收获、储藏的整个过程，与汉壮区并无不同之处。只是部分地区，还不重视施肥，即使施肥（多用草木灰），数量也不多，特别是不愿用人的粪便作为肥料。猪牛粪要烧成灰才用，肥效也不高。在收获时，由于种的多是粳米，谷粒不易脱落，一直还不用镰割而是用禾剪连同稻秆把禾穗剪下，扎束成把，晒干储藏。每工只能剪禾百斤左右，工作效率是相当低的。

所谓“刀耕火种”，是把林木或茅草用刀砍倒之后，等草木干了，用火焚烧，让草木灰留在地上，作为肥料，撒播种子之后，再用刮子把表土掘松，掩盖种子。有的不经掘土，只用木棒削尖，在地上掘个小窟窿，把种子放进窟窿里，再用土掩盖。这种极其粗糙的耕作方法，毫无疑问，它的产量是不会高的。但是，如果砍伐老山（深密的原始森林），因地面积下的自然肥料甚厚，初种的两三年内，不但产量很高（比茅山高一倍），而且不须或少费劳力除草，这仅能看作例外了。“刀耕火种”的旱地，到了第二年再种，即须把土掘松然后下种，除不再加肥料以外，其余的耕作过程，大致也与汉区相同。而且这种山地，一般都采用几种不同的作物轮换种植的方法，如第一年种苞米，第二年种薏米，第三年仍种苞米，第四年仍种薏米……有的则用三种以上不同作物轮种。有的栽种岭禾（旱稻）时也须加草木灰作肥料。这只是在土地较少，不能把过多的熟地丢荒（间歇地）的情况下才这样做。一般情况，这种刀耕火种的旱地，种了四五年后（老山最多可种八九年），就要把它丢荒而另垦新地的（详见附表十六甲、乙）。

瑶族农民，男女都从事耕作，很少有例外。而且妇女的劳动强度，一般并不比男子为低。在耕种技术方面，凡男子能干的活路，妇女都能做到。过去占有老山、副业门路较多的地区，男子偏重搞副业，妇女偏重耕田。妇女虽也参加一些副业生产活动，但某些门路，比如砍香蕈木、砍运木材、锯板等，妇女是不过问的。贫苦的家庭，男女儿童年满13岁以后，一般都要参加生产。尤其是种山地的过山瑶，耕作需要劳力较多，儿童在13岁以上就要像成人一样劳动了。老人年在60以上，仍然像青壮年一样参加劳动，身体孱弱的，才留在家里照看小孩和做一些较轻的家务劳动（如舂米、织布、饲养猪牛之类）。

2. *劳动效率*

瑶族农民虽然很勤苦耐劳，但是由于住在山区，环境条件较差，以致终年辛勤，仍难摆脱贫困的生活。耕种山地的固不必说，耕种水田的也是如此。山内生活较好的地区的居民，不是专靠农业生产而是依靠较大数量的副业收入。但是，副业生产的价值也并不太大，只不过能够进行多种经济的经营，使劳动力得以尽量发挥其作用而已。

山内水田不多，在过去，水田绝大多数集中在长毛瑶手里，而在长毛瑶中又集中在少数地主富农手里，从而无地或少地的农民就占大多数。即以人口平均数计算，每人占水田仅有9分左右，而每亩平均产稻谷仅400斤，则每人每年仅有稻谷360斤，是不足以维持口粮的，因此，必须依靠耕种旱地以资弥补。旱地中又以间歇地占大多数，因此，这项耕地面积就极不稳定。如以解放初期的情况作为标准，全县旱地约6万亩左右，平均每人只占2亩多一点，如果每亩能产杂粮100斤计算，也仅能产原粮200斤，连同稻谷共为500斤。仅可维持口粮（详见附表一）。再从1956年成立高级社后的六巷乡的生产情况为例，该乡共有水田1085亩，共产稻谷354 914斤；旱地546亩，共产岭禾、苞米、粟、麦糖、三角麦、木薯、红薯、芋头等原粮106 711斤。两项合计共产原粮461 625斤。各种杂粮折合稻谷计算，共为424 847斤。该乡人口共845人，平均每人占原粮503斤。由此可见农业生产效率是不高的（详见附表九）。

农民劳动力的价值一般也是偏低的。以水田较好的六拉乡和滴水乡而论，前者据刘建邦户（贫农）的典型调查，1949年他家水田共收入稻谷2990斤，共费186个工作日，每个工作日收入稻谷16斤，折米9.64斤。但种岭禾共费11个工作日，却收获稻谷300斤，折白米180斤，每个工作日收入16斤多，反比种水田的收入为多，这是砍种老山的结果。不能作为一般之例（详见附表十四甲）。据我们在滴水村的调查，水田每亩的全部生产过程，共需工作日26个，如每亩产量为400斤，其收入与六拉乡刘建邦户相同。别的地区，虽然同是耕种水田，但因梯田多或田离村较远，所需劳动量增多，而劳动力价值就相对减低。据长二乡陶公祖户（中农）典型调查：1949年他家耕种水田的收入，共计稻谷3200斤，共费工作日320个，即每个工作日收入仅有稻谷10斤，折米6斤。较之六拉和滴水，其劳动力价值即减低1/3（详见附表十四乙）。又据双合乡岭祖村兰运才户（贫农）的典型调查：1949年他家耕种水田3亩5分，共收入稻谷900斤，需工100个。平均每工收入仅稻谷9斤，折米5.4斤，其劳动力价值又比长二稍低（详见附表十五）。

至于耕种旱地，因不施肥的缘故，产量是逐年递减的，而且有开垦老山和茅山的不同，故产量很不稳定。每工最高收入折合白米23斤，最低收入折合稻谷2斤半，一般收入折合稻谷10斤左右（详见附表十四、十五、十六）。

至于副业的生产，一般的劳动力价值较高，例如六拉乡刘建邦户，种香草每工收入值白米13斤多，做笋干每工竟值白米26斤多。长二乡陶公祖户，种香蕈每工值白米13斤，做寿板（连同杉木）每工竟值白米37斤。只是这种副业的局限性很大，如种香草和香蕈，一定要以占有老山为前提条件，而香蕈木并不是常有的，砍了一次以后，至少要隔20年才可砍第二次。种香草的地，也不能继续多年，收获一次，必须另换新地，不然成长便不良好。做寿板则须种有杉木。上举这些条件，并不是山内每个瑶族居民所能具备的。没有占有老山的过山瑶，更不能希望此项收益。他们比较固定的副业，只是养蜂、饲养猪鸡和做少量的笋干，这些收入都不太大。养蜂所需劳动力不多，劳动力价值是较高的，如以一家每年能装蜂蜜30斤计算，每斤蜂蜜可换米4斤，共收入折米120斤，最多只费工6天，平均每工收入值米20斤以上。养猪的劳动力价值不大，一般每年饲猪一只，能获肉80斤，每斤折米5斤，共值400斤。采集饲料、煮潲、喂养，每天需时2小时，全年共需90个工。除饲粮折米60斤外，每工约值白米4斤。

林业生产方面的收入较大，劳动力价值亦高。因为开垦荒地耕种，例须丢荒。如果这片耕地不打算在它间歇一段时间后再垦再种，就可种树。等到耕地肥力消失不能再种作物时，树也长成了。像这样的地把种植作物和造林结合起来，则种树和幼树的管理就不要另费较多劳力。等到树木长大，只需要砍伐运输的人工，如种油茶、油桐、茶叶等经济林，则只需要一些铲山和收籽的劳动而已。故林业的经营是费工少而收入多的生产。不过，这种生产，在过去没有占有山地的山丁所受限制也很大。因为山地是向山主租来的，除每年须缴纳一定数量的山租外，还要受山主种种约束（如租期短、种树还山等）。由于租期的限制，租地的瑶族农民，只能栽培在短期内便有收获而生长寿命只有六七年的油桐，而且也不可能有较大的发展，使劳动力得以尽量发挥其作用。

渔猎生产，收入很不可靠。其中收入较大而费工较小的：在捕鱼方面，如果架设鱼梁捕鱼，有时一年内可获几百斤（较大的鱼梁都由数家共有）；在狩猎方面，如果装设捕机（石压、木踏、套索、铁夹、鸟盆等），一年中有时可获大小野兽三四百斤，一般都能捕获三四十斤小兽，如山鼠、野狸之类。这些渔猎生产，往往能解决家庭食肉问题。

（二）生产关系

1. 山主与山丁

根据瑶族老人们的传说，多数人都说盘瑶和山子瑶（统称过山瑶）进入大瑶山的时间较早，只是由于他们初进山里时，到处都是古木青山（老山），森林内的土地肥沃，他们便用“斩木根、吃木尾”的刀耕火种的方法种植旱地作物和采集香蕈、木耳等蕈类；一到耕地肥力消减之后，就把熟地抛弃而另垦生荒。这样逢山过山迁徙，不定居，也不占有山场河流。后来茶山瑶、花蓝瑶和坳瑶（统称长毛瑶）进入瑶山，他们所到之处，即“插标为号”，随处号山、号河作为同姓或同族所私有。并在过山瑶曾经刀耕火种过的旱地上开垦水田，而且在自己号占的地区范围内定居下来。等到过山瑶再回头的时候，山场河流已完全为长毛瑶所占有，从而不能不向长毛瑶租山垦种。因此，长毛瑶占有土地，便成为“山主”；过山瑶没占有土地，而要依靠向土地占有者租地居住和垦殖，便成为“山丁”。这便是过去大瑶山之所以有“山主”和“山丁”两个不同经济地位集团的来源。

在三个不同族系的长毛瑶中，有的占有山场较多，有的占有山场较少，这固然跟他们入山先后有关。但彼此之间，由于并不是势均力敌的几个族系，为了生存而互相争夺山场的事是不可避免的。这种争地的斗争，不但在不同族系中发生过，就是在同族系中也曾经发生过。前者如门头村花蓝瑶的祖先胡公曲，曾领导族人把住在石湾地方占有较多水田的坳瑶祖先以武装袭击的形式赶走了。后者如住在金秀的茶山瑶，曾把附近同族系的罗梦苏姓祖先赶走。由此可知，当瑶族最初进入瑶山的阶段，人多力强的族系，就能占有较多的山场和环境较好的地方；反之，便不能这样。由此，也可明了金秀四村之所以在大瑶山里成为无论在经济上或是在政治上都处于首要地位的根源。

土地的占有，最初是从某个族系中的几姓人组成的集团所公有开始，进而到由血族近亲所组成的集团所公有，再后来才到家庭所私有。这可以从现在长毛瑶各族系各村和各姓还保有部分公共山场得到证明。接近解放时，山主早年号占的山场河流，凡是近村的和接近山谷的土地，也就是土质较肥的土地，绝大多数都成为家庭私有财产，只有一些土质瘦瘠而离村又远的茅草山才是一村或一姓的公共财产。这是土地私有制度造成的结果。由于土地兼并和逐渐集中，也就促使原来处于山主经济地位的阶级内部的分化。

2. 土地关系

大瑶山以农业生产为主，土地占有是这里生产资料占有中的一项重要内容。最初瑶族的土地来源，基于“插标为号”的占有，占有土地的便成为山主，没有占有土地的便成为山丁。前者是土地所有者，而后者便是土地使用者。这仅是就两个不同经济地位集团的大致分法。实际上，山主既要把占有的土地的一部分出租以供山丁使用，而另一方面也要把一部分土地开垦成为水田自耕，或造林，或培植土特产。这样，即使是处于土地所有者地位的山主，也并没有和土地完全分离，专靠剥削土地使用者的租来养活自己，恰恰相反，绝大多数山主们的主要生活来源还是依靠自耕土地来解决的。

根据瑶族传说，土地私有制在他们进入瑶山的初期就已经存在了。虽然当时的占有形式是由同族系中的几姓或一姓所组成的集团的公有开始，但甲族系与乙族系间，同族系的甲姓与乙姓间，也就早已存在着占地多少和环境好坏的差别。以此为基础，随着社会历史条件的发展，由于石牌制度的逐步形成和演变，石牌头人的权力逐步巩固和扩大，就整个瑶山说，有的地区形成了石牌制度的领导中心（金秀、白沙、六拉、昔地四村），有的地区却处于从属地位。就同一族系说，石牌头人也具有或大或小的某些特权（如掌管公共财产收入和石牌罚款以及在办理石牌群众争端时可以获得报酬或贿赂等），私有财产逐渐增大已经有了可能。另一方面，个体的农业经营是极不稳固的经济基础。某个家庭一旦遭遇了自然灾害或人事的变故，可能促使家庭经济的猝然下降以至破产。这样，土地的兼并现象就会逐步发生和发展。这就促使山主内部的两极分化，从而使这族系中形成不同的阶级和阶层。

瑶山的土地典当和买卖开始的年代已无可稽考，但早已发生。最初阶段这种个人土地转移行为，是受到同族系和同族的约束和限制的，直到解放初某些地区仍然保持着这种成规，即是在任何情况下都不能把土地当卖给外族和外姓。遇有当卖时，必须由有血缘关系的亲属来承受，而且先近亲而后远亲。如果亲族无人承受，只能中止这一行为。这种约束和限制，直到 1940 年国民党统治深入大瑶山之后才被打破。在较早一些时期，虽然也有个别地区已不能严格遵循这种限制土地转移的成规，但只限于离村太远不便管理的（金秀茶山瑶曾将离村 50 里外的坤林山场卖给现住坤林村的盘瑶；罗梦茶山瑶曾把离村 40 多里的山场和一些梯田卖给现住六仁村的盘瑶），或是居住在瑶山边缘受汉族影响的地区才有（如罗香、龙坪、古茶等乡），这仅是特殊情况而已。

山丁阶层中，虽各都依靠租种山主的山地过活，但各家占有的生产资料和劳动力并不一致，各人的生活遭遇也有所不同，从而也形成大贫小贫之分。个别的上层人物，由于投靠国民党统治者，竟成为骑在山丁头上的统治者，依靠剥削贫苦的山丁过活，如木山乡的李荣保便是。但这仅是一个唯一的孤例而已。

大瑶山不仅在瑶族入山之初就有了山主和山丁两个经济地位不同的阶层，而稍后一些，山主阶层中又出现了贫富悬殊的两极分化。后来，约束和限制土地转移给外人的成规被打破，山丁竟然能从山主手中买得山场和水田。这样，就促使瑶山内的土地关系，越来越趋于复杂了。

据广西省民族事务委员会 1953 年冬对自治县六段、滴水、三角三个乡的社会经济调查，可以看出瑶族各族系的阶级分化和耕地占有情况。这个调查是根据县境内上中下三种经济典型情况来进行的，其对象包括瑶汉两个民族和瑶族中的茶山瑶、盘瑶、山子瑶三个族系。就其统计数字看：在 328 户中，原处于山主地位的茶山瑶，有贫农 64 户，占总户数的 19.5%；共有水田 305.7 亩，平均每户仅占 4.8 亩。原处于山丁地位的盘瑶，有中农 14 户，共有水田 54.9 亩，平均每户占 3.9 亩；富农 1 户，占有 20 亩。而茶山瑶中，有富农 19 户，共有 489.4 亩，平均每户占有 25.8 亩；地主 15 户，共有水田 538 亩，平均每户占有 35.8 亩（详见附表四甲）。据此，可见瑶族各族系中两极分化的现象是很显著的。

又据自治县土地改革工作总结中所列金秀、长垌、六巷三个区各阶层水田占有情况的数字，也可说明瑶族两极分化的显著现象。以各阶层人口计算，雇农 650 人，平均每人占有水田 0.74 亩；贫农 6346 人，平均每人占有水田 0.79 亩；中农 2237 人，平均每人占有水田 1.52 亩；富农 244 人，平均每人占有水田 3.54 亩；地主 155 人，平均每人占有水田 2.25 亩。三个区共有 2089 户 9632 人，共有水田 10 147.8 亩，平均每人占 1.06 亩（详见附表四乙）。又以素称瑶山经济中心的金秀村和生活富裕的滴水村的材料来看，也同样说明同村同族系的内部的两极分化现象依然存在。金秀村的水田占有情况是：雇农 8 户 18 人，平均每人占 0.44 把；贫农 8 户 38 人，平均每人占 50.65 把；中农 15 户 71 人，平均每人占 78 把；富农 5 户 25 人，平均每人占 110.2 把；地主 4 户 22 人，平均每人占 119.27 把。如以每把合稻谷 10 斤，400 斤合 1 亩计，富农每人平均占田 2.75 亩，地主每人占田 3 亩。如以全村

（不全）44户190人的材料计算，平均每人占水田仅1.7亩（详见附表五）。滴水村的水田占有情况是：雇农2户无田；贫农4户17人，平均每人占35.3双（每双谷20斤下同）；中农17户61人，平均每人占73.6双；小土地出租者1户5人，平均每人占46双；富农10户18人，平均每人占169双，约合8.05亩；地主4户10人，平均每人占261双，约合13亩。全村38户114人，共有水田产禾把243 180双，以20双合1亩计，平均每人占水田5.33亩。这个数字在大瑶山来说是非常突出的。又据六巷区六巷、门头、青山、大凳四乡的水田占有统计，平均每人仅1.05亩，最高的六巷乡仅有1.28亩，最低的青山乡仅有0.8亩（详见附表五、六、七）。从上举这些具体数字看来，可知大瑶山瑶族虽然两极分化的现象显然存在，但贫富的距离却并不如一般汉区那么大。这便是大瑶山土地关系的特点。

3. 地租形式

大瑶山的瑶族出租山场的现象，在瑶族进入山里的初期已经出现。以水田出租则不知始于何时。在租佃关系中所表现的地租形式，极其复杂。劳役地租、实物地租和货币地租同时存在。而在这三种形式中，又有各种不同的计租方法。

劳役地租虽然存在，但在三种地租形式中已处于最末的地位，或者可以说仅是残迹了。它表现在两种计租方法上：一是在山丁批租山主的山地时，除缴纳实物地租或货币地租外，订约时言明每年到农忙的季节，山丁须帮山主几个工。山主仅供饮食而不给其他报酬。另一种则为“种树还山”，那是山丁须在租入的山地上帮山主栽种杉木，等到这片旱地须要丢荒而不能再种作物时，把成长好了的树木交还山主。这种种树还山的形式，有的还要另缴实物地租或货币地租，但租额一般要较无这附带条件的山租为轻，有的则不另缴其他地租。不过后者是很少见的。此外，有的汉族聚居地区，山丁所种杉木到收获时，所得价款，还得主佃共同分红，其数量多是主四佃六或主三佃七。

实物地租，大致有两种：一是以地上所产的谷物交租，一是以猪肉交租。前者在佃耕期间，每年交租一次，大多数是“做三分”，即主一佃二。也有采取定租方式的，即额定每年交租多少，或是在约定的租期内一次或分两三次共交租多少。每年交租的为“小批”，一次或分两三次交足一定数量租额的为“大批”。佃租水田，一般远田多为“做三分”，近村田有对分的（即主佃各半）。有的也采定租形式，但一般都不超过对分，低的却有少于1/3的。

据调查所获材料，货币地租在瑶山的历史，最早在清雍正十三年（1735）已经出现，即是古陈坳瑶批租黄钳冲口山地给盘瑶垦种，每户以收银三两为定租之额。这种地租形式，在瑶山也是普遍采用的。不过其计租的方法，有多种多样。在山租中，有的按户收租，有的按劳动力收租（即按人头计租，除16岁未满60岁以上的不收租，其余一家有几人便按人交租），有采“大批”形式的。租额以按户计租为最轻，以大批为最重。但大批又较轻于“做三分”。以上是指山租而言。至于田租，只有个别地区（如六巷乡和门头乡）采用货币地租形式。其他地区都是采用实物地租的。

实物地租和货币地租，是大瑶山占主导地位的地租形式，有时，并且两者同时采用，即是在“大批”时，先交一笔货币租金，其后再按年或分几次交若干谷物。

山丁对山主除须缴纳一定数额的山租外，还有许多额外供应，如每年或隔几年必须备办一定数量的酒肉，请山主痛饮大嚼；或是山主到家收租时必须用酒肉款待；或是在订立批约时请山主吃喝，或是每年照例要先送几个鸡给山主。甚至有的地区（如六段，六定等乡）的山丁，家有婚姻喜庆或祭盘王时，也要先送几十斤猪肉给山主，意思是表示请他“喝喜酒”。此外，有的特别贪婪的山主，平日还常到山丁家去，不但要山丁以酒肉款待，还要伸手向山丁要这要那，如果山丁稍有难色，他会寻个借口，诬赖山丁侮辱山主，就要照他们的石牌法律，予以处罚。如果租的是公山，那么，凡是占有这片公山的各户，都是山主。山丁遭受的额外剥削与委屈，也会不断发生。严重的，甚至还要遭到无故生端的“打油火”以及被打骂或迫害。由此也可看出，山丁对山主是有人身依附的，也就是说，山丁没有独立的人格，人身上要受山主的支配。但有另一种情况，山主族系内部无地少地的农民，如果向地主富农佃耕水田，除缴纳约定的租额外，却没有其他的额外供应。至少也不会受到田主的无理取闹和借端敲诈。这一点，也可说明山丁对山主和山主族系内部农民对地主的人身依附在程度上是有所不同的。

三、大瑶山瑶族社会性质的探索

基于上述瑶族社会环境和生产力、生产关系加以观察和分析，很显然地可以看出如下几个特点：

第一、瑶山虽然崇山峻岭，交通极为不便，但四周都被汉、壮两个民族聚居区所包围。大瑶山社会早已不是孤岛式的社会，长期以来，它的经济已和山外的汉壮地区发生了紧密的联系。

第二、由于瑶山经济已与山外汉壮地区有了紧密的联系，双方居民接触频繁，从而引入了汉壮地区农业上所使用的生产工具和水田生产技术。截至临近解放前夕，瑶族用于主要农业上的生产工具与生产技术，基本上和山外无大差别。也就是说，瑶族社会的生产力发展水平，除稍受一些地理环境限制外，基本上是同山外汉壮地区不相上下的。

第三、在水田的生产技术上虽然基本上同山外汉壮地区不相上下，但旱地的生产技术，还在较大的程度上保存着“刀耕火种”的落后状态。不过，这并不等于耕山种地的瑶族不知使用肥料，他们在屋宅旁的菜地上和点种岭禾时也是使用肥料的。

第四、在生产关系上，由部分人（山主）占有广阔的山地和另一部分人（山丁）没有寸土的两个经济地位不同的阶级，发展到两个阶级内部的两极分化，即一部分人必须依靠租佃另一部分人的土地耕种，而前者是以地租作为报酬来向后者换取土地使用权的。但土地占有者，绝大多数却没有与土地完全分离，地租并不是他们的主要收入。

第五、地租方面，劳役、实物、货币三种形式同时并存，而以后二者占主导地位。

第六、手工业和农业没有分离，也就是社会里还没有独立手工业生产者。除巴勒村（仅74户）外，其余各地各瑶族支系的手工业生产，完全是为了满足家庭的需要，而不是为了商品变换。

第七、无论在生产工具、生产技术上或是在生产关系上，虽然还保存一些比较落后的东西，如不习惯用犁，多使用木耙及劳役地租形式的存在，但这些仅仅是一种由前一社会阶段残存下来的东西。在农业生产上不可能起较大的作用。

上述这些特点表明：在大瑶山瑶族社会里，有一部分人拥有大量的土地，而另一部分人却没有土地或者只有很少的土地，不得不用自己的工具去耕种地主或山主的土地，并把收获物的一部分缴纳给土地占有者。他们被束缚在这种土地所有制上，没有人身的自由，受尽山主或地主的经济剥削和政治压迫。这种土地所有制形式，完全属于封建主义性质，即封建的土地所有制。故大瑶山瑶族社会性质，据我们初步意见，应列入封建社会阶段。

再就地租形式加以分析，实物地租和货币地租已经占着主导地位，而劳役地租虽仍然存在，但它仅以附带的形式表现出来，故仅能把它当作残余的东西看待。由于实物地租和货币地租的出现，足以表明封建社会生产力的进一步发展。瑶山社会的生产力水平并不低于沿山周围的汉壮住区，这一点也可作为一个有力的证明。据此，瑶山社会已不是初期的封建社会，而是中期以下的封建社会。另一方面，也正因为瑶山封建社会已经出现了实物地租与货币地租，虽然多少可以刺激劳动生产率的提高，但是这两种地租，却往往以“大批”的形式表现出来。大批的形式，就是使土地使用者预先付出一笔较大的租金，作为租期内各年的地租。假定租期定为10年，即须在定约的时候，一次性付出10年的租金。这种地租的性质，不但不能减轻农民的地租负担，反而使得农民不能维持原有生产。而且，这两种地租形式，又和劳役地租结合在一起，即土地使用者除缴纳一定数量的租额外，还要依照规定在一年当中给土地占有者负担若干无偿劳动。这种残酷的剥削，又增加了农民的负担，使得生产发展受到了影响。这种生产关系阻碍了社会发展。

至于还保存着的落后的“刀耕火种”耕作技术和手工业同农业没有分离，似乎都是封建社会以前的生产力发展状态。但是，我们认为，这些都与大瑶山的地理环境和它的特殊的社会历史条件有关，都不能仅凭这两点来判断它的社会性质。就前者说，因为大瑶山瑶族农民，早已知道使用肥料，也掌握了一些施肥技术，并且还在一些旱地上（如菜园和岭禾地）施肥。垦种旱地的瑶族，已知肥效而不普遍采用的原因约有二：第一，由于习惯了粗放的耕作方法，而不愿有所改变。这里所谓习惯，是指瑶族人民进入大瑶山的初期，到处都是茂密的原始森林，地面自然肥料很厚，采用刀耕火种的收获，并不比在熟地上加肥的产量为低，甚至有时还超过后者（现在在砍老山种粮食的仍然如此），而且，瑶族是受封建统治阶级的武装压迫才退避深山的，在入山初期，由于生产工具缺乏（在传说中有使用木棒、木钩或牛角掘土种植的说法），只能以“刀耕火种”的方法进行农业生产。第二，由于山内地广人稀，有条件可以把已垦的山地丢荒，作为轮歇地（这是主要的因素）。也就是说，丢荒已垦的熟地而另去垦荒所需的劳动力，不会比积肥、运肥的劳动力超过太多，而另垦生荒的收获，也不会比熟地加肥的产量相差太大。因此，我们认为这种落后的耕作方法之所以保存至今，是在较大的程度上受地理环境的影响，而且它仅是生产技术的一个方面，故不能仅凭这一点就单纯地判断瑶族生产技术的落后。

就后者说，瑶山社会虽然没有专职的手工业者，手工业同农业没有分离，但是这也并不等于瑶山社会还不曾发展到第二次社会大分工。诚然，如果按一般社会发展规律来说，手工业同农业分离，手工业成为独立职业就是商品生产的萌芽。但是大瑶山的商品生产，据最可靠的文字记载（在保、杨柳、将军三村清乾隆五十一年［1786］共立的石牌里面，刻有“善人卖买生意，有茶有食吃”条文），至今已有100多年的历史。而在出现商品生产100多年以后，反而不曾使手工业成为独立的职业的原因，据我们分析，认为这是由于瑶山社会的特殊历史条件所限制：第一，由于原料来源不易以及为市场销售所限制。虽然本民族有人会打制铁器，但也无法发展到与农业分离出来独立经营的程度。第二，瑶山范围不大，同山外汉壮地区易于发生经济的联系，从而也无必要发展冶金业以及其他手工业。第三，瑶山内土特产极其丰富，而且种类繁多，农民只要从事土特产的副业经营，便可从山外换取山内所缺乏的生产资料和生活资料，也就无须在山内发展手工业以及商品交换的市场。因此，瑶山的手工业虽然没有同农业分离，而瑶族农民的一部分劳动产品，却早已逐渐成为商品，拿到山外的市场销出，以换取山内所缺乏的生产资料和生活资料了。正因为这样，我们就不能仅凭手工业没有同农业分离这一点来判断瑶山的社会性质。

在我们前后8个多月的调查中，无论从哪个方面，甚至在传说、歌谣、故事里也好，都不曾发现奴隶社会的痕迹。只在某些地区还保存着极不稳定，甚至只有在名义上是配偶的婚姻习俗，似乎是原始社会群婚制的残余。这种现象究竟怎样解释呢？我们认为，现在居住在大瑶山的瑶族，并不是当地的土著，而是从别处陆续迁移到瑶山的。根据各族系的祖先迁移的传说，茶山瑶是从广东和湖南先迁居到藤县濛江中游居住，后来被覃千户以武力压迫才被赶进瑶山的。花蓝瑶是从贵州古州先迁到象州七里、下里、马鞍山一带居住，直到清朝初年才被皇兵撵进瑶山的。坳瑶也是从贵州迁来，曾经有一段时间住过桂平县大湟江口一带，后来也是被官兵赶进瑶山的。盘瑶和山子瑶辗转迁徙更为频繁，据传说曾在广东韶州府乐昌县住了一个时期，然后进入广西的。各个族系进入瑶山的年代，根据他们的传说并结合汉文史籍和地方志等记载推断，大致在明朝中叶前后，大瑶山瑶族还住在瑶山南部以外的平地，或与汉族杂居，或与壮族杂居。直到明朝中叶以后，才被迫迁入大瑶山的。据此，不难理解，当瑶族祖先在藤县、桂平、象州等县平地与汉壮民族杂居的时候，就不可能不受到当时汉族的影响，也就不可能完全保持着本民族的经济基础和社会制度。既然瑶族的祖先在明朝中叶曾经处于汉区的封建社会里，受到汉族的社会影响，到他们后来进入瑶山之后，就不可能把前一时期的社会制度一齐扔掉。当他们进入瑶山的初期，即由各个不同的族系，分别进行号山号河，作为私有。稍后就形成“山主”和“山丁”两个经济不同的阶级，而后者须向前者缴纳山租来换取土地使用权。从而建立了封建主义的生产关系。这绝不是偶然的。

最后，必须提到的是，当现居大瑶山的五个瑶族族系最初进入山里时，这片广阔的山区里是不是荒无人迹的所在呢？据瑶族的传说，回答是否定的。金秀一带茶山瑶说，当他们祖先进入瑶山时，山里原居有一种双眼直竖、胸部穿孔、靠吃茶叶过活的“吃茶人”。胸部穿孔，专靠吃茶叶过活之说，固然流于荒诞，但是如果认为这个传说毫无根据，也是不妥的。我们可以把这种“吃茶人”的形态和生活习惯都与现在的瑶族有所不同来理解，是近乎情理的。又据美村的老人们说，当他们苏姓祖先最初住在现在的平道乡附近一个名叫岭红的地方时，曾被性情凶悍的佯人（又名山鬼)、佯料和佯鸾，率众夜袭该村，把全村十多家居民，全部杀绝；只有两夫妇因看田水，守在田边住宿未回，才免于难。后来这两夫妇逃到美村附近居住，便是现在美村苏姓的祖先。从这个传说中，也可证明在瑶族进入大瑶山之前，山里（至少在瑶山中心地区）原有一种性情凶悍的佯人在居住着，并且对进入瑶山的瑶族是采取敌对态度的。

又明代田汝成所著《炎徼纪闻》载：“茶山，罗运之隩……其幽崖奥谷，是生伶人。雕题高髻，状若猩狒。散育莽中，不室而处。饥则拾橡薯，射狐鼠，杂蜂蚕蚁坻。卉衣血食，言语侏㒧，虽四姓诸瑶，亦莫能重译也。”又《平乐府志》载：“荔浦溪峒中，有伶，俗与瑶异，而性凶狠。”根据上举的记载，也可证明，大瑶山里原有一种过着原始生活而性“凶悍”的伶人。如果再把这些记载结合金秀、美村的传说参看，可知上举的传说绝不是毫无根据的。那么，后来这种所谓“吃茶人”、佯人和伶人究竟往哪里去了呢？据我们推测，也许这些人为数并不太多，在人多势强，经济和文化较进步的瑶族进山以后，他们不是与瑶族融合，便是被赶走，抑或被消灭，三者必居其一。

这些原住大瑶山的土著，当瑶族进入瑶山时，究竟处在哪个社会阶段，史籍和传说都略而不详，自不能据为推断。但是他们既有一段时间与瑶族共同住在大瑶山里，不管两者间的态度如何，其生活习俗，也许会或多或少地对瑶族发生一定的影响。瑶族社会里至解放以前还保存着一些原始社会生活的遗迹，如果不是瑶族原有的，便是受到原在山内的土著的影响。不过，这种生活，仅是封建社会前的一些残辉遗影，并不能以此而影响瑶族在解放前的社会性质，这里也不多加论述了。

附

表一　大瑶山瑶族自治县耕地面积及原粮产量统计表

年份	耕地（亩）	每人平均耕地（亩）	水田（亩）	每人平均水田（亩）	旱地（亩）	每人平均旱地（亩）	原粮产量（担）	每人平均占粮（斤）	备注
1952	81 443	2.97	21 443	0.78	60 000	2.19	125 317	458	①1952 年全县人口为 27 373 人,1954 年以后,因象州县的大樟、互助两乡划归县辖,增至 32 482 人。 ②1953 年原粮产量,只知稻谷增产至102 742 担,旱地产量由推算而来。 ③原粮包括稻谷、大豆、小豆、黄粟、苞米、高粱、三角麦、红薯、木薯、芋头等杂粮。
1953	108 813	3.97	21 443	0.78	87 370	3.19	167 500	612	
1955	133 695	4.11	30 095	0.93	103 600	3.19	239 464	737	
1956	87 740	2.70					162 195	499	
4 年平均数	102 925	3.17	24.327	0.83	83 657	2.86	172 119	534	本栏以 1954 年人口为准

表二　大瑶山瑶族自治县民主改革时阶级情况统计表

阶级	户数	占户口总数百分比	人数	占人口总数百分比	备注
雇农	563	9.94	1 850	6.76	
贫农	3 739	66.02	18 335	66.97	
中农	1 164	20.55	6 274	22.92	
富农	89	1.67	503	1.84	
地主	57	1.01	270	0.98	
其他	51	0.90	141	0.52	
合计	5 663		27 373		

（上表根据自治县 1954 年土地改革工作总结材料编制）

表三 大瑶山瑶族自治县土改时没收征收水田统计表

项目	阶级	水田的不同单位面积	折合亩数	备注
亩数	地主	877	877	
	富农	236	236	
双数	地主	15 195	760	每双禾把以 20 斤计。20 双折合 1 亩。
	富农	12 520	626	
种子数（斤）	地主	875	88	以 10 斤种子合 1 亩计。
	富农	2 600	260	
田版数（斤）	地主	168 133	294	田版数原为田的年产量数，但因早年与现在的肥力不同以及买卖、典当、换佃时的有意提高，故田版常高于实际产量。现以七成计产，以 400 斤合 1 亩。
	富农	237 613	573	
合计	地主		2 019	总计没收征收 3 708 亩。
	富农		1 989	

（上表数字根据自治县土改工作总结材料编制）

表四甲 大瑶山瑶族自治县六段、滴水、三角三乡各阶层土地占有情况调查表

（耕地面积单位：亩）

成分	民族	户数	人口	占总数%	土地占有									占%	每人平均
					自耕				出租	总计					
					水田	旱禾地	山地	小计	水田	水田	旱禾地	山地	小计		
雇农	汉族	4	9			2.0		2.00			2.0		2.00		
	小计	4	9	0.83		2.0		2.00			2.0		2.00		0.20
贫农	汉族	17	49		5.00	28.1		33.10	1.0	6.00	28.1		34.10		
	茶山	64	295		305.30	97.0	31.7	434.0	0.4	305.70	97.0	31.7	434.40		
	盘瑶	21	88		24.13	9.5	10.5	44.13	5.1	29.23	9.5	10.5	49.23		
	山子				6.00			6.00	4.6	10.60			10.60		
	小计	102	432	40.00	340.43	134.6	42.2	517.23	11.1	351.53	134.6	42.2	528.33	20.50	1.22
中农	汉族	13	90		25.50	36.4		61.90	9.5	35.00	36.4		71.40		
	茶山	69	294		527.30	127.8	34.4	689.50	81.0	608.30	127.8	34.4	770.50		
	盘瑶	14	77		30.43	14.0	12.8	57.23	24.5	54.93	14.0	12.8	81.73		
	小计	96	461	42.70	583.23	178.2	47.2	808.63	115.0	698.23	178.2	47.2	923.63	35.85	2.00
富农	茶山	19	96		340.10	26.2	8.1	374.40	149.3	489.40	26.2	8.1	523.70		
	盘瑶	1	6			3.0	4.5	7.50	20.0	20.00	3.0	4.5	27.50		
	小计	20	102	9.40	340.10	29.2	12.6	381.90	169.3	509.40	29.2	12.6	551.20	21.30	5.50
地主	汉族	1	10		15.25			15.25	8.1	23.35			23.35		
	茶山	15	65		147.10	9.5	1.3	157.90	390.05	538.05	9.5	1.3	548.85		
	小计	16	75	6.90	162.35	9.5	1.3	173.15	399.05	561.40	9.5	1.3	572.20	22.00	7.60
总计		238	1 079		1 426.11	353.5	103.3	1 902.91	694.45	2 119.56	353.5	103.3	2 576.36		2.38

（录自前广西省人民政府民族事务委员会 1954 年 1 月编印的《大瑶山瑶族自治区三个乡的社会经济调查》）

表四乙　大瑶山瑶族自治县金秀、长洞、六巷三区土改时各阶层水田占有情况表

成分	户数	人口	亩数	双数	田版数（斤）	折合亩数	平均每人占田数（亩）	备注
雇农	200	650	35	8 441（合 422 亩）	11 890（合 21.6 亩）	478.6	0.74	每双禾把 20 斤计，20 双禾合 1 亩。
贫农	1 352	6 346	1 471	70 831（合 3541 亩）	22 608（合 39.6 亩）	5 051.6	0.79	以田版 100 个产谷 70 斤计，产谷 400 斤合 1 亩。
中农	455	2 237	2 163	23 643（合 118 亩）	33 948（合 59.5 亩）	3 404.5	1.52	
富农	50	244	244	11 873（合 594 亩）	9 120（合 20 亩）	865.0	3.54	
地主	32	155	155	5192（合 260 亩）	11 184（合 221 亩）	348.1	2.25	
合计	2 089	9 632	9 632	119 920（合 5 991 亩）	88 750（合 162.8 亩）	10 147.8	1.06	

（上表根据自治县土改工作总结材料编制）

表五　大瑶山瑶族自治县金秀区六拉乡金秀村各阶层水田占有情况表

成分	户数	人口	占有水田数（单"把"＝10 斤）						平均每人占有数（把）	备注
			总数	占合计数 %	自耕	占总数 %	出租	占总数 %		
雇农	8	18	8	0.07	8	100.00			0.44	
贫农	8	38	1 925	14.91	1 952	100.00			50.65	
中农	15	71	5 539	42.89	5 113	92.31	426	7.69	78.01	
富农	5	25	2 756	21.35	2 484	90.13	272	9.87	110.24	每人占产谷约 1 100 斤，以 400 斤合 1 亩计，约为 2.75 亩。
地主	4	22	2 642	20.32	2 040	77.74	584	22.26	119.27	每人占产谷约 1 200 斤，以 400 斤合 1 亩计，约为 3 亩。
其他	4	16	60	0.47	60	100.00			3.75	
合计	44	190	12 912		11 630		1 282		67.96	每把谷约 10 斤计，每人占产谷约 680 斤，400 斤合 1 亩计，约为 1.7 亩。

注：（1）本表根据六拉乡人委会 1954 年土地财产登记表册编制。

（2）金秀村原有瑶族 57 户，因材料不全，仅列 44 户。

表六　长洞区滴水乡滴水村各阶层水田占有情况表

成分	户数	人口	总数	占全村总数%	自耕	占占有总数%	出租	占有总数%	产量（斤）	平均每人占有数（双）	备注
雇农	2	3									
贫农	4	17	600	4.93	600	100.00			12 000	35.3	有人把少量远田租出而又租入近田的。
中农	17	61	4 490	39.92	3 521	78.42	972	21.58	89 800	73.6	有把远田租出，而又租入近田的；有因人力少而租出的。
小土地出租者	1	5	230	1.89	30	13.05	200	86.95	4 600	46.0	
富农	10	18	3 044	25.03	1 244	41.16	1 799	58.84	60 880	169.1	
地主	4	10	2 609	21.46	1 191	45.57	1 418	54.43	52 180	261.0	
公堂			1 186	9.75			1 186	100.00	23 720		
合计	38	114	12 159		6 586	54.17	5 575	45.83	243 180	106.7	以20双合1亩计，平均每人占5.33亩。

（本表根据滴水乡档案材料编制）

表七　大瑶山瑶族自治县六巷区阶级情况及水田面积统计表

乡别	成分	户数	人口	水田（亩）	平均每人占水田数（亩）	备注
六巷	雇贫农	167	772	1 085	1.28	本区为花蓝瑶、坳瑶、盘瑶、山子瑶及汉、僮杂居区。过去只有花蓝瑶（114户）和坳瑶（53户）占有水田，其余各族都靠种山，故水田不多。
	中农	13	59			
	富农	2	14			
	小计	182	845			
门头	雇贫农	143	671	700	0.92	
	中农	17	95			
	富农					
	小计	160	766			
青山	雇贫农	132	515	438	0.80	
	中农	6	31			
	富农					
	小计	138	548			
大凳	雇贫农	79	360	455	1.15	
	中农	7	29			
	富农	1	7			
	小计	87	396			
合计	雇贫农	521	2 320	2 678	1.05	
	中农	43	214			
	富农	3	21			
	小计	567	2 555			

表八　六段、六拉等乡村耕地面积统计表

区别	乡别	户数	人数	地主户数	富农户数	水田数（亩）	平均每人占有（亩）	旱地数（亩）	平均每人占有（亩）	水田年产量（斤）	平均每亩产量（斤）	备注
金秀	六拉	220	1 038	9	10	1 449	1. 40	552	0. 53	652 490	450	9户地主土改时共没收水田133.67亩，平均每户不到15亩。
	六段	157	626	7	7	640	1. 02			320 000	500	
	长二	130	558	7	9	842	1. 51	215	0. 38	251 080	298	旱地材料仅列苞米、旱禾。余缺。
罗香	罗香	221	959	无	1	843	0. 88	451	0. 47		400	每亩平均产量据当地一般情况估计。
	罗运	202	841	无	1	746	0. 89			365 230	490	
	平竹乡罗梦村	34	150	无	无	254	1. 70	25	0. 17	30 000 80 000	122(56年) 327(53年)	水田尽是梯田，且山势逼仄，耕作困难。
忠良	忠山	129	622	不详	不详	308	0. 49	1 369	2. 20			
	双合乡岭祖村	48	258	无	4	268	1. 04	761	2. 95			
长洞	平道乡古占村	17	106	无	无	100	0. 94	200	1. 90	36 268	363	

表九　1956年六巷乡粮食收益统计表

名称	亩数	产量（斤）	每亩平均产量（斤）	折合稻谷（斤）	备注
水稻	1 085	354 914	327	354 914	
旱禾	120	28 148	235	28 148	
苞米	108	11 769	109	9 808	每百斤除筒骨20斤计。
黄粟	25	2 500	100	1 250	每200斤折稻谷100斤。
麦粇	20	1 750	87	1 458	每12斤折稻谷100斤。
三角麦	20	1 000	50	1 000	
木薯	170	34 000	200	22 400	每150斤折稻谷100斤。
红薯	70	22 382	335	4 579	每500斤折稻谷100斤。
芋头	13	5 162	400	1 290	每400斤折稻谷100斤。
合计	1 631	461 625		424 847	本乡共845人，平均每人可分原粮503斤。

表十　大瑶山瑶族自治县林业及主要土特产分布情况

项目 / 乡别 / 区别	用材林		经济林						土特产							
	杉木	松木	油茶	油桐	粽	八角	桂皮	毛竹南竹	香草	香蕈	笋干	茶叶	黄麻	苎麻	薏米	天花粉
金秀	长二 六段		共和 和平						六拉	六拉	六拉	和平			共和	
三角	六定 六秘		六定、六秘 注燕、柘山 三角、长乐									江燕 甲江				
忠良	林秀、车田 忠山、三合 永和				高源 林秀 六干								车田 林秀 忠山	车田 林秀 忠山	高源 忠山 平田 林秀	
罗香	罗香	龙坪				罗运	平竹 罗香			罗香 罗梦	罗梦 罗运 罗香	罗运				罗运
长洞	平道 长洞 镇中	镇中						镇中				镇中				
大樟	瓦厂 木山		双化	玲马												瓦厂 木山
六巷	六巷 门头		青山							青山						六巷 门头
备注	本表所列系主要产品及主要产区。山内土特产甚多，仅药材一项，计有300多种，未能尽列。															

表十一甲　大瑶山瑶族自治县国营公司收购土特产统计表

（单位：斤）

品名	1954年	1955年	每百斤价（元）	备注
香草	27 539	24 300	20	
天花粉	49 536	100 493	50	
香蕈	6 389	17 200	200	上品每百斤价在350元以上。
薏米	166 118	250 088	25	
桐子	432 435	418 314	5	
桐油	7 270	3 888	30	
茶子	114 441	6 215	8	
薯莨	46 707	9 079	5	
花生	5 773	457	15	
八角	2 222	4 608	50	
桂皮	605	4 339	60	上品每百斤价在200元以上。
木薯干	5 500	7 415	4	
蜂蜜	8 910	10 121	40	
合计	873 445	911 417		1954年总值约126 000元。 1955年总值约194 000元。

表十一乙　1956年大瑶山瑶族自治县贸易公司罗香区销购组收购土特产统计表

品名	数量（斤）	金额（元）	平均每百斤价（元）	备注
薏米	4 237.6	1 105.69	25.00	
桂皮	7 185.9	3 349.63	46.67	上品每百斤价约200元以上，下品仅值40元。
薯莨	13 918.4	730.52	5.30	
八角	5 703.4	1 691.83	29.70	
蜂蜡	6.8	9.56	154.00	
笋品	21 542.4	10 513.36	48.80	包括火笋干和黄笋丝。
木耳	24.1	26.17	108.30	
笋干	28.1	3.72	13.20	
合计		17 430.48		

表十二　大瑶山瑶族自治县国营企业收购土特产总值表

企业名称	1956年	1955年	
贸易公司	103 662元	111 916元	
供销合作社	300 000元	194 557元	
药材公司	75 000元		
采购局食品公司	105 000元		统计材料不全，此为推算数。
外销	220 000元		此为杉木运往山外由森林工业局收购数，不全。
合计	803 662元	306 473元	

表十三　金秀区六拉乡土特产产量表

品名	历史最高年产量	实际常年产量	1952年	1953年	1954年	1955年	
香草	65 000	40 000	45 000	40 000	23 539	20 000	
油桐	2 000	1 500	1 500	1 600			
棕皮	6 500	4 000	4 500	4 000			
香蕈	2 000	400	400	30	4 000	4 500	
笋干	90 000	60 000	60 000	260			

表十四甲　六拉乡刘建邦（贫农）户劳动力价值计算典型调查表

项目	收获量（斤）	折合白米（斤）	需工总数（工作日）	每工收入米（斤）	备注
水稻	2 990	1 794	186	9.64	10斤稻谷折米6斤计。
岭禾	300	180	11	16.36	同上栏。
香草	200	400	30	13.33	香草1斤折米2斤计。
笋干	400	800	30	26.66	笋干1斤折米2斤计。
合计		3 174	257	12.35	全家主要劳动力2个。1949年生产量。

表十四乙　长二村陶公祖（中农）户劳动力价值典型调查表

项目	收获量（斤）	折合白米（斤）	需工总数（工作日）	每工收入米（斤）	备注
水稻	3 200	1 920	320	6	稻谷10斤折白米6斤。
香蕈	8	192	14	13	每斤折米24斤。
寿板	18副	1 500	40	37	每副折米150斤，连木料在内。
苞米	800	640	28	23	苞米10斤，应除筒心2斤。
合计		4 252	402	15.5	1949年产量全家主要劳动力4个。

表十五　双合乡岭祖村兰运才（贫农）户劳动力价值计算典型调查表

项目	种子数（斤）	收入数（斤）	折合稻谷（斤）	所需工数（工作日）	每工收入谷（斤）	备注
水稻	35（3.5亩）	900	900	100	9.0	
岭禾	1	30	30	10	3.0	
黄粟	1	50	25	10	2.5	
麦粽	1	30	25	10	2.5	
苞米	20	200	200	20	10.0	
木薯	40	100	65	4	16.2	
红薯	20	800	200	30	6.7	
合计		2 110	1 445	184	7.8	

表十六甲　共和乡坤林村旱地耕作劳动力价值调查表（开垦老山）

耕作年次	作物名称	10斤种子的产量（斤）	折合稻谷（斤）	需工日数	每工收入谷（斤）	备注
第一年	苞米	600	480	38	12.6	
第二年	薏米	250	600	24	25	
第三年	苞米	400	360	24	15.0	
第四年	薏米	200	400	24	16.7	
第五年	苞米	400	360	24	15.0	
第六年	薏米	180	360	24	15.0	
第七年	苞米	400	360	24	15.0	
第八年	薏米	120	240	24	10.0	
第九年	苞米	350	320	24	13.3	

表十六乙　共和乡坤林村旱地耕作劳动力价值调查表（开垦茅山）

耕作年次	作物名称	10斤种子的产量（斤）	折合稻谷（斤）	需工日数	每工收入谷（斤）	备注
第一年	苞米	300	240	20	12.0	
第二年	薏米	200	400	31	12.9	
第三年	苞米	250	200	18	11.1	
第四年	薏米	150	300	31	9.7	

修订后记

《广西瑶族社会历史调查》为国家民委民族问题五种丛书编辑委员会编辑的《中国少数民族社会历史调查资料丛刊》之一。20世纪50年代至60年代初，国务院、原广西省人民政府、全国人民代表大会民族委员会先后组织过有关部门的专家学者组成少数民族访问团和广西少数民族社会历史调查组对分布在广西的瑶族开展了全面深入的社会历史调查，《广西瑶族社会历史调查》1至9卷便是这些具有重要历史意义的社会调查的成果之一。参加广西瑶族社会历史调查、资料收集和整理的一大批专家学者，以他们富有开创性的辛勤工作，为廓清广西瑶族社会历史渊源、梳理广西瑶族历史文化脉略、传承瑶族社会历史文化、促进瑶族和瑶族地区社会、经济、文化发展以及瑶学研究做出了历史性的贡献。20世纪80年代初，广西壮族自治区编辑组将这些宝贵的社会历史调查资料编辑整理并由广西民族出版社正式出版。

书中所收录的广西瑶族社会历史调查资料，较为全面、真实地记录了广西瑶族的分布、迁徙、风俗习惯与文化、社会经济结构和政治制度状况，对研究瑶族社会历史文化具有较高的史料价值和学术价值。

此次《广西瑶族社会历史调查》修订、校勘由中央民族大学朱雄全负责牵头，李金花、王许红、张大成、彭中胜、宋培、董晓蕊、王剑利等参加。修订工作按照国家民委《民族问题五种丛书》总修订编辑委员会的工作部署，仅对语言文字、人名、地名以及计量单位的换算等作了相应修订和补充注释，其余均保持历史原貌。修订工作中的疏忽和错误在所难免，祈请读者批评。

《中国少数民族社会历史调查资料丛刊》修订编辑委员会

2009年3月